NX 10
모델링 가이드

저 자

고 재 철
김 선 용
김 일 석

ONSIA

NX 10 모델링 가이드

NX 10 모델링 가이드

ISBN 978-89-94960-24-1

저자: 고재철 , 김선용 , 김일석
발행일: 2015년 8월 27일
출판사: (주)온솔루션인티그레이션
전화: 070-8232-0341
팩스: 02-6918-4602
이메일: support@onsia.kr
정가: 30,000원

국립중앙도서관 출판예정도서목록(CIP)

NX 10 모델링 가이드 / 저자: 고재철, 김선용, 김일석. -- [의정부] : 온솔루션인티그레이션, 2015
    p. ;   cm

ISBN 978-89-94960-24-1 93550 : ₩30000

3차원 컴퓨터 모델링[三次元--]
컴퓨터 이용 설계 제도[--利用設計製圖]

551.151-KDC6
670.285-DDC23   CIP2015023192

* 이 책은 저작권법에 의하여 보호를 받는 저작물이므로 무단 전재 또는 복제를 금합니다.

* 이 책의 부분 복사에 대한 저작권은 '한국복제전송저작권협회'에 의해 신탁관리되고 있습니다.
자세한 사항은 한국복제전송저작권협회(www.korra.kr)로 문의 바랍니다.

http://www.onsia.kr

(주)온솔루션인티그레이션의 교육 및 엔지니어링 서비스 프로그램

(주)온솔루션인티그레이션은 CAD/CAM/CAE 소프트웨어 사용법에 대한 교육과 기술 컨설팅 서비스를 제공하는 전문회사입니다.

다양한 경험과 전문지식을 바탕으로 CAD/CAM/CAE 관련 교육과정 개발, 기술서적 출판, 강사 파견 및 설계, 해석 용역 서비스를 수행하고 있습니다. 자세한 문의사항은 연락 바랍니다. (전화: 070-8232-0341, 팩스: 02-6918-4602, 이메일: support@onsia.kr)

교육
  기업체 맞춤 교육과정 및 교재 개발
  NX, CATIA, CAE(Nastran) 강의
  이러닝 (http://www.onsia.kr)

기술서비스
  기구설계 용역, 강도해석, 진동해석, 피로해석 등 각종 해석 용역

당사 출판 서저
- CATIA V5R18 모델링 가이드 : ISBN 978-89-960895-3-7
- NX6 CAE(NX Nastran) 기본 사용법: ISBN 978-89-960895-7-5
- NX6 CAE(NX Nastran) 고급 기능과 해석 타입: ISBN 978-89-960895-8-2
- SolidWorks 2011 모델링 가이드: ISBN 978-89-94960-11-1
- CATIA V5(R20) 서피스와 실무 모델링: ISBN 978-89-94960-12-8
- NX7.5 CAE(NX Nastran) Bible: ISBN 978-89-94960-14-2
- NX 8 서피스 모델링: ISBN 978-89-94960-15-9
- CATIA V5 CAE 따라하기: ISBN 978-89-94960-17-3
    (영문판: CATIA V5 FEA Release 21)
- CATIA V5 (R21) 기본 모델링: ISBN 978-89-94960-16-6
    (영문판: CATIA V5 Design Fundamentals)
- NX 8 모델링 가이드: ISBN 978-89-94960-18-0
    (영문판: Siemens NX 8 Design Fundamentals)
- CATIA V5R21 디자이너 가이드: ISBN 978-89-94960-19-7
- NX 8.5 모델링 가이드: ISBN 978-89-94960-20-3
- NX 8.5 Nastran 따라하기: ISBN 978-89-94960-21-0
- NX 9 모델링 가이드: ISBN 978-89-94960-22-7

http://www.onsia.kr

학습자료 다운로드 안내

홈페이지(www.onsia.kr)에 id를 등록하고 "정식 구매자 등록"을 하시면 학습자료를 내려받고 관련 서비스를 이용하실 수 있도록 회원 등급을 조정하여 드립니다. 또한 본 교재에 기초하여 제작된 이러닝을 별도 구매하여 수강할 수 있습니다.

정식 구매를 하지 않으신 분은 홈페이지의 서비스 이용에 제한을 받을 수 있습니다.

http://www.onsia.kr

목 차

Chapter 1
시작하기   1

1.1 NX 소개 2
1.2 NX 버전 3
1.3 NX 실행하기 4
1.4 NX UI(User Interface, 사용자 인터페이스) 6
1.5 Roles 12
1.6 마우스 사용법 13
1.7 View 팝업 메뉴 20
1.8 Customer Defaults 27
     1.8.2 Distance Tolerance 28
     1.8.1 Fit Percentage 28
     1.8.3 Double Click Action for Sketches 29
     1.8.4 Continuous Auto Dimensioning in Design Applications 29
     1.8.5 변경 사항 확인 및 삭제 30
1.9 User Interface 설정 31
     1.9.1 정보 메시지 초기화 31
     1.9.2 단위창 위치 초기화 31

Chapter 2
모델링 개요   33

2.1 주요 용어 34
     2.1.1 피쳐 기반 모델링 34
     2.1.2 히스토리 기반 모델링 35
2.2 모델링 과정 개요 37
     2.2.1 새 파일 만들기 37
     2.2.2 첫 번째 스케치 그리기 (그림 2-3의 ❶ 단계) 38
     2.2.3 Extrude를 이용하여 돌출 형상 만들기 (그림 2-3의 ❷ 단계) 47
     2.2.4 두 번째 스케치 그리기 (그림 2-3의 ❸ 단계) 49
     2.2.5 Extrude를 이용하여 돌출 형상 만들기 (그림 2-3의 ❹ 단계) 50
     2.2.6 Edge Blend를 이용하여 필렛 형상 만들기 (그림 2-3의 ❺ 단계) 51
     2.2.7 Shell을 이용하여 살빼기 하기 (그림 2-3의 ❻ 단계) 54
     2.2.8 원통으로 잘라내기 (그림 2-3의 ❼, ❽ 단계) 55

| 2.2.9 파일 저장 및 닫기 57
2.3 모델링 단계 요약 60

Chapter 3
스케치 (Sketch)   61

3.1 스케치(Sketch)의 정의 62
3.2 스케치 생성 63
    Exercise 01 63
3.3 스케치 피쳐 삭제하기 66
3.4 스케치 순서 67
    3.4.1 스케치 면 정의 67
    3.4.2 커브 생성 68
    3.4.3 구속 68
    3.4.4 스케치 종료 68
    Exercise 02 69
3.5 Profile 71
    Exercise 03 72
3.6 Snap Point 옵션 75
3.7 스케치 커브의 구속(Constraint) 76
    3.7.1 치수 구속 (Dimensional Constraint) 76
    3.7.2 기하 구속(Geometric Constraint) 79
    3.7.3 대칭 구속 (Make Symmetric) 83
3.8 스케치 커브의 4가지 구속 상태 84
3.9 드래그하여 구속 상태 확인하기 86
3.10 Open in Sketch Task Environment 87
    Exercise 04 88
3.11 스케치 개체 삭제 및 치수 수정 93
    3.11.1 스케치 치수 수정 93
    Exercise 05 94
    3.11.2 Sketch 개체 삭제 94
    Exercise 06 96
    Exercise 07 100
3.12 기타 스케치 기능 101
    3.12.1 Quick Trim 101
    3.12.2 Fillet 102
    3.12.3 Mirror Curve 103
    Exercise 08 104
    Exercise 09 106

  Exercise 10 107
  Exercise 11 108
  Exercise 12 110
  Exercise 13 111
3.13 참조치수와 참조선 114
  Exercise 14 116
3.14 자동 치수의 이해 118
  Exercise 15 122
  Exercise 16 123
  Exercise 17 124
  Exercise 18 125

Chapter 4
3차원 형상 생성 기능   127

4.1 Extrude 기능 128
4.2 섹션 (Section) 129
  4.2.1 섹션의 조건 129
  4.2.2 부적합한 섹션 130
4.3 선택 의도 (Selection Intent) 132
  4.3.1 Curve Rule (곡선 규칙) 132
  4.3.2 Stop at Intersection 133
  4.3.3 Follow Fillet 133
  4.3.4 Chain within Feature 133
  Exercise 01 134
4.4 Boolean 옵션 140
  4.4.1 Unite 141
  4.4.2 Subtract 141
  4.4.3 Intersect 141
  4.4.4 None 142
  4.4.5 바디간의 불리언 작업 142
  Exercise 02 144
4.5 스케치 좌표계 148
4.6 Extrude의 Direction 옵션 149
4.7 Limit 옵션 150
  4.7.1 Symmetric Value 150
  4.7.2 Until Next 151
  4.7.3 Until Selected 152

4.7.4 Until Extended 153
4.7.5 Through All 154
4.8 Extrude의 다른 옵션 154
    4.8.1 Draft 154
    4.8.2 Offset 155
    4.8.3 Open Profile Smart Volume 155
    Exercise 03 156
    Exercise 04 157
    Exercise 05 160
4.9 오브젝트의 색상 바꾸기 161
4.10 회전 형상 만들기(Revolve) 162
    4.10.1 Revolve의 섹션과 축 163
4.11 구멍 뚫기 166
    4.11.1 General Type Hole 167
    4.11.2 Threaded Type Hole 168
    Exercise 06 169
    Exercise 07 174
4.12 보스 붙이기 175
    Exercise 08 175
    Exercise 09 180
    Exercise 10 181
    Exercise 11 182
    Exercise 12 183
    Exercise 13 184
    Exercise 14 185
    Exercise 15 186
    Exercise 16 187

Chapter 5
데이텀 (Datum)   189

5.1 데이텀이란? 190
5.2 데이텀 평면(Datum Plane) 191
    5.2.1 데이텀 평면의 용도 192
    Exercise 01 194
    5.2.2 데이텀 평면의 타입 194
    Exercise 02 197
    Exercise 03 199

Exercise 04	204
Exercise 05	207
Exercise 06	210

5.3 점 (Point) 212
    5.3.1 Output Coordinates 212
    5.3.2 Offset 213
    5.3.3 Associative 옵션 213

5.4 데이텀 축(Datum Axis) 214
    5.4.1 데이텀 축의 특징 214
    5.4.2 데이텀 축의 용도 215
    5.4.3 데이텀 축의 타입 216
    Exercise 07 217
    Exercise 08 221

5.5 데이텀 좌표계 224
    Exercise 09 226
    Exercise 10 227
    Exercise 11 228
    Exercise 12 230
    Exercise 13 231
    Exercise 14 232
    Exercise 15 233

Chapter 6
추가 모델링 기능 I   *235*

6.1 상세 모델링 236
6.2 Edge Blend 237
    6.2.1 Edge Blend의 종류 238
    Exercise 01 239
    Exercise 02 241
    6.2.2 Shape 옵션 243
    Exercise 03 244
    6.2.3 블렌드 생성 가이드 라인 249
    Exercise 04 250
    Exercise 05 251
    Exercise 06 253
    Exercise 07 254
    Exercise 08 255

6.3 Chamfer 258
6.3.1 기능 사용 절차 258
6.3.2 Cross Section 옵션 259
6.3.3 Offset Method 261
6.4 Draft 264
6.4.1 Draft Type 266
Exercise 09 267
Exercise 10 270
Exercise 11 273
Exercise 12 275
6.4.2 Draft의 기타 옵션 276
6.5 Shell 278
6.5.1 Reverse Direction 279
6.5.2 Alternate Thickness 옵션 280
Exercise 13 282
Exercise 14 283
Exercise 15 284
Exercise 16 285
Exercise 17 286
Exercise 18 288

Chapter 7
모델 수정   291

7.1 모델 수정의 이해 292
7.1.1 피쳐의 Parents - Children 관계 292
7.1.2 피쳐의 삭제 294
7.2 Sketch 수정 295
Exercise 01 295
7.2.1 스케치 면 변경 297
7.3 Feature 삽입 (Make Current Feature) 300
Exercise 02 301
7.4 Feature Definition 수정 304
7.4.1 선택한 개체 변경 305
Exercise 03 306
Exercise 04 310
7.5 Feature의 순서 변경 (Reorder) 316
Exercise 05 317

　　　　Exercise 06 321
　　　　Exercise 07 322
　　　　Exercise 08 325

Chapter 8
피쳐 및 오브젝트의 복사　　　　　　　　　　　　　　　　　327

8.1 피쳐, 오브젝트를 복사하는 방법의 장점. 328
8.2 복사의 대상과 방법 328
　　8.2.1 복사의 대상 329
　　8.2.2 복사 방법 330
8.3 Pattern Feature 332
　　8.3.1 Linear 타입 332
　　　　Exercise 01 334
　　　　Exercise 02 337
　　8.3.2 Pattern Feature 기능 사용시 주의 사항. 341
　　　　Exercise 03 342
　　8.3.3 Circular 타입 344
　　　　Exercise 04 345
　　　　Exercise 05 350
　　8.3.4 General 타입. 352
8.4 Mirror Feature 353
8.5 지오메트리의 복사. 353
　　8.5.1 Mirror Geometry 353
　　8.5.2 Pattern Geometry 354
　　　　Exercise 06 355
8.6 Face의 복사. 358
　　　　Exercise 07 359
8.7 피쳐의 복사/붙여넣기 361
　　　　Exercise 08 361
　　　　Exercise 09 364
　　　　Exercise 10 368
　　　　Exercise 11 369
　　　　Exercise 12 370

Chapter 9
추가 모델링 기능 II　　　　　　　　　　　　　　　　　　　371

9.1 Trim Body. 372

9.2 기능 사용 절차 372
    Exercise 01 374
    Exercise 02 376
9.3 Tube 378
    9.3.1 기능 사용 절차 378
    9.3.2 Output 옵션 379
9.4 Sweep along Guide 380
    9.4.1 기능 사용 절차 380
    Exercise 03 382
9.5 Emboss 382
9.6 Synchronous Modeling 385
    9.6.1 Move Face 385
    Exercise 04 385
    9.6.2 Resize Blend 387
    Exercise 05 387
    Exercise 06 388
    9.6.3 Delete Face 388
    Exercise 07 390
    9.6.4 Copy Face 390
    9.6.5 Make Coplanar 393
    Exercise 08 393
    9.6.6 Linear Dimension 395
    Exercise 09 395
    Exercise 10 398
    9.6.7 Radial Dimension 398
    Exercise 11 400
    Exercise 12 401

Chapter 10
스케치 고급   *403*

10.1 Intersection Point 404
    10.1.1 Intersection Point 실행 방법 404
    10.1.2 Intersection Point 대화상자 405
    Exercise 01 406
10.2 Intersection Curve 408
    10.2.1 Intersection Curve 실행 방법 408
    10.2.2 Intersection Curve 대화상자 409

Exercise 02	409
10.3 Project Curve	411
10.3.1 Project Curve 실행 방법	411
Exercise 03	412
10.3.2 Project Curve 대화상자	412
Exercise 04	415
10.4 Offset Curve	417
10.4.1 Offset Curve 기능 실행 방법	418
10.4.2 Offset Curve 대화상자	418
Exercise 05	419
Exercise 06	421
Exercise 07	422

Chapter 11
측정 기능   423

11.1 Measure Distance	424
11.1.1 Measure Distance 대화상자	424
11.1.2 Distance 타입	425
Exercise 01	425
Exercise 02	428
11.1.3 Projected Distance 타입	428
11.1.4 Length 타입	430
11.1.5 Radius 타입	431
11.2 Measure Angle	432
11.1.6 Diameter 타입	432
11.3 Simple Distance	433
Exercise 03	434
11.4 Simple Angle	434
11.5 Measure Bodies	436
11.5.1 Measure Bodies 아이콘	436
11.5.2 Measure Bodies 대화상자	436
Exercise 04	437
11.5.3 상세 물성치	438
Exercise 05	440

Chapter 12
어셈블리 I (*Bottom-Up Assembly*)   445

12.1 어셈블리의 이해 446
12.2 용어 446
    12.2.1 마스터 파트(Master Part) 446
    12.2.2 컴포넌트(Component) 446
    12.2.3 서브 어셈블리(Sub-assembly) 447
    12.2.4 BOM(Bill of Material) 447
    12.2.5 Bottom-Up 어셈블리 모델링 447
    12.2.6 Top-Down 어셈블리 모델링 447
12.3 어셈블리 모델링의 주요 기능 448
12.4 어셈블리 생성 448
    12.4.1 어셈블리 파일 생성 449
    Exercise 01 449
    12.4.2 어셈블리 환경 451
    Exercise 02 452
    12.4.3 컴포넌트 추가 452
    12.4.4 어셈블리 파일의 저장 454
    Exercise 03 456
    12.4.5 파일 닫기 459
    12.4.6 파일 열기 460
    Exercise 04 462
    12.4.7 Assembly Navigator의 이용 465
    12.4.8 컴포넌트의 이동과 회전 466
    Exercise 05 467
    Exercise 06 468
    12.4.9 컴포넌트의 복사 469
12.5 어셈블리의 구속 470
    12.5.1 Fix 구속 471
    12.5.2 Touch/Align 구속 472
    Exercise 07 474
    12.5.3 Center 구속 477
    Exercise 08 479
    12.5.4 Concentric 구속 480
    12.5.5 기타 구속 480
    12.5.6 구속의 상태 확인 481
    12.5.7 Show and Hide Constraints 482
    12.5.8 구속조건 억제시키기 483
12.6 Reference Set 484

Exercise 09 486
Exercise 10 489
Exercise 11 490

Chapter 13
어셈블리 II (Top-Down Assembly)   491

13.1 Context Control 492
   13.1.1 컴포넌트 닫기 492
   13.1.2 컴포넌트 열기 493
   13.1.3 Make Work Part 494
   13.1.4 Make Displayed Part 496
   Exercise 01 497
13.2 간섭 체크 501
   13.2.1 간섭의 타입 501
   Exercise 02 503
13.3 다른 컴포넌트의 형상을 이용한 모델링 508
   13.3.1 Interpart Link 509
   13.3.2 Selection Scope 509
   Exercise 03 510
   Exercise 04 514
13.4 새로운 컴포넌트 생성하기 (새로운 파트와 서브 어셈블리) 518
   Exercise 05 520
   Exercise 06 523
13.5 어셈블리의 분해 524
   Exercise 07 525
13.6 기타 어셈블리 기능 528
   13.6.1 어셈블리의 화면 표시 528
   13.6.2 단면 표시 529
   Exercise 08 529
   13.6.3 어셈블리의 질량 측정 533
   Exercise 09 533
   Exercise 10 535

Chapter 14
도면생성 (Part I)   537

14.1 개요 538
14.2 주요 용어 538

14.2.1 도면뷰(Drawing View) 538
14.2.2 표제란(Title Block) 539
14.2.3 도면 시트(Drawing Sheet) 539
14.3 도면 파일 540
14.3.1 도면 파일 생성하기 540
14.3.2 도면 화면의 이해 544
14.3.3 도면 파일 저장 545
14.4 도면 시트 546
14.4.1 도면 시트 생성 546
14.4.2 도면 시트 설정 546
14.5 도면 뷰(Drawing View) 549
14.5.1 기본뷰 (Base View) 549
14.5.2 투영도 (Projected View) 551
Exercise 01 551
14.5.3 뷰의 스타일 설정 558
14.5.4 단면도 (Section View) 560
Exercise 02 562
Exercise 03 568
14.5.5 상세도 (Detail View) 568
14.5.6 부분 단면도(Break-out Section View) 572
14.5.7 절단뷰(Break View) 573
Exercise 04 573
14.6 View Dependent Edit 577
14.7 View Boundary 변경 578
14.8 모델 수정 579
Exercise 05 579

Chapter 15
도면생성 (Part II)   583

15.1 도면 생성 절차 584
15.2 치수(Dimension) 기입 584
15.2.1 Linear Dimension 591
15.2.2 Radial Dimension 592
15.2.3 Angular Dimension 593
15.2.4 옵션의 종류 594
15.2.5 설정의 상속 594
15.3 치수를 생성한 후의 설정 변경 594

15.3.1 Dimension 대화상자 594
　　　15.3.2 팝업툴바 595
　　　15.3.3 팝업메뉴 595
　15.4 Drafting Preferences 596
　15.5 치수의 정렬 597
　　　Exercise 01 598
　　　Exercise 02 598
　15.6 주석(Note) 기입 599
　　　15.6.1 Note 수정 601
　　　15.6.2 다중 지시 Note 602
　15.7 중심선 602
　　　15.7.1 Center Mark 603
　　　15.7.2 Bolt Circle Centerline 604
　　　15.7.3 2D Centerline 604
　　　15.7.4 3D Centerline 605
　　　15.7.5 Offset Center Point Symbol 605
　15.8 교차기호(Intersection Symbol) 606
　　　Exercise 03 607
　　　Exercise 04 608
　　　Exercise 05 609
　15.9 어셈블리 도면 610
　　　15.9.1 도면 뷰에서 특정 컴포넌트 제외 시키기 611
　　　Exercise 06 612
　　　15.9.2 어셈블리의 부분단면도 615
　　　Exercise 07 616
　　　15.9.3 분해도 618
　　　Exercise 08 619

Appendix A
개체의 선택　　　　　　　　　　　　　　　　　　　　　　　　　　*625*

A.1 대화상자의 선택 단계 626
A.2 선택한 개체의 수 626
A.3 Type Filter 627
A.4 점, 선, 면의 선택 628
　　　A.4.1 Snap Point 옵션 628
　　　A.4.2 Curve Rule 629

A.4.3 Face Rule..631
A.5 선택의 취소..633
    A.5.1 모두 선택 취소할 때......................................633
    A.5.2 일부만 선택 취소할 때....................................633
A.6 상세 필터링..633
A.7 선택 범주..634
A.8 선택의 우선 순위...635
A.9 QuickPick...636

Chapter 1
시작하기

■ 학습목표

- NX의 개발 및 변천사를 알 수 있다.
- NX를 실행할 수 있다.
- NX의 UI(User Interface, 사용자 인터페이스)를 구성하는 요소의 명칭과 역할을 알 수 있다.
- 마우스 사용법을 알 수 있다.
- NX에서 환경 설정을 할 수 있다.

1 장: 시작하기

1.1 NX 소개

NX는 제품의 설계, 해석, 제작을 위해 Siemens PLM Software(이하 지멘스 PLM 소프트웨어)에서 개발한 종합 소프트웨어이다. 현재 전 세계적으로 수 많은 대규모 회사들이 이 소프트웨어를 사용하여 자사 제품의 경쟁력을 높이기 위하여 노력하고 있고, 지멘스 PLM 소프트웨어는 고객의 다양한 요구를 반영하여 소프트웨어의 발전을 이루어 나가고 있다.

NX는 1969년에 미국의 United Computing 이라는 회사에서 UNIAPT라는 제품명으로 개발되었다. 이후에 MGS라는 회사로부터 ADAM이라는 이름의 설계 및 가공 소프트웨어 소스코드를 구입하여 1975년에 우리가 친숙한 이름인 UNI-GRAPHICS라는 이름으로 최초로 판매되기 시작하였다.

1976년에 United Computing사는 McDonnell Douglas의 CAD/CAM 사업부로 인수되어 Unigraphics Group이라는 이름으로 사업을 수행하다가 1980년에 진정한 3차원 모델링 소프트웨어와 하드웨어를 그룹 전체에 공급하게 된다. 이후 Unigraphics Group은 EDS에 인수되어 EDS Unigraphics라는 이름을 갖게 되고 1997년에 EDS는 Unigraphics Solutions라는 이름으로 Unigraphics 분야를 독립회사로 만든다.

이 기간 동안 Unigraphics Solutions는 많은 소프트웨어 개발 회사를 인수하며 2001년에는 회사 이름을 UGS로 변경한다. EDS는 UGS의 소유주로서 이 분야의 영향력 있는 회사의 주식을 사들이며 마침내 강력한 경쟁 상대 중의 하나였던 SDRC를 인수하고 두 개의 거대한 CAD/CAM/CAE 소프트웨어 개발 회사를 EDS PLM Solutions라는 이름으로 통합하게 된다.

그러는 동안 2004년에 EDS PLM Solutions는 사모펀드에 경영권을 넘기게 되고, 2007년 1월 24일에 독일의 거대 그룹인 Siemens에 인수되어 지멘스 PLM 소프트웨어라는 이름으로 Automation & Driving Group 소속이 되어 체계적인 발전을 이루어 나가고 있다.

1.2 NX 버전

본 교재는 NX 10.0.0.24 버전으로 제작되었다. 독자 여러분이 사용하는 NX의 버전이 NX 10.0이라면 본 교재를 학습함에 크게 문제는 없겠지만, 가급적 NX 10.0.1 이상 버전으로 학습하기를 권장한다.

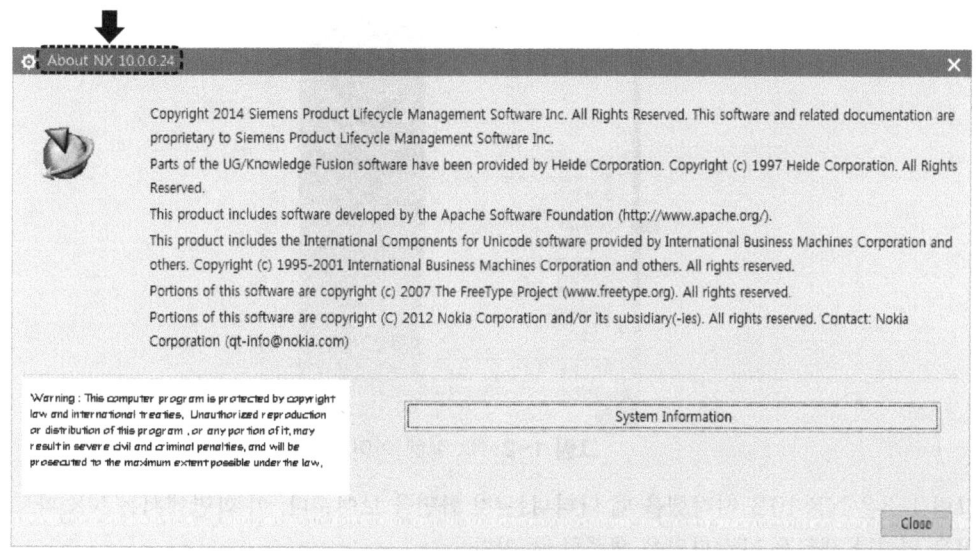

그림 1-1 메뉴버튼 > Help > About NX

 **QRM**

NX의 버전이 10.0.0.24라면 세번째 번호(밑줄)를 QRM 버전이라 부른다. QRM이란 Quick Response Maintenance (Release)의 줄임말이다.

어느 정도 정해진 일정에 맞추어 배포되는 패치(patch, 기능 개선 또는 버그나 오류 등을 수정하기 위해 내놓는 업데이트 프로그램)를 부르는 약어이다.

1.3 NX 실행하기

NX를 실행하는 방법은 그림 1-2와 같이 윈도우 버튼 〉 모든 프로그램 〉 Siemens NX 10.0 〉 NX 10.0 아이콘을 선택하면 된다.

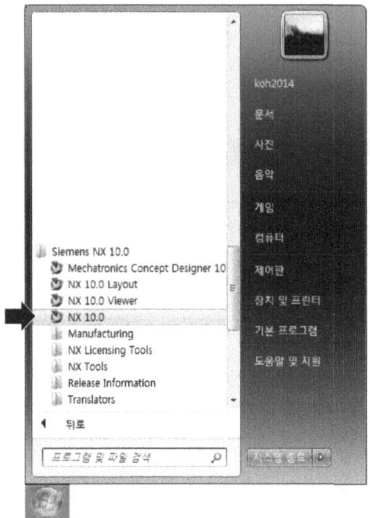

그림 1-2 NX 실행 아이콘

그림 1-3은 NX 10을 시작했을 때 나타나는 첫 화면을 보여준다. 이 화면에서는 NX 파트 파일을 열거나 새로운 NX 파일을 생성할 수 있다.

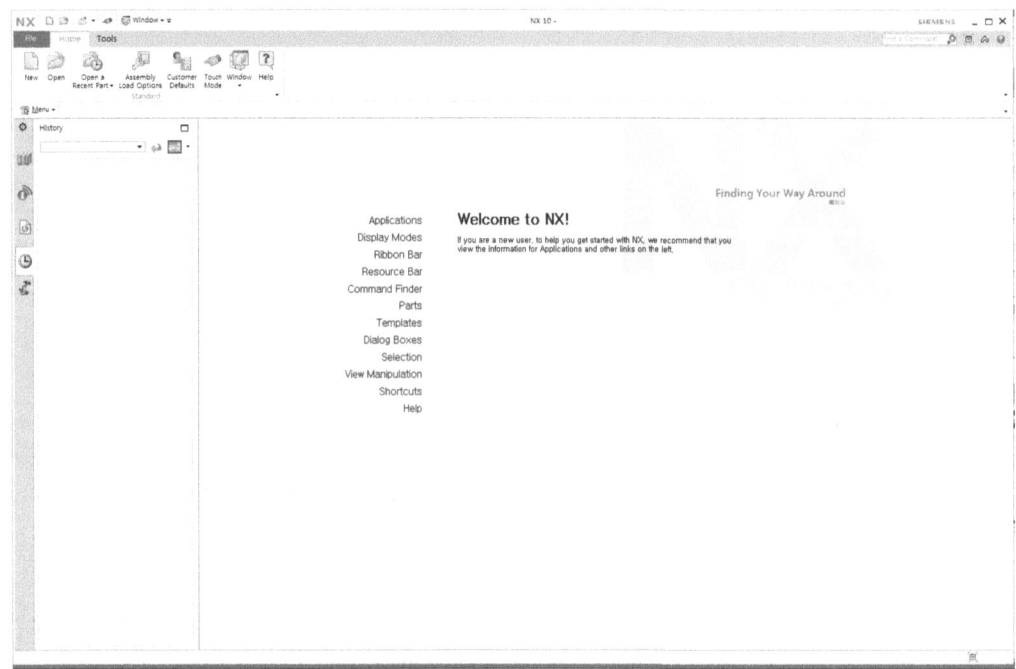

그림 1-3 NX의 시작 화면

NX의 첫 화면에서는 기본 사용법을 설명해 준다. Application, Display Modes, Ribbon Bar 등과 같은 글자를 클릭하면 각각에 해당되는 설명이 나타난다. 그림 1-4는 대화상자 사용법에 대한 설명이다.

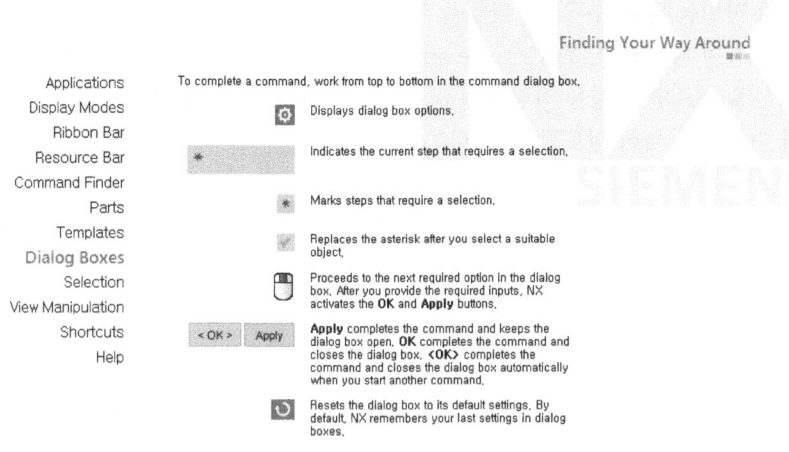

그림 1-4 대화상자 사용법

Home 탭에 있는 New 아이콘을 누르면 그림 1-5와 같은 New 대화상자가 나타난다. Model 탭을 누르고 Templates 옵션에서 Model을 선택하여 파트를 모델링하기 위한 파일을 생성할 수 있다. Folder 입력창의 오른쪽에 있는 열기 버튼( )을 눌러 파일을 저장할 폴더의 경로를 설정하고 Name 입력창에 파일의 이름을 입력한다.

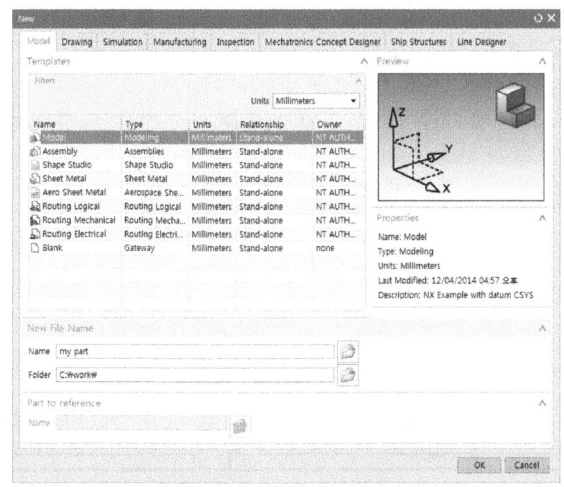

그림 1-5 New 대화상자

1 장: 시작하기

New 대화상자에서 OK 버튼을 누르면 그림 1-7과 같이 Modeling 환경이 실행되고 여러 가지 기능을 이용하여 3차원 형상을 만들거나 조립할 수 있다.

파일을 저장하기 전에는 지정된 폴더에 파트 파일이 생성되지 않음을 이해하기 바란다. 빠른 실행 툴바에서 Save 아이콘을 누르면 폴더에 파일이 생성된다. File 탭에서 Close > All Parts 를 선택하여 파일을 닫을 수 있다. 파일을 저장하지 않은 상태에서 닫기를 시도하면 그림 1-6 과 같은 정보창이 나타난다. Yes – Save and Close 버튼을 누르면 파일을 저장한 후 닫고, No –Close 버튼을 누르면 파일을 저장하지 않고 닫는다. Cancel 버튼을 누르면 닫기를 취소한 후 저장 할지 여부를 자세히 검토할 수 있다.

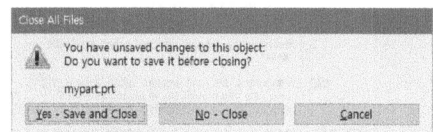

그림 1-6 정보창

1.4 NX UI(User Interface, 사용자 인터페이스)

아래 그림은 NX를 실행한 후 Model Template으로 새 파일을 만든 상태이다.

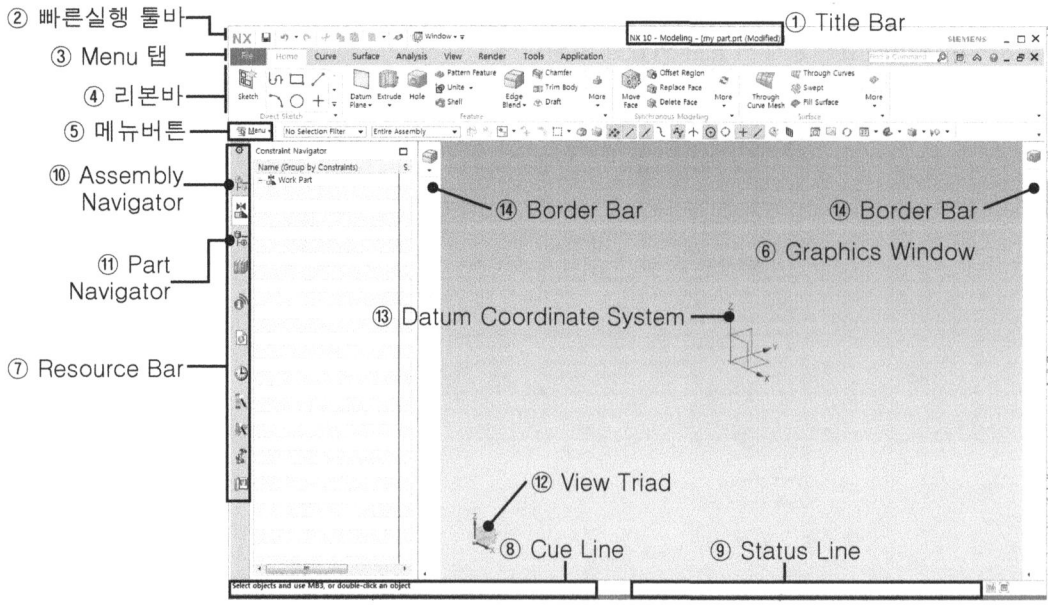

그림 1-7 화면 구성

① Title Bar(타이틀 바)

NX의 버전, 어플리케이션을 확인할 수 있고, Displayed Part 혹은 Work Part의 이름을 보여준다. 파일을 생성한 후 저장을 하지 않았거나 파일이 수정 된 경우 아래 그림과 같이 (Modified)를 표시하여, NX를 종료하기 전에 저장할 필요가 있음을 알려준다.

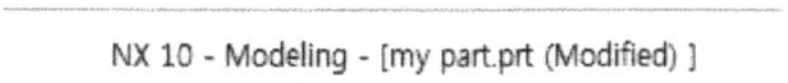

NX 10 - Modeling - [my part.prt (Modified)]

그림 1-8 파트가 수정된 경우 타이틀 바의 내용

② 빠른실행 툴바(Quick Access Toolbar)

자주 사용하는 기능 아이콘을 추가하여 빠르게 사용할 수 있다. 그림 1-9는 빠른실행 툴바에 Extrude 아이콘을 추가한 것이다. 추가할 아이콘에 마우스 포인터를 올려놓은 후 오른쪽 버튼을 누르면 그림 1-10과 같은 팝업메뉴가 나타나고 Add to Quick Access Toolbar를 선택하여 빠른실행 툴바에 아이콘을 추가할 수 있다.

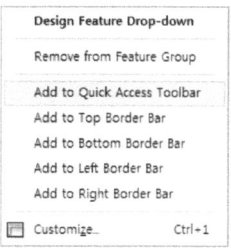

그림 1-9 빠른실행 툴바

그림 1-10 아이콘 추가

③ 메뉴탭(Menu Tab)

탭을 누르면 메뉴 그룹에 들어 있는 아이콘이 나타난다. 리본바(Ribbon Bar)의 비어 있는 영역에 마우스 오른쪽 버튼을 눌러 탭을 추가하거나 없앨 수 있다.

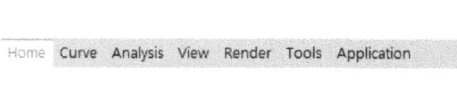

그림 1-11 메뉴탭

그림 1-12 메뉴탭 표시

④ 리본바(Ribbon Bar)

메뉴탭을 누르면 리본바에 아이콘이 표시된다. 그림 1-13은 Home 탭을 눌렀을 때 리본바에 나타나는 아이콘이다.

그림 1-13 Home 탭 그룹의 아이콘

⑤ 메뉴 버튼(Menu Button)

NX의 현재 Application에서 제공하는 기능들을 비슷한 범주(Category)로 구분하여 보여준다. 아이콘을 누르는 대신 메뉴버튼을 이용하여 어플리케이션의 기능을 실행시킬 수 있다.

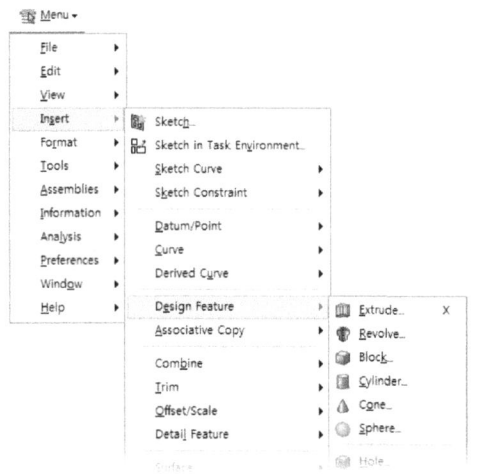

그림 1-14 메뉴버튼

⑥ Graphics Window(그래픽스 윈도우)
파트가 만들어지고, 보여지고, 수정되는 실질적인 작업 공간이다. 한글로는 '작업창'이라 부른다.

⑦ Resource Bar(리소스 바)
Part Navigator와 Assembly Navigator 등의 도구(Tool) 등을 페이지 형태로 모아서 보여주는 영역이다.

⑧ Cue Line(큐 라인)
사용자가 무엇을 해야 하는지를 메시지로 보여주는 영역이다. 이 메시지에는 다음 작업에 대한 내용도 포함되는 경우도 있다. 아래 그림은 Sketch 기능을 실행한 직후 Cue Line에 표시되는 메시지이다.

Select object for sketch plane or double click axis to orient

그림 1-15 Cue Line에 표시되는 메시지의 예

위 메시지의 의미는 다음과 같다.

Sketch Plane으로 사용될 오브젝트를 선택하거나 방향을 반전 시키려면 Axis를 더블 클릭 하시오.

⑨ Status Line(스테이터스 라인)
마지막으로 수행한 작업에 대한 메시지를 보여주는 영역이다. 아래 그림은 파트 파일을 저장한 직후 Status Line에 표시되는 메시지이다.

Part file saved

그림 1-16 Status Line에 표시되는 메시지의 예

⑩ Assembly Navigator(어셈블리 네비게이터)
그림 1-17과 같이 어셈블리 파트의 구조(서브 어셈블리와 컴포넌트의 구성)를 보여준다.

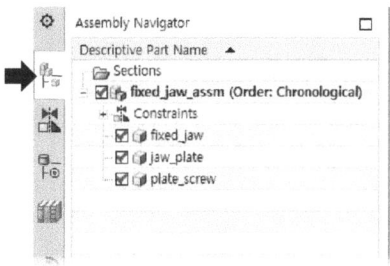

그림 1-17 Assembly Navigator

⑪ Part Navigator(파트 네비게이터)
그림 1-18과 같이 파트의 Model History를 보여준다. 사용자는 파트를 구성하는 Feature(피쳐)를 Part Navigator에서 수정할 수도 있다.

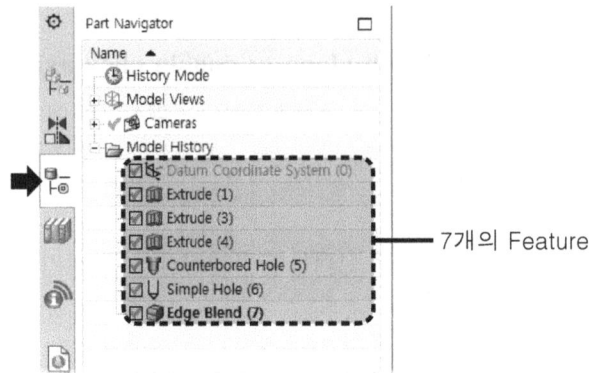

그림 1-18 Part Navigator

⑫ View Triad(뷰 트라이애드)
모델의 방향(orientation)을 절대좌표 기준으로 알려주는 역할을 한다.

그림 1-19 View Triad

⑬ Datum Coordinate Sytem(데이텀 좌표계)
Feature의 하나로 다음 3가지 오브젝트로 구성된다. 다양한 용도로 사용되며 가장 대표적인 용도는 Sketch 평면으로 사용되는 것이다.

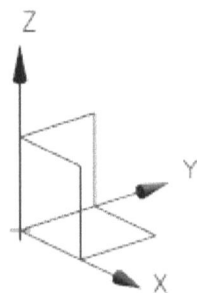

그림 1-20 Datum Coordinate System

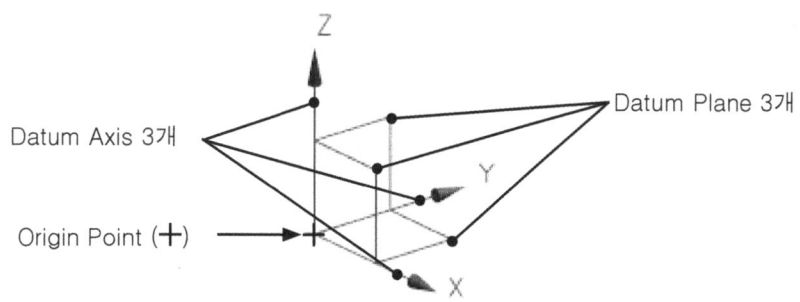

그림 1-21 Datum Cooridinate System을 구성하는 3가지 오브젝트

> **! Point를 쉽게 선택하는 방법**
>
> NX를 처음 배우는 분들이 가장 힘들어 하는 것 중에 하나가 Datum Cooridinate System 에 있는 점을 선택하는 것이다. 점은 확대하여 볼 수 없기 때문에 쉽게 선택하는 별 다른 방법이 없다. 자신 있게 선택하거나 Quickpick 기능을 사용하도록 하자.

⑭ 보더바(Border Bar)
Graphics Window의 네 곳 테두리에 자주 사용하는 아이콘을 배치할 수 있다. 이 영역을 보더바(Border Bar)라고 한다. 아이콘에 마우스 오른쪽 버튼을 누른 후 나타나는 그림 1-10의 대화상자에서 Top Border Bar, Bottom Border Bar, Left Border Bar, Right Border Bar에 아이콘을 추가한다. 추가된 아이콘위에 다시 마우스 오른쪽 버튼을 눌러 제거할 수 있다.

1.5 Roles

모델링을 할 때 작업자의 수준에 맞게 또는 산업 분야에 필요한 기능(command) 만을 보여주고 나머지는 감추어 NX UI를 단순화 혹은 최적화 시켜준다.

본 교재에서는 Advanced Role을 사용한다.

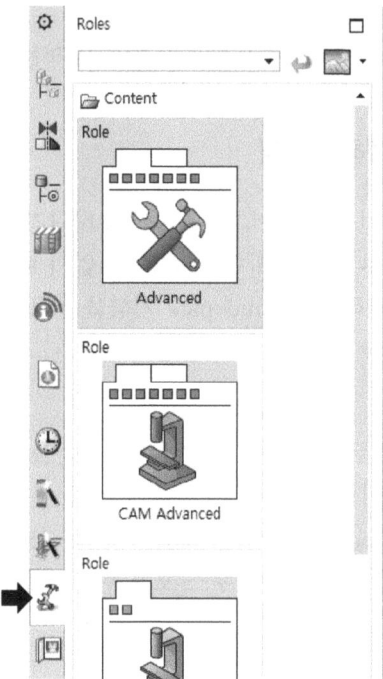

그림 1-22 Roles

1.6 마우스 사용법

본 교재는 휠(Wheel) 마우스를 기준으로 한다.

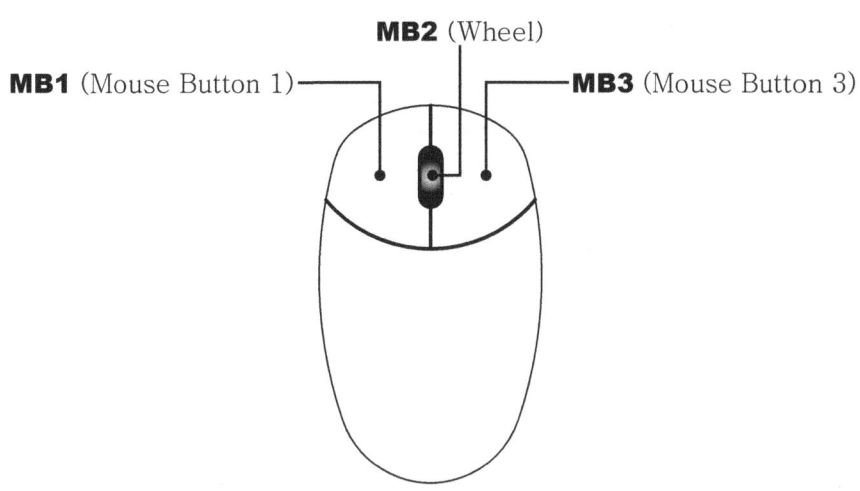

그림 1-23 휠 마우스 버튼의 이름

본 교재에서는 위의 그림과 같이 마우스 버튼의 이름을 MB1, MB2, MB3로 줄여서 부를 것이다. 다음 표는 NX의 대화상자와 작업창에서 마우스를 사용하는 방법을 표로 정리한 것이다.

No	키보드	마우스 버튼과 조작		기능
		마우스 버튼	조작	
1	누르지 않음	MB1	클릭	오브젝트 선택
2	Shift		클릭	오브젝트의 추가 선택 또는 취소
3	누르지 않음	MB2	클릭	OK, 대화상자에서 다음 스텝 진행
4			누르고 드래그	View Rotate(뷰 회전)
5			돌리기	View Zoom In/Out(뷰 확대/축소)
6	Ctrl		클릭	Apply
7			누르고 드래그	View Zoom In/Out(뷰 확대/축소)
8	Shift		클릭	View Pan(뷰 수평 이동)
9	Alt		클릭	Cancel
10	누르지 않음	MB3	클릭	팝업메뉴 표시
11	누르지 않음		누르고 드래그	Radial 팝업메뉴 표시
12	Ctrl + Shift	MB1	클릭	Radial Toolbar 1 표시
		MB2		Radial Toolbar 2 표시
		MB3		Radial Toolbar 3 표시

표 1-1 마우스 사용법

① MB1 클릭: 오브젝트 선택

아래 그림과 같이 오브젝트를 선택할 수 있다. 선택된 오브젝트는 주황색으로 보이며 팝업메뉴가 나타나 모델링 기능을 빠르게 실행시킬 수 있다.

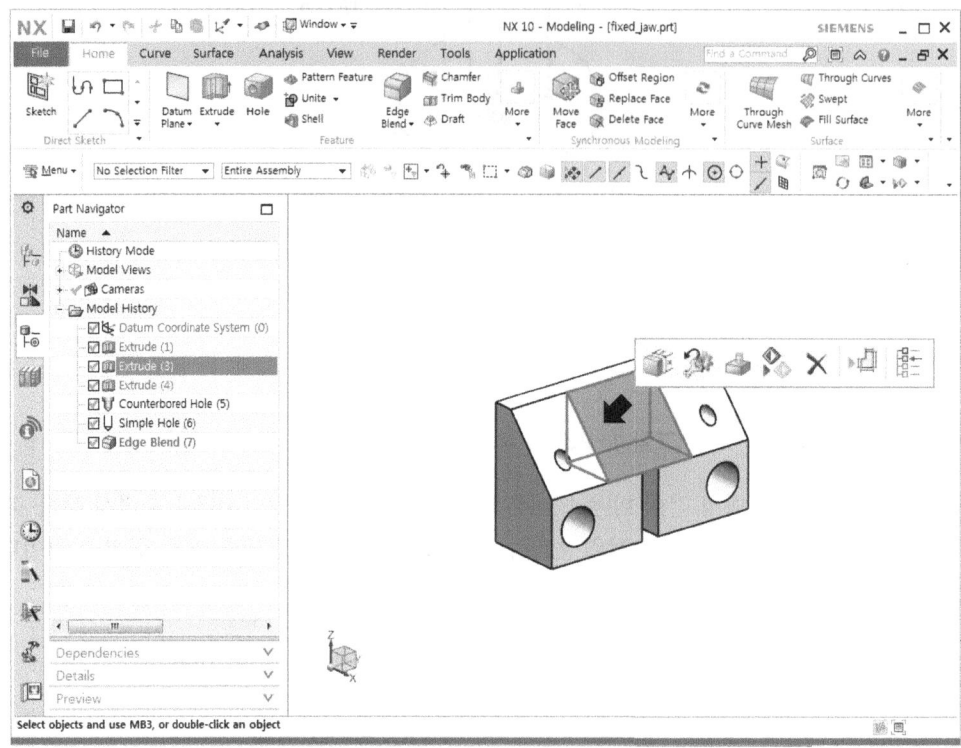

그림 1-24 Extrude 피쳐 오브젝트를 선택한 상황

화면의 빈 곳에 MB1을 클릭하면 그림 1-25과 같은 빠른뷰 툴바가 나타나 원하는 기능을 빠르게 실행시킬 수 있다.

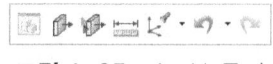

그림 1-25 빠른뷰 툴바

② Shift + MB1 클릭: 선택된 오브젝트의 선택 해제

MB1으로 선택한 오브젝트 중에서 원하는 것을 선택 해제할 수 있다. 선택한 오브젝트를 모두 해제하고 싶은 경우 Esc 키를 누르면 된다.

③ MB2 클릭: OK, 대화상자에서 다음 스텝 진행

아래 그림과 같이 대화상자에서 OK 버튼을 누르는 것과 동일하다. 단, OK 버튼을 누를 수 있는 경우에만 해당한다.

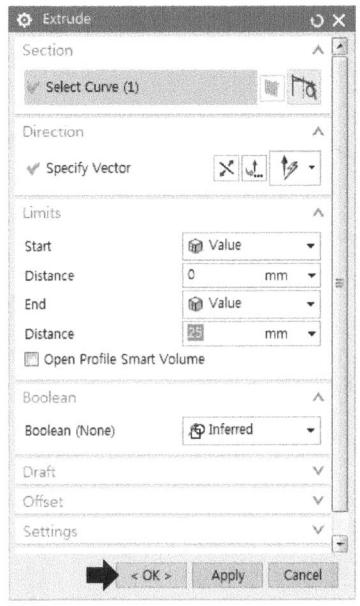

그림 1-26 Extrude 대화상자의 OK 버튼

④ MB2 누르고 드래그: View Rotate (뷰 회전)

작업창에서 MB2를 누르고 드래그 하면 View를 회전 시킬 수 있다.

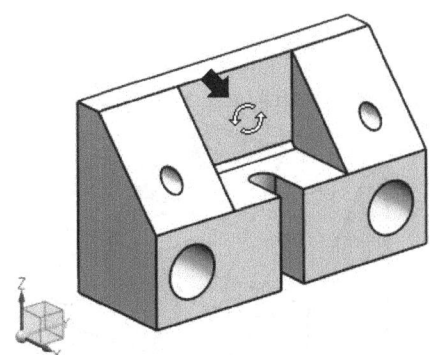

그림 1-27 View Rotate 시 마우스 커서의 모양

⑤ MB2 돌리기: View Zoom In/Out (뷰 확대/축소)

마우스 휠을 돌리면 마우스 커서의 위치를 기준으로 View를 확대/축소할 수 있다. View를 확대 하려면 휠을 작업자의 몸을 기준으로 바깥쪽으로 돌리고, 축소 하려면 안쪽으로 돌리면 된다.

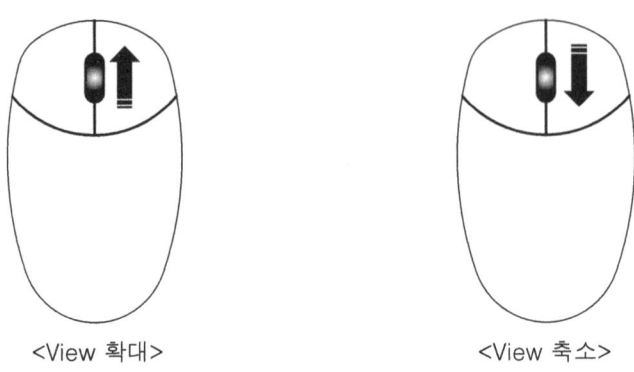

그림 1-28 마우스 휠 조작

⑥ Ctrl+MB2 클릭: Apply

대화상자에서 Apply 버튼을 누르는 것과 동일하다.

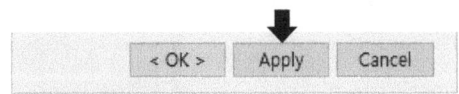

그림 1-29 대화상자의 Apply 버튼

⑦ Ctrl+MB2 누르고 드래그: View Zoom In/Out (뷰 확대/축소)

View를 확대/축소할 수 있다.

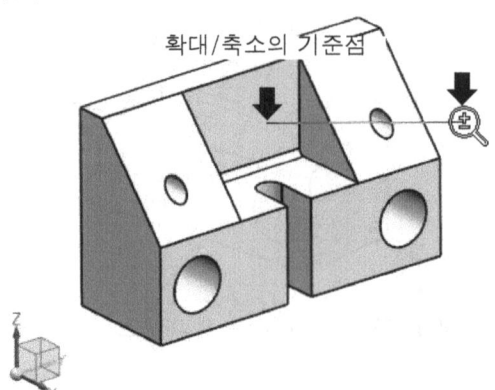

그림 1-30 View Zoom In/Out

⑧ Shift + MB2 클릭: View Pan (뷰 수평 이동)

View를 가로, 세로 방향으로 수평 이동 할 수 있다.

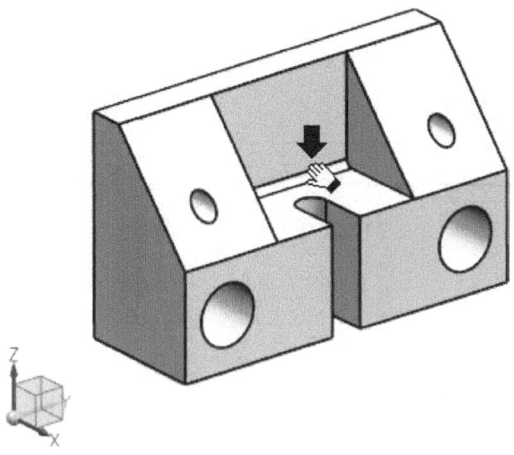

그림 1-31 View Pan 시 마우스 커서의 모양

⑨ Alt + MB2 클릭: Cancel

대화상자에서 Cancel 버튼을 누르는 것과 동일하다.

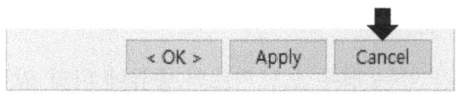

그림 1-32 대화상자의 Cancel 버튼

1 장: 시작하기

⑩ MB3 클릭: 팝업 메뉴 표시

팝업 메뉴를 표시한다. 팝업 메뉴의 종류는 MB3를 클릭하는 순간 마우스 커서의 위치에 따라 다르다. 마우스 커서 밑에 아무런 오브젝트도 없는 경우(다르게 표현하면 작업창의 빈 영역) 그림 1-34와 같이 Selection Minibar와 View 팝업 메뉴가 나타난다.

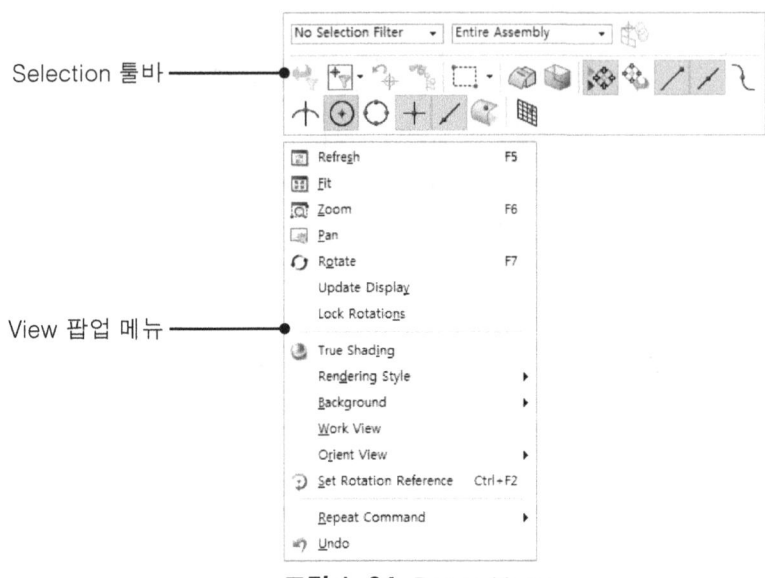

그림 1-34 Popup Menu

마우스 커서 밑에 오브젝트가 있는 경우 오브젝트의 종류에 따라 일부 다른 옵션의 팝업 메뉴가 나타난다.

그림 1-33 Extrude 피쳐에 대한 Popup Menu

⑪ MB3 누르고 기다림: Radial 팝업 메뉴 표시

작업창의 빈 영역에 MB3를 누르고 기다리면 아래 그림과 같이 View Radial 팝업 메뉴가 나타나며 각 위치에 있는 아이콘을 선택하여 해당 기능을 실행시킬 수 있다. Radial 팝업 메뉴를 이용하면 기능 아이콘을 툴바에서 찾지 않고 빨리 실행할 수 있다.

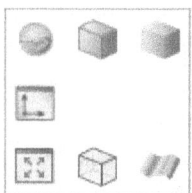

그림 1-35 View Radial Popup Menu

마우스 커서 밑에 오브젝트가 있는 경우 오브젝트의 종류에 따라 팝업 메뉴가 다르게 나타난다.

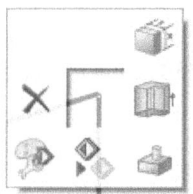

그림 1-36 Sketch Feature에 내한 Radial Popup Menu

⑫ Ctrl +Shift +MB1, 2, 3 누르고 기다림: Radial 툴바 표시

마우스 커서가 작업창 안에 있는 경우 아래 그림과 같이 Radial 툴바가 나타난다. Radial 툴바를 이용하면 기능 아이콘을 툴바에서 찾지 않고 빨리 실행할 수 있다.

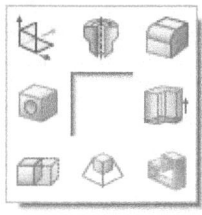 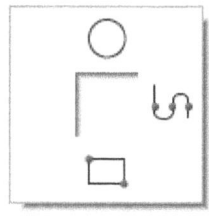 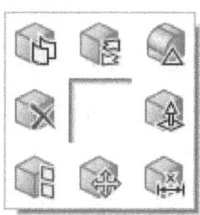

Ctrl + Shift + MB1　　　　Ctrl + Shift + MB2　　　　Ctrl + Shift + MB3

그림 1-37 Radial Toobar

1.7 View 팝업 메뉴

뷰 팝업 메뉴는 작업 시 빈번하게 사용되는 옵션 들을 단일 메뉴로 제공한다.

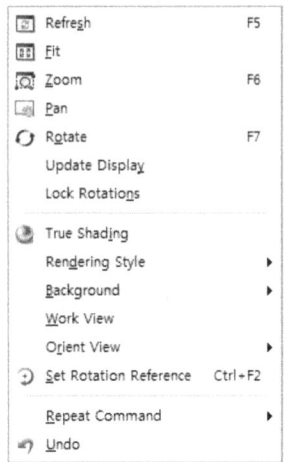

그림 1-38 View Popup Menu

① Refresh

아래 그림과 같이 임시적으로 보이는 아이템을 제거한다. 이러한 아이템에는 *(asterisk), 벡터 화살표 등이 있다.

그림 1-39 Asterisk

② Fit

모델이 View 크기에 꽉 차도록 보여준다. 메뉴버튼 > Preferences > Visualization > View/Screen 페이지의 Fit Percentage 옵션을 조정하면 채워지는 비율을 조정할 수 있다.

이 설정은 세션(Session) 내에서만 유효하다. 즉, NX를 종료한 후 다시 실행하면 초기값인 100%로 되돌아간다.

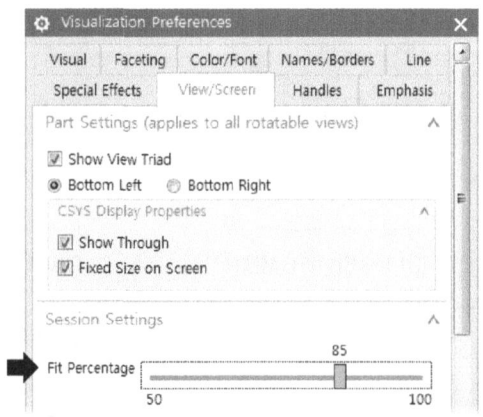

그림 1-40 Fit Percentage 옵션

Fit Percentage 값에 따른 차이점은 아래 그림에서 확인할 수 있다.

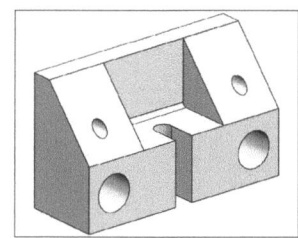  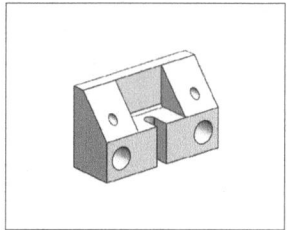

Fit Percentage=100%   Fit Percentage=80%   Fit Percentage=60%

그림 1-41 Fit Percentage 값에 따른 차이점

③ Zoom
작업창에 사각형을 그려 View를 영역 확대할 수 있다.

④ Rotate
View를 회전할 수 있다.

⑤ Pan
View를 수평 이동할 수 있다.

⑥ True Shading
모델을 사실감 있게 보여준다.

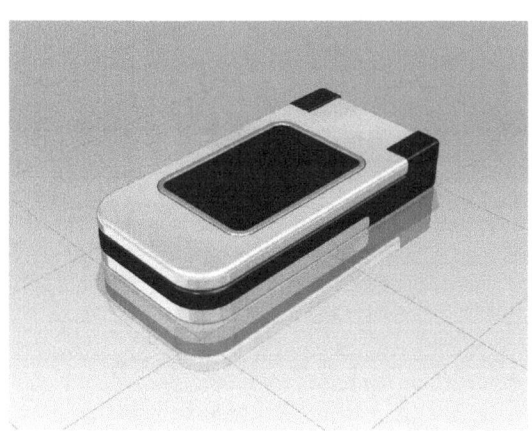

그림 1-42 True Shading을 적용한 상태

⑦ Rendering Style

오브젝트의 겉보기 상태를 설정한다. 일반적인 작업에서는 주로 Shaded with Edges와 Static Wireframe을 번갈아 사용한다.

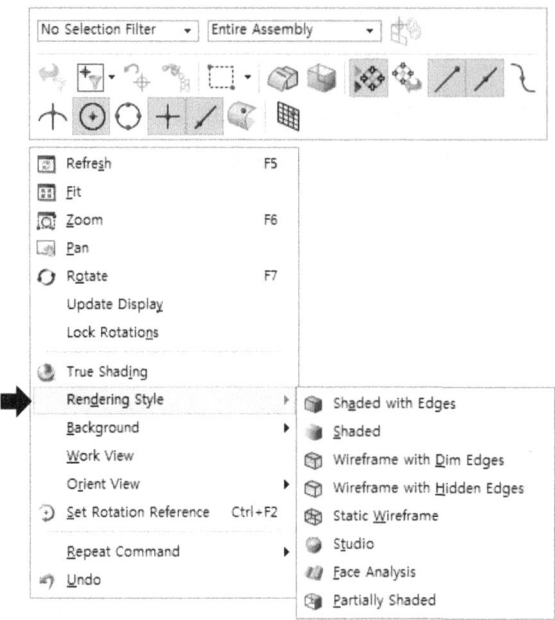

그림 1-43 Rendering Style

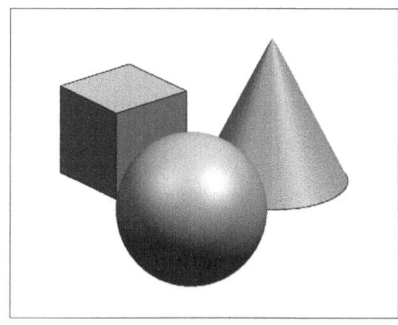
Shaded with Edges

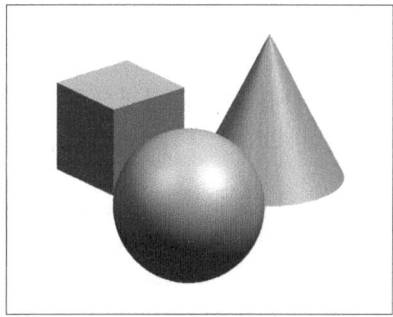
Shaded

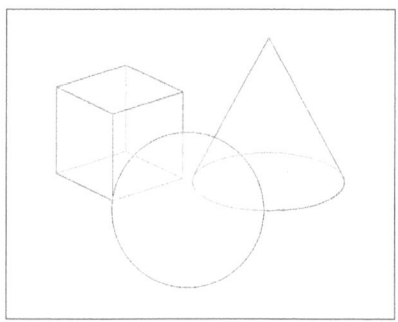
Wireframe with Dim Edges

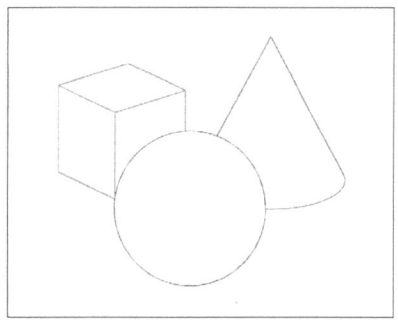
Wireframe with Hidden Edges

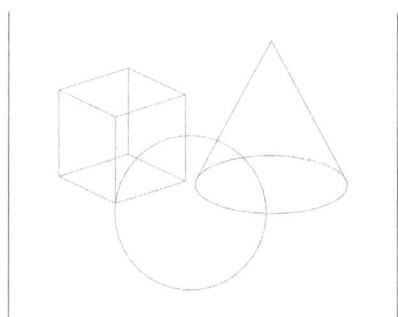
Static Wireframe

Studio

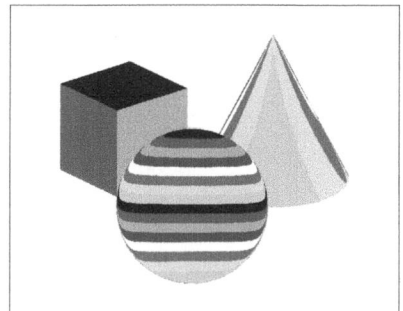
Face Analysis

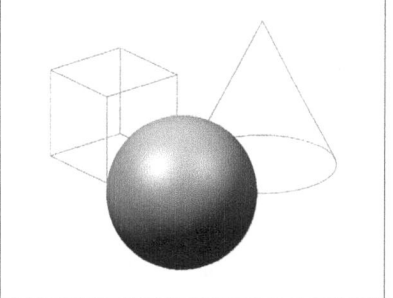
Partially Shaded

그림 1-44 Rendering Style

1 장: 시작하기

⑧ Orient View

View의 방향을 사전 정의된 방향으로 변경할 수 있다. Trimetric 혹은 Isometric View가 3D 모델을 파악하기에 가장 용이하다. Trimetric View의 단축키는 Home 키이다.

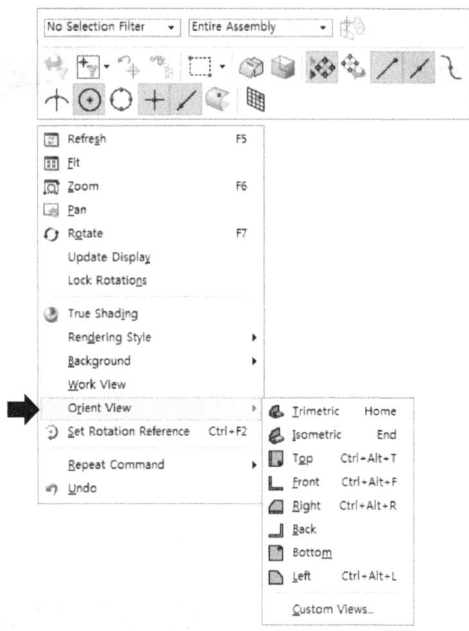

그림 1-45 Orient View

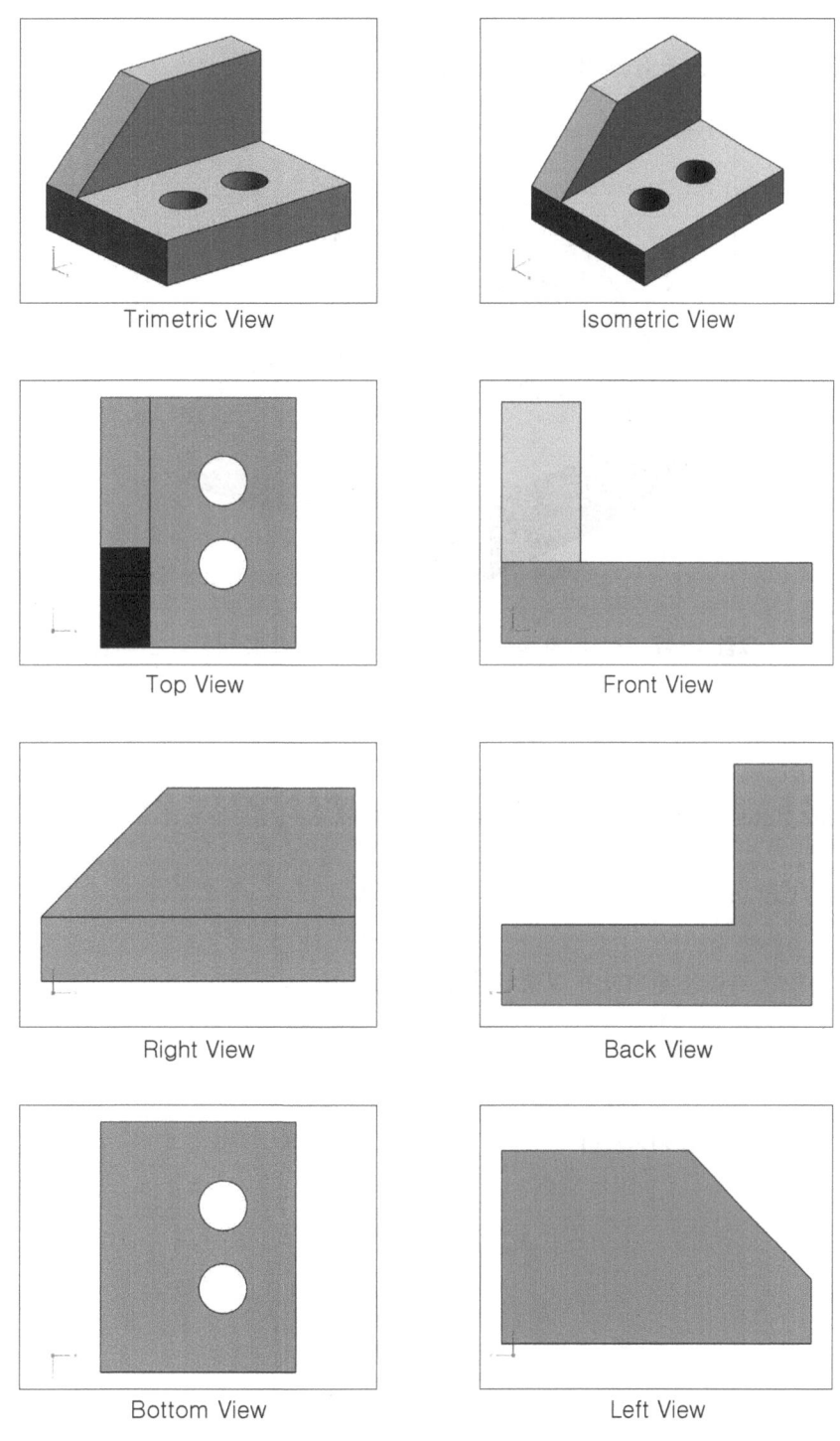

그림 1-46 Orient View

⑨ Set Rotation Reference

View Rotate 시 회전 중심을 지정할 수 있다.

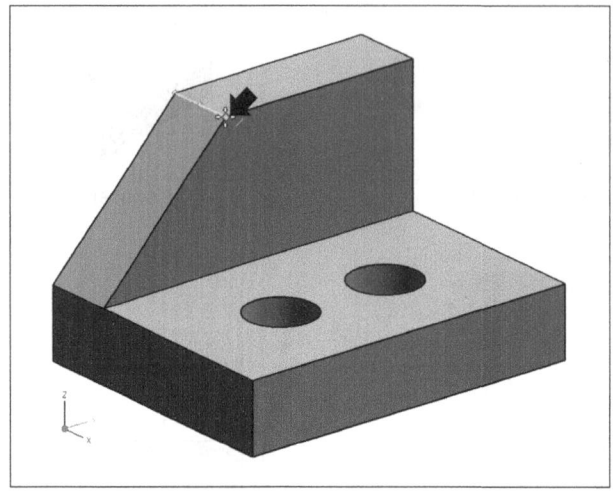

그림 1-47 모서리의 끝 점을 View 회전 중심으로 지정하는 과정

⑩ Clear Rotation Reference

Set Rotate Reference로 지정한 회전 중심을 삭제한다.

⑪ Repeat Command

최근에 사용한 기능을 선택하여 실행시킬 수 있다.

⑫ Undo

수행한 마지막 작업을 취소한다.

1.8 Customer Defaults

본 교재를 이용하여 효과적으로 학습하기 위하여 다음과 같이 환경설정을 한다. 변경된 Customer Defaults는 NX를 다시 실행시켜야 적용된다.

메뉴버튼 〉 File 〉 Utilities 〉 Customer Defaults

그림 1-48 Customer Defaults

1.8.1 Fit Percentage

View를 Fit(화면에 딱 맞게 채우기) 했을 때 작업창의 80% 비율로 맞추도록 설정한다.

> Gateway > Visualization > View/Screen > Fit View > Fit Percentage

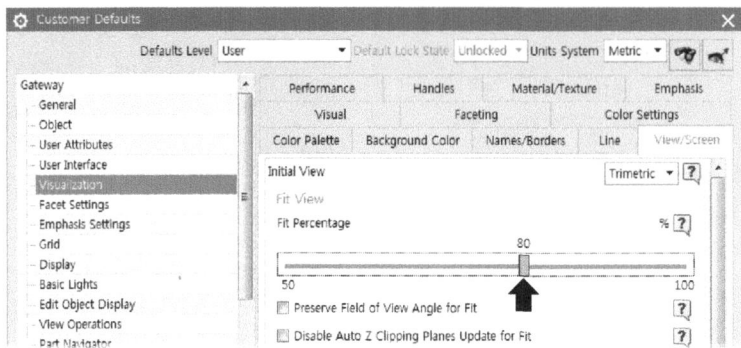

그림 1-49 Fit Percentage

1.8.2 Distance Tolerance

거리 공차의 기본값은 0.01mm이다. 이 값보다 작은 거리는 0으로 간주한다.

> Modeling > General > General

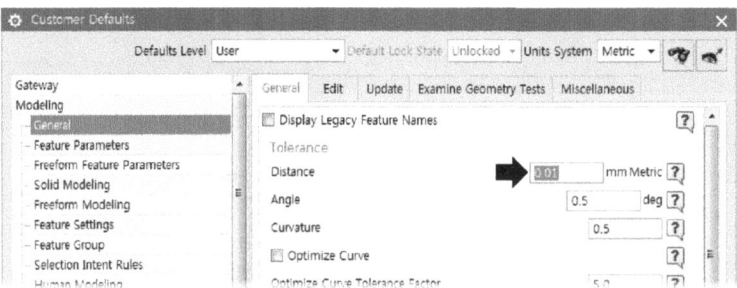

그림 1-50 Distance Tolerance

1.8.3 Double Click Action for Sketches

스케치를 수정하는 환경 설정이다.

```
Modeling > Edit > Double Click Action
Modeling > Edit > Edit Sketch Action
```

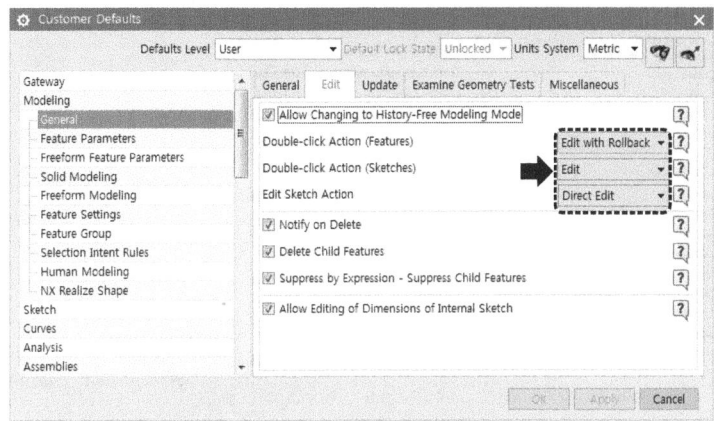

그림 1-51 Double Click Action / Edit Sketch Action

1.8.4 Continuous Auto Dimensioning in Design Applications

스케치 커브를 그릴 때 치수 구속이 자동으로 생성된다. 본 교재에서는 스케치 치수가 자동으로 생성되지 않도록 한다.

```
Sketch > Inferred Constraints and Dimensions > Dimensions > Continuous Auto
Dimensioning in Design Applications
```

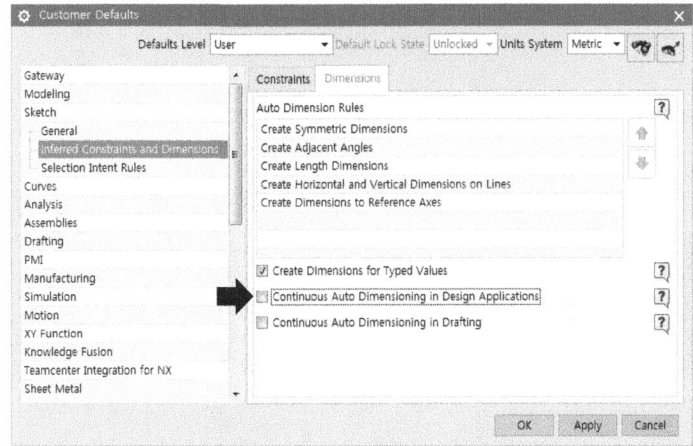

그림 1-52 Continuous Auto Dimensioning in Design Applications

1.8.5 변경 사항 확인 및 삭제

Customer Default의 변경 사항은 Manage Current Settings 버튼을 눌러 확인할 수 있다.

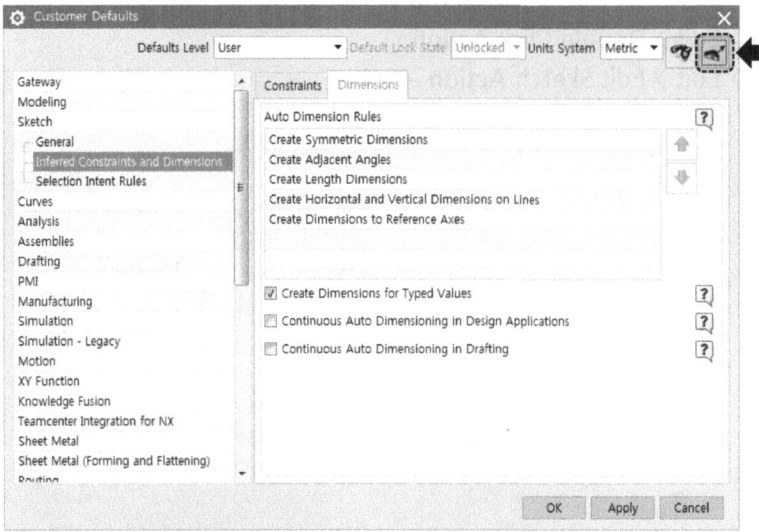

그림 1-53 Manage Current Settings 버튼

Manage Current Settings 대화상자에서 Customer Default를 내보내거나 불러들일 수 있으며 설정 사항을 선택한 후 삭제할 수 있다. 변경한 설정을 삭제하면 초기 해당 옵션이 초기화 되며 NX를 다시 실행시키면 적용된다.

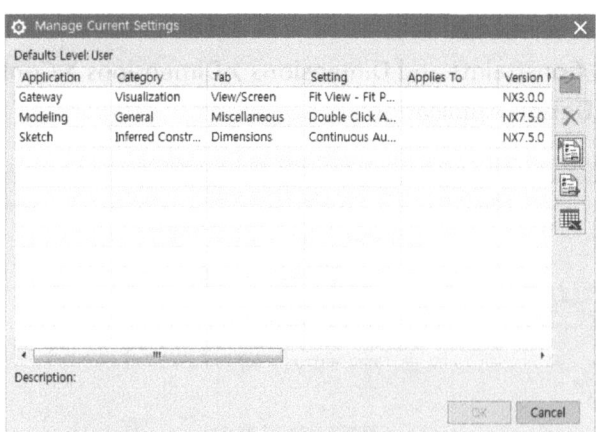

그림 1-54 Manage Current Settings 대화상자

1.9 User Interface 설정

메뉴 버튼의 Preferences 〉 User Interface를 선택하여 NX의 User Interface를 변경할 수 있다. NX에 익숙하지 않는 처음 사용자는 이 설정을 변경하지 않도록 한다.

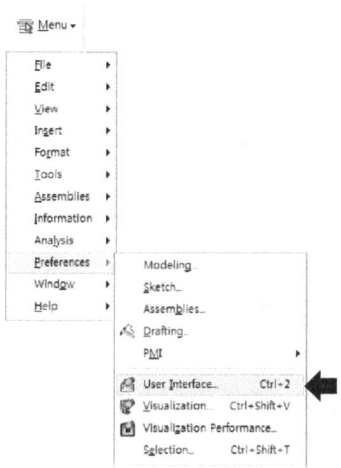

그림 1-55 User Interface 메뉴

1.9.1 단위창 위치 초기화

Layout 메뉴(그림 1-56)에서는 툴바의 형태나 위치 등을 초기화할 수 있다. Classic Toolbars 옵션을 체크하면 NX 8.5까지 사용되었던 형태의 툴바 형태를 사용할 수 있으며 Reset Window Position 버튼을 누르면 Resource Bar, Selection Bar 등 NX의 단위창 위치를 초기화 할 수 있다. Display Resource Bar 옵션을 이용하여 리소스바의 위치나 형태를 변경할 수도 있다.

1.9.2 정보 메시지 초기화

General 메뉴(그림 1-57)에서는 각종 정보메시지가 표시되지 않을 경우 초기화하여 다시 나타나게 할 수 있다. NX를 처음 시작할 때 초기 화면의 Welcome Page를 다시 나타나게 할 수 있으며 "Don't display this message again" 옵션을 체크하여 정보창이 나타나지 않는 경우 초기화 하여 다시 나타나게 할 수 있다.

1 장: 시작하기

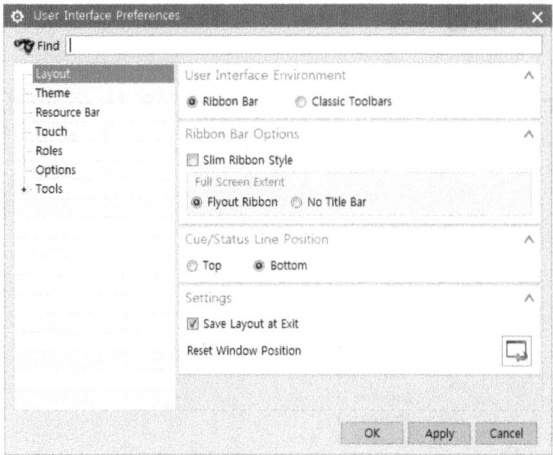

그림 1-56 Layout 메뉴

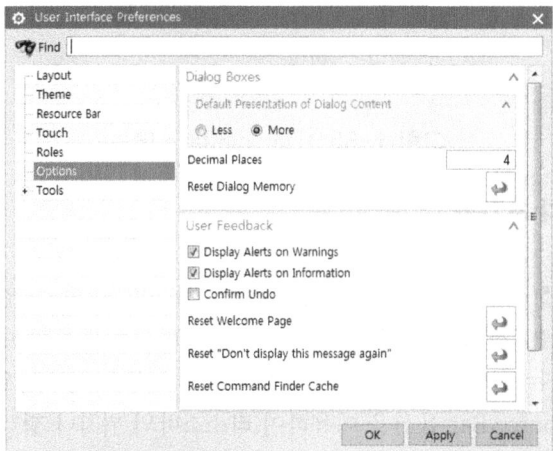

그림 1-57 Options 메뉴

Chapter 2
모델링 개요

■ 학습목표

- NX를 이용한 모델링 과정을 개략적으로 이해한다.

2.1 주요 용어

2.1.1 피쳐 기반 모델링

현실에서의 형상을 컴퓨터의 가상 공간에서 구현하는 것을 모델링(Modeling)이라고 한다.

피쳐(Feature)는 개별적으로 수정할 수 있는 가장 작은 모델링 단위이다. NX를 이용하여 생성한 모든 형상은 개별 피쳐들의 조합이고 각각의 피쳐는 직접 또는 간접적으로 서로 연관되어 있다. 피쳐 기반 모델링이란 피쳐를 생성하는 기능의 특성이나 절차, 사용 방법 등을 체계적으로 이해하여 원하는 형상을 효과적으로 생성해 나가는 모델링 개념을 말한다. 예를 들어 그림 2-1의 (A) 형상은 어떤 평면에 생성한 사각형의 스케치를 익스트루드(Extrude) 기능을 이용하여 돌출시켜 생성할 수 있고, 그림 2-1의 (B) 형상은 원형의 스케치를 익스트루드 기능을 이용하여 돌출시키거나 (C)와 같이 사각형의 스케치를 축을 중심으로 회전시켜 생성할 수 있다. (D)는 반원 스케치를 축을 중심으로 하여 회전시켜 생성한 구 형상을 보여준다.

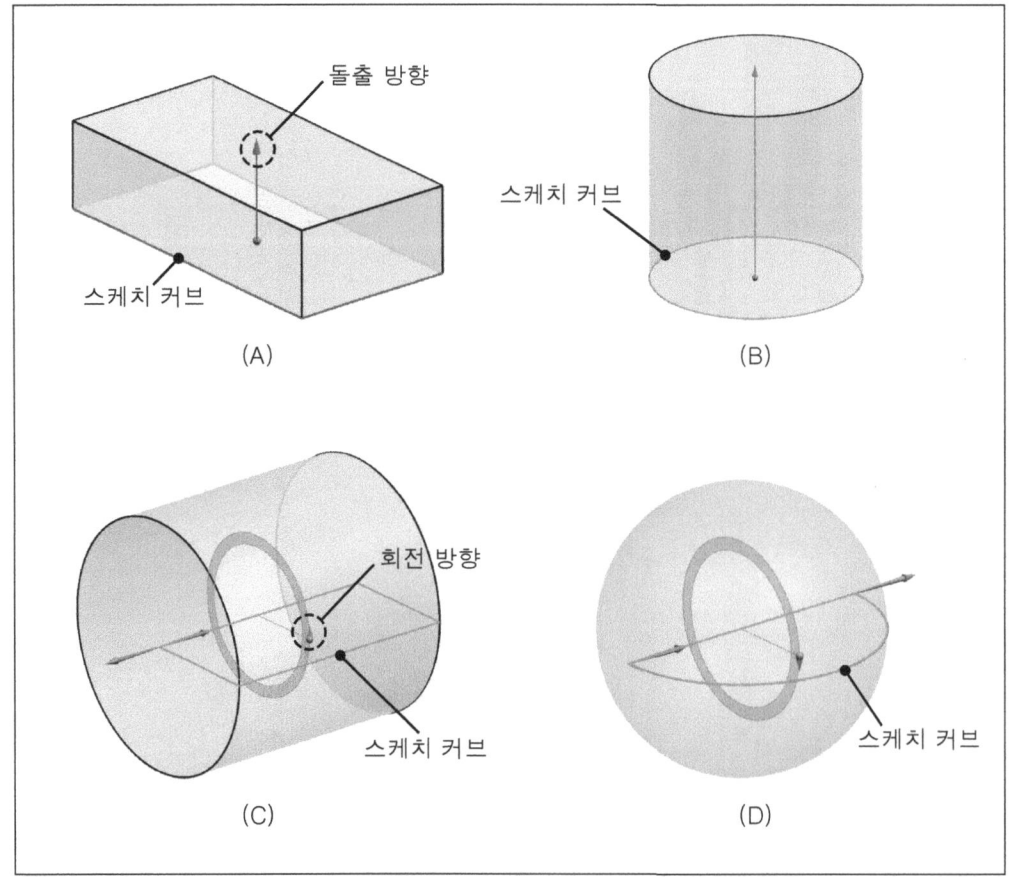

그림 2-1 여러 가지 기본 형상

2.1.2 히스토리 기반 모델링

NX는 피쳐 기반 모델링인 동시에 피쳐가 생성된 이력을 관리하고 수정할 수 있는 히스토리 기반 모델링 소프트웨어. 그림 2-2는 그림 2-3의 모델링 과정의 생성 이력을 보여주고 있다.

① XY 평면에 스케치를 생성한다.

② Extrude 기능을 이용하여 Z 방향으로 돌출시킨다.

③ 돌출된 형상의 윗면을 스케치 평면으로 하여 두 번째 스케치를 생성한다.

④ Extrude 기능을 이용하여 두 번째 스케치 피쳐를 돌출시켜 기존 피쳐에 붙인다.

⑤ Edge Blend 기능을 이용하여 모서리에 필렛을 생성한다.

⑥ Shell 기능을 이용하여 두께가 일정한 형상을 생성한다.

⑦ 모델의 옆 면을 스케치 평면으로 하여 세 번째 스케치를 생성한다.

⑧ Extrude 기능을 이용하여 세 번째 피쳐를 돌출시켜 제거한다.

피쳐를 생성하는 순서는 최종 형상을 얻는데 있어서 매우 중요하다. 5번 단계의 Edge Blend를 생성하기 전에 6번의 Shell 기능을 먼저 사용한다면 모서리가 둥글게 처리되지 않은 형상에 대한 두께를 생성하게 되어 원하지 않는 결과가 나올 수 있다.

2 장: 모델링 개요

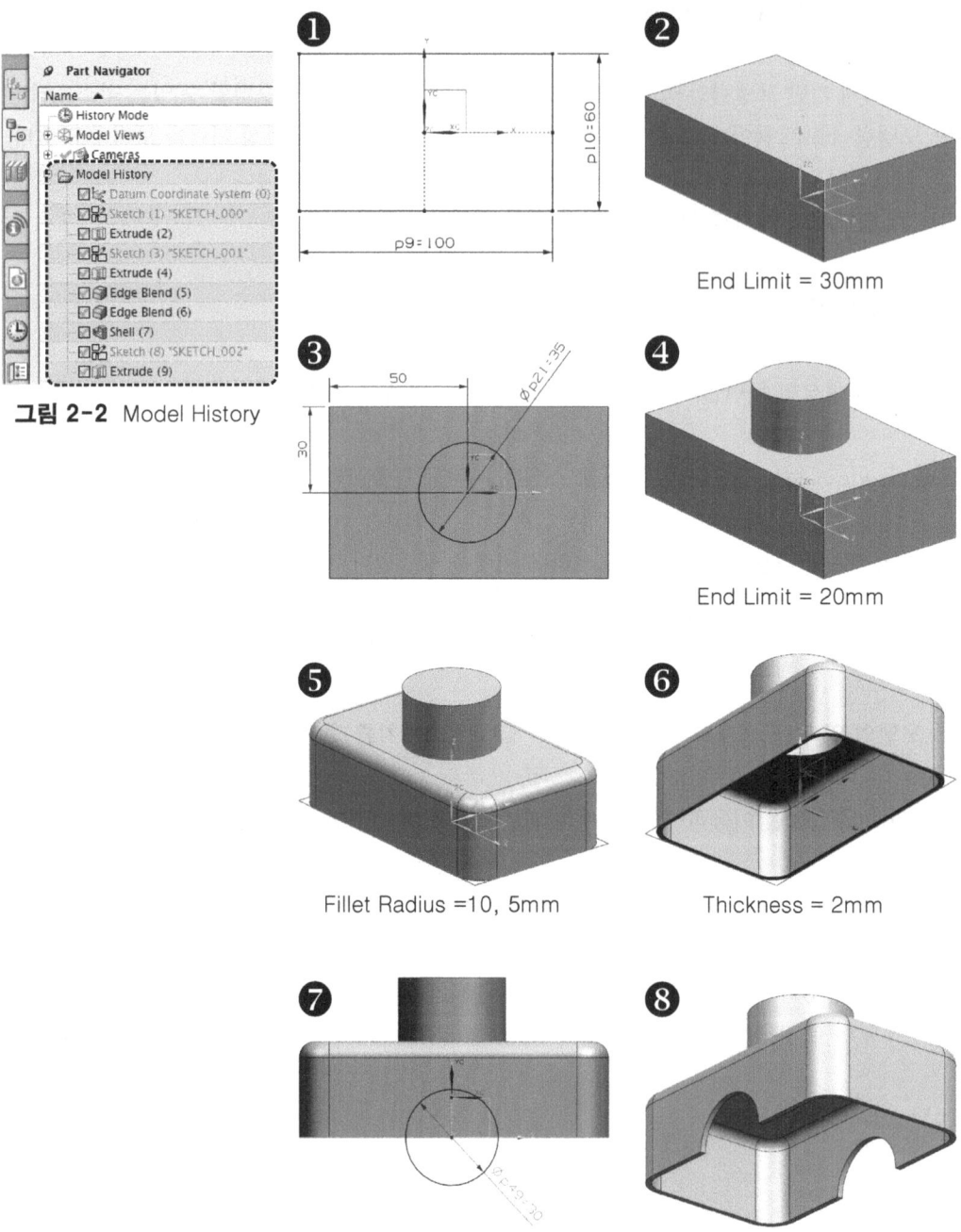

그림 2-2 Model History

그림 2-3 모델링 과정

2.2 모델링 과정 개요

그림 2-3의 모델을 생성하는 과정을 좀 더 상세히 살펴보자.

2.2.1 새 파일 만들기

1. NX를 실행한 후 New 아이콘을 누른다.

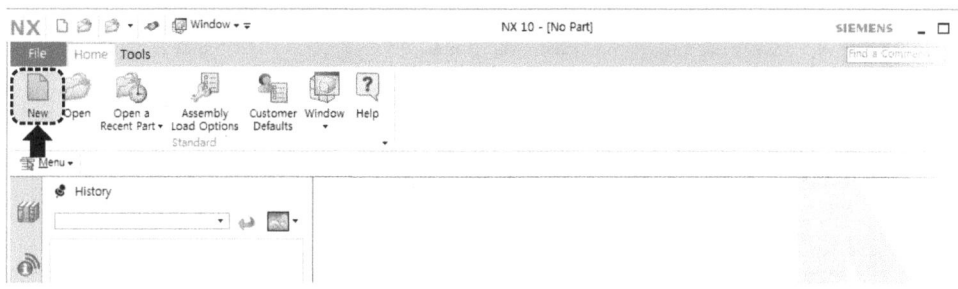

그림 2-4 New 아이콘

2. New 대화상자의 템플릿 그룹에서 Model이 선택된 것을 확인한다.

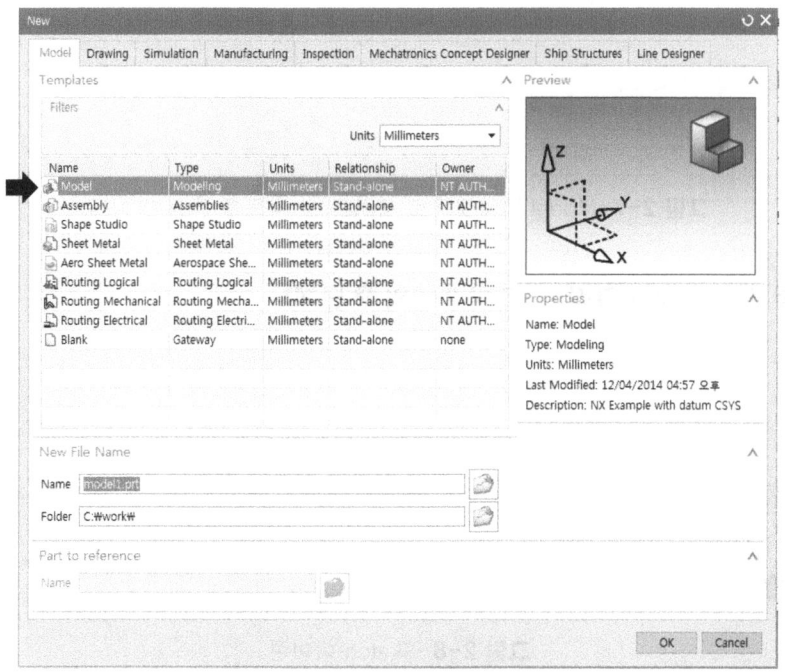

그림 2-5 Model 템플릿

2 장: 모델링 개요

3. New 대화상자의 우측 하단의 OK 버튼을 누른다.

그림 2-6 OK 버튼

그림 2-7과 같이 새로운 빈 파트가 생성된다.

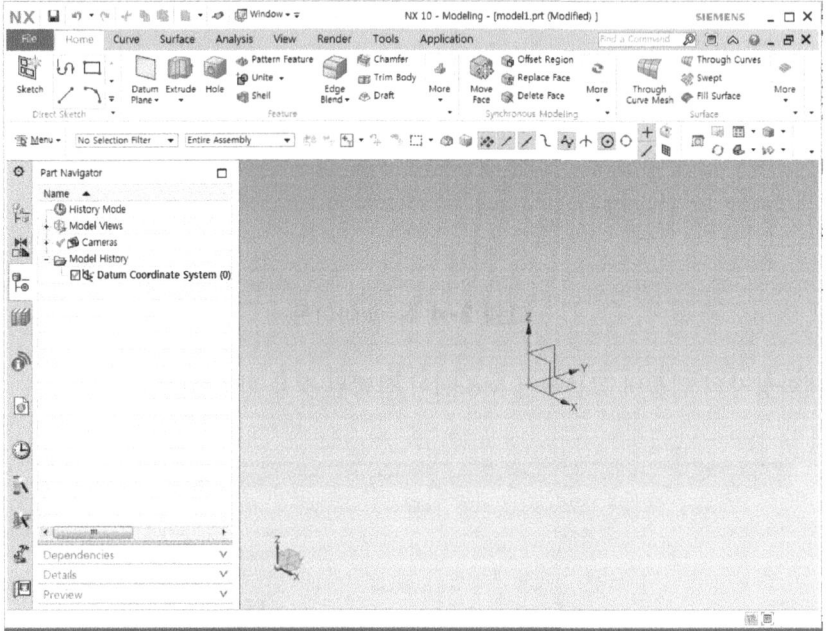

그림 2-7 Model 템플릿으로 새로운 빈 파트를 생성한 상태

2.2.2 첫 번째 스케치 그리기 (그림 2-3의 ❶ 단계)

1. Home 탭에서 Sketch 아이콘을 누른다.

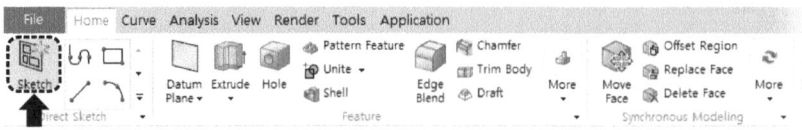

그림 2-8 Sketch 아이콘

2. Create Sketch 대화상자에서 그림 2-9에서 화살표가 가리키는 위치의 대화상자 초기화 (Reset) 버튼을 누른다.

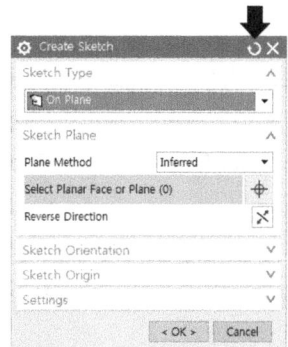

그림 2-9 Create Sketch 대화상자

3. Create Sketch 대화상자에서 OK 버튼을 누른다.

그림 2-10 OK 버튼

4. 그림 2-11과 같이 뷰가 회전하여 스케치 평면을 마주 보게 된다.

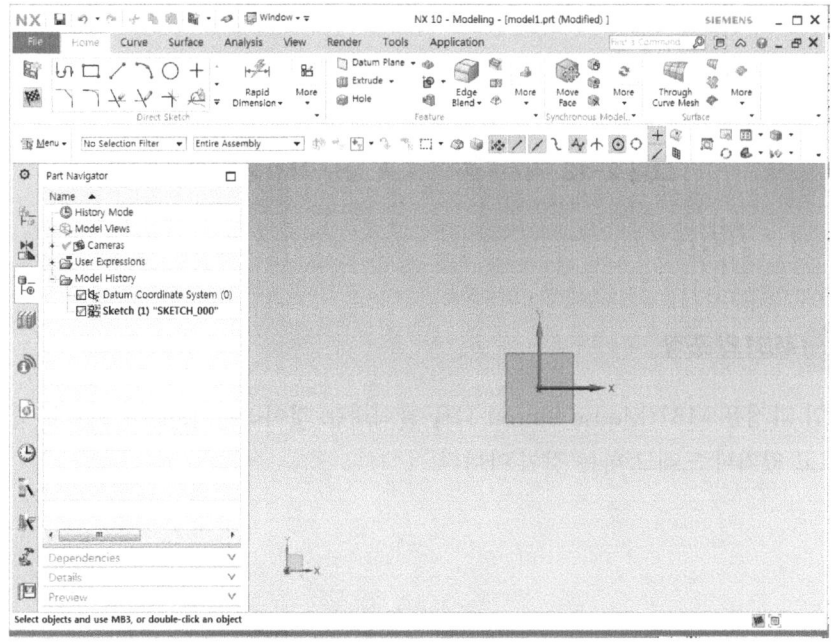

그림 2-11 스케치 환경이 시작된 상태

5. Direct Sketch 아이콘 그룹에서 Rectangle 아이콘을 누른다.

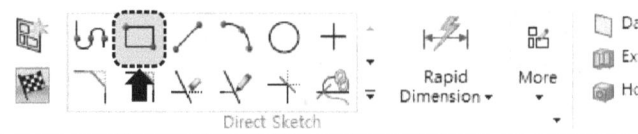

그림 2-12 Direct Sketch 그룹의 Rectangle 아이콘

6. 작업창에서 그림 2-13의 화살표가 가리키는 위치에 마우스 커서를 위치 시킨 후 MB1(왼쪽 버튼)을 클릭한다. 마우스 커서의 위치는 그림과 조금 달라도 무방하다.

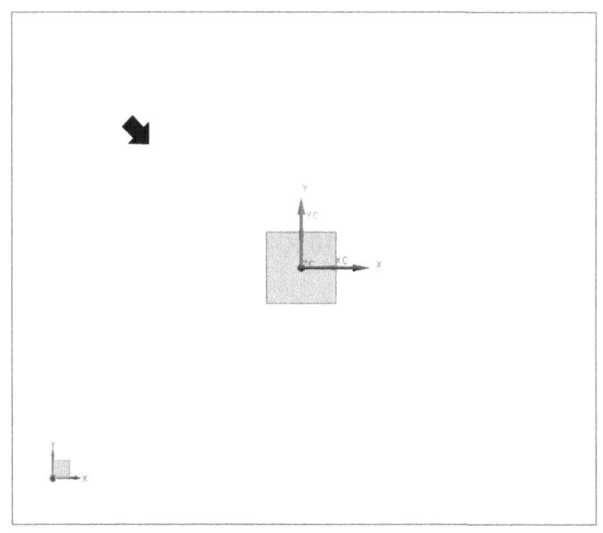

그림 2-13 직사각형의 좌측 상단 꼭지점의 위치

> **!** *MB1의 조작*
>
> 6번 작업 과정은 MB1(Mouse Button 1)을 클릭하는 것이라는 점에 주의한다. 즉, MB1을 누르고 있거나 드래그 하는 것이 아니다.

7. 마우스 포인터를 화면의 오른쪽 아래 부분으로 이동시킨 후 그림 2-14에서 화살표가 가리키는 위치로 마우스를 이동한 후 MB1을 클릭한다.

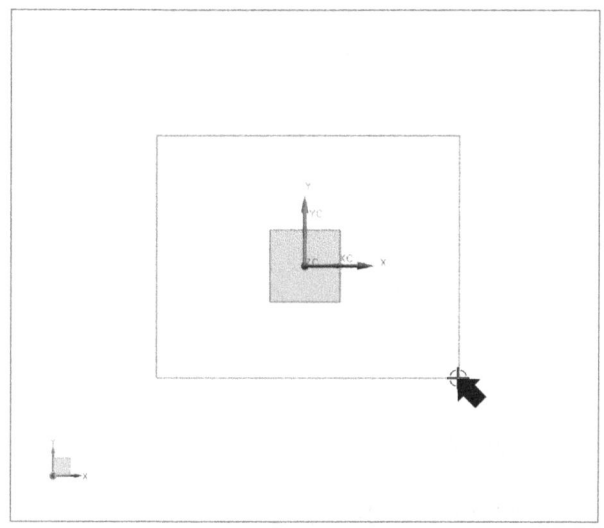

그림 2-14 사각형의 크기를 정의하는 단계

8. MB2(가운데 버튼 또는 휠)을 눌러 그림 2-15와 같이 직사각형을 생성한다.

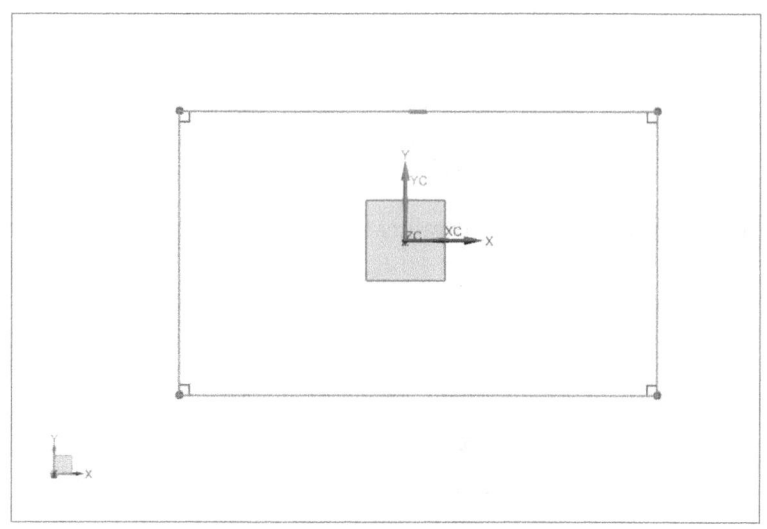

그림 2-15 생성된 직사각형

> **! 자동 치수**
>
> 만약 그림 2-15의 사각형에 자동으로 치수가 생성된다면 29쪽에서 설명한 Continuous Auto Dimensioning in Design Applications 옵션을 해제한다. 옵션 해제 후 NX를 종료하고 다시 실행시켜야 한다는 점을 기억하기 바란다.

9. Home 탭의 Direct Sketch 그룹에서 More 버튼을 클릭한 후 Geometric Constraints 아이콘을 누른다.

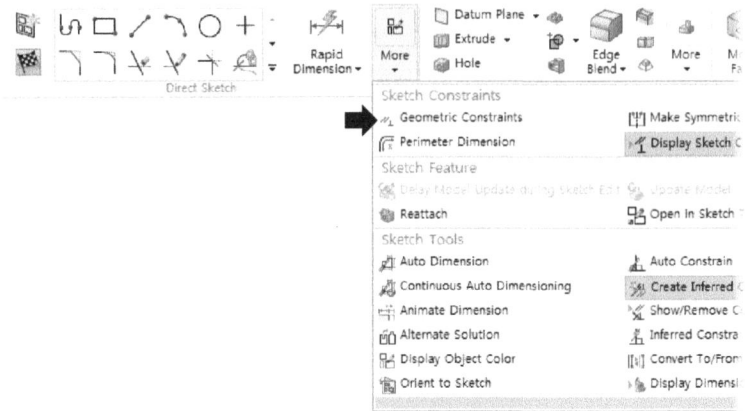

그림 2-16 Geometric Constraints 아이콘

10. 그림 2-17의 정보창에서 OK 버튼을 누른다.

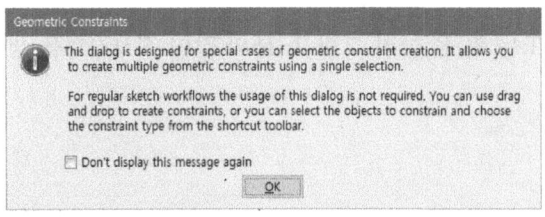

그림 2-17 정보창

11. 그림 2-18과 같은 Geometric Constraints 대화상자에서 Midpoint 버튼을 누른다.

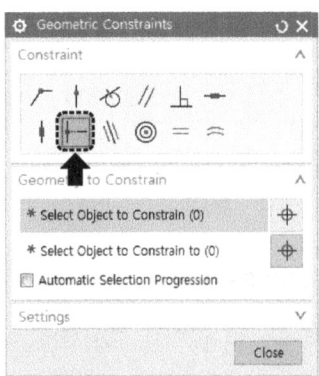

그림 2-18 Geometric Constraints 대화상자

12. 그림 2-19에서 화살표가 가리키는 위치에서 직선을 선택하고 마우스 가운데 버튼(휠)을 누른다.

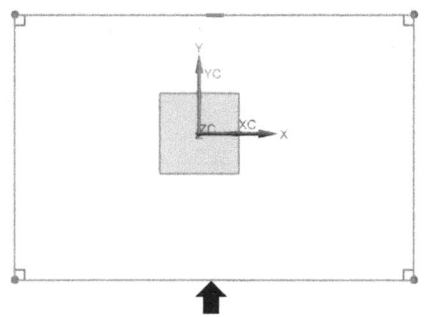

그림 2-19 직선을 선택하는 위치

13. 그림 2-20에서 화살표가 가리키는 위치(원점)를 클릭한다. 그림 2-21과 같이 Midpoint 구속이 적용되어 스케치 선이 변경된다.

그림 2-20 원점 선택 **그림 2-21** Midpoint 구속을 적용한 결과

14. Geometric Constraints 대화상자는 화면에 나타나 있는 상태이다. 만약 대화상자를 닫았다면 Geometric Constraints 아이콘을 다시 누른다.

15. Midpoint 버튼을 누르고 그림 2-22의 수직선을 선택한다. 그림 2-17의 정보창이 나타나면 Don't display this message again 옵션을 체크한 후 OK 버튼을 누른다.

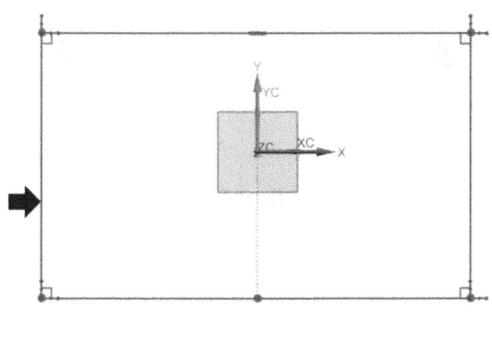

그림 2-22 수직선 선택

16. 마우스 가운데 버튼(MB2)을 누른다.
17. 원점을 선택하여 그림 2-23과 같이 Midpoint 구속을 생성한다.
18. Geometric Constraints 대화상자에서 Close 버튼을 눌러 닫는다.

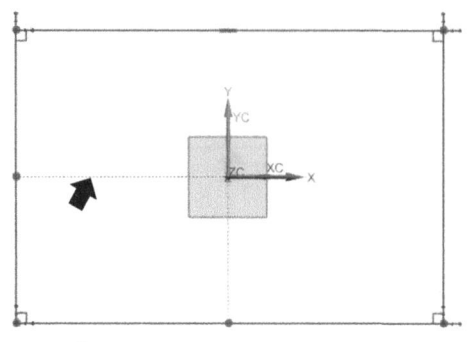

그림 2-23 두 번째 Midpoint 구속을
적용한 결과

19. Direct Sketch 아이콘 그룹에서 Rapid Dimension 아이콘을 누른다.

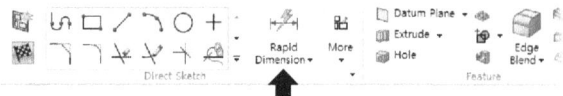

그림 2-24 Rapid Dimension 아이콘

20. 그림 2-25에서 ❶, ❷가 가리키는 직선을 클릭하여 차례로 선택한다.

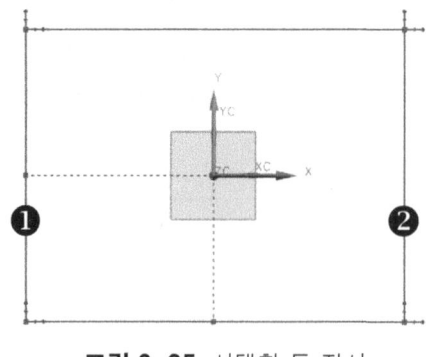

그림 2-25 선택할 두 직선

21. 마우스에 나타나는 치수 구속(파란색)의 위치를 그림 2-26과 같이 수평선의 아래로 이동시킨다.

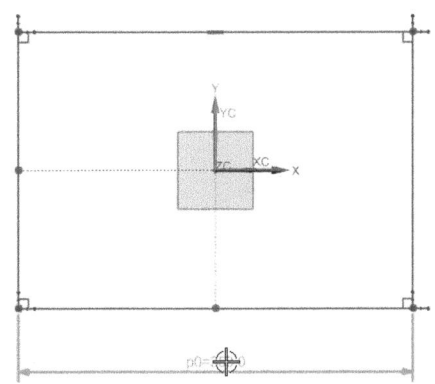

그림 2-26 치수 구속의 위치를 수평선 밑으로 이동한 상태

22. MB1을 눌러 그림 2-27과 같이 치수 구속의 위치를 결정한다.
23. 그림 2-27의 치수 입력창에 100을 입력한 후 키보드에서 Enter 키를 누른다. 그림 2-28과 같이 사각형의 가로 길이가 100mm로 바뀐 것을 확인할 수 있다.

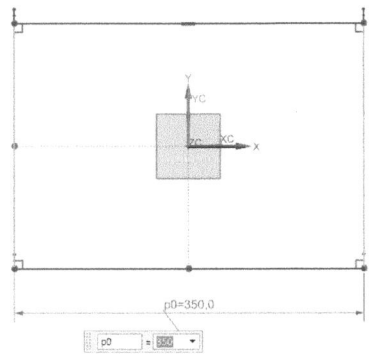 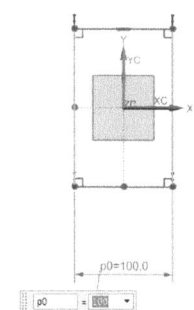

그림 2-27 치수 구속의 위치 지정   **그림 2-28** 치수 변경

> **❗ p0 = 350**
>
> 그림 2-27에서 치수가 p0=350으로 표시된 것을 알 수 있다. p는 parameter의 앞 글자를 의미한다. p 다음의 숫자가 0이 아니어도, 길이가 350이 아니어도 무방하다.

> **❗ 숫자 입력 후 Enter 키 누르기**
>
> 치수 입력란에 값을 입력 후 Enter를 누르지 않아도 대화상자에서 OK를 누르면 입력 값이 효력을 발휘한다. 하지만 Enter 키를 누르는 것은 정확한 미리보기가 목적이므로, 값 입력 후 Enter 키를 누르는 것을 습관화 하자.

24. 20~23번의 과정을 반복하여 사각형의 세로 길이를 60mm로 정의한다.
25. Rapid Dimension 대화상자에서 Close 버튼을 누른다.

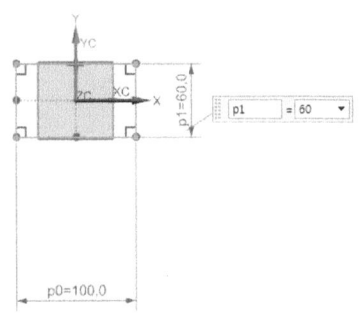

그림 2-29 세로 치수

26. 치수를 드래그 하여 위치를 이동시킨다.
27. Ctrl + F 키를 눌러 화면을 맞춘다.

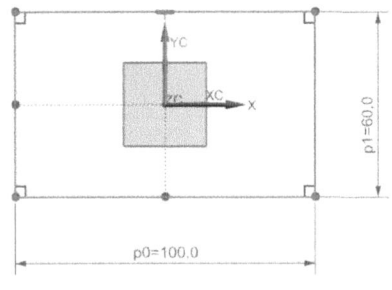

그림 2-30 치수 정렬

28. Finish Sketch 아이콘을 누른다.

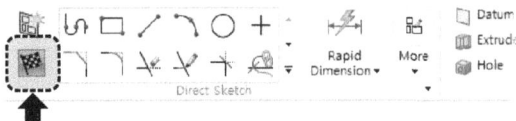

그림 2-31 Finish Sketch 아이콘

29. 키보드에서 Home 키를 누른다.

그림 2-32와 같이 뷰가 회전되고, 직선 4개의 스케치 피쳐가 생성된 것을 작업창과 파트 네비게이터의 모델 히스토리에서 확인할 수 있다.

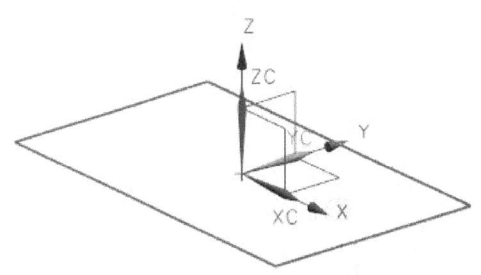
그림 2-32 완성된 첫 번째 스케치 커브

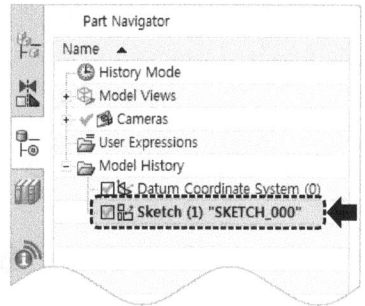
그림 2-33 모델 히스토리의 스케치 피쳐

2.2.3 Extrude를 이용하여 돌출 형상 만들기 (그림 2-3의 ❷ 단계)

1. Feature 그룹에서 Extrude 아이콘을 누른다.

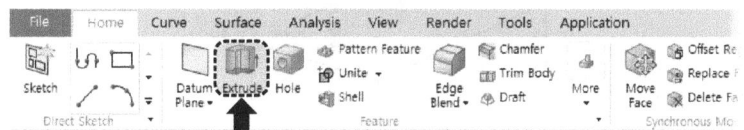
그림 2-34 Extrude 아이콘

2. Extrude 대화상자에서 Reset 버튼을 누른다.

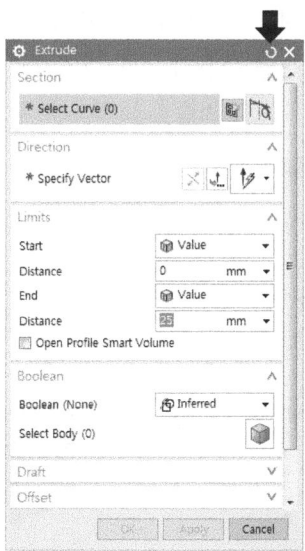
그림 2-35 Extrude 대화상자

2 장: 모델링 개요

3. 이전 단계에서 그린 스케치 커브의 4개의 직선 중 하나를 선택한다.

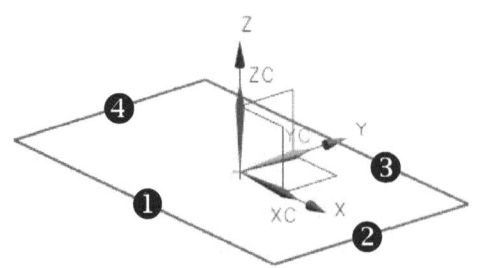

그림 2-36 스케치 피쳐의 4개 직선

4. 그림 2-37과 같이 스케치 치수가 보이고, 사각형이 Z 방향으로 돌출되는 미리보기가 나타난다.

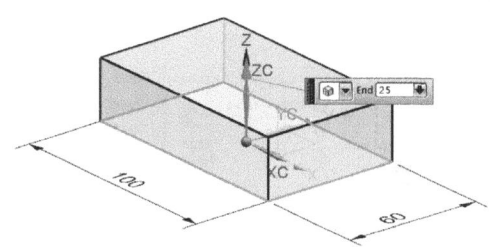

그림 2-37 Extrude 기능의 미리보기

5. 그림 2-38에서 화살표가 가리키는 바와 같이 Extrude 대화상자의 Limits 그룹에서 End Distance 값에 30을 입력한 후 키보드에서 Enter 키를 누른다.

6. Extrude 대화상자에서 OK 버튼을 누른다. 그림 2-39와 같이 육면체의 솔리드 바디가 생성된다.

그림 2-38 End Distance에 30을 입력한 상태

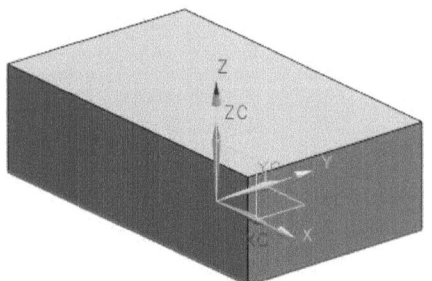

그림 2-39 Extrude 기능으로 만든 솔리드 바디

2.2.4 두 번째 스케치 그리기 (그림 2-3의 ❸ 단계)

1. Direct Sketch 그룹에서 Sketch 아이콘을 누른다.

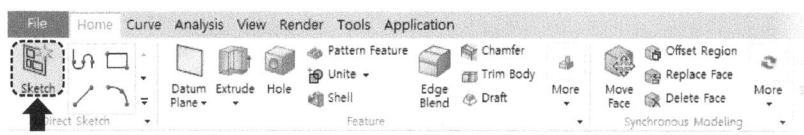

그림 2-40 Sketch 아이콘

2. 그림 2-41에서 화살표가 가리키는 위치에서 육면체의 윗면을 스케치 평면으로 선택한다.

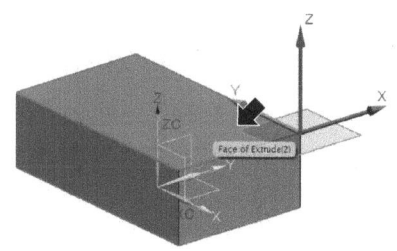

그림 2-41 스케치 평면으로 선택할 윗면

3. Create Sketch 대화상자에서 OK 버튼을 누른다. Sketch 환경으로 들어간다. 키보드에서 Ctrl + F 키를 누른다.
4. Direct Sketch 그룹에서 Circle 아이콘을 누른다.

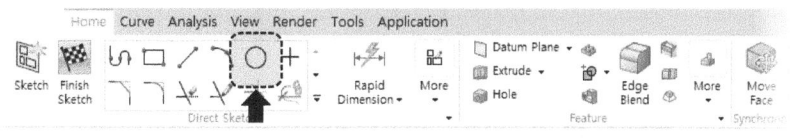

그림 2-42 Circle 아이콘

5. 렌더링 스타일을 Wireframe with Dim Edges로 변경한다. 마우스 커서를 작업창에 빈 곳에 둔 상태에서 MB3를 2~3초간 누르면 그림 2-43와 같은 Radial Pop-up 메뉴가 나타난다. MB3를 누른 상태로 6시 방향으로 드래그 한 후 MB3를 놓는다.

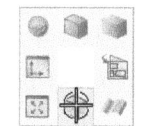

그림 2-43 Rendering 변경

2 장: 모델링 개요

6. 그림 2-50에서 화살표가 가리키는 위치에 마우스 커서를 올려 놓고 마우스 커서의 모양이 그림 2-50과 같이 바뀌는 순간에 MB1을 누른다.

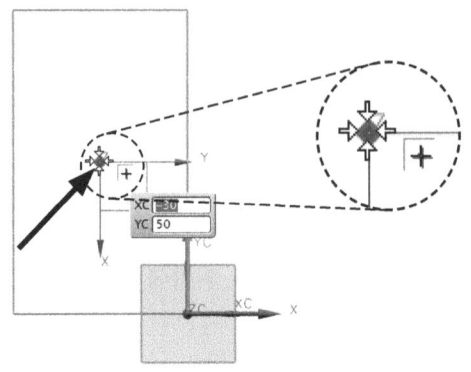

그림 2-44 원의 중심으로 선택할 데이텀 축의 점(point)

7. 첫 번째 스케치로 그린 사각형 안에 들어가도록 그림 2-45와 같이 원을 그린 후 지름을 35mm로 지정한다. (힌트: Rapid Dimension 아이콘을 누른 후 원 선택)
8. Finish Sketch 아이콘을 누른다.

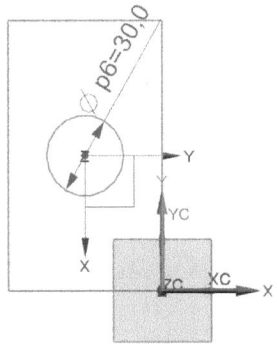

그림 2-45 Circle 기능으로 그릴 두 번째 스케치의 원

2.2.5 Extrude를 이용하여 돌출 형상 만들기 (그림 2-3의 ❹ 단계)

1. 스케치를 종료한 후 그림 2-46에서 화살표가 가리키는 원통 형상을 만든다. Extrude 기능 사용 시 옵션은 그림 2-47과 같이 설정한다. (힌트: Finish Sketch → Extrude)

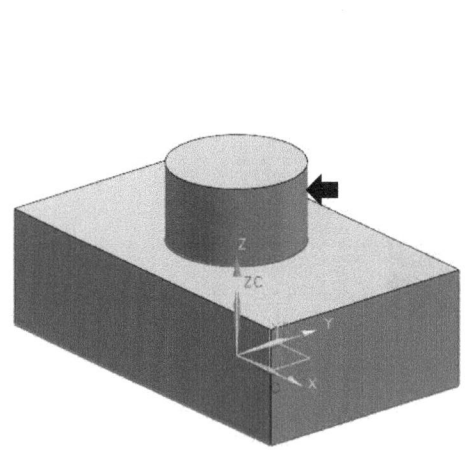
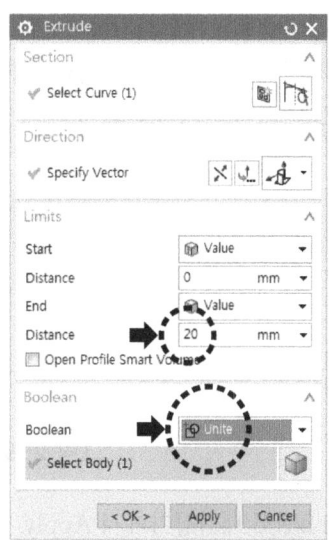

그림 2-46 생성할 원통 형상

그림 2-47 Extrude 대화상자의 옵션 설정

2.2.6 Edge Blend를 이용하여 필렛 형상 만들기 (그림 2-3의 ❺ 단계)

1. Feature 그룹에서 Edge Blend 아이콘을 누른다.

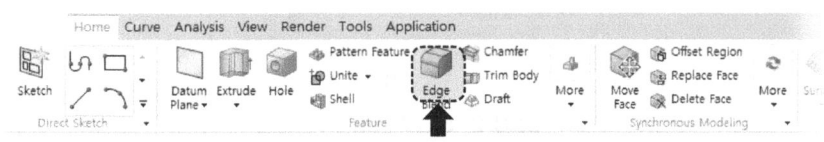

그림 2-48 Edge Blend 아이콘

2. Edge Blend 대화상자에서 Reset 버튼을 눌러 대화상자의 설정을 초기화한다.
3. Edge Blend 대화상자 > Edge to Blend 그룹의 'Radius 1' 값에 10을 입력한 후 키보드에서 Enter 키를 누른다.

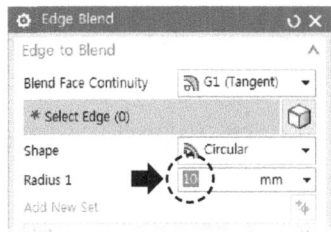

그림 2-49 'Radius 1 값에 10을 입력한 상태

4. 그림 2-50에서 화살표가 가리키는 4개의 모서리를 선택한다. 선택 순서는 상관없다.
(힌트: 보이지 않는 모서리 하나는 렌더링 스타일을 변경하거나 뷰를 돌려서 선택한다.)

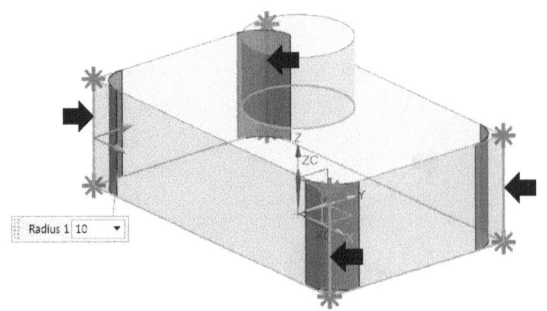

그림 2-50 선택할 4개의 수직 모서리

5. Edge Blend 대화상자에서 Apply 버튼을 누른다.
6. 4개의 모서리가 동그랗게 된 것을 확인할 수 있다. 이런 기능을 일반적으로 필렛이라 부른다. Edge Blend 대화상자는 닫히지 않은 상태이다.

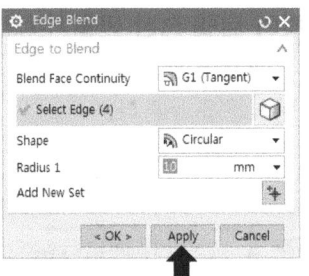

그림 2-51 Apply 버튼

> **! Apply**
>
> 대화상자에서 Apply 버튼을 누르면 기능을 계속 사용할 수 있다.

7. Edge Blend 대화상자 > Edge to Blend 그룹의 'Radius 1 값에 5를 입력하고 Enter 키를 누른다.
8. 그림 2-52화살표가 가리키는 모서리를 선택한다. Edge Blend의 미리보기가 나타난다.

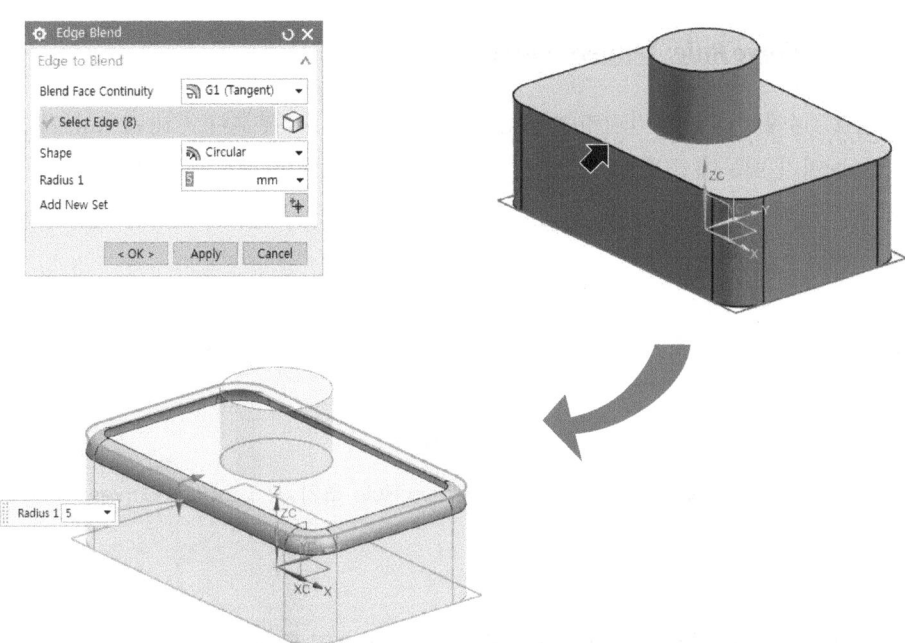

그림 2-52 Edge Blend를 적용할 모서리 선택

9. Edge Blend 대화상자에서 OK 버튼을 누른다.
10. 그림 2-53와 같이 필렛(fillet) 형상이 생성된 것을 확인할 수 있다.

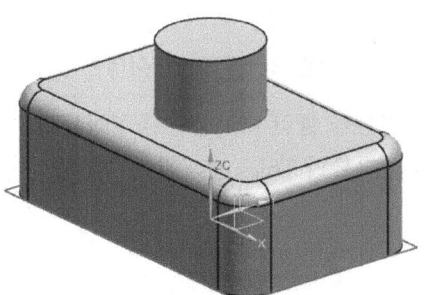

그림 2-53 Edge Blend를 적용한 결과

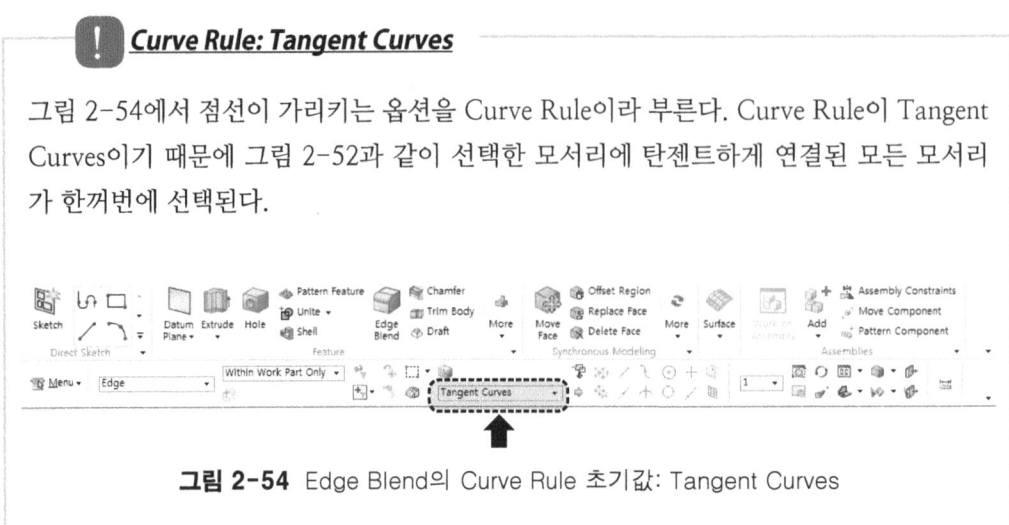

> **Curve Rule: Tangent Curves**
>
> 그림 2-54에서 점선이 가리키는 옵션을 Curve Rule이라 부른다. Curve Rule이 Tangent Curves이기 때문에 그림 2-52과 같이 선택한 모서리에 탄젠트하게 연결된 모든 모서리가 한꺼번에 선택된다.
>
> **그림 2-54** Edge Blend의 Curve Rule 초기값: Tangent Curves

2.2.7 Shell을 이용하여 살빼기 하기 (그림 2-3의 ❻ 단계)

1. Feature 그룹에서 Shell 아이콘을 누른다.

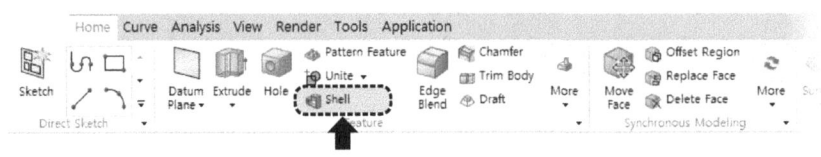

그림 2-55 Shell 아이콘

2. Shell 대화상자에서 Reset 버튼을 눌러 대화상자의 설정을 초기화한다.
3. Shell 대화상자 〉 Thickness 그룹의 Thickness 값에 2를 입력한 후 키보드에서 Enter 키를 누른다.

그림 2-56 Shell 대화상자

4. 뷰를 돌려 그림 2-57에서 화살표가 가리키는 밑면을 선택한다. 그림 2-58과 같이 두께 2mm로 속을 파낸 형상이 미리보기 된다.

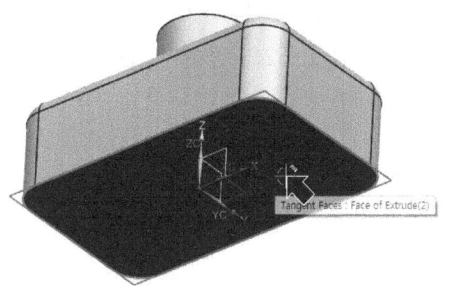 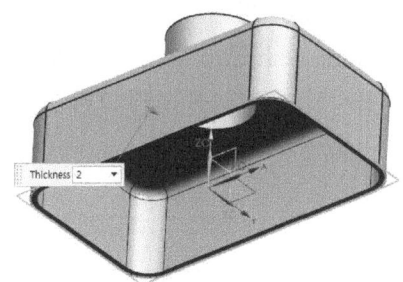

그림 2-57 선택할 면   **그림 2-58** 미리보기

5. Shell 대화상자에서 OK 버튼을 누른다. 그림 2-59와 같이 Shell 피쳐가 생성된다.

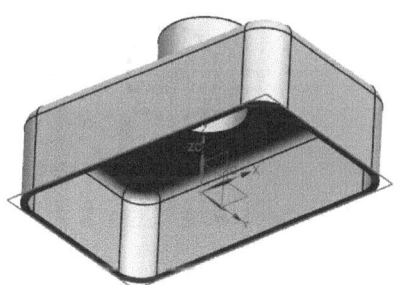

그림 2-59 Shell 적용 결과

2.2.8 원통으로 잘라내기 (그림 2-3의 ❼, ❽ 단계)

1. 키보드에서 Home 키를 누른다.
2. 그림 2-60에서 화살표가 가리키는 면을 스케치 평면으로 지정하여, 그림 2-61과 같이 스케치 한다. 원의 중심으로 모서리의 가운데를 선택한다. (56쪽 힌트 참고)

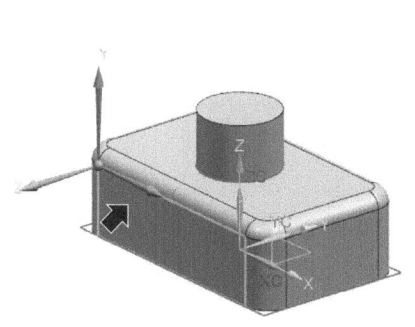 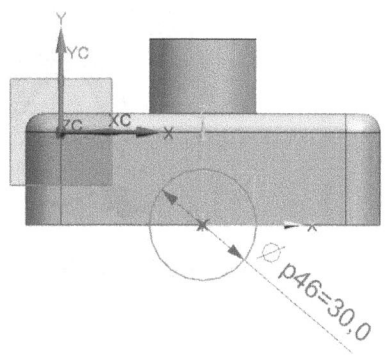

그림 2-60 스케치 평면으로 선택할 면   **그림 2-61** 완성할 스케치

2 장: 모델링 개요

> **! 모델링 힌트**
>
> 스케치 작업 시 원은 Circle 기능으로 그린다. 이 때 그림 2-62과 같이 렌더링 스타일을 Wireframe with Dim Edges로 변경 후, 원의 중심을 그림 2-62의 점선이 가리키는 것과 같이 표시될 때 MB1을 눌러 그리기 시작한다.
>
>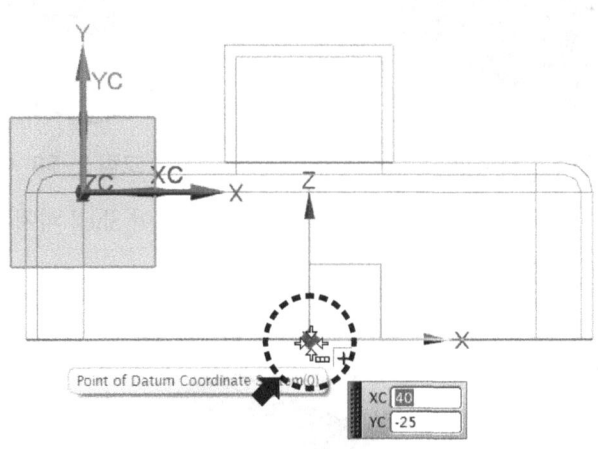
>
> **그림 2-62** Circle 기능으로 원의 중심을 지정하는 타이밍

3. 스케치로 그린 원을 Extrude 기능을 사용하여 그림 2-63와 같이 잘린 형상을 만들어 모델링 작업을 완료한다.

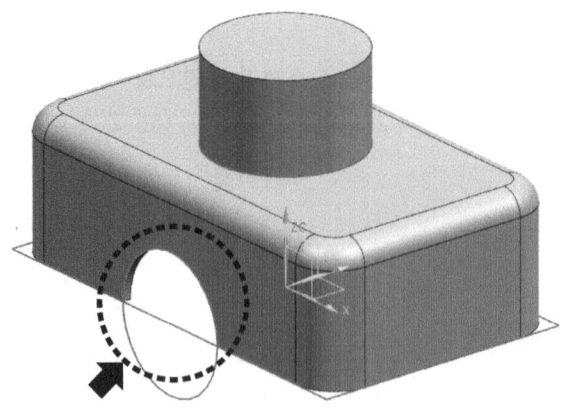

그림 2-63 잘린 형상을 만들어 모델을 완성한 상태

> **모델링 힌트**

Extrude 기능 사용 시 대화상자의 설정은 그림 2-64과 같이 한다.

그림 2-64 Extrude 작업 시 설정

2.2.9 파일 저장 및 닫기

1. 빠른실행 툴바에서 Save 아이콘을 누른다.

그림 2-65 Save 아이콘

2. 그림 2-66의 Name Parts 대화상자의 Folder 입력창 옆에 있는 아이콘(🗁)을 누른다.
3. 파일을 저장할 폴더를 C:\Work로 지정한다. Work 폴더가 없으면 새로 생성한다.
4. 파일 이름을 mypart.prt로 입력한 후 OK 버튼을 누른다.

2 장: 모델링 개요

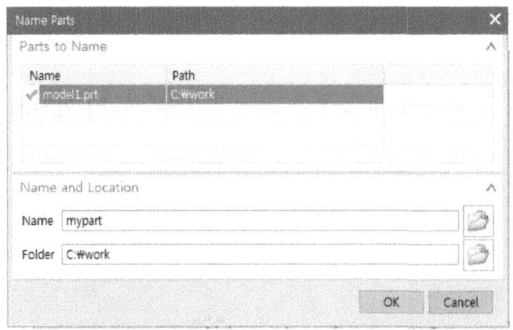

그림 2-66 Name Parts 대화상자

5. File 탭을 누른 다음 Close 〉 All Parts를 선택한다. 그림 2-68과 같은 NX의 초기 화면이 나타난다. 화면 왼쪽의 리소스 바에 History가 선택되어 있음을 확인한다. 이는 작업 파일 이력을 알려주며 클릭하여 빠르게 열 수 있다.

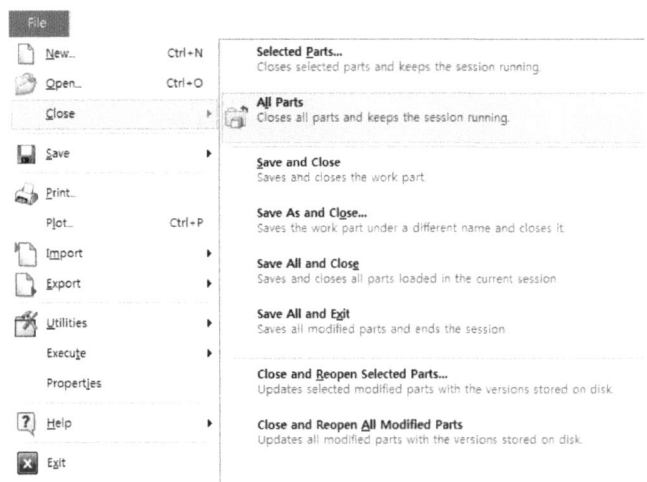

그림 2-67 File > Close > All Parts 메뉴

6. History 영역의 빈 곳에 MB3(마우스 오른쪽 버튼)를 누른다.

7. 그림 2-69의 팝업메뉴에서 Clear History를 선택한다. 작업 파일의 이력이 삭제된다. 파일 이력은 삭제하더라도 실제 파일을 삭제되지 않으니 안심해도 좋다.

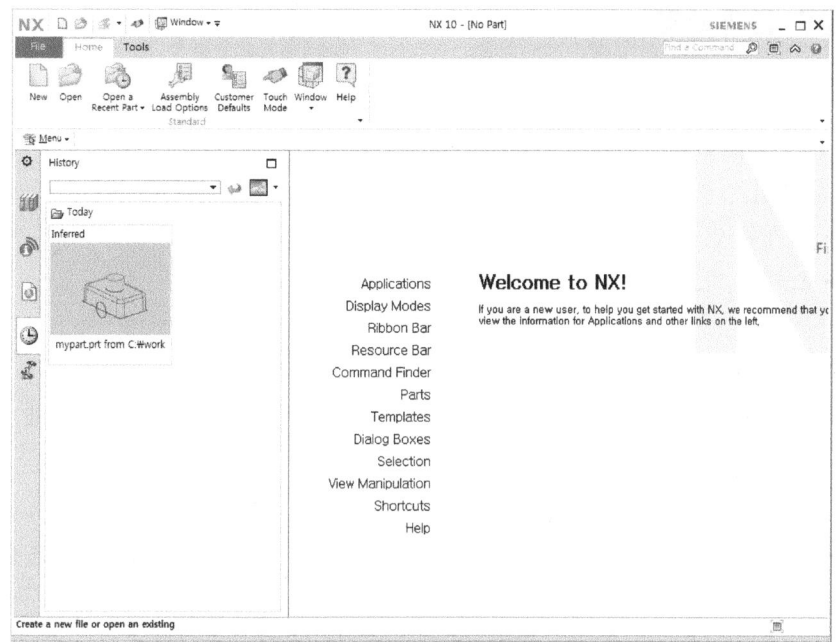

그림 2-68 NX의 초기 화면

그림 2-69 History 탭의 팝업메뉴

2.3 모델링 단계 요약

모델링 과정은 일반적으로 다음의 단계를 따른다.

1. 스케치 생성
    - ▶ 스케치 면을 설정한다.
    - ▶ 스케치 커브를 그리고 모양을 정의한다.

2. 3차원 형상 만들기
    - ▶ Extrude, Revolve 등의 기능을 이용하여 3차원 형상을 추가 또는 제거한다.

3. 상세 모델링
    - ▶ 2번 단계에서 기본 형상을 모두 완성한 후 모서리 수정 기능 또는 면 수정 기능을 이용하여 모델링을 완성한다.

3차원 형상을 만들 때는 그림 2-70와 같이 더하는 작업(Unite)을 먼저 수행한 후 제거(Subtract)하는 작업을 수행하고, 마지막으로 Edge Blend 등의 상세 모델링을 수행하는 것이 좋다. 모델링 순서를 잘못 설정하면 원하지 않는 결과가 나오거나 불필요한 작업을 해야 하는 경우가 있어 결과적으로 좋지 못한 모델이 나오게 된다.

(a) 형상 더하기   (b) 형상 제거하기   (c) 상세 모델링

그림 2-70 모델링 순서

Chapter 3
스케치 (Sketch)

■ 학습목표

- 스케치를 만드는 과정을 이해할 수 있다.
- 스케치를 수정할 수 있다.
- 스케치 환경에서 선과 점을 그릴 수 있다.
- 다양한 도형을 스케치로 그릴 수 있다.
- 스케치의 치수 및 형상 구속을 사용할 수 있다.

3 장: 스케치 (Sketch)

3.1 스케치(Sketch)의 정의

스케치는 2차원의 선과 점으로 구성된 피쳐이다.

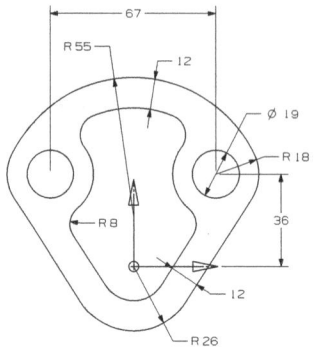

그림 3-1 스케치의 예

스케치는 돌출 형상을 만드는 기능(Extrude), 회전 형상을 만드는 기능(Revolve)에서 섹션(Section)으로 사용된다.

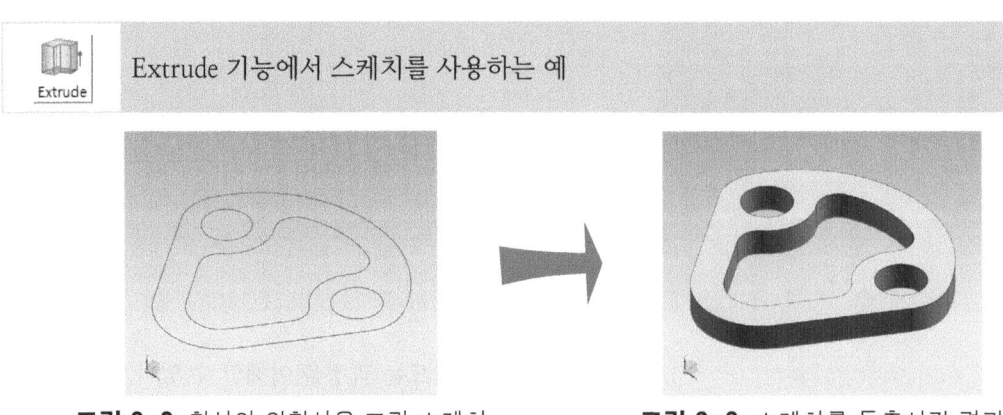

그림 3-2 형상의 외형선을 그린 스케치   **그림 3-3** 스케치를 돌출시킨 결과

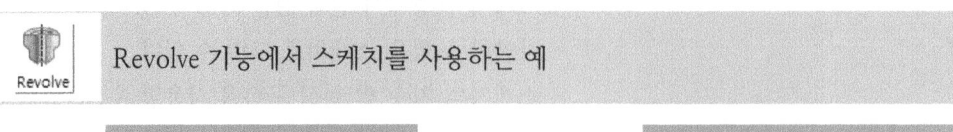

그림 3-4 형상의 반 단면을 그린 스케치   **그림 3-5** 스케치를 회전시킨 결과

3.2 스케치 생성

새로운 스케치는 Home 탭의 Direct Sketch 그룹에 있는 Sketch 아이콘을 이용하여 만든다.

그림 3-6 Sketch 아이콘

Exercise 01

새로운 파트 파일을 생성하고 X-Y 평면에 새 스케치를 만드는 과정

1. NX를 실행시킨 후 Home 탭에서 New 아이콘을 누른다.

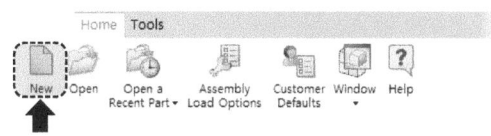

그림 3-7 New 아이콘

2. 그림 3-8과 같은 New 대화상자가 나타난다.

3. Templates 옵션에서 ❷의 Model을 선택한다.

4. New File Name 옵션의 ❸ Name 입력창에 생성할 파트 파일의 이름을 입력한다. 하나의 파트 파일에는 한 개의 3차원 형상을 모델링할 것이다.

5. ❻ Folder 입력창의 오른쪽에 있는 Choose Directory 버튼을 눌러 파트 파일을 저장할 폴더를 지정한다.

6. New 대화상자에서 OK 버튼을 누른다.

3 장: 스케치 (Sketch)

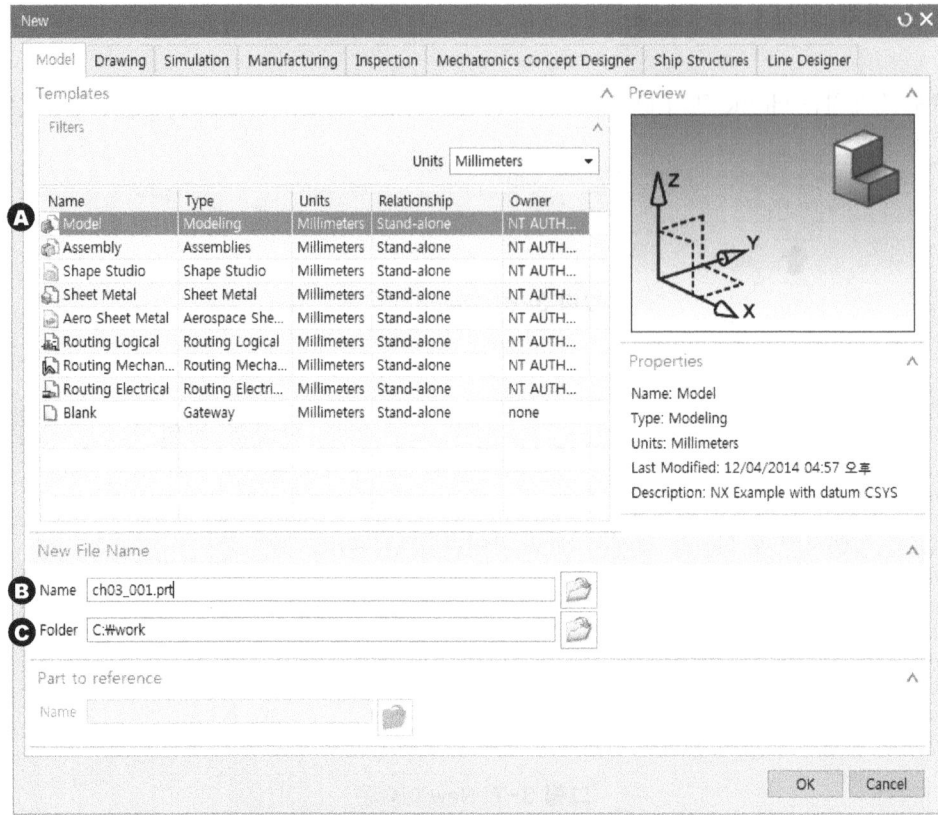

그림 3-8 New 대화상자

그림 3-9과 같이 Modeling 환경으로 들어가며 Model History에는 Datum Coordinate System이 자동으로 생성되어 있다. 이는 Model 템플릿으로 새 파일을 시작하였기 때문이다.

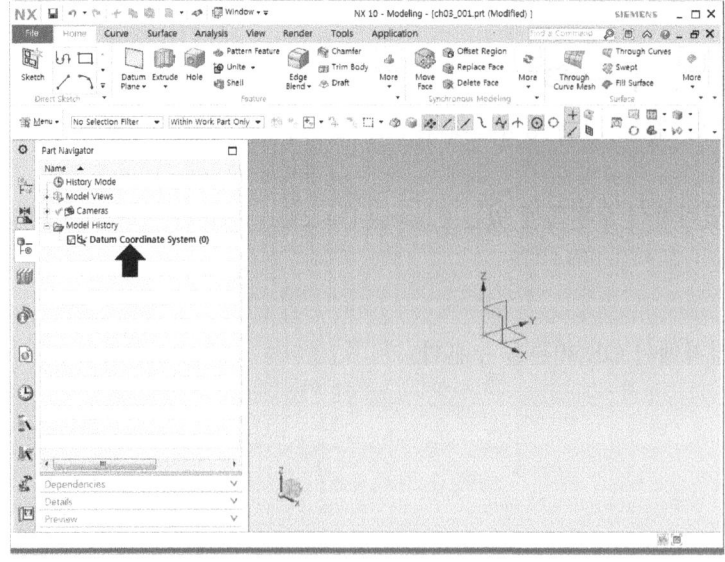

그림 3-9 새 파일을 시작한 후의 화면

7. Feature 탭에서 Sketch 아이콘을 누른다.
8. Create Sketch 대화상자에서 Reset 버튼을 누른다.

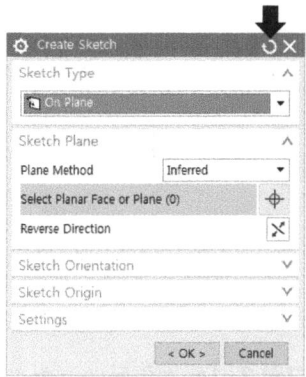

그림 3-10 Reset 버튼

9. 작업창에서 X-Y 평면이 스케치 평면으로 사용될 것을 의미하는 파란색 평면을 확인한다.

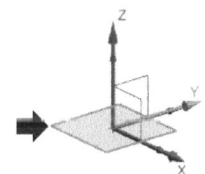

그림 3-11 예정 스케치 평면

10. Create Sketch 대화상자에서 OK 버튼을 누른다.

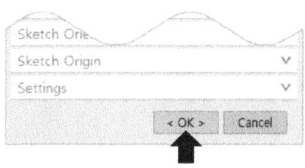

그림 3-12 OK 버튼

11. 그림 3-13과 같은 Direct Sketch 아이콘 그룹의 기능을 이용하여 원하는 크기와 모양의 선을 그리게 된다.

그림 3-13 Direct Sketch Icon Group

3 장: 스케치 (Sketch)

또한 화면 보기의 방향이 회전되는데, 이는 스케치 면을 모니터에 나란하게 정렬하여 스케치를 그리기 편하게 하는 것이다.

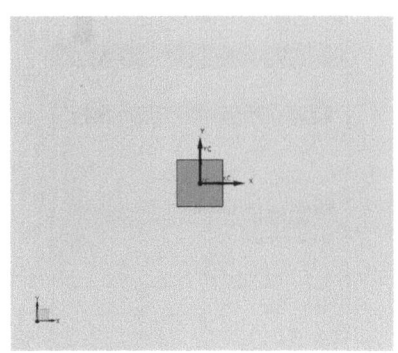

그림 3-14 정렬된 스케치 면

12. 스케치 작업을 종료하려면 Finish Sketch 아이콘을 누른다. 또는 단축기 Q 또는 CTRL + Q를 누른다.

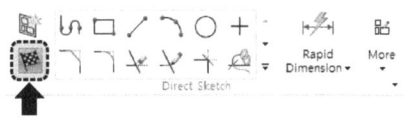

그림 3-15 Finish Sketch 아이콘

END of Exercise

> **Orient View to Sketch**
>
> 스케치를 그리는 도중에 의도하지 않게 뷰를 돌리는 경우가 종종 있다. 이럴 때는 작업 창의 빈 곳에 MB3를 누른 후 팝업 메뉴에서 'Orient View to Sketch' 옵션을 선택한다.

3.3 스케치 피쳐 삭제하기

Part Navigator에 생성된 스케치 피쳐를 삭제하려면 피쳐를 선택한 후 키보드에서 Delete 키를 누르면 된다. 또는 그림 3-16과 같이 Part Navigator의 Sketch 피쳐에 MB3 > Delete를 선택해도 된다.

NX를 처음 배우는 분들이 스케치를 수정하기 위해 Sketch 아이콘을 누르는 경우가 많다. Sketch 아이콘을 누른 후 OK 버튼을 누르는 것은 기존 스케치를 수정하는 것이 아니라 새로운 스케치를 만드는 것이다. 실수로 만든 스케치 피쳐는 삭제하자.

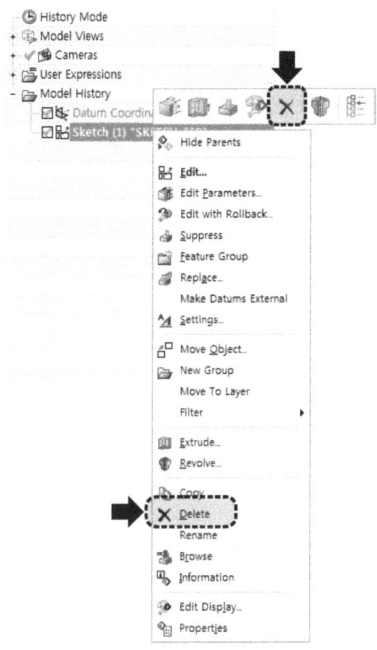

그림 3-16 Sketch 피쳐 삭제하기

3.4 스케치 순서

스케치를 생성하는 일반적인 순서에 대하여 설명한다.

3.4.1 스케치 면 정의

Sketch 아이콘을 눌러 스케치 면을 정의한다. 스케치를 생성할 면에 마우스 포인터를 가져가면 그림 3-17과 같이 X 축, Y 축, Z축 및 원점이 표시되고, OK 버튼을 누르면 Sketch 피쳐가 생성된다. Home 키(Trimetric View)를 눌러 그림 3-17의 모델뷰 방향을 표시할 수 있다. Z축은 화면에서 수직으로 나오는 방향을 정의한다.

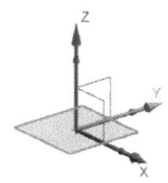

그림 3-17 스케치 좌표계

3.4.2 커브 생성

각종 커브 생성 기능들을 이용하여 대략적인 스케치를 생성한다. 이 단계에서 그리는 스케치는 최종 결과물과 똑같지는 않더라도 비슷한 크기와 모양으로 그려야 한다.

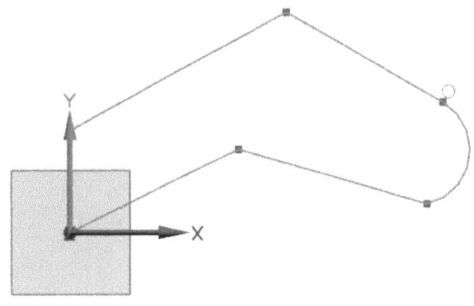

그림 3-18 대강 그린 스케치

3.4.3 구속

구속조건을 이용하여 스케치의 원하는 모양을 정의한 후 스케치를 종료한다.

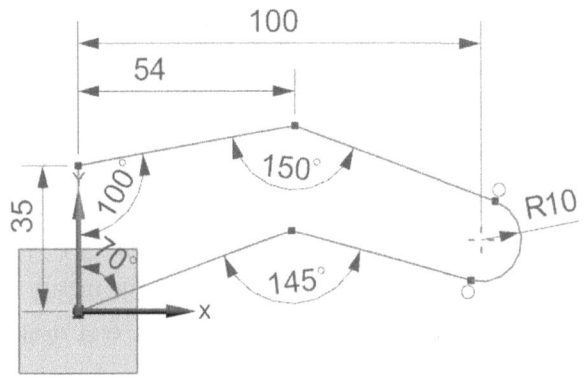

그림 3-19 스케치의 형상 정의

3.4.4 스케치 종료

스케치를 완성한 후에 Finish Sketch 아이콘을 눌러 스케치를 종료한다.

스케치 커브 그리기 **Exercise 02**

새 파트 파일을 만든 후, X-Y 평면에 새 스케치를 만들고 그림 3-20 ~ 그림 3-27 과 같은 순서로 스케치 커브(선)를 자유롭게 그리시오.

▶ Model 템플릿으로 새 파일을 만든다.   ▶ 파일의 이름은 따로 입력하지 않는다.
▶ 점 혹은 선의 위치는 중요하지 않다.   ▶ 스케치별로 각각의 파트 파일을 만든다.

(1) 점(Point) 그리기

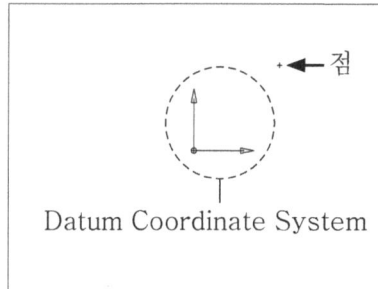

그림 3-20 점

(2) 수평선(Horizontal Line) 그리기

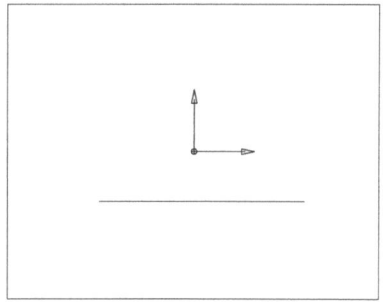

그림 3-21 수평선

(3) 수직선(Vertical Line) 그리기

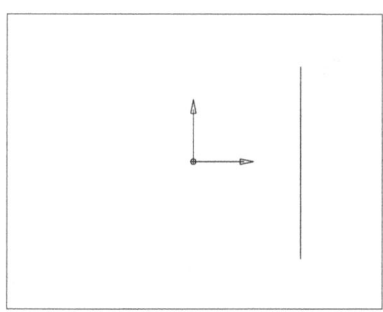

그림 3-22 수직선

(4) 사선(Diagonal Line) 그리기

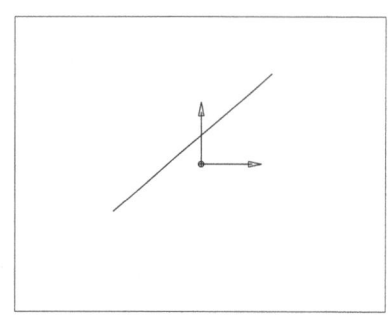

그림 3-23 대각선

(5) 'ㄹ'자 그리기

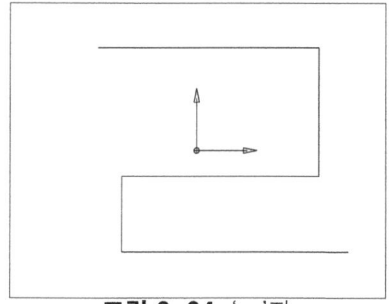

그림 3-24 'ㄹ'자

(6) 원호(Arc) 그리기

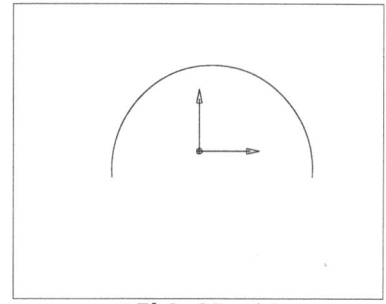

그림 3-25 원호

69

(7) 원(Circle) 그리기   (8) 사각형(Rectangle) 그리기

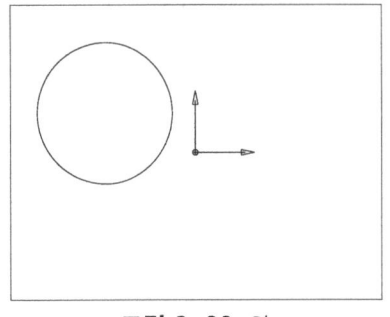

그림 3-26 원

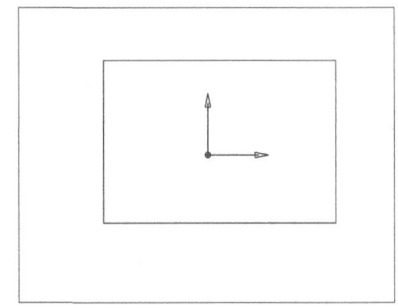

그림 3-27 사각형

END of Exercise

> **원호와 사각형을 그리는 방법**

1. 일반적으로 원호(Arc)는 그림 3-28의 번호 순서대로 그린다.

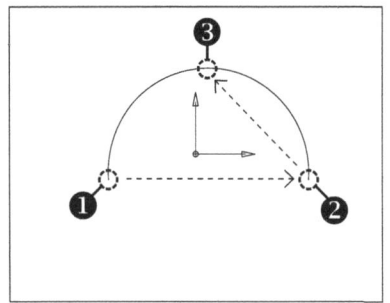

---> : 마우스의 이동 방향

그림 3-28 원호를 그리는 순서

2. 일반적으로 사각형(Rectangle)은 그림 3-29의 1, 2번 꼭지점의 위치를 순서대로 클릭하여 그린다. 드래그 하지 않도록 한다.

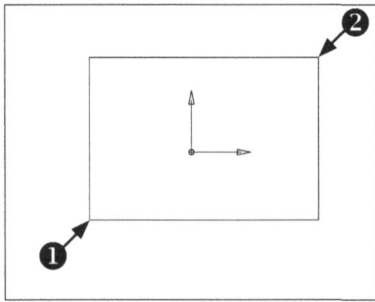

그림 3-29 사각형을 그리는 순서

3.5 Profile

Direct Sketch 아이콘 그룹의 Profile 기능을 이용하면 직선과 호를 연속하여 생성할 수 있다.

Profile 기능은 다음과 같은 방법으로 종료할 수 있다.

1. ESC 키를 두 번 누른다.
2. 구속조건이 나타나지 않은 상태에서 MB2를 두 번 클릭한다.
3. 다른 아이콘을 누르면 Profile 기능은 종료된다.

📢 파트 파일 확인 및 닫기

Exercise 02에서 여러 개의 파트 파일을 생성한 후 각각의 파일은 Window 메뉴에서 확인 및 전환할 수 있다. 또는 View 탭을 누른 후 Window 아이콘을 눌러도 된다.

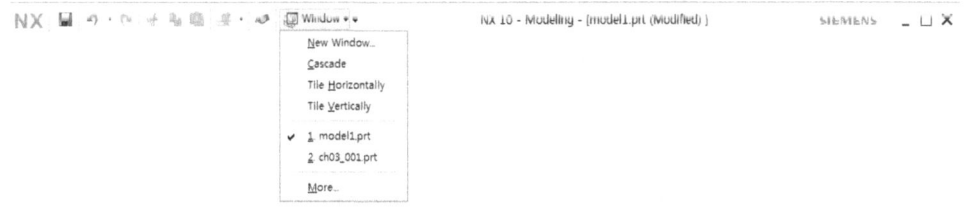

그림 3-30 파일 확인

생성된 파일은 File 탭에서 Close 〉 All Parts 메뉴를 이용하여 모두 닫을 수 있다.

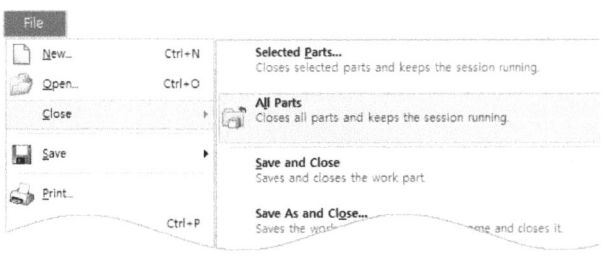

그림 3-31 파일 닫기

3 장: 스케치 (Sketch)

Exercise 03 Profile 기능 사용하기

Profile 기능을 이용하여 그림 3-32의 커브를 생성해 보자. 그림과 똑같지 않아도 되며 직선과 호를 연속하여 비슷한 형상을 그리면 된다.

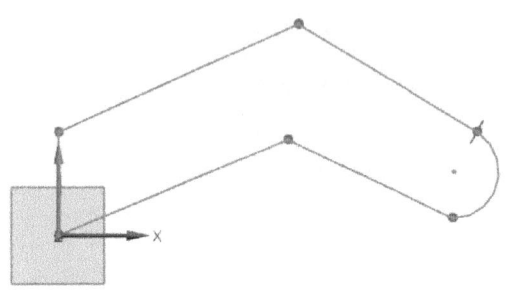

그림 3-32 Profile 기능으로 대강 그린 스케치

1. File 탭에서 New 아이콘을 누른다.
2. 그림 3-33과 같이 경로와 파일 이름을 입력한 후 OK 버튼을 누른다.

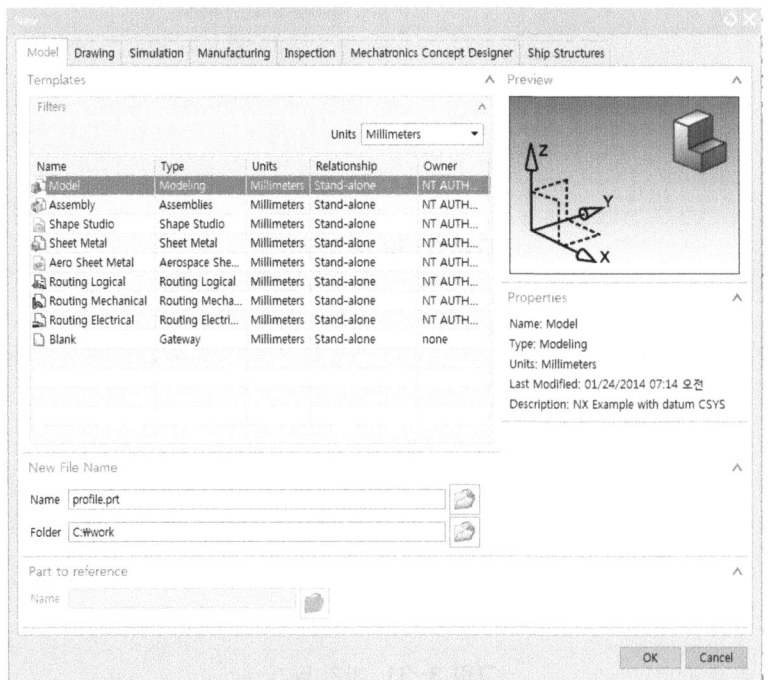

그림 3-33 새 파일 생성

3. Sketch 아이콘을 누른다.
4. Create Sketch 대화상자를 Reset 한다
5. 데이텀 좌표계에서 xy 평면을 선택한 후 OK 버튼을 누른다.
6. Direct Sketch 아이콘 그룹에서 Profile 아이콘을 누른다.

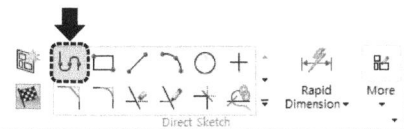

그림 3-34 Profile 아이콘

7. 그림 3-35와 같이 1 ~ 4 번째의 점을 클릭한다. 이 때, 1의 점은 원점에서 시작한다. 3 개의 직선이 연속하여 생성된다.

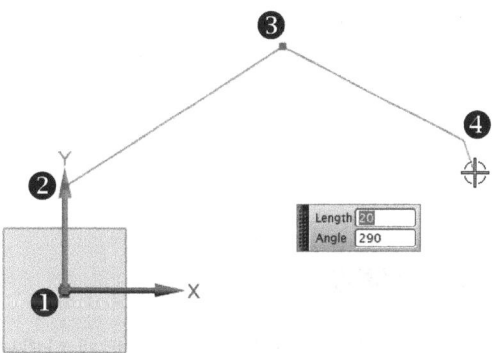

그림 3-35 연속하여 직선 생성하기

8. Profile 옵션바에서 Arc를 클릭한다. 그림 3-36의 **A**와 같이 직선이 호로 바뀐다.

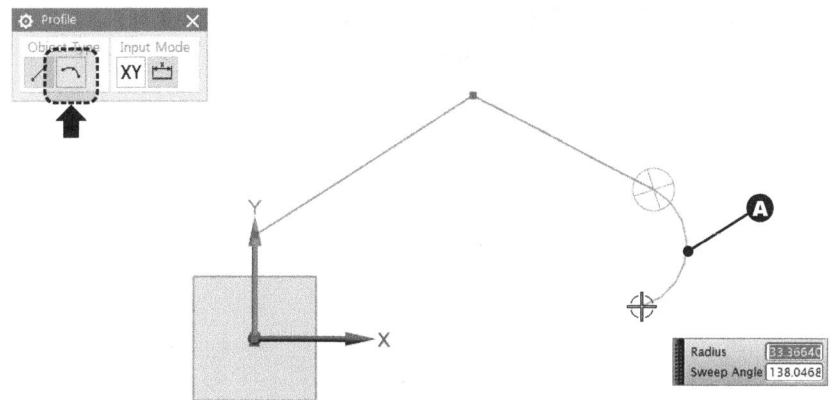

그림 3-36 Arc로 전환

3 장: 스케치 (Sketch)

9. 그림 3-37과 같이 5, 6, 7 위치를 클릭하여 Arc와 직선을 연속하여 그린다. 7 점은 1 점과 같은 곳을 선택한다.
10. ESC 키를 두 번 눌러 Profile 기능을 종료한다.
11. Finish Sketch 아이콘을 눌러 스케치를 종료한다.

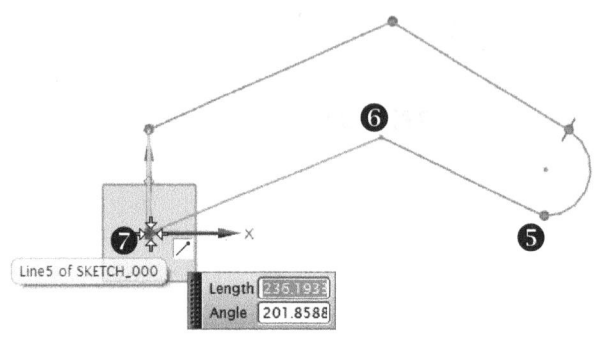

그림 3-37 Arc와 직선 연속하여 그리기

END of Exercise

Arc의 생성 방향 변경하기

그림 3-36에서 Arc 버튼을 눌렀을 때 Arc의 모양이 다르게 나타날 수 있다. 아래와 같은 방법으로 Arc의 생성 방향을 변경할 수 있다.

1. Profile 옵션바에서 Arc 버튼을 눌렀더니 아래 그림 (a)와 같이 Arc 생성 방향이 나타난다.
2. 아래 그림 (b)와 같이 마우스 포인터를 ⊗ 기호의 가운데로 가져간다.
3. 아래 그림 (c)와 같이 ⊗ 기호의 4 개의 영역 중 원하는 쪽으로 마우스를 드래그 한다.

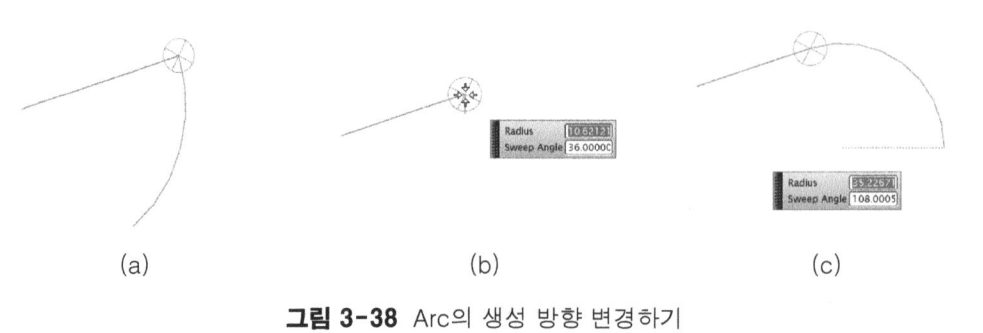

       (a)   (b)   (c)

그림 3-38 Arc의 생성 방향 변경하기

3.6 Snap Point 옵션

점을 지정할 때 그림 3-39의 Snap Point 옵션을 이용할 수 있다. 이 기능을 이용하면 기존의 커브, 모서리, 꼭지점 등을 이용하여 원하는 점을 쉽게 선택할 수 있다. 이 기능은 스케치를 그릴 때는 물론이고, 점을 선택하여야 하는 단계에서는 언제든지 활성화 된다.

그림 3-39 Snap Point 옵션

그림 3-40은 스냅이 걸렸을 때의 마우스 포인터 모양을 보여준다. 마우스 포인터에 해당 심볼이 나타났을 때 MB1을 클릭하면 스냅을 적용하여 점의 위치가 정해지고, 동시에 구속조건이 생성된다. 예를 들어, Midpoint 스냅이 걸렸을 때 클릭하면 Midpoint 구속이 자동으로 생성되고 나중에 직선의 길이가 변경되더라도 점의 위치는 항상 직선의 중심에 있게 된다.

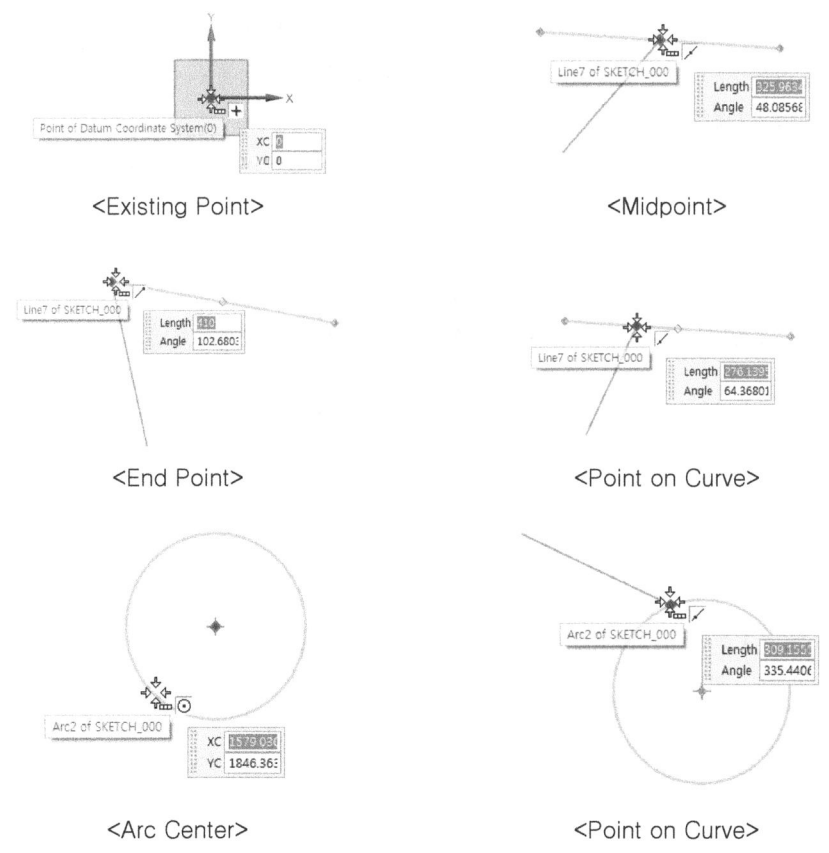

그림 3-40 스냅이 걸렸을 때의 마우스 포인터

3 장: 스케치 (Sketch)

3.7 스케치 커브의 구속(Constraint)

스케치 작업 시 최초로 그린 점 또는 선은 임의로 생성하는 것이다. 즉, 크기나 형상이 정확히 규정된 것이 아니다. 따라서, 치수 혹은 기하학적인 조건을 이용하여 정확한 형상을 정의하여야 한다. 이를 구속이라고 한다. 구속에는 치수 구속(Dimensional Constraint)과 기하 구속(Geometrical Constraint)이 있다.

3.7.1 치수 구속 (Dimensional Constraint)

치수 구속은 길이, 거리, 각도, 직경, 반경 등 숫자를 이용하여 크기를 정의하는 것이다.

그림 3-41은 치수 구속을 생성하는 아이콘을 보여준다. 숫자를 이용하여 스케치를 정의하고자 할 때는 이 아이콘을 누른다. Rapid Dimension 아이콘을 클릭하면 그림 3-42와 같은 대화상자가 나타난다. 단축키는 D이다.

대화상자를 Reset 하면 Measurement Method로 Inferred가 선택된다. Inferred 옵션은 측정할 개체의 종류에 따라 자동으로 치수의 종류가 결정되는 방법이다. 예를 들어, Rapid Dimension 아이콘을 누른 후 평행한 두 직선을 선택하면 Perpendicular 치수를 생성할 수 있고 평행하지 않은 두 직선을 선택하면 Angular Dimension을 생성할 수 있으며, 원이나 호의 치수를 선택하면 Diametal 또는 Radial 치수를 생성할 수 있다.

Inferred Method로 치수를 생성한 후 ESC 키를 눌러 Repid Dimension 기능을 종료시킨 후, 생성된 치수를 더블클릭 하면 어떤 방법으로 치수를 생성했는지 알 수 있다.

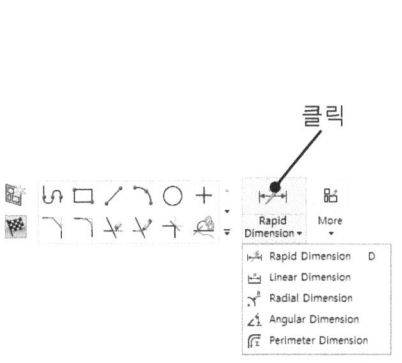

그림 3-41 치수 구속 아이콘 그룹

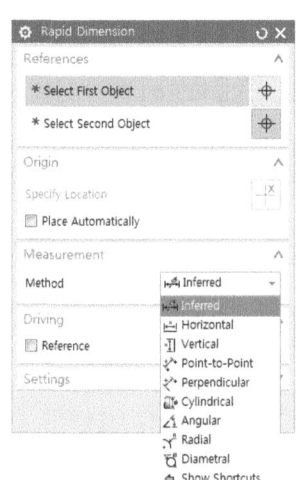

그림 3-42 Rapid Dimension 대화상자

만약 특정 타입의 치수를 지정하여 기입하고자 한다면 그림 3-43과 같이 Rapid Dimension 아이콘의 아래 부분을 클릭한 후 하위 메뉴 중에서 해당되는 타입을 선택하여야 한다. 예를 들어, 원이나 원호에 반경 치수를 기입하고자 한다면 Radial Dimension 아이콘을 누른 후 원이나 원호를 선택하면 된다. Radial Dimension 대화상자의 Measurement Method에는 Inferred 옵션이 선택되어 있기 때문에 원을 선택하면 직경 치수가 생성되고 원호를 선택하면 반경 치수가 생성된다. 만약 원을 선택한 후 반경을 생성하려면 Measurement Method로 Radial을 선택하면 된다.

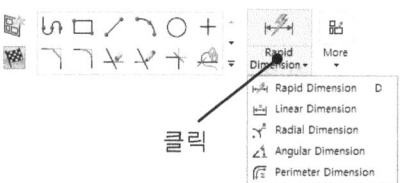

그림 3-43 특정 타입 치수 아이콘

그림 3-44 Radial Dimension 대화상자

Origin 옵션에서 Place Automatically 옵션을 선택하면 치수의 생성 위치가 자동으로 지정된다. 치수를 생성할 때 또는 치수를 생성한 후 더블클릭하여 값을 변경하면 선의 모양이 바뀐다. 이러한 치수를 Driving 치수라 한다. Driving 옵션에서 Reference 옵션을 선택하면 치수를 변경할 수 없다. Reference 치수에 대해서는 나중에 다시 설명한다.

Settings 버튼을 누르면 그림 3-46과 같은 Settings 대화상자가 나타나며 치수의 모양에 대한 옵션을 설정할 수 있다. 이러한 옵션은 583 페이지의 "Chapter 15"에서 자세히 설명한다. 이미 생성한 치수의 모양을 변경하려면 생성된 치수에 MB3를 누른 다음 그림 3-47과 같은 팝업메뉴에서 Settings를 선택하면 된다.

3 장: 스케치 (Sketch)

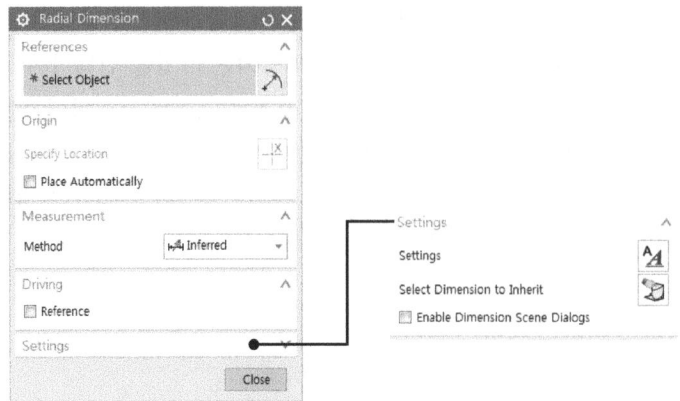

그림 3-45 Settings 옵션

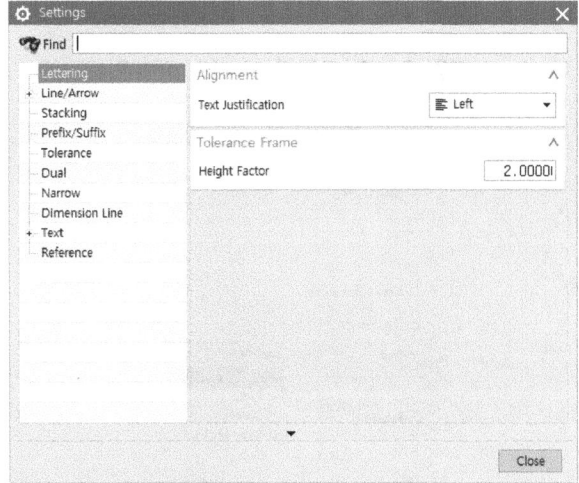

그림 3-46 Settings 대화상자

Rapid Dimension 대화상자의 Settings 옵션 중 Select Dimension to Inherit 버튼을 누르면 모양이 이미 설정된 다른 치수를 선택하여 같은 모양의 치수를 생성할 수 있다.

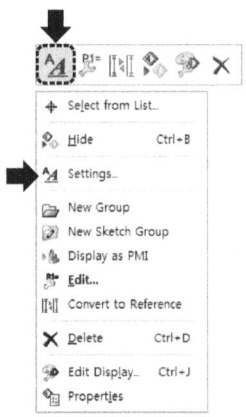

그림 3-47 Settings 메뉴

3.7.2 기하 구속(Geometric Constraint)

기하구속은 일치, 동심, 일직선, 동일 반경, 동일 길이 등 기하학적인 조건을 이용하여 구속하는 것이다. 즉, 숫자가 들어가지 않고 조건을 이용하여 스케치를 정의하고자 할 때 기하 구속을 이용한다.

기하 구속은 Geometric Constraints 아이콘을 이용하여 생성할 수도 있고, 아이콘을 누르지 않고 바로 오브젝트를 생성하여 생성할 수도 있다. 아이콘을 이용할 때는 Direct Sketch 아이콘 그룹에서 More 버튼을 누른 다음 Geometric Constraints 아이콘을 선택하면 된다.

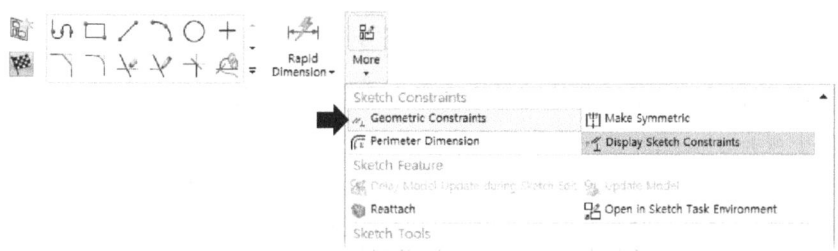

그림 3-48 Geometric Constraints 아이콘

큰 아이콘을 추가하려면 Direct Sketch 옵션 그룹에서 그림 3-49에 표시한 동그라미 부분을 클릭한 후 Geometric Constraints를 선택한다. 그림 3-50과 같이 Geometric Constraints 아이콘이 추가된다. 단축키는 C이다.

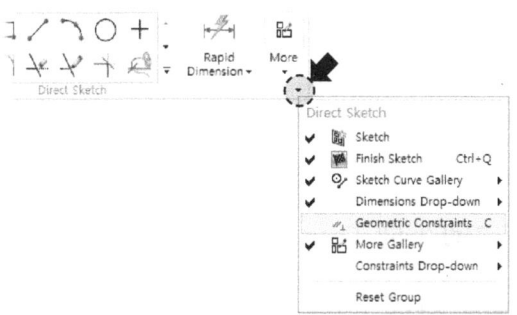

그림 3-49 아이콘 추가하기

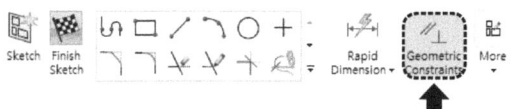

그림 3-50 추가된 Geometric Constraints 아이콘

Geometric Constraints 버튼을 누르면 그림 3-51과 같은 알림창이 나타난다. 일반적인 기하 구속을 생성할 때는 이 아이콘을 누를 필요가 없다는 것을 설명해 준다. 즉, 드래그/드롭을 이용하여 기하구속을 적용하거나 대상 오브젝트를 클릭한 후 기하구속을 적용할 수 있다. 같은 종류의 구속을 연속하여 적용할 때는 대화상자를 이용하는 것이 편리하다.

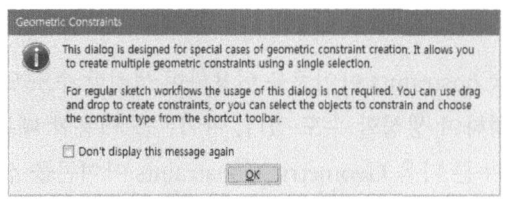

그림 3-51 알림창

그림 3-51의 알림창에서 OK 버튼을 누르면 그림 3-52와 같은 Geometric Constraints 대화상자가 나타난다. Constraint 옵션 영역에서 구속조건을 선택하고 대상 오브젝트를 선택하면 구속조건이 적용된다. 적용할 구속조건의 타입에 따라 선택할 수 있는 오브젝트가 제한된다는 점에 주의하자. 예를 들어 Point on Curve 구속조건을 선택하고 첫 번째 오브젝트로 커브를 선택하였다면 두 번째 오브젝트로는 점만 선택할 수 있다. 이는 Point on Curve 구속이 점과 선 사이에 적용할 수 있는 구속조건이기 때문이다. 여기서 점이란 선의 끝점, 원의 중심점, 호의 끝 점 등 선을 구성하는 요소를 모두 포함한다.

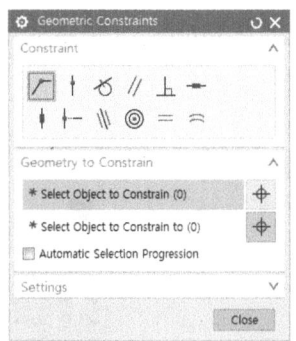

그림 3-52 Geometric Constraints 대화상자

대화상자의 Settings 옵션을 누르면 그림 3-53과 같은 옵션이 나타나며 여러 가지 구속조건의 타입이 나타난다. 체크되어 있는 구속조건이 Constraint 옵션 영역에서 아이콘으로 나타나며 적용 가능한 구속조건이 된다. Automatic Selection Progression 옵션을 선택하면 오브젝트의 선택 단계가 자동으로 진행된다.

치수 구속이나 기하 구속의 심볼을 선택한 후 Delete 키를 이용하여 삭제할 수 있다.

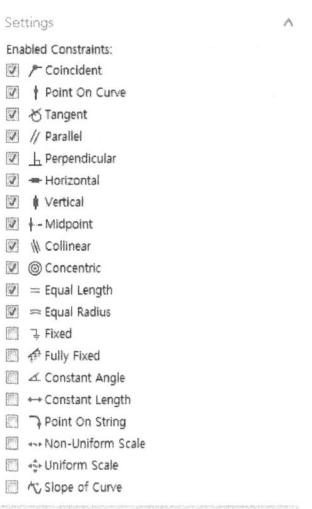

그림 3-53 Geometric Constraints 대화상자의 Settings 옵션

다음 표는 자주 사용되는 구속조건과 그에 대한 설명이다.

아이콘	커맨드 이름	설 명
	Horizontal (수평)	직선을 수평하게 만든다. 수평의 기준은 스케치 좌표계의 X 축이다.
	Vertical (수직)	직선을 수직하게 만든다. 수직의 기준은 스케치 좌표계의 Y 축이다.
	Coincident (일치)	서로 다른 점을 붙인다. 선의 끝점을 붙인다.
	Point On Curve (곡선 상의 점)	점을 선 상에 위치 시킨다. 점이 선 위로 이동되거나 선이 점 위로 이동된다.
	Midpoint (중간 점)	선의 중간 점에서 직교한 선 상에 점을 위치 시킨다. 선이 움직일 수도 있다.
	Collinear (동일 직선)	두 선형 오브젝트를 일직선으로 만든다.
	Parallel (평행)	두 선형 오브젝트를 평행하게 만든다.
	Perpendicular (직교)	두 선형 오브젝트를 직교하게 만든다.
	Tangent (접함)	두 오브젝트를 접하게 만든다.

3 장: 스케치 (Sketch)

=	Equal Length (동등 길이)	두 직선의 길이를 동일하게 만든다.
 ◎	Concentric (동심)	두 원 혹은 원호의 중심을 붙인다.
 ⌒	Equal Radius (동등 반경)	두 원 혹은 원호의 반경을 동일하게 만든다.

치수구속과 기하구속은 아이콘을 누르는 대신 구속을 오브젝트를 먼저 선택하여 적용할 수도 있다. 그림 3-54는 두 개의 직선을 선택하였을 때 나타나는 빠른 적용 툴이고 그림 3-55는 구속되지 않은 원호를 선택했을 때 나타나는 빠른적용 툴이다. 원의 직경, 반경을 쉽게 기입할 수 있음을 알 수 있다.

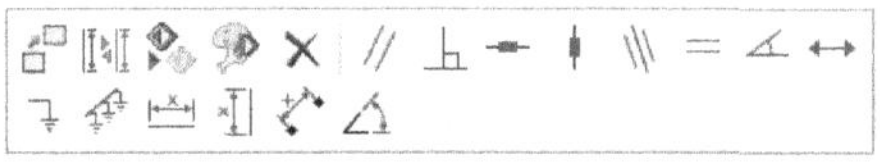

그림 3-54 두 직선을 선택했을 때 나타나는 빠른적용 툴

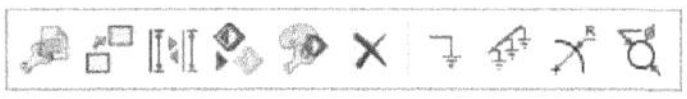

그림 3-55 원을 선택했을 때 나타나는 빠른적용 툴

구속되지 않은 스케치 선은 MB1으로 선택한 후 드래그할 수 있다. 스케치 선을 드래그할 때 기하구속을 인식하여 적용할 수 있다. 그림 3-56은 직선을 드래그하여 원 호와의 Tangent 구속을 적용하는 과정을 보여준다.

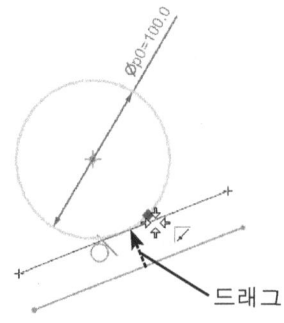

그림 3-56 드래그하여 기하구속 적용하기

3.7.3 대칭 구속 (Make Symmetric)

두 개의 스케치 개체를 대칭으로 만들어 준다. 위치 및/또는 크기를 대칭으로 할 수 있다. Direct Sketch 아이콘 그룹에서 Make Symmetric 아이콘을 누르면 그림 3-58과 같은 대화상자가 나타나며 Primary Object와 Secondary Object, Symmetry Centerline을 선택하여 대칭구속을 정의한다. 그림 3-59는 두 개의 원을 각각 생성한 후 원 호를 선택하여 대칭구속을 적용한 결과를 보여준다.

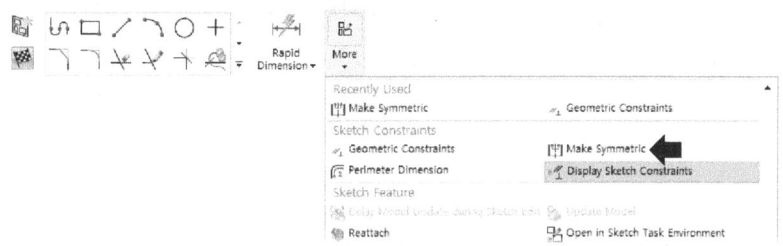

그림 3-57 대칭 구속(Make Symmetric) 아이콘

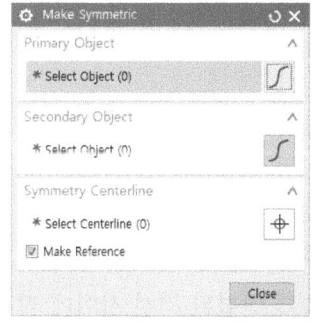

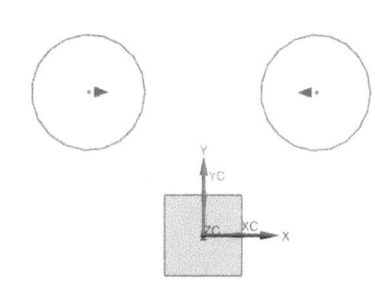

그림 3-58 Make Symmetric 대화상자 **그림 3-59** 원의 대칭 구속

> **❗ *Fixed와 Fully Fixed 구속은 사용하지 않는다.***
>
> 기하 구속 중 Fixed 구속과 Fully Fixed 구속은 일반적인 스케치에서 사용하지 않는다. 이러한 구속은 외부 CAD 시스템에서 커브를 불러들인 다음 스케치로 정의할 때 불러온 그대로 위치를 고정 시키고자 할 때 제한적으로 사용한다. 또는 일시적인 스케치 기준으로 사용하기 위하여 어떤 점 또는 선의 위치나 크기를 고정 시키고자 할 때도 사용할 수 있다. 이렇게 사용한 후에는 반드시 Fixed 구속 또는 Fully Fixed 구속조건을 삭제하여야 한다.

> **❗ *Alt 키 사용***
>
> 스케치 커브를 생성할 때 Alt 키를 누르면 Snap 기능이 작동하지 않고 자유롭게 커브를 생성할 수 있다. 다른 구속조건도 생성되지 않는다.

3.8 스케치 커브의 4가지 구속 상태

스케치 커브의 구속 상태는 4가지가 있다. 스케치 작업은 4가지 상태 중 완전 구속(Fully Constrained) 상태로 마무리 하여야 한다. 과잉구속이나 충돌이 발생한 구속이 존재하면 안된다.

No.	구속 상태	설명	색
1	부분 구속 (Partially Constrained)	스케치 커브 또는 점의 구속이 모자란 상태	적갈색 (Medium Maroon)
2	완전 구속 (Fully Constrained)	모든 스케치 커브 및 점이 구속된 상태	연두색 (Deep Green)
3	과잉 구속 (Over Constrained)	완전 구속 이상의 여분의 구속이 존재하는 상태	빨간색 (Red)
4	구속의 충돌 (Conflicting Constraint)	구속 간에 충돌이 존재하는 상태	분홍색 (Magenta)

스케치로 정사각형을 그리는 경우를 생각해 보자.

(1) 부분 구속(Partially Constrained)

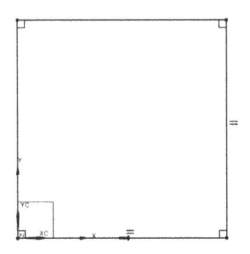

그림 3-60 부분 구속인 예

사각형의 왼쪽 아래 꼭지점을 고정하고, 두 변의 길이가 동일하다는 기하 구속과 연결된 직선 사이에 직각 구속을 적용하였다.

하지만 그림 3-60과 같이 한 변의 길이에 대한 정보가 부족하여 부분 구속 상태이다.

구속이 부족한 커브의 색깔이 적갈색으로 표시되며 Status Line에는 1개의 구속이 부족하다는 메시지가 표시된다.

구속 기능을 종료시킨 후 커브를 드래그하여 이동시킬 수 있다.

Sketch needs 1 constraints

그림 3-61 1개의 구속이 더 필요함을 알리는 메시지

(2) 완전 구속(Fully Constrained)

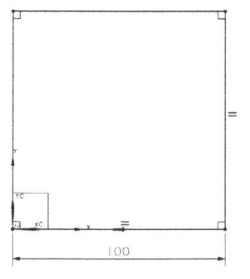

그림 3-62 완전 구속인 예

그림 3-61와 같은 부분 구속 상태에서,

그림 3-62과 같이 한 변의 길이에 치수 구속을 적용하여 스케치 커브가 완전 구속된 상태가 된다.

완전 구속된 커브의 색깔은 연두색으로 변하며 Status Line에는 완전 구속 되었다는 메시지가 표시된다.

구속 기능을 종료시킨 후 드래그하여 커브를 이동시킬 수 없다.

Sketch is fully constrained

그림 3-63 완전 구속을 알리는 메시지

(3) 과잉 구속(Over Constrained)

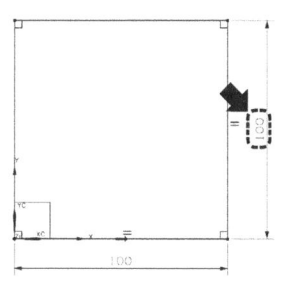

그림 3-64 과잉 구속인 예

그림 3-62과 같이 완전 구속된 상태에서,

그림 3-64의 화살표가 가리키는 불필요한 추가 구속을 적용하여 과잉 구속 상태(빨간색으로 표시)이다.

Status Line에는 과잉 구속인 오브젝트의 존재를 알리는 메시지가 표시된다.

구속 기능을 종료시킨 후 드래그하여 커브를 이동시킬 수 없으며 치수를 더블클릭하여 변경하더라도 스케치 커브의 크기가 변경되지 않는다.

Sketch contains over constrained geometry

그림 3-65 과잉 구속을 알리는 메시지

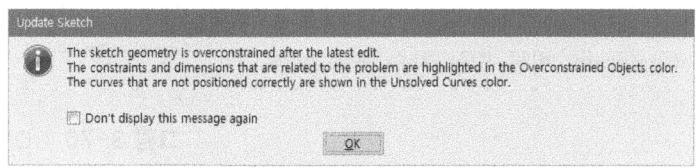

그림 3-66 과잉 구속에 대한 안내 메시지

3 장: 스케치 (Sketch)

(4) 구속의 충돌(Conflicting Constraint)

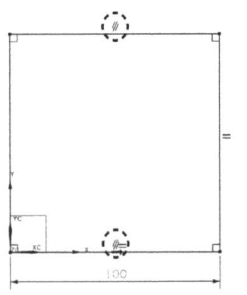

부분 구속, 완전 구속, 과잉 구속 상태에서,

그림 3-67과 같이 윗 변과 아랫 변 사이에 Colinear 구속을 적용하여 구속 간에 충돌(분홍색으로 표시)이 있는 상태이다.

Status Line에는 충돌 구속의 존재를 알리는 메시지가 표시된다.

그림 3-67 구속 간의 충돌이 있는 예

구속 기능을 종료시킨 후 드래그하여 커브를 이동시킬 수 없으며 치수를 더블클릭하여 변경하더라도 크기가 변경되지 않는다.

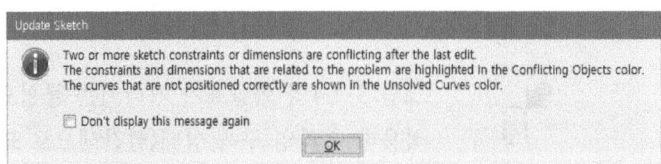

그림 3-68 충돌 구속을 알리는 메시지

그림 3-69 충돌 구속에 대한 안내 메시지

3.9 드래그하여 구속 상태 확인하기

Constraint 버튼 또는 치수 구속 버튼을 누르면 스케치 커브의 색깔로써 구속의 상태를 확인할 수 있다. 구속이 덜 되어 있는 점에는 갈색의 화살표(그림 3-70의 화살표로 가리키는 부분)가 나타난다. 이를 DOF Arrow라고 하며 드래그 하여 그 방향으로 점이 이동될 수 있음을 알려준다.

드래그 할 때는 Constraint 버튼 또는 치수 구속 버튼을 꺼야 한다.

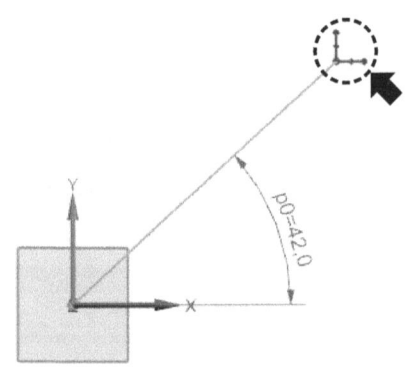

그림 3-70 DOF Arrow

3.10 Open in Sketch Task Environment

Home 탭에 있는 Sketch 아이콘을 눌러서 스케치를 생성하는 방식을 Direct Sketch라고 한다. 스케치 아이콘이 Direct Sketch 아이콘 그룹에 있음을 확인하자. Direct Sketch는 Modeling 환경에서 수행되며 스케치를 수행 중에 Modeling 환경의 다른 기능들을 사용할 수 있다.

한편, NX에는 Modeling 환경 내에 Sketch 환경이 별도로 존재한다. Sketch 환경에서는 스케치 기능만을 사용할 수 있으며 스케치 개체만을 선택할 수 있다. Direct Sketch에서는 스케치 개체 외에 다른 개체도 선택하여 삭제할 수 있는 반면 Sketch 환경에서는 스케치 개체만을 선택하여 삭제할 수 있다.

Sketch 환경은 Direct Sketch 아이콘 그룹에서 Open in Sketch Task Environment 아이콘을 눌러 실행시킬 수 있다. 그림 3-72는 Sketch 환경을 실행시킨 후의 NX 화면을 보여준다.

그림 3-71 Open in Sketch Task Environment 아이콘

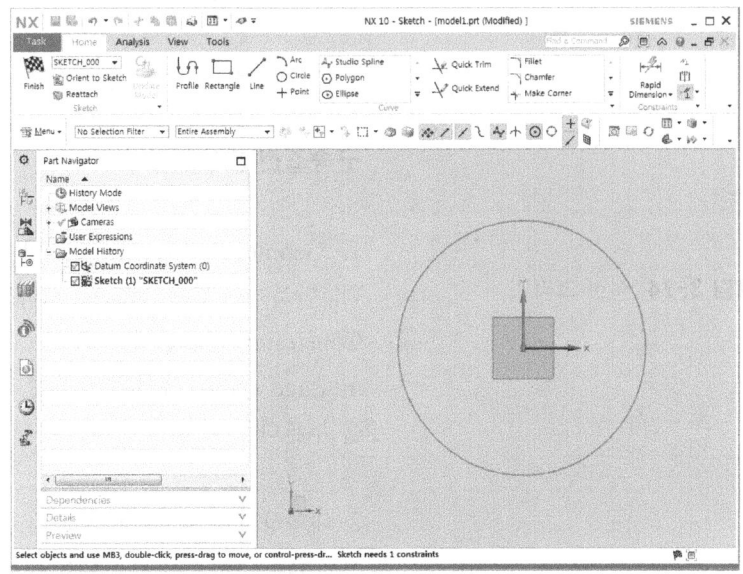

그림 3-72 Sketch 환경

3 장: 스케치 (Sketch)

Exercise 04   기울어진 직선 그리고 구속하기

그림 3-73과 같이 X 축과 45°기울어진 직선을 생성해 보자. 최종 스케치는 완전구속되어야 한다. 새 파일을 생성하는 과정과 스케치 면을 지정하는 과정은 생략한다. 파일명은 Exercise 04.prt로 한다.

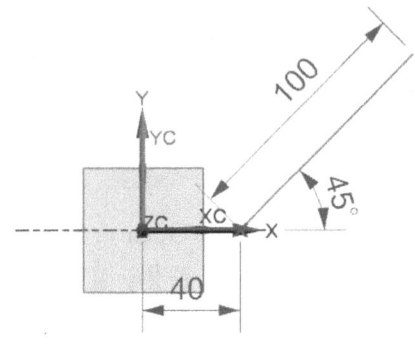

그림 3-73 기울어진 직선

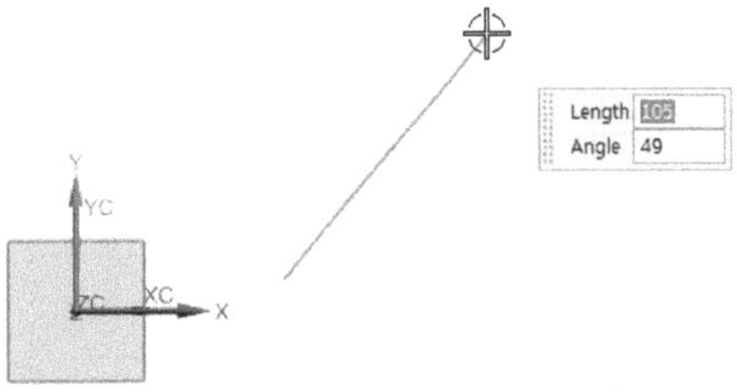

임의의 직선 그리기

1. 그림 3-74와 같이 Profile 기능으로 임의의 직선을 그린다.

2. ESC 키를 눌러 Profile 기능을 종료시킨다.

구속조건 생성하기

1. Geometric Constraints 아이콘을 누른다. 단축키인 C를 눌러도 된다. Geometric Constraint 안내창에서 Don't display this message again. 옵션을 체크한 후 OK 버튼을 누른다.

2. 대화상자를 Reset 한 후 Constraints 옵션으로 Point on Curve 버튼을 누른다.

그림 3-74 직선 그리기

3. 직선의 끝 점을 선택한다. 그림 3-75의 ❸과 같이 직선의 End Point에 스냅이 걸렸을 때 MB1을 클릭하여야 한다.
4. MB2를 누른다.
5. X 축을 선택한다.

직선의 끝 점이 X 축 위로 이동되며 Point on Curve 기호가 나타난다.

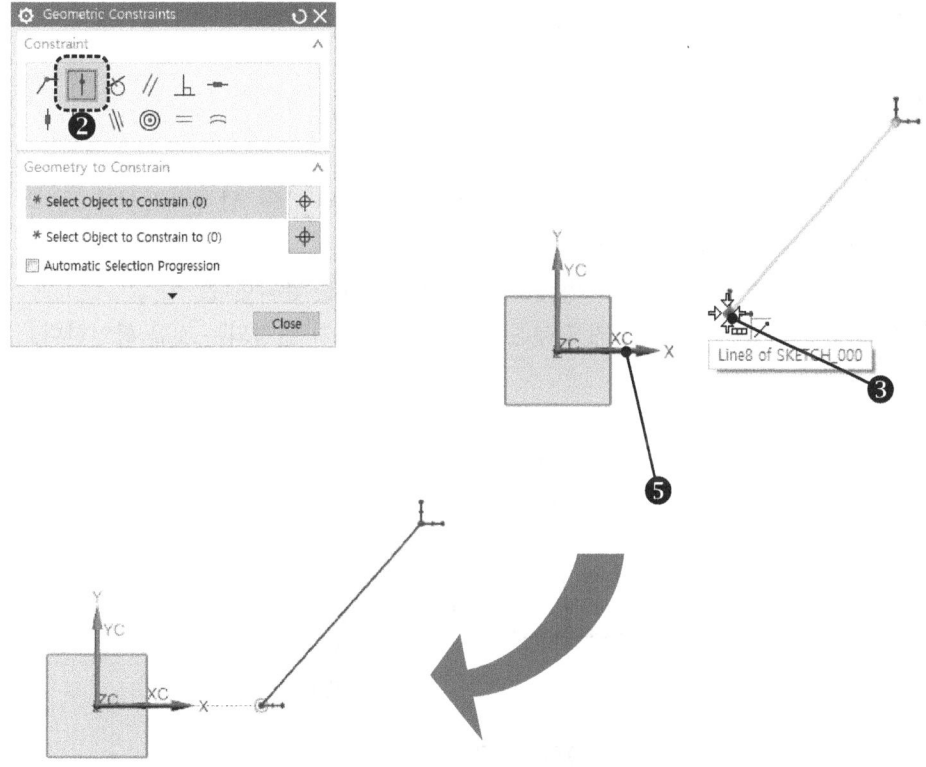

그림 3-75 Point on Curve 구속 적용

드래그 하기

1. Geometric Constraints 아이콘이 눌려 있는 상태임을 인지하고, 직선의 한 쪽 끝에 DOF Arrow가 나타난 것을 확인한다.
2. Geometric Constraints 대화상자에서 Close 버튼을 누른다.
3. MB1으로 직선의 끝 점(그림 3-76의 Ⓐ)을 클릭한 후 그림 3-76과 같이 드래그 한다.

3 장: 스케치 (Sketch)

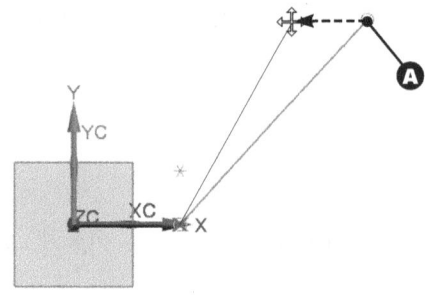

그림 3-76 끝 점 드래그

각도 구속

1. Rapid Dimensions 아이콘을 누른 후 대화상자를 Reset 한다. 단축키인 D를 눌러도 된다.
2. 직선과 X 축을 차례로 선택한다.
3. 각도 치수의 위치로 마우스 포인터를 이동하여 MB1을 클릭한다.
4. 각도 45를 입력한 후 Enter 키를 누른다. 직선의 각도가 변경되는 것을 확인한다.

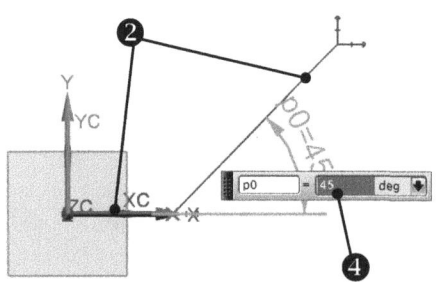

그림 3-77 각도 치수 생성

길이 구속

1. Rapid Dimensions 아이콘이 눌려 있는 상태임을 인지하고, 직선을 선택한다.
2. 길이 치수의 위치로 마우스 포인터를 이동하여 MB1을 클릭한다.
3. 길이 100을 입력한 후 Enter 키를 누른다. 직선의 길이가 변경되는 것을 확인한다.
4. Rapid Dimension 대화상자에서 Close 버튼을 누른다.

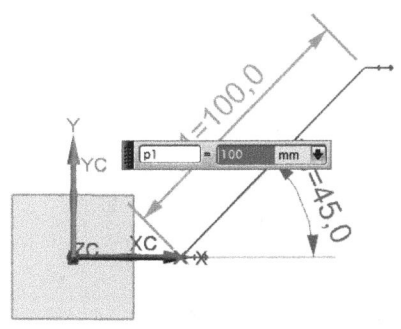

그림 3-78 길이 치수 생성

구속의 상태 확인

그림 3-78을 보면 직선의 끝 점에 오른쪽 방향의 DOF Arrow가 나타난 것을 알 수 있다. 이는 직선을 X 축 방향으로 드래그 할 수 있음을 알려준다. 이 자유도는 X 방향의 기준축(Y축)으로부터 X 방향 거리 치수를 입력함으로써 구속할 수 있다.

1. Rapid Dimensions 버튼을 누른다.
2. Y 축과 직선의 끝 점을 선택한다.
3. 그림 3-79과 같이 치수의 위치를 정한 후 거리 40을 입력하고 Enter 키를 누른다.

스케치가 완전 구속 되었다는 것은 다음 네 가지 사항으로 확인할 수 있다.

▶ 커브와 점의 색깔이 모두 연두색으로 변함
▶ 점에 DOF Arrow가 하나도 없음
▶ 구속 기능을 종료한 후 드래그 할 때 점이나 선이 움직이지 않음
▶ Geometric Constraint 또는 Rapid Dimensions 아이콘을 눌렀을 때 Status Bar에 "Sketch is Fully Constrained"라고 나타남.

3 장: 스케치 (Sketch)

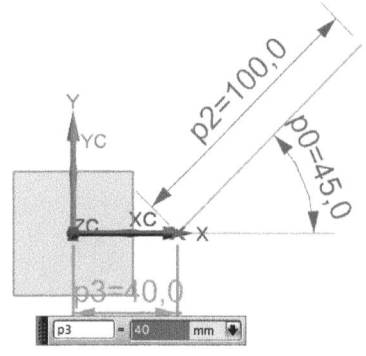

그림 3-79 거리 치수 생성

스케치 종료

1. Finish Sketch 버튼을 눌러 스케치를 종료한다. 또는 단축키인 Q를 눌러도 된다.
2. Save 버튼을 눌러 파일을 저장한다. 파일명은 Exercise 04.prt이다.

END of Exercise

> **! 스케치 선과 점의 색**
>
> 위 연습문제에서 스케치를 빠져나가기 전과 후의 선 색깔이 다르다는 점을 감지하였는가? 활성 스케치에서 선과 점의 색은 녹색이다. 비활성 스케치의 선과 점은 파란색이다. 이는 작업중인 스케치의 선과 점을 구분하기 위한 것이다.

> **! 구속의 기준**
>
> 스케치에 들어갔을 때 세 종류의 좌표계를 볼 수 있다. XC, YC, ZC로 표시되는 WCS와 X(빨간색), Y(녹색), Z(파란색)로 표시되는 스케치 좌표계, X, Y, Z로 표시되는 Datum 좌표계가 그것이다. 이 중 Datum 좌표계와 스케치 좌표계를 기준으로 스케치 선 또는 점을 완전구속 시킬 수 있다. WCS는 모델링 오브젝트가 아니기 때문에 치수 구속의 기준으로 사용할 수 없다.
>
> 3차원 형상을 생성한 후 두 번째 이후의 스케치를 그릴 때는 3차원 형상의 모서리, 꼭지점 등도 기준이 될 수 있으며 파란색으로 표시된 다른 스케치 커브를 기준으로 현재 스케치를 구속할 수 있다.

3.11 스케치 개체 삭제 및 치수 수정

3.11.1 스케치 치수 수정

스케치 치수를 수정하는 방법으로 두 가지가 있다.

(1) Direct Sketch 기능 이용

Part Navigator 에서 스케치 피쳐에 MB3를 누른 후 Edit을 선택하면 Direct Sketch가 실행된다. 치수를 더블클릭하여 수정한 후 Direct Sketch 아이콘 그룹에서 Finish Sketch 버튼을 눌러 종료한다. 또는 단축키 Q를 눌러도 된다.

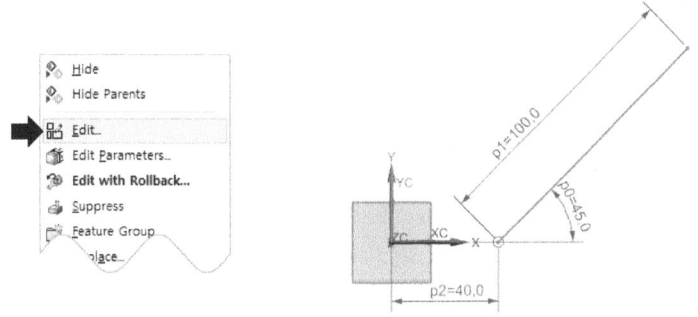

그림 3-80 Direct Sketch를 이용한 수정

(2) Sketch 환경에서 수정

Sketch 환경에서 스케치를 수정하려면 Part Navigator 에서 스케치 피쳐를 더블클릭한다. 또는 Sketch 피쳐에 MB3를 누른 후 팝업메뉴에서 Edit with Rollback을 선택해 된다. Sketch 환경으로 들어가며 스케치 커브를 삭제하거나 구속조건을 수정할 수 있다. 수정 후 Finish Sketch 버튼을 누른다. 또는 단축키 Q를 눌러도 된다. 스케치의 환경 설정에 따라 더블클릭 했을 때의 상태와 Edit Sketch 옵션을 선택했을 때의 상태가 다를 수 있다. 스케치 환경 설정에 대해서는 29 쪽 쪽을 참고한다. Customer Default 옵션을 변경한 후에는 NX를 다시 실행시켜야 함을 기억하기 바란다.

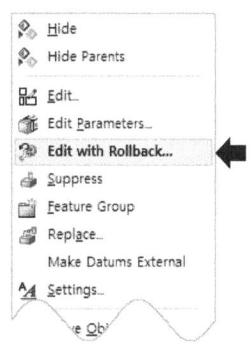

그림 3-81 Edit with Rollback 메뉴

3 장: 스케치 (Sketch)

3.11.2 Sketch 개체 삭제

스케치 피쳐 전체를 삭제하려면 Sketch 환경을 빠져나간 후 Part Navigator에서 Sketch 피쳐를 선택한 후 Delete 키를 누르면 된다.

또한 필요에 따라 스케치의 일부 개체를 삭제할 수도 있다. 스케치 커브, 점, 기하구속, 치수 구속 등을 선택하여 삭제할 수 있다.

Exercise 05   스케치 수정하기

Exercise 04에서 완성한 스케치를 수정해보자. 직선의 끝 점과 X 축 사이에 정의한 Point on Curve 구속을 삭제한 후 X 축으로부터의 거리 40mm를 정의하여 완전구속 시킬 것이다.

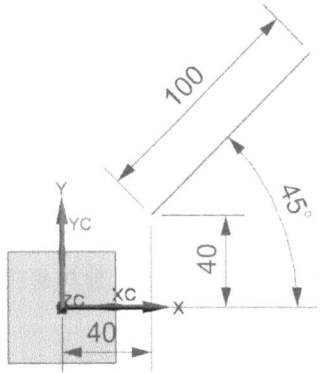

그림 3-82 수정 후의 스케치

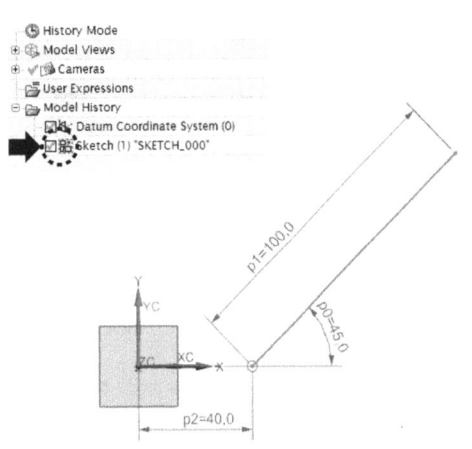

그림 3-83 Sketch 환경으로 들어가기

스케치 환경으로 들어가기

1. Part Navigator에서 Sketch를 더블클릭한다.

스케치 심볼이 그림 3-83의 화살표로 가리킨 것과 같이 변경되며 스케치의 X축이 화면의 가로 방향, Y 축이 화면의 세로 방향에 맞춰진다.

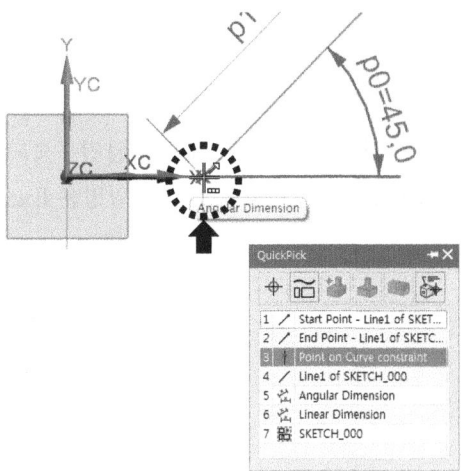

그림 3-84 기하구속 삭제

기하 구속 삭제

1. 직선의 한 쪽 끝 부분에 마우스 포인터를 가져간다.
2. 마우스 포인터가 그림 3-84와 같이 변경되었을 때 MB1을 클릭한다. Quick Pick 대화상자가 나타난다.
3. Quick Pick 대화상자에서 Point on Curve constraint를 선택한다.
4. 키보드에서 Delete 키를 누른다.

심볼이 삭제되면서 불완전 구속 상태가 된다.

드래그 및 치수 추가

1. 그림 3-85와 같이 직선을 드래그한다.
2. Rapid Dimensions 버튼을 눌러 그림 3-86과 같이 치수를 기입한다.
3. Q 키를 눌러 스케치를 종료한다.

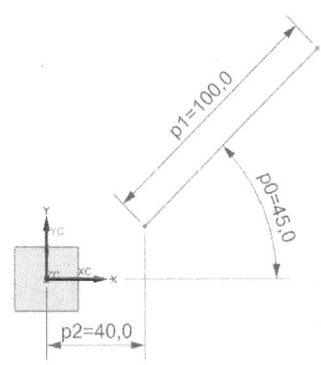

그림 3-85 직선 드래그

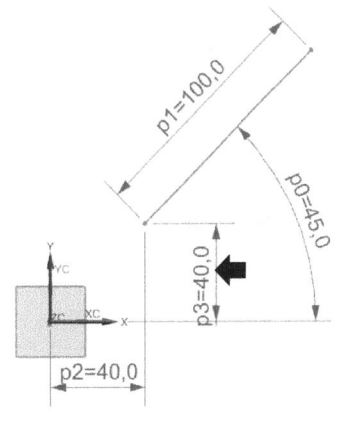

그림 3-86 치수 기입

END of Exercise

3 장: 스케치 (Sketch)

Exercise 06 X 축, Y 축에 대칭인 사각형 그리기
(Make Symmetic 기능 이용)

그림 3-87과 같이 X 축과 Y 축에 대칭인 사각형을 생성해 보자. 최종 스케치는 완전구속되어야 한다. 새 파일을 생성하는 과정과 스케치 면을 지정하는 과정은 생략한다. 파일명은 Exercise 06.prt로 한다.

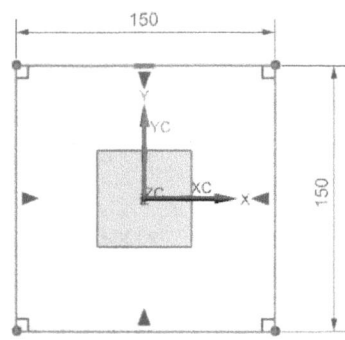

그림 3-87 X 축 및 Y 축과 대칭인 사각형

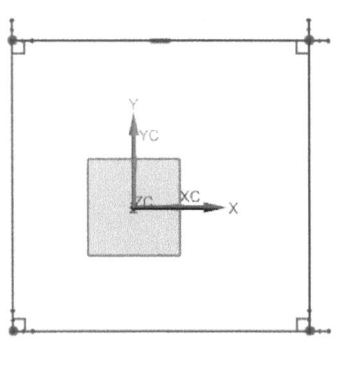

그림 3-88 직사각형

사각형 생성

1. Sketch 버튼을 눌러 Direct Sketch를 실행시킨 후 Rectangle 버튼을 눌러 그림 3-88과 같이 사각형을 그린다.

Horizontal 구속과 Perpendicular 구속의 기호가 보인다.

Y 축 대칭 구속 생성

1. Make Symmetric 아이콘을 누른다.
2. 그림 3-89의 **A** 직선을 Primary Object로 선택한다.
3. 그림 3-89의 **B** 직선을 Secondary Object로 선택한다.
4. Y 축(**C**)을 Symmetry Centerline으로 선택한다.

그림 3-89와 같이 두 직선이 Y 축에 대하여 대칭으로 되며 대칭 구속 기호(화살표로 가리킨 부분)가 나타난다.

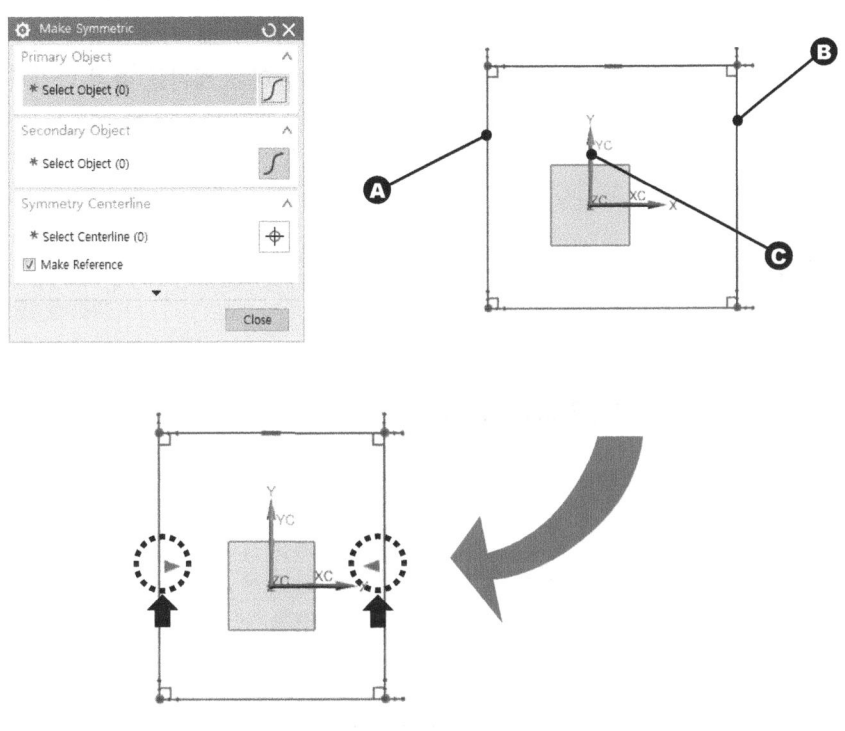

그림 3-89 Make Symmetric 적용

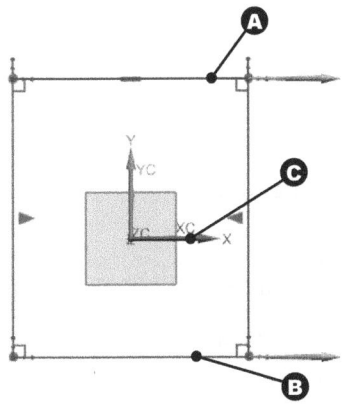

그림 3-90 Make Symmetric 적용

X 축 대칭 구속 생성

1. Make Symmetric 대화상자에서 Reset 버튼을 누른다.
2. 그림 3-90의 Ⓐ, Ⓑ, Ⓒ 부분을 차례로 선택하여 X 축에 대하여 대칭으로 만든다.
3. Close 버튼을 눌러 Make Symmetric 대화상자를 닫는다.

3 장: 스케치 (Sketch)

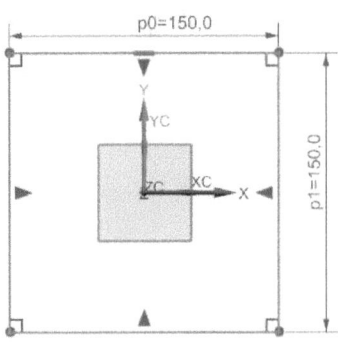

치수 기입

1. Rapid Dimensions 버튼을 눌러 그림 3-87과 같이 치수를 기입하여 완성한다.
2. Q 키를 눌러 스케치를 빠져 나간다.

그림 3-91 치수 기입

END of Exercise

> **치수를 그림 3-87처럼 표시하려면?**
>
> 1. Direct Sketch를 빠져 나간 후 Menu 버튼을 누른 다음 Preferences > Sketch를 선택한다.
> 2. Dimension Label을 Value로 선택한다.
>
>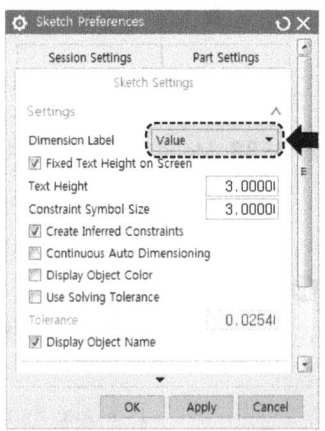
>
> **그림 3-92** Sketch Style 대화상자
>
> 이 기능은 이후 생성하는 스케치에서부터 적용된다. 이미 생성한 스케치에서 변경하려면 Part Navigator에서 Sketch 피쳐를 더블클릭(Edit with Rollback)하여 Sketch 환경으로 들어간 후 메뉴버튼 > Task > Sketch Settings를 선택한다.

> **!** **각종 초기화**

NX를 사용하다보면 각종 상태를 초기화해야 할 필요성이 있다.

1. 리본바, 메뉴 등의 초기화
Role을 이용한다. 초기 상태는 Essentials이다.

2. 대화상자의 초기화
대화상자의 Reset 버튼을 이용한다.

3. 모델뷰의 초기화
Home 키를 누른다. Trimetric View를 설정하는 것이다.

4. Rendering 상태의 초기화
화면의 빈 곳에 MB3를 누르면서 윗방향으로 드래그한다. Shaded with Edges 상태를 설정하는 것이다.

5. Customer Default의 초기화
File 〉 Utilities 〉 Customer Defaults를 선택한 후 Manage Current Settings 버튼을 눌러 현재 변경되어 있는 항목을 삭제한다. 30 페이지의 "1.8.5 변경 사항 확인 및 삭제"를 참고한다.

6. NX 화면 초기화
Menu 버튼 〉 Preferences 〉 User Interface를 선택한 후 Layout 탭에서 Reset Window Position 버튼을 누른다. 73 페이지의 "그림 3-36 Arc로 전환"를 참고한다.

3 장: 스케치 (Sketch)

Exercise 07 X 축, Y 축에 대칭인 사각형 그리기 (Midpoint 구속 이용)

X 축 및 Y 축에 대칭인 사각형을 생성해 보자. 오브젝트를 먼저 선택하여 기하구속(Midpoint)을 적용하는 방식을 이용한다. 새 파일을 생성하는 과정과 스케치 면을 지정하는 과정은 생략한다. 파일명은 Exercise 07.prt로 한다.

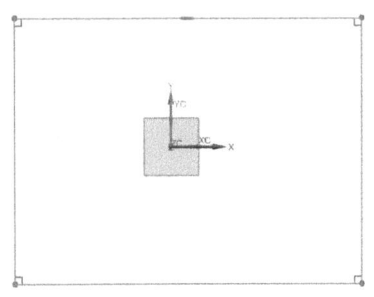

그림 3-93 직사각형

사각형 생성

1. Direct Sketch를 실행시킨 후 Rectangle 버튼을 눌러 그림 3-93과 같이 사각형을 그린다.
Horizontal 구속과 Perpendicular 구속의 기호가 보인다.

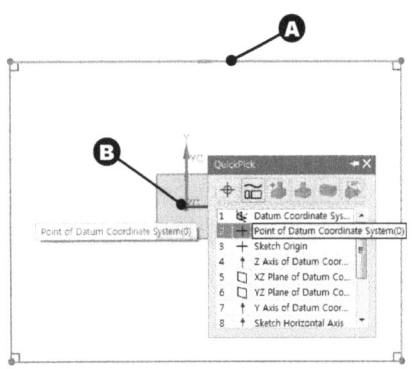

그림 3-94 오브젝트 선택

Midpoint 구속 생성

1. 그림 3-94의 Ⓐ 직선을 선택한다.
2. 그림 3-94의 Ⓑ 점을 선택한다. 점이 바로 선택되지 않으므로 QuickPick 기능을 이용한다.
3. 그림 3-95의 빠른 적용 툴에서 Midpoint를 선택한다.

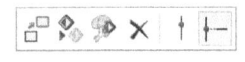

그림 3-95 빠른적용 툴

Midpoint 구속 기호(그림 3-96의 화살표 부분)가 나타난다.

4. 수직의 직선과 원점 사이에도 같은 방법으로 그림 3-96과 같이 Midpoint 구속을 생성한다.

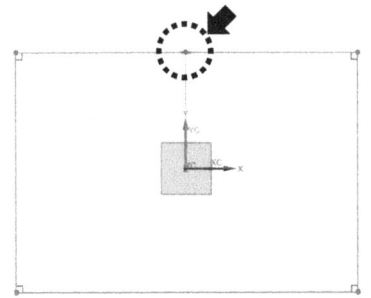

그림 3-96 Midpoint 구속 적용

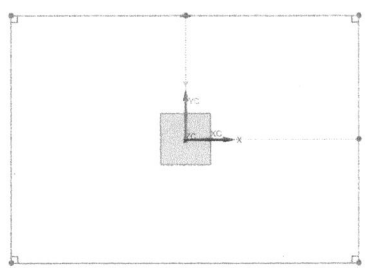

그림 3-97 Midpoint 구속 적용

그림 3-98 치수 생성

치수 기입

1. 수평의 직선을 선택한 후 빠른 적용 툴바에서 Horizontal Dimension 버튼을 눌러 치수를 생성한 후 150으로 수정한다.
2. 수직의 직선에 대해서도 같은 방식으로 치수를 생성한다.
3 스케치를 종료한다.

END of Exercise

3.12 기타 스케치 기능

스케치 기능 중 중요한 몇 가지를 추가로 소개한다.

3.12.1 Quick Trim

스케치 커브를 이용하여 다른 스케치 커브를 잘라낸다. 잘라진 끝 부분에는 Point on Curve 구속이 생성된다. 그림 3-100은 잘라낼 부분을 MB1으로 선택하여 Trim 한 결과를 보여준다.

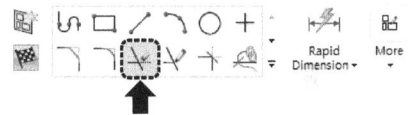

그림 3-99 Quick Trim 아이콘

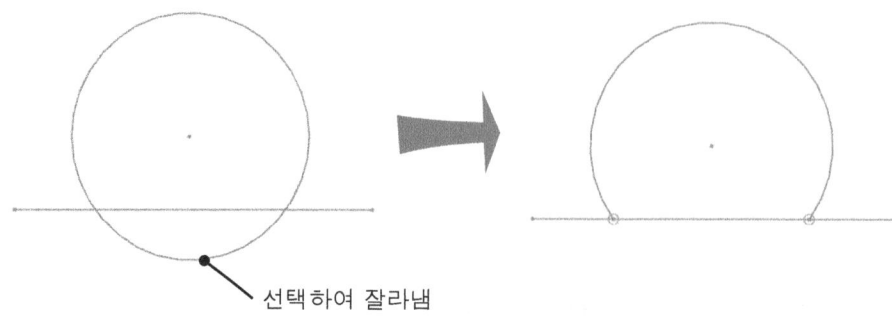

그림 3-100 Quick Trim 전과 후

그림 3-101과 같이 크레용 기능을 이용하여 여러 개의 커브를 한꺼번에 Trim 할 수도 있다. Quick Trim 아이콘을 누른 후 MB1을 클릭한 상태로 잘라낼 커브 위로 드래그 한다. 그림 3-101에서와 같이 마우스 커서가 크레용 모양으로 바뀌며 궤적에 걸리는 커브가 Trim 된다.

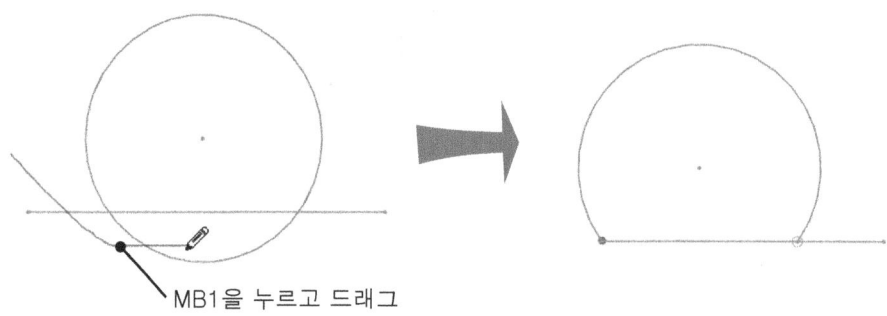

그림 3-101 크레용을 이용한 Trim

3.12.2 Fillet

호를 이용하여 두 개의 커브를 부드럽게 연결한다. Fillet 버튼을 누르면 그림 3-103과 같은 Fillet 옵션바가 나타나고 Fillet Method를 선택할 수 있다. Trim 옵션을 선택하면 선택한 두 개의 커브를 연결하고 남은 부분을 잘라낸다. Untrim 옵션을 이용하면 남은 부분을 잘라내지 않는다.

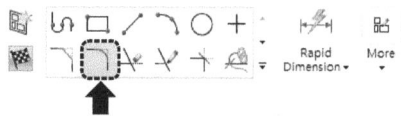

그림 3-102 Fillet 아이콘

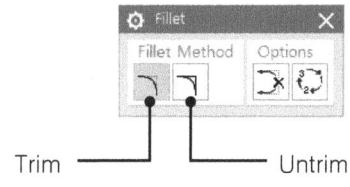

그림 3-103 Fillet Method

그림 3-104는 Trim 옵션을 사용한 경우와 Untrim 옵션을 사용한 경우의 결과를 함께 보여준다.

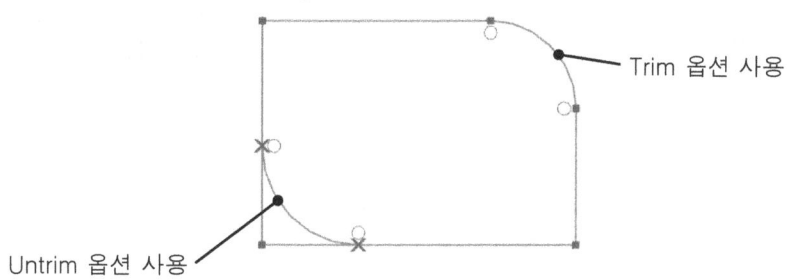

그림 3-104 Fillet Method에 따른 결과

Quick Trim의 경우와 같은 방법으로 크레용 기능을 사용할 수도 있다.

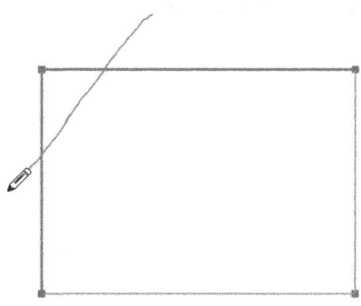

그림 3-105 크레용 기능 사용

3.12.3 Mirror Curve

하나의 커브 또는 여러 개의 커브를 중심선에 대하여 대칭복사한다. 커브를 미리 생성한 후 Make Symmetric 기능을 이용하여 대칭 구속을 적용한 것과 같은 결과이다. Make Symmetric 기능은 커브를 하나씩 선택하여 대칭구속을 주지만 Mirror Curve는 여러 개의 커브를 대칭복사할 수 있다.

3 장: 스케치 (Sketch)

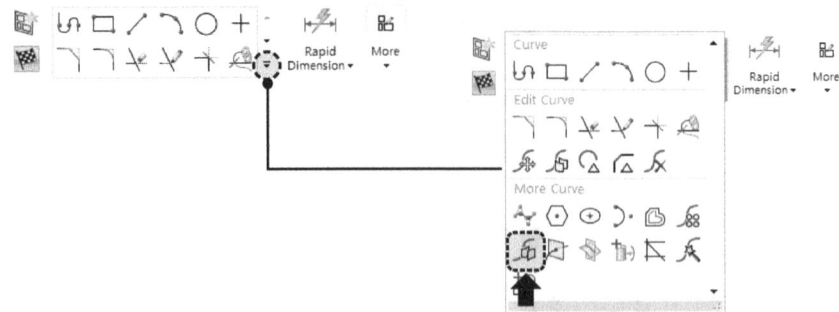

그림 3-106 Mirror Curve 아이콘

그림 3-107은 Mirror Curve 기능을 이용하여 원을 Y 축에 대하여 대칭복사 한 결과를 보여준다. 대칭복사 기호가 나타나며 치수는 일반적으로 대칭복사 후에 기입한다.

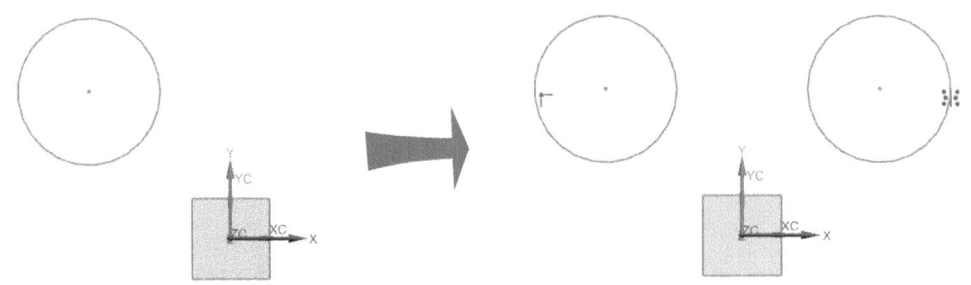

그림 3-107 Mirror Curve 기능을 이용한 대칭복사

Exercise 08 수평선 그리기

그림 3-108과 같이 수평선을 스케치로 그리고 완전구속 하시오.

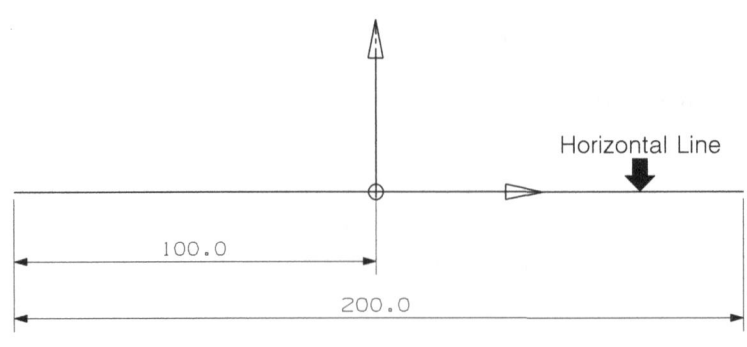

그림 3-108 수평선

작업 과정

1. Line 기능으로 X 축 아래 부분에 임의의 수평선을 그린다.
2. 아래 표를 참조하여 기하 구속을 적용하는 작업을 2회 한다.

No	선택할 오브젝트		적용할 기하 구속	결 과
1	직선	가로 Datum Axis	Collinear	직선이 Datum Axis와 일직선이 된다.
2	직선	Datum Axis가 교차하는 위치의 점	Midpoint	직선의 중간이 점과 동일한 위치가 된다.

3. 길이 200mm에 해당하는 치수 구속을 생성한다.

END of Exercise

! 주의!

그림 3-108에서 100 치수는 기입하지 않아야 한다. 왜냐하면 Midpoint 구속을 적용하였기 때문에 100 이라는 치수를 따로 기입할 필요는 없다. 만약 Midpoint 구속을 석용한 후 100 치수를 적용하면 과잉구속 상태가 되어 치수를 수정해도 길이가 변경되지 않는다.

! QuickPick 대화상자를 이용한 오브젝트의 선택 방법

QuickPick 대화상자를 이용하면 겹쳐진 오브젝트를 쉽게 선택할 수 있다. 선택하려는 오브젝트 위에 마우스 커서를 올려 놓고 기다리면 그림 3-109와 같은 모양으로 마우스 커서가 바뀐다. 이 때 MB1을 누르면 그림 3-110과 같은 QuickPick 대화상자가 나타나고 원하는 오브젝트를 선택하면 대화상자가 닫힌다.

그림 3-109 QuickPick Indicator

그림 3-110 QuickPick 대화상자

3 장: 스케치 (Sketch)

Exercise 09 중심이 원점인 폐곡선의
반원 그리고 구속하기

그림 3-111과 같이 중심이 원점인 폐곡선의 반원을 스케치로 그리고 완전 구속하시오.

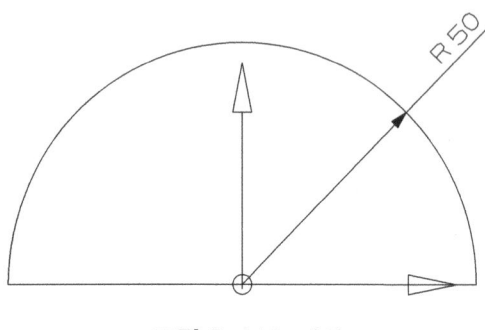

그림 3-111 반원

작업 과정

1. Circle 기능으로 Datum Axis가 교차하는 위치의 점에 원의 중심이 일치하도록 원을 그린다.
2. Line 기능으로 적당한 위치에 원의 지름보다 큰 길이의 수평선을 그린다. Alt 키를 누르는 것이 좋다.
3. 가로 Datum Axis와 수평선 사이에 Colinear 기하 구속을 적용한다.
4. Qucik Trim 기능으로 원 바깥 쪽으로 벗어난 직선과 가로 Datum Axis의 아래 쪽 반원을 잘라버린다.
5. 원에 반지름 치수 구속을 생성한다.

END of Exercise

Exercise 10 정삼각형 그리고 구속하기

그림 3-112와 같이 수평선의 가운데가 원과 일치하는 정삼각형을 그리고, 치수 구속을 생성하여 스케치를 완전 구속하시오.

> **!주의!**
>
> 아래 그림에서 치수 (50)은 스케치 작업에서 이용하지 마시오. 즉, 수평 치수 50mm를 치수 구속으로 기입하지 마시오.

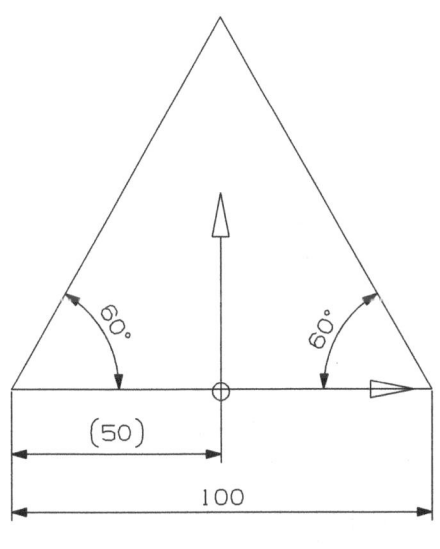

그림 3-112 삼각형

힌트

1. 삼각형은 Profile 기능으로 그린다. 선을 끊으려면 MB2를 누른다.
2. 삼각형은 밑변부터 수평하게 그려 나간다.
3. 밑변의 기하 구속은 Exercise 08의 '수평선 그리기'의 내용을 참조한다.
4. 정삼각형은 세 변의 길이가 동일한 삼각형이므로 Equal Length 기하 구속을 세 변에 적용한다.

END of Exercise

3 장: 스케치 (Sketch)

Exercise 11 두 스케치 커브 사이에
필렛(Fillet) 원호 만들기

그림 3-113과 같이 두 스케치 커브 사이에 필렛 원호를 스케치로 그리고 완전 구속 하시오.

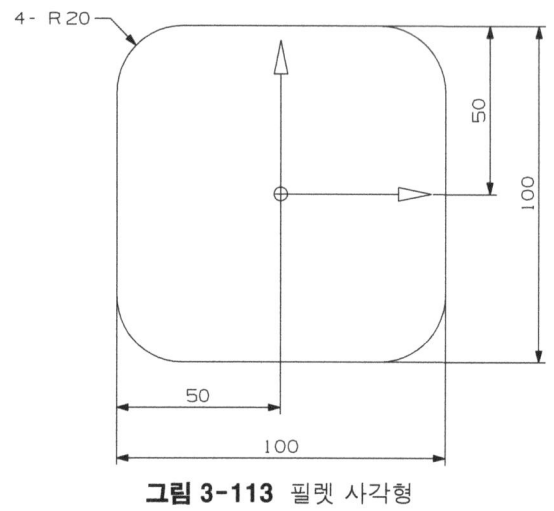

그림 3-113 필렛 사각형

작업 과정

1. Rectangle 기능으로 Datum Axis가 교차하는 위치의 점이 사각형의 안에 포함되도록 직사각형을 그린다.
2. Sketch 아이콘 그룹에서 Fillet 아이콘을 누른다.
3. 그림 3-114에서 화살표가 가리키는 위치에서 두 개의 직선을 순서에 상관없이 선택한다.

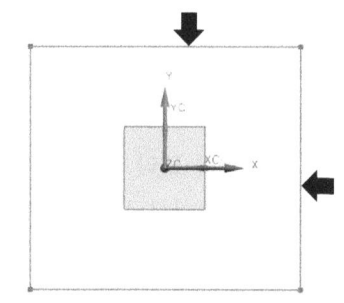

그림 3-114 선택할 두 개의 직선

4. 그림 3-115에 보이는 정도 크기의 원호가 되도록 마우스 커서를 이동시킨다.
5. MB1을 눌러 그림 3-116에서 화살표가 가리키는 것과 같이 원호를 만든다.

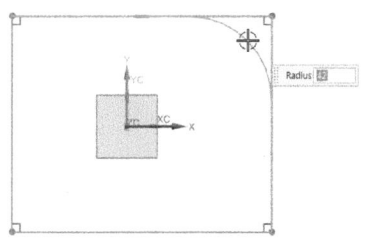 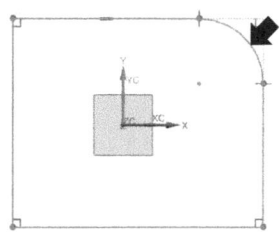

그림 3-115 마우스 커서(✣)의 위치   **그림 3-116** 생성된 원호

6. 동일한 방법으로 그림 3-117과 같이 나머지 꼭지점 부분을 필렛 처리한다.

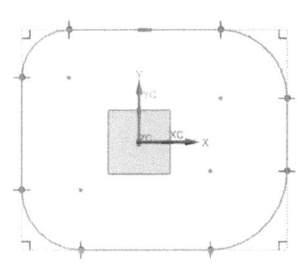 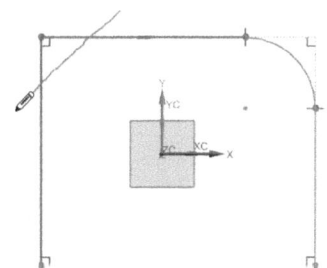

그림 3-117 꼭지점을 모두 필렛한 상태   **그림 3-118** 크레용을 이용한 필렛

7. 기하 구속(Midpoint, Equal Length, Equal Radius)과 치수 구속(수평 치수 1개, 반지름 치수 1개)을 생성하여 스케치를 완전 구속한다.

END of Exercise

! 주의!

1. 직사각형을 그릴 때 MB1을 누른 상태로 드래그 하면 Rectangle Method가 아래 그림 3-119와 같이 변경된다. 이럴 때는 옵션바에서 첫번째 버튼을 누른다.

그림 3-119 Rectangle Method

2. Midpoint 구속을 먼저 적용한 후 Fillet Method를 Trim으로 하여 필렛을 생성할 경우 Midpoint 구속이 삭제된다.

3 장: 스케치 (Sketch)

Exercise 12 필렛 기능을 이용한 스케치

그림 3-120과 같이 스케치 커브를 그리고 완전 구속하시오.

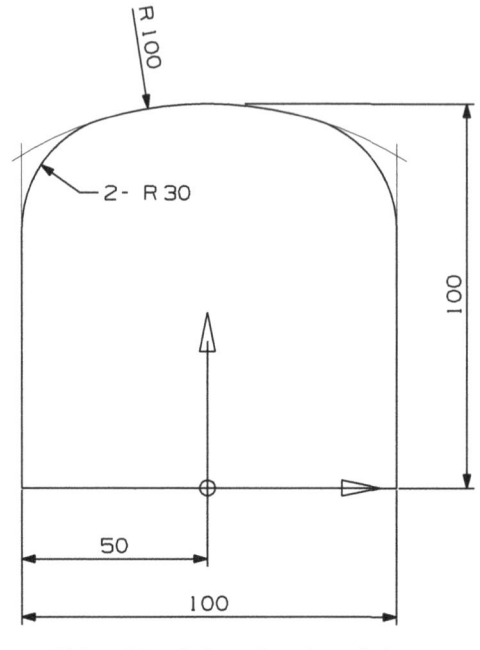

그림 3-120 필렛을 이용한 스케치

힌트

그림 3-121과 같은 순서로 커브를 그린 후 완전 구속 한다.

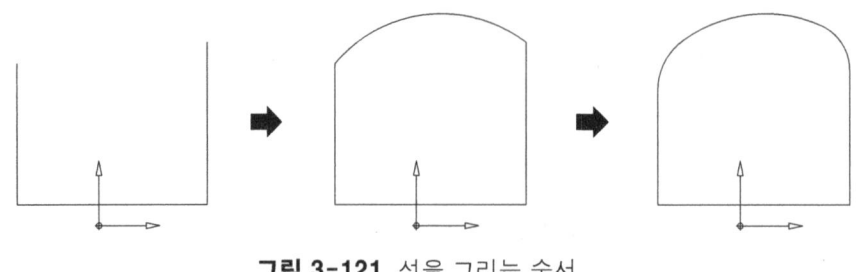

그림 3-121 선을 그리는 순서

END of Exercise

스케치 커브를 대칭 복사하기 **Exercise 13**

그림 3-122와 같이 두 스케치 커브 사이에 필렛 원호를 스케치로 그리고 구속하는 과정을 살펴보자. 그림에는 총 6개의 원호가 존재한다.

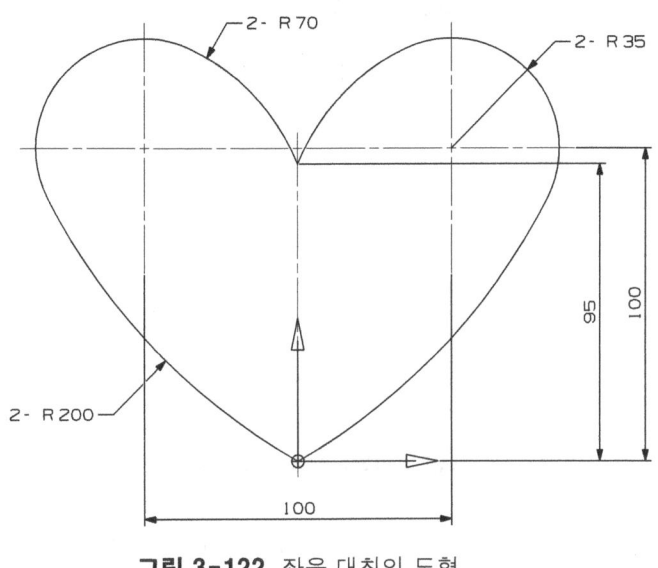

그림 3-122 좌우 대칭인 도형

작업 과정

1. 아래 그림과 같은 순서로 한 쪽 부분에 해당되는 스케치를 그리고 기하 구속을 적용한다.

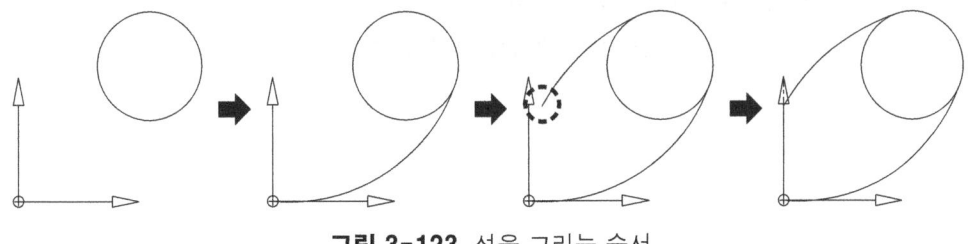

그림 3-123 선을 그리는 순서

> **힌트**
>
> 그림 3-123에서 점선의 원이 가리키는 끝점과 세로 Datum Axis (또는 스케치의 Y 축) 간에 Point on Curve 구속을 적용한다. Constraints 버튼을 누른 후 동그라미로 표시된 부분(호의 끝 점)과 축을 선택하여야 Point on Curve 구속을 적용할 수 있다.

3 장: 스케치 (Sketch)

2. Direct Sketch 아이콘 그룹의 Sketch Curve 아이콘 중 Mirror Curve 아이콘을 누른다.

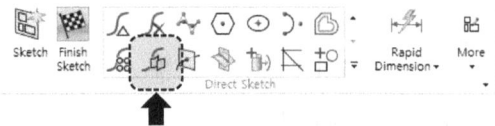

그림 3-124 Mirror Curve 아이콘

그림 3-125와 같은 Mirror Curve 대화상자가 나타난다.

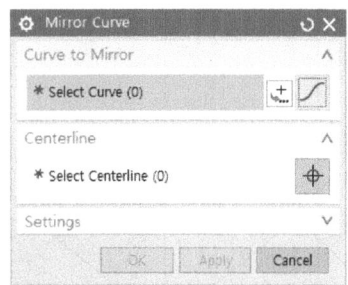

그림 3-125 Mirror Curve 대화상자

3. 순서에 상관없이 모든 스케치 커브(원 1개, 원호 2개)를 선택한다.
4. MB2를 누른다.
5. 세로 방향 Datum Axis를 선택한다. 또는 스케치의 Y 축을 선택해도 된다.
6. Mirror Curve 대화상자에서 OK 버튼을 누른다. 그림 3-126과 같이 선택한 커브들이 세로 Datum Axis를 기준으로 대칭 복사된 것을 확인할 수 있다.
7. Quick Trim 기능을 사용하여 그림 3-126에서 화살표가 가리키는 부분을 잘라낸다.
8. 기하 구속과 치수 구속을 생성하여 스케치를 완전 구속한다.

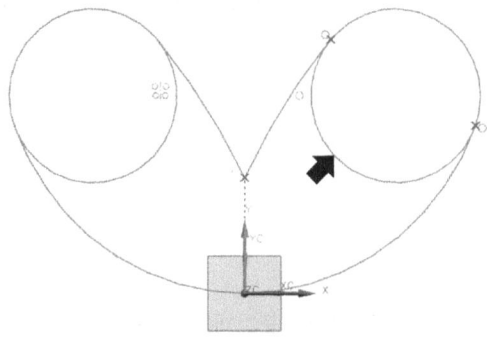

그림 3-126 대칭 복사가 된 결과

END of Exercise

기하 구속과 치수 구속을 적용하는 순서

스케치 커브에 구속을 적용할 때 기하 구속(Geometric Constraint)과 치수 구속(Dimensional Constraint) 중 치수 구속을 먼저 주는 것이 보편적으로 맞는 것이다. 실제 모델링에서는 순서에 상관 없이 필요에 따라 구속을 적용하게 된다. 구속의 순서에 따라 형상이 크게 벗어날 수 있으므로, 그럴 경우에는 Ctrl + Z를 눌러 마지막 작업을 취소한 후 다른 구속을 먼저 적용할 수 있어야 한다.

Quick Extend

그림 3-127의 점선이 가리키는 것처럼 선을 짧게 그린 경우, Quick Extend 기능을 사용하여 그림 3-128과 같이 선을 쉽게 연장할 수 있다. 또는 Point on Curve 구속 조건을 이용해도 좋다.

그림 3-127 원호가 짧게 그려진 예   **그림 3-128** Qucik Extend 기능으로 연장한 상태

3.13 참조치수와 참조선

필요에 따라 치수를 참조용으로 생성하거나 전환할 수 있다. 참조용 치수는 구속되지 않은 것으로 인식되며 단지 치수만 보여주는 것이다. 치수를 수정할 수도 없다.

선을 참조용으로 만들면 스케치를 빠져나간 후 3차원 형상을 만들기 위한 섹션을 정의할 때 선을 사용할 수 없게 된다. 단지 스케치의 다른 선을 정의하는데 사용될 뿐이다.

그림 3-129는 완전구속 되어 있는 스케치이다. 이 스케치에 직선의 길이 치수를 기입하면 과잉구속 될 것이다. 만약 길이도 같이 표시하고 싶다면 과잉구속으로 기입하는 것이 아니라 참조치수로 기입하여야 한다.

치수를 생성할 때 참조치수로 생성하는 방법도 있지만, 일단 과잉구속이 되도록 치수를 생성한 후 참조치수로 만드는 방법이 이해하기 쉽다. 참조치수로 변경할 치수에 MB3를 누르면 그림 3-130과 같이 팝업메뉴가 나타나고, Convert to Reference를 선택하여 참조치수를 만들 수 있다. 참조치수로 만들면 치수의 색깔이 바뀌며 더블클릭하여 치수를 변경할 수 없다는 점을 다시 한 번 기억하기 바란다.

참조치수를 다시 일반 치수(Driving Dimension)로 변경하려면 치수에 MB3를 누른 다음 Convert to Driving 옵션을 선택하면 된다.

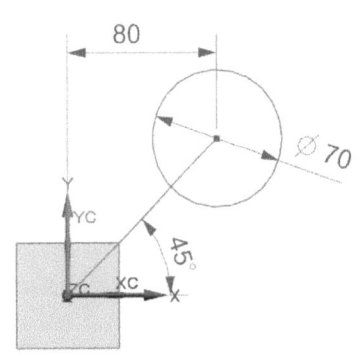

그림 3-129 완전 구속되어 있는 스케치

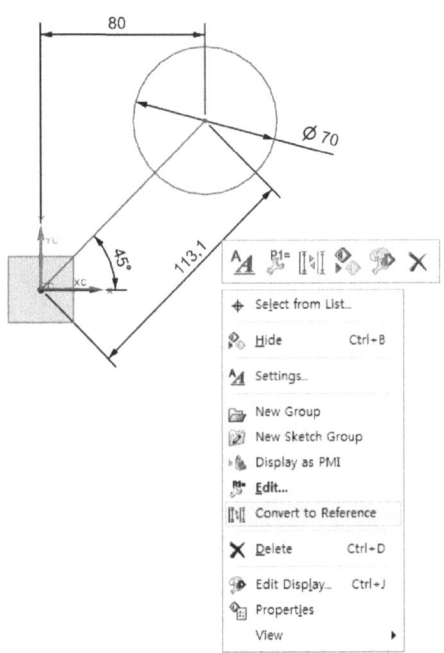

그림 3-130 Convert to Reference 옵션

그림 3-131의 기울어진 직선은 각도를 기입하기 위해 그린 것이며 그 외에는 사용할 일이 없다. 이런 경우 직선을 참조선으로 변경할 수 있다. 선 위에 MB3를 누르면 치수에서와 마찬가지로 Convert to Reference 옵션이 나타나며 참조선으로 변경할 수 있다. 참조선은 점선으로 표시된다.

참조선을 다시 활성화 시키려면 선 위에 MB3를 누른 후 팝업메뉴에서 Convert to Active 옵션을 선택한다.

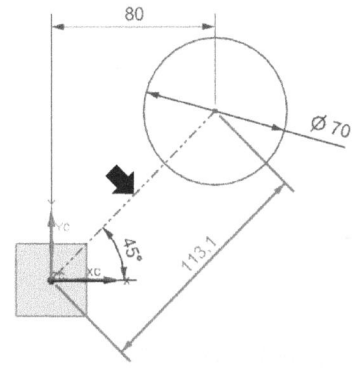

그림 3-131 참조선으로 변경된 직선

참조치수 생성하기

치수를 생성할 때 Reference 옵션을 체크하면 참조치수로 생성된다. 이후에 치수를 생성할 때도 계속 적용되므로 치수를 수정하려면 Reference 옵션을 꺼야 한다. 참조치수를 생성한 경우 더블클릭하여 치수를 수정할 수 없다는 점을 기억하기 바란다.

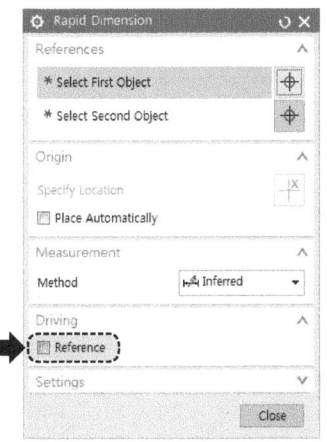

그림 3-132 Reference 버튼이 켜져 있는 상태

3 장: 스케치 (Sketch)

Exercise 14 스케치 커브를 참조선으로 만들기

그림 3-133과 같은 스케치를 그리고 완전 구속하시오.

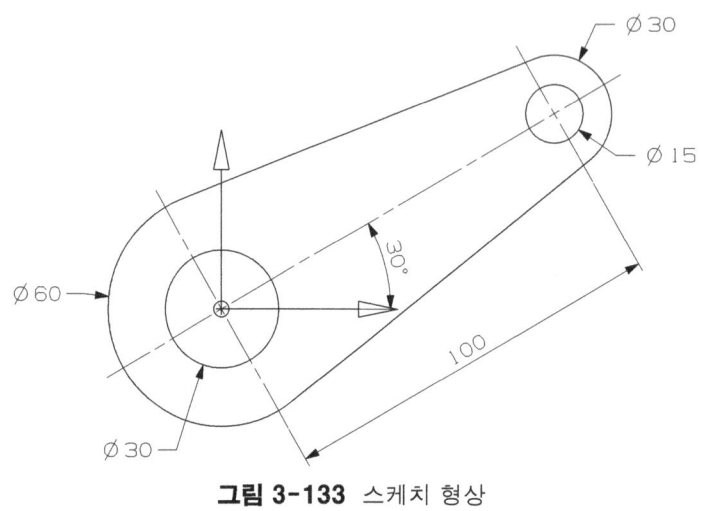

그림 3-133 스케치 형상

작업 과정

1. 그림 3-133를 참조하여 그림 3-134와 같이 기본 스케치를 그린다.

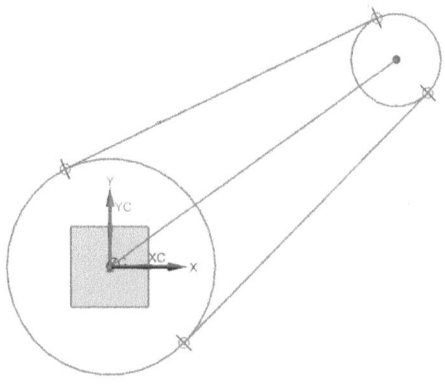

그림 3-134 그려야 할 스케치 커브

116

2. Quick Trim 기능으로 그림 3-135와 같이 원의 일부를 잘라낸다.
3. 그림 3-136과 같이 원을 두 개 그린다.

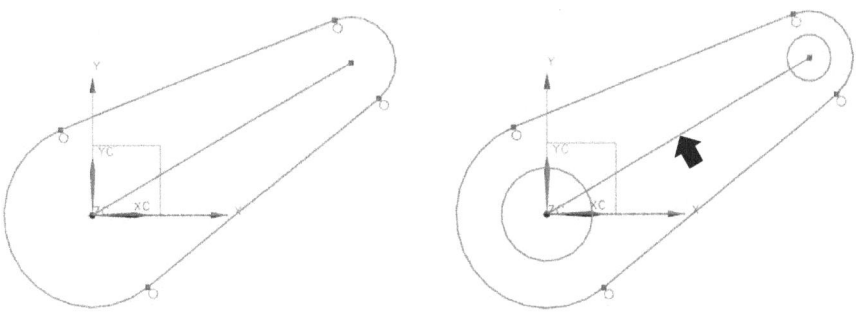

그림 3-135 Quick Trim 적용 후　　　**그림 3-136** 원을 그린 상태

4. 그림 3-136에서 화살표가 가리키는 직선 위에 마우스 커서를 올려 놓고 MB3를 누른다.
5. 그림 3-137의 팝업 메뉴에서 화살표가 가리키는 Convert to Reference 옵션을 선택한다.

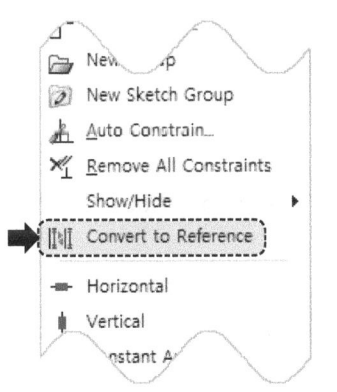 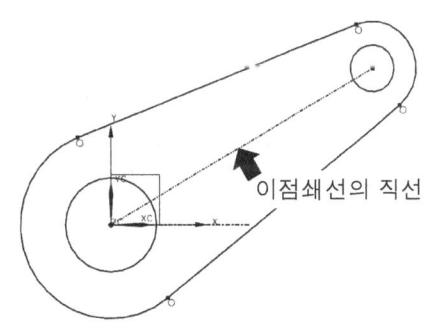

그림 3-137 Convert To Reference　　　**그림 3-138** 실선이 이점쇄선으로 바뀐 결과

6. 치수 구속을 생성하여 스케치 작업을 마무리 한다.

> **! 작업 결과에 대한 설명**
>
> 그림 3-136에서 화살표가 가리키는 직선은 각도를 기입하기 위해 반드시 그려야 하는 선이다. 이런 의미에서 스케치 작업이 완료(완전 구속)된 후 참조선으로 바꾸어 준 것이다. 참조선은 스케치를 구속하는 용도로만 사용하고 3차원 형상을 생성할 때는 사용할 수 없다.

3 장: 스케치 (Sketch)

3.14 자동 치수의 이해

지금까지의 스케치는 자동 치수 생성 옵션을 해제하고 생성하였다. 이제 Continuous Auto Dimensioning 기능을 활성화 시킨 후 Direct Sketch 방식으로 그림 3-139의 형상을 그리는 방법을 살펴보자.

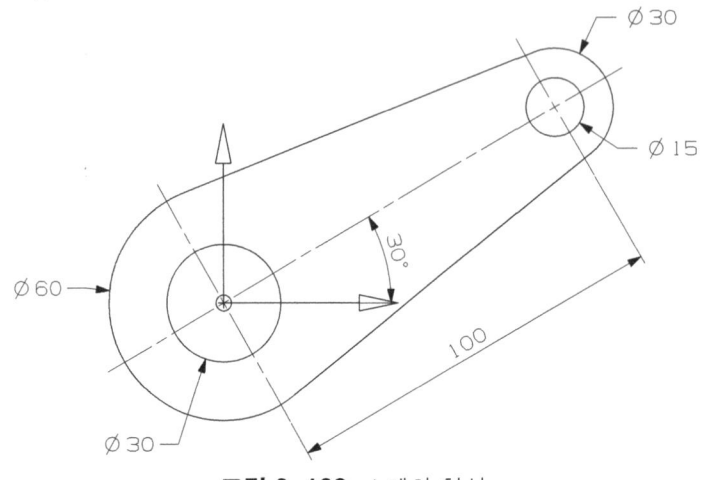

그림 3-139 스케치 형상

1. 기본 파일명으로 새 파일을 만든다.
2. Menu 버튼 〉 Preferences 〉 Sketch를 선택한다.
3. Sketch Preferences 대화상자의 Sketch Settings 탭에서 Continuous Auto Dimensoning 옵션을 체크하고 OK 버튼을 누른다.

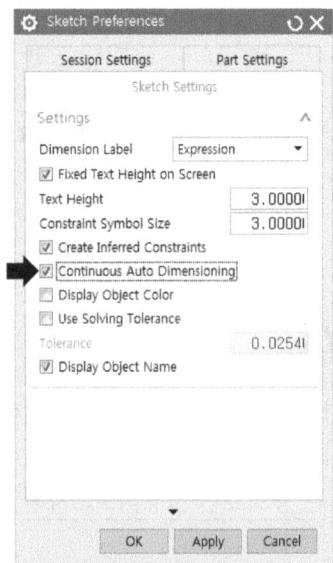

그림 3-140 연속 자동 치수기입 옵션

4. Direct Sketch 아이콘 그룹에서 Sketch 아이콘을 누른다.
5. Create Sketch 대화상자에서 Reset 버튼을 누르고 OK 버튼을 눌러 X-Y 평면에 스케치를 정의한다.
6. 선 그리는 기능을 이용하여 그림 3-141과 같이 스케치 커브를 그린다. 원이나 직선을 그릴 때 직경이나 길이 값은 입력하지 않도록 하며 대략적인 크기만 주어진 도면과 비슷하게 한다. 따라서 자동으로 생성되는 치수는 그림과 달라도 무방하다.

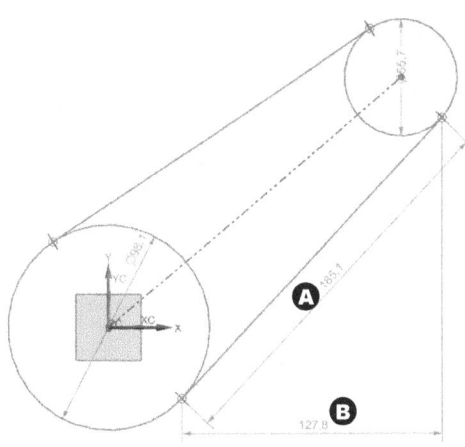

그림 3-141 스케치 커브를 그린 상태

그림 3-141에 나타난 치수 중 Ⓐ 치수와 Ⓑ 치수는 도면에서 추정 불가능한 치수이므로 다른 치수 또는 기하구속으로 대체하여야 한다. 각도 치수와 참조선의 길이 치수를 기입하자.

7. Direct Sketch 아이콘 그룹에서 Rapid Dimension 버튼을 누른다. Reference 옵션은 해제한다.
8. 그림 3-142와 같이 각도 치수(30)와 길이 치수(100)를 기입한다.

그림 3-141의 Ⓐ, Ⓑ 치수는 사라지는 것을 확인한다.

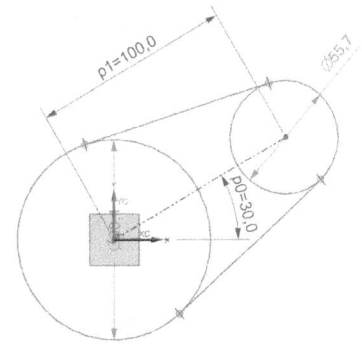

그림 3-142 치수 기입

3 장: 스케치 (Sketch)

> **! Continuous Auto Dimensioning 옵션**
>
> Continuous Auto Dimensioning 옵션은 적용 위치에 따라 적용 범위가 결정된다.
>
> 1. Menu 버튼 > File > Utilities > Customer Defaults 옵션 에서 설정할 경우: NX를 실행시킬 때마다 모든 스케치에 적용된다.
> 2. Menu 버튼 > Preferences > Sketch 옵션에서 설정할 경우: 실행중인 NX 세션에서 생성하는 모든 스케치에 적용된다. Customer Defaults에서 설정한 옵션에 우선한다.
> 3. Direct Sketch 아이콘 그룹 또는 Sketch 환경에서 Continuous Auto Dimensioning 버튼(그림 3-143)을 누르거나 해제할 경우: 해당 스케치 피쳐에서만 적용된다. Customer Defaults 또는 Preferences 에서 설정한 옵션에 우선한다.
>
>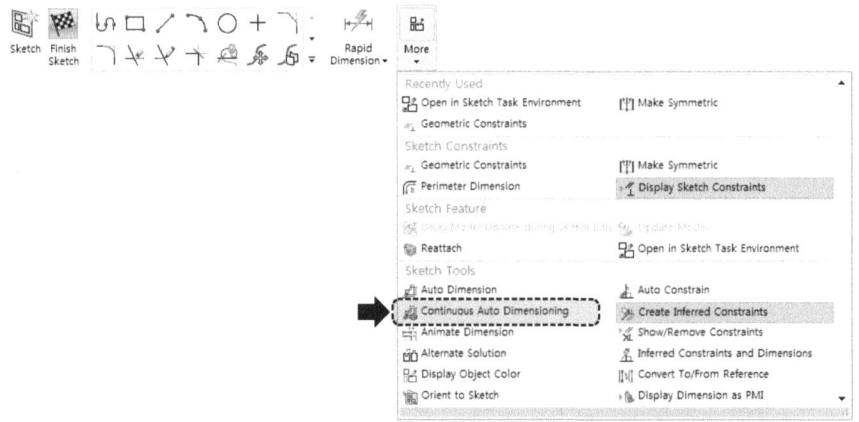
>
> **그림 3-143** Continuous Auto Dimensioning 아이콘
>
> Continuous Auto Dimensioning 옵션이 적용될 경우 자동으로 생성된 치수를 삭제하더라도 대체 치수가 생성되거나 삭제된 치수가 다시 나타난다. 자동 치수가 생성되지 않게 하려면 그림 3-143의 Continuous Auto Dimensioning 버튼을 먼저 해제한 후 삭제하여야 한다.

9. ESC 키를 눌러 Rapid Dimension 기능을 종료시킨다. Status 라인에는 그림 3-144와 같은 메시지를 보여준다. 두 개의 자동치수를 포함하여 완전구속 되었다는 뜻이다.

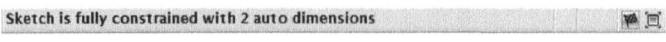

그림 3-144 Status 라인 메시지

자동치수를 이용하여 구속한 스케치는 드래그하여 움직일 수 있으며 도면의 치수가 입력되지 않았을 가능성이 있으므로 스케치가 끝났다고 볼 수 없다는 점에 주의한다.

10. 직경 치수를 더블클릭하여 도면의 직경을 입력한다. 치수의 색깔이 파란색으로 나타남을 알 수 있다.

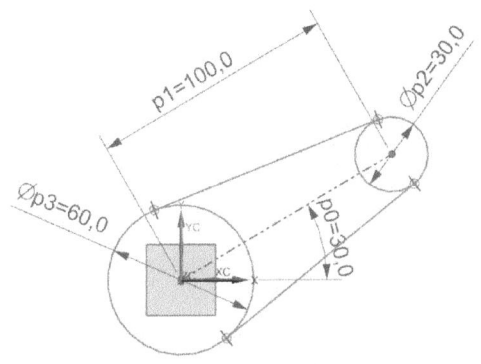

그림 3-145 완전구속 된 스케치

11. 나머지 부분을 완성하고 Quick Trim 기능을 이용하여 불필요한 부분을 잘라낸다.
12. Finish Sketch 아이콘을 눌러 스케치를 종료한다.

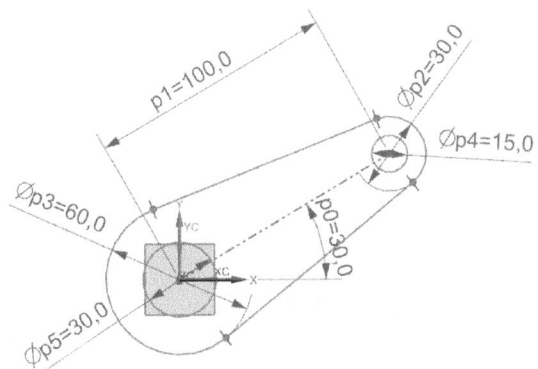

그림 3-146 완성된 스케치

3 장: 스케치 (Sketch)

Exercise 15 Bracket

다음 도면을 스케치 하시오.

주의

1. 주어진 치수는 도면 치수이다. 스케치에 모두 표시하라는 뜻은 아니다.
2. 스케치는 완전구속 한다.
3. 스케치의 원점은 ⊕ 표시한 곳으로 한다.

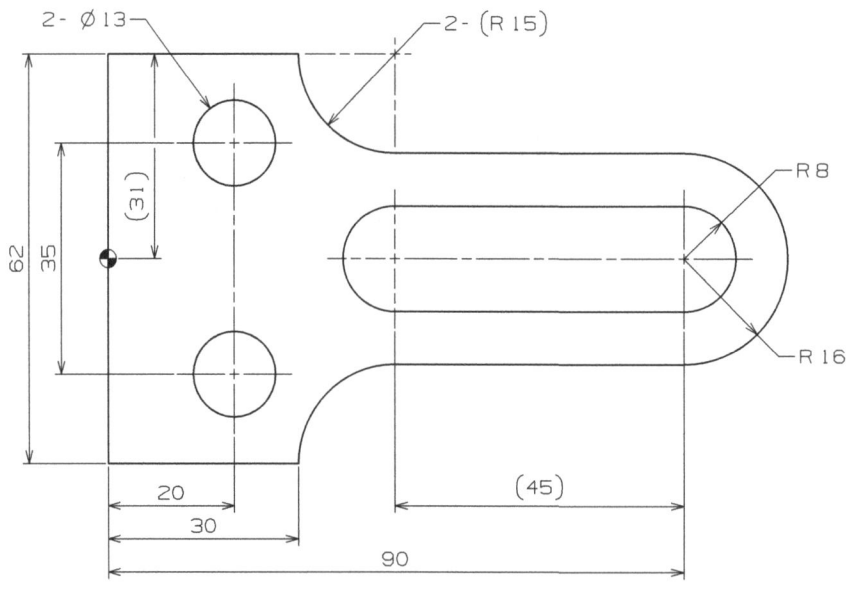

그림 3-147 Bracket 도면

> ### ! 스케치의 원점 정하기
>
> 스케치의 원점을 어디로 정하느냐에 따라 모델링이 쉬워질 수도 있고 어려워 질 수도 있다. 따라서, 스케치 원점의 위치를 신중하게 정하는 습관을 들이자. 일반적으로 대칭선 위 또는 원의 중심에 정한다.

END of Exercise

Flat Pin **Exercise 16**

다음 도면을 스케치 하시오.

주의

1. 주어진 치수는 도면 치수이다. 스케치에 모두 표시하라는 뜻은 아니다.
2. 스케치는 완전구속 한다.
3. 스케치의 원점은 ⊕표시한 곳으로 한다.

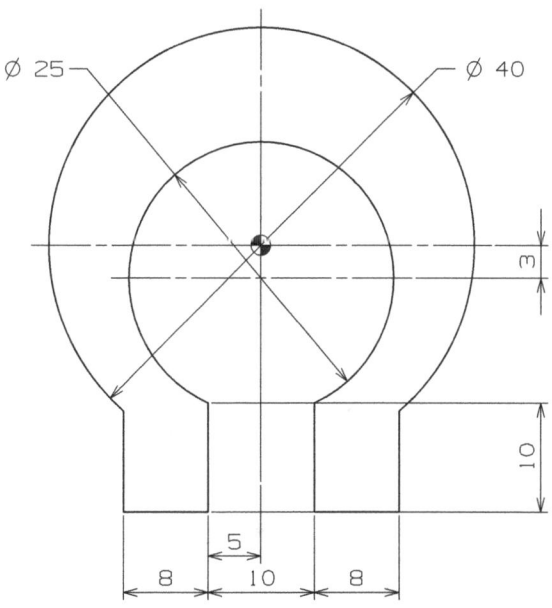

그림 3-148 Flat Pin

END of Exercise

3 장: 스케치 (Sketch)

Exercise 17   Spanner Head

다음 도면을 스케치 하시오.

_주의_

1. 주어진 치수는 도면 치수이다. 스케치에 모두 표시하라는 뜻은 아니다.
2. 스케치는 완전구속 한다.
3. 스케치의 원점은 ⊕표시한 곳으로 한다.

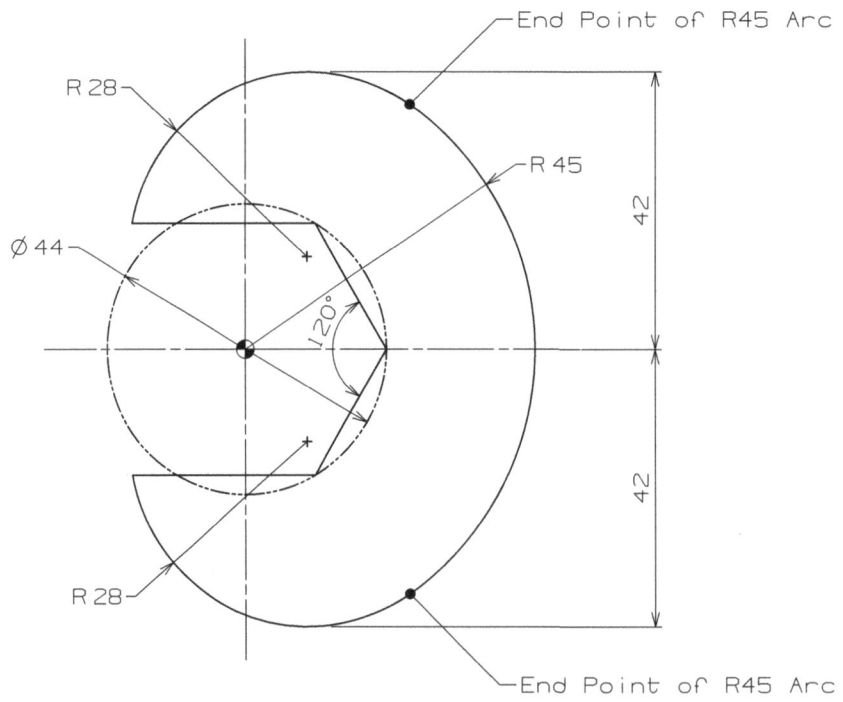

그림 3-149 Spanner Head

END of Exercise

Link **Exercise 18**

다음 도면을 스케치 하시오.

주의

1. 주어진 치수는 도면 치수이다. 스케치에 모두 표시하라는 뜻은 아니다.
2. 스케치는 완전구속 한다.
3. 스케치의 원점은 ⊕표시한 곳으로 한다.

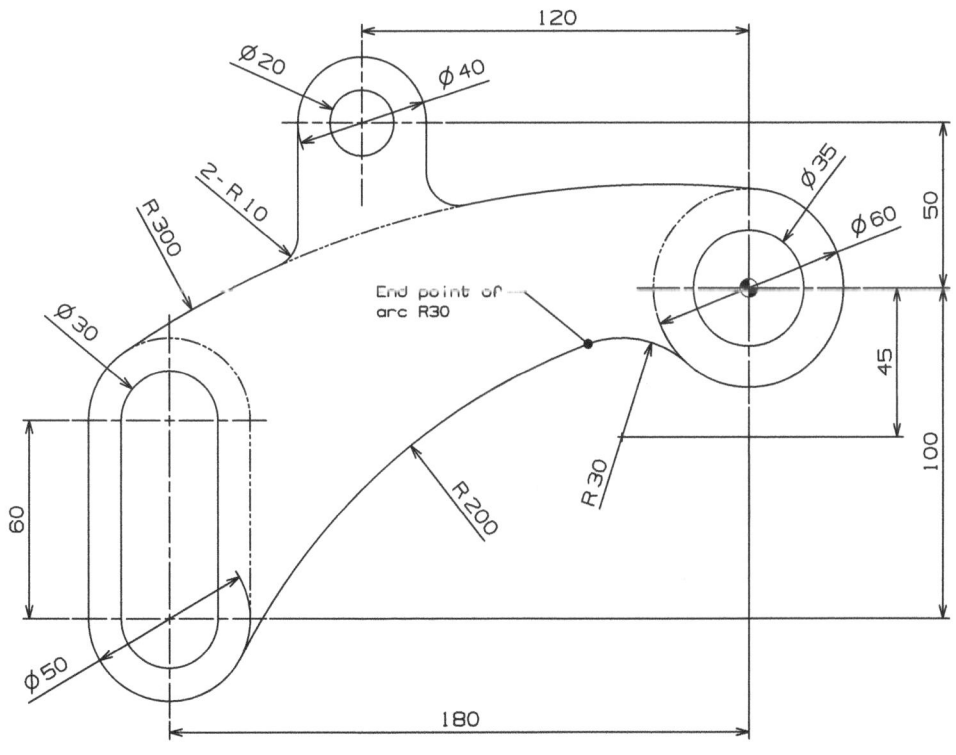

그림 3-150 Link

END of Exercise

3장: 스케치 (Sketch)

(빈 페이지)

Chapter 4
3차원 형상 생성 기능

■ 학습목표

- 섹션(Section)의 정의와 조건을 이해한다.
- 선택의도(Selection Intent)를 이해한다.
- Extrude 기능의 기본 사용법을 이해한다.
- Edit Object Display 기능으로 오브젝트의 색상을 바꿀 수 있다.
- Revolve 기능의 기본 사용법을 이해한다.
- Hole 기능의 기본 사용법을 이해한다.
- Boss 기능의 기본 사용법을 이해한다.

4.1 Extrude 기능

섹션을 특정 방향으로 돌출시켜 3차원 형상을 만든다. 그림 4-1의 스케치를 섹션으로 선택하여 돌출시키면 그림 4-2와 같은 3차원 형상이 만들어진다.

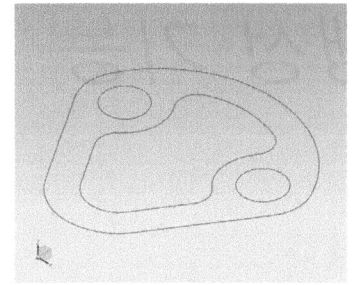 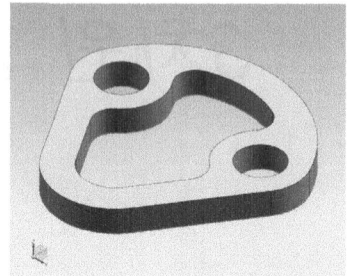

그림 4-1 형상의 외형선을 그린 스케치   **그림 4-2** 스케치를 돌출시킨 결과

기능 사용 절차

1. Feature 아이콘 그룹에서 Extrude 버튼을 누른다. 단축키인 X를 눌러도 된다.
2. 커브를 선택하여 섹션을 정의한다.
3. Extrude 대화상자에서 Reset 버튼을 누른다
4. Limits 옵션, Boolean 옵션 등을 설정한 후 OK 버튼을 누른다.

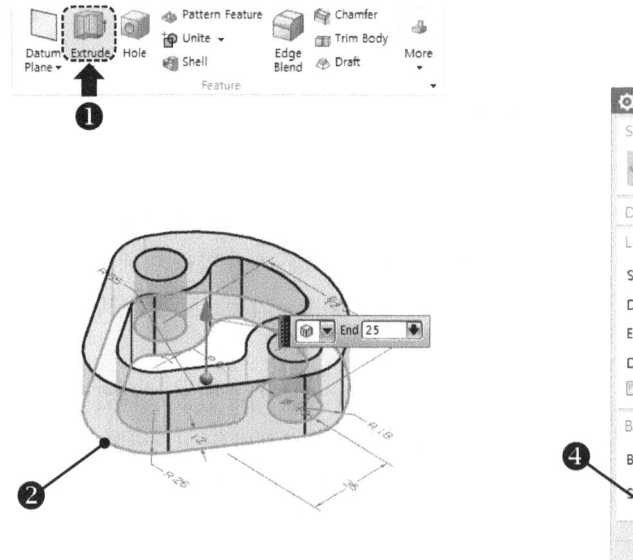

그림 4-3 Extrude 기능 사용 절차

4.2 섹션 (Section)

그림 4-4의 스케치 중 사각형을 선택하여 그림 4-5와 같은 돌출 형상을 만들 수 있다. 이 때 스케치 커브 중 실제 돌출되는 사각형을 이루는 커브를 섹션이라고 한다.

Curve Rule을 이용하여 스케치 중 일부를 섹션으로 정의할 수도 있고, 스케치 전체를 섹션으로 선택할 수도 있다.

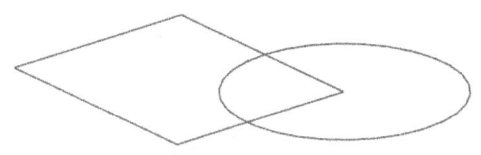

그림 4-4 스케치

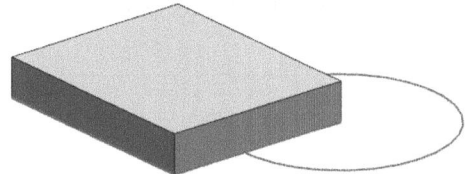

그림 4-5 돌출시켜 만든 3차원 형상

4.2.1 섹션의 조건

단일 솔리드 바디를 만들기 위한 섹션의 조건은 다음과 같다.

① 섹션은 평면 상에 존재해야 한다.
② 섹션은 폐곡선이어야 한다. 폐곡선 안에 다른 폐곡선이 있어도 된다.
③ 섹션으로 선택한 선 사이에 교차점이 없어야 한다.

> **❗ 솔리드 바디란?**
>
> 체적을 갖는 형상을 말한다. 면으로 완전히 닫혀 있으며 안쪽에는 재료 특성을 정의할 수 있다. 그러나 면으로 닫혀있기만 해서 솔리드 바디가 되는 것은 아니다. 이에 대한 개념은 곡면 모델링에서 다룬다. 솔리드 바디와 대조되는 개념으로 시트바디(Sheet Body)가 있다. 시트바디는 두께가 없는 면으로 이루어진다.

4.2.2 부적합한 섹션

다음의 예는 단일 솔리드 바디를 생성하는데 부적합한 섹션이다.

① 섹션이 평면 상에 존재하지 않는 경우 (2D 커브가 아닌 경우)

그림 4-6의 커브를 Extrude 기능의 섹션으로 지정하여 만든 결과는 그림 4-7과 같이 솔리드 바디가 아닌 시트 바디(Sheet Body, Surface)가 된다.

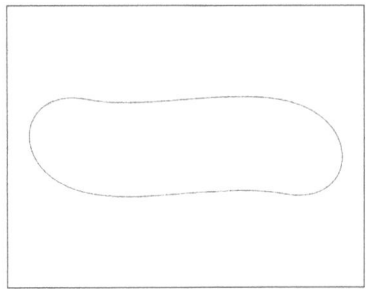

그림 4-6 3차원의 커브

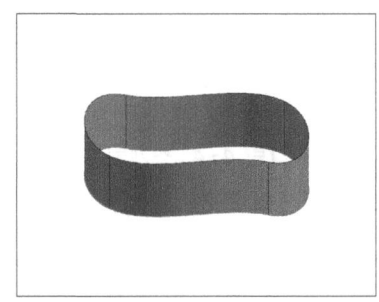

그림 4-7 시트 바디

② 섹션이 폐곡선이 아닌 경우 (개곡선인 경우)

그림 4-8의 커브를 Extrude 기능의 섹션으로 지정하여 만든 결과는 그림 4-9와 같이 솔리드 바디가 아닌 시트 바디가 된다.

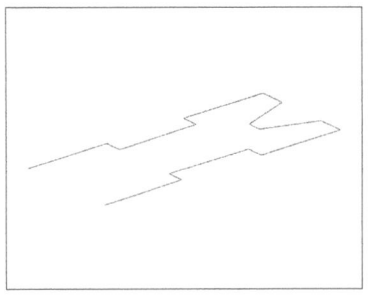

그림 4-8 개곡선의 섹션

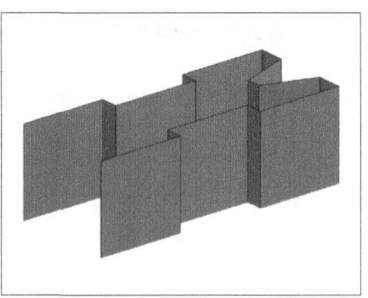

그림 4-9 시트 바디

③ 섹션이 교차점을 갖는 경우

그림 4-10의 커브는 Extrude 기능의 섹션으로 선택하면, 그림 4-11과 같이 3개의 솔리드 바디와 4개의 시트 바디(서피스)가 생성된다.

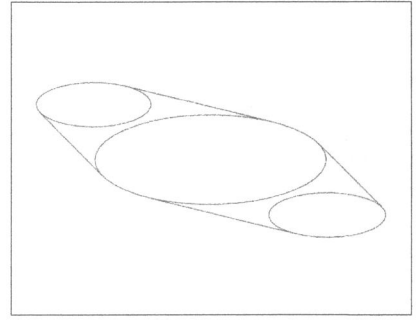

그림 4-10 교차점을 갖는 섹션의 예

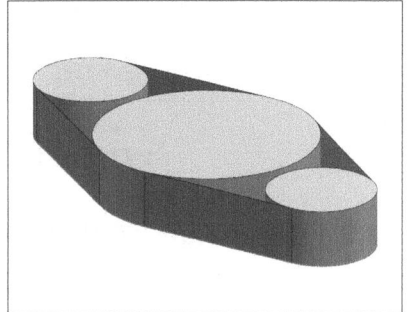

그림 4-11 Extrude의 결과

> **여러 개의 폐곡선**
>
> 서로 교차하지 않는 여러 개의 폐곡선을 한꺼번에 섹션으로 선택하여 Extrude 시킬 수 있다. 폐곡선 안에 다른 폐곡선이 있을 경우(그림 4 12) 안쪽의 폐곡선은 공간으로 생성되며 폐곡선의 영역이 서로 떨어져 있는 경우(그림 4-13) 여러 개의 솔리드 바디가 생성된다. 스케치를 폐곡선으로 만들었더라도 한꺼번에 섹션으로 선택하지 않으면 솔리드 바디가 생성되지 않는다는 점에 주의하자.
>
>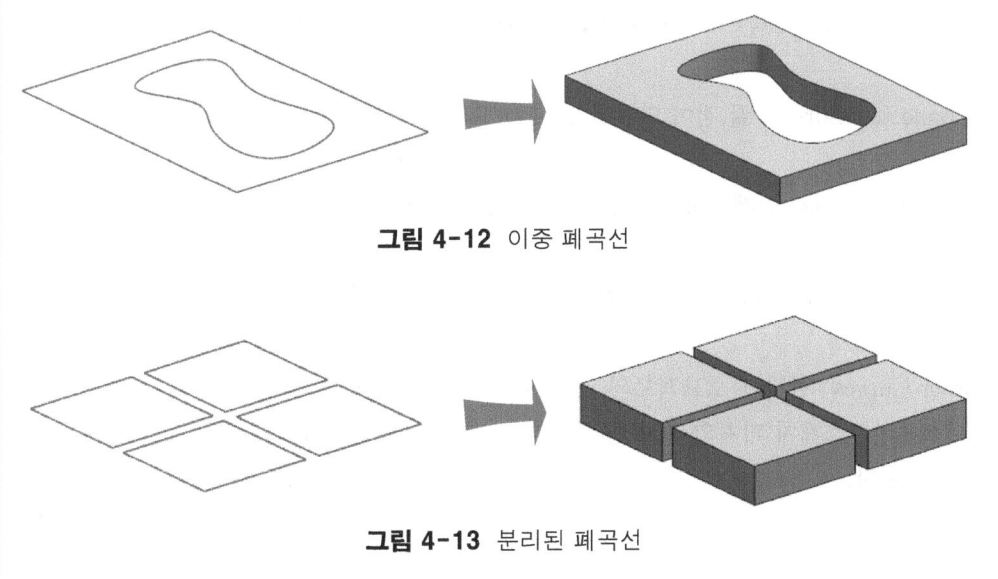
>
> **그림 4-12** 이중 폐곡선
>
> **그림 4-13** 분리된 폐곡선

4 장: 3차원 형상 생성 기능

4.3 선택 의도 (Selection Intent)

적합한 섹션을 그리지 못했더라도 '선택 의도(Selection Intent)'라는 기능을 이용하여 섹션을 선택할 수 있다. Selection Intent 기능은 선택바(Selection Bar)에서 사용할 수 있으며 이를 지원하는 기능에 대해서만 사용할 수 있다.

그림 4-14 선택바의 Selection Intent 영역

4.3.1 Curve Rule (곡선 규칙)

섹션으로 선 또는 모서리를 선택할 때 규칙을 선언할 수 있다. 다음은 이 중 많이 사용되는 5가지에 대한 설명이다.

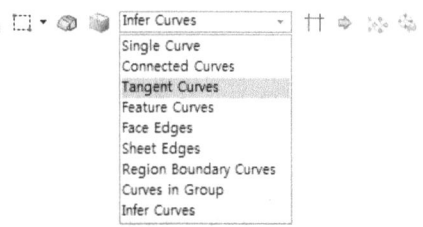

그림 4-15 Curve Rule

① Single Curve: 선 또는 모서리를 하나씩 선택할 수 있게 해준다.

② Connected Curves: 끝 점이 연결된 선 또는 모서리를 한 번에 선택할 수 있게 해준다.

③ Tangent Curves: 탄젠트하게 연결된 선 또는 모서리를 한 번에 선택할 수 있게 해준다.

④ Feature Curves: 피쳐 내의 모든 커브를 선택할 수 있게 해준다.

⑤ Infer Curves: 선택한 오브젝트의 타입에 의해 NX가 가장 적절한 Curve Rule을 선택한다. 예를 들어, 스케치 피쳐의 커브 중 하나를 선택하면 해당 스케치에 있는 모든 커브가 한꺼번에 선택된다.

4.3.2 Stop at Intersection

선 또는 모서리를 교차점을 기준으로 일부분을 선택할 수 있게 해준다.

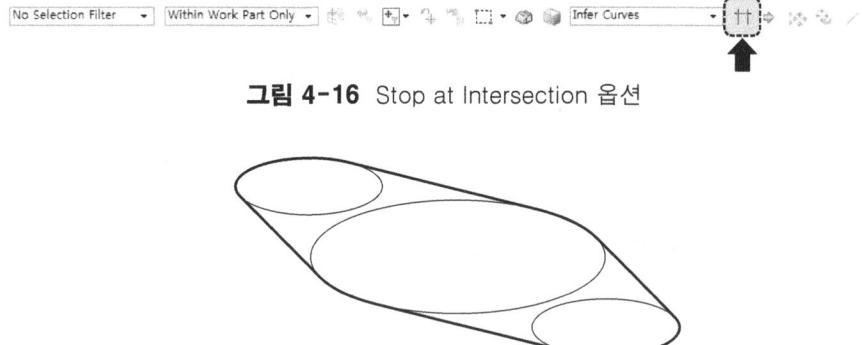

그림 4-16 Stop at Intersection 옵션

그림 4-17 Stop at Intersection 옵션을 이용하여 선택한 예 (굵은 선)

4.3.3 Follow Fillet

탄젠트하게 연결된 선 또는 모서리를 한 번에 선택할 수 있게 해준다. Curve Rule로 Connected Curves 또는 Tangent Curves를 선택한 경우에 적용할 수 있다. 교차점이 있는 것도 감안하여 선택된다.

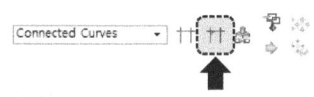

그림 4-18 Follow Fillet 옵션

4.3.4 Chain within Feature

연결된 선이 선택되는 범위를 선택한 선이 포함된 피쳐로 제한한다.

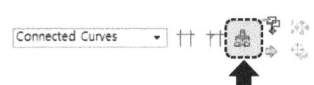

그림 4-19 Chain within Feature 옵션

> ⚠️ ***Curve Rule과 Snap Point 옵션***
>
> Curve Rule은 커브를 선택하여야 하는 단계에서 언제든지 활성화 된다. 점을 선택하여야 하는 단계에서는 Snap Point 옵션이 활성화 된다.

Exercise 01 Extrude 기능 기본 사용법

Extrude 기능의 기본 사용법과 대화상자의 진행 상황을 실습을 통하여 알아보자.

1. New 버튼을 누르고 파일명을 ch04_ex01.prt로 지정한다.
2. 그림 4-20과 같이 스케치를 생성한다. p1 길이 입력란에 p0라고 입력하면 두 치수가 연동되며, p0 값을 수정할 경우 p1 값도 같이 변경된다. Mid Point 구속을 이용하여 그림 4-21과 같이 완전구속한다.
3. Q(또는 Ctrl + Q)를 눌러 스케치를 빠져 나간다.

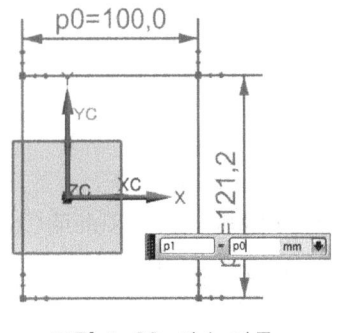
그림 4-20 치수 연동

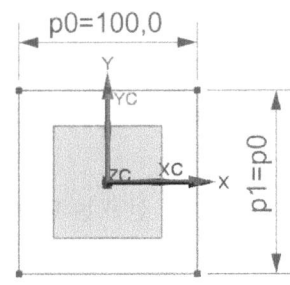
그림 4-21 완전구속된 스케치

4. Feaute 아이콘 그룹에서 Extrude 아이콘을 누른다.
5. 대화상자를 초기화 하기 위해 대화상자 우측 상단의 ↻ Reset 버튼을 누른다.

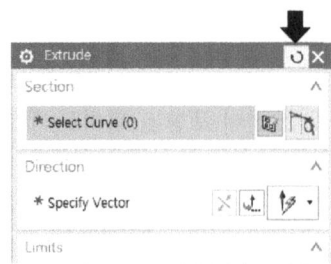
그림 4-22 대화상자의 Reset 버튼

> **❗ 대화상자의 Reset**
>
> 대화상자가 처음 나타났을 때 Reset 버튼을 눌러주는 것을 습관화하자. 모든 옵션이 초기화 된다. 대화상자의 초기값에 익숙해지면 좀 더 NX를 빨리 익힐 수 있다. 섹션을 선택한 후에 Reset 하면 선택한 섹션이 모두 취소되며 Curve Rule도 초기화 된다.

6. Extrude 대화상자를 자세히 살펴보면 현재 수행해야 하는 작업을 알 수 있다.

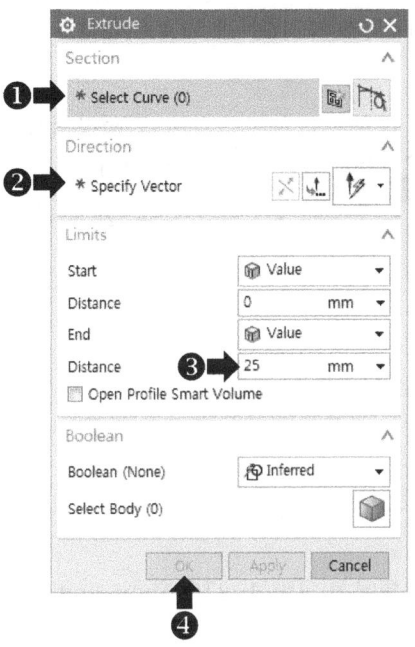

그림 4-23 Extrude 대화상자

① 주황색의 하이라이트는 대화상자에서 현재 어느 단계의 작업을 해야하는지를 알려준다. 이때, Type Filter에는 선택 대상 오브젝트가 나타난다.

그림 4-24 Type Filter

② 빨간 색의 별(*, asterisk) 표시는 반드시 선택 혹은 지정이 필요한 옵션을 의미한다.
③ 기본 값이 25mm로 입력되어 있다. 잠시 후 여러분은 이 값을 수정하게 될 것이다.
④ OK와 Apply 버튼을 누를 수 없는 상황이다. ①, ②번에 해당하는 오브젝트가 선택되지 않았기 때문이다.

그림 4-25 Curve Rule 옵션 초기값

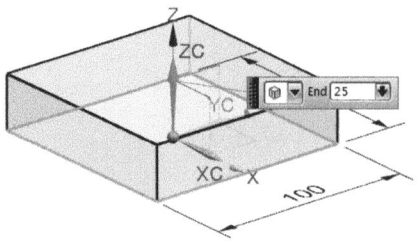

7. 선택 바의 Curve Rule 설정을 확인한다. Extrude 기능의 Curve Rule 옵션은 초기값이 그림 4-25와 같이 Infer Curves이다.

8. 작업창에서 스케치 피쳐를 구성하는 4개의 직선 중 아무것이나 하나를 선택한다. 그림 4-26과 같이 작업창에 미리보기가 된다.

그림 4-26 Extrude의 미리보기

9. 화면을 간단하게 표시해 보자.

① Top 보더바의 View 그룹에서 그림 4-27의 Show and Hide 버튼(단축키: Ctrl + W)을 누른다.
② Show and Hide 대화상자에서 Datums의 (-) 부호를 클릭한다. Datum 좌표계가 화면에서 사라진다. 그림 4-28은 Datum 좌표계를 숨긴 후의 미리보기이다.

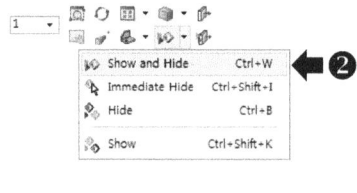
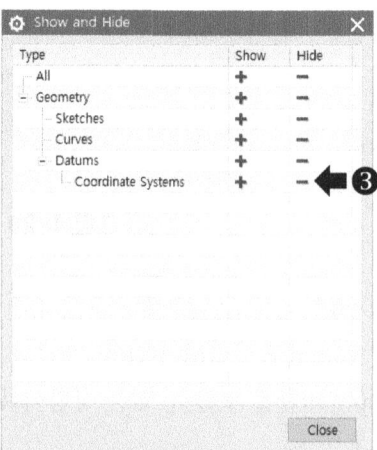

그림 4-27 Datum 숨기기

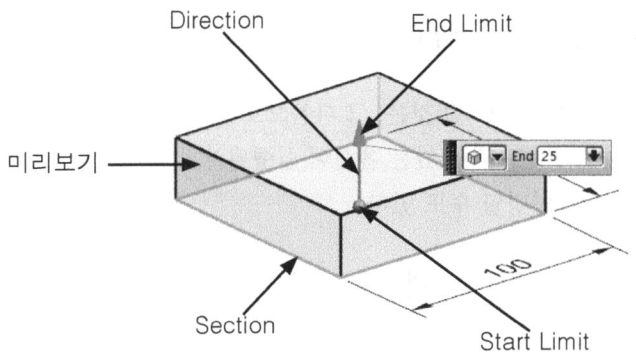

그림 4-28 작업창의 미리보기 상태

> **! 퀴즈**
>
> 그림 4-26에서 하나의 선을 선택했을 뿐인데 모두 4개의 선이 선택되었다. 그 이유는 무엇인가? Curve Rule인 Infer Curves의 의미를 생각해 보면 그 답을 알 수 있다. 즉, 선택한 커브가 속해 있는 스케치 전체를 자동으로 섹션으로 선택한 것이다.

10. 대화상자의 변화를 살펴보자.

그림 4-29와 같이 대화상자의 내용이 바뀐 것을 알 수 있다. 두 개의 별표는 녹색의 체크 마크로 바뀌고 OK 버튼은 누를 수 있는 상태로 된다.

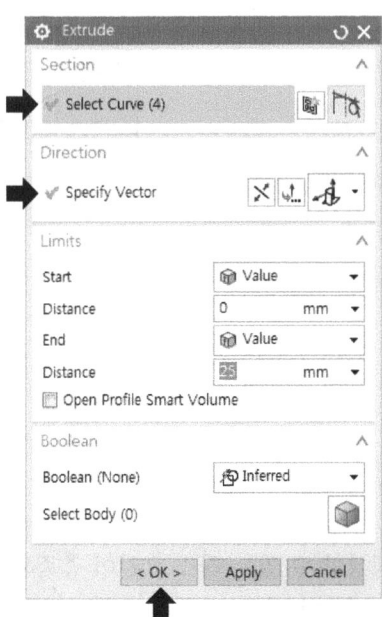

그림 4-29 섹션이 선택된 이후의 Extrude 대화상자

4 장: 3차원 형상 생성 기능

> **! 하이라이트된 OK 버튼의 의미**
>
> 대화상자의 OK 버튼이 하이라이트 된 것은, 그 다음으로 예상되는 작업자의 행위를 알려준다. MB2를 누르면 하이라이트 되어 있는 옵션이 실행된다. 물론 MB1으로 다른 옵션을 클릭하여 추가로 설정 또는 변경할 수도 있다.
>
>
>
> **그림 4-30** 하이라이트된 OK 버튼

11. Extrude 대화상자의 Limits 그룹의 End Distance 값을 25에서 50으로 수정한 후 키보드에서 Enter 키를 누른다. 그림 4-31과 같이 미리보기가 바뀐 것을 알 수 있다.

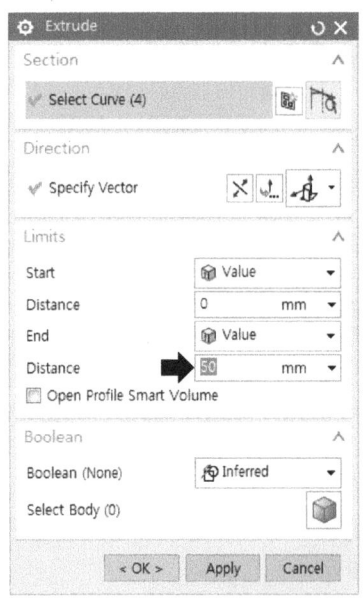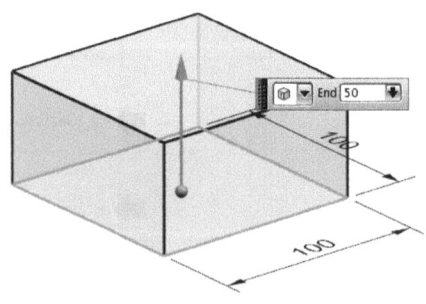

그림 4-31 End Distance 값 수정

> **! 미리보기의 특징**
>
> 1. 현재 작업중인 형상을 생성할 수 있는 최소 요건이 충족되면 미리보기가 나타난다.
> 2. 대화상자에서 어떤 값을 입력한 후에는 Enter 키를 눌러야 미리보기에 반영된다.

12. Extrude 대화상자에서 OK 버튼을 누른다. 또는 MB2를 눌러도 된다. 그림 4-32와 같이 X-Y 평면의 사각형을 섹션으로 하여 Z 방향으로 50mm 돌출된 솔리드 바디가 완성되었다.

그림 4-32 Extrude 기능으로 생성한 솔리드 바디

END of Exercise

Hide와 Show 기능

Extrude 후에도 스케치는 화면에 나타나 있는 것을 알 수 있다. View 탭의 Hide 기능을 이용하여 숨긴 수 있다. Part Navigator 또는 작업 화면에서 숨길 개체에 MB3 〉 Hide를 선택해도 된다. 숨긴 피쳐에 MB3를 누르면 Show 옵션이 나타난다.

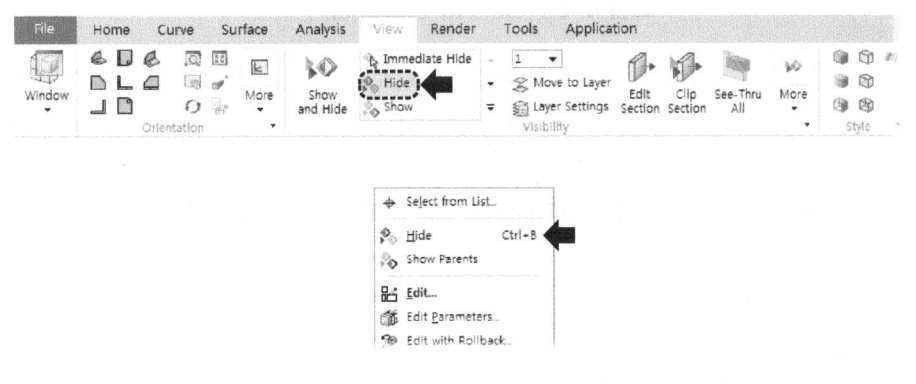

그림 4-33 Hide 아이콘과 팝업메뉴

4.4 Boolean 옵션

두 번째 이후에 생성하는 솔리드 바디는 기존 솔리드 바디와 불리언 작업을 수행할 수 있다. 불리언의 종류에는 다음의 세 종류가 있다.

① Unite: 생성되는 피쳐를 기존의 바디와 합친다.
② Subtract: 기존의 바디에서 현재 생성 중인 피쳐와의 공통 부분을 제거한다.
③ Intersect: 기존의 바디와 현재 생성 중인 피쳐와의 공통 부분을 남긴다.

그림 4-34 Extrude의 Boolean 옵션

None 옵션은 불리언 작업을 하지 않고 별도의 바디로 생성하는 옵션이다. 일반적인 모델링에서 최종 상태는 하나의 솔리드 바디를 남기는 것이므로 추후에 불리언 작업을 하게 된다.

솔리드 모델링에서 불리언 작업을 수행하는데는 다음 두 가지 전제 조건이 만족되어야 한다.

① 기존 바디와 새로 생성 중인 바디는 모두 솔리드 바디여야 한다. 즉, 불리언 작업은 솔리드 바디 사이에서만 정의될 수 있다.
② 두 개의 솔리드 바디 사이에 반드시 공통 부분이 있어야 한다. 두 바디가 떨어져 있으면 그림 4-35와 같은 오류 메시지가 나타난다.

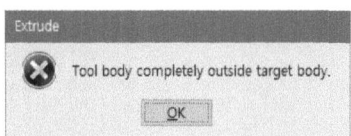

그림 4-35 바디가 떨어져 있을 때 나타나는 오류 메시지

4.4.1 Unite

기존 바디와 현재 생성 중인 솔리드 바디를 하나로 합친다. 그림 4-36은 화살표로 표시된 스케치를 섹션으로 선택하여 Unite 한 결과를 보여준다. 경계가 표시되지 않는다.

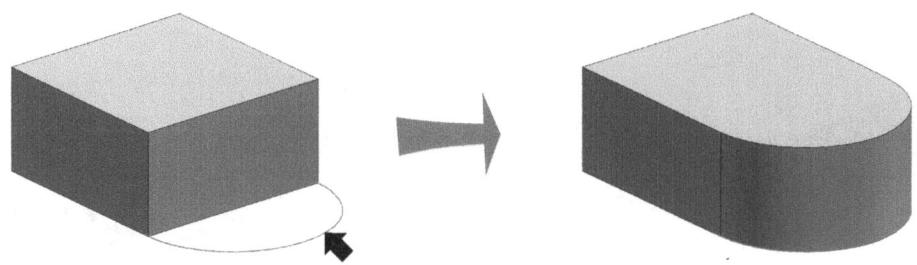

그림 4-36 Unite의 전과 후

4.4.2 Subtract

기존의 바디에서 현재 생성 중인 피쳐와의 공통 부분을 제거하고 나머지 부분을 남긴다. 반드시 공통된 부분이 있어야 한다.

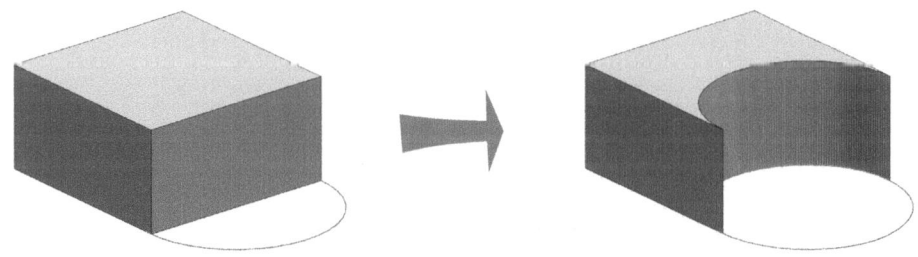

그림 4-37 Subtract의 전과 후

4.4.3 Intersect

기존의 바디와 현재 생성 중인 피쳐와의 공통 부분을 남긴다.

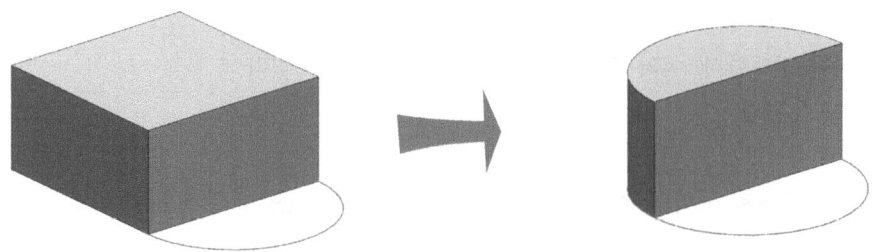

그림 4-38 Intersect의 전과 후

4.4.4 None

기존의 바디와 별개로 새로운 바디를 생성한다. 그림 4-39와 같이 각각의 경계면을 갖는다. 이후에 별도의 불리언 작업을 수반한다.

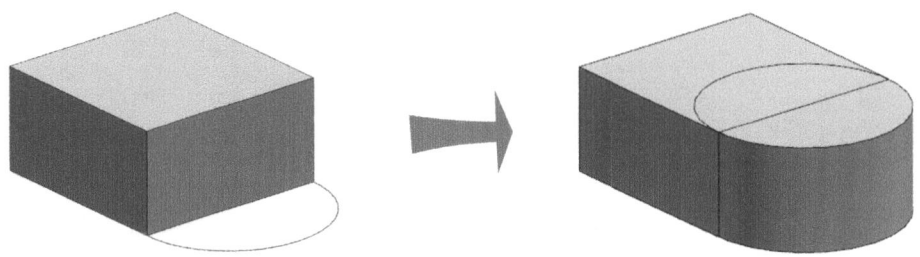

그림 4-39 별개의 바디로 생성한 결과

4.4.5 바디간의 불리언 작업

Feature 아이콘 그룹에서 바디간의 불리언 작업을 수행할 수 있다.

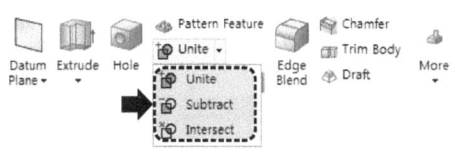

그림 4-40 불리언 아이콘 그룹

기능 사용 절차

1. 불리언 아이콘을 누른다.
2. Target 바디를 선택한다. 한 개의 솔리드 바디만 선택할 수 있다.
3. Tool 바디를 선택한다. 여러 개의 솔리드 바디를 선택할 수 있다.
4. OK 버튼을 누른다.

최종 결과물은 Target 바디의 속성을 갖는다. 예를 들어, Target 바디에 Steel 이라는 재질을 설정하고 빨간색으로 표시하였다면 불리언 작업의 결과물은 Target 바디의 재질과 색상을 갖게 된다.

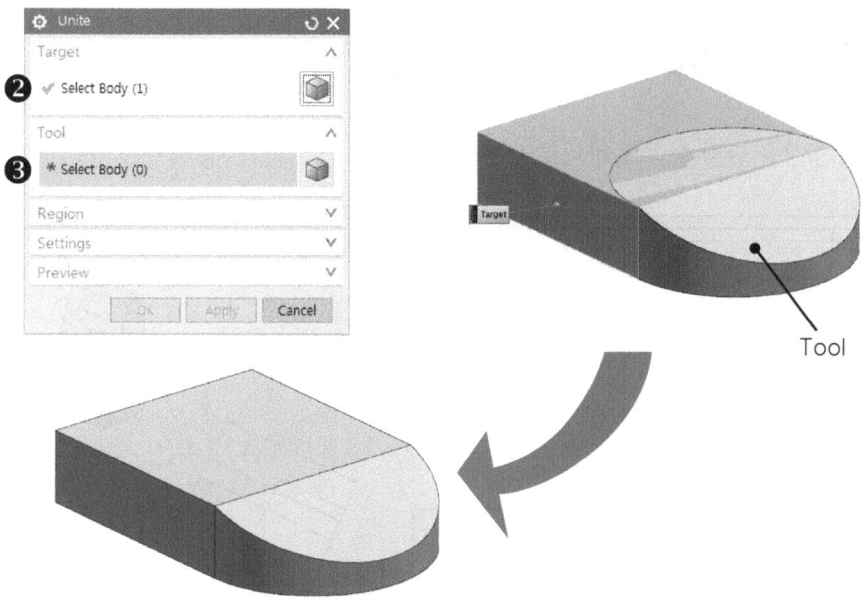

그림 4-41 바디 간의 불리언 작업

> ### 솔리드 바디의 개수를 확인하는 방법
>
> 모델링의 최종 결과물은 대부분 한 개의 솔리드 바디이므로 솔리드 바디의 개수를 확인할 필요가 있다. 여러 개의 솔리드 바디가 존재한다면 바디간의 불리언 작업을 수행하여야 한다. 솔리드 바디의 개수는 Type Filter를 설정하여 정확히 확인할 수 있다. 다음의 절차를 따른다.
>
> 1. Type Filter를 Solid Body로 설정한다.
>
>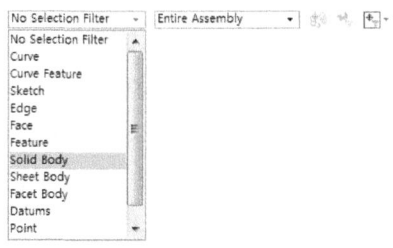
>
> **그림 4-42** Type Filter 설정
>
> 2. Ctrl + A를 누른다. 필터를 적용하여 모든 오브젝트를 선택한다는 뜻이다.
> 3. 스테이터스바에 표시된 메시지를 확인한다. 선택된 오브젝트의 개수가 표시된다.

4 장: 3차원 형상 생성 기능

Exercise 02   모델링 연습

그림 4-43의 형상을 단일 솔리드 바디로 모델링 하시오.

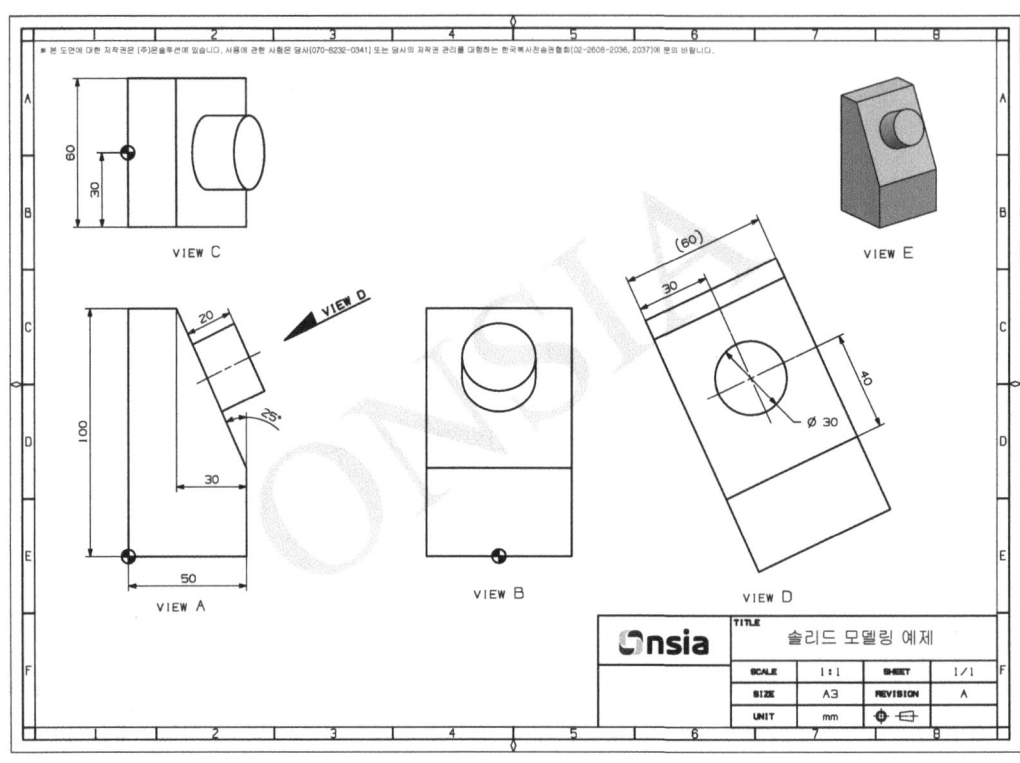

그림 4-43 실습용 도면

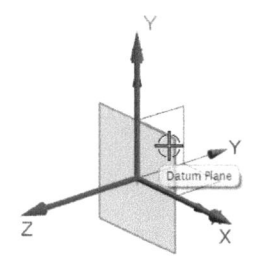

그림 4-44 스케치면 선택

파일 생성 및 스케치 생성

1. Model 템플릿을 이용하여 새로운 파일을 생성한다. 파일명은 ch04_ex02.prt로 한다.
2. Sketch in Task Environment 버튼을 누르고 XZ 평면을 스케치 면으로 선택한다.
3. 그림 4-45와 같이 스케치를 그리고 완전 구속 한다.
4. Finish Sketch 버튼을 눌러 스케치를 종료한다.

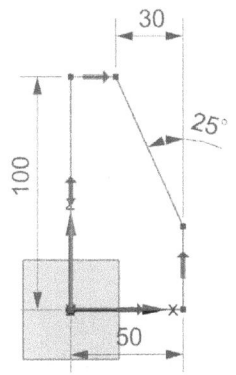

그림 4-45 첫 번째 스케치

Extrude

1. Home 키를 누른다.
2. Extrude 버튼을 누르고 대화상자를 Reset 한다.
3. 그림 4-46의 ④ 위치를 선택하여 섹션을 지정한다.
4. Limits 옵션의 End 드롭다운 목록에서 Symmetric Value를 선택하고 Distance로 30을 입력한다.
5. Enter 키를 누른다.
6. 미리보기를 확인한 후 OK 버튼을 누른다.

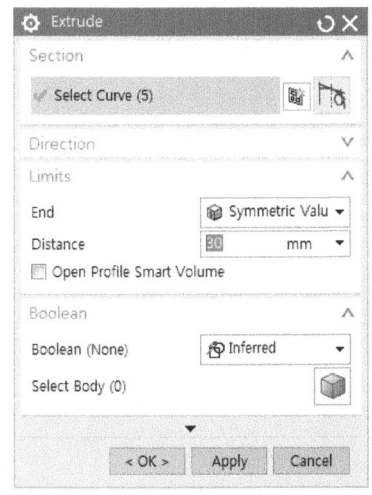
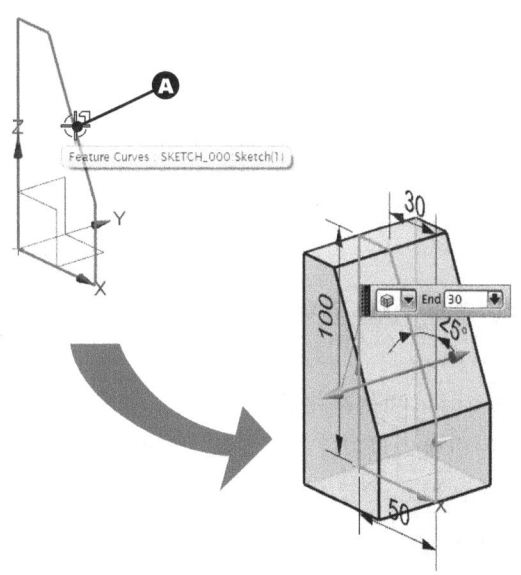

그림 4-46 첫 번째 Extrude 피쳐 생성

두번째 스케치 생성

1. Sketch 아이콘을 누르고 그림 4-47의 ⑤ 면을 스케치 면으로 선택한다. 스케치 좌표계의 위치와 방향을 그림과 같이 나타나도록 한다. 마우스 포인터의 위치에 따라 스케치 좌표계의 원점 위치가 다르게 설정됨을 알 수 있다.
2. 그림 4-48과 같이 원을 그리고 완전구속 한 후 스케치를 종료한다.

4 장: 3차원 형상 생성 기능

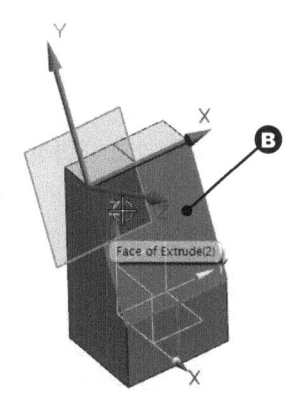

그림 4-47 두번째 스케치면

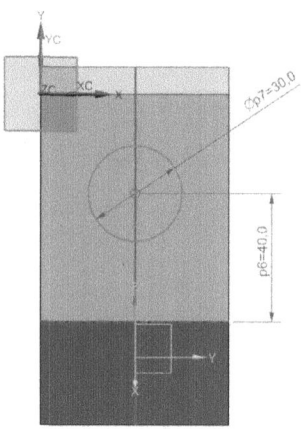

그림 4-48 두번째 스케치

> **Selection Scope**
>
> 스케치 커브를 생성하고 구속조건을 부여할 때 대상 오브젝트의 선택 범위를 설정할 수 있다. 기본 설정은 Entire Assembly 이다. 이 옵션을 Within Active Sketch Only로 설정하면 현재 작업중인 스케치 내에서만 오브젝트를 선택할 수 있다.
>
>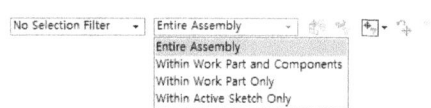
>
> <구속조건을 부여할 때 적용할 수 있는 Selection Scope>

두번째 Extrude 피쳐 생성

1. Extrude 버튼을 누른다.
2. 두 번째 스케치를 섹션으로 선택한다.
3. Start Limit으로 0, End Limit으로 20을 입력한 후 Enter 키를 누른다.
4. 미리보기를 확인한다.
5. Boolean 옵션에서 Unite를 선택한다.
6. OK 버튼을 눌러 그림 4-49와 같이 피쳐를 생성한다.

> **첫번째 스케치를 XZ 평면에 그린 이유는?**
>
> Trimetric View를 표시하였을 때 도면의 View E 처럼 나타나게 하기 위한 것이다. 도면을 나타낼 때 View E 위치에는 Trimetric View 또는 Isometric View를 배치한다.

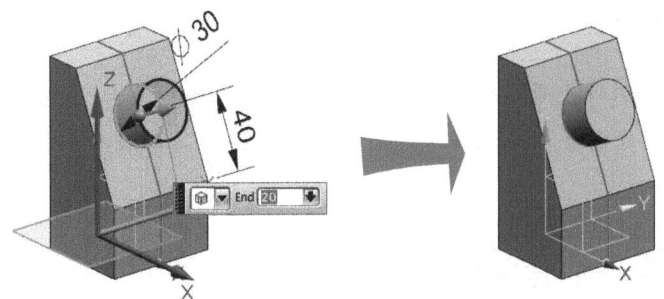

그림 4-49 두번째 Extrude 피쳐

불필요한 개체 숨기기

1. View 탭의 Visibility 아이콘 그룹에서 Show and Hide 버튼을 누른다.
2. Show and Hide 대화상자에서 All 항목의 - 부분을 클릭한다. 모든 개체가 숨겨진다.
3. Solid Bodies 항목의 + 부분을 클릭한다. 솔리드 바디만 나타난다.
4. 키보드에서 Home 키(Trimetric View)를 누른다.

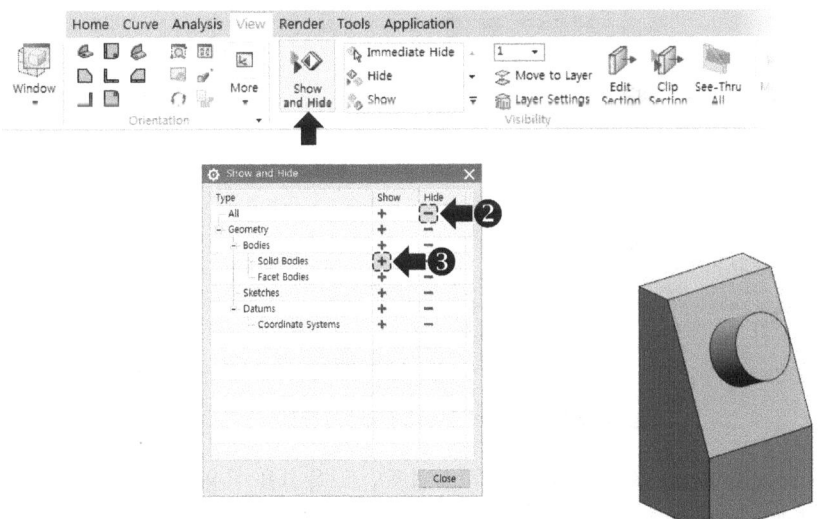

그림 4-50 화면 정리

파일 저장

1. Save 버튼을 눌러 파일을 저장한다.
2. File 〉 Close 〉 All Parts를 선택하여 파일을 모두 닫는다.

END of Exercise

4.5 스케치 좌표계

스케치 면을 선택하면서 스케치 좌표계가 정의된다. 스케치 면에 마우스 포인터를 올려 놓았을 때 보이는 X, Y, Z 축이 스케치 좌표계이다. 각각의 축은 다음과 같이 이용된다.

- X 축: Horizontal 구속의 기준이 된다.
- Y 축: Vertical 구속의 기준이 된다.
- Z 축: 스케치면의 수직 방향이다. Extrude 기능의 기본 돌출 방향이 된다.

Create Sketch 대화상자의 Sketch Orientation 옵션에서는 X축, Y축, Z축의 방향을 설정하고, Sketch Origin 옵션에서는 원점의 위치를 설정한다.

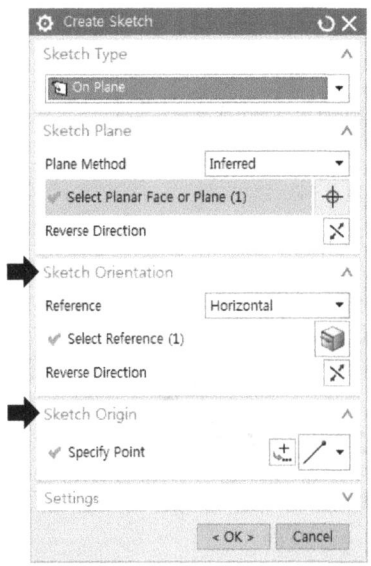

그림 4-51 Create Sketch 대화상자

Sketch Origin의 Specify Point 옵션을 클릭한 후 스냅포인트 옵션을 이용하여 그림 4-52와 같이 모서리의 끝점에 스케치 원점을 정의할 수 있다.

Sketch 좌표계의 방향은 다음과 같이 설정한다.

① Sketch Orientation 옵션 그룹에서 Reference로 Horizontal을 선택한다.
② Select Reference 옵션을 클릭한다.
③ 그림 4-53의 ❹ 모서리를 선택한다. 방향이 반대로 나오면 Reverse Direction을 누른다. 또는 화살표의 머리 부분을 더블클릭해도 된다.

④ OK 버튼을 누르면 그림 4-54와 같이 스케치 면이 화면과 나란하게 정렬된다. Z 축은 화면에서 나오는 방향으로 설정된다.

그림 4-52 Sketch Origin 설정

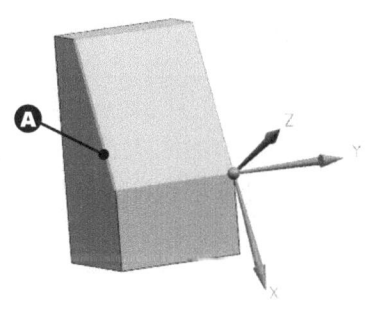

그림 4-53 X 방향 설정

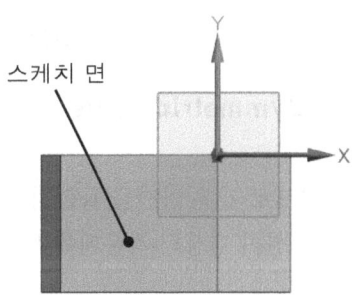

그림 4-54 정렬된 스케치 면

4.6 Extrude의 Direction 옵션

Extrude 대화상자에서 섹션을 선택하면 자동으로 Direction이 설정된다. 이는 섹션을 정의하는 평면의 수직 방향으로 설정되는 것이다. 스케치를 이용하여 섹션을 정의하므로 그 수직 방향은 스케치 좌표계의 Z 축 방향과 일치한다. Vector Dialog 버튼을 눌러 임의의 방향으로 돌출시킬 수도 있다.

그림 4-55 Direction 옵션

4.7 Limit 옵션

Extrude는 Limits 옵션을 이용하여 돌출의 양을 정의한다. 값을 이용하여 돌출량을 정의할 수도 있지만 형상 또는 개체를 이용하여 돌출량을 정의할 수도 있다. 미리보기에서 화살표의 시작점은 Start Limit을 의미하고, 화살표의 머리는 End Limit을 의미한다. 화살표의 머리부분이나 시작점 부분을 드래그하여 값을 조절할 수 있다.

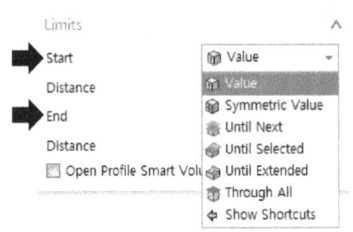

그림 4-56 Start / End Limit 옵션

4.7.1 Symmetric Value

양 쪽 방향으로 같은 양만큼 돌출시킨다. 전체 돌출 양은 Value 값의 두 배라는 점에 주의하여야 한다. 섹션이 형상의 가운데에 위치한다.

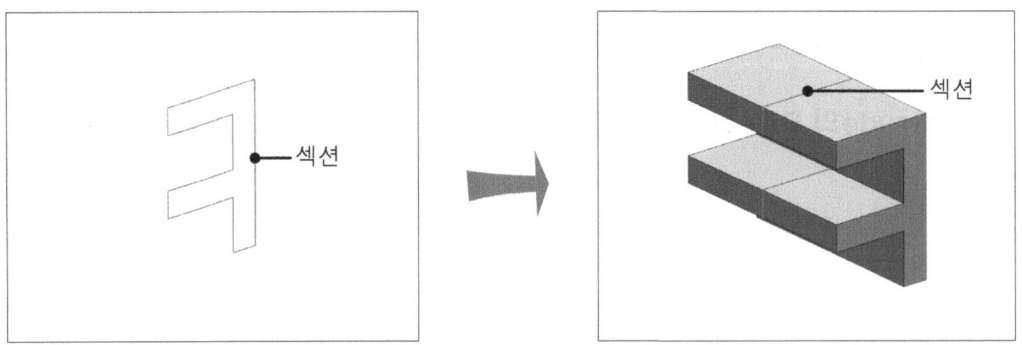

그림 4-57 양방향으로 200mm 씩 Extrude 한 결과

그림 4-58 Symmetric Value 옵션을 적용한 대화상자의 상태

4.7.2 Until Next

Extrude 방향으로 처음 만나는 형상까지 돌출시킨다. Extrude 피쳐의 Limit는 형상 안에 완전히 포함되어야 한다. 폐곡선을 돌출시켜 솔리드 피쳐를 생성할 때만 이 옵션을 사용할 수 있다는 점에 주의한다.

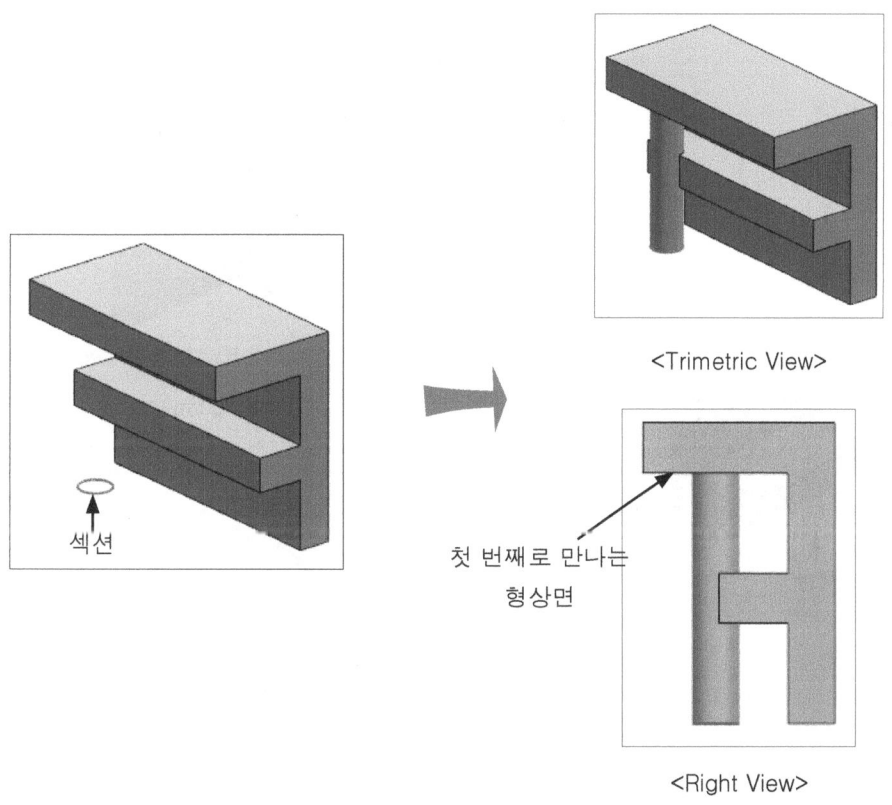

그림 4-59 End Limit으로 Until Next 옵션 이용

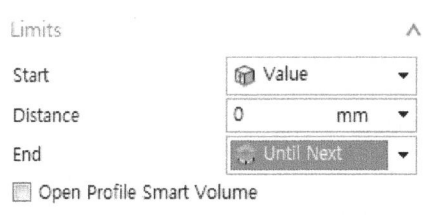

그림 4-60 Until Next 옵션을 적용한 대화상자의 상태

4.7.3 Until Selected

형상을 선택하여 Limit을 정의한다. 추후에 형상의 위치가 변경되면 Limit 도 변경된다. Extrude 피쳐의 Limit는 형상 안에 완전히 포함되어야 하며 형상으로는 Face, Datum Plane, Solid Body, Sheet Body를 선택할 수 있다. 데이텀 평면은 경계가 없는 무한 평면이기 때문에 화면에 보이는 평면 표시의 크기와 상관 없이 언제나 Limit으로 사용할 수 있다.

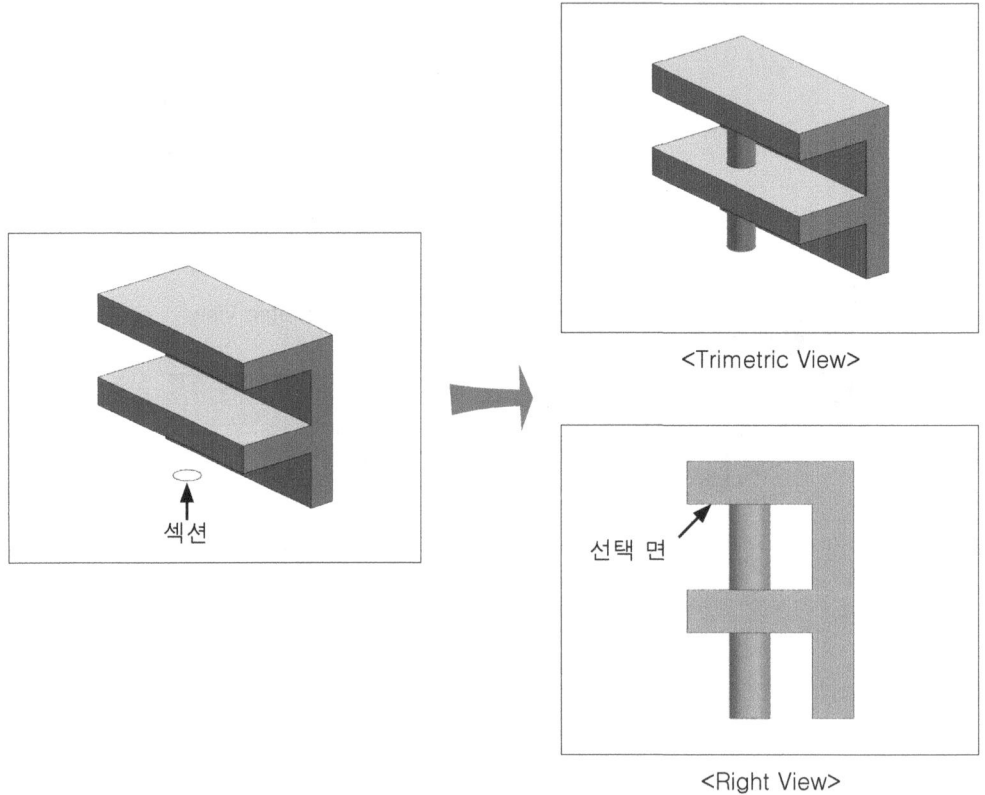

그림 4-61 End Limit으로 Until Selected 이용

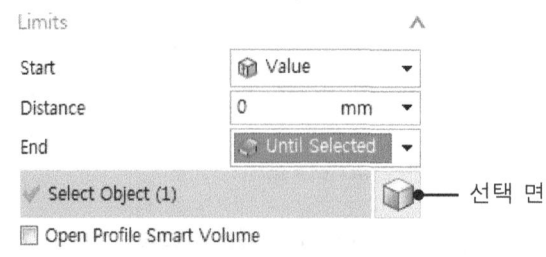

그림 4-62 Until Selected 옵션을 적용한 대화상자의 상태

4.7.4 Until Extended

Until Selected와 마찬가지로 형상을 선택하여 Limit를 정의한다. Extrude 피쳐의 Limit가 선택한 형상에 완전히 포함되지 않을 경우에는 선택한 개체를 연장하여 Limit을 정의한다.

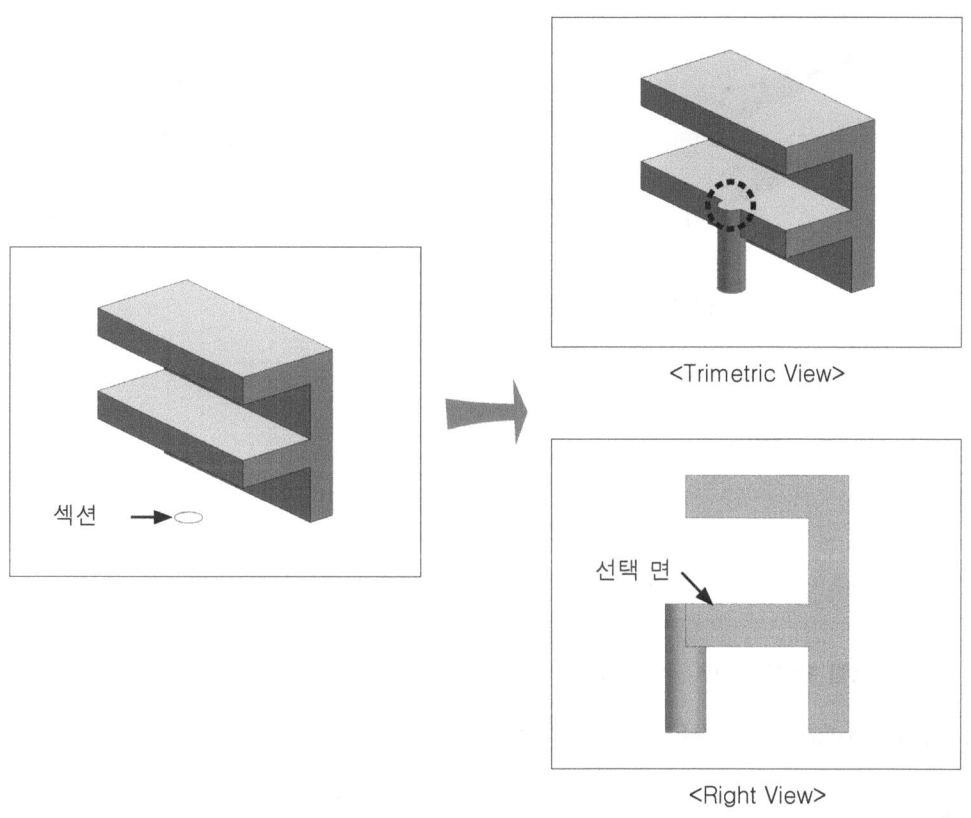

그림 4-63 End Limit으로 Until Extended 이용

> **!** ***Until Selected와 Until Extended 옵션의 차이점***
>
> 섹션이 돌출되면서 선택 면과 100% 겹치지 않는 경우에는 Until Extended 옵션을 사용해야 한다. Until Selected 옵션을 사용하는 경우 그림 4-64와 같은 경고 메시지를 표시한다. 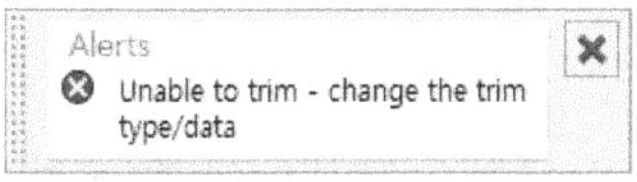
>
> **그림 4-64** 경고 메시지

4.7.5 Through All

바디의 끝을 Limit로 정의한다. 그림 4-65는 Through All 옵션을 이용하여 섹션의 위치에서부터 바디의 끝까지 돌출시켜 Subtract 한 결과를 보여준다.

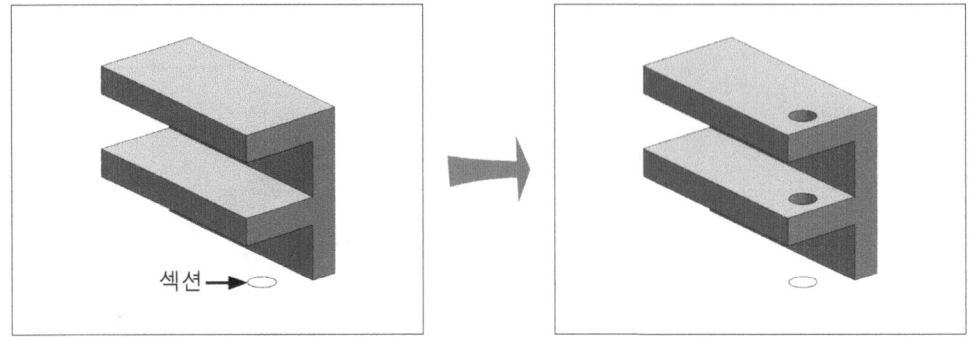

그림 4-65 End Limit으로 Through All 이용

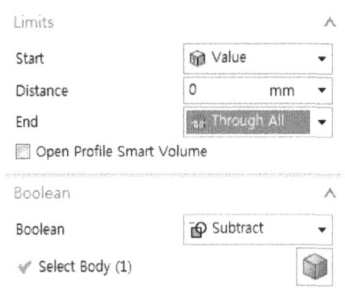

그림 4-66 Through All 옵션을 적용하여 Subtract 한 대화상자의 상태

4.8 Extrude의 다른 옵션

4.8.1 Draft

돌출 방향으로 단면의 크기가 점점 작아지는 또는 커지는 형상을 만들 수 있다.

그림 4-67 Draft 옵션

> **! 퀴즈**
>
> Extrude의 Start/End Limit 옵션은 모두 6개이다. 이 중 숫자를 입력하는 것은 어느 것인가?

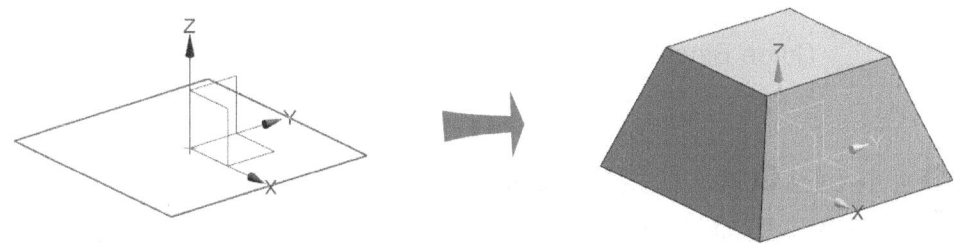

그림 4-68 Draft 옵션을 이용한 돌출

4.8.2 Offset

섹션을 오프셋 하여 돌출시킬 수 있다. Two-sided 옵션을 이용할 경우 양쪽으로 오프셋 하며 두께를 형성한다.

그림 4-70 Offset 옵션

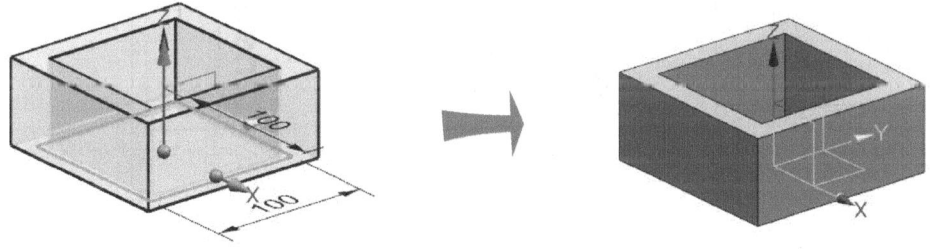

그림 4-69 Offset 옵션을 이용한 돌출

4.8.3 Open Profile Smart Volume

Limits 옵션 그룹에 있는 Open Profile Smart Volume 옵션을 체크하면 열린 섹션을 돌출시켜 생성되는 시트 바디에 방향을 지정하여 Unite 또는 Subtract 할 수 있다.

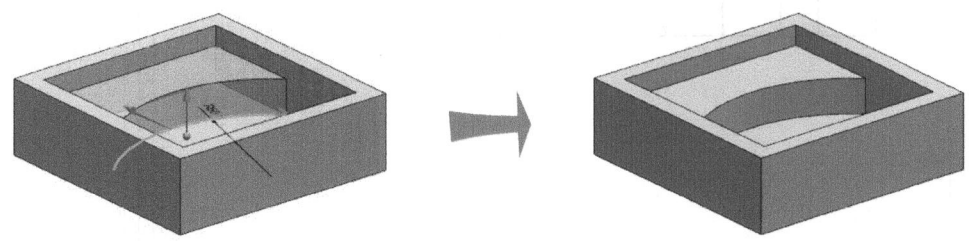

그림 4-71 Open Profile Smart Volume 옵션을 이용한 Unite

Exercise 03 Guide Block

조건

① **Ⓐ** 피쳐는 항상 **Ⓑ** 면까지 돌출된다.(Limit 옵션 이용)
② **Ⓒ** 피쳐는 항상 형상을 관통한다.

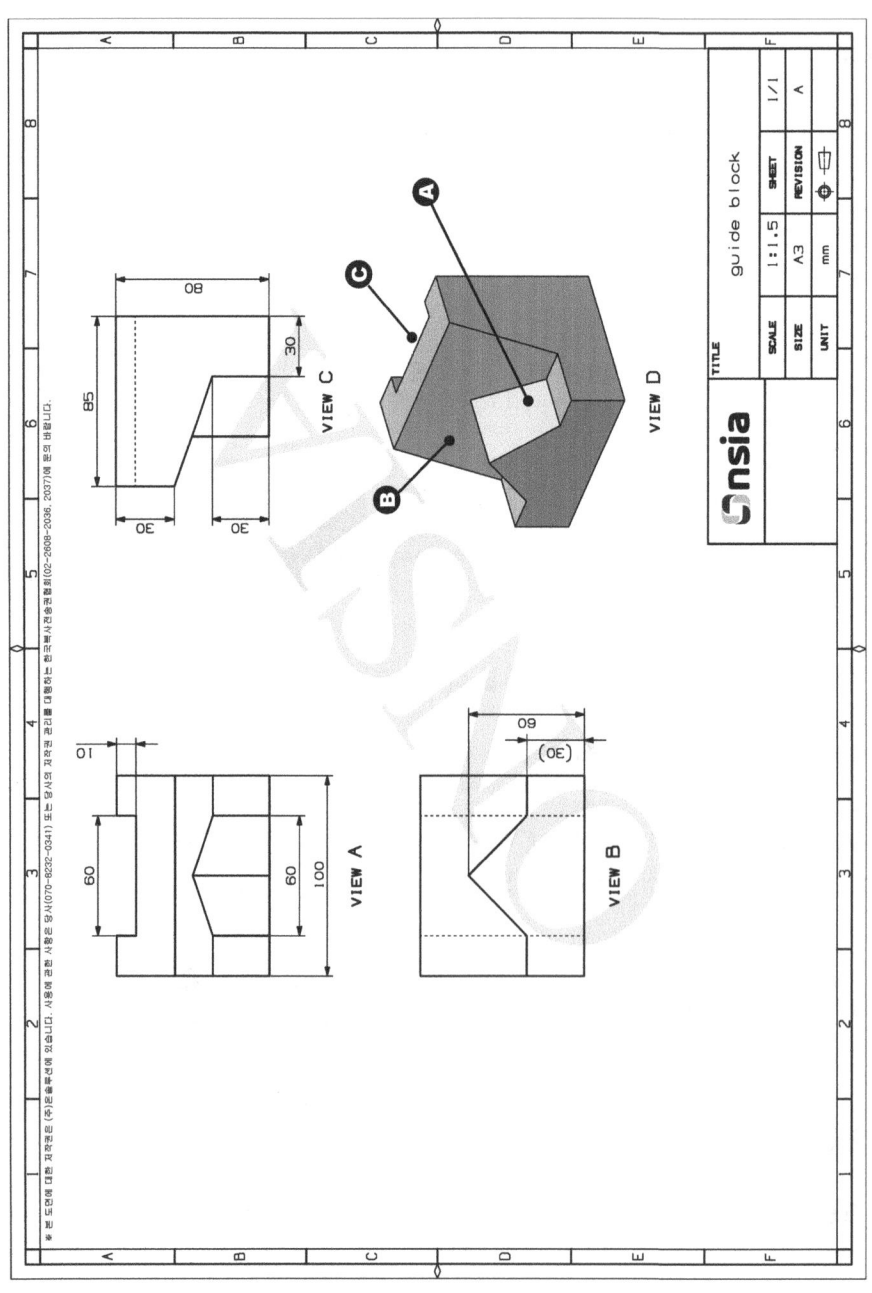

그림 4-72 Guide Block 도면

ch04_ex04.prt　　　　　　　　　　Intersect를 이용한 모델링　**Exercise 04**

주어진 파일을 이용하여 절차에 따라 모델을 완성하시오. 두 개의 솔리드 바디를 각각 만든 후 Intersect 기능을 이용한다.

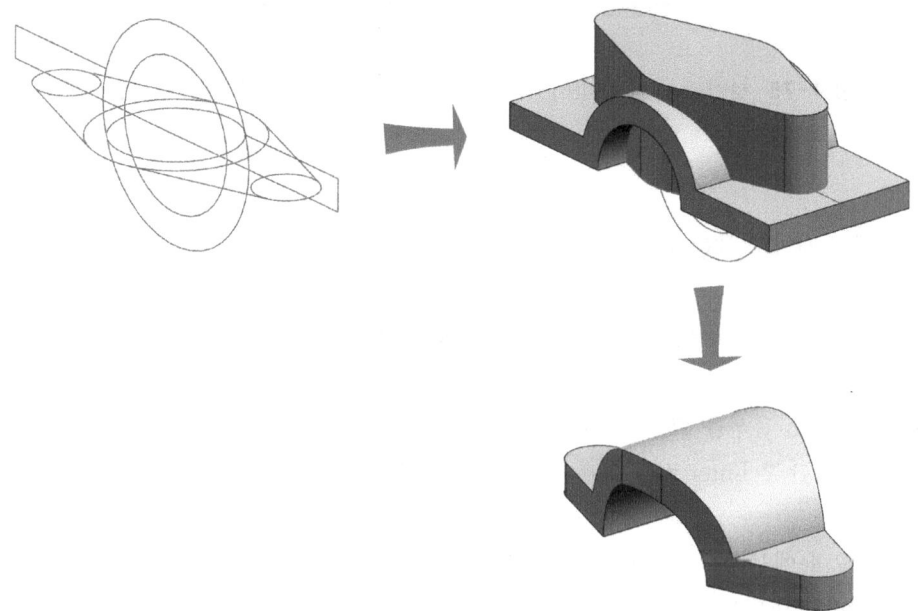

그림 4-73 완성할 모델

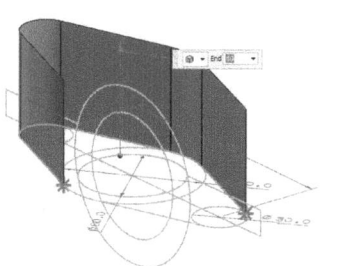

그림 4-74 커브 선택

첫번째 솔리드 바디 생성

1. 주어진 파일을 연다.

2. Extrude 아이콘을 누르고 대화상자를 Reset 한다.

3. End Distance에 50을 입력하고 Enter 키를 누른다.

4. Curve Rule에서 Stop at Intersection 버튼을 누른 다음 그림 4-74와 같이 커브를 선택한다.

4 장: 3차원 형상 생성 기능

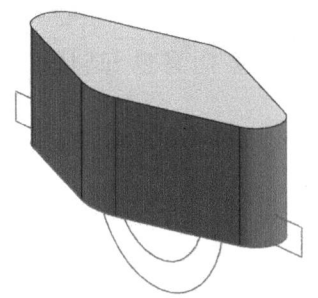

그림 4-75 첫번째 솔리드 바디

5. 그림 4-75와 같은 첫 번째 솔리드 바디를 생할 수 있도록 닫힌 섹션을 선택한 후 Extrude 대화상자에서 OK 버튼을 누른다.

두번째 솔리드 바디 생성

1. 파트네비게이터에서 첫번째 Extrude 피쳐에 MB3를 누른 다음 Hide를 선택하여 숨긴다.

2. 첫번째 스케치도 같은 방법으로 Hide 시킨다.

3. Extrude 아이콘을 누른 다음 대화상자를 Reset 한다.

4. Limit의 End 옵션을 그림 4-76과 같이 Symmetric Value로 설정하고 Distance 입력창에 40을 입력한 후 Enter 키를 누른다. Boolean 옵션이 None으로 되어 있음을 확인한다.

5. Curve Rule에서 Stop at Intersection 버튼을 누르고 커브를 선택하여 그림 4-76과 같이 두번째 솔리드 바디를 생성한다.

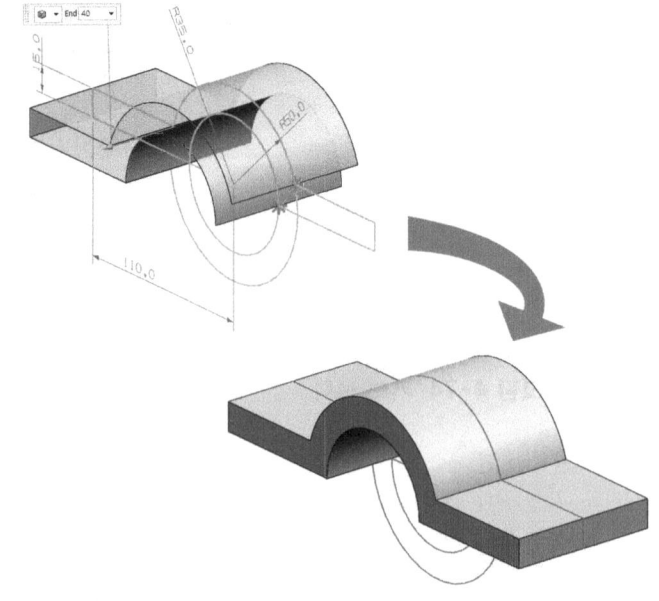

그림 4-76 두번째 솔리드 바디

그림 4-77 Show and Hide 아이콘

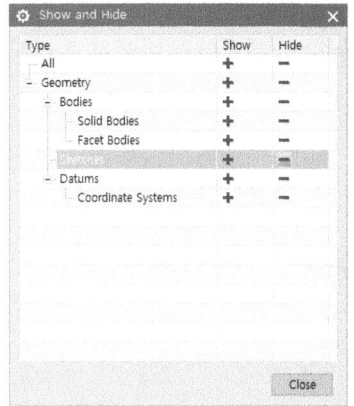

그림 4-78 Show and Hide 대화상자

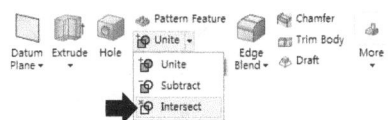

그림 4-79 Intersect 아이콘

Intersect 하여 완성

1. View 탭에서 Show and Hide 아이콘을 누른다.

2. Show and Hide 대화상자에서 Sketches를 모두 Hide 시키고 Bodies를 모두 Show 한 후 대화상자를 Close 한다.

3. Home 탭의 Feature 아이콘 그룹에서 Intersect 아이콘을 클릭한다. 큐라인에는 Target Body를 선택하라는 메시지가 나타난다.

4. 그림 4-80과 같이 Target Body를 선택한다. 대화상자의 Tool 옵션이 활성화되며 큐라인에는 Tool Body를 선택하라는 메시지가 나타난다.

5. Tool Body를 선택한 후 OK 버튼을 누른다.

그림 4-81은 완성된 모델을 보여준다.

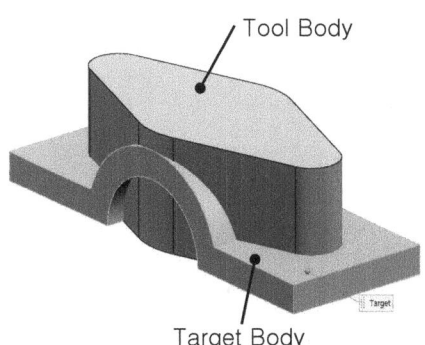

그림 4-80 Target 바디와 Tool Body

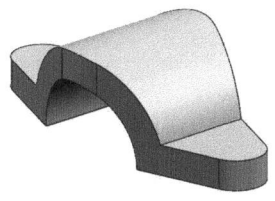

그림 4-81 완성된 모델

END of Exercise

4 장: 3차원 형상 생성 기능

Exercise 05 불리언 연산의 조합 *ch04_ex05.prt*

주어진 솔리드 바디 사이에 불리언 작업을 적용하여 모델을 완성하시오.

절차

1. Type Filter를 Solid Body로 설정한 후 Ctrl + A를 눌러 스테이터스 바에서 솔리드 바디의 갯수를 확인한다.

2. 그림 4-82에서 표시한 바디 Ⓐ와 Ⓑ 사이에 Intersect를 적용한다.

3. 위의 결과와 바디 Ⓒ 사이에 Unite를 적용하여 완성한다.

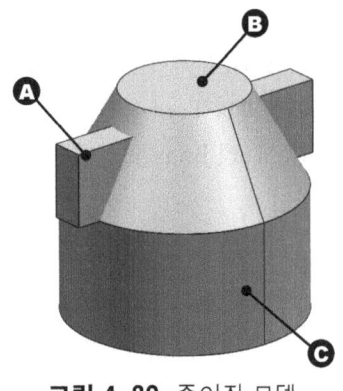
그림 4-82 주어진 모델

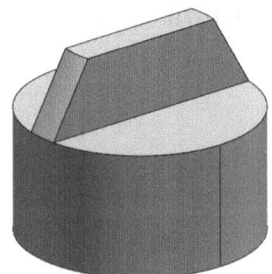
그림 4-83 완성된 모델

END of Exercise

4.9 오브젝트의 색상 바꾸기

Edit Object Display로 오브젝트의 색상, 선 모양, 선 두께, 투명도 등을 바꿀 수 있다. 다음 절차를 따른다.

1. View 탭의 Visualization 아이콘 그룹에서 Edit Object Display 버튼을 누른다. 그림 4-85와 같은 Class Selection 대화상자가 나타난다. 이 대화상자에서 선택 방법을 설정한다. Type Filter를 이용할 수도 있다.

그림 4-84 Edit Object Display 아이콘

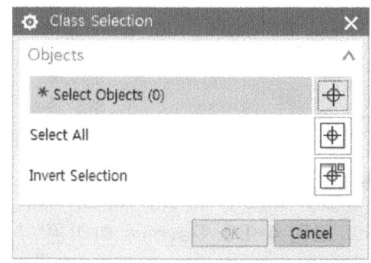

그림 4-85 Class Selection 대화상자

2. Display를 변경할 개체를 선택하고 OK 버튼을 누른다. 그림 4-86은 선택할 수 있는 개체의 타입을 보여준다.

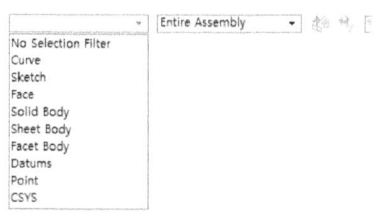

그림 4-86 선택할 수 있는 오브젝트의 타입

3. Edit Object Display 대화상자에서 Color 블록을 클릭한다.(그림 4-87의 Ⓐ)
4. Color 대화상자에서 원하는 색상을 선택한 후 OK 버튼을 누른다.
5. Edit Object Display 대화상자에서 OK 버튼을 누른다.

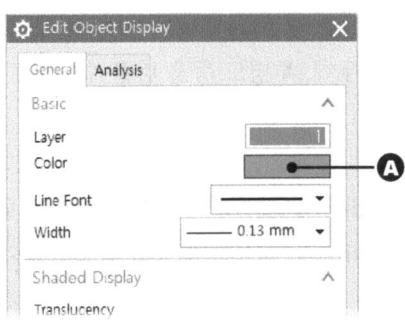

그림 4-87 Edit Object Display 대화상자

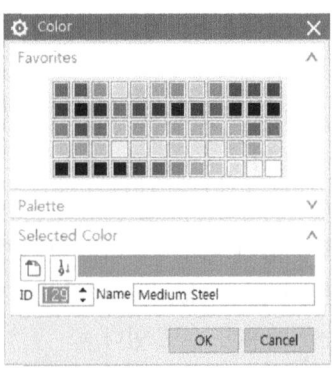

그림 4-88 Color 대화상자

4.10 회전 형상 만들기(Revolve)

Revolve 기능을 이용하면 커브, 모서리, 직선 또는 데이텀 축(Datum Axis)을 회전축으로 하여 섹션을 회전시킨 형상을 만들 수 있다.

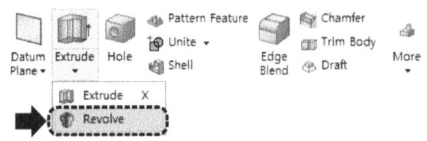

그림 4-89 Revolve 아이콘

기능 사용 절차

1. Revlove 아이콘을 누른다.
2. Revolve 대화상자에서 Reset 버튼을 누른다.
3. 섹션을 선택한다.
4. MB2를 누른다.
5. 회전축을 선택한다.
6. Limit 옵션, Boolean 옵션 등을 설정하고 OK 버튼을 누른다.

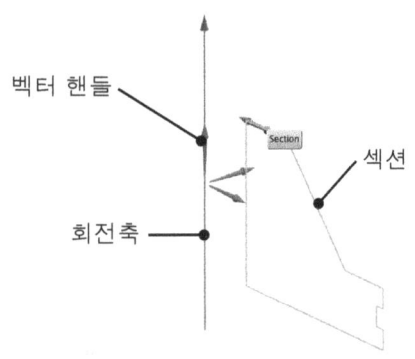

그림 4-90 섹션과 회전축

회전축을 선택할 때 벡터 핸들을 선택할 경우 통과 점(Point)도 선택하여야 한다. 데이텀 축이나 모서리, 직선 등은 통과 점까지 정의되어있는 개체인 반면 벡터 핸들은 방향만 정의하는 것으로써 모델링 개체가 아니다. 벡터 핸들은 드래그 하여 이동시킬 수 있다.

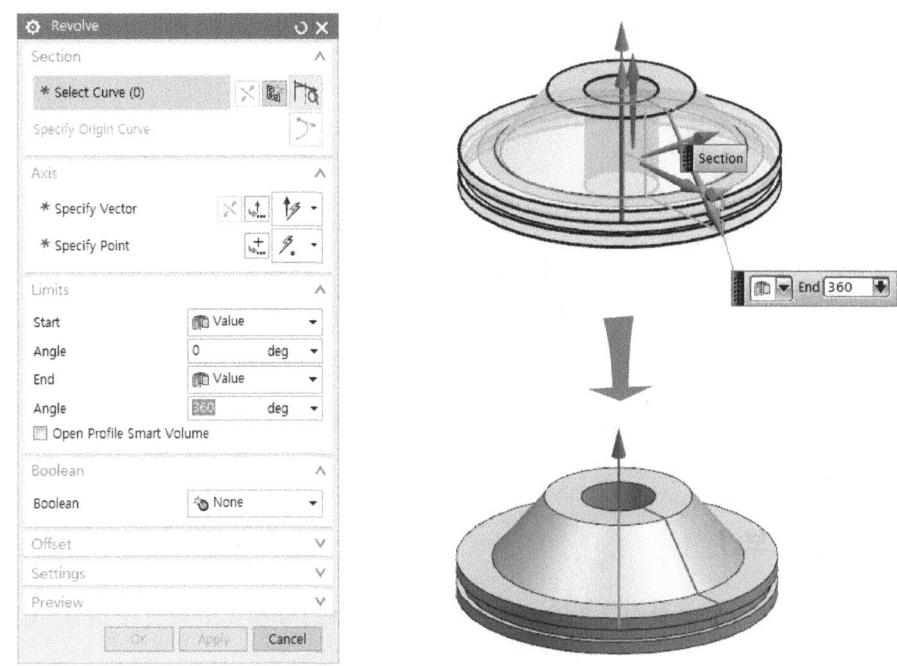

그림 4-91 Revolve 기능 사용 절차

4.10.1 Revolve의 섹션과 축

Revolve 기능으로 회전 형상을 만들 때 다음 사항을 주의해야 한다.

① 솔리드 바디를 생성하기 위해 폐곡선의 섹션을 사용한다.
② 회전 축은 섹션을 가로지를 수 없다.
③ 회전 축은 섹션 평면에 수직이면 안된다.

그림 4-92는 사각형의 한 쪽 변을 축으로 하여 회전시켜 원통 형상을 만드는 모습을 보여준다. Curve Rule을 이용하여 진한 점선 부분만을 섹션으로 선택하고 축을 선택한 후 180° 회전시키면 안쪽이 비어 있는 Sheet Body가 생성된다.

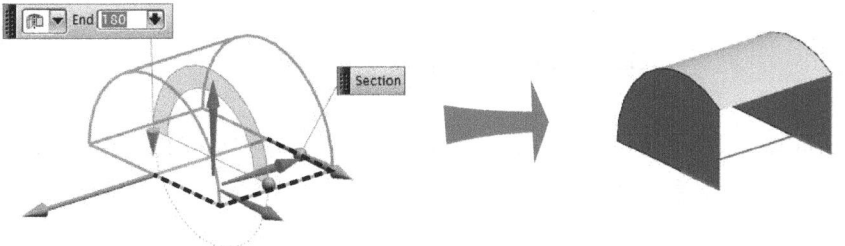

그림 4-92 폐곡선의 섹션을 선택하지 않은 경우

축 또는 축의 연장선이 섹션을 통과하거나 축이 섹션과 수직인 경우 그림 4-93과 같은 경고 메시지를 표시해 준다.

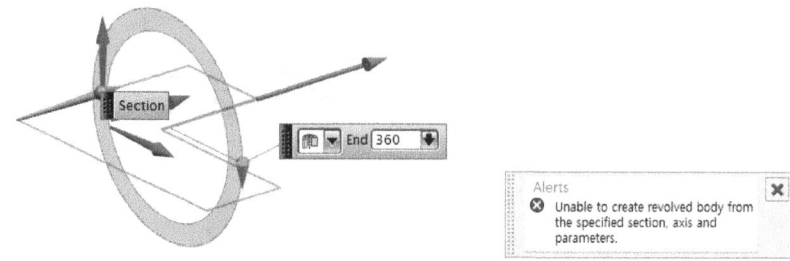

그림 4-93 축이 섹션을 통과할 경우

> ### 단면 보기

그림 4-94와 같은 단면 표시는 View 탭의 Edit Section 기능을 이용하여 수행할 수 있다.

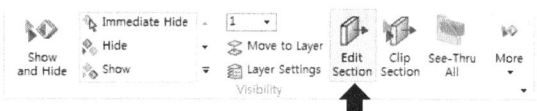

그림 4-94 Edit Work Section 아이콘

View Section 대화상자에서 X 버튼을 누르면 X 축에 수직인 평면으로 자른 뷰를 보여주며, 축의 화살표 부분을 드래그하여 위치를 이동시킬 수 있다.

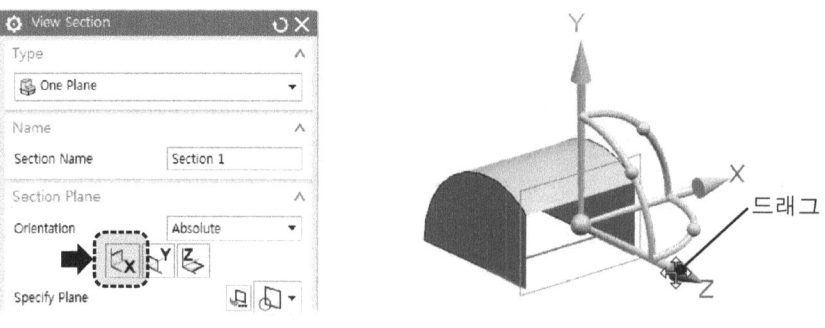

그림 4-95 단면 변경 및 위치 이동

View Section 대화상자에서 OK 버튼을 누르면 잘린 상태가 유지되며 Clip Section 버튼을 끄면 잘리지 않은 뷰를 보여준다.

기능 찾기

Command Finder를 이용하여 기능 메뉴 또는 아이콘을 쉽게 찾을 수 있다.

그림 4-96 Command Finder 아이콘

Search 입력창에 찾고자 하는 기능을 입력한 후 Find Command 버튼을 누르면 기능을 찾아주며 클릭하여 실행시킬 수 있다. 기능 명칭의 일부만 알고 있을 때도 유용하게 사용할 수 있다.

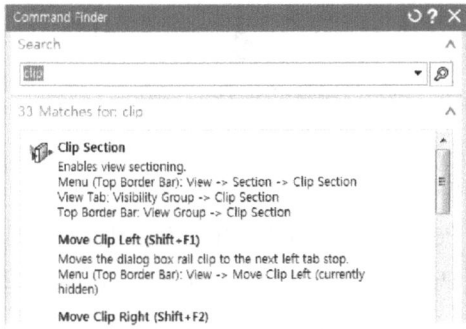

그림 4-97 기능 검색의 결과

섹션 선택 단계에서 스케치를 생성할 수 있음.

Extrude나 Revolve 등 스케치를 이용하는 피쳐의 경우 스케치를 생성하여 섹션으로 지정할 수 있다. 섹션 선택 단계에서 평면을 선택하면 자동으로 스케치 환경으로 들어간다. 또는 그림 4-98의 Sketch Section 버튼을 눌러도 된다.

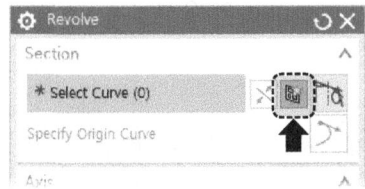

그림 4-98 Sketch Section 버튼

4.11 구멍 뚫기

솔리드 바디에 구멍을 생성할 수 있다. 구멍의 위치와 모양을 정의한다. 구멍의 위치는 점을 선택하여 지정하는데 이 때 Snap Point 옵션이 활성화 된다. Snap Point 옵션으로 구멍의 위치를 지정할 수 없을 경우에는 스케치를 이용하여 점을 생성한다.

기능 사용 절차

1. Hole 아이콘을 누른다.

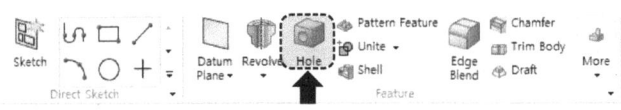

그림 4-99 Hole 아이콘

2. 대화상자를 Reset 한다.
3. 구멍의 타입을 지정한다.
4. 위치를 지정한다. Snap Point 옵션을 이용하거나 스케치를 이용하여 점의 위치를 지정한다.
5. 방향(Direction), 구멍 모양(Form and Dimensions), Boolean 옵션을 설정하고 OK를 누른다.

Direction은 Normal to Face로 설정되어 있다. 즉, 점이 소속되어 있는 면에 수직으로 구멍을 뚫는다. 다른 방향을 지정할 수도 있다. 선택한 점이 어떤 면 위에 있지 않을 경우에는 Normal to Face 옵션으로 방향을 정의할 수 없기 때문에 구멍을 생성할 수 없다.

Form and Dimensions 옵션에서는 구멍의 모양을 정의한다. 구멍의 Form에 따라 Dimensions의 옵션이 바뀐다.

Boolean 옵션에서는 구멍을 제거하여 생성하거나 구멍 모양의 솔리드 바디를 생성할 수 있도록 설정할 수 있다. 구멍 모양의 솔리드 바디로 생성한 후에는 바디에 추가 모델링을 한 후 Subtract 기능을 이용하여 제거한다.

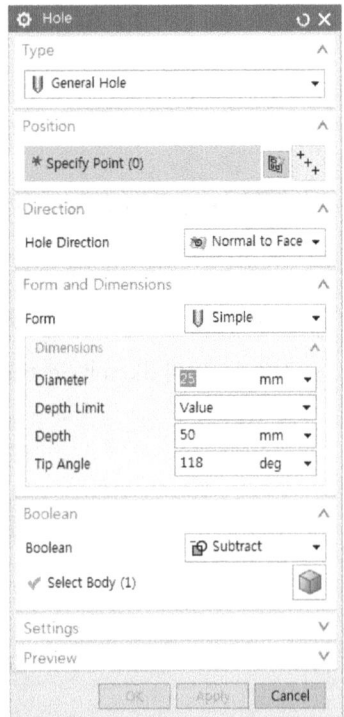

그림 4-100 Hole 대화상자

4.11.1 General Type Hole

그림 4-101 ~ 그림 4-104는 General Type Hole의 모양을 보여준다.

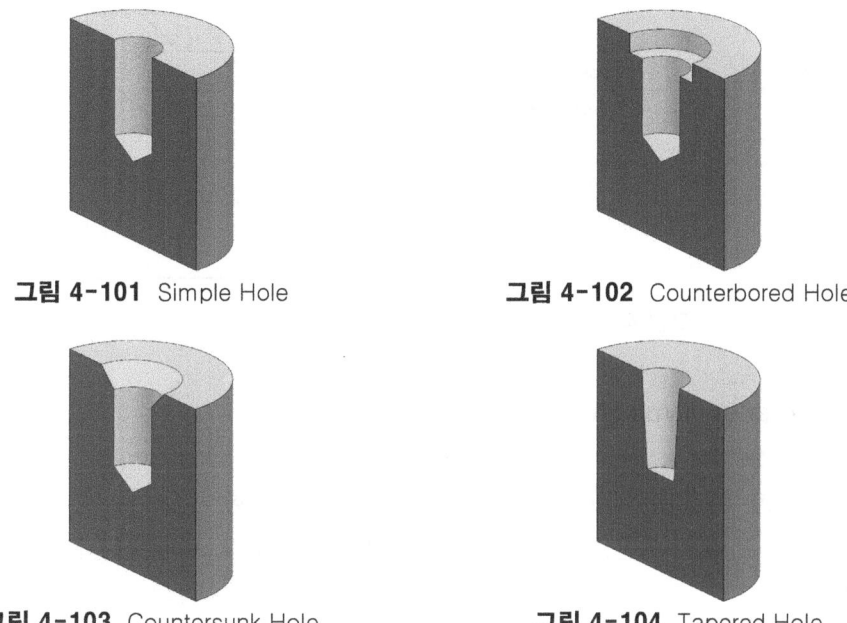

그림 4-101 Simple Hole

그림 4-102 Counterbored Hole

그림 4-103 Countersunk Hole

그림 4-104 Tapered Hole

그림 4-105와 그림 4-106은 기계 부품 모델링에서 많이 사용되는 Counterbored Hole과 Countersunk Hole의 단면 치수의 의미를 대화상자 옵션과 함께 설명한다. Counterbored Hole은 소켓볼트로 조립하는 부품에 생성하고, Countersunk Hole은 접시머리볼트를 조립하는 부품에 사용한다.

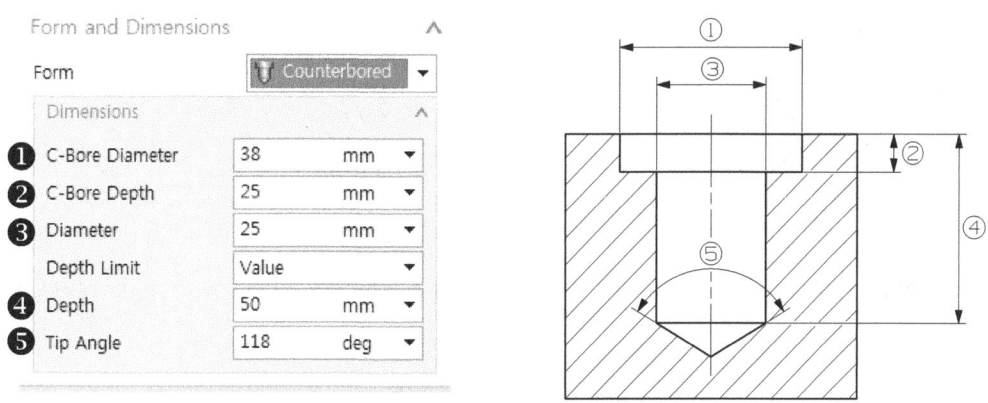

그림 4-105 Counterbored Hole의 Dimension

4 장: 3차원 형상 생성 기능

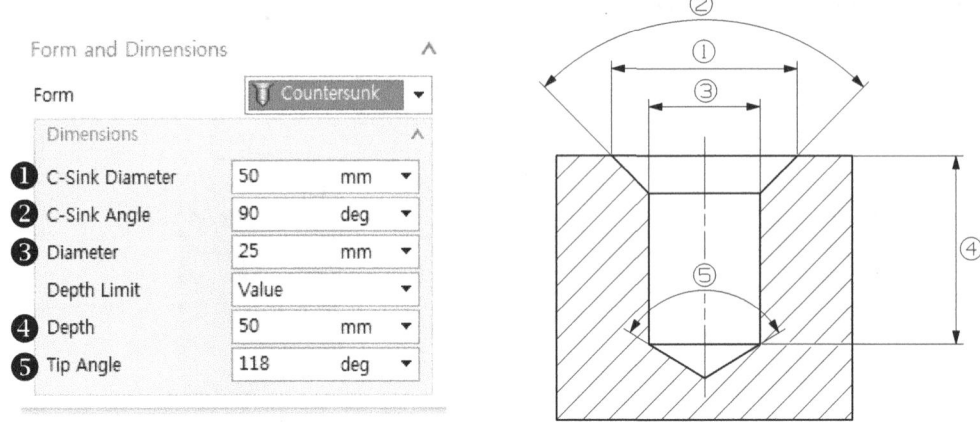

그림 4-106 Countersunk Hole의 Dimension

4.11.2 Threaded Type Hole

그림 4-107과 그림 4-108은 Threaded Type Hole의 모양과 대화상자를 보여준다. 나사산, 피치 등을 정의할 수 있고, 도면을 생성할 때 그대로 표기할 수 있다. 모델에 나사산이 나타나지는 않는다.

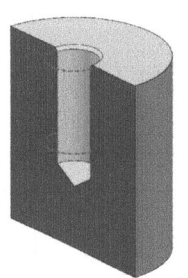

그림 4-107 Threded Hole

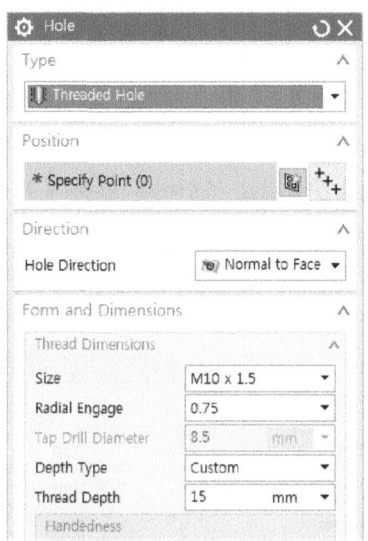

그림 4-108 Threded Hole Type의 대화상자

Hole 기능 기본 사용법 — Exercise 06

스케치를 이용하여 구멍의 위치를 정하는 방법을 실습을 통하여 알아보자.

기본 모델 생성

1. ch04_ex06.prt로 새 파일을 만들고 그림 4-109와 같이 XY 평면에 스케치를 생성하여 완전구속한다.
2. 그림 4-110과 같이 20mm 돌출시킨다.

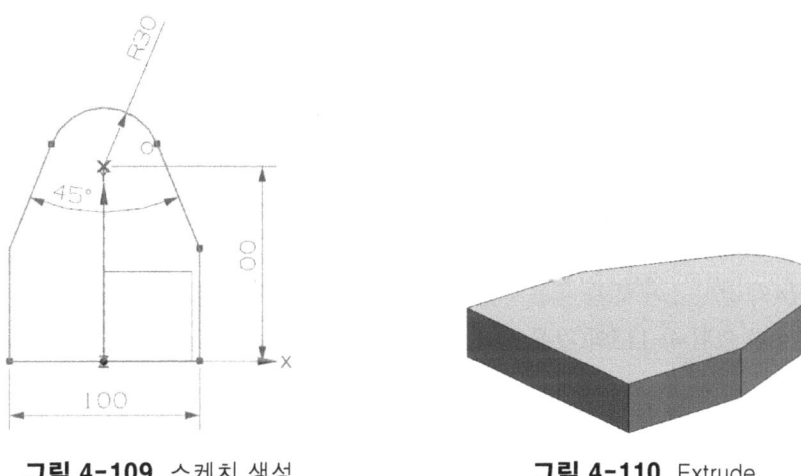

그림 4-109 스케치 생성   **그림 4-110** Extrude

Hole 기능 실행

1. Feature 그룹에서 Hole 아이콘을 누른다.
2. Hole 대화상자에서 Reset 버튼을 누른다.
3. Hole 대화상자에서 Type 그룹의 설정이 General Hole인 것을 확인한다.

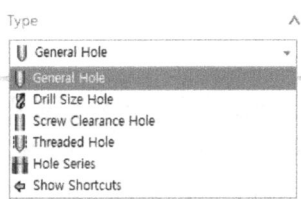

그림 4-111 General Hole Type

4. Hole 대화상자의 Position 그룹의 Specify Point가 주황색으로 하이라이트 된 것을 확인한다.
5. Hole 대화상자의 Position 그룹에서 🔲 Sketch Section 버튼을 누른다. Create Sketch 대화상자가 나타난다.

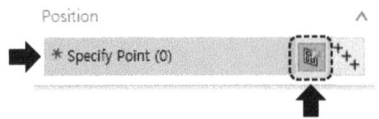

그림 4-112 Hole 대화상자 Position 그룹

6. 그림 4-113에서 화살표가 가리키는 위치에서 솔리드 바디의 윗면을 선택한다.

그림 4-113 스케치 평면으로 선택할 면

그림 4-114와 같이 스케치 축이 표시된다. 아직 OK 버튼을 누르지 않는다. 이 상태에서 OK 버튼을 누르면 그림 4-115와 같은 상태에서 스케치를 그려야 하는 불편함이 있다.

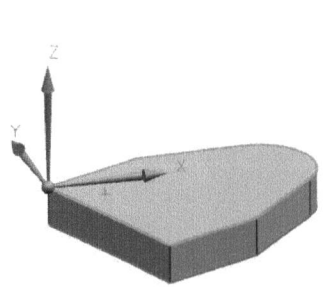 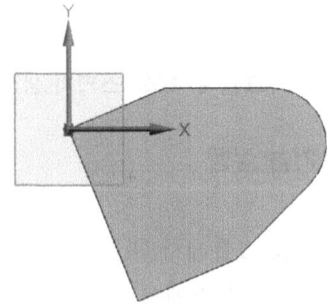

그림 4-114 스케치 좌표축   **그림 4-115** 스케치 평면을 마주 본 상태

스케치 좌표계 설정

1. Create Sketch 대화상자에서 Sketch Orientation 그룹을 펼친다.
2. Create Sketch 대화상자의 Sketch Orientation 그룹에서 Select Reference를 선택한다. (Select Reference가 주황색으로 하이라이트 되면 올바르게 작업한 것이다.)
3. 그림 4-117에서 화살표가 가리키는 위치에서 모서리를 선택한다.

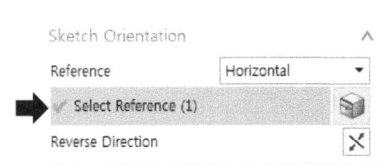
그림 4-116 Select Reference 옵션

그림 4-117 선택할 모서리

그림 4-118과 같이 수평 스케치 축이 모서리와 평행하게 된다. X 축의 방향이 반대로 나타 난다면 대화상자에서 Reverse Direction 버튼을 누른다.

4. Create Sketch 대화상자에서 OK 버튼을 누른다. Sketch Point 대화상자가 나타난다.

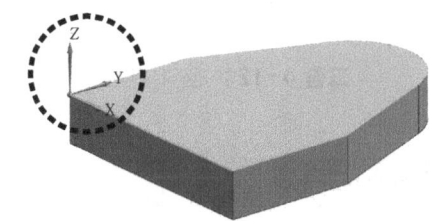
그림 4-118 서리와 평행해진 수평 스케치 축

점 생성 및 구속

1. 그림 4-119에서 화살표가 가리키는 지점을 선택한다.

그림 4-120와 같이 십자(+) 모양의 작은 점이 생성된다. 그림 4-120은 이미지 작업을 한 것으로 실제 점은 그림에 보이는 것처럼 크지 않다.

2. Sketch Point 대화상자에서 Close 버튼을 눌러 대화상자를 닫는다.

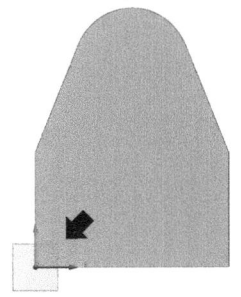
그림 4-119 대략적인 점의 위치

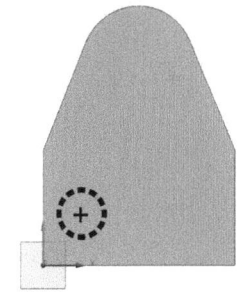
그림 4-120 생성된 Point

3. 그림 4-121을 참조하여 점을 완전 구속한다.

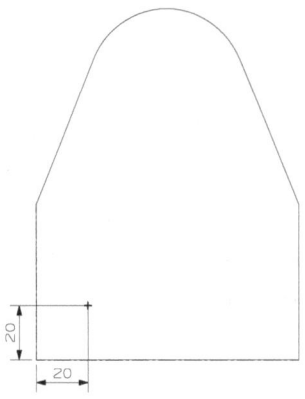

그림 4-121 점의 위치

4. 스케치를 종료한다. (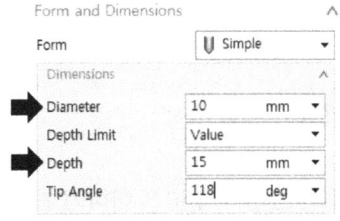 Finish Sketch 아이콘을 누른다.)
5. Hole 대화상자의 Form and Dimensions 그룹의 값을 그림 4-122와 같이 입력한다.

항목	값/옵션
Diameter	10
Depth Limit	Value
Depth	15
Tip Angle	118

그림 4-122 Dimensions 설정

Depth 값을 15로 수정한 후 키보드에서 Enter 키를 누르면 그림 4-123과 같이 미리보기 되는 것을 확인할 수 있다.

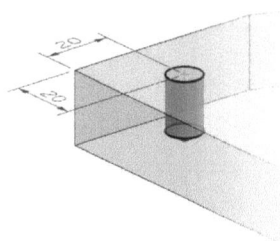

그림 4-123 Simple Hole 결과의 미리보기

> **! Tip Angle**
>
> 구멍을 뚫는 드릴 공구의 날 끝 각도는 118 °이다. 따라서 대화상자의 Tip Angle의 기본값은 118 °로 설정되어 있다. 바닥이 평평한 구멍을 생성하려면 0 °를 입력하면 된다.
>
>
>
> **그림 4-124** Drill Tip Angle = 118 °

6. Hole 대화상자에서 OK 버튼을 누른다. 그림 4-125와 같이 구멍이 생성되고, 점을 그린 스케치는 사라진 것을 확인할 수 있다.

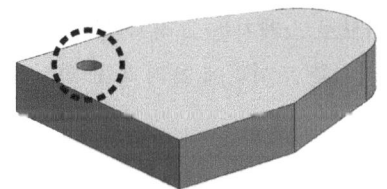

그림 4-125 완성된 Simple Hole 피쳐

7. 연속하여 Exercise 05를 수행한다.

END of Exercise

> **! 파트 네비게이터를 통한 Hole 타입의 확인**
>
> 그림 4-126과 같이 파트 네비게이터를 통해 Hole 타입을 확인할 수 있다.
>
>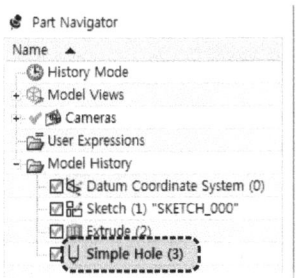
>
> **그림 4-126** Simple Hole 피쳐

4 장: 3차원 형상 생성 기능

Exercise 07 | Snap Point를 이용한 구멍 뚫기

Exercise 04의 완성 모델에 아래 그림과 같이 직경 20mm인 관통 구멍을 생성하시오. 작업이 끝나면 파일을 저장하지 말고 닫는다.

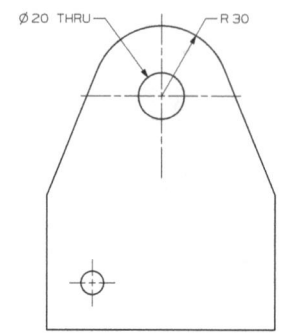

그림 4-127 관통 구멍의 치수 정보

> **힌트**
>
> 1. R30인 모서리의 중심점이므로 스케치는 그리지 않아도 된다.
> 2. 그림 4-128처럼 마우스 커서를 모서리에 올려 놓고 화살표가 가리키는 심볼이 나타날 때 MB1을 누른다.
>
>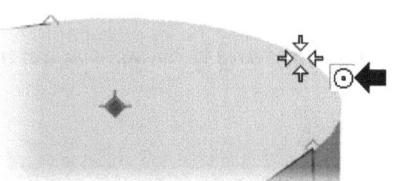
>
> 그림 4-128 ⊙ Arc Center
>
> 3. Type은 General Hole로 지정하고, Form and Dimensions 옵션은 그림 4-129와 같이 설정한다.
>
>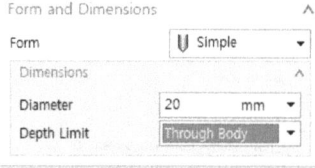
>
> 그림 4-129 Hole 대화상자의 Form and Dimensions 그룹

END of Exercise

4.12 보스 붙이기

솔리드 바디의 평면에 원통을 생성하여 Unite 한다.

Boss 기능 기본 사용법 **Exercise 08**

Boss의 일반적인 사용법을 실습을 통하여 알아보자.

기본 모델 생성

1. ch04_ex06.prt로 새 파일을 만들고 그림 4-130과 같이 XY 평면에 스케치를 생성하여 완전구속한다.
2. 그림 4-131과 같이 20mm 돌출시킨다.

앞의 Exercise 파일에서 Hole 피쳐를 삭제한 후 사용해도 무방하다.

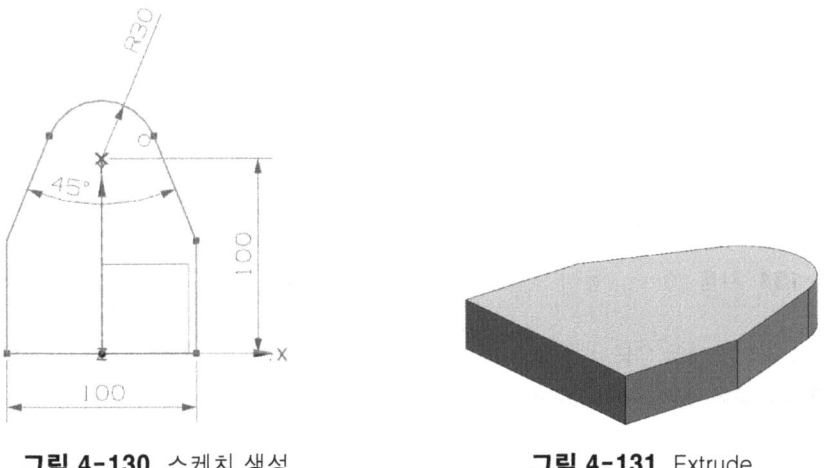

그림 4-130 스케치 생성   **그림 4-131** Extrude

Boss 기능 실행

1. 그림 4-132와 같이 Feature 아이콘 그룹의 삼각형 기호를 클릭한 후 More Gallery 〉 Design Feature Gallery 〉 Boss를 선택한다. 이렇게 하면 More 버튼을 눌렀을 때 Boss 아이콘이 나타난다.

4 장: 3차원 형상 생성 기능

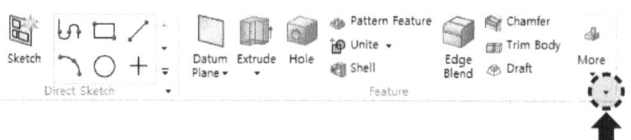

그림 4-132 Boss 아이콘 꺼내기

2. Feature 아이콘 그룹에서 More 버튼을 누른 후 Boss를 선택한다. Menu 버튼 〉 Insert 〉 Design Feature 〉 Boss를 선택할 수도 있다.

3. 그림 4-133에서 화살표가 가리키는 정도의 위치에서 솔리드 바디의 윗면을 선택한다. 그림 4-134와 같이 원통 형상이 보이고 그 크기는 대화상자의 값을 통해 알 수 있다.

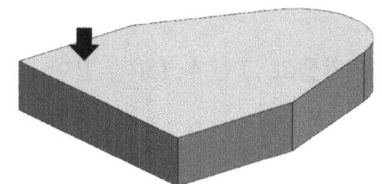

그림 4-133 Boss의 배치 면으로 선택할 면

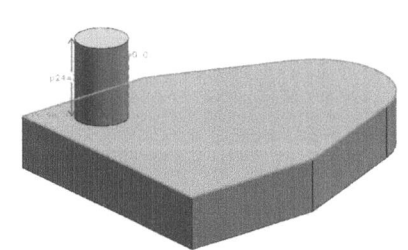

그림 4-134 지름 20mm, 높이 30mm의 Boss

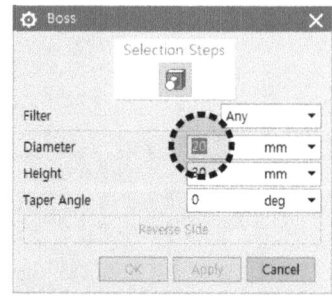

그림 4-135 Boss 대화상자

4. Boss 대화상자에서 OK 버튼을 누른다. Positioning 대화상자에서 Perpendicular 방법의 버튼 (❹) 이 주황색으로 하이라이트 된 것을 확인한다.

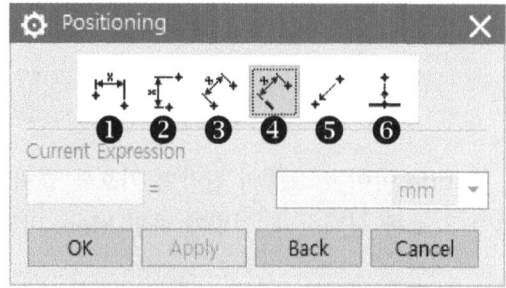

그림 4-136 Positioning 대화상자

❶ Horizontal: 수평 거리를 지정할 수 있다.
❷ Vertical: 수직 거리를 지정할 수 있다.
❸ Parallel: 평행 거리를 지정할 수 있다.
❹ Perpendicular: 직교 거리를 지정할 수 있다.
❺ Point onto Point: Boss의 중심점 위치를 이미 존재하는 점과 일치 시킨다.
❻ Point onto Line: Boss의 중심점 위치를 이미 존재하는 모서리 혹은 데이텀 평면과 일치 시킨다.

5. 그림 4-137에서 화살표가 가리키는 모서리를 선택한다.
6. 대화상자에서 거리 값으로 20을 입력한 후 키보드에서 Enter 키를 누른다.
그림 4-139와 같이 작업창에서 숫자 20을 확인할 수 있다.

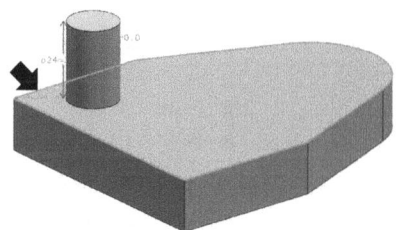

그림 4-137 선택 할 모서리

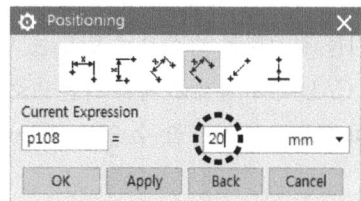

그림 4-138 거리를 20으로 입력한 상태

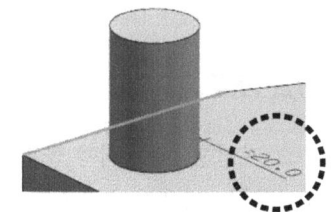

그림 4-139 거리 값 20이 입력 된 상태

7. 그림 4-140에서 화살표가 가리키는 모서리를 선택한다.
8. 6번 과정과 동일하게 Positioning 대화상자에 거리 값을 20으로 입력한 후 키보드에서 Enter 키를 누른다.
9. Positioning 대화상자에서 OK 버튼을 누른다. 그림 4-141과 같이 Boss가 만들어졌다.

연속하여 Exercise 07을 수행한다.

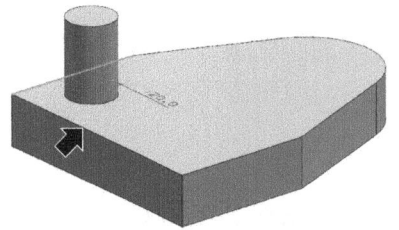
그림 4-140 선택할 모서리

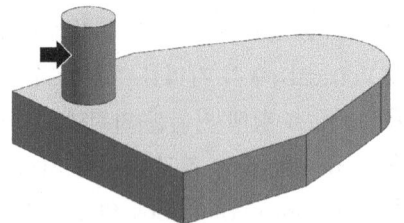
그림 4-141 생성된 Boss

END of Exercise

❗ *Positional Form Feature*

Menu 버튼 > Insert > Design Feature를 눌러 생성할 수 있는 Boss, Pocket, Pad 등의 피쳐를 Positional Form Feature라 구분하여 부르기도 한다. 그 이유는 형상의 사이즈(지름, 높이 등)를 먼저 정한 후 그 다음 위치를 결정하는 방식으로 만드는 피쳐이기 때문이다. 3D CAD의 추세가 스케치 기반으로 바뀌고 있지만, 여전히 유용하게 사용할 수 있는 기능이다.

그림 4-142 Positional Form Feature

❗ *Boss의 위치를 수정하는 방법*

Boss의 위치는 작업창에서 마우스 커서를 Boss 위에 올려 놓고 MB3를 누르면 나타나는 팝업 메뉴에서 Edit Positioning 옵션을 이용하여 수정할 수 있다. 더블 클릭으로는 위치를 수정할 수 없다.

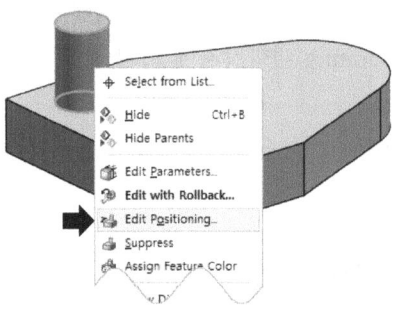
그림 4-143 Edit Positioning 옵션

> **!** **최근 사용한 기능 다시 사용하기**

최근에 사용한 기능은 순차적으로 기록되어 재사용할 수 있다.

1. 화면의 빈 곳에 MB1 클릭한 후 빠른뷰 툴바에서 사용

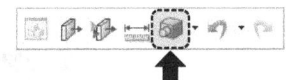

그림 4-144 빠른뷰 툴바

2. 빠른실행 툴바에서 사용

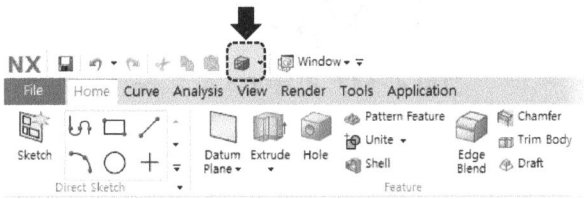

그림 4-145 빠른 실행 툴바

3. 화면의 빈 곳에 MB3를 클릭한 후 팝업메뉴에서 사용

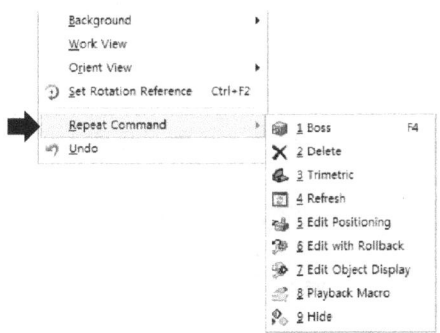

그림 4-146 뷰 팝업메뉴

4 장: 3차원 형상 생성 기능

Exercise 09 Point onto Point 방법을 이용하여 보스 붙이기

그림 4-147에서 화살표가 가리키는 지름 20mm, 높이 30mm의 보스를 '모서리 A'에 해당하는 원호의 중심점에 만드시오.

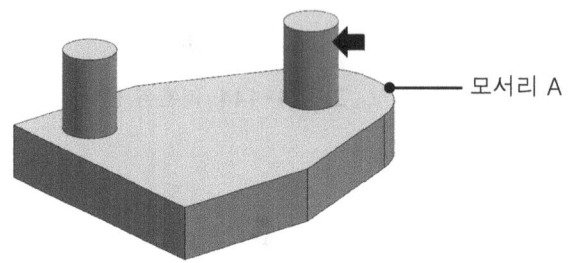

그림 4-147 만들어야 할 Boss

> **힌트**
>
> 1. Positioning Method는  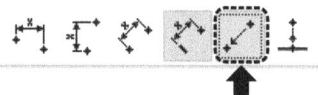 Point onto Point를 이용한다.
>
> **그림 4-148** Positioning Method 중 Point onto Point
>
> 2. Set Arc Position 대화상자에서는 Arc Center를 이용한다.
>
>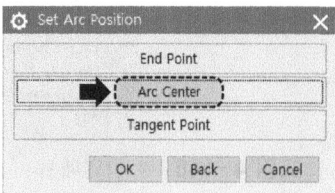
>
> **그림 4-149** Arc Center 옵션

END of Exercise

ch04_ex10.prt   회전 형상 만들기   **Exercise 10**

다음 도면 형상을 모델링 하시오.

1. 모든 스케치는 완전 구속되어야 한다.
2. 스케치 커브를 구속할 때 Fix 구속은 사용하지 않는다.

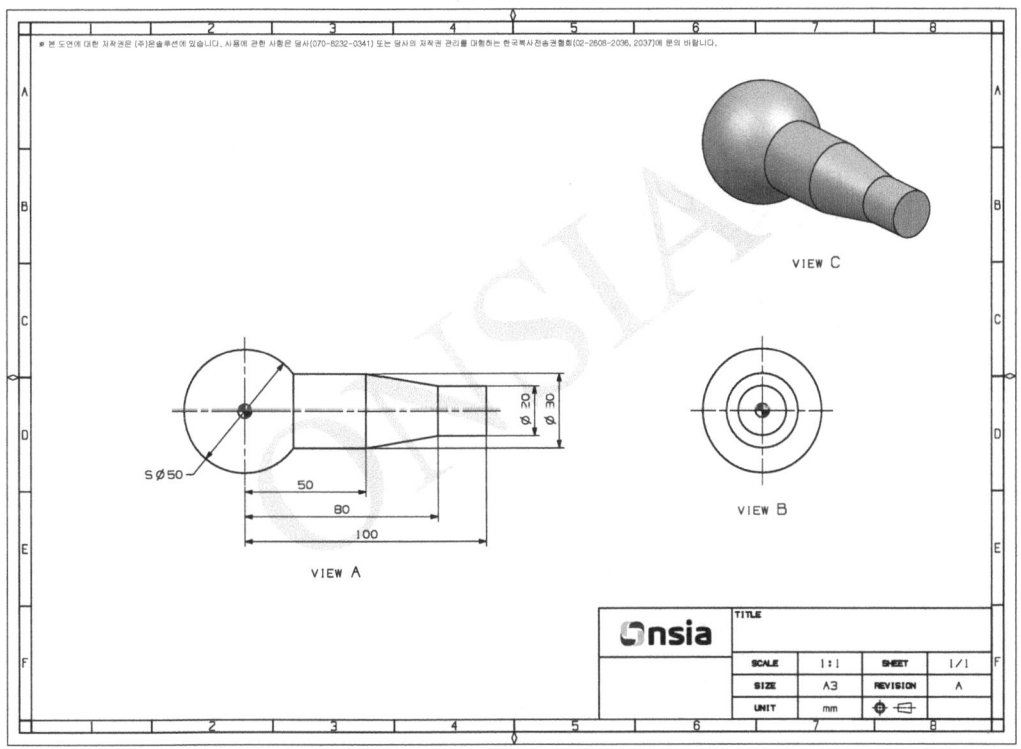

그림 4-150 Exercise 10 연습 도면

4 장: 3차원 형상 생성 기능

Exercise 11 회전 형상 만들기 ch04_ex11.prt

다음 도면 형상을 모델링 하시오.

1. 모든 스케치는 완전 구속되어야 한다.
2. 스케치 커브를 구속할 때 Fix 구속은 사용하지 않는다.

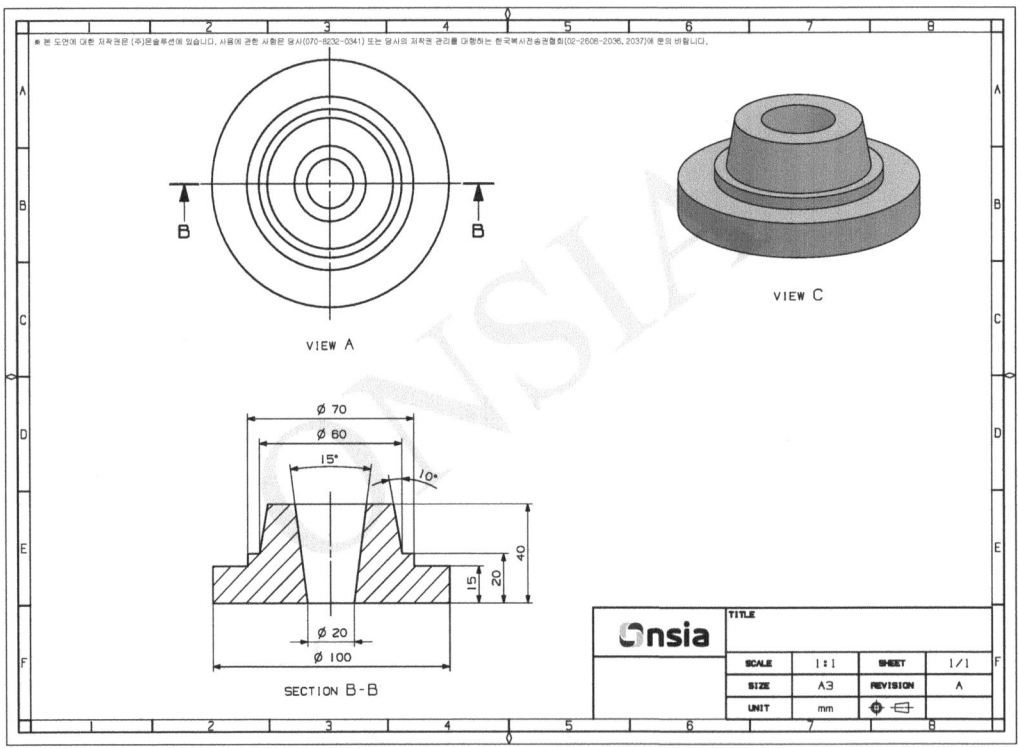

그림 4-151 Exercise 11 연습 도면

ch04_ex12.prt

구멍 생성하기 **Exercise 12**

다음 도면 형상을 모델링 하시오.

1. 모든 스케치는 완전 구속되어야 한다.
2. 스케치 커브를 구속할 때 Fix 구속은 사용하지 않는다.
3. 구멍은 Hole 기능을 이용하여 생성한다.

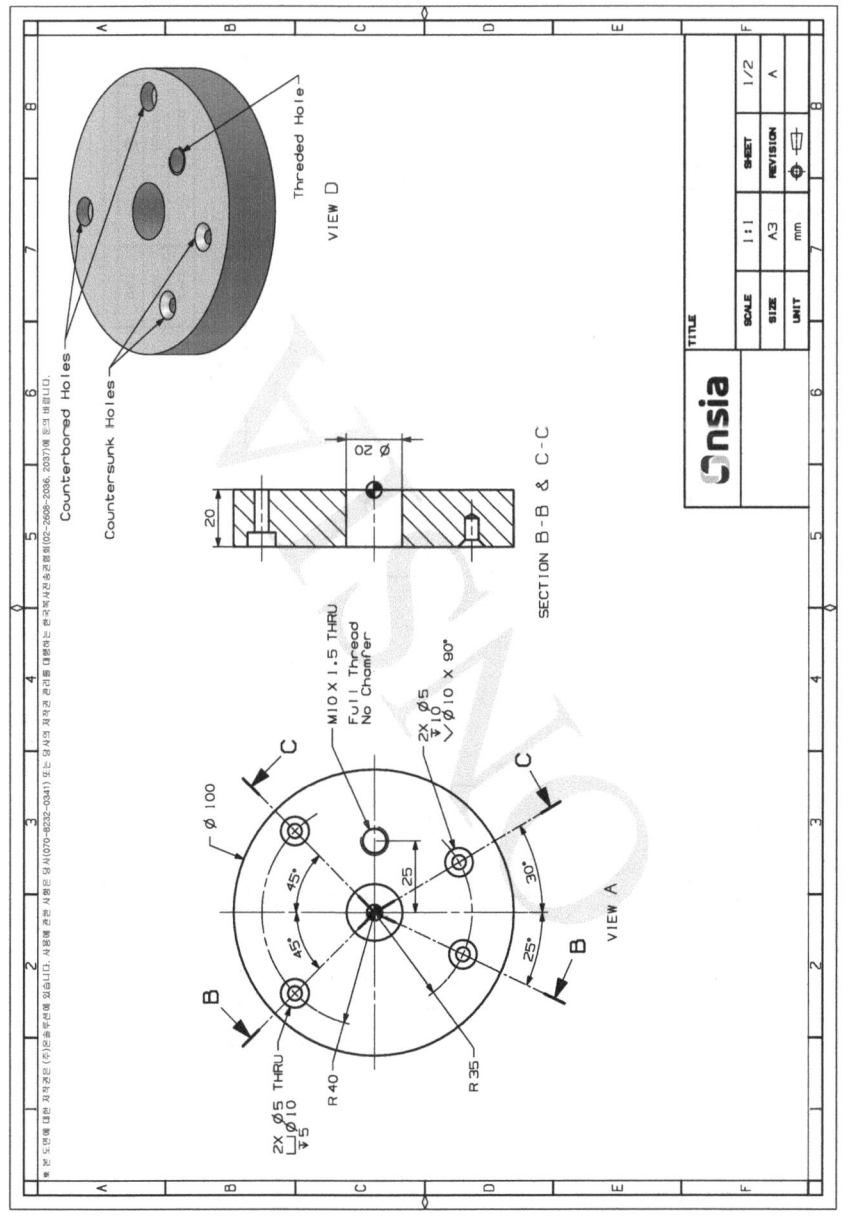

그림 4-152 Exercise 12 연습 도면

4 장: 3차원 형상 생성 기능

Exercise 13 부품 모델링

ch04_ex13.prt

다음 도면 형상을 모델링 하시오.

1. 구멍은 Hole 기능을 이용하여 생성한다.
2. 하나의 솔리드 바디가 되도록 모델링 한다.

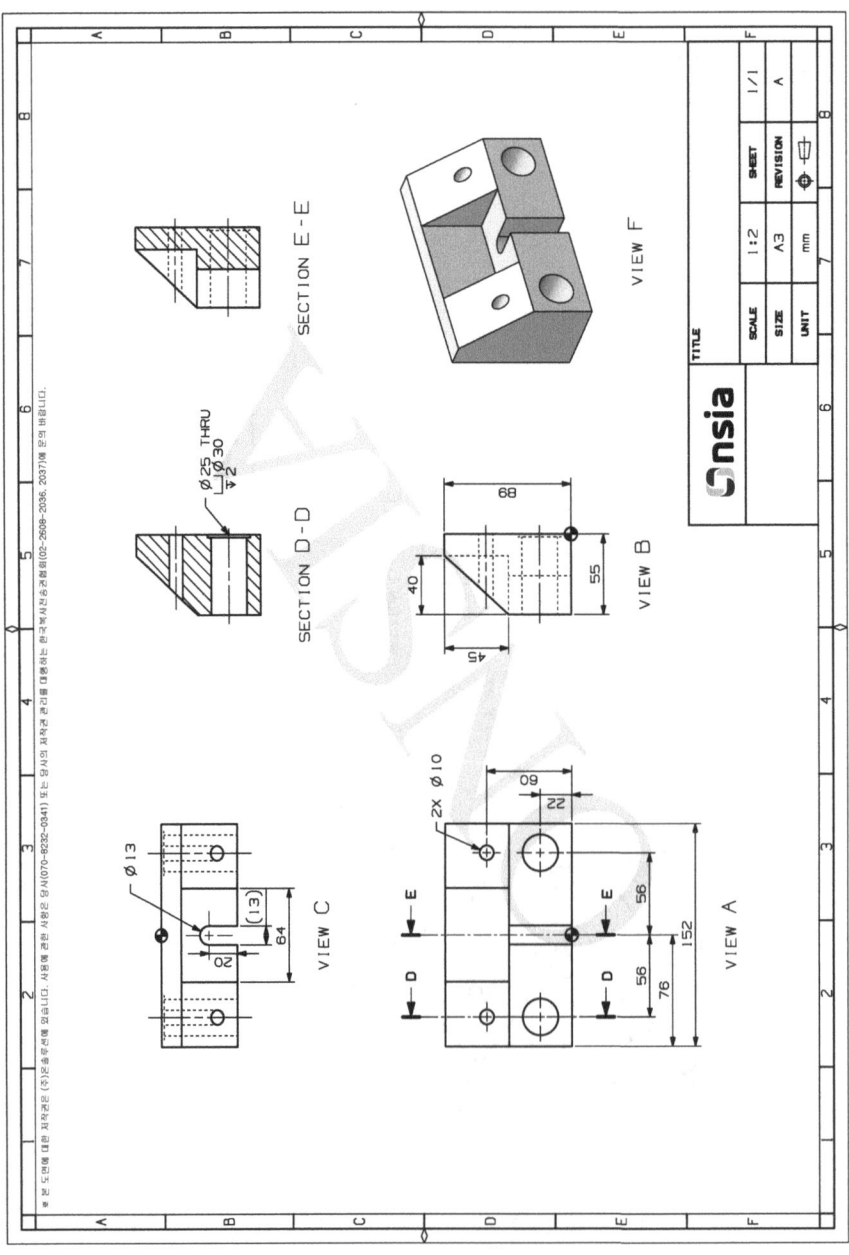

그림 4-153 Exercise 13 연습 도면

ch04_ex14.prt   부품 모델링 **Exercise 14**

다음 도면 형상을 모델링 하시오.

1. 구멍은 Hole 기능을 이용하여 생성한다.
2. 하나의 솔리드 바디가 되도록 모델링 한다.

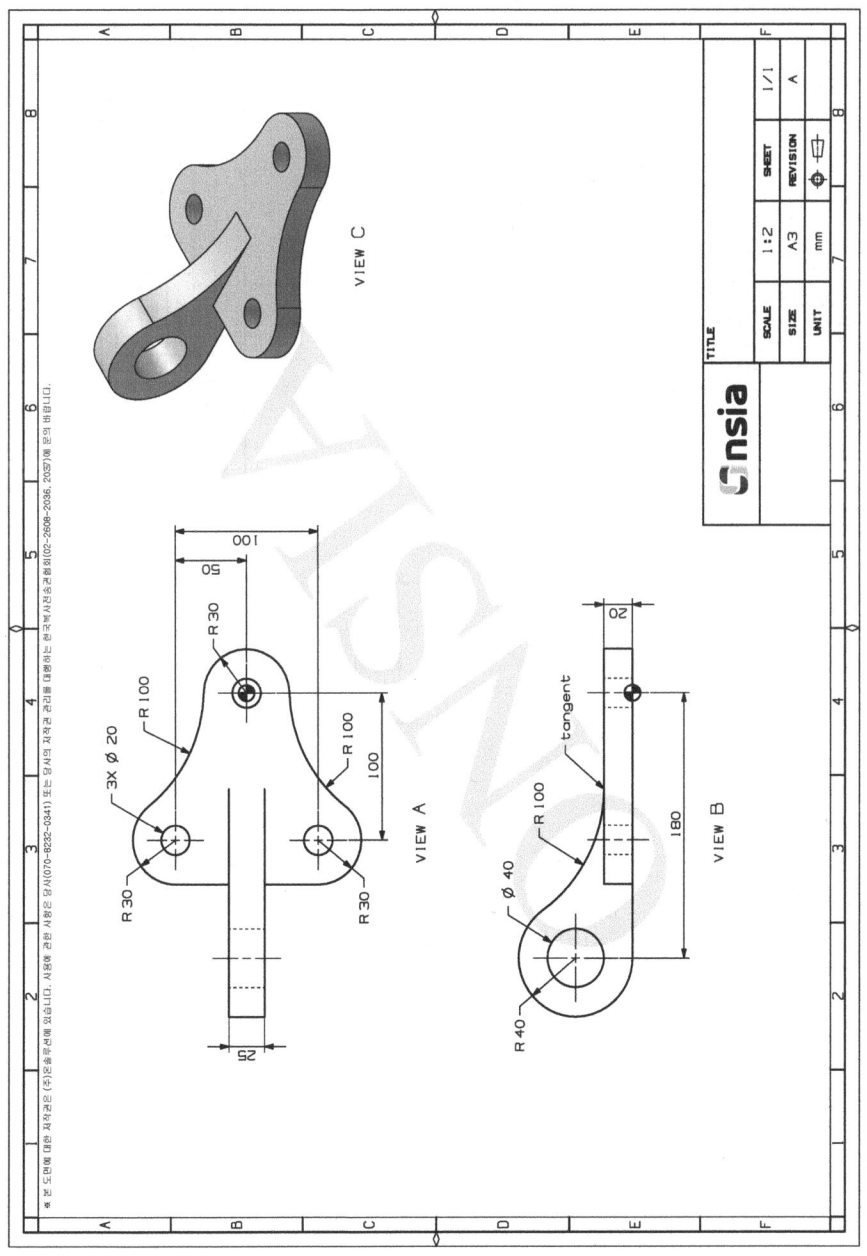

그림 4-154 Exercise 14 연습 도면

4 장: 3차원 형상 생성 기능

Exercise 15 부품 모델링 *ch04_ex15.prt*

다음 도면 형상을 모델링 하시오.

1. Hole 기능과 Boss 기능을 적극 이용하여 생성한다.
2. 하나의 솔리드 바디가 되도록 모델링 한다.

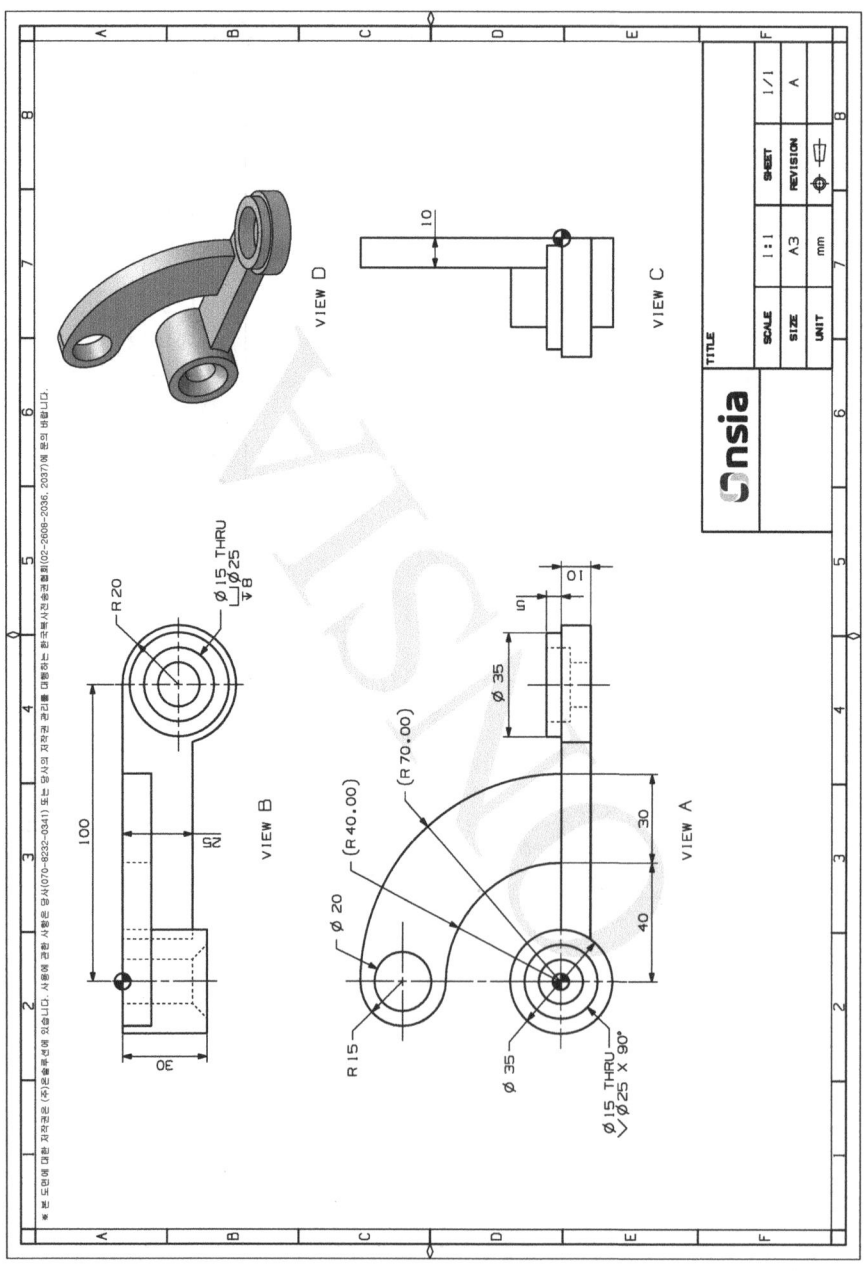

그림 4-155 Exercise 13 연습 도면

ch04_ex16.prt

부품 모델링 **Exercise 16**

다음 도면 형상을 모델링 하시오.

1. 구멍은 Hole 기능을 이용하여 생성한다.
2. 하나의 솔리드 바디가 되도록 모델링 한다.

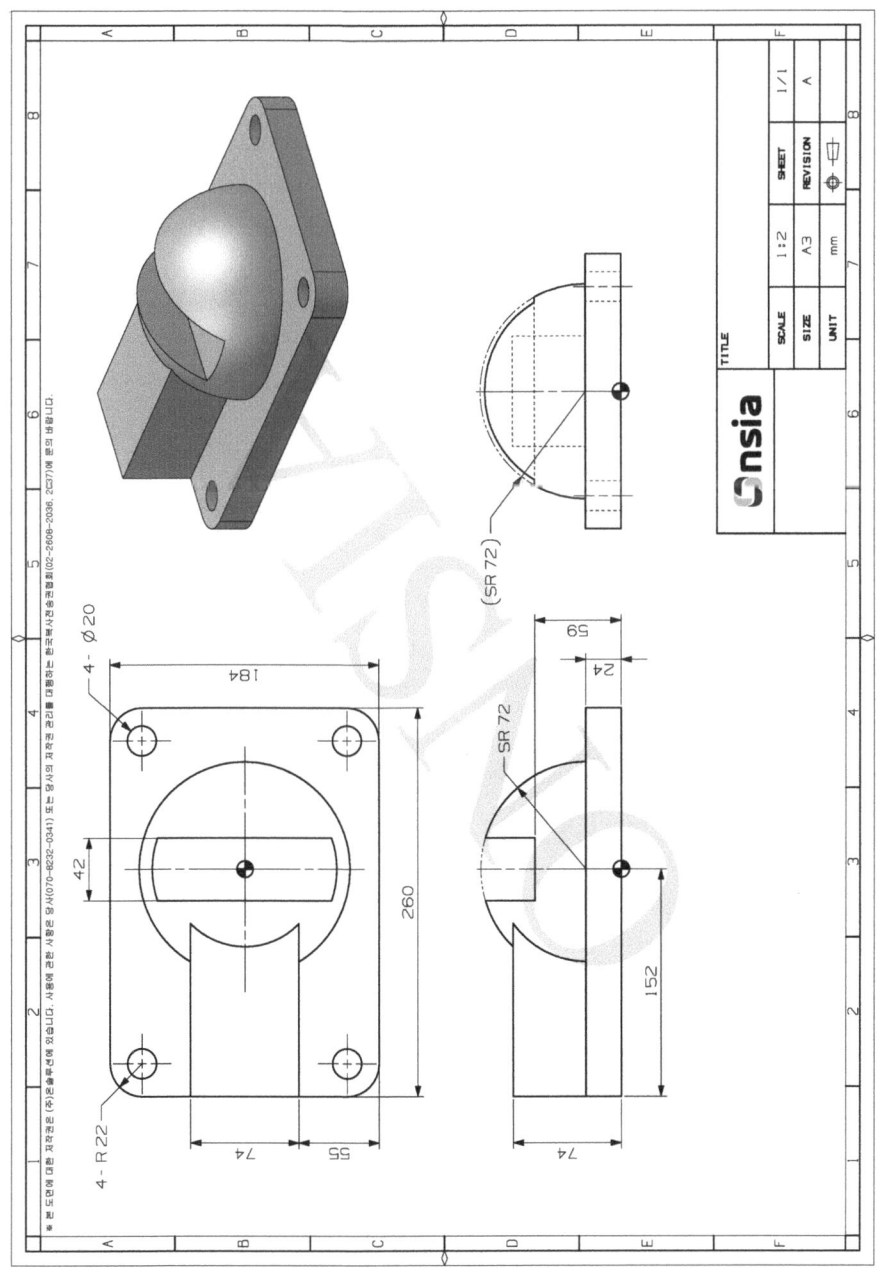

그림 4-156 Exercise 14 연습 도면

4 장: 3차원 형상 생성 기능

(빈 페이지)

Chapter 5
데이텀 (Datum)

■ 학습목표

- 데이텀(Datum)에는 데이텀 평면(Datum Plane), 데이텀 축(Datum Axis), 데이텀 좌표축(Datum CSYS) 3가지가 있음을 알 수 있다.
- 데이텀 평면의 용도와 타입을 이해한다.
- 데이텀 축의 용도와 타입을 이해한다.
- 데이텀 좌표계를 구성하는 8개의 오브젝트를 알 수 있다.
- 데이텀을 이용한 모델링을 할 수 있다.

5.1 데이텀이란?

형상을 이루는 개체가 아니면서 형상을 생성하는데 이용되는 모델링 요소를 데이텀이라고 한다. 지금까지 모델링을 수행하면서 평면, 직선, 점을 다음과 같은 용도로 사용하였다.

> ***평면: 스케치면 설정, Extrude나 Revolve 등의 Limit 평면***
> ***직선: Extrude나 Hole 기능의 방향, Revolve의 회전축***
> ***점: 구멍의 위치 지정, Revolve 기능의 축의 통과점***

즉, 위의 개체를 선택하여야 하는 모델링 단계에서 기존 형상의 적절한 부분을 골라 선택했다. 평면이 있으면 그것을 스케치 면이나 Limit 면으로 선택할 수 있었고, 방향을 설정하여야 한다면 직선의 모서리를 선택하거나 평면(면에 수직인 방향 설정) 또는 원통면(축방향 설정)을 선택하면 되었다. 또, 점을 선택하여야 하는 단계라면 꼭지점을 선택하거나 스케치에서 생성한 점을 이용하였다.

그러나 기존 형상에 마땅한 개체가 없다면 어떻게 할 것인가? 이럴 때는 기존 형상을 이용하여 새로운 면이나 직선, 점을 미리 만들어 놓은 다음 그것을 선택하여 사용할 수 있다. 이런 용도로 만들어 놓은 오브젝트가 데이텀(Datum)이다. 데이텀은 그 자체가 형상을 이루지 않기 때문에 질량, 면적, 체적을 갖지 않으며 오로지 모델을 생성하는데 도움을 주기 위한 개체다. 복잡한 모델을 생성하기 위해서는 필요한 데이텀을 자유자재로 만들어 사용할 수 있어야 한다.

데이텀은 항상 기존 형상 또는 다른 데이텀을 참조하여 정의한다. 기존 형상과 연관성(Associativity)이 있어서 참조하는 형상을 변경하면 데이텀도 따라서 변경된다. 또한 이후에 데이텀을 이용하여 생성한 형상도 같이 변경된다.

데이텀에는 데이텀 축과 데이텀 평면이 있다. 데이텀 축은 직선과 같은 용도로 이용되고, 데이텀 평면은 평면과 같은 용도로 사용된다.

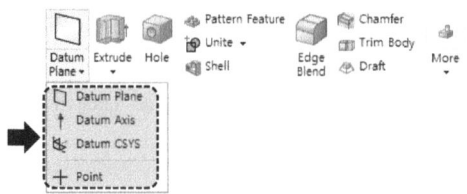

그림 5-1 Datum 생성 아이콘

5.2 데이텀 평면(Datum Plane)

그림 5-2, 5-3에서 화살표가 가리키는 사각형의 오브젝트를 데이텀 평면이라 부른다.

그림 5-3 Datum Plane   **그림 5-4** Datum Plane

데이텀 평면은 주로 스케치 평면으로 사용할 면을 생성하기 위하여 사용한다. 돌출이나 회전의 Limit 평면으로 이용할 때도 만들어 사용할 수 있다.

데이텀 평면에는 다음과 같은 특징이 있다.

- ▶ 형상을 이루는 면이 아니기 때문에 면적을 정의할 수 없고, 두께도 없다.
- ▶ 크기가 무한하다. 화면에 보이는 사각형 모양은 단지 그 위치에 데이텀 평면이 있다는 것을 의미하고, 선택하여 사용할 수 있다.

Feature 아이콘 그룹에서 Datum Plane 버튼을 누르면 그림 5-4와 같은 Datum Plane 대화상자가 나타난다. Type 드롭다운 목록에는 Plane을 만들 수 있는 여러 가지 옵션이 있다. 어떤 방법을 선택하느냐에 따라 그 아래에 있는 옵션이 바뀐다.

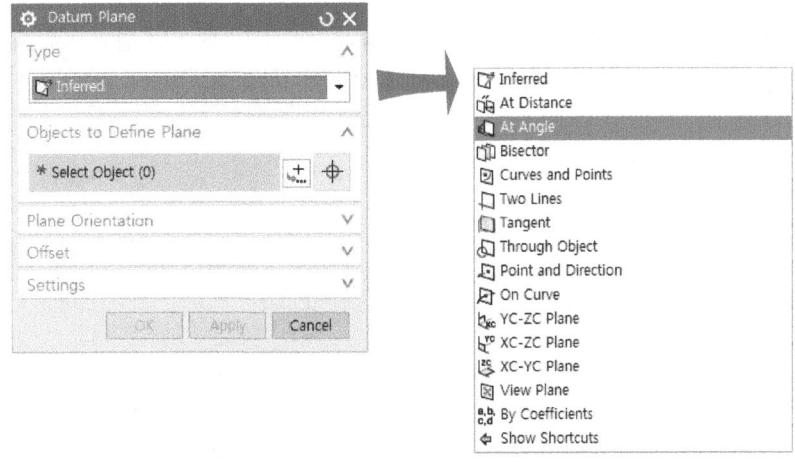

그림 5-2 Datum Plane 대화상자

5.2.1 데이텀 평면의 용도

데이텀 평면의 용도는 여러 가지가 있다. 그 중 모델링 작업을 위해 데이텀 평면을 생성하는 대표적인 3가지 용도는 다음과 같다.

① 스케치 평면

그림 5-5에서 화살표가 가리키는 형상은 원통과 접하는 평면을 만든 후 그 위에 스케치를 해야만 한다.

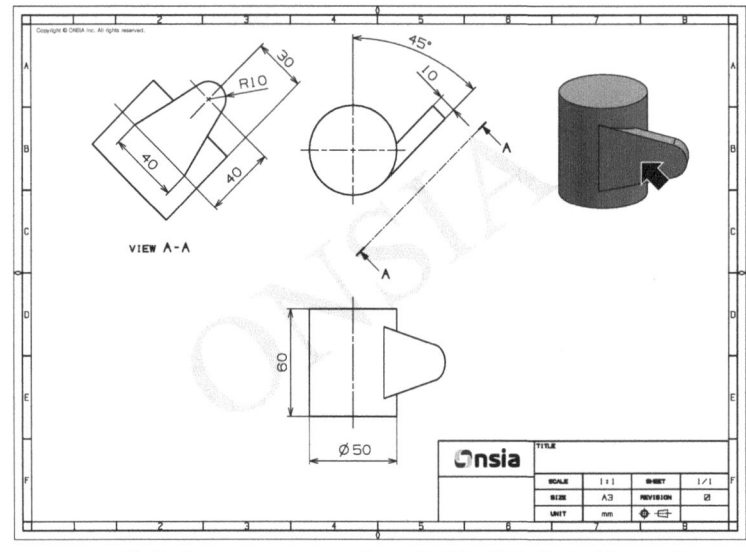

그림 5-5 Datum Plane에 스케치를 생성해야 하는 모델

② 모델의 크기를 제어하는 오브젝트

그림 5-6 모델의 가로, 세로, 높이의 크기를 그림 5-7과 같이 데이텀 평면으로 제어할 수 있다. 이러한 용도는 제품의 레이아웃(Layout) 설계 시 많이 사용되는 방법이다.

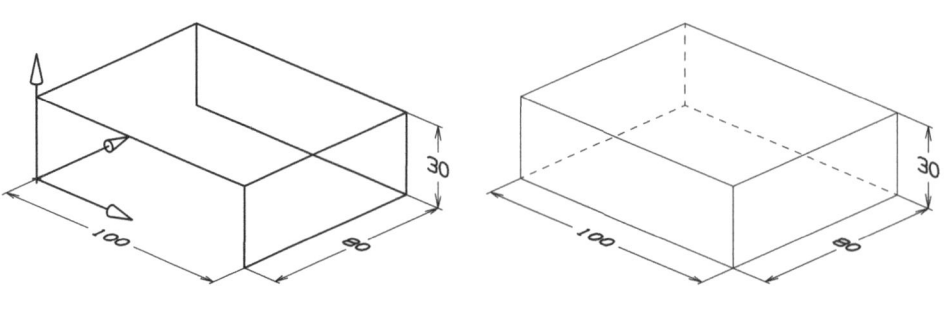

그림 5-6 모델의 크기를 정의한 3개의 데이텀 평면

그림 5-7 Sketch, Extrude를 이용하여 완성된 모델

③ Trim Body 기능의 Tool 오브젝트

그림 5-8에서 화살표가 가리키는 절단면은 Trim Body라는 기능을 사용하여 만들 수 있다. 데이텀 평면은 Trim Body 기능을 사용하는 과정에서 툴(Tool) 오브젝트로 사용된다. (툴 오브젝트란 '자르는 오브젝트'를 의미한다.)

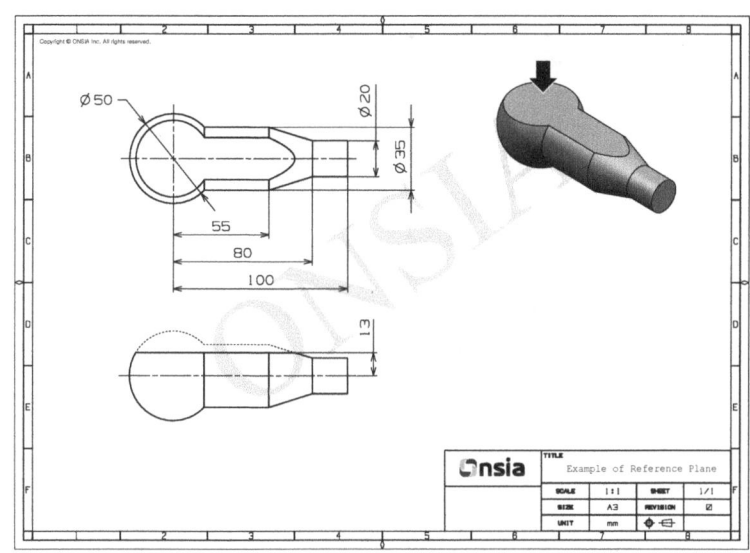

그림 5-8 Datum Plane을 이용한 절단면 생성의 예

그림 5-9와 5-10은 Trim Body 기능으로 자르는 과정을 간략하게 보여주고 있다.

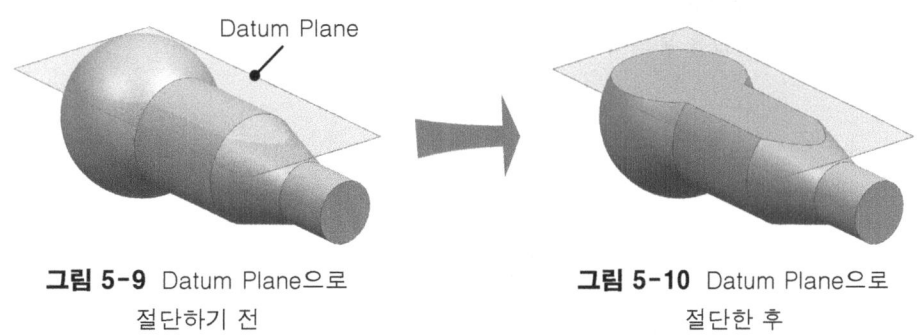

그림 5-9 Datum Plane으로 절단하기 전

그림 5-10 Datum Plane으로 절단한 후

> **그 밖의 데이텀 평면의 용도**
> ▶ Positional Form Feature(Hole, Boss, Pad 등)의 배치면
> ▶ Mirror Body 혹은 Mirror Feature 기능 사용 시 대칭면

5.2.2 데이텀 평면의 타입

데이텀 평면의 타입은 Datum Plane 대화상자에서 확인할 수 있다. 타입을 선택하면 그에 맞게 데이텀 평면을 정의할 수 있도록 옵션이 변경된다. 큐라인 메시지에 주의하면서 데이텀 평면을 생성할 수 있다.

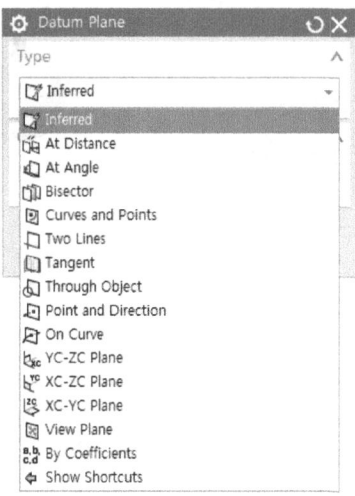

그림 5-11 Datum Plane 대화상자의 Type 그룹

Exercise 01 At Distance 타입

At Distance 타입의 데이텀 평면은 기존 평면에서 일정 거리만큼 떨어진 곳에 데이텀 평면을 생성하는 방법이다. 실습을 통하여 생성 방법을 알아보자.

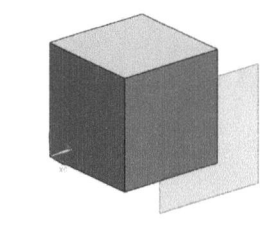

그림 5-12 At Distance 옵션을 생성한 Datum Plane

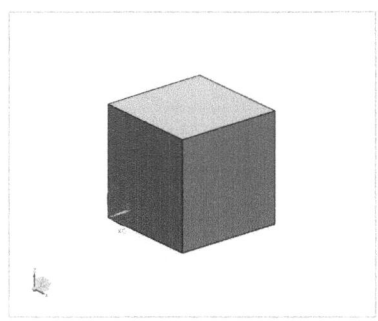

그림 5-13 육면체 생성

Block 생성

1. 임의의 이름을 새 파일을 생성한다.
2. Menu 버튼에서 Insert > Design Feature > Block을 선택한다.
3. Reset 버튼을 누르고 OK 버튼을 눌러 정육면체를 생성한다.

데이텀 평면 생성

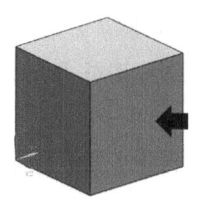

그림 5-14 선택할 면

1. Feature 아이콘 그룹에서 Datum Plane 아이콘을 누른다.
2. Datum Plane 대화상자에서 Reset 버튼을 누른다.
3. Type을 At Distance로 선택한다.
4. 작업창에서 육면체의 오른쪽 면(그림 5-14의 화살표 참조)을 선택한다.
5. Offset 그룹의 Distance에 50을 입력한 후 키보드에서 Enter 키를 누른다. 그림 5-16과 같이 생성될 데이텀 평면이 미리보기 된다.

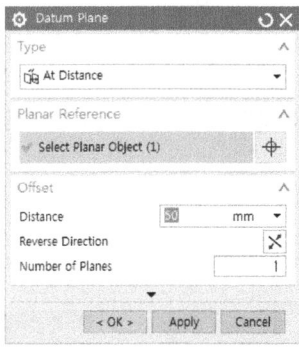

그림 5-15 대화상자 설정

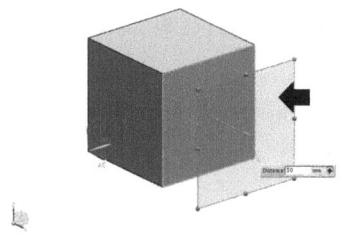

그림 5-16 생성될 Datum Plane의 미리보기 상태

6. Datum Plane 대화상자에서 OK 버튼을 누른다. 그림 5-17과 같이 데이텀 평면이 생성된다. 육면체의 크기를 수정하자.

5장: 데이텀 (Datum)

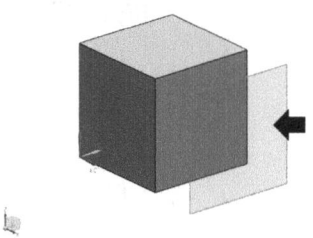

그림 5-17 생성된 Datum Plane

육면체의 크기 수정

1. 작업창 또는 파트 네비게이터에서 Block 피쳐를 더블 클릭한다.
2. Block 대화상자 → Dimensions 그룹의 Length 값을 50으로 수정한 후 키보드에서 Enter 키를 누른다.
3. Block 대화상자에서 OK 버튼을 누른다. 그림 5-19와 같이 면과 데이텀 평면의 거리가 50mm로 일정하게 유지되는 것을 확인할 수 있다.

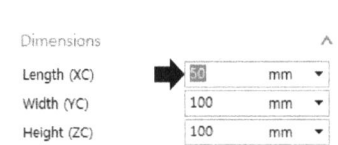

그림 5-18 Block의 XC Length

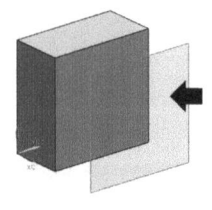

그림 5-19 Block Feature를 수정한 결과

4. 파일을 저장하지 말고 닫는다.

END of Exercise

Inferred 타입 — Exercise 02

Inferred 타입은 선택하는 오브젝트에 따라 적절한 타입으로 데이텀 평면을 생성하는 옵션이다. Inferred 타입으로 데이텀 평면을 생성한 후 타입을 확인해 보자.

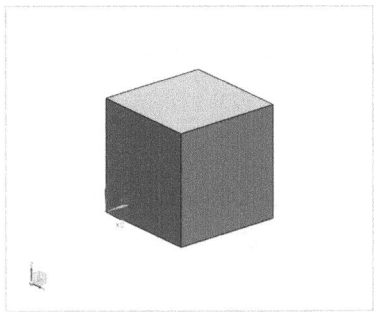

그림 5-20 육면체 생성

Block 생성

1. 임의의 이름을 새 파일을 생성한다.
2. Menu 버튼에서 Insert > Design Feature > Block을 선택한다.
3. Reset 버튼을 누르고 OK 버튼을 눌러 정육면체를 생성한다.

데이텀 평면 생성

1. Feature 아이콘 그룹에서 Datum Plane 아이콘을 누른다.
2. Datum Plane 대화상자에서 Reset 버튼을 누른다. Type이 Inferred로 되어 있음을 확인한다.
3. 순서에 상관없이 그림 5-22에서 ❶, ❷ 면을 선택한다. 면 ❷는 뷰를 돌려서 선택하거나 Quick Pick 기능을 이용한다.

그림 5-23과 같이 선택한 두 평면의 가운데를 지나가는 데이텀 평면이 미리보기 된다.

4. Datum Plane 대화상자에서 OK 버튼을 눌러 그림 5-24와 같이 데이텀 평면을 생성한다.

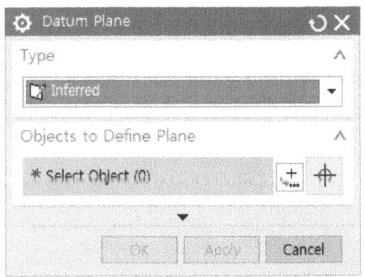

그림 5-21 Inferred 타입 선택

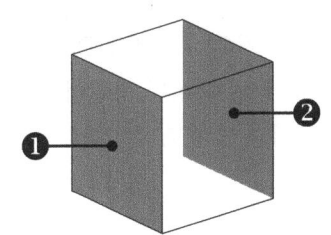

그림 5-22 선택할 두 개의 Face

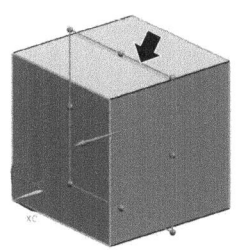

그림 5-23 생성될 Datum Plane의 미리보기

5장: 데이텀 (Datum)

그림 5-24 생성된 Datum Plane

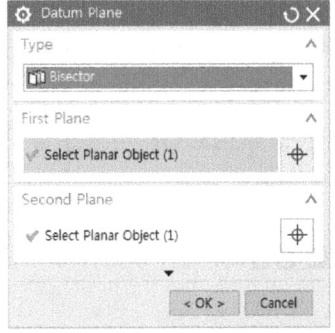

그림 5-25 적용된 타입 확인

타입 확인

타입을 Inferred로 선택하였지만 실제로는 다른 타입을 적용하여 생성하였다. 어떤 타입으로 생성하였는지 확인해 보자.

1. 파트 네비게이터 또는 작업 화면에서 Datum Plane을 더블클릭한다.

그림 5-25와 같이 Bisector 타입으로 지정되었음을 알 수 있다.

2. 파일을 저장하지 말고 닫는다.

END of Exercise

> **'Bisector' Datum Plane**
>
> Bisect란 동사로 '…을 2등분하다.'라는 의미이다. 평평한 두 개의 오브젝트(Datum Plane 또는 평면)의 가운데를 지나가는 데이텀 평면을 'Bisector' 타입 데이텀 평면이라 부른다. 이 때 평평한 두 개의 오브젝트는 그림 5-26과 같이 평행하지 않아도 무방하다.
>
>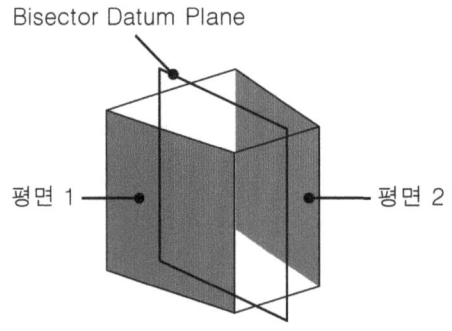
>
> 그림 5-26 평행하지 않은 두 평면으로 만든 Bisector Datum Plane

At Angle 타입 - 1 **Exercise 03**

At Angle 타입으로 데이텀 평면을 생성한 후 이후 모델링을 진행해 보자.

그림 5-27 완성할 모델

Block 생성

1. 임의의 이름을 새 파일을 생성한다.
2. Menu 버튼에서 Insert 〉 Design Feature 〉 Block을 선택한다.
3. Reset 버튼을 누르고 OK 버튼을 눌러 정육면체를 생성한다.

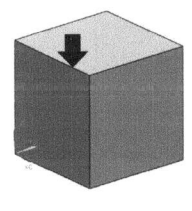

그림 5-28 선택할 모서리

데이텀 평면 생성

1. Feature 아이콘 그룹에서 Datum Plane 아이콘을 누른다.
2. Datum Plane 대화상자에서 Reset 버튼을 누른다.
3. 그림 5-28에서 화살표가 가리키는 모서리를 선택한다. (반드시 화살표가 가리키는 위치에서 모서리를 선택한다. 모서리의 Control Point(중간과 끝)를 선택하면 안되기 때문이다.)

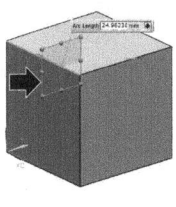

그림 5-29 데이텀 평면의 미리보기

그림 5-29와 같이 모서리와 직교하는 데이텀 평면이 미리보기 된다.

5장: 데이텀 (Datum)

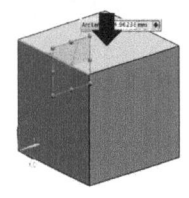

그림 5-30 선택할 면

4. 그림 5-30에서 화살표가 가리키는 윗면을 선택한다. (선택하는 위치는 상관이 없다.) 그림 5-31과 같이 모서리를 회전축, 면을 시작면으로 하는 회전된 데이텀 평면이 미리보기 된다.

5. Datum Plane 대화상자 → Angle 그룹의 Angle에 90을 지우고 45를 입력한 후 키보드에서 Enter 키를 누른다. 그림 5-33과 같이 45 ° 데이텀 평면이 미리보기 된다.

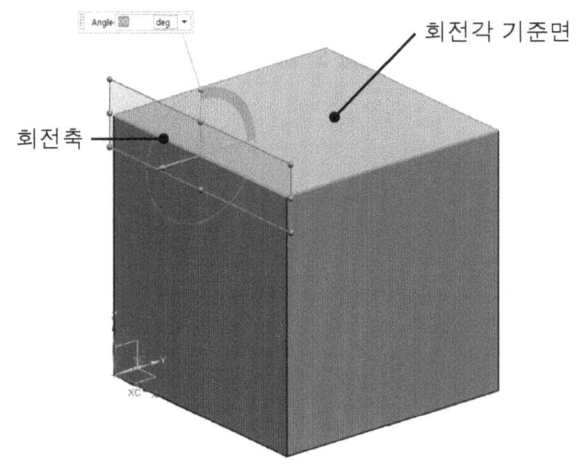

그림 5-31 'At Angle' 타입 데이텀 평면의 미리보기

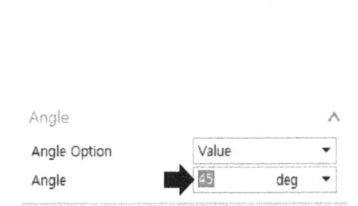

그림 5-32 각도를 45로 수정한 상태

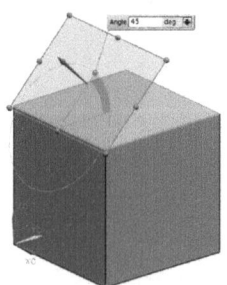

그림 5-33 45 ° Datum Plane의 미리보기

> **'At Angle' Datum Plane**
>
> 선형 오브젝트(직선, 선형의 모서리, Datum Axis)를 회전축으로 하고 평평한 오브젝트(Datum Plane, 평면)를 회전의 시작면으로 하여 생성되는 데이텀 평면을 'At Angle' 타입 데이텀 평면이라 부른다.

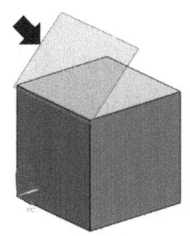

그림 5-34 생성된 Datum Plane

그림 5-35 'At Angle' 타입

6. Datum Plane 대화상자에서 OK 버튼을 눌러 데이텀 평면을 생성한다.

7. 데이텀 평면을 더블클릭하여 생성 타입을 확인한다. 그림 5-35와 같이 'At Angle' 타입인 것을 알 수 있다.

데이텀 평면을 이용한 모델링

1. 그림 5-36과 같이 데이텀 평면에 스케치를 한다. (원을 하나 그리는 것이다.)

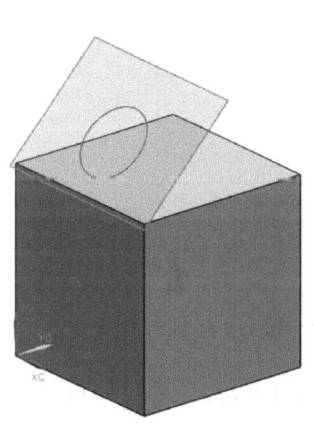

그림 5-36 데이텀 평면에 그린 스케치

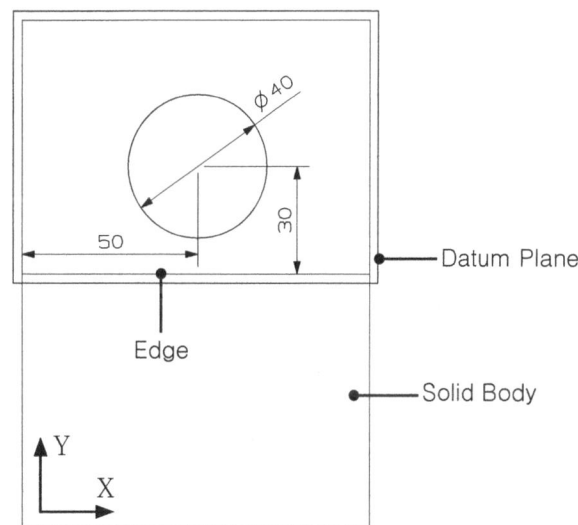

그림 5-37 스케치의 위치 및 치수 정보

> **! 주의**
>
> 그림 5-37의 스케치 치수를 생성할 때 데이텀 평면의 외곽선을 선택할 수 없다. 반드시 육면체의 모서리와 치수를 생성하여야 한다. 데이텀 평면의 외곽선은 그 위치에 데이텀 평면이 정의되어 있다는 것을 표시할 뿐이다.

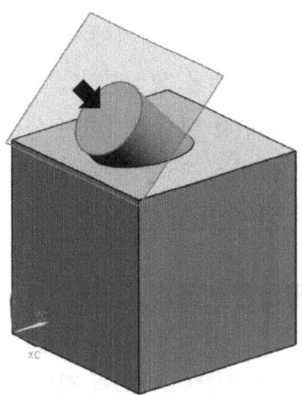

그림 5-38 Extrude 결과

2. 그림 5-38과 같이 스케치로 그린 원을 Extrude 한다. End Limit 옵션으로 Until Next를 사용하며 Boolean은 Unite를 선택한다.

모델 수정

1. 파트 네비게이터의 Details 패널을 펼친다. (그림 5-39에서 화살표가 가리키는 부분을 클릭하면 패널이 펼쳐진다.)
2. 작업창에서 데이텀 평면을 선택한다.
3. 파트 네비게이터 → Details 패널의 Expression 열의 p6=45를 더블 클릭한다. p6는 임의로 정해진 변수 이름으로서 사용자마다 다를 수 있다.

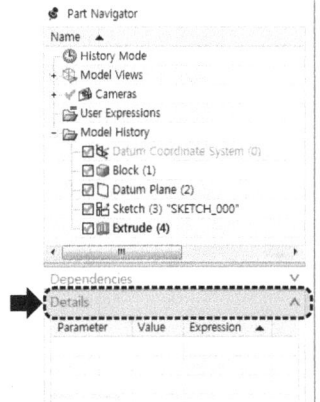

그림 5-39 Details 패널이 펼쳐진 상태

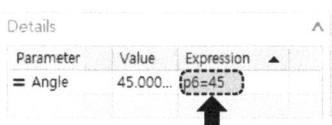

그림 5-40 더블 클릭할 수식

4. Detail 패널에서 숫자 45 대신에 30을 입력한 후 키보드에서 Enter 키를 누른다. 그림 5-42와 같이 모델이 수정되는 것을 확인할 수 있다.
5. 키보드에서 Esc 키를 눌러 데이텀 평면의 선택을 해제한다.
6. 파일을 저장하지 말고 닫는다.

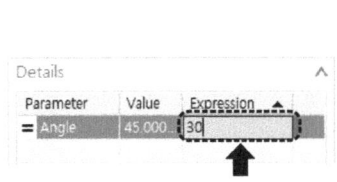

그림 5-41 45를 30으로 수정한 상태

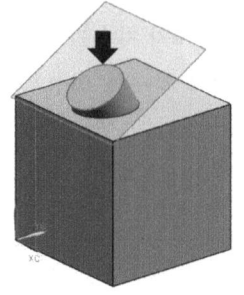

그림 5-42 모델이 수정된 결과

END of Exercise

> **_Details 패널은 숫자를 수정하여 모델을 업데이트하는 가장 빠른 방법_**

파트 네비게이터의 Details 패널을 통해 숫자를 수정하여 모델을 업데이트 할 수 있다. 이러한 방법에는 몇 가지 조건이 있다.

▶ 수정하려는 대상이 숫자여야 한다. p6=45/2와 같이 식인 경우, 더블 클릭한 결과는 Expressions 대화상자가 나타난다.
▶ 선택한 피쳐는 하나여야 한다. 두 개 이상의 피쳐를 선택한 경우 Details 패널에는 아무것도 나타나지 않는다.

> **_데이텀 평면의 크기를 조절하는 방법_**

1. 데이텀 평면을 생성하는 과정에서 그림 5-43의 점선이 가리키는 8개의 사이징 핸들(Sizing Handles)을 드래그 한다.

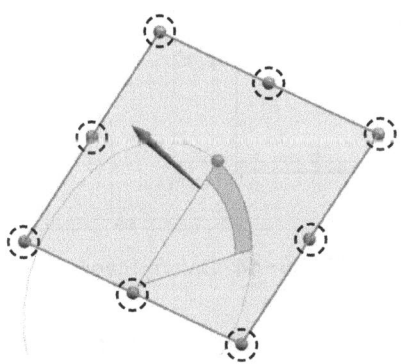

그림 5-43 8개의 Sizing Handle

2. Alt 키를 누른 상태에서 사이징 핸들을 드래그 하면 스냅(snap)이 작동하지 않아, 의도하지 않게 다른 오브젝트의 방해를 받지 않을 수 있다.

3. 이미 생성된 데이텀 평면은 더블 클릭하여 사이징 핸들을 드래그 한다.

4. Sizing Handle에 MB3를 눌러 크기를 초기화 하거나 대칭으로 드래그 할 수 있다.

5. 데이텀 평면을 더블 클릭했는데 사이징 핸들이 나타나지 않는 경우, Menu 버튼 → Edit → Feature → Resize Datum Plane 기능을 이용한다.

5장: 데이텀 (Datum)

Exercise 04 At Angle 타입 – 2

원통 형상의 중심축을 지나는 데이텀 평면을 생성하고, 그 평면과 45°의 각도를 이루는 데이텀 평면을 생성해 보자. 원통의 중심에 데이텀 좌표계는 없다고 가정한다.

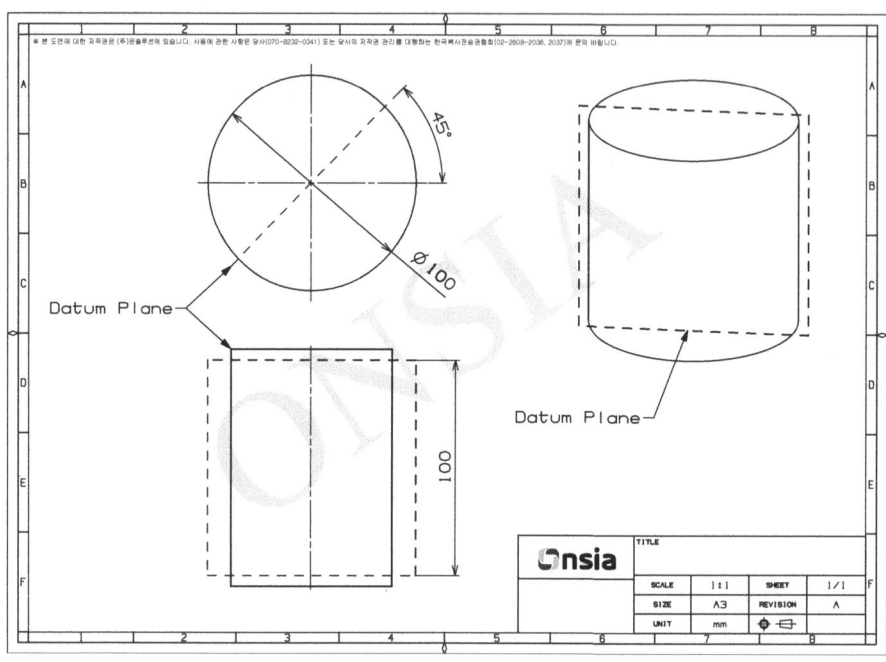

그림 5-44 Datum Plane 도면

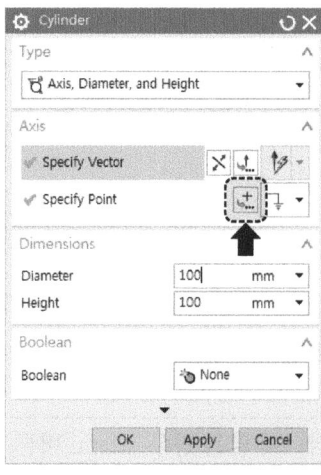

그림 5-45 Cylinder 대화상자

Cylinder 생성

1. 임의의 이름을 새 파일을 생성한다. 데이텀 좌표계와 WCS는 숨긴다.
2. Menu 버튼에서 Insert 〉 Design Feature 〉 Cylinder를 선택한다.
3. Reset 버튼을 누르고 Point Dialog 버튼(그림 5-45)을 누른다.
4. Point 대화상자의 XC, YC 값을 그림 5-46과 같이 입력하고 OK 버튼을 누른다.
5. Cylinder 대화상자에서 Diameter를 100으로 입력하고 OK 버튼을 눌러 원통 형상을 생성한다.

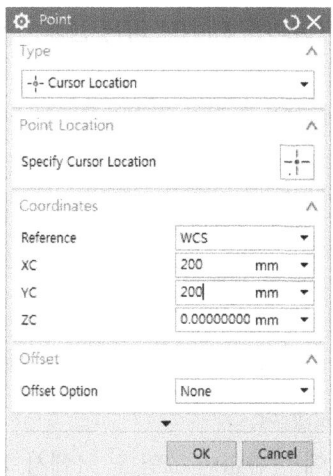

그림 5-46 Point 대화상자

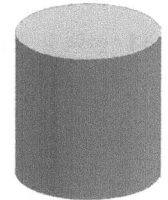

그림 5-47 생성된 원통 형상

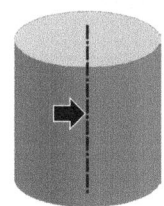

그림 5-48 Centerline

그림 5-49 생성된 Datum Plane

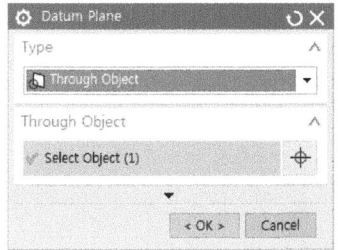

그림 5-50 생성 타입 확인

데이텀 평면 생성

1. Feature 아이콘 그룹에서 Datum Plane 아이콘을 누른다.
2. Datum Plane 대화상자에서 Reset 버튼을 누른다.
3. 마우스 커서를 원통면에 올려 놓는다.

그림 5-48에서 화살표가 가리키는 것과 같이 원통의 회전 중심에 일점쇄선의 직선이 나타나는 것을 확인할 수 있다. Centerline이라 부른다.

4. 마우스 커서를 Centerline 위로 이동하여 선택하고 OK 버튼을 눌러 데이텀 평면을 생성한다.

5. 데이텀 평면을 더블클릭하여 생성 타입을 확인한다. 그림 5-50과 같이 Through Object 방법으로 생성하였음을 알 수 있다.

5장: 데이텀 (Datum)

45° 기울어진 데이텀 평면 생성

45° 데이텀 평면은 그림 5-49와 같이 0° 위치에 해당하는 데이텀 평면을 먼저 만든 후 이를 각도 기준 평면으로 하여 만들 수 있다. 즉, 45° 데이텀 평면을 바로 만들 수는 없다.

1. Datum Plane 기능을 실행한 후 대화상자를 Reset 한다.

2. 순서에 상관없이 그림 5-51에서 화살표가 가리키는 Centerline과 데이텀 평면을 선택하여 그림 5-52와 같이 45° 데이텀 평면을 만든다.

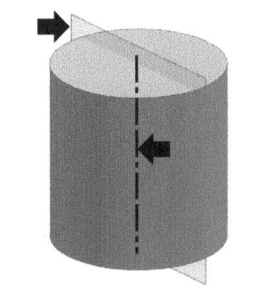

그림 5-51 선택할 오브젝트

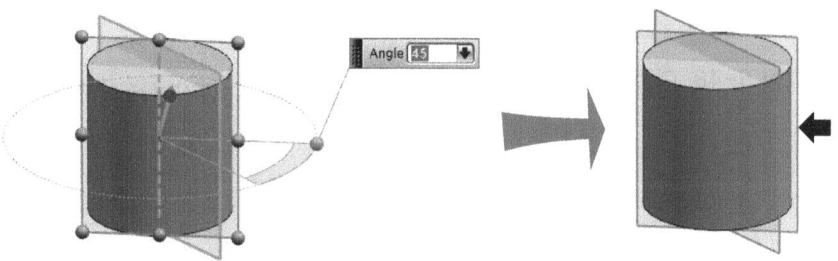

그림 5-52 45° 기울어진 Datum Plane

3. 생성된 데이텀 평면을 더블클릭하여 생성 타입을 확인한다.
4. 파일을 저장하지 말고 닫는다.

END of Exercise

Tangent 타입 - 1 **Exercise 05**

원통면에 접하면서 특정 점을 통과하는 데이텀 평면을 생성해 보자.

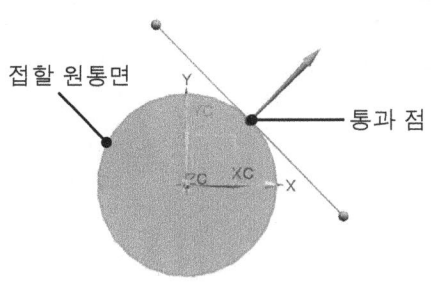

그림 5-53 원통과 접하고 점을 통과하는 데이텀 평면

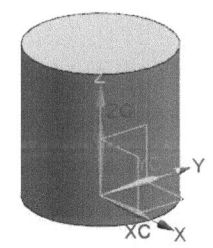

그림 5-54 원통 형상

Cylinder 생성

1. 임의의 이름을 새 파일을 생성한다.
2. Menu 버튼에서 Insert 〉 Design Feature 〉 Cylinder를 선택한다.
3. Reset 버튼을 누르고 Diameter를 100으로 입력한다.
4. OK 버튼을 눌러 원통 형상을 생성한다.

Point 생성

1. Point 버튼을 누른다.
2. Type을 Point on Curve/Edge로 선택한다.
3. 그림 5-56의 ⓐ 모서리를 선택한다.

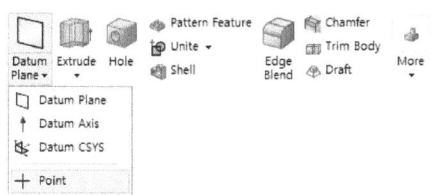

그림 5-55 Point 아이콘

5장: 데이텀 (Datum)

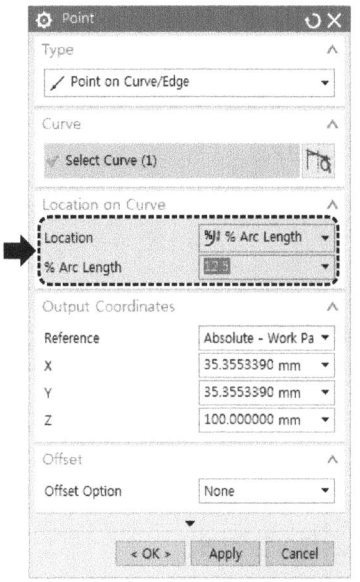
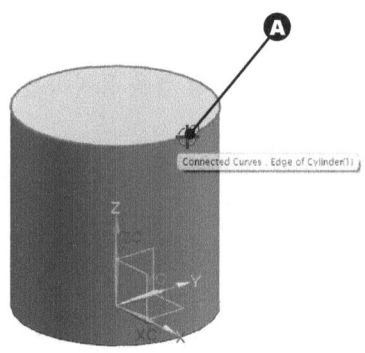

그림 5-56 선택할 모서리와 Point 옵션

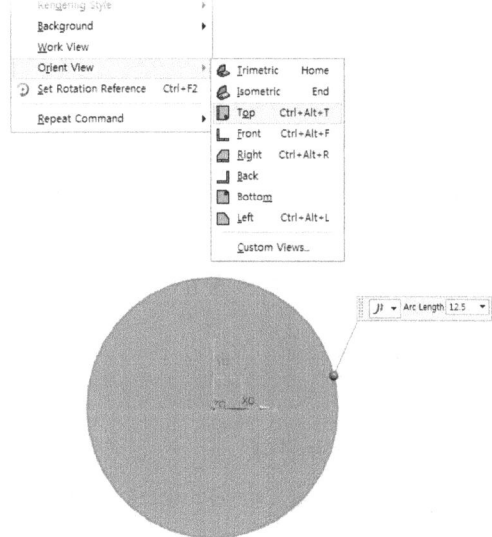

그림 5-57 점의 위치 지정

4. 화면의 비어 있는 곳에 MB3 > Orient View > Top을 선택한다.

5. Point 대화상자의 Location on Curve 옵션을 그림 5-56과 같이 설정한 후 키보드에서 Enter 키를 누른다. 그림 5-57과 같이 생성될 점의 위치가 미리보기 된다.

6. Point 대화상자에서 OK 버튼을 눌러 점을 생성한다.

7. Home 키를 눌러 Trimetric View로 전환한다.

데이텀 평면 생성

1. Feature 아이콘 그룹에서 Datum Plane 아이콘을 누른다.

2. Datum Plane 대화상자에서 Reset 버튼을 누른다.

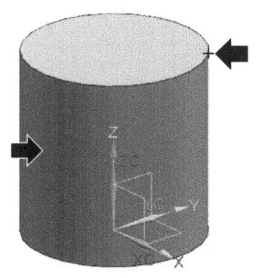

그림 5-58 점과 원통면 선택

3. 점과 원통면을 순서에 상관 없이 선택한다.
4. 화면의 비어 있는 곳에 MB3 > Orient View > Top을 선택한다. 그림 5-59와 같이 생성될 데이텀 평면의 미리보기가 나타난다.
5. OK 버튼을 눌러 데이텀 평면을 생성한다. (그림 5-60)

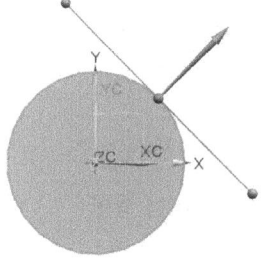

그림 5-59 미리보기

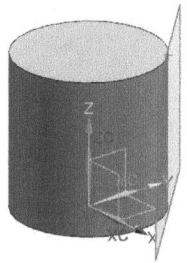

그림 5-60 생성된 데이텀 평면

생성 타입 확인

1. 생성된 데이텀 평면을 더블클릭한다.

그림 5-61과 같이 Tangent 타입으로 생성되었음을 알 수 있다. Subtype은 Through Point 이다. 즉, 원통면과 접하는 무수히 많은 평면 중에 특정 점을 통과하도록 생성된 것이다.

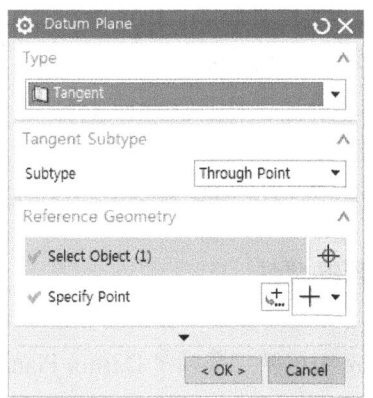

그림 5-61 데이텀 평면의 타입

그림 5-62는 Tangent 타입의 여러 가지 Subtype을 보여준다.

2. 파일을 저장하지 말고 닫는다.

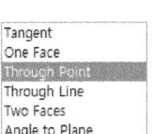

그림 5-62 서브 타입

END of Exercise

Exercise 06 Tangent 타입 - 2

원통면에 접하면서 평면과 각도를 이루는 데이텀 평면을 생성해 보자.

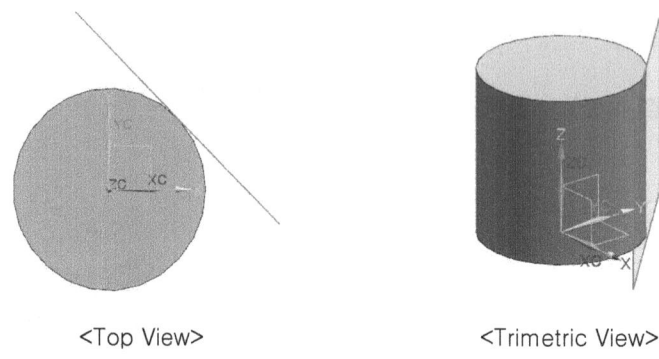

<Top View>   <Trimetric View>

그림 5-63 원통과 접하고 평면과 각도를 이루는 데이텀 평면

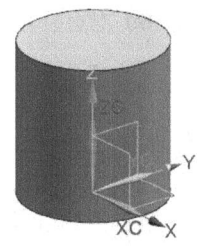

그림 5-64 원통 형상

Cylinder 생성

1. 임의의 이름을 새 파일을 생성한다.
2. Menu 버튼에서 Insert > Design Feature > Cylinder를 선택한다.
3. Reset 버튼을 누르고 Diameter를 100으로 입력한다.
4. OK 버튼을 눌러 원통 형상을 생성한다.

데이텀 평면 생성

1. Feature 아이콘 그룹에서 Datum Plane 아이콘을 누른다.
2. Datum Plane 대화상자에서 Reset 버튼을 누른다.
3. 원통면과 XZ 평면을 선택한다.
4. 화면의 비어 있는 곳에 MB3 > Orient View > Top을 선택한다.

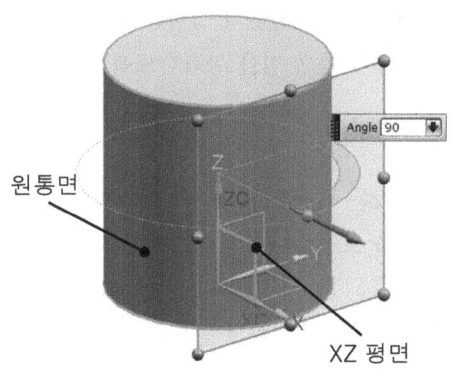

그림 5-65 선택할 오브젝트

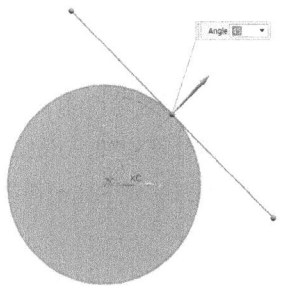

그림 5-66 Top View에서의 미리보기

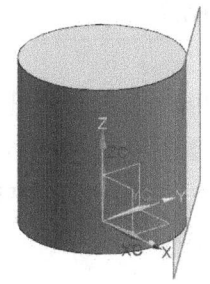

그림 5-67 생성된 데이텀 평면(Trimetric View)

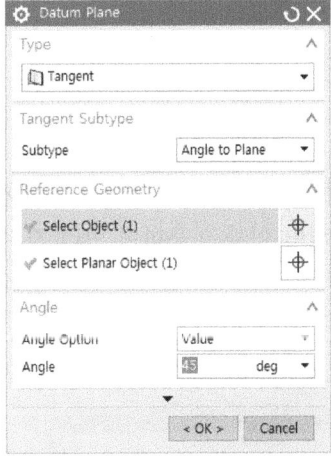

그림 5-68 생성 타입 확인

5. 그림 5-66의 미리보기와 같이 나타나도록 45°를 입력하고 Enter 키를 누른다.
6. Datum Plane 대화상자에서 OK를 눌러 데이텀 평면을 생성한다.

생성 타입 확인

1. 생성된 데이텀 평면을 더블클릭한다.

그림 5-68과 같이 Tangent 타입 중 Angle to Plane 타입으로 생성되었음을 알 수 있다.

2. 파일을 저장하지 말고 닫는다.

END of Exercise

5.3 점 (Point)

점을 선택하여야 하는 모델링 단계에서 요구하는 점이 없을 경우 이 기능을 이용하여 미리 생성할 수 있다. 점을 선택하여야 하는 옵션이 있을 경우 그림 5-45에서와 같이 Point Dialog 버튼이 있어 점을 생성할 수도 있다. 점 생성 기능은 Feature 아이콘 그룹의 Point 버튼을 눌러 실행시킬 수 있다.

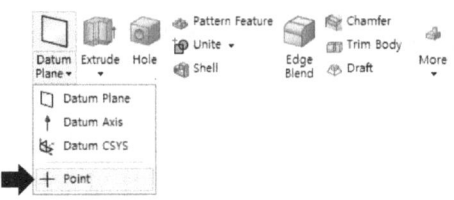

그림 5-69 Point 아이콘

점을 만드는 방법으로 그림 5-70과 같은 옵션을 제공한다. Snap Point 옵션과 유사하다. Inferred 타입을 선택할 경우 Snap Point 옵션이 활성화 되며 이를 이용하여 여러 가지 타입의 점을 생성할 수 있다.

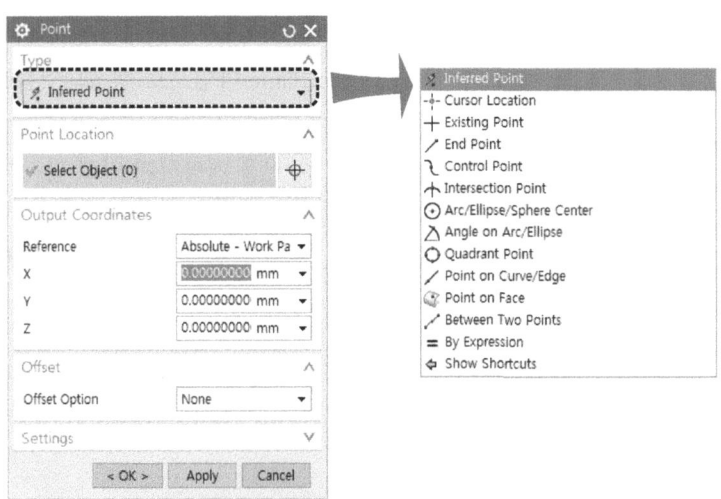

그림 5-70 Point 대화상자

5.3.1 Output Coordinates

형상을 선택하여 점의 위치를 정의할 때 좌표값이 나타난다. Inferred 타입으로 지정한 후 좌표값을 입력하여 그 위치에 점을 생성할 수도 있다.

5.3.2 Offset

점을 지정한 후 그 점을 기준으로 하여 좌표값을 입력하여 점을 생성할 수 있다.

기능 사용 절차

1. Point 버튼을 누른다.
2. Type 옵션을 이용하여 기준점을 선택한다.
3. Offset 옵션을 선택하고 좌표값을 입력한다.
4. OK 버튼을 눌러 점을 생성한다.

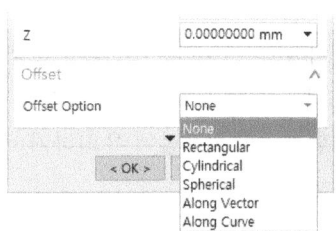 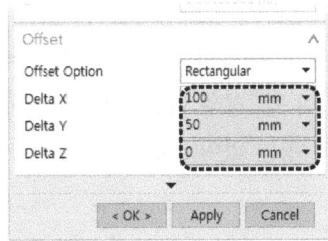

그림 5-71 Offset 옵션 설정

5.3.3 Associative 옵션

데이텀 평면, 축, 점 등 기존 형상을 이용하여 정의하는 오브젝트의 경우 기존 형상과의 연관성(Associativity)을 가지고 생성된다. 이는 Associtive 옵션이 기본으로 설정되어 있기 때문이다. Associative 옵션을 해제하면 데이텀을 생성한 후 형상을 변경해도 데이텀이 업데이트 되지 않는다.

데이텀 평면의 경우 파트 네비게이터에 그림 5-72와 같이 Fixed Datum Plane으로 기록되어 형상과의 연관성이 없음을 알 수 있다. 점의 경우 Associative 옵션을 끄고 생성하면 파트네비게이터에 기록되지 않는다.

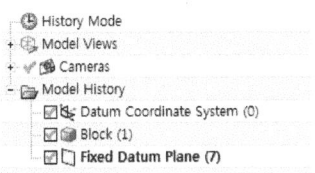

그림 5-72 연관성 없이 생성한 데이텀 평면

5.4 데이텀 축(Datum Axis)

그림 5-73, 5-74에서 화살표가 가리키는 오브젝트를 데이텀 축이라 부른다.

그림 5-73 Datum Axis   **그림 5-74** Datum Axis

방향을 지정하거나 회전축을 선택하여야 하는 모델링 단계에서 요구하는 방향벡터가 없을 경우 이 기능을 이용하여 미리 생성할 수 있다. 또는 어떤 기능을 실행하는 도중에 방향벡터를 지정하여야 할 경우 Vector Dialog 버튼을 눌러 생성할 수도 있다. 스케치에서 생성하는 직선과는 달리 평면 없이 3차원 형상을 이용하여 직선을 생성할 수 있다는 점에 유의하기 바란다.

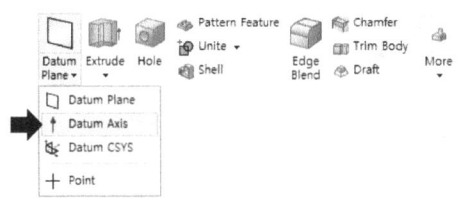

그림 5-75 Datum Axis 아이콘

5.4.1 데이텀 축의 특징

데이텀 축은 직선이 아니라 축이라는 점에 유의하여야 한다. 그림 5-74의 좌표축을 기준으로 하여 치수를 생성하고 구속조건을 부여할 수는 있지만 축을 직선처럼 생각하여 섹션으로 선택할 수 없다. 방향만을 지정하므로 축의 화면상 크기가 작건 크건 간에 그 역할에는 차이가 없다.

5.4.2 데이텀 축의 용도

데이텀 축의 대표적인 용도는 다음과 같다.

① Revolve의 회전축

그림 5-76과 같이 Revolve 기능을 이용하여 회전 형상(그림 5-76에서 화살표)을 만들 때 Axis로 사용된다.

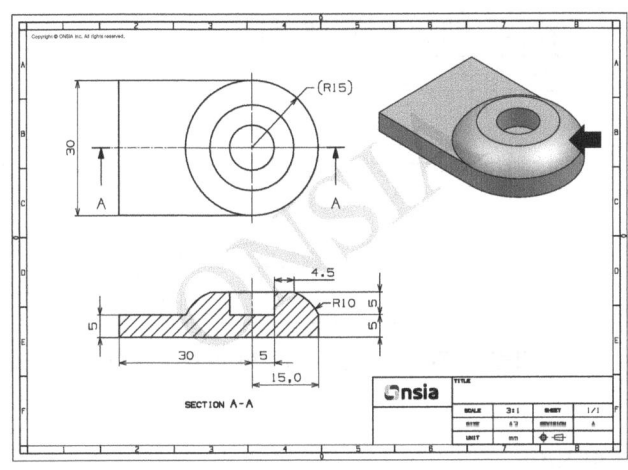

그림 5-76 회전 형상을 만드는 예

② Circular Pattern의 회전축

그림 5-77과 같이 Pattern Feature 기능 중 Circular 타입을 이용하여 구멍을 원형 배열할 때 Axis로 사용된다.

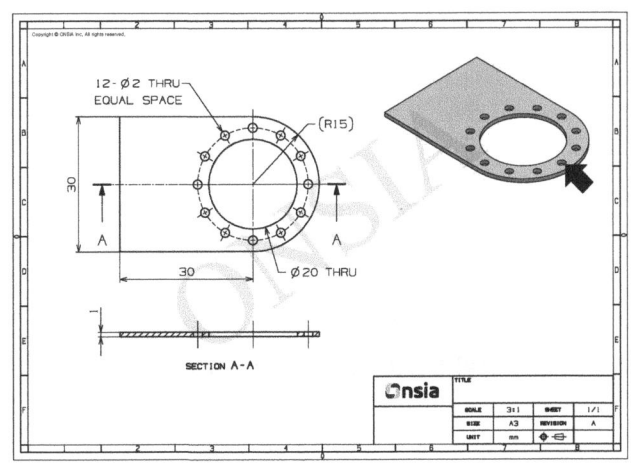

그림 5-77 구멍을 원형 배열하는 예

③ Linear Pattern의 방향 벡터(Vector)

그림 5-78과 같이 Pattern Feature 기능 중 Linear 타입을 이용하여 구멍을 직사각형 배열할 때 방향 기준으로 사용된다.

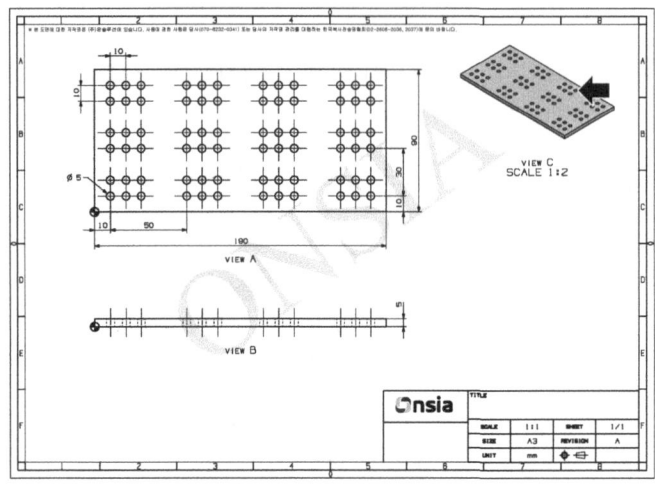

그림 5-78 구멍을 직사각형 배열하는 예

5.4.3 데이텀 축의 타입

Datum Axis 대화상자에서 여러 가지 데이텀 축의 타입을 확인할 수 있다. 목록에서 특정 타입을 선택하면 대화상자의 다른 옵션이 그에 적합하게 바뀌며 큐라인 메시지를 읽으면서 원하는 타입의 데이텀 축을 생성할 수 있다.

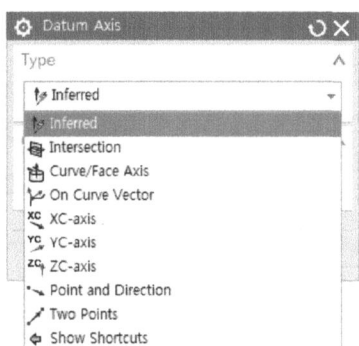

그림 5-79 Datum Axis 생성 타입

Point and Direction 타입 — Exercise 07

방향과 통과점을 이용하여 데이텀 축을 정의한 후 Circular Pattern 기능을 이용하여 피쳐를 복사해 보자. 복사 기능에 대한 자세한 사항은 Chapter 8에서 배운다.

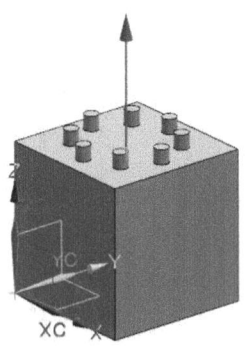

그림 5-80 완성할 모델

그림 5-81 육면체 생성

Block 생성

1. 임의의 이름을 새 파일을 생성한다.
2. Menu 버튼에서 Insert 〉 Design Feature 〉 Block을 선택한다.
3. Reset 버튼을 누르고 OK 버튼을 눌러 정육면체를 생성한다.
4. Block의 가운데에 그림 5-82와 같이 두 개의 데이텀 평면을 생성한다. 생성 타입은 Bisector이다.

Boss 피쳐 생성

1. Menu 버튼에서 Insert 〉 Design Feature 〉 Boss를 선택한다.
2. Block의 윗면(그림 5-82의 Ⓐ)을 선택한 후 Boss 대화상자를 그림 5-83과 같이 입력하고 OK 버튼을 누른다.

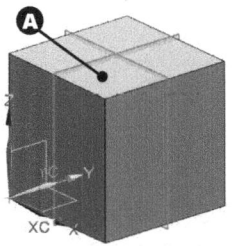

그림 5-82 데이텀 평면 생성

5장: 데이텀 (Datum)

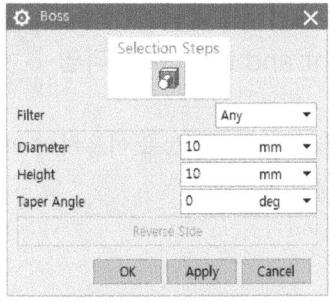

그림 5-83 Boss 대화상자

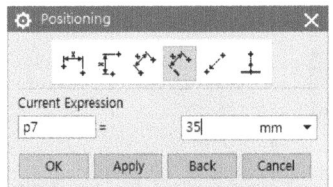

그림 5-84 Positioning 대화상자

3. 그림 5-84의 대화상자가 나타나 있는 상태에서 그림 5-85의 Ⓐ 데이텀 평면을 선택한다.
4. 그림 5-84의 거리 입력창에 35를 입력 후 Apply 버튼을 누른다.
5. 그림 5-84의 대화상자에서 Point onto Line 버튼을 누른다.
6. Point onto Line 대화상자가 나타나 있는 상태에서 그림 5-85의 Ⓑ 평면을 선택한다.
7. Positioning 대화상자에서 OK 버튼을 누른다. 그림 5-86과 같이 가운데의 Ⓐ 데이텀 평면에서 35mm 떨어져 있으면서 Ⓑ 데이텀 평면 선 상에 Boss 피쳐가 생성된다.

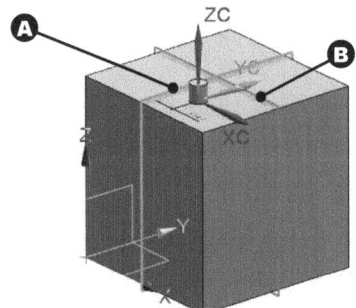

그림 5-85 데이텀 평면 선택

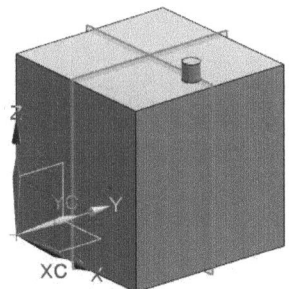

그림 5-86 생성된 Boss 피쳐

> **Datum 평면을 Line처럼 사용할 수 있는 경우**
>
> Point onto Line 옵션으로 Boss의 중심 점을 데이텀 평면상에 정의하였다. Boss 피쳐는 항상 평면에 정의한다. 따라서 그림 5-85의 Ⓐ나 Ⓑ 데이텀 평면은 Boss의 평면에서 보았을 때 선의 속성을 갖는다. 이는 모델의 크기를 정의하는 용도로 데이텀 평면을 사용하는 예와 같은 이치이다.

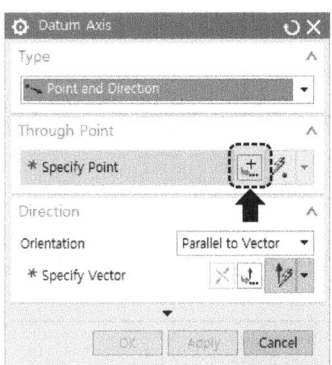

그림 5-87 Datum Axis 생성 Type 설정

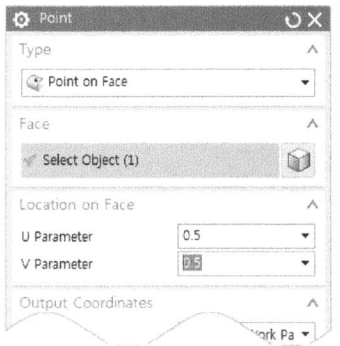

그림 5-88 Point 생성 Type 설정

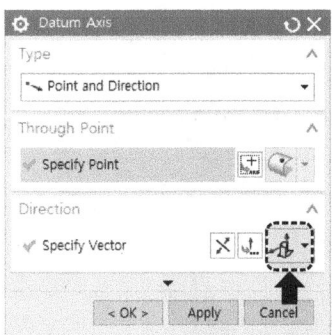

그림 5-89 Datum Axis 옵션 설정 완료

데이텀 축 생성

Block 윗면의 중앙을 통과하며 윗면과 수직인 데이텀 축을 정의할 것이다.

1. 앞에서 생성한 두 개의 데이텀 평면을 숨긴다.
2. Feature 아이콘 그룹에서 Datum Axis 버튼을 누른다.
3. Type을 Point and Direction으로 선택한다.
4. Through Point 옵션 그룹에서 Point Dialog 버튼 (그림 5-87)을 누른다.
5. Point 대화상자에서 Type을 Point on Face로 선택한다.
6. 윗면을 선택하고, 그림 5-88과 같이 U Parameter, V Parameter를 입력한다.
7. Point 대화상자에서 OK 버튼을 누른다.
8. Direction 옵션은 자동으로 Face/Plane Normal로 설정되었음을 확인하고 OK 버튼을 누른다.

그림 5-90과 같이 데이텀 축이 생성된다.

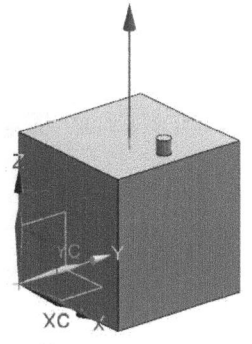

그림 5-90 생성된 데이텀 축

> ⚠️ **점을 미리 생성**
>
> 이 예에서는 데이텀 축을 생성하는 도중에 점이 필요하여 점을 생성하였다. 과정이 복잡하면 점을 미리 생성한 다음 데이텀 축을 생성해도 된다.

5장: 데이텀 (Datum)

원형 패턴 생성

피쳐 복사 기능은 Chapter 8에서 자세히 설명한다. 이 연습에서는 데이텀 축의 용도를 이해하기 위하여 미리 소개한다.

1. Feature 아이콘 그룹에서 Pattern Feature 버튼을 누르고 대화상자를 Reset 한다.
2. 대화상자에서 Layout을 Circular로 선택한다.
3. Boss 피쳐를 선택하고 MB2를 누른다.
4. 데이터 축을 선택한다.
5. Angular Direction 옵션을 설정한 후 OK 버튼을 누른다.
6. 파일을 저장하지 말고 닫는다.

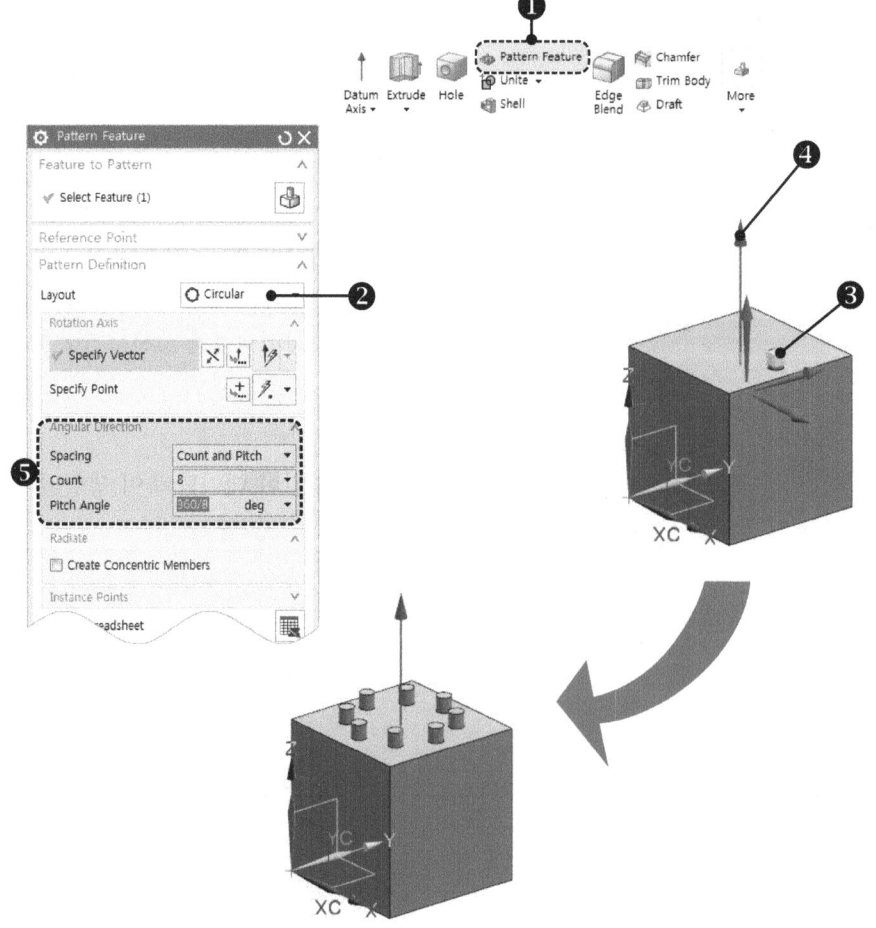

그림 5-91 Pattern Feature 생성 과정

END of Exercise

Intersection 타입 — Exercise 08

두 개의 평면이 만나는 곳에 데이텀 축을 정의한 후 Revolve 기능을 이용하여 피쳐를 추가해 보자.

그림 5-92 완성할 모델

그림 5-93 육면체 생성

Block 및 데이텀 평면 생성

1. 임의의 이름을 새 파일을 생성한다.
2. Menu 버튼에서 Insert 〉 Design Feature 〉 Block을 선택한다.
3. Reset 버튼을 누르고 OK 버튼을 눌러 정육면체를 생성한다.

모따기 생성

Chamfer 기능은 Chapter 6에서 설명한다. 간단한 기능이므로 따라 해보자.

1. Feature 아이콘 그룹에서 Chamfer 버튼을 누르고 대화상자를 Reset 한다.
2. 그림 5-94의 Ⓐ 모서리를 선택한다.
3. Chamfer 대화상자의 Distance 입력창에 50을 입력하고 Enter 키를 누른다.
4. OK 버튼을 눌러 Chamfer 피쳐를 생성한다.

5장: 데이텀 (Datum)

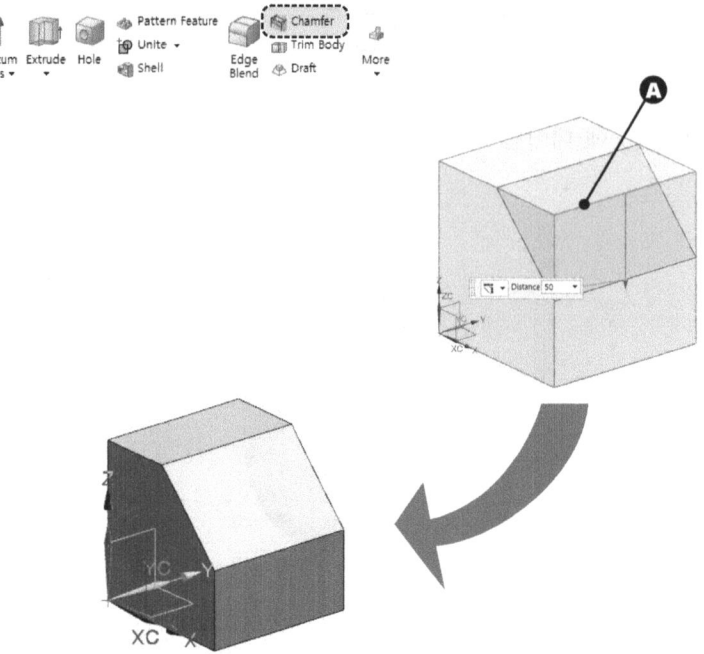

그림 5-94 Chamfer 생성 과정

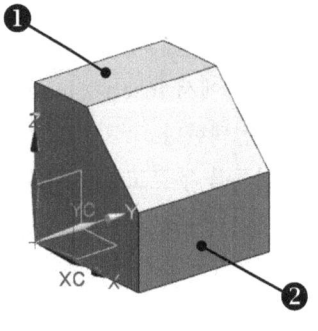

그림 5-95 선택할 면

데이텀 축 생성

1. Feature 아이콘 그룹에서 Datum Axis 아이콘을 누른다.
2. Datum Axis 대화상자를 Reset 한다.
3. 순서에 상관없이 그림 5-95에서 ❶, ❷ 면을 선택한다.
4. OK 버튼을 눌러 그림 5-96과 같이 데이텀 축을 생성한다.

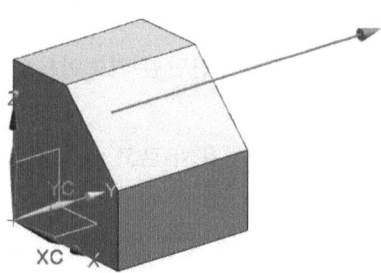

그림 5-96 생성된 데이텀 축

스케치 생성

Sketch 아이콘을 누르고 그림 5-97과 같이 스케치를 그린다. Mid-Point 구속을 이용하여 윗면의 중앙에 생성한다.

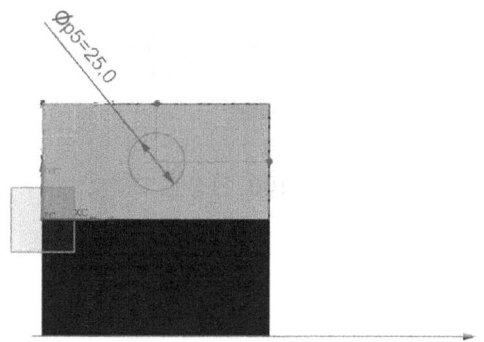

그림 5-97 스케치 생성

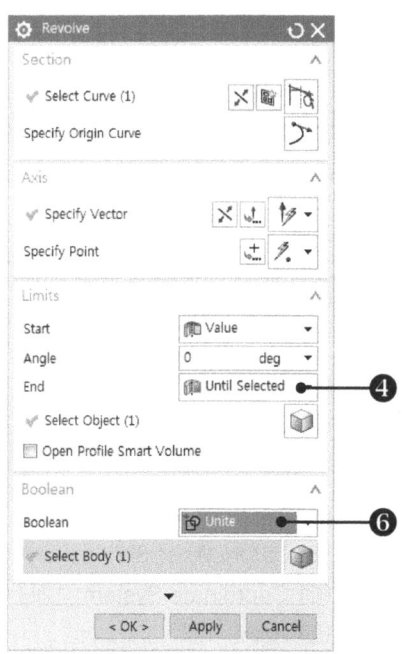

그림 5-98 Revolve 대화상자

Revolve 피쳐 생성

1. Revolve 버튼을 누른다. 스케치를 섹션으로 선택한다.
2. MB2를 누른다.
3. 축을 선택한다. (그림 5-99의 ❸)
4. End Limit을 Until Selected로 선택한다.
5. 그림 5-99의 Ⓐ 면을 선택한다.
6. Boolean 옵션에서 Unite를 선택한다.
7. OK 버튼을 누른다. 그림 5-100과 같이 Revolve 피쳐가 생성된다.

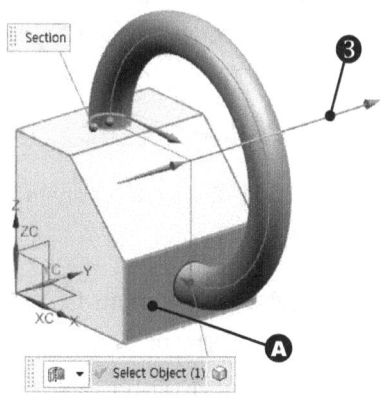

그림 5-99 Revolve 피쳐의 미리보기

> **! Direct 스케치**
>
> Direct 스케치에서는 스케치 생성 후 바로 Revolve나 Extrude 버튼을 누를 수 있다. 스케치 전체가 섹션으로 선택된다.

5장: 데이텀 (Datum)

그림 5-100 완성된 모델

END of Exercise

5.5 데이텀 좌표계

그림 5-101의 오브젝트를 데이텀 좌표계라 부른다.

데이텀 좌표계는 세 개의 데이텀 평면과 세 개의 데이텀 축, 한 개의 좌표계, 한 개의 점으로 이루어 진다. 한꺼번에 8개의 오브젝트를 생성하여 모델링에 이용할 수 있는 것이다.

Model 템플릿에는 데이텀 좌표계가 이미 생성되어 있다.

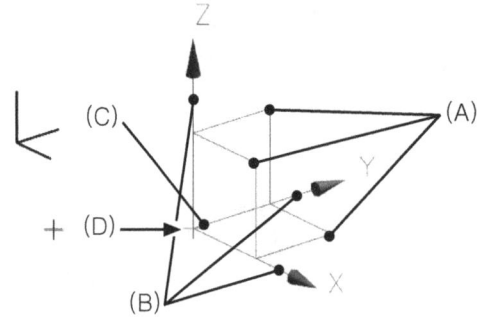

(A) Datum Plane: 3개
(B) Datum Axis: 3개
(C) Coordinate System: 1개
(D) Point: 1개

그림 5-101 Datum Coordinate System

Feature 아이콘 그룹의 Datum CSYS 아이콘을 이용하여 데이텀 좌표계를 생성할 수 있다. Dynamic 타입을 선택하면 Settings 옵션 그룹의 Associative 옵션이 활성화 되지 않는다. 기존 형상과의 연관성 없이 데이텀 축을 생성하는 타입이 몇 가지 있다.

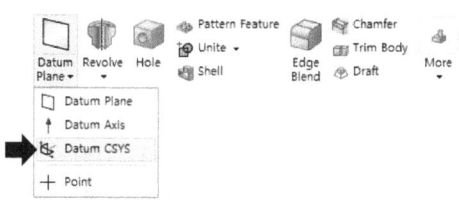

그림 5-102 Datum CSYS 아이콘

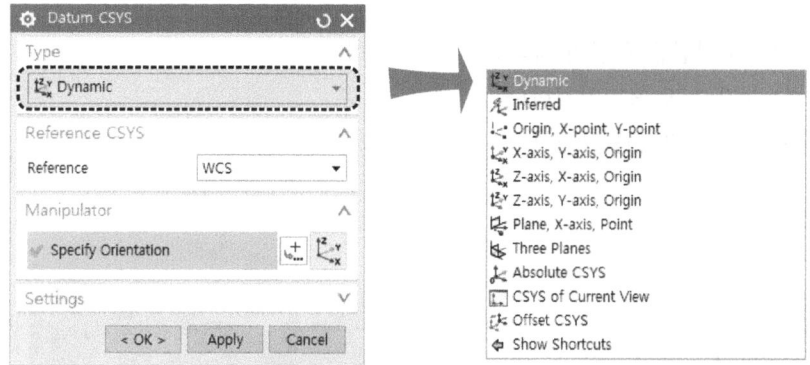

그림 5-103 Datum CSYS 대화상자

Exercise 09   데이텀 좌표계 생성

Menu 버튼의 Insert > Design Feature > Block 기능으로 100 x 100 x 100 크기의 육면체를 생성한 후 Y 방향의 크기를 200으로 변경하더라도 다음 조건이 만족되도록 데이텀 좌표계를 생성하시오.

1. 데이텀 좌표계의 원점은 윗면의 대각선 중심에 있다.
2. X 축은 항상 대각선 방향과 일치한다.
3. Z 축은 평면의 수직 방향과 일치한다.

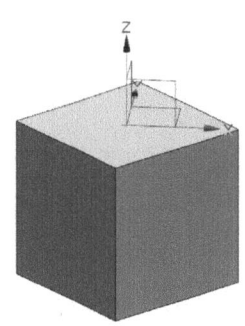 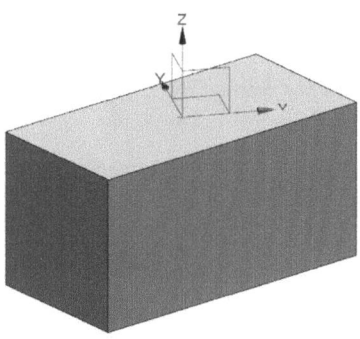

그림 5-104 데이텀 좌표계 생성

> **힌트**
>
> Origin Point 선택 단계에서 Point Dialog 버튼을 눌러 Point를 지정할 수 있고, 축 방향 선택 단계에서 Vector Dialog를 이용하여 방향을 지정할 수 있다. 점과 데이텀 축을 미리 만든 후 선택해도 된다.
>
>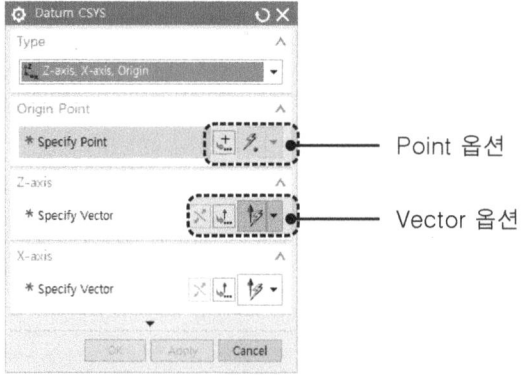
>
> **그림 5-105** Point 옵션과 Vector 옵션

END of Exercise

ch05_ex10.prt   Datum Plane - Tangent 타입   **Exercise 10**

다음 도면 형상을 모델링 하시오.

1. 모든 스케치는 완전 구속되어야 한다.
2. 스케치 커브를 구속할 때 Fix 구속은 사용하지 않는다.
3. 하나의 솔리드 바디가 되도록 모델링 한다.

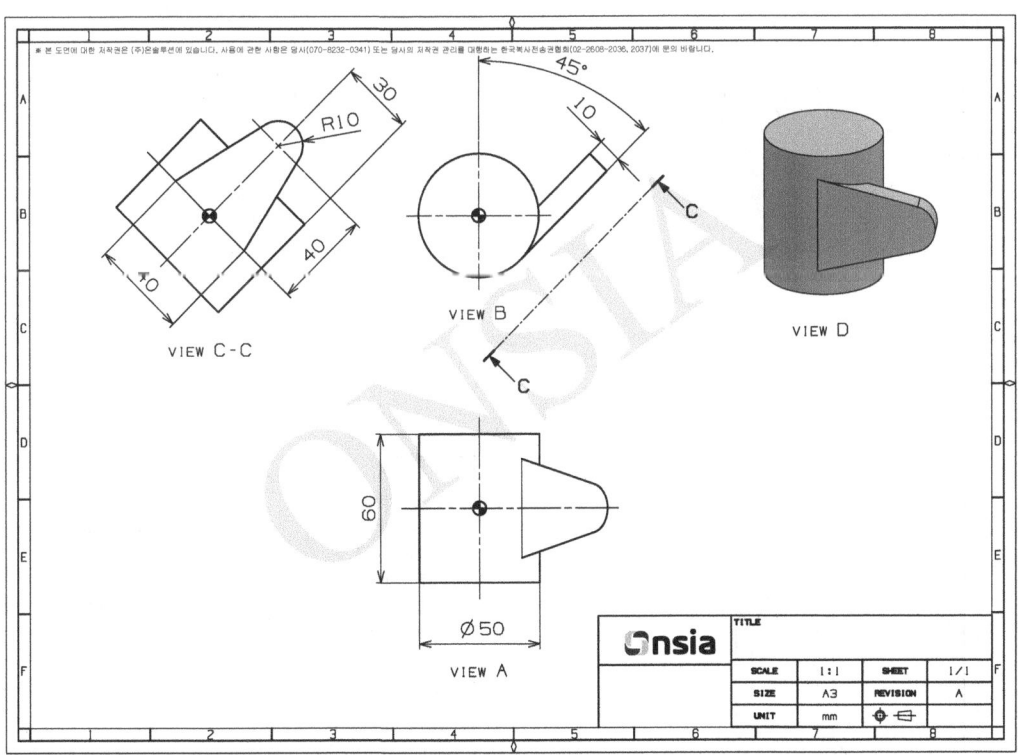

그림 5-106 Exercise 10 연습 도면

5장: 데이텀 (Datum)

Exercise 11　Datum Plane – At Distance 타입　　ch05_ex11.prt

다음 도면 형상을 모델링 하시오.

1. 모든 스케치는 완전 구속되어야 한다.
2. 스케치 커브를 구속할 때 Fix 구속은 사용하지 않는다.
3. 하나의 솔리드 바디가 되도록 모델링 한다.

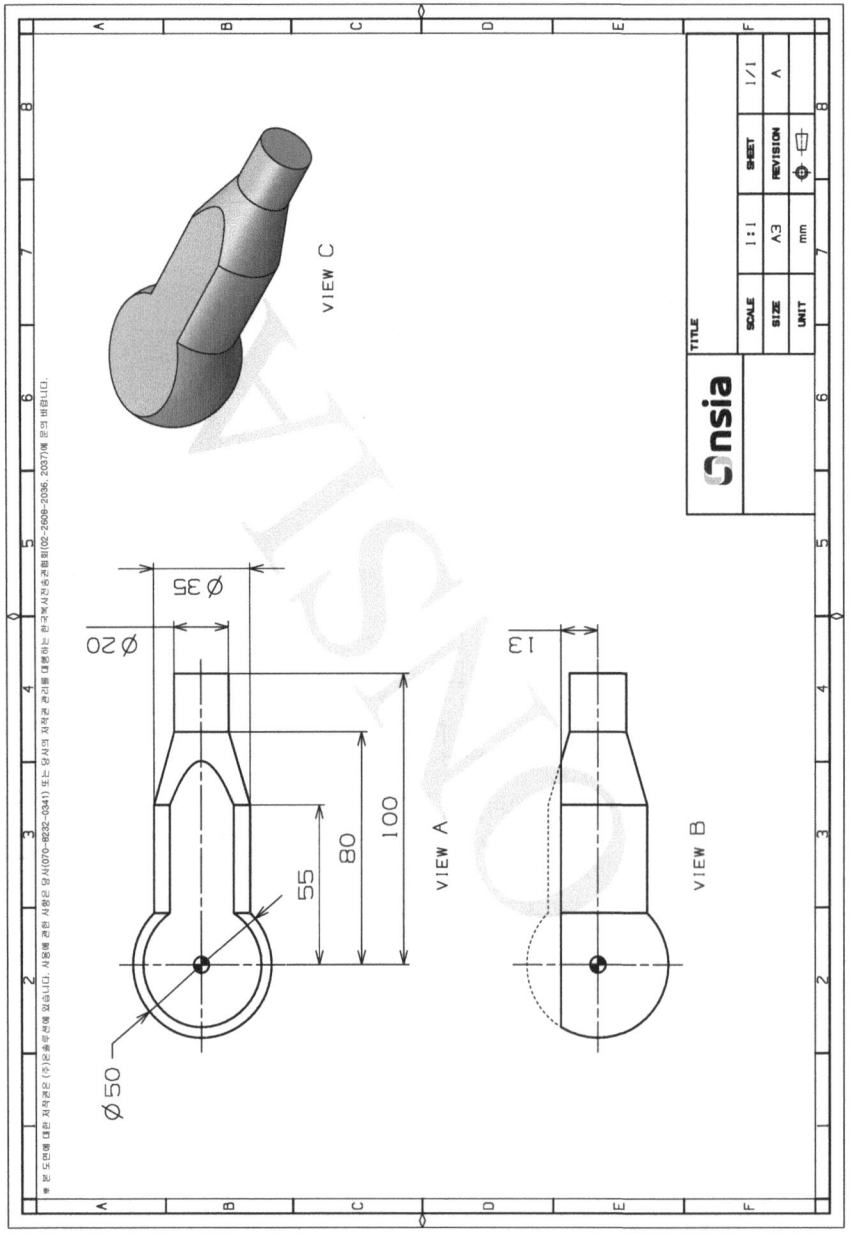

그림 5-107 Exercise 11 연습 도면

Trim Body

Exercise 10을 모델링 할 때는 Trim Body 기능을 사용하는 것이 편리하다. 사용법을 간단히 살펴보자.

1. Feature Operation 아이콘 그룹에서 Trim Body 아이콘을 누른다.

2. 솔리드 혹은 시트 바디를 선택한다.
3. MB2를 누른다.
4. 데이텀 평면을 선택한다.
5. 솔리드 혹은 시트 바디가 잘릴 방향을 결정한다.
6. 대화상자에서 OK 버튼을 누른다.

5장: 데이텀 (Datum)

Exercise 12   Datum Axis   ch05_ex12.prt

다음 도면 형상을 모델링 하시오.

1. 모든 스케치는 완전 구속되어야 한다.
2. 스케치 커브를 구속할 때 Fix 구속은 사용하지 않는다.
3. 하나의 솔리드 바디가 되도록 모델링 한다.

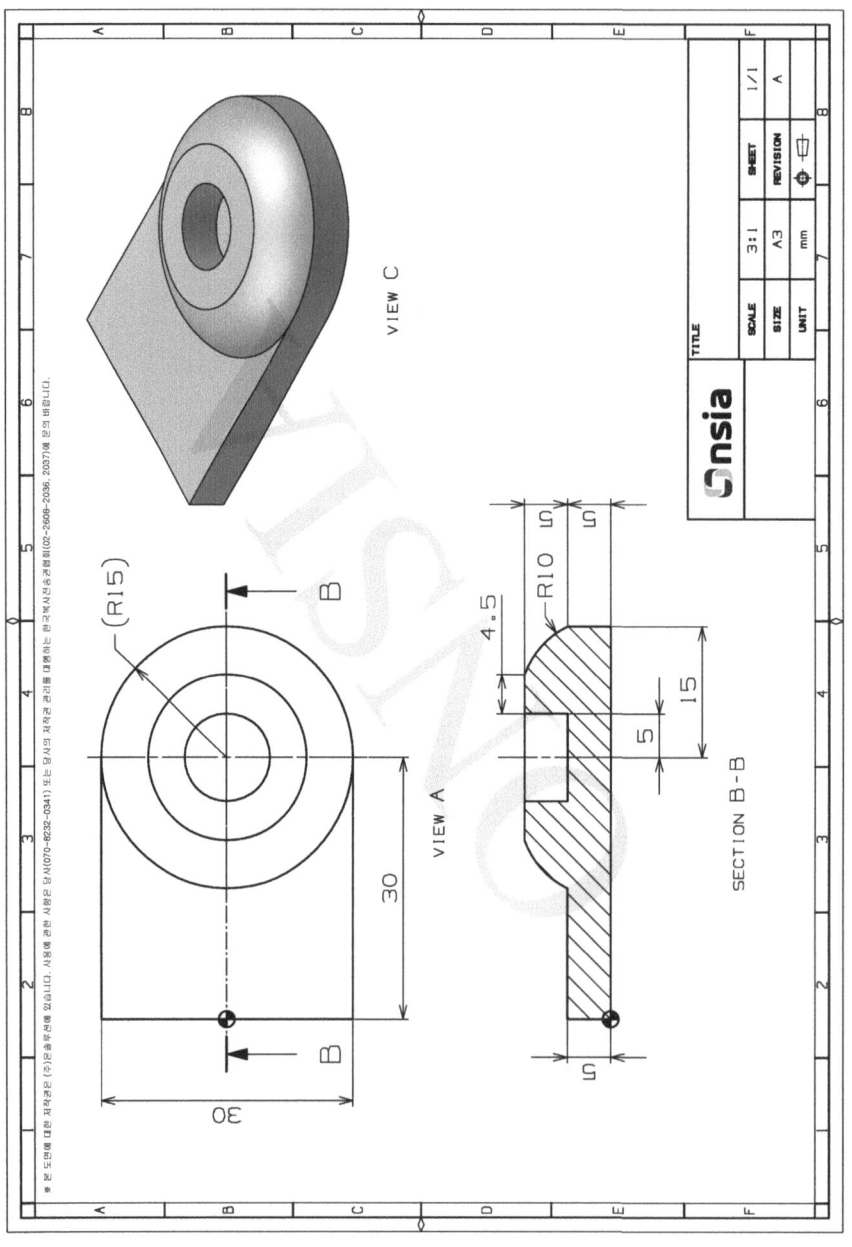

그림 5-108 Exercise 12 연습 도면

ch05_ex13.prt　　　　　　　　Datum Plane - At Angle **Exercise 13**

다음 도면 형상을 모델링 하시오.

1. 하나의 솔리드 바디가 되도록 모델링 한다.
2. 구멍은 Hole 기능을 이용하여 생성한다.

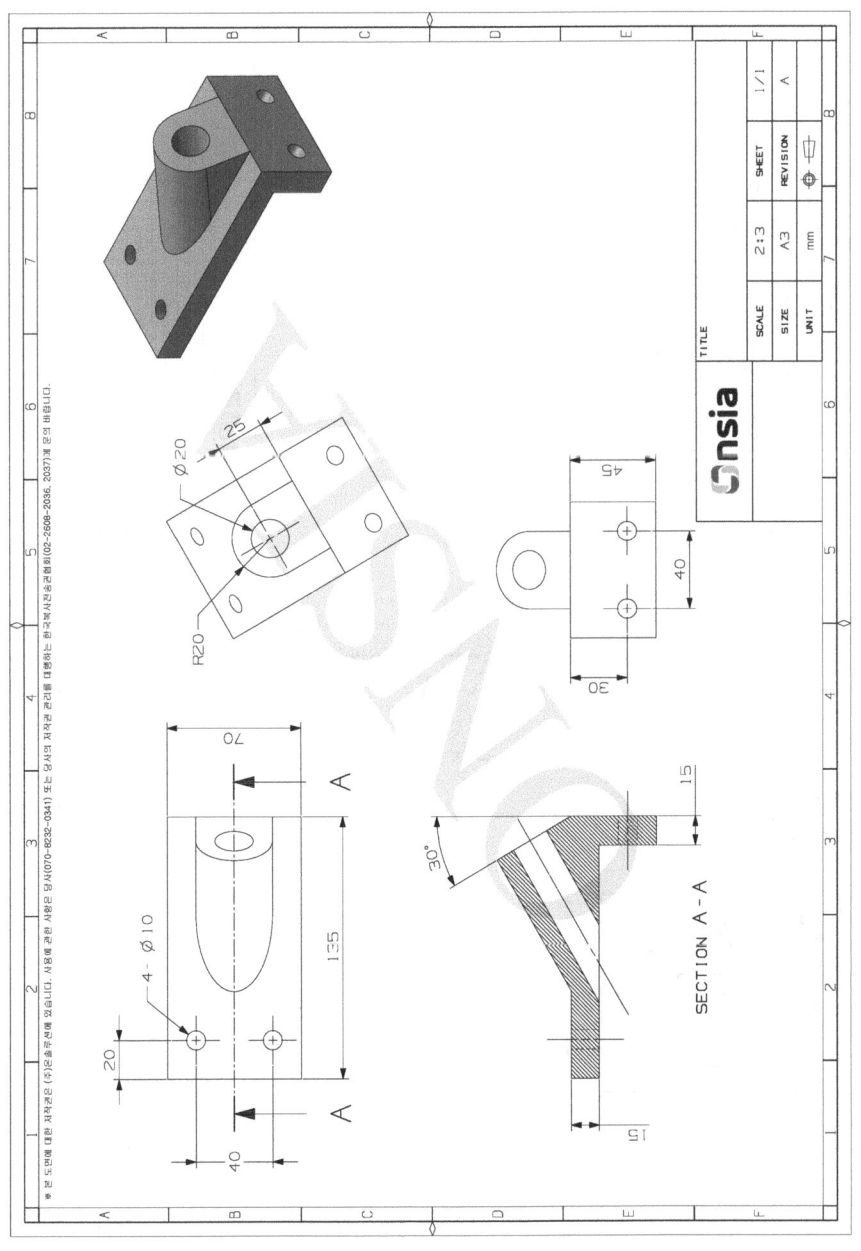

그림 5-109 Exercise 13 연습 도면

5장: 데이텀 (Datum)

Exercise 14　Datum Plane – At Angle　　　　　　　　ch05_ex14.prt

다음 도면 형상을 모델링 하시오.

1. 하나의 솔리드 바디가 되도록 모델링 한다.
2. 구멍은 Hole 기능을 이용하여 생성한다.

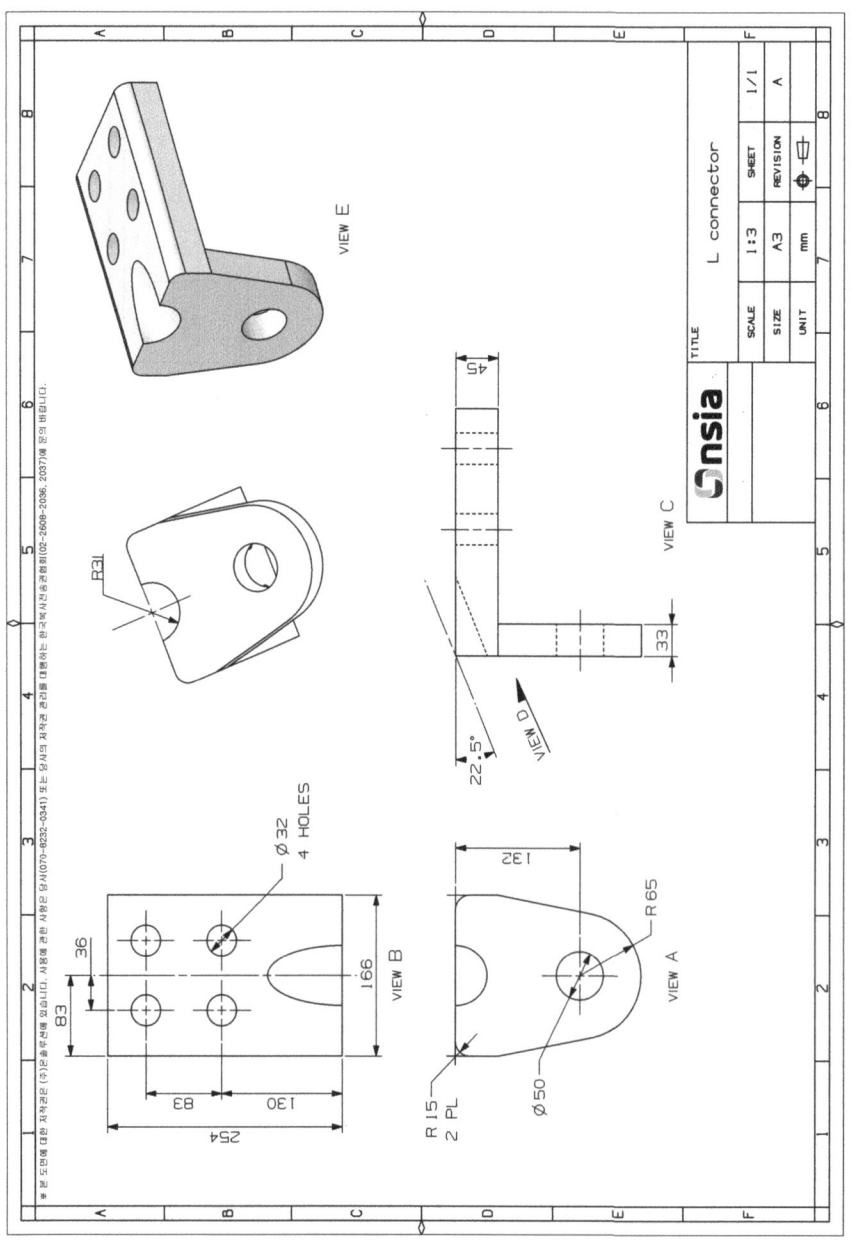

그림 5-110 Exercise 14 연습 도면

ch05_ex15.prt   기존 형상을 이용한 구속   **Exercise 15**

다음 도면 형상을 모델링 하시오.

1. 하나의 솔리드 바디가 되도록 모델링 한다.
2. 구멍은 Hole 기능을 이용하여 생성한다.

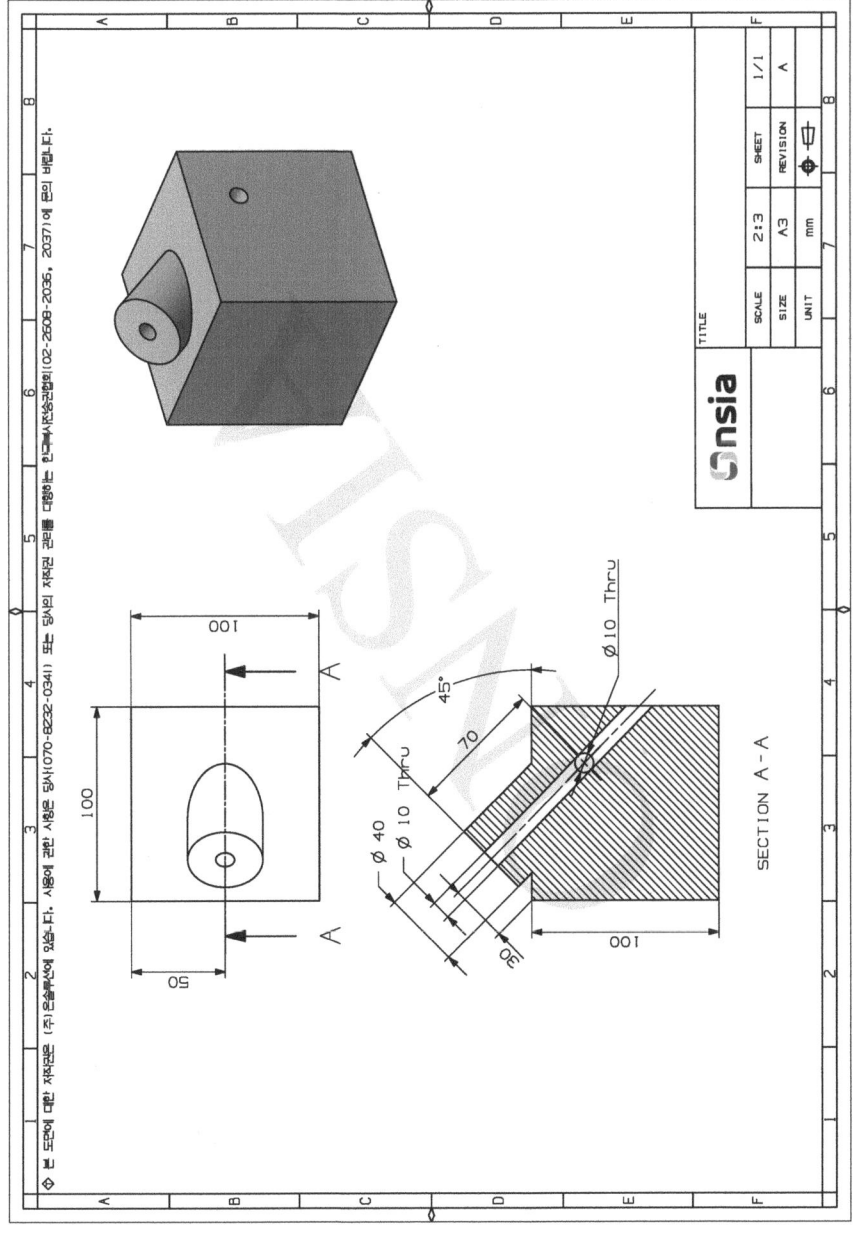

그림 5-111 Exercise 15 연습 도면

5장: 데이텀 (Datum)

(빈 페이지)

Chapter 6
추가 모델링 기능 I

■ 학습목표

- Edge Blend 기능을 이용하여 날카로운 모서리를 모깎기 할 수 있다.
- Chamfer 기능을 이용하여 모따기 할 수 있다.
- Draft 기능을 이용하여 면을 경사지게 할 수 있다.
- Shell 기능을 이용하여 솔리드 바디에 두께를 생성할 수 있다.

6장: 추가 모델링 기능 I

6.1 상세 모델링

일반적인 모델링 단계를 다시 한 번 기억해 보자. (60 쪽의 "2.3 모델링 단계 요약" 참고)

1. 스케치 생성
   - ▶ 스케치 면을 설정한다.
   - ▶ 스케치 커브를 그리고 모양을 정의한다.

2. 3차원 형상 만들기
   - ▶ Extrude, Revolve 등의 기능을 이용하여 3차원 형상을 추가 또는 제거한다.

3. 상세 모델링
   - ▶ 2번 단계에서 기본 형상을 모두 완성한 후 모서리 수정 기능 또는 면 수정 기능을 이용하여 모델링을 완성한다.

6 장에서는 모델링의 세 번째 단계인 상세 모델링 기능에 대하여 설명한다.

상세 모델링에 해당되는 기능에는 Edge Blend, Chamfer, Draft, Shell이 있다. 상세 모델링 기능은 스케치를 필요로 하지 않으며 오로지 앞에서 만들어진 모서리, 면, 꼭지점을 이용하여 생성한다. 모서리나 면, 점을 선택할 때는 644 쪽의 "A.4 점, 선, 면의 선택"을 참고한다.

그림 6-1 상세 모델링 기능의 아이콘

6.2 Edge Blend

뾰족한 모서리를 둥글게 만들어 준다. 일반적으로 필렛이라고 부른다.

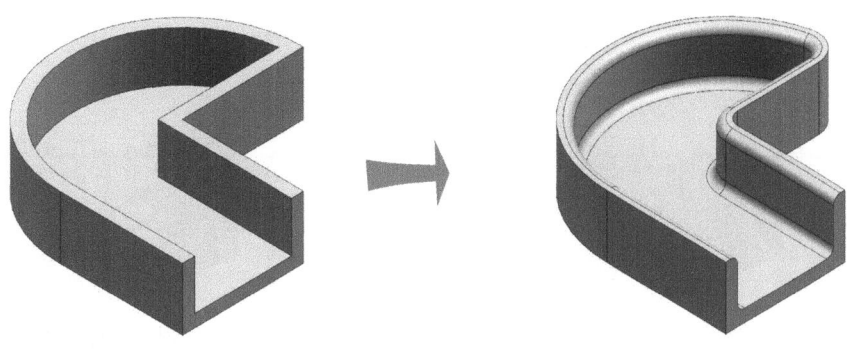

그림 6-2 Edge Blend 적용 전   **그림 6-3** Edge Blend 적용 후

뾰족한 모서리는 오목한 형태와 볼록한 형태가 있다. 그림 6-4의 **A**와 같은 부분은 오목한 모서리고, **B**와 같은 부분은 볼록한 모서리다.

볼록한 모서리를 뾰족하게 놔두면 손으로 잡을 때 다칠 수 있으며 부품간의 접촉으로 인하여 외관이 손상되어 제품으로서의 가치가 떨어질 수 있다.

오목한 모서리를 그대로 두면 힘을 받는 부품의 경우 응력집중이 생겨 쉽게 파손될 수 있다. Edge Blend 기능을 이용하면 실제 제품에서 의도적으로 또는 제조 과정상 나타나는 이러한 필렛을 모델링할 수 있다.

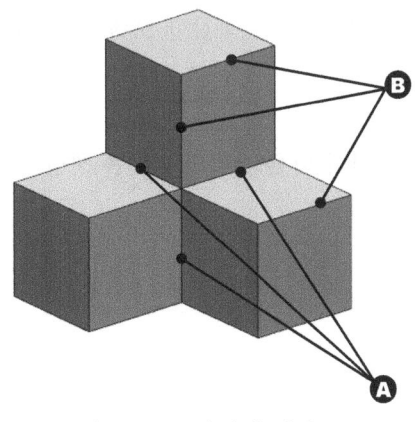

그림 6-4 모서리의 형태

6.2.1 Edge Blend의 종류

Edge Blend의 종류를 구분해 보자면 그림 6-5와 같다.

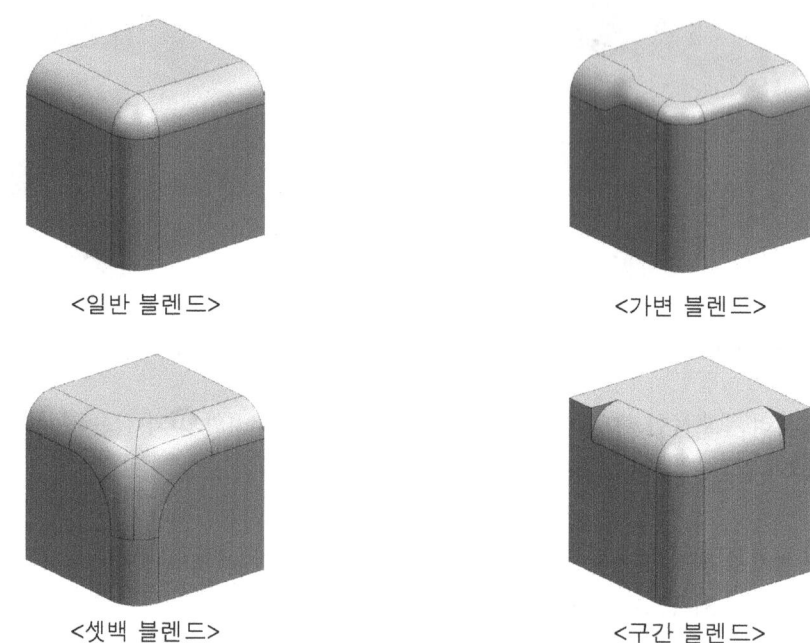

<일반 블렌드>   <가변 블렌드>

<셋백 블렌드>   <구간 블렌드>

그림 6-5 Edge Blend의 종류

셋백 블렌드 세 개 이상의 모서리가 만나는 꼭지점을 보다 부드럽게 만들기 위해 사용한다.

구간 블렌드는 필렛이 잘 생성되지 않는 복잡한 모델의 모서리를 선택하여 일부분에 대하여 필렛을 생성할 때 사용한다.

가변 블렌드는 모서리의 위치마다 다른 반경의 필렛을 생성할 때 사용한다.

일반 블렌드 생성 — Exercise 01

일반 블렌드 생성 과정을 실습을 통하여 알아보자. 이 실습에서는 Edge Blend 기능의 일반적인 사용 절차에 대하여 설명한다.

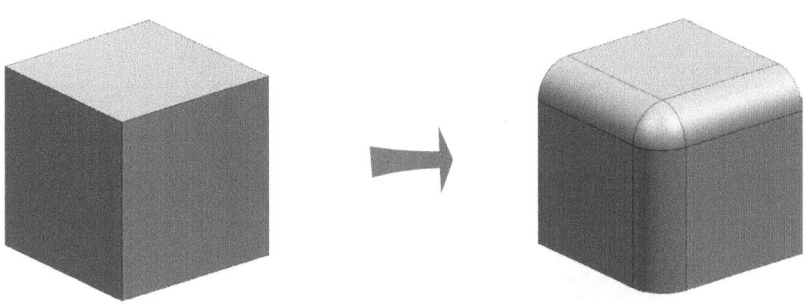

그림 6-6 일반 블렌드의 작업 전과 후

그림 6-7 실습용 모델

1. 임의의 이름으로 새로운 파일을 생성하고 그림 6-7과 같이 크기 100 x 100 x 100의 Block을 생성한다.
2. Feature 아이콘 그룹에서 Edge Blend 아이콘을 누른다.
3. 대화상자를 초기화하기 위해 대화상자에서 Reset 버튼을 누른다.
4. 필렛을 적용할 모서리를 선택한다. 그림 6-7에서 화살표가 가리키는 수직 모서리를 선택한다. 그림 6-8과 같이 Radius 1의 초기값인 5mm 반경의 필렛이 생성될 미리보기를 작업창에서 확인할 수 있다.
5. 그림 6-9와 같이 대화상자의 Radius 1 값을 지우고 20을 입력한 후 Enter 키를 누른다. Radius 1 = 20이 적용된 미리보기를 작업창에서 확인할 수 있다. 대화상자에서 Apply 버튼을 누른다.

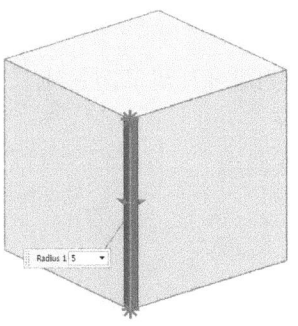

그림 6-8 미리보기 상태

그림 6-9와 같이 날카로운 모서리가 둥글게 깍인 것을 확인할 수 있다.

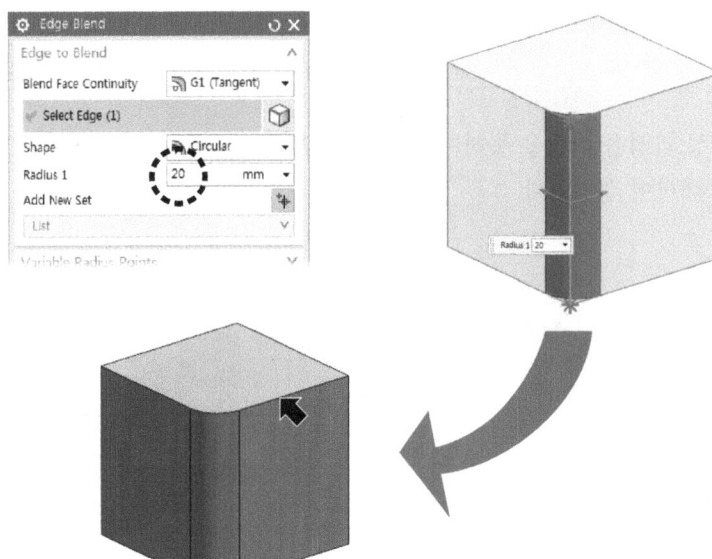

그림 6-9 R20 Edge Blend 생성 과정

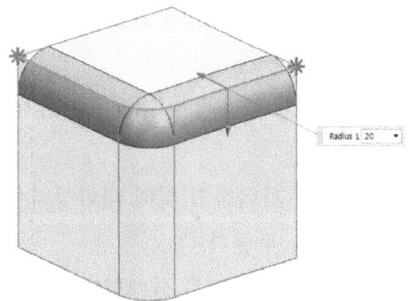

그림 6-10 Edge Blend의 미리보기

6. 대화상자에서 Radius 1 = 20인 것을 확인 후 그림 6-9에서 화살표로 가리키는 모서리를 선택한다.

그림 6-10과 같이 3개의 모서리가 모두 선택된 것을 확인할 수 있다.

7. 대화상자에서 OK 버튼을 누른다. 그림 6-11과 같이 탄젠트 하게 연결된 3개의 모서리에 20mm의 블렌드가 적용 되었다.

8. 파일을 저장하지 말고 닫는다.

그림 6-11 Edge Blend의 결과

END of Exercise

> **! Curve Rule**
>
> Edge Blend는 모서리에 적용할 수 있는 기능이다. 따라서 모서리를 선택하는 단계에서 Curve Rule을 적용할 수 있다. 그림 6-10에서 세 개의 모서리가 한꺼번에 선택된 이유는 Curve Rule이 Tangent Curves로 되어 있기 때문이다.
>
>
>
> **그림 6-12** Curve Rule

Add New Set 옵션 — Exercise 02

Add New Set 옵션을 이용하면 서로 다른 크기의 Edge Blend를 하나의 Edge Blend 피쳐로 생성할 수 있다. Add New Set 옵션을 사용하는 절차를 알아보자.

그림 6-13 Edge Blend의 결과

그림 6-14 실습용 모델

> 1. 임의의 이름으로 새로운 파일을 생성하고 그림 6-14와 같이 Block을 생성한다.
> 2. Feature 아이콘 그룹에서 Edge Blend 아이콘을 누른다.
> 3. 대화상자를 초기화하기 위해 대화상자에서 Reset 버튼을 누른다.
> 4. Radius 1 입력창에 20을 입력하고 Enter 키를 누른다.
> 5. 필렛을 적용할 모서리를 선택한다. 그림 6-14에서 화살표가 가리키는 수직 모서리를 선택한다.

6장: 추가 모델링 기능 I

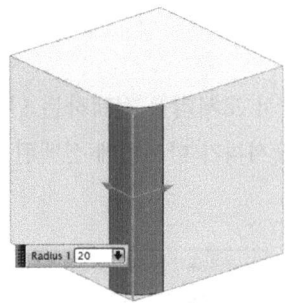

그림 6-15 Edge Blend의 미리보기

그림 6-15과 같이 Radius 1=20의 필렛의 생성될 미리보기를 작업창에서 확인할 수 있다.

6. List 영역을 클릭한다. (그림 6-16)
7. Add New Set 버튼을 누른다. (그림 6-16의 화살표)

List 영역에 R20의 Edge Blend가 정의되며 Radius 1 입력창은 Radius 2로 바뀐다.

8. Radius 2 입력창에 10을 입력하고 Enter 키를 누른다.
9. 그림 6-17과 같이 두 개의 모서리(Ⓐ)를 선택한다.
10. OK 버튼을 누른다.

그림 6-13과 같이 Edge Blend가 생성된다. 이 때 파트 네비게이터를 보면 그림 6-18과 같다. Edge Blend 피쳐가 한 개만 생성되어 있다.

11. 파일을 저장하지 말고 닫는다.

그림 6-16 Edge Blend 정의

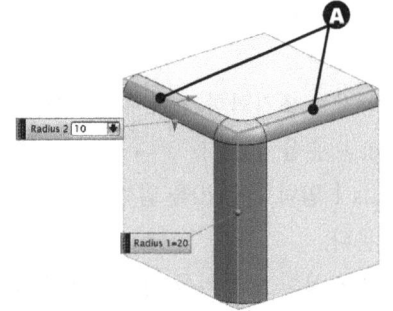

그림 6-17 선택할 두 개의 모서리

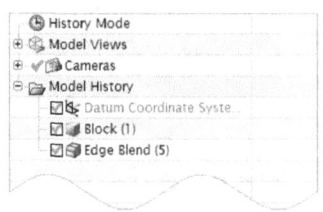

그림 6-18 파트 네비게이터

END of Exercise

> **! 퀴즈**
>
> 그림 6-17에서 두 개의 모서리를 선택할 때 왜 Tangent Curves 커브 룰이 적용되지 않았을까?
> **답**: Edge Blend의 미리보기 상태는 아직 Edge Blend가 생성된 것이 아니다. 따라서 선택한 모서리는 탄젠트로 연결되어 있는 것이 아니다.

6.2.2 Shape 옵션

Edge Blend 면의 단면 모양을 설정한다. Circular 타입은 곡률반경이 일정한 단면을 갖고 Conic 타입은 곡률 반경이 변화한다.

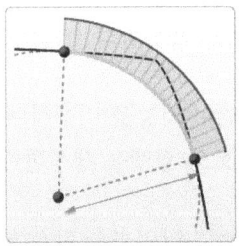
그림 6-19 Circular 타입

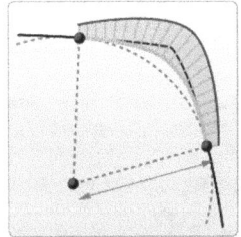
그림 6-20 Conic 타입

Conic 타입을 선택하면 변화하는 곡률반경을 정의할 수 있도록 대화상자가 바뀐다. Shape 옵션은 Blend Face Continuity를 G1(Tangent)으로 선택했을 때만 사용할 수 있다.

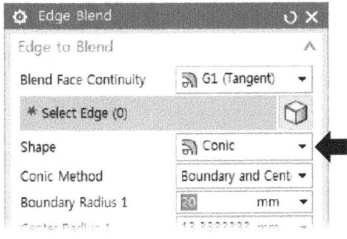
그림 6-21 곡률반경 입력 옵션

Exercise 03   가변 블렌드

가변 블렌드 생성 과정을 실습을 통하여 알아보자.

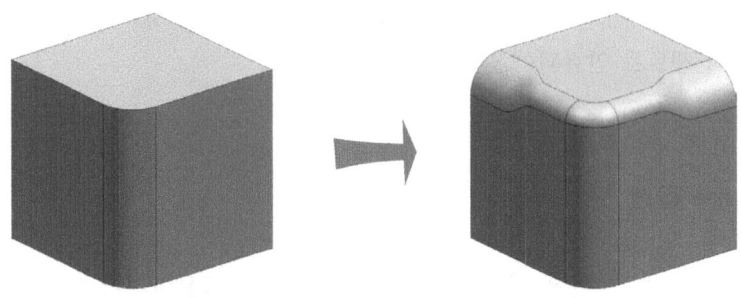

그림 6-22 가변 블렌드의 작업 전과 후

그림 6-23 실습용 모델

1. 임의의 이름으로 새로운 파일을 생성하고 Block 피쳐를 생성한다.

2. Edge Blend 기능을 이용하여 그림 6-23과 같이 R20의 필렛을 생성한다.

3. Edge Blend 아이콘을 다시 누르고 대화상자를 Reset 한다.

4. 필렛을 적용할 모서리를 선택한다. 그림 6-24에서 화살표가 가리키는 모서리를 선택한다.

5. 그림 6-25에서 화살표가 가리키는 Variable Radius Points 그룹명을 클릭하여 옵션을 펼친다.

그림 6-24 선택할 모서리

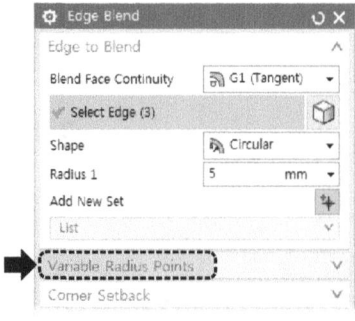

그림 6-25 Variable Radius Points 옵션

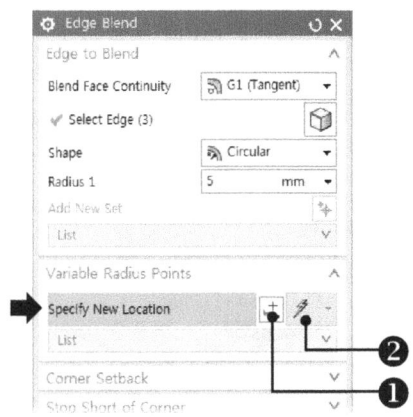

그림 6-26 Specify New Location

6. 대화상자에서 그림 6-26에서 화살표가 가리키는 Specify New Location이라는 글자(영역)를 클릭한다.

7. 그림 6-27에서 점선 안의 꼭지점을 선택한다. 그림 6-28과 같이 모서리의 끝 점에 스냅이 걸렸을 때 선택한다. 이 때 꼭지점이 끝점인 3개의 모서리 중 어느 것이 하이라이트 되어도 무방하다.

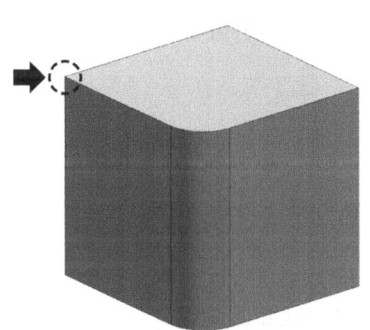

그림 6-27 선택할 모서리의 끝 점

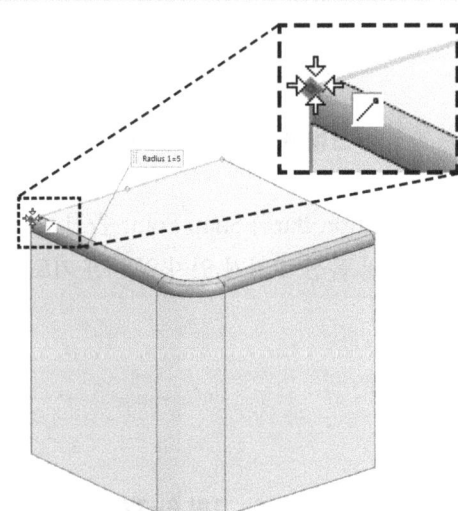

그림 6-28 끝점 스냅

> **주의**
>
> 그림 6-26에서 ❶, ❷는 각각 Point Dialog, Snap Point 옵션이다. Specify New Location이라는 글자(영역)를 클릭하면 그림 6-29와 같이 Selection Bar의 Snap Point 옵션을 이용하여 점을 선택할 수 있다. ❶, ❷ 옵션은 Snap Point 옵션으로 점을 지정할 수 없는 경우에 사용한다. 자세한 사항은 628 쪽의 "A.4 점, 선, 면의 선택"을 참고한다.

그림 6-29 Snap Point 옵션

8. 그림 6-30에서 점선 안의 V Radius 값을 지우고 20을 입력한 후 Enter 키를 누른다.

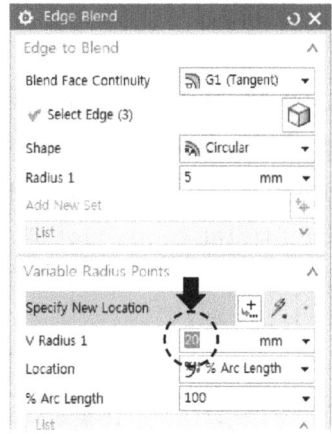

그림 6-30 V Radius 값

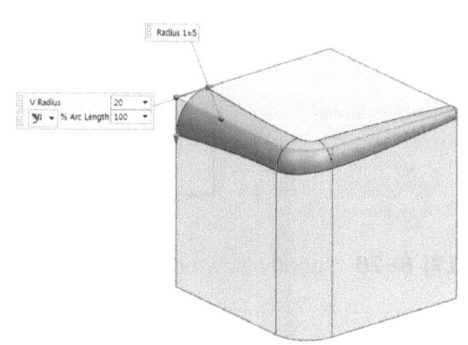

그림 6-31 끝점에 R20이 적용된 미리보기

9. Selection Bar의 Snap Point 옵션 중 Point on Curve 스냅 옵션이 켜져 있는 것을 확인한다. 만일 옵션이 켜져 있지 않다면 켜도록 한다.

그림 6-32 Snap Point 옵션 중 Point on Curve 옵션

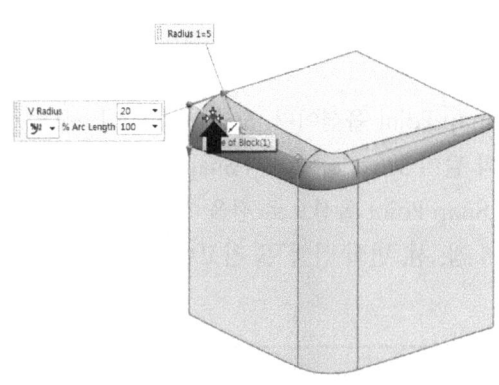

그림 6-33 모서리를 선택하는 지점

10. 그림 6-33에서 화살표기 가리키는 지점에서 모서리를 선택한다. 최종 위치는 % 값을 수정할 것이므로 중간점이 선택되어도 무방하다.

11. 그림 6-34에서 점선이 가리키는 % Arc Length 값을 65로 입력한 후 Enter 키를 누른다. 그림 6-35와 같이 모서리의 65% 위치로 V Radius 2=20mm인 위치가 수정된 것을 미리보기로 확인할 수 있다.

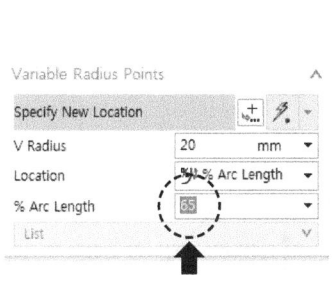

그림 6-34 % Arc Length 값

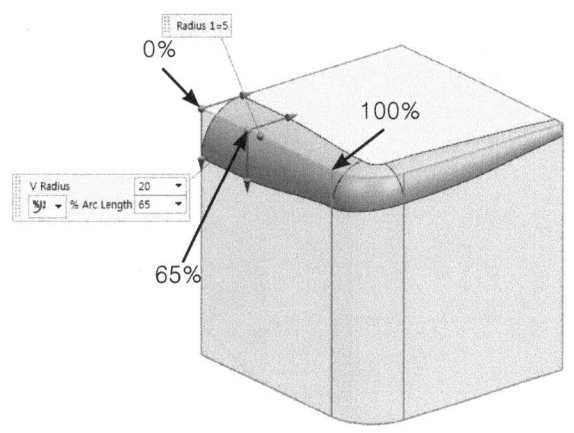

그림 6-35 % Arc Length의 위치

> **주의**
>
> 그림 6-35에서 보는 바와 같이 % Arc Length의 시작(0%)과 끝(100%)은 개별 모서리에 대해서 계산한다. 선택한 모서리가 총 3개라 하더라도 그림 6-36과 같이 3개의 모서리를 한 선처럼 간주하여 계산하지 않는다는 점에 주의하자.
>
>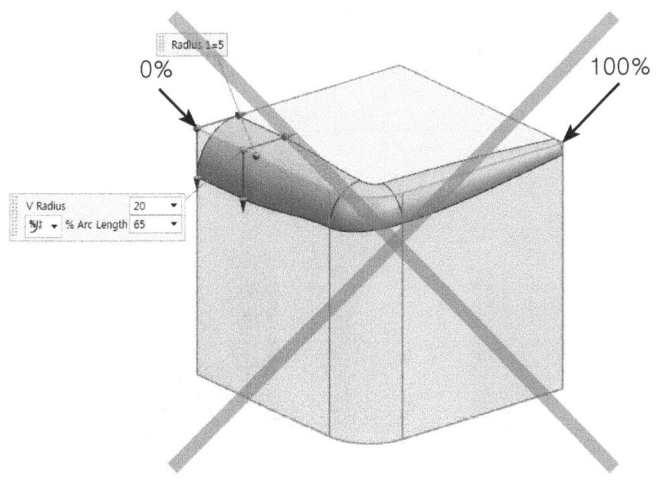
>
> 그림 6-36 % Arc Length의 잘못된 이해의 예

12. 그림 6-37을 참조하여 이전(9~11번의 작업)과 동일한 방식으로 4개 점에 반경을 정의한다. (※ ④, ⑤의 % Arc Length 값을 바꿔야 할 수도 있다.)

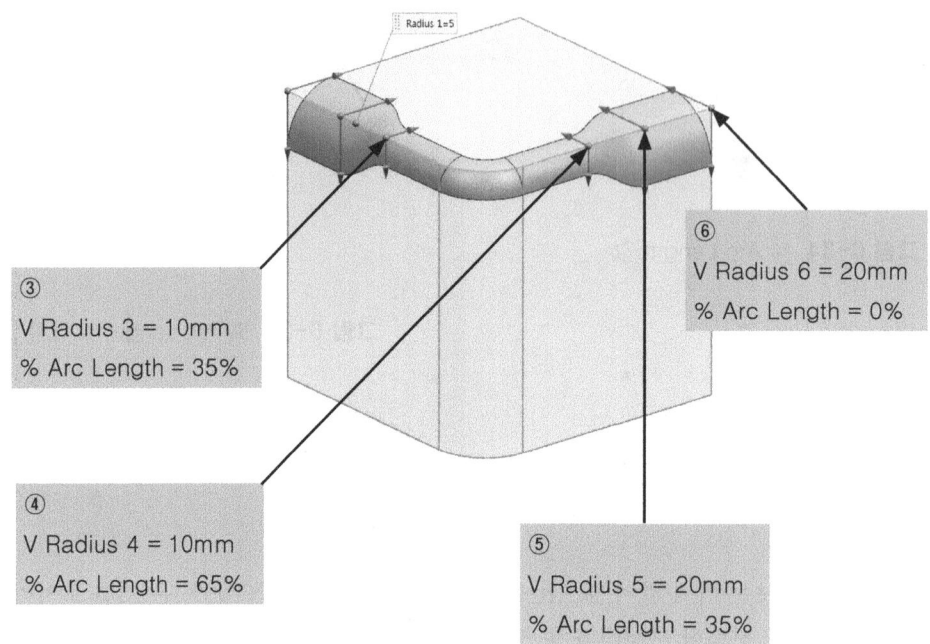

그림 6-37 추가할 4개 점에 대한 값

13. 대화상자에서 OK 버튼을 누른다. 그림 6-38과 같이 가변 블렌드가 완성된다. 파일을 저장하지 말고 닫는다.

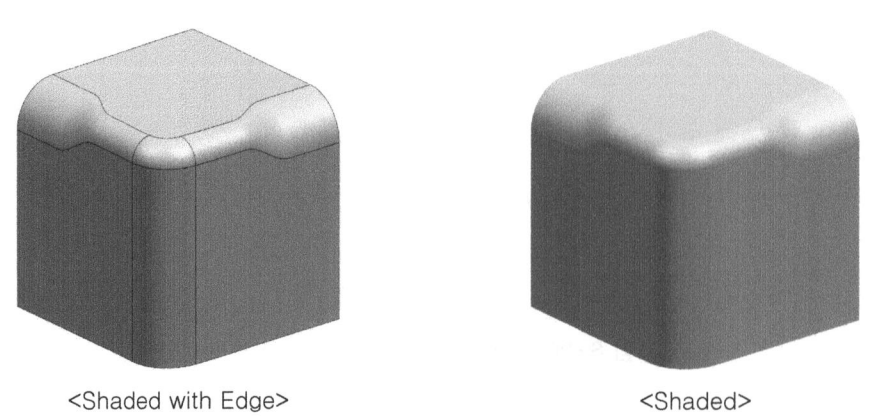

<Shaded with Edge>   <Shaded>

그림 6-38 완성된 가변 블렌드

END of Exercise

> ⚠️ **가변 블렌드 수정**

다음 절차에 따라 가변 블렌드의 점 위치, 반경 크기를 수정할 수 있다.

① Edge Blend 피쳐를 더블클릭한다.
② Variable Radius Points 옵션 그룹에서 List 항목을 클릭한다.
③ 그림 6-39의 List 중 수정하고자 하는 점을 선택한다.
④ 반경과 위치 옵션을 변경한다.

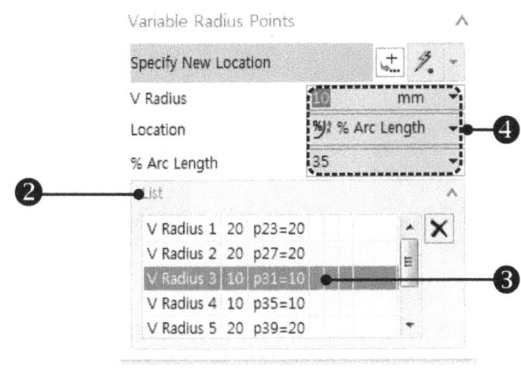

그림 6-39 가변 블렌드 수정 절차

6.2.3 블렌드 생성 가이드 라인

많은 필렛을 생성할 때 원하는 모양이 나오지 않거나 필렛이 불가능한 경우가 있다. 이런 경우에는 다음의 가이드라인에 따라 필렛을 생성하는 것이 좋다.

1. 반경이 큰 블렌드를 먼저 생성한다.
2. 모서리가 네 개 이상 모이는 곳을 먼저 생성한다.
3. 같은 반경이라도 여러 번으로 나누어 수행한다.
4. 여러 번으로 나누어 수행할 때는 이후에 선택할 모서리가 탄젠트로 연결되도록 순서를 정한다.

Exercise 04   일반 블렌드 연습   *ch06_ex04.prt*

예제 파일 ch06_ex04.prt를 이용하여 그림 6-41과 같은 결과를 만드시오. Edge Blend 기능을 사용한다. R 값은 그림 6-42와 그림 6-43을 참고한다.

※ 가변 블렌드가 아니므로 Variable Radius Points 옵션은 사용할 필요가 없다. Add New Set 옵션을 사용하지 말고, 모서리 선택 → Radius 값 입력 → Apply의 순서를 반복하여 여러 개의 Edge Blend 피쳐를 생성한다.

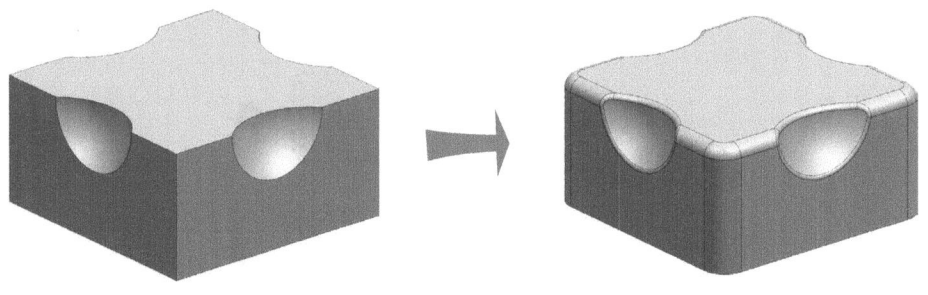

그림 6-40 Edge Blend 적용 전   **그림 6-41** Edge Blend 적용 후

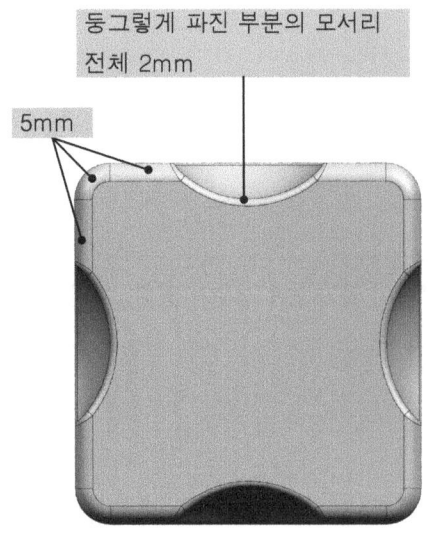

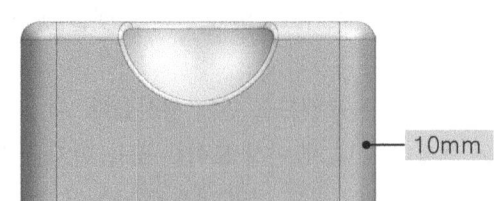

그림 6-42 Top View   **그림 6-43** Front View

※ 표기되지 않은 R 값은 대칭 관계를 참고한다. 4개의 수직 모서리는 R=10mm이다.

END of Exercise

셋백 블렌드 - 1 Exercise 05

세 개 이상의 모서리가 만나는 꼭지점에 셋백 블렌드를 생성하는 과정을 알아 보자.

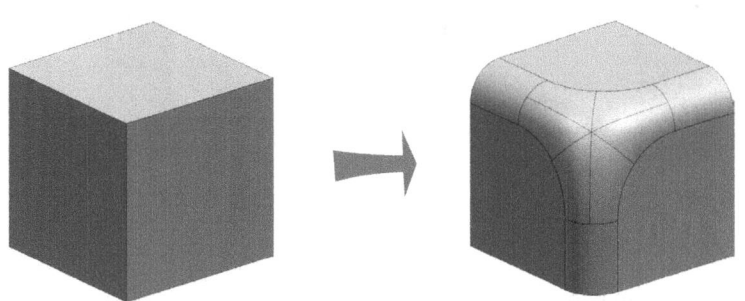

그림 6-44 셋백 블렌드의 작업 전과 후

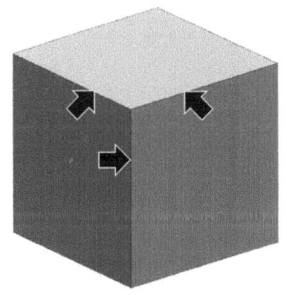

그림 6-45 선택할 모서리

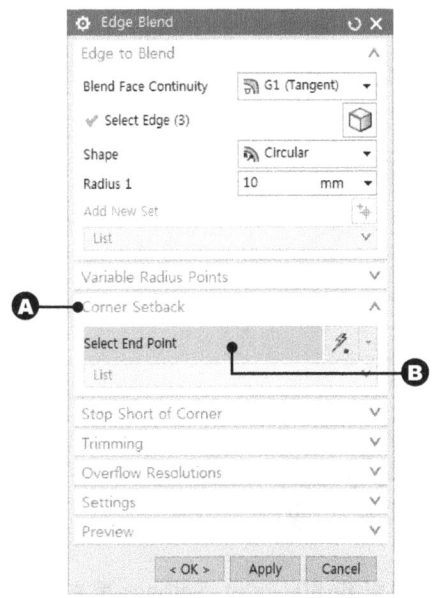

그림 6-46 Corner Setback 옵션

1. 임의의 이름으로 새로운 파일을 생성하고 100 x 100 x 100 mm의 Block 피쳐를 생성한다.

2. Edge Blend 아이콘을 누르고 리셋한다.

3. 그림 6-45에 표시한 세 개의 모서리를 선택한다.

4. 필렛 반경을 20mm로 입력하고 Enter 키를 누른다.

5. Edge Blend 대화상자의 Corner Setback 옵션 그룹을 펼치고(그림 6-46의 **A**), Select End Point 옵션을 클릭한다.(그림 6-46의 **B**)

6. 그림 6-47의 꼭지점 **C**를 선택한다.

7. 그림 6-48과 같이 Setback 값을 입력한다.

6장: 추가 모델링 기능 I

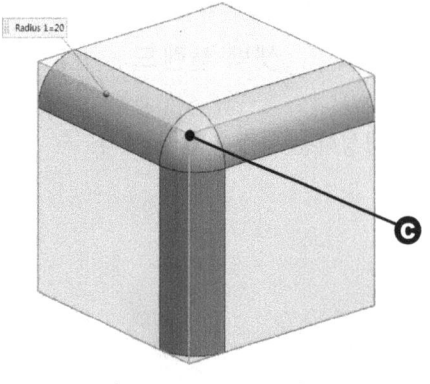

그림 6-47 Corner 선택

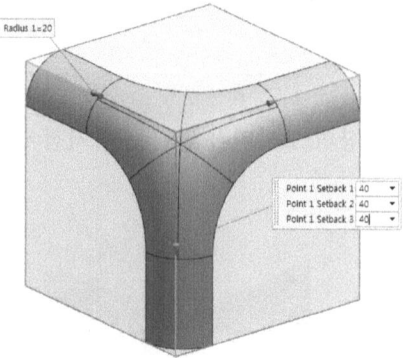

그림 6-48 Setback 값 입력

8. 대화상자에서 OK 버튼을 누르고 닫는다.

9. 파일을 저장하지 말고 닫는다.

END of Exercise

> **Point M Setback N**

그림 6-49는 4개의 Setback Point를 선택한 경우이다. 따라서 Setback Handle의 수는 4x3 = 12개이다. Setback Distance를 입력할 때 선택한 핸들이 어느 Point와 어느 Setback에 해당하지는 확인하고 싶다면, 작업창에서 핸들을 선택한 후 그림 6-50과 같이 대화상자를 보면 된다.

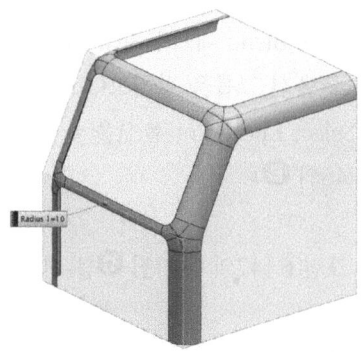

그림 6-49 4개의 setback point

그림 6-50 Point, Setback 번호

ch06_ex06.prt 셋백 블렌드 - 2   **Exercise 06**

예제 파일 ch06_ex06.prt를 이용하여 그림 6-52와 같은 결과를 만드시오. Edge Blend 기능을 사용한다. Radius 1 값은 그림 6-51에서 가리키는 모서리(R30)를 제외한 나머지 모서리에 10mm를 적용하고, Setback Distance는 그림을 참조하여 학습자가 임의로 값을 정해서 연습하자.

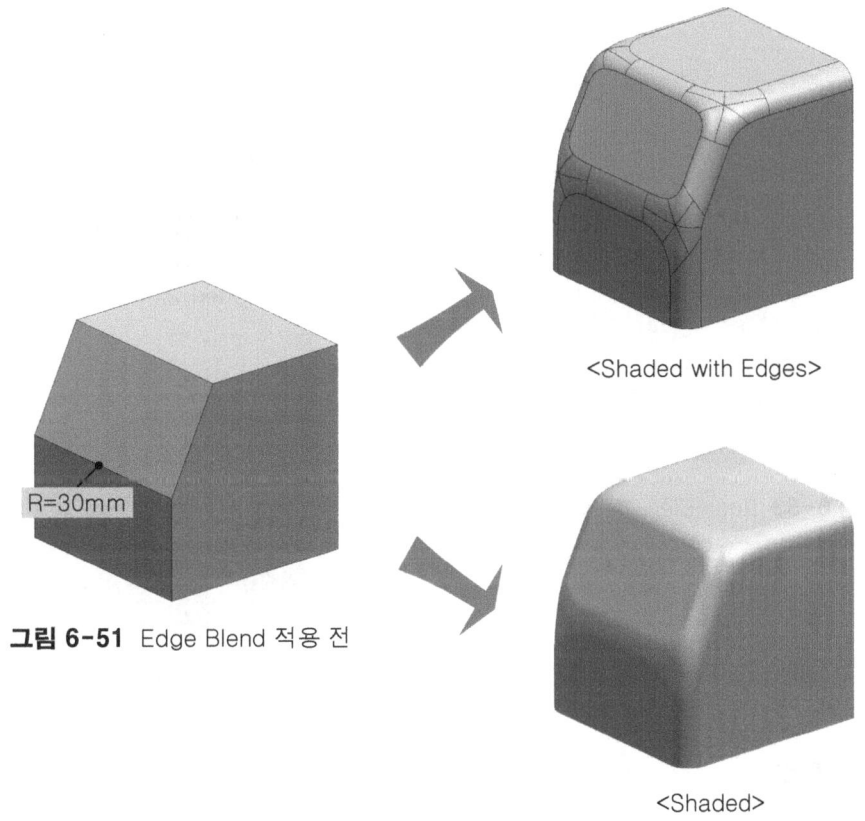

그림 6-51 Edge Blend 적용 전

그림 6-52 Edge Blend 적용 후

 힌트

1. Edge Blend 대화상자에서 Add New Set 옵션을 사용하여 R=30mm 값은 별도로 적용한다.
2. 4 개의 코너를 선택하여 Setback 옵션을 적용한다.

END of Exercise

Exercise 07   셋백 블렌드 - 3   *ch06_ex07.prt*

예제 파일 ch06_ex07.prt를 이용하여 그림 6-54와 같은 결과를 만드시오. Edge Blend 기능을 사용한다. Radius 1 값은 밑 면 모서리를 제외한 모든 모서리에 5mm를 적용하고, Setback Distance는 5mm를 적용한다.

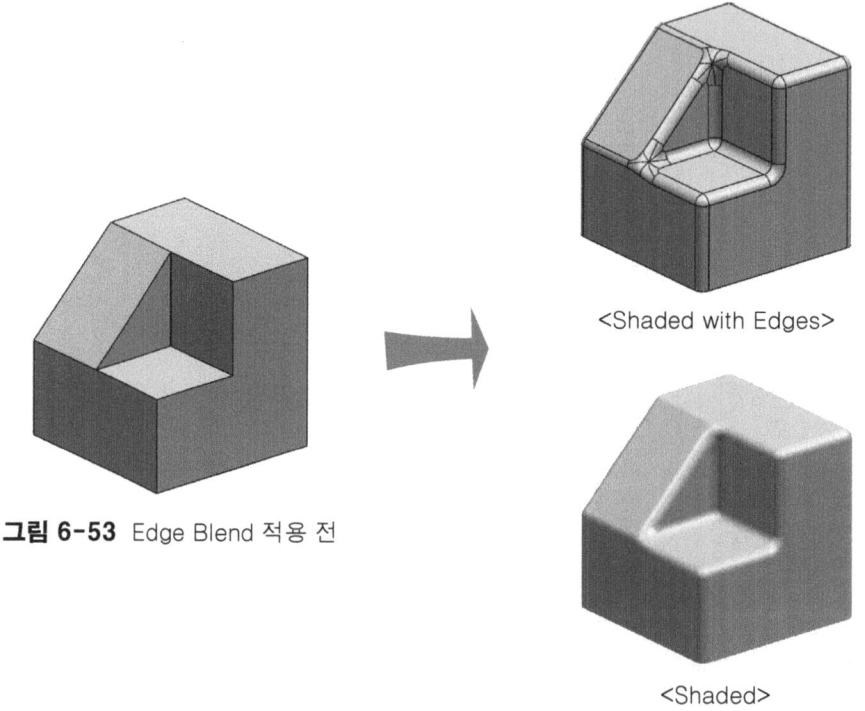

그림 6-53 Edge Blend 적용 전

<Shaded with Edges>

<Shaded>

그림 6-54 Edge Blend 적용 후

> **힌트**
>
> 블렌드 생성 가이드 라인에 따라 아래 그림과 같이 세 번에 걸쳐 필렛을 생성한다.
>
> 그림 6-55 필렛 적용 순서

END of Exercise

> **!** ***Shading 상태에서 보이지 않는 모서리 선택***
>
> 보이지 않는 모서리나 직선은 기본 설정으로 선택을 할 수 없다. Shaded나 Shaded with Edges 상태에서 보이지 않는 모서리를 선택하려면 모델을 회전시키거나 렌더링 상태를 Static Wireframe 등으로 변경하여야 한다.
>
> 하지만 Shaded 상태에서도 아래의 옵션을 켜면 보이지 않는 모서리나 선을 선택할 수 있다.
>
>
>
> **그림 6-56** 숨은 모서리를 선택하고 하이라이트 할 수 있도록 하는 옵션

구간 블렌드　**Exercise 08**

모서리의 일부에 필렛을 생성하는 구간 블렌드 생성 과정을 실습을 통하여 알아보자.

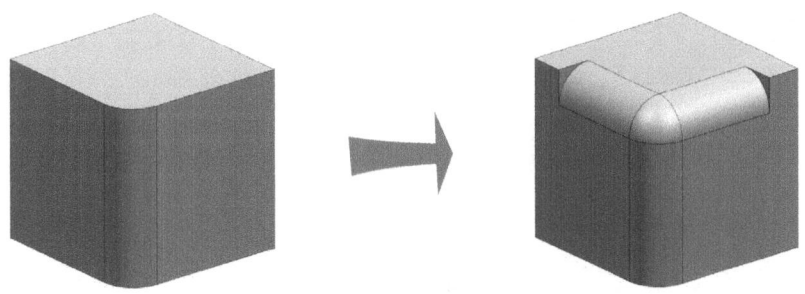

그림 6-57 구간 블렌드의 작업 전과 후

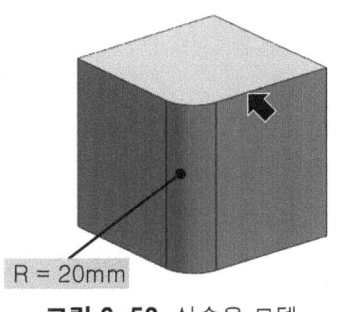

그림 6-58 실습용 모델

1. 임의의 이름으로 새로운 파일을 생성하고 100 x 100 x 100 mm의 Block 피쳐를 생성한다.

2. Edge Blend 기능을 이용하여 그림 6-58과 같이 R20의 필렛을 생성한다.

3. Edge Blend 아이콘을 다시 누른다.

6장: 추가 모델링 기능 I

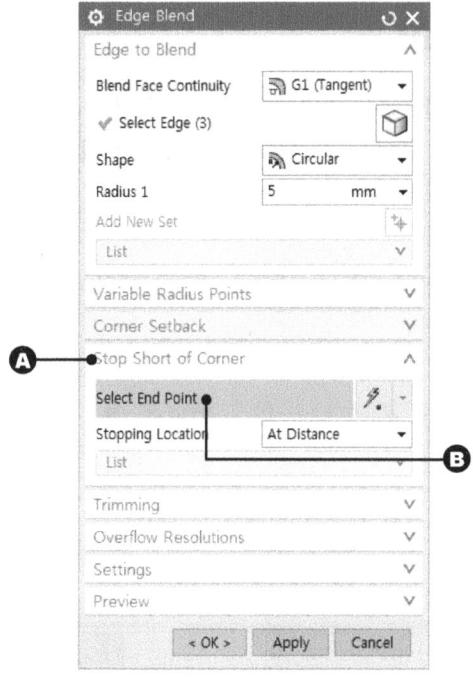

그림 6-59 Stop Short of Corner 옵션

4. 필렛을 적용할 모서리를 선택한다. 그림 6-58에서 화살표가 가리키는 모서리를 선택한다.

5. 대화상자에서 그림 6-59 **A**의 Stop Short of Corner 그룹명을 클릭하여 옵션을 펼친다.

6. Select End Point 옵션을 클릭한다. (그림 6-59의 **B**)

7. 그림 6-60의 꼭지점 **C**를 선택하고 Arc Length 옵션을 설정한다.

8. 연속하여 꼭지점 **D**를 선택하여 구간 블렌드를 정의한다.

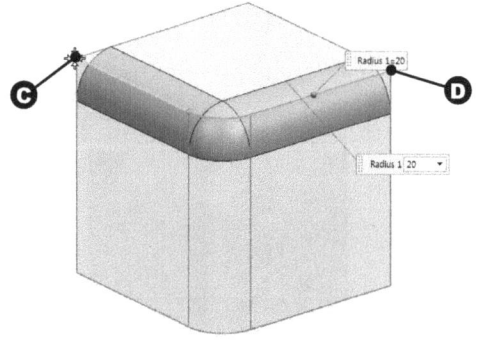
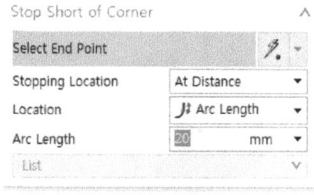

그림 6-60 코너 선택

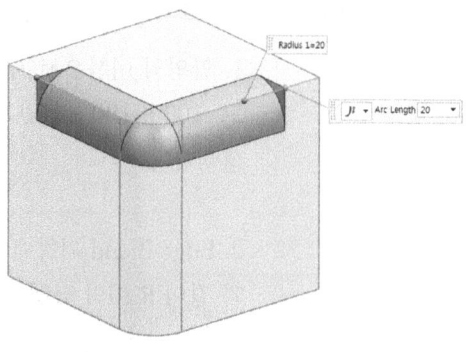

그림 6-61 구간 블렌드의 미리보기

END of Exercise

> ### ⚠️ *Stop Short of Corner 옵션의 사용 예*
>
> 그림 6-62에서 점선 안의 꼭지점(+)은 6개의 모서리가 모이는 곳이다. 쉽게 말해 코너 부분의 형상이 복잡하다. Edge Blend의 Stop Short of Corner 옵션을 사용하면, 그림 6-63과 같이 일부 모서리에 블렌드를 생성한 후, N-Sided Surface 기능으로 면을 만들고(그림 6-64), Patch 기능을 사용하여 그림 6-65와 같이 자연스럽고 매끄러운 블렌드를 만들 수 있다.
>
>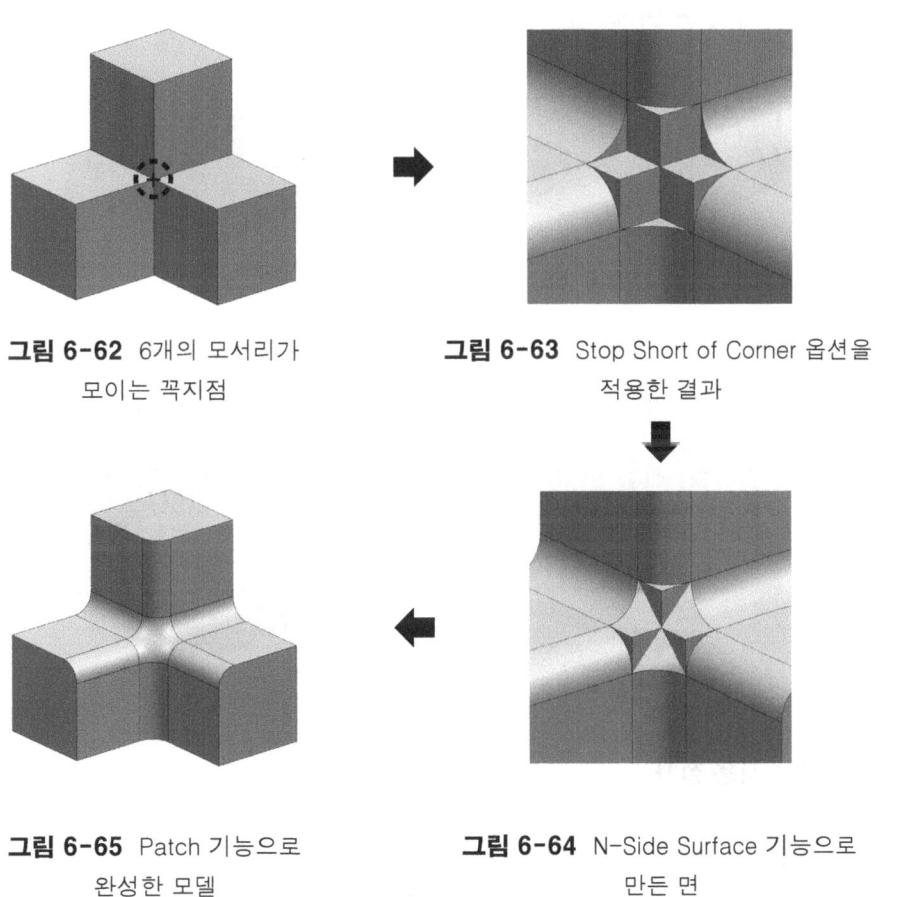
>
> **그림 6-62** 6개의 모서리가 모이는 꼭지점
>
> **그림 6-63** Stop Short of Corner 옵션을 적용한 결과
>
> **그림 6-65** Patch 기능으로 완성한 모델
>
> **그림 6-64** N-Side Surface 기능으로 만든 면

6.3 Chamfer

Chamfer(모따기)는 뾰족한 모서리를 깎아 평평하게 만드는 기능이다.

그림 6-66은 체적이 줄어드는 경우를 보여주고, 그림 6-67은 체적이 늘어나는 경우를 보여준다.

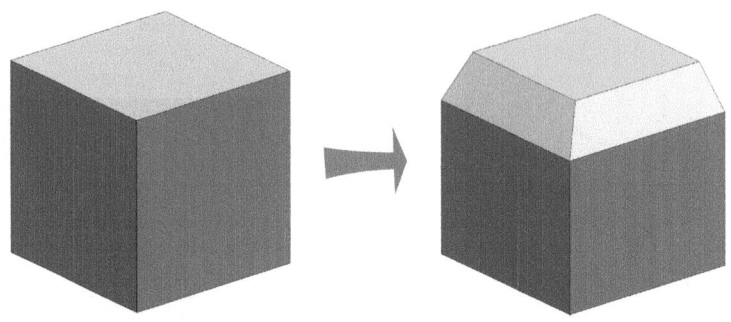

그림 6-66 모따기로 체적이 줄어드는 경우

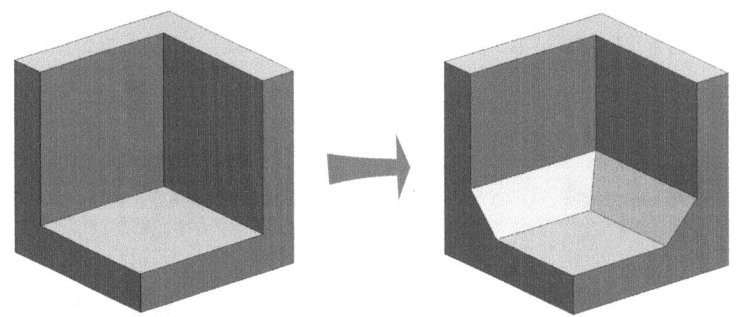

그림 6-67 모따기로 체적이 늘어나는 경우

6.3.1 기능 사용 절차

다음 절차에 따라 모따기를 생성한다.

① Feature 아이콘 그룹에서 Chamfer 아이콘을 누른다.
② 모따기를 생성할 모서리를 선택한다.
③ Offsets 옵션을 설정한 후 OK 버튼을 누른다.

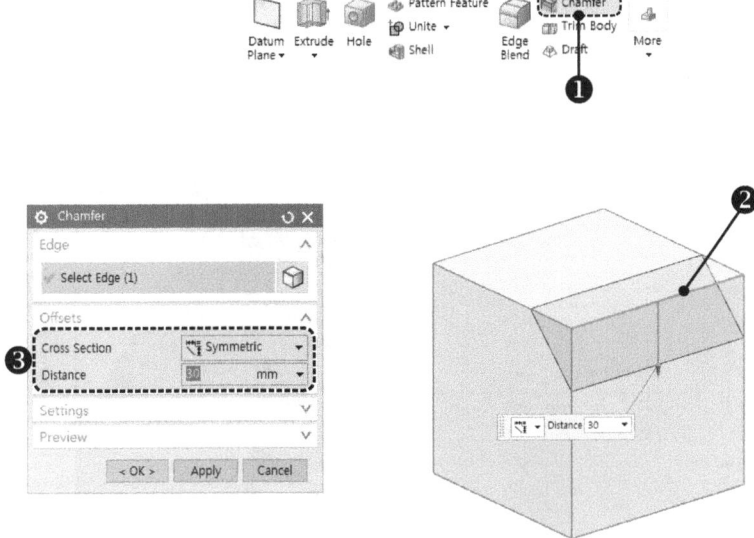

그림 6-68 모따기 생성 절차

6.3.2 Cross Section 옵션

Symmetric

그림 6-69와 같이 모서리를 공유하는 면을 따라 같은 거리만큼 깎아낸다. 가장 단순하면서도 가장 많이 사용하는 방법이다.

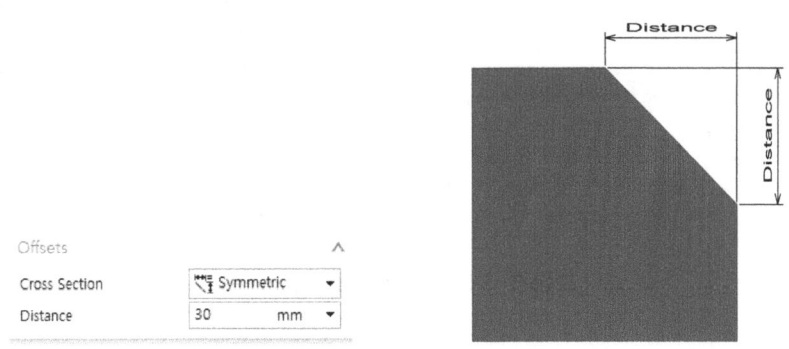

그림 6-69 Symmetric 옵션

Asymmetric

그림 6-70과 같이 모서리를 공유하는 면을 따라 서로 다른 거리로 깎아낸다. 대화상자의 Reverse Direction 버튼을 누르면 면을 따라 오프셋 한 거리가 뒤바뀐다.

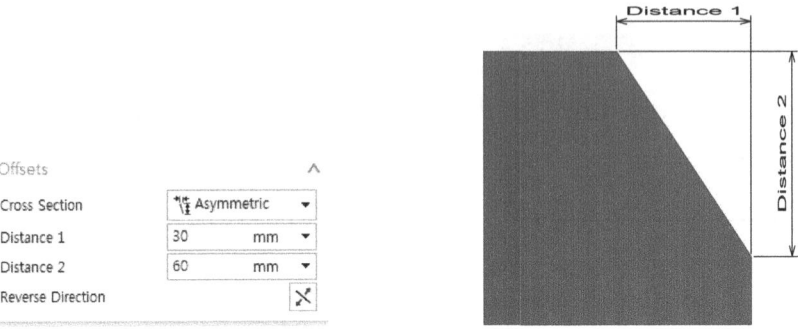

그림 6-70 Asymmetric 옵션

Offset and Angle

그림 6-71과 같이 면을 따라 오프셋 값을 입력하고 그 위치로부터의 각도를 입력하여 모따기를 생성할 수 있다. Reverse Direction 버튼을 누르면 오프셋 거리는 다른 면으로 변경된다.

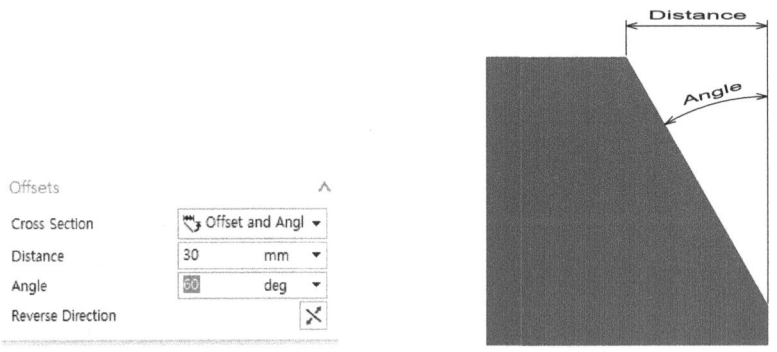

그림 6-71 Offset and Angle 옵션

6.3.3 Offset Method

Settings 그룹의 Offset Method를 이용하여 면을 따라 모서리를 오프셋 하는 방법을 설정한다.

Offset Edges along Faces

단순한 형상에 대해서만 정확한 모따기를 생성한다. 오프셋 값은 모따기 모서리에서부터 면을 따라 측정된다.

모따기를 생성하기 위해 사용되는 오프셋 방식을 그림으로 표현하면 그림 6-73과 같다.

그림에서 보는 바와 같이 모따기 모서리(ⓐ)로부터 면을 따라 화살표 방향(ⓑ, ⓒ)으로 모서리를 오프셋 한다. 오프셋 한 끝점을 연결한 선(ⓓ)이 모따기 결과가 되는 방식이다.

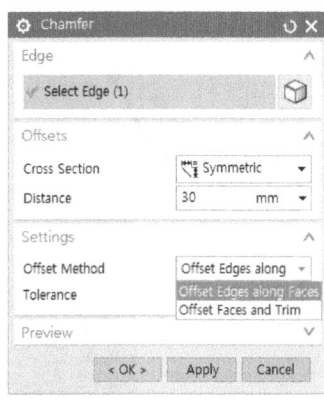

그림 6-72 Offset Method 옵션

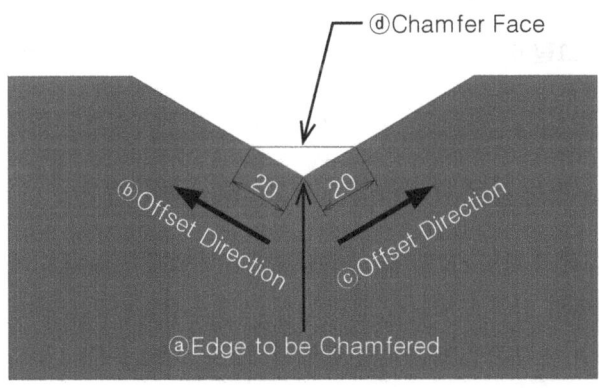

그림 6-73 Offset Edges along Faces 옵션의 오프셋 방식

Offset Faces and Trim

복잡한 형상에 대해서도 정확한 모따기를 생성한다. 오프셋 값은 모따기 모서리에서부터 측정되는 것이 아니라, 오프셋된 두 면의 교차 지점을 이용하여 측정된다.

모따기를 생성하기 위해 사용되는 오프셋 방식을 그림으로 표현하면 그림 6-74와 같다.

그림에서 보는 바와 같이 모따기 모서리를 이루는 두 면을 오프셋 방향(ⓐ)으로 오프셋 한다. 오프셋 된 두 면(ⓑ)의 교점(ⓒ)에서 법선을 그어 면과 만나는 점을 연결한 선(ⓓ)이 모따기 결과가 되는 방식이다.

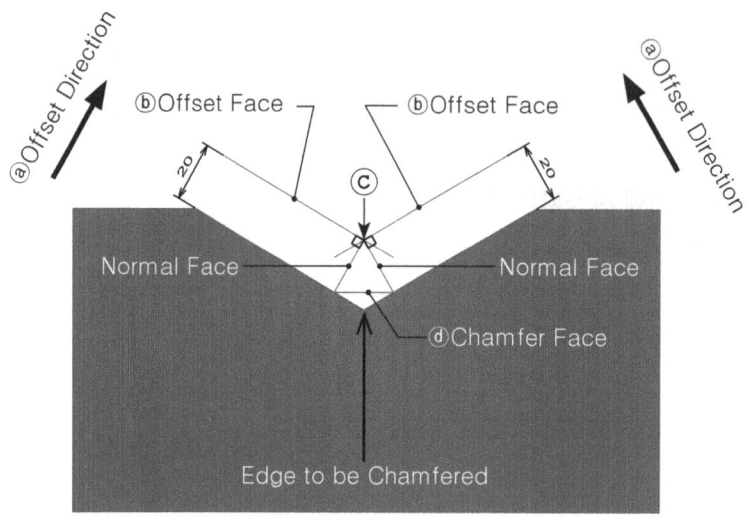

그림 6-74 Offset Faces and Trim 옵션의 오프셋 방식

> **Chamfer 기능 사용 시 나타나는 경고(Alert) 메시지**

그림 6-75와 같은 예제 파일 ch06_fig75.prt를 열어 대화상자 초기 상태에서 Chamfer 기능을 사용하여 윗면의 임의 모서리를 선택하면 그림 6-76과 같은 경고 메시지가 나타난다. 경고 메시지가 나타나지 않게 하려면 앞에서 Offset Method를 Offset Faces and Trim 으로 변경하면 된다.

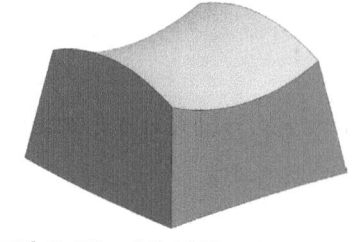

그림 6-75 예제 파일 ch06_fig75.prt

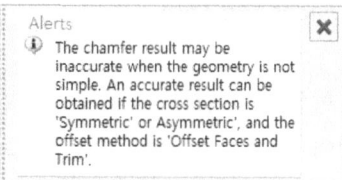

그림 6-76 경고 메시지

🔔 *Feature Alert 아이콘 없애기*

그림 6-76의 경고 메시지를 무시하고 Chamfer 기능을 초기값으로 사용하면, 모델링은 진행할 수 있다. 그런데 파트 네비게이터의 모델 히스토리를 보면 그림 6-77에서 화살표가 가리키는 것과 같이 피쳐 왼쪽에 i 모양의 아이콘이 표시되는 것을 알 수 있다.

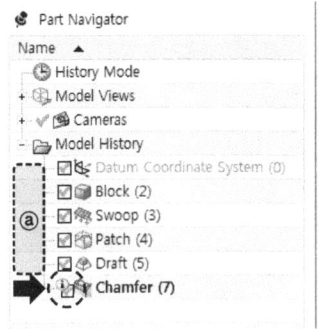

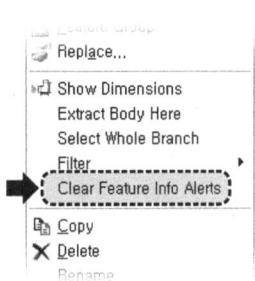

그림 6-77 Information 아이콘   **그림 6-78** Clear Information Alerts 옵션

이 아이콘은 해당 피쳐에 대한 Feature Alert 아이콘이다. 모델링은 되지만 이 아이콘이 작업자에게는 눈에 거슬린다. 이 아이콘을 지울 수 있다.

마우스 커서를 그림 6-77의 ⓐ 영역(Part Navigator의 비어 있는 부분)에 둔 상태에서 MB3 팝업 메뉴(그림 6-78)의 Clear Information Alerts 옵션을 선택하면 된다.

Clear Information Alerts 옵션은 Feature Alerts의 3가지 종류() 중 Information Alert 아이콘( ) 만을 삭제할 수 있다.

6.4 Draft

Draft 기능을 이용하면 면에 구배를 줄 수 있다. 구배는 금형의 빼기 방향과 일정 각도를 이루도록 제품의 면을 경사(Slope)지게 만드는 것이다.

그림 6-79는 구배를 적용하기 전과 후의 형상을 보여준다.

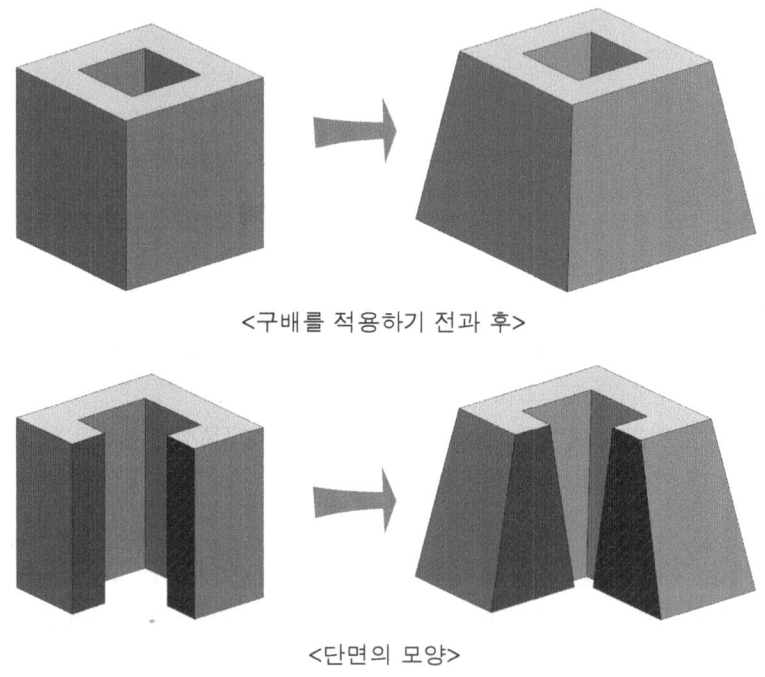

<구배를 적용하기 전과 후>

<단면의 모양>

그림 6-79 구배를 주기 전과 후의 형상

Draft 기능의 설명에 앞서 금형 용어인 빼기 구배가 필요한 이유를 알아보자.

그림 6-80과 같은 플라스틱 제품을 사출금형으로 만들려면 그림 6-81과 같은 캐비티(Cavity) 금형과 그림 6-82와 코어(Core) 금형이 필요하다.

그림 6-83과 같이 캐비티와 코어를 합형한 내부 공간(그림 6-83에서 ⓐ)에 플라스틱 수지를 충진한 후 열과 압력을 가하면 그림 6-84의 검게 표시한 부분과 같이 플라스틱 제품이 성형되고, 금형을 벌려 제품을 빼내게 된다. 그런데, 형상의 측면이 그림 6-85와 같이 금형을 빼는 방향과 나란할 경우 문제가 발생한다.

<위에서 본 모습>

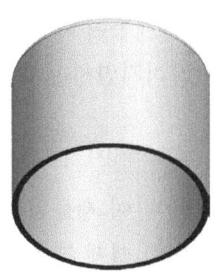
<밑에서 본 모습>

그림 6-80 플라스틱 제품

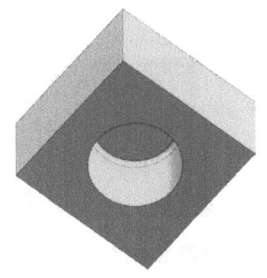
그림 6-81 캐비티(Cavity)

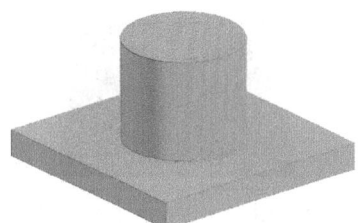
그림 6-82 코어(Core)

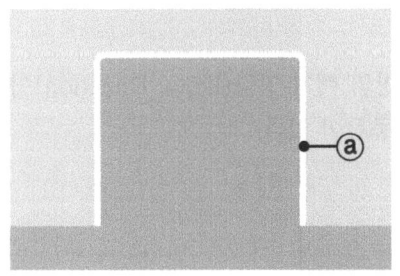
그림 6-83 합형된 캐비티, 코어에 의해 형성된 빈 공간

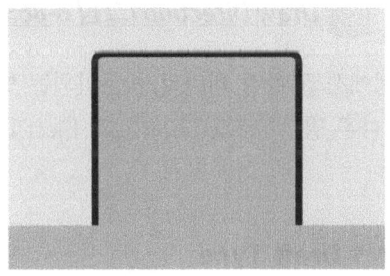
그림 6-84 성형된 제품

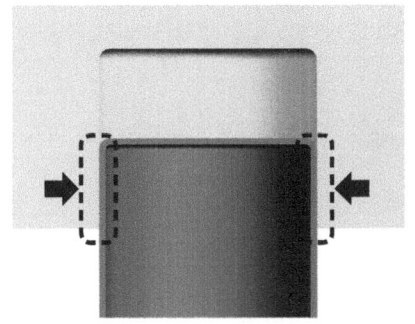
그림 6-85 플라스틱 제품이 캐비티에서 절반 정도 분리된 상태

> **! 퀴즈**
>
> 그림 6-85에서 점선이 가리키는 부분과 같이 제품에 수직벽이 존재하는 경우 캐비티에서 분리될 때 어떠한 문제가 나타날 수 있겠는가?

그림 6-85의 경우 제품이 빠지려면 제품의 측면이 점선이 가리키는 부분에서, 캐비티와 면 접촉 상태에서 미끄러지면서(슬라이딩) 제품이 분리되어야 한다. 제품이 표면이 손상될 수 밖에 없다.

반면 그림 6-86과 같이 제품의 수직벽에 경사가 있다면, 그림 6-87과 같이 제품의 면과 캐비티 면은 긁힘이 없이 쉽게 분리된다. 이러한 이유로 빼기 구배를 넣는 것이다.

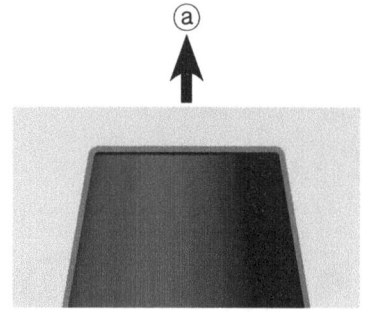

그림 6-86 빼기 구배가 적용된 제품

그림 6-87 제품의 분리

> **Draw Direction (그림 6-86의 ⓐ)**
>
> 금형에서 코아와 캐비티가 분리되는 방향을 금형의 빼기 방향(Draw Direction)이라 한다. 다른 말로는 Die Direction, Eject Direction 등등이 있다.

6.4.1 Draft Type

그림 6-88은 Draft 대화상자와 네 가지의 Draft Type을 보여준다. 본 교재에서는 From Plane or Face, From Edges, Tangent to Faces 타입에 대하여 설명한다.

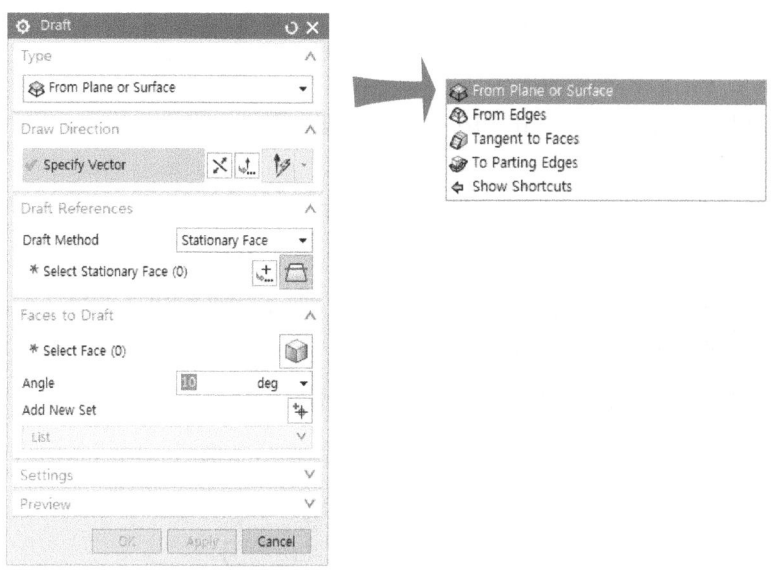

그림 6-88 Draft 대화상자와 Draft Type

---

ch06_ex09.prt | From Plane or Surface 타입 | **Exercise 09**

From Plane or Surface 타입은 고정 면으로부터 구배각이 시작된다. 구배면이 고정면과 연결되어 있을 필요는 없다. 구배면이 고정면과 떨어져 있더라도 구배각은 고정 면으로부터 시작한다는 점에 주의하여야 한다. From Plane or Surface 타입으로 구배를 생성하는 과정을 실습을 통하여 알아보자.

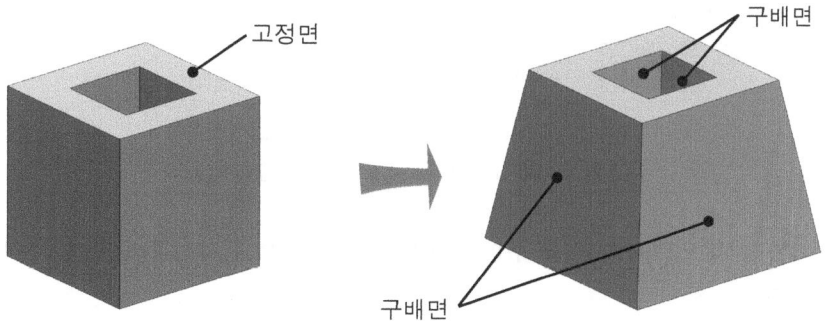

그림 6-89 From Plane or Surfade 타입의 구배

6장: 추가 모델링 기능 I

1. 실습용 파일 ch06_ex09.prt를 연다.

2. Feature 아이콘 그룹에서 Draft 아이콘을 누른다.

3. 대화상자를 Reset 한다.

그림 6-90과 같이 Draft 대화상자에서 Draw Direction 그룹의 Specify Vector가 하이라이트 된 것을 확인할 수 있다. 그리고 작업창에는 Z 방향의 하이라이트 된 화살표가 나타난다. 빼기 방향의 기본값인 +Z 방향이 자동으로 지정된 것이다.

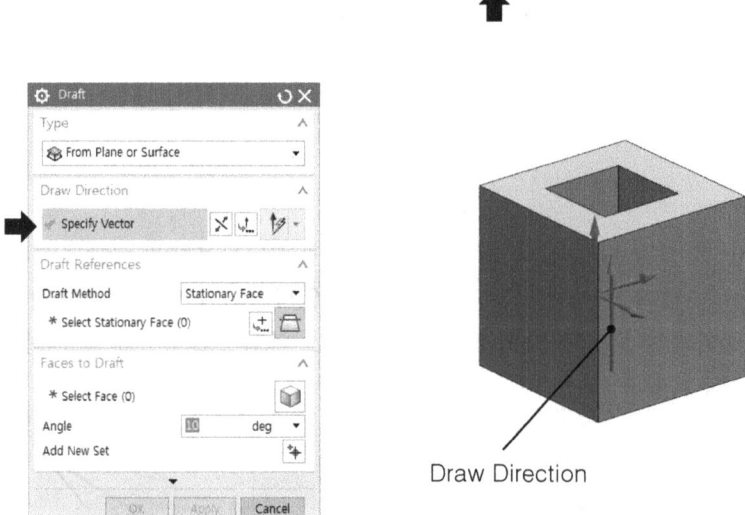

그림 6-90 Draw Direction(빼기 방향) 설정

4. 빼기 방향이 맞으므로 MB2를 누른다. 만약 다른 방향으로 지정하려면 원하는 방향을 선택하면 된다.

대화상자에는 Draft References 영역이 하이라이트 된다.

5. 그림 6-91의 ❹ 면을 고정면(Stationary Face)으로 선택한다. MB2를 눌러 다음 단계로 진행한다.

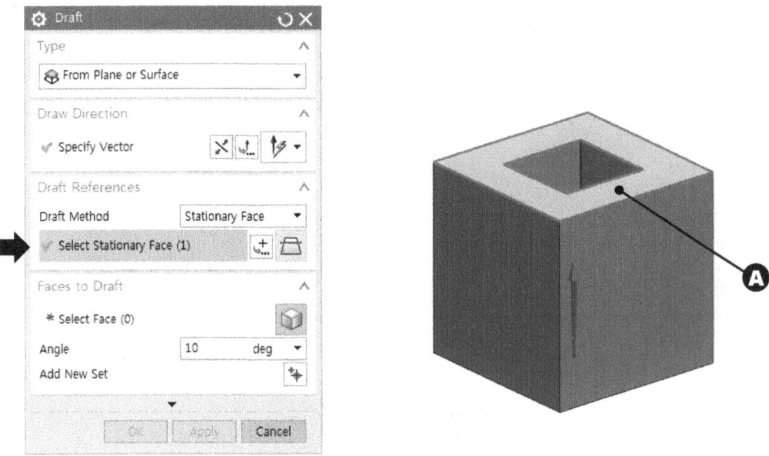

그림 6-91 Stationary Plane(고정면) 선택

6. 안 쪽의 네 개 면과 바깥 쪽의 네 개 면(그림 6-92의 ❸) 을 Faces to Draft로 선택한다.

7. Angle 1 입력창에 5를 입력하고 Enter 키를 누른다. 그림 6-92와 같이 미리보기가 나타 난다.

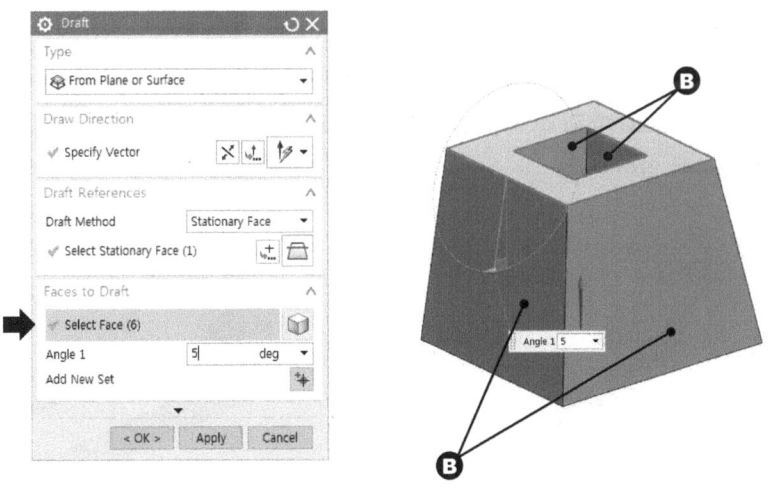

그림 6-92 Faces to Draft(구배면) 선택

6장: 추가 모델링 기능 I

8. 대화상자에서 OK 버튼을 누른다. 완성 모델은 그림 6-93과 같다.

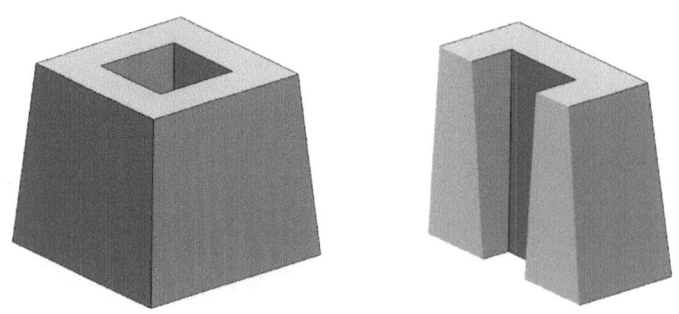

그림 6-93 완성 모델

END of Exercise

> **구배를 준다.**
>
> 실무에서는 면에 경사를 준다, 면을 기울인다는 표현보다는 '구배를 준다'는 표현을 많이 사용한다. 즉, Draft 기능은 면에 구배를 주는 기능인 것이다.

Exercise 10 From Edges 타입 *ch06_ex10.prt*

From Edges 타입은 지정된 모서리로부터 구배각이 시작된다. 구배면은 모서리에 인접한 면이 자동으로 선택되므로 따로 선택할 필요가 없다. From Edges 타입으로 구배를 생성하는 과정을 실습을 통하여 알아보자.

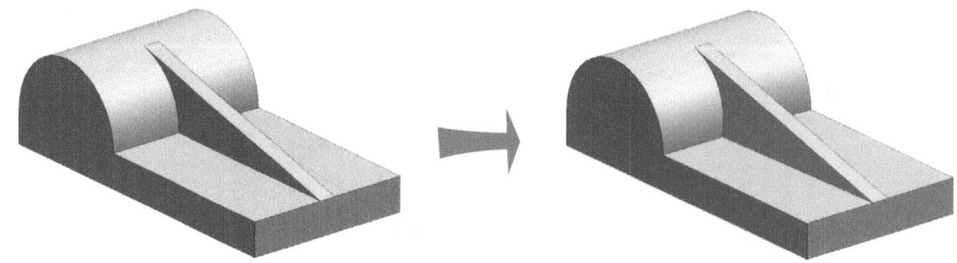

그림 6-94 From Edges 타입의 구배

1. 실습용 파일 ch06_ex10.prt를 연다.

2. Feature 아이콘 그룹에서 Draft 아이콘을 누른다.

3. 대화상자를 Reset 한다.

4. Type을 From Edges로 선택한다. Draw Direction은 +Z 방향으로 지정되어 있음을 확인하고 MB2를 누른다.

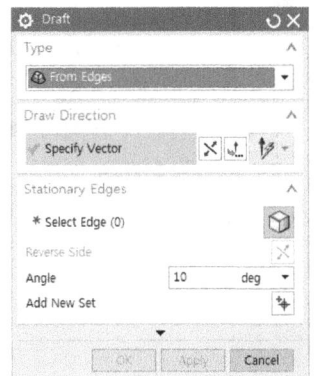 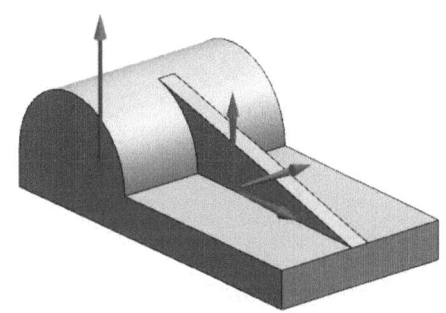

그림 6-95 Draw Direction 설정

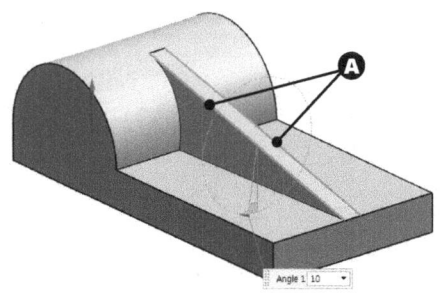

그림 6-96 Stationary Edges 선택

5. Stationary Edges 옵션이 하이라이트 된 것을 확인하고 그림 6-96의 ⓐ 모서리를 선택한다. 미리보기가 나타난다.

6. OK 버튼을 누른다. 완성 모델은 그림 6-97과 같다.

6장: 추가 모델링 기능 I

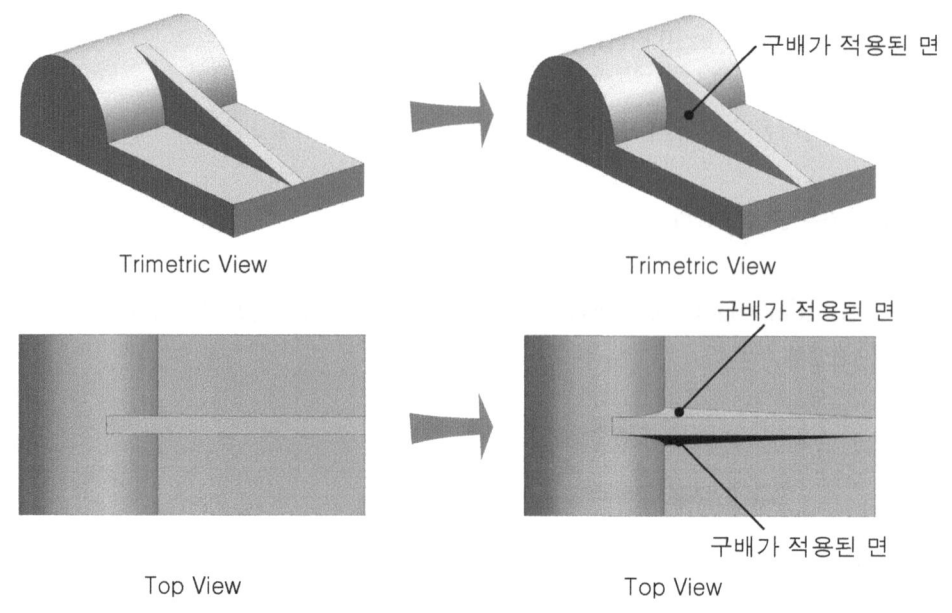

Trimetric View → Trimetric View — 구배가 적용된 면

Top View → Top View — 구배가 적용된 면

그림 6-97 완성 모델

END of Exercise

> ### *Variable Draft Points 옵션*
>
> From Edges 타입의 구배를 줄 때는 Variable Draft Points 옵션이 나타난다. 모서리의 위치마다 다른 구배각을 줄 수 있다. 다른 구배각을 줄 위치를 지정할 때는 Snap Point 옵션을 이용한다. Snap Point 옵션에 대해서는 628 쪽의 "A.4.1 Snap Point 옵션"을 참고한다.
>
>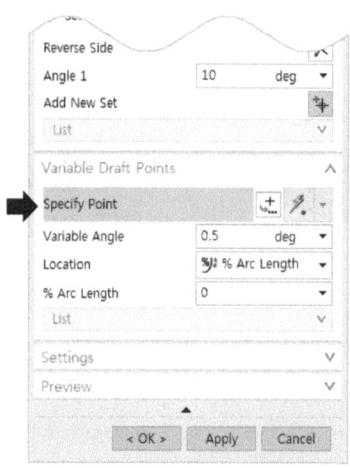
>
> **그림 6-98** Variable Draft Points 옵션

ch06_ex11.prt   Tangent to Face 타입   **Exercise 11**

그림 6-99의 ❹ 면과 원통면의 ❺ 부분은 구배가 필요하다. 이와 같이 곡면을 포함하여 구배를 줄 때는 Tangent to Face 타입을 이용한다. Tangent to Faces 타입으로 구배를 생성하는 과정을 실습을 통하여 알아보자.

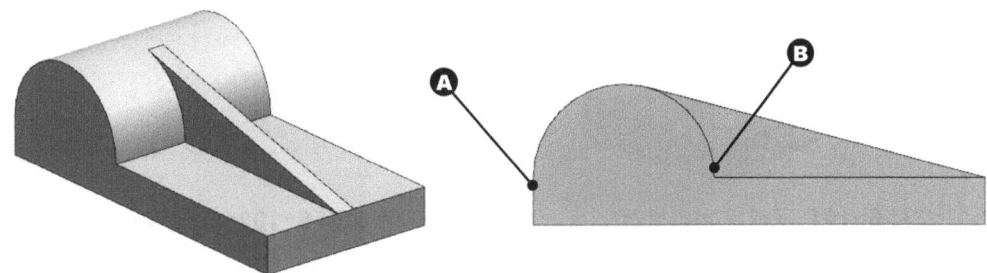

그림 6-99 구배가 필요한 부분

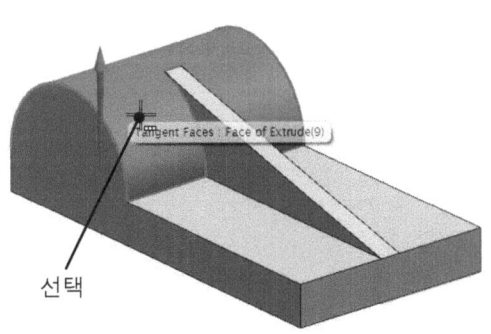

그림 6-100 Tangent Face 선택

1. 실습용 파일 ch06_ex11.prt를 연다.

2. Feature 아이콘 그룹에서 Draft 아이콘을 누른다.

3. 대화상자를 Reset 한다.

4. Type을 Tangent to Faces로 선택한다. Draw Direction은 +Z 방향으로 지정되어 있음을 확인하고 MB2를 누른다.

Tangent Faces 옵션으로 진행된다.

5. Face Rule이 Tangent Faces로 되어 있음을 확인한다.
6. 그림 6-100과 같이 원통면을 선택한다.

7. 대화상자의 Angle 1 입력창에 20°를 입력하고 Enter 키를 누른다. 그림 6-101과 같이 미리보기가 나타난다.

8. 대화상자에서 OK 버튼을 누른다. Front View는 그림 6-102와 같다.

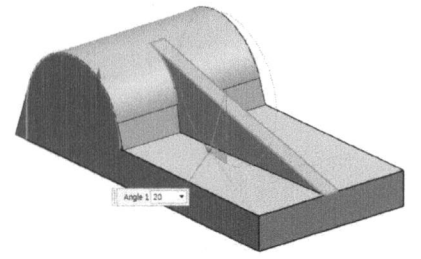

그림 6-101 구배의 미리보기

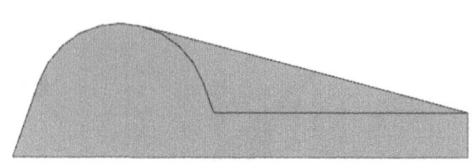

그림 6-102 Front View

END of Exercise

> **Tangent to Faces 타입의 핵심**

Tangent to Faces 타입의 구배를 생성할 때 가장 중요한 핵심은 그림 6-103에서 가리키는 면 ⓐ와 ⓑ를 같이 선택하는 것이다.

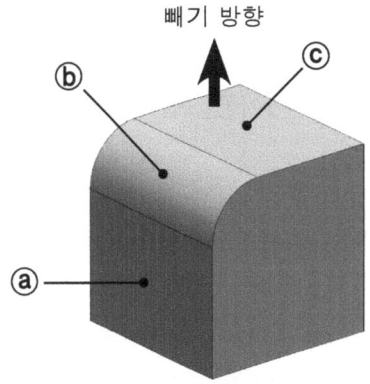

그림 6-103 모델의 면

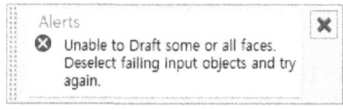

그림 6-104 면 ⓐ만을 선택하는 경우 나타나는 오류 메시지

면 ⓒ는 Draw Direction과 직각을 이루는 면이므로, 선택을 하건 하지 않건 결과에 아무런 영향을 미치지 않는다. 만일 면 ⓐ만을 선택하면 그림 6-104와 같은 경고 메시지가 표시된다. 이 메시지의 의미는 결국 탄젠트 한 면 ⓑ를 선택하지 않았음을 알려주는 것이라 보아도 무방하다.

ch06_ex12.prt   구배 생성 실습   **Exercise 12**

주어진 파일 ch06_ex12.prt를 열어 그림 6-105와 같이 모든 수직면에 10° 구배를 적용하시오.

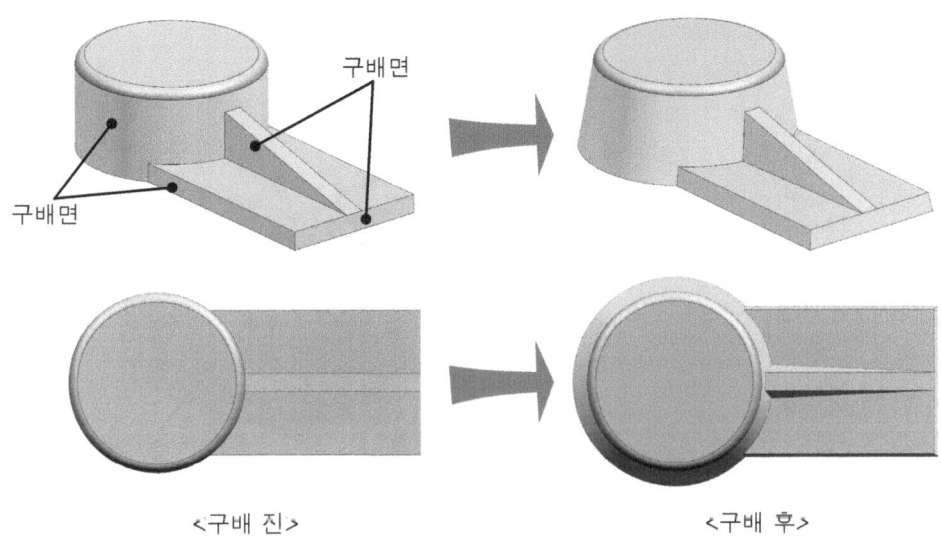

<구배 전>   <구배 후>

그림 6-105 구배 전과 후의 모델

> **Hint!**
>
> 1. 모든 수직면에 대하여 구배를 생성한다. 구배면은 실습용 파일에 노란색으로 표시되어 있다.
> 2. Draft의 3가지 타입 중 적어도 2가지 이상을 사용해야 하는 실습이다.
> 3. 완성 모델은 Top View에서 보았을 때 노란색의 면이 모두 보여야만 올바르게 작업된 것이다.

END of Exercise

6.4.2 Draft의 기타 옵션

From Plane or Surface 타입의 Draft Method 중 Parting Face를 이용하면 Face나 Datum Plane, 점을 기준으로 하여 구배를 줄 수 있다. 점을 선택한다는 것은 그 점을 통과하면서 빼기 방향과 직각인 평면을 Parting Face로 지정하는 것이다. Parting Face와 구배면이 만나는 곳에 모서리가 생기면서 구배의 기준(Reference)이 된다.

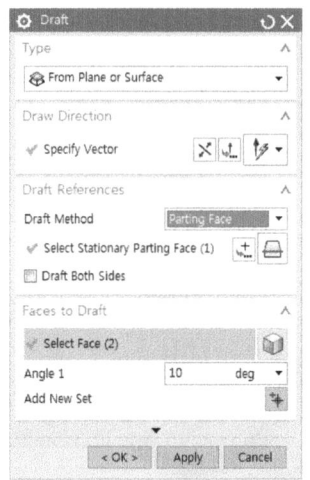 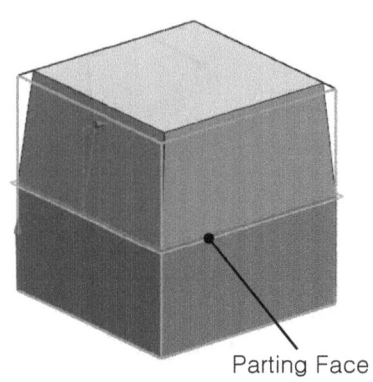

그림 6-106 Parting Face 방법의 구배

Draft Both Sides 옵션을 체크하면 양쪽 방향으로 구배를 줄 수 있고, Symmetric Angle 옵션을 해제하면 양쪽 방향으로 서로 다른 구배각을 지정할 수 있다.

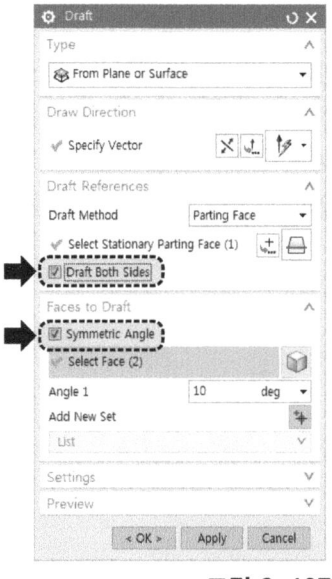 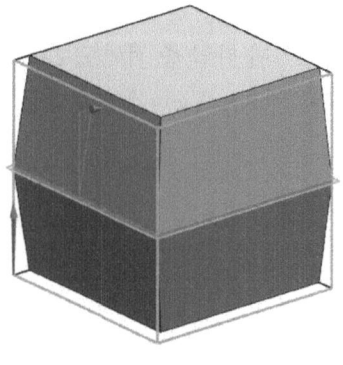

그림 6-107 Draft Both Sides 옵션

Draft Method 중 Stationary and Parting Face 옵션을 이용하면 기준면(Stationary Face)과 파팅면을 따로따로 지정할 수 있다. Parting Face 방법에서는 기준면을 따로 지정하지 않는 점을 상기하기 바란다.

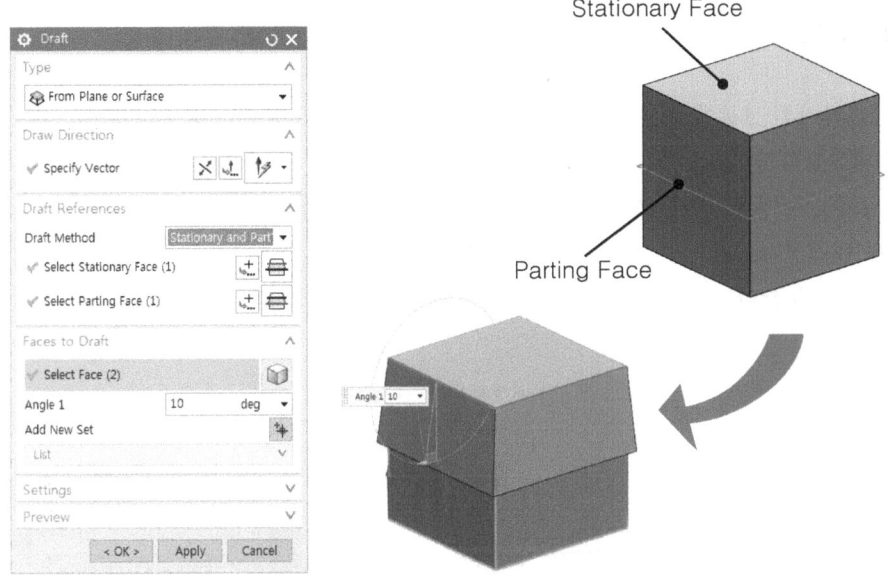

그림 6-108 Stationary and Parting Face 방법

Draft Type 중 To Parting Edges를 이용하면 Parting Edge를 기준으로하여 구배를 줄 수 있다. Parting Edge는 Divide Face 기능을 이용하여 생성한다.

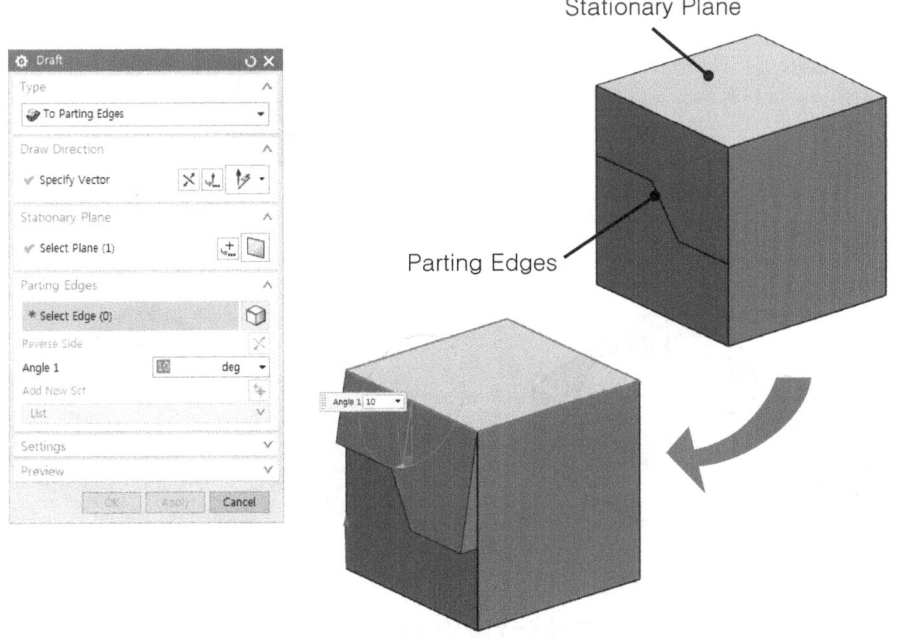

그림 6-109 From Parting Edges 타입

6.5 Shell

솔리드 바디를 파내어 두께를 형성한다.

기능 사용 절차

1. Feature 아이콘 그룹에서 Shell 아이콘을 누른다.
2. Shell 대화상자를 Reset 한다.
3. Face to Pierce(뚫릴 면)를 선택한다.
4. 두께를 입력한다.
5. OK 버튼을 누른다.

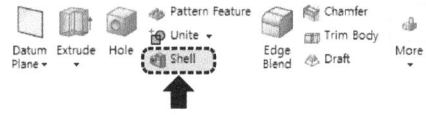

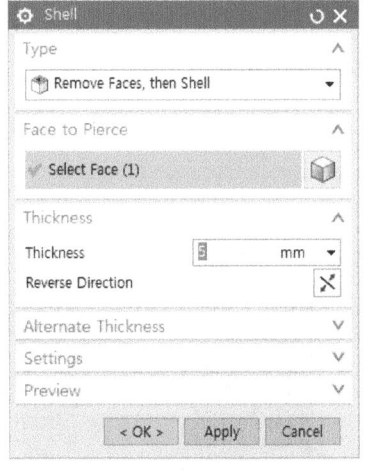

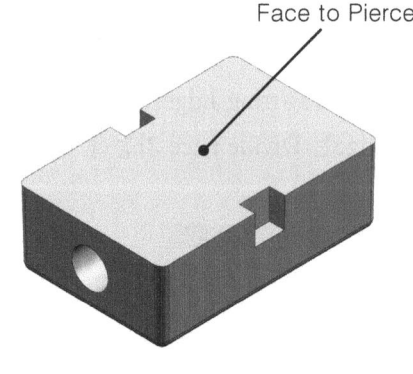

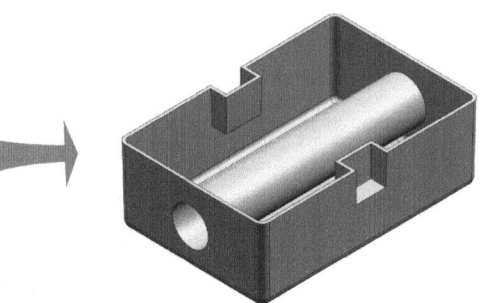

그림 6-110 Shell 적용 과정

뚫릴 면을 여러 개 선택하여 그림 6-111과 같은 형태의 Shell을 생성할 수도 있다. 제거할 면을 여러 개 선택한 결과 최초의 솔리드 바디가 2개 이상으로 분리되면 안된다.

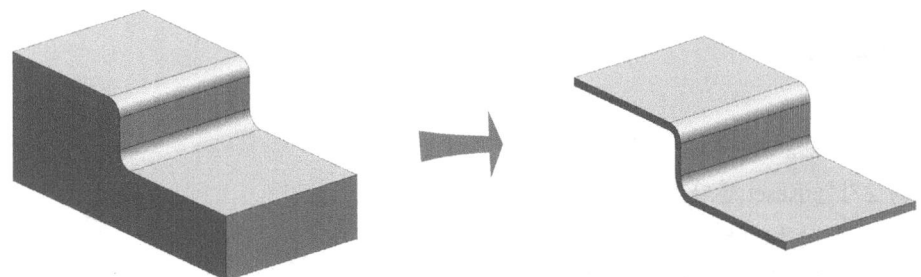

그림 6-111 뚫릴 면을 여러 개 선택

6.5.1 Reverse Direction

두께를 생성할 때 기본 방향은 솔리드 바디의 안쪽이다. 그림 6-112에서와 같이 물병의 최초 체적(V)이 유지되도록 두께(1mm)를 생성하려면 Reverse Direction 버튼을 이용하여 방향을 변경해야 한다.

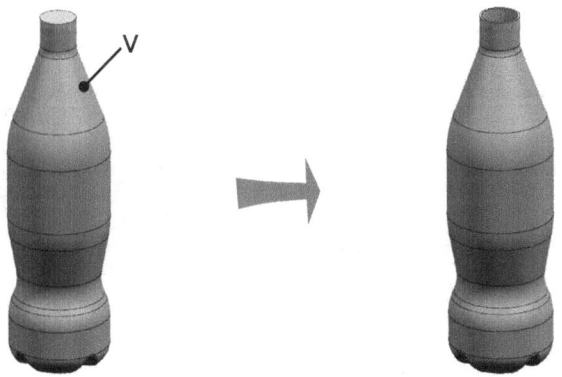

그림 6-112 두께 생성 방향 변경

6.5.2 Alternate Thickness 옵션

면 마다 다른 두께를 지정할 수 있다.

기능 사용 절차

1. Shell 아이콘을 누른다.
2. 대화상자를 Reset 한다.
3. 뚫릴 면을 선택한다.
4. Thickness를 입력하고 Enter 키를 누른다.
5. Alternate Thickness 옵션 그룹을 펼친다. (그림 6-113의 ❺)
6. Select Face 옵션을 클릭하고 다른 두께를 생성할 면을 선택한다. (그림 6-114의 ❻)
7. Thickness 1을 입력하고 Enter 키를 누른다.
8. Add New Set 버튼을 누르고 연속하여 다른 면을 선택하여 다른 두께를 입력한다.
9. OK 버튼을 누른다.

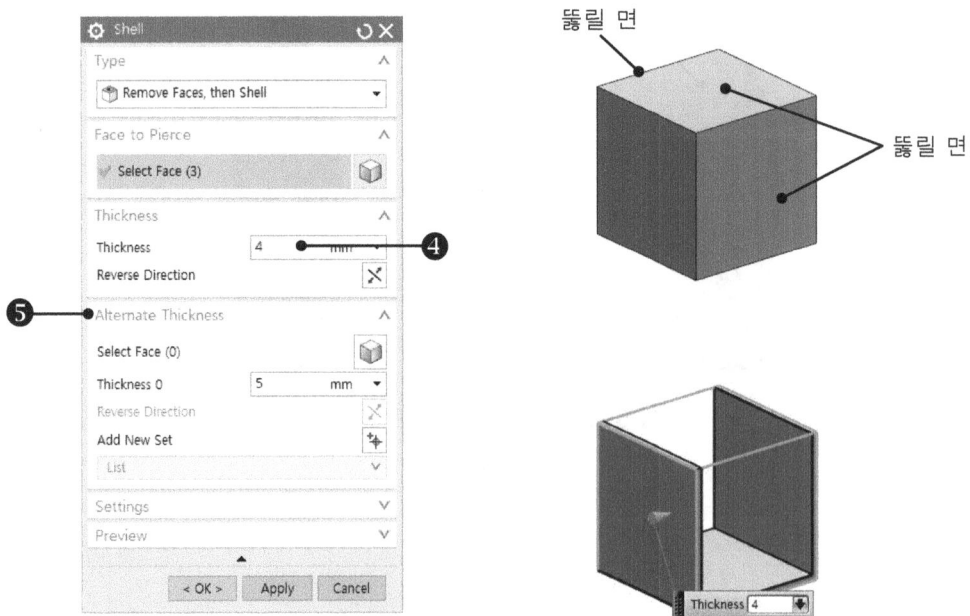

그림 6-113 Alternate Thickness 적용 절차 (1/2)

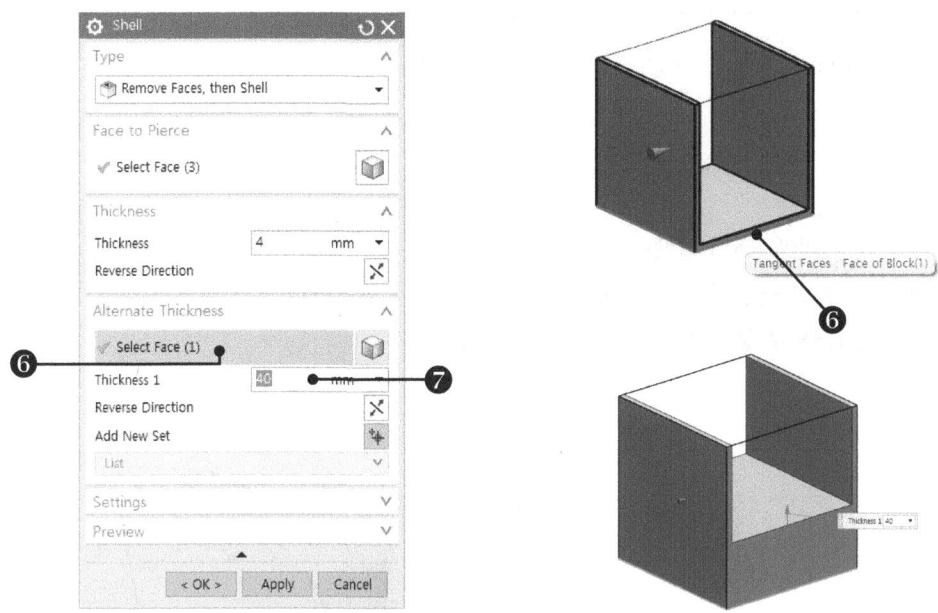

그림 6-114 Alternate Thickness 적용 절차 (2/2)

Shell의 결과로 생성된 솔리드 바디에도 Shell을 다시 적용할 수 있다. 그림 6-114의 최종 결과물에 다시 Shell을 적용하여 그림 6-115와 같은 형상을 만들 수 있다.

추가로 적용하는 Shell의 두께가 기존 형상의 두께에 비하여 충분히 작을 경우 그림 6-116과 같은 Shell을 생성할 수 있다.

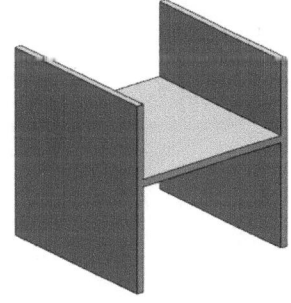

그림 6-115 Shell을 두 번 적용하여 생성한 모델

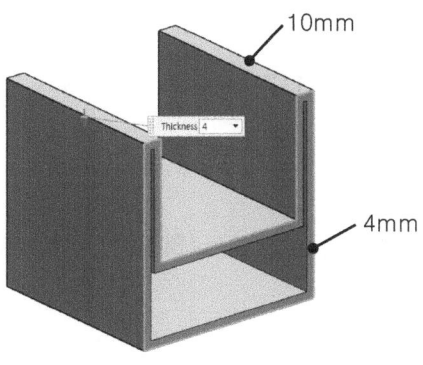

그림 6-116 두께 적용

Exercise 13 Fillet, Shell 생성　　　　　　　　　　ch06_ex13.prt

ch06_ex13.prt 파일을 열어 설명에 따라 아래 그림과 같이 Shell 피쳐와 Fillet을 생성하시오.

① 지정한 모서리에 R5의 필렛을 생성한다.
② 3mm의 두께를 균일하게 생성한다. 이 때, 바닥면은 제거한다.
③ 바닥면을 R3으로 둥글게 만든다. (Face Blend 이용)

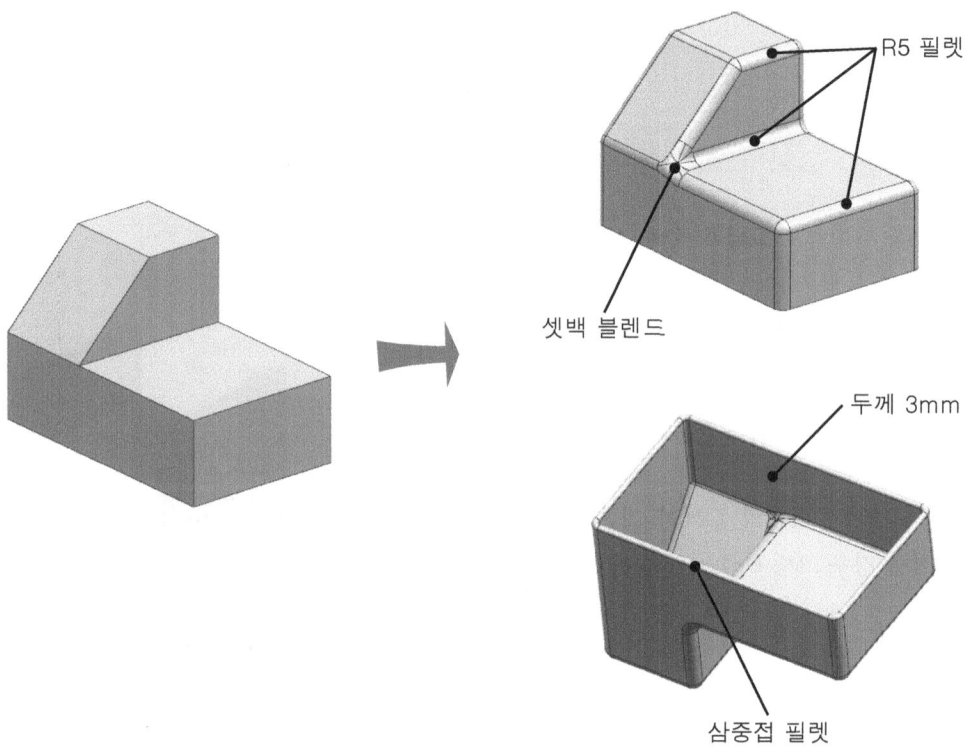

그림 6-117 Shell & Fillet 모델

> **! 삼중접 필렛**
>
> Menu 버튼의 Insert > Detail Feature > Face Blend를 선택하고 Three Defining Face Chains 타입을 이용하여 생성한다.

ch06_ex14.prt　　　　　　　　　　　　　　Draft와 Fillet, Shell　**Exercise 14**

ch06_ex14.prt 파일을 열어 설명에 따라 아래 그림과 같이 Draft, Fillet 및 Shell을 생성하시오.

① 빼기 방향(밑 면에 수직)에 평행인 모든 면에 3°의 구배를 생성한다. 이 때, 바닥면과 Ⓐ 면의 크기는 변하지 않아야 한다.
② 밑면을 제외한 모든 모서리에 반경 3mm의 필렛을 생성한다.
③ 2mm의 두께를 균일하게 생성한다. 이 때, 바닥면은 제거한다.

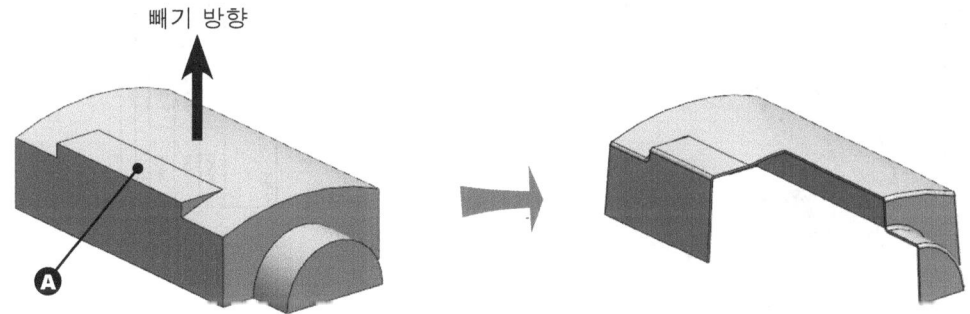

그림 6-118 Draft, Fillet, Shell 모델

> **힌트**
>
> Draft는 From Plane or Surface 타입과 Tangent to Faces 타입을 사용한다.

END of Exercise

Exercise 15 Handle

ch06_ex15.prt

다음 도면 형상을 모델링 하시오.

1. 하나의 솔리드 바디가 되도록 모델링 한다.
2. 스케치는 완전 구속 되어야 하며 Fix 구속은 사용하지 않는다.

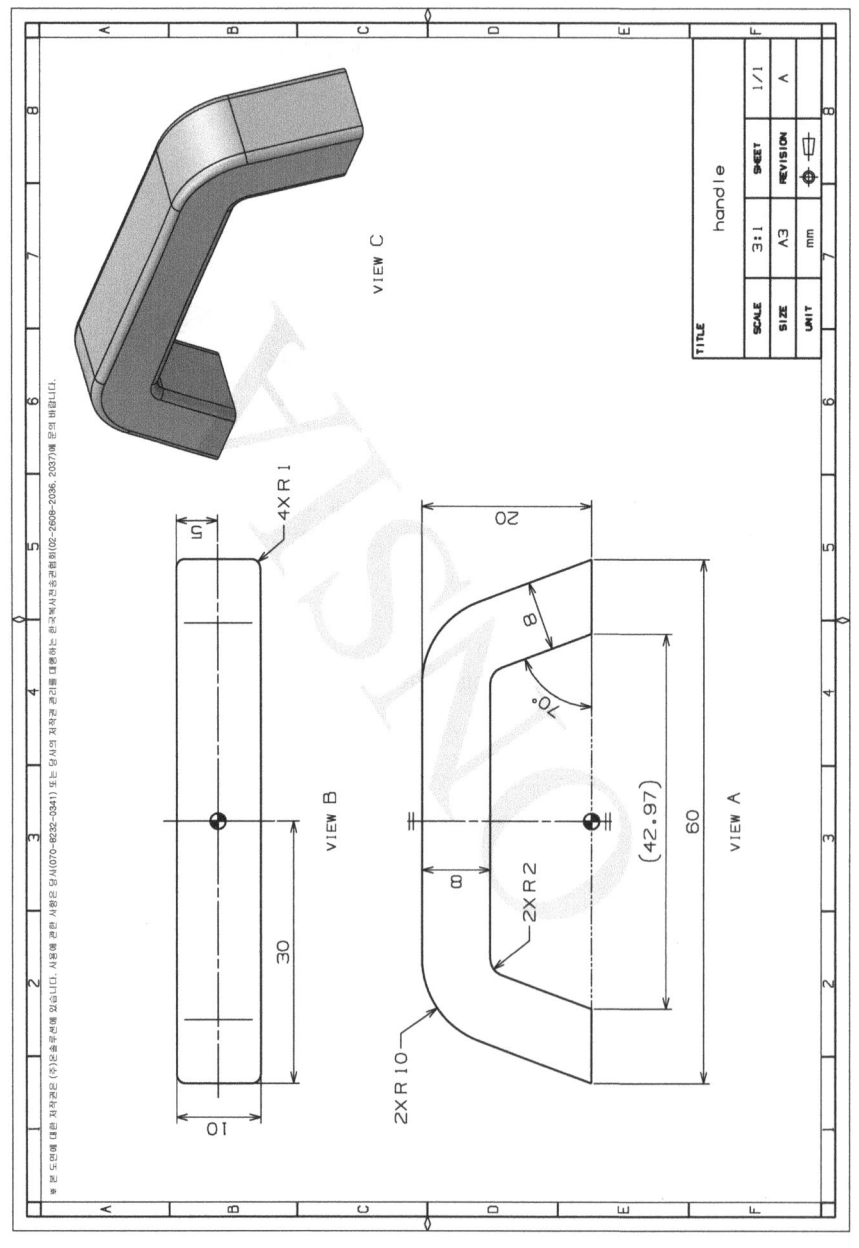

그림 6-119 Exercise 15 연습 도면

ch06_ex16.prt Mounting Bracket **Exercise 16**

다음 도면 형상을 모델링 하시오.

1. 하나의 솔리드 바디가 되도록 모델링 한다.
2. 스케치는 완전 구속 되어야 하며 Fix 구속은 사용하지 않는다.

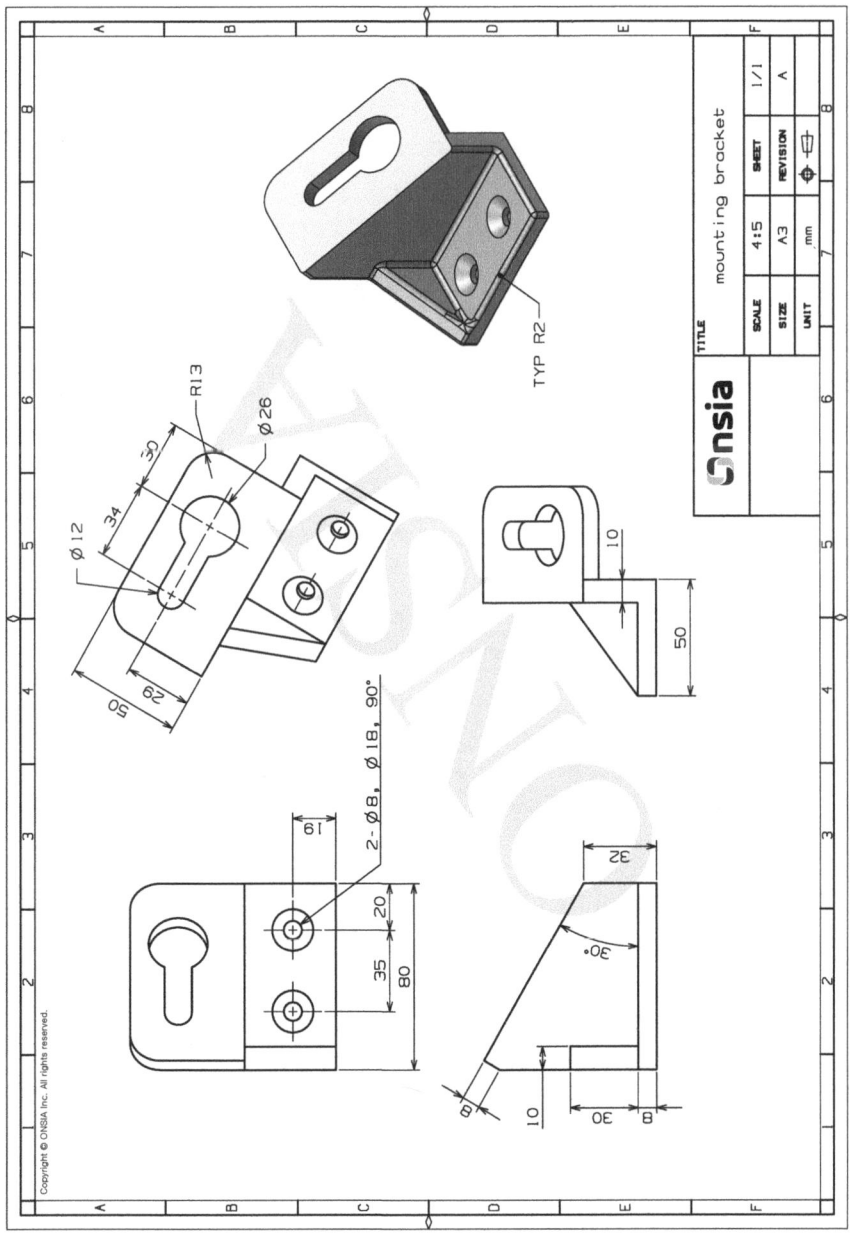

그림 6-120 Exercise 16 연습 도면

Exercise 17   Plastic Cover   ch06_ex17.prt

다음 설명을 참고하여 그림 6-121의 도면을 모델링 하시오.

① 외형 모서리의 필렛 반경은 3mm임.
② **A**로 표시한 면의 구배 기준면(고정면)은 **F** 면으로 한다.
③ **B**로 표시한 면의 구배 기준면(고정면)은 **G** 면으로 한다.
④ **C** 부분(원통면의 분할면 모서리 4곳)에도 구배를 적용한다.
⑤ 두께는 2mm로 한다.

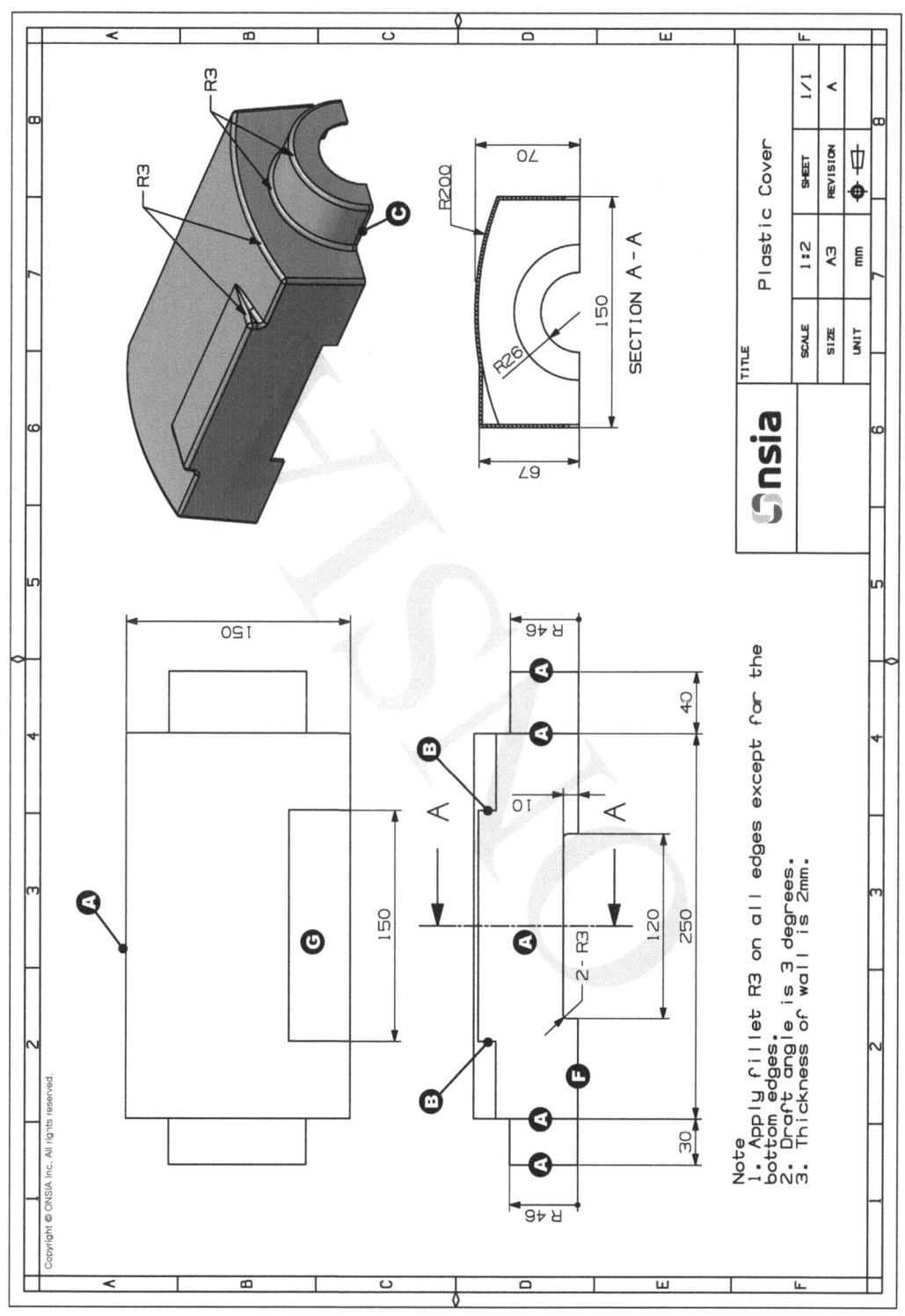

그림 6-121 Exercise 17 연습 도면

Exercise 18　Guide Bracket　　　　　　　　　　ch06_ex18.prt

그림 6-122를 참조하여 Guide Bracket 형상을 모델링 하시오.
모델링을 진행하면서 다음 사항을 참고한다.

일반적인 모델링 순서

① 더해지는 형상을 모두 모델링 한다.
② 제거되는 형상을 모델링 한다.
③ 상세 모델링으로 완성한다.

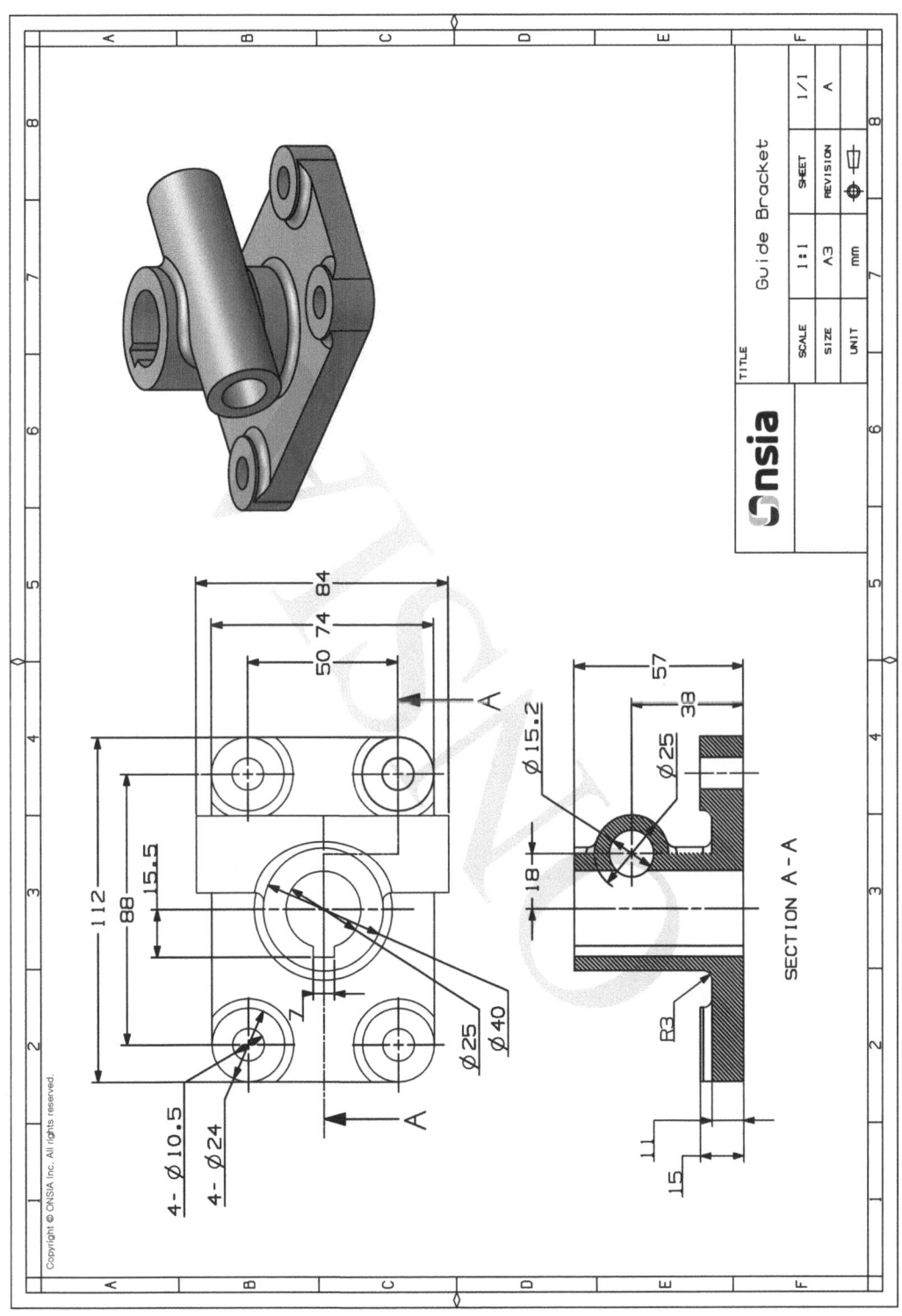

그림 6-122 Exercise 17 연습 도면

(빈 페이지)

Chapter 7
모델 수정

■ 학습목표

- Parent/Children 관계를 이해한다.
- 모델링 순서의 중요성을 이해하고, Reorder Feature 기능을 이용하여 모델링 순서를 바꿀 수 있다
- 스케치와 섹션을 수정한다.
- Feature Parameter를 수정한다.
- 모델링 개체를 다시 선택할 수 있다.

7.1 모델 수정의 이해

모델링을 완성하였는데 특정 피쳐를 수정하여야 한다면 다음의 두 가지 방법을 취한다.

① 피쳐를 삭제하고 다시 생성함
② 삭제하지 않고 피쳐의 생성 옵션이나 섹션을 수정한 후 업데이트 함

NX와 같은 파라메트릭 모델링 소프트웨어의 장점을 최대한 활용하려면 두 번째 방법을 우선 취하는 것이 좋다. 두 번째 방법으로 수정이 불가능한 경우에만 최후의 방법으로 피쳐를 삭제하고 다시 생성한다.

그림 7-1은 Ⓐ 피쳐의 경사 각도를 수정한 결과로 Ⓑ 피쳐의 형상이 변경된 것을 보여준다. 이 장에서는 각종 모델 수정 방법과 수정으로 인하여 발생하는 연관성 문제를 해결하는 방법을 알아본다.

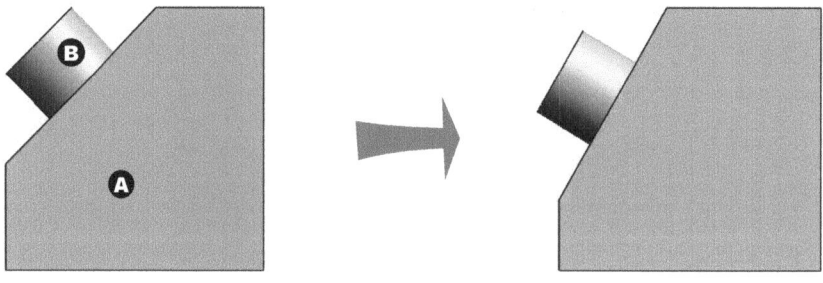

그림 7-1 피쳐 수정의 영향

7.1.1 피쳐의 Parents - Children 관계

피쳐를 생성할 때 앞에서 생성한 피쳐를 이용하여 피쳐를 정의하였다면 앞에서 생성한 피쳐와 뒤에 생성한 피쳐 사이에 연관성이 정의된다. 따라서 앞에서 생성한 피쳐를 수정하면 뒤에서 생성한 피쳐의 정의에 영향을 준다. 앞의 피쳐를 부모 피쳐(Parent Feature)라 하고, 뒤에 생성한 피쳐를 자손 피쳐(Children Feature)라고 한다.

모델을 수정할 때는 이러한 모델링의 연관성(Associativity)으로 인하여 부모 피쳐 및 자손 피쳐의 관계를 잘 파악하여 연관성에 문제가 생기는 경우 해결해 줘야 한다. 이러한 연관관계를 이해하지 못한다면 수정 후 다른 형상이 변경될 수 있으므로 주의하여야 한다.

NX에서는 파트 네비게이터의 팝업 메뉴 중 Browse 옵션을 이용하여 종속관계를 확인할 수 있다.

파트 네비게이터에서 피쳐에 MB3 〉 Browse를 선택하면 그림 7-3과 같이 종속 관계를 보여주는 Browser 나타난다. 선택한 피쳐의 왼쪽에 나타난 피쳐는 Parent 피쳐이고, 오른쪽에 나타난 피쳐는 Children 피쳐이다. 그림 7-3에서 Extrude (4)를 더블클릭하면 Extrude 대화상자가 나타나며 피쳐 생성 옵션을 수정할 수 있다. Parent 피쳐나 Children 피쳐를 더블클릭하여 수정할 수도 있다.

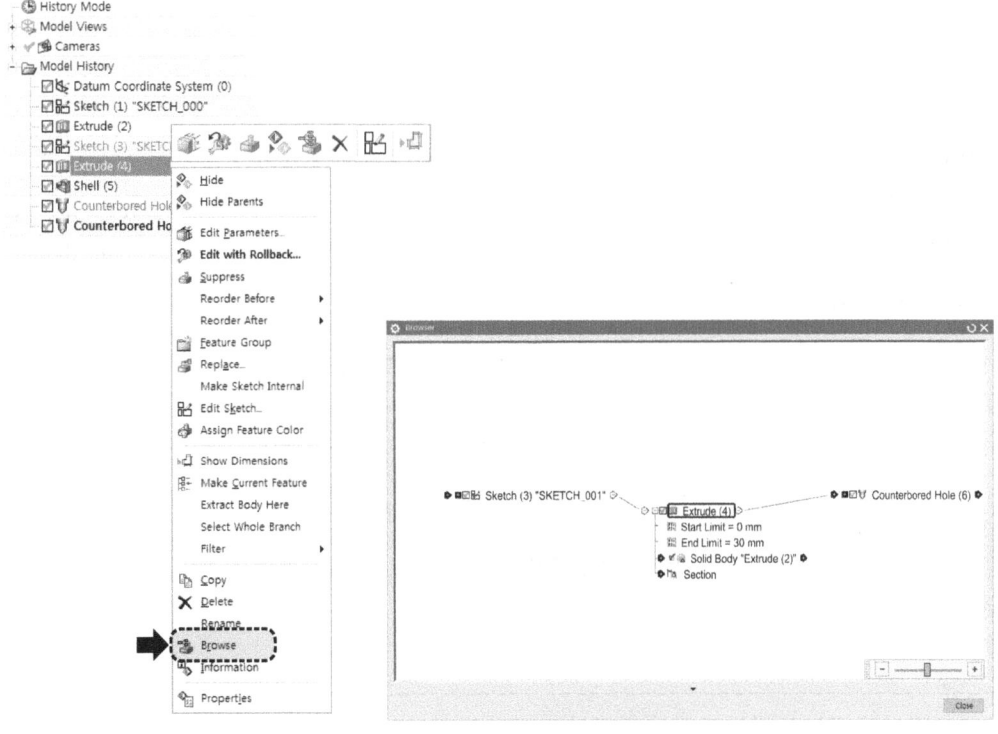

그림 7-2 팝업 메뉴 **그림 7-3** 종속관계 확인 창

파트 네비게이터의 피쳐 색깔을 이용하여 종속관계를 확인할 수도 있다. 어떤 피쳐를 선택하였을 때 빨간색으로 변경되는 피쳐는 선택한 피쳐의 Parent 피쳐이고, 파란색으로 변경되는 피쳐는 Children 피쳐이다. Parent 피쳐를 삭제하면 그에 종속되는 피쳐도 함께 삭제된다.

7장: 모델 수정

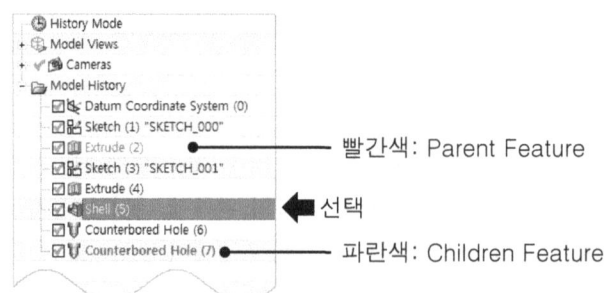

그림 7-4 파트 네비게이터에서의 종속관계

7.1.2 피쳐의 삭제

어떤 피쳐에 종속되어 있는 피쳐가 있을 경우 피쳐를 삭제하면 그림 7-5와 같은 정보를 보여준다. 종속되어 있는 피쳐가 있어서 영향을 받는다는 뜻이다. 즉, 자손 피쳐가 있을 경우 부모 피쳐를 삭제하면 자손피쳐도 함께 삭제된다. 따라서 모델을 수정할 때 피쳐나 스케치를 삭제하는 행위는 최소화 해야 하는 것이다.

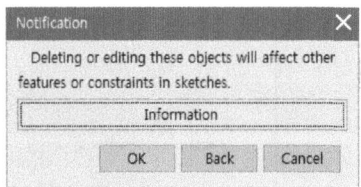

그림 7-5 종속관계 안내

7.2 Sketch 수정

파트 네비게이터에서 스케치를 더블클릭하거나 모델에서 스케치를 더블클릭하면 Edit with Rollback 기능이 실행된다. 이러한 설정은 29쪽의 "1.8.3 Double Click Action for Sketches"를 참고한다.

Sketch 수정의 접근 방식으로 다음과 같은 것들이 있다.

① 스케치 커브는 그대로 두고 구속조건, 치수를 수정하거나 삭제 후 다시 생성한다.
② 스케치 커브를 삭제 또는 다시 생성한 후 완전구속한다.
③ 스케치 면을 변경한다.

첫 번째 방식을 우선 취하고 두 번째 방식은 피치 못할 경우에만 사용한다. 세번째 접근 방식은 스케치 면을 다른 면으로 변경하거나 스케치 면의 방향, 원점을 다시 설정해야 하는 경우에 사용한다.

---

ch07_ex01.prt　　　　　　　　　　스케치 치수 수정하기　**Exercise 01**

주어진 파일을 열어 스케치 치수를 수정한 후 수정한 스케치와 자손 피쳐의 형상이 변경되는 것을 확인해 보자.

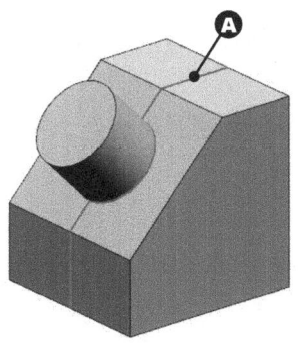

1. ch07_ex01.prt 파일을 연다.

2. 그림 7-6의 ⓐ 스케치를 더블클릭한다.

그림 7-7과 같이 스케치 환경으로 들어간다.

그림 7-6 실습용 파일

7장: 모델 수정

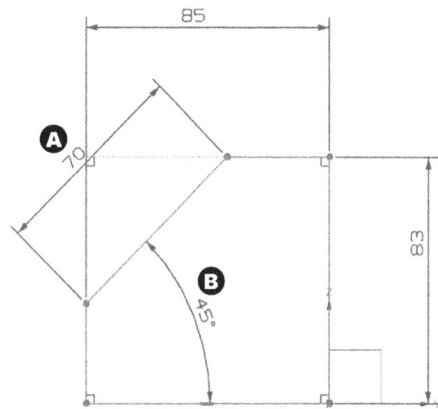

그림 7-7 스케치 환경으로 들어간 모습

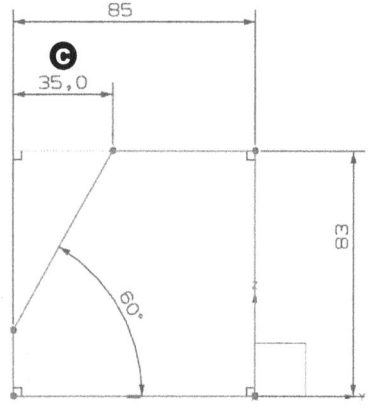

그림 7-8 치수 변경

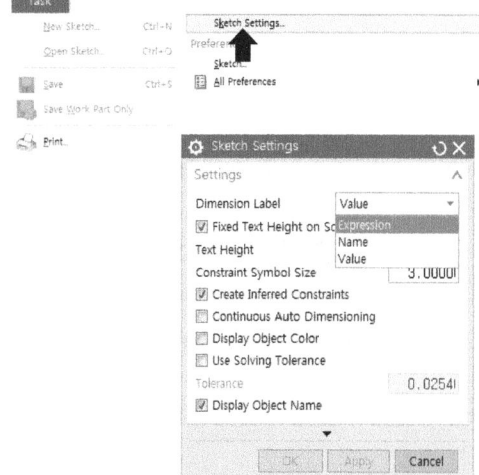

그림 7-9 Dimension Label 옵션 변경

3. 그림 7-7의 **A** 치수를 삭제한 후 그림 7-8의 **C** 치수를 기입하여 완전구속한다.

4. 그림 7-7의 **B** 치수를 더블클릭하여 60으로 변경한다.

스케치의 변수명을 보이도록 하자.

5. Task 탭을 클릭한 후 Sketch Settings을 선택한다. (그림 7-9)

6. Dimension Label 옵션을 Expression으로 선택한다.

그림 7-10과 같이 치수에 변수명이 함께 나타난다.

7. 그림 7-10의 **D** 치수를 더블클릭한 후 그림 7-10의 **E** 입력창에 p9를 입력하고 Enter 키를 누른다. 85 치수의 변수명은 p9이다.

8. Dimension Label 옵션을 Value로 변경한다.

수정된 스케치는 그림 7-11과 같다.

9. Finish Sketch 버튼을 눌러 스케치 환경을 빠져 나간다.

그림 7-12는 수정된 모델을 보여준다.

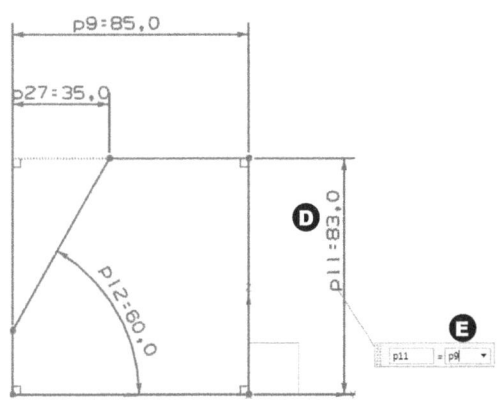
그림 7-10 치수 연결시키기

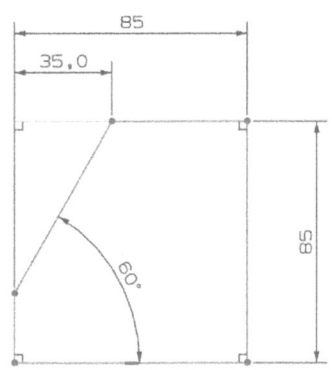
그림 7-11 수정 후의 스케치

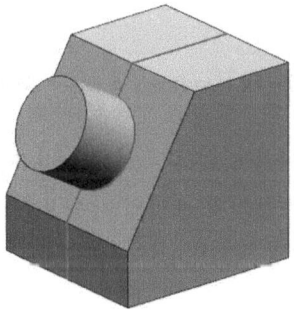
그림 7-12 수정 후의 모델

7.2.1 스케치 면 변경

스케치 환경에서 Reattach 기능을 이용하면 스케치 면을 변경할 수 있다. 그림 7-13과 같이 아이콘을 클릭하면 그림 7-14와 같은 Reattach Sketch 대화상자가 나타나고 스케치 면을 변경하거나 다른 스케치 면 옵션을 변경할 수 있다.

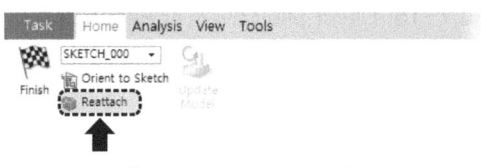
그림 7-13 Reattach 아이콘

7장: 모델 수정

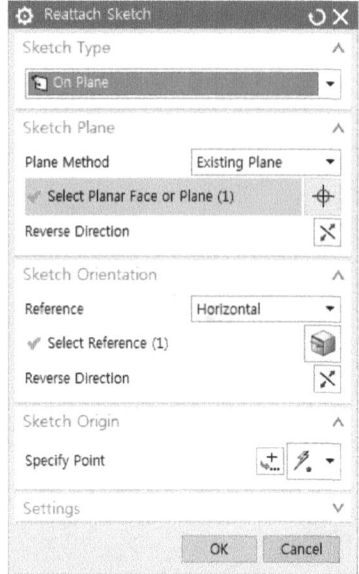

그림 7-14 Reattach Sketch 대화상자

스케치 면을 변경할 경우 그 스케치를 정의하는데 사용한 다른 개체는 그대로 유지된다는 점에 주의하여야 한다. 어떤 모서리와 스케치 커브와의 치수 또는 기하구속을 부여했다면 필요에 따라 수정해야 한다. 스케치 면의 수평 방향이나 수직 방향을 변경해야 할 수도 있다.

Direct Sketch 툴바에서도 Reattach 기능을 사용할 수 있다. 그러나 스케치 면을 변경하고자 하는 스케치 피쳐 이후에 생성한 평면은 새로운 스케치 면으로 선택할 수 없다는 점에 주의하여야 한다. 종속 관계에 문제가 생기기 때문이다. 이 점은 스케치 구속을 부여할 때도 마찬가지다.

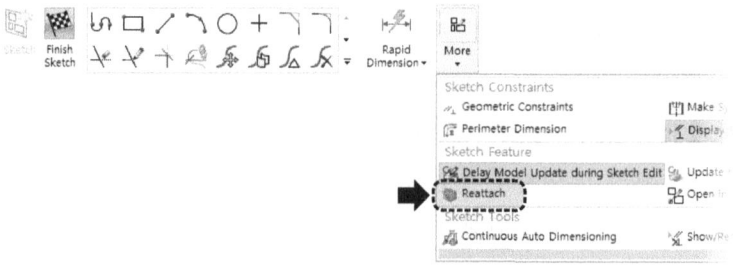

그림 7-15 Direct Sketch에서의 Reattach 아이콘

> ### 치수를 수정하는 가장 빠른 방법

파트 네비게이터의 Details 패널을 통해 숫자를 수정하여 모델을 업데이트 할 수 있다. 이 방법을 사용하여 치수를 수정할 때는 제약사항이 있다.

▶ 수정하려는 대상이 숫자여야 한다. p11=p9와 같이 식인 경우(그림 7-16의 Ⓐ), 더블 클릭하면 그림 7-17과 같은 Expressions 대화상자가 나타난다.

▶ 선택한 피쳐는 하나여야 한다. 두 개 이상의 피쳐를 선택한 경우 Details 패널에는 아무 것도 나타나지 않는다.

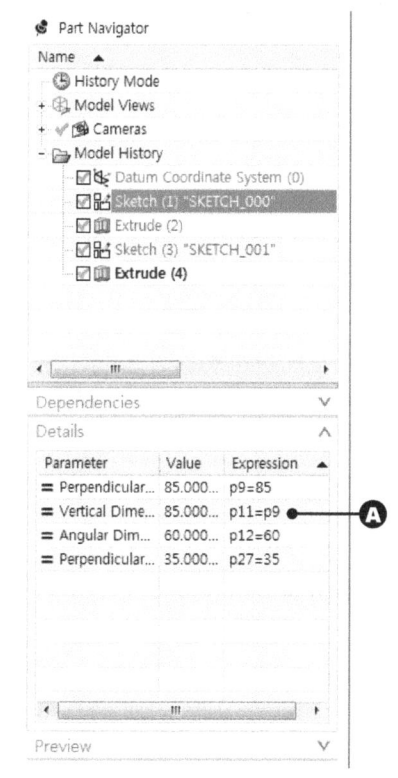

그림 7-16 Details 패널

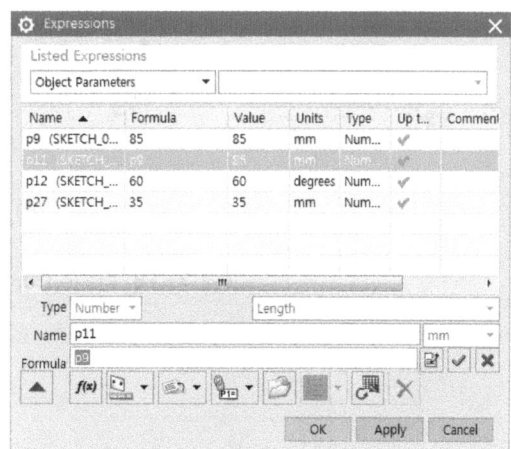

그림 7-17 Expressions 대화상자

7.3 Feature 삽입 (Make Current Feature)

모델링 히스토리의 중간에 피쳐를 삽입할 수 있다. 파트 네비게이터에서 피쳐에 MB3를 누른 후 팝업메뉴에서 Make Current Feature 를 선택한다 그림 7-18 (b)와 같이 선택한 피쳐까지 모델링 이력이 되돌아가고 그 후에 모델링을 수행하면 Current Feature로 지정된 피쳐 바로 뒤에 모델링 이력이 추가된다. 그림 7-18 (c)는 데이텀 평면을 추가한 상태를 보여준다.

마지막까지 모델링이 진행된 상태를 복구하려면 Part Navigator의 빈 곳에 MB3를 누른 다음 Update to End를 선택한다. 또는 맨 마지막 피쳐에 MB3를 누른 다음 Make Current Feature 를 선택해도 된다.

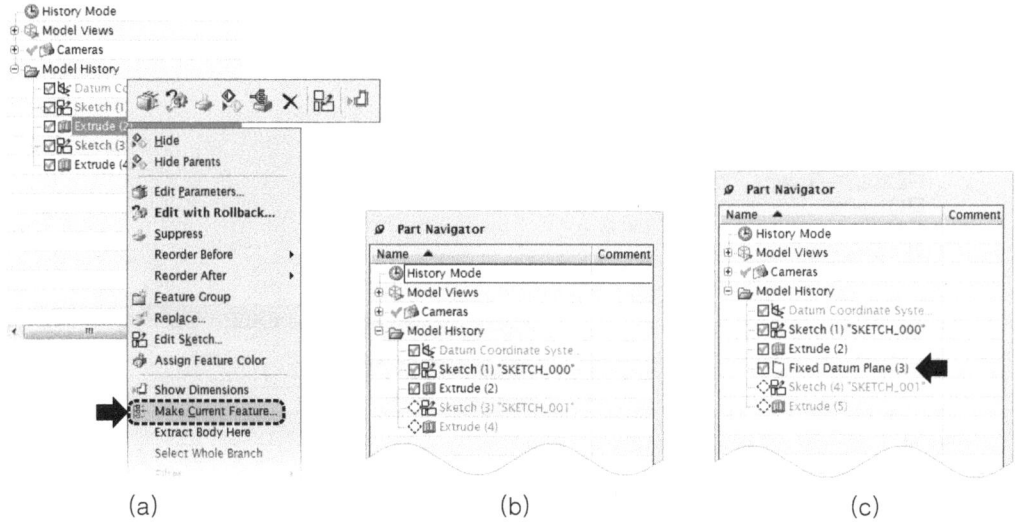

(a)　　　　　　　　　(b)　　　　　　　　　(c)

그림 7-18 Make Current Feature 적용

ch07_ex02.prt   스케치 면 변경 **Exercise 02**

Exercise 02에서는 다음과 같은 모델링 수정을 실습할 것이다.

1. 스케치 커브 삭제 후 다시 생성
2. 모델링 이력의 중간에 데이텀 평면 생성
3. 스케치 면을 데이텀 평면으로 변경

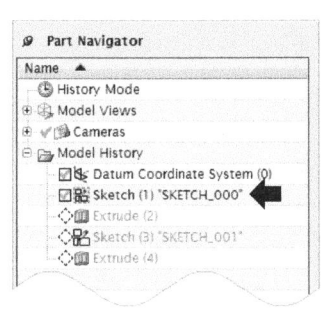

스케치 수정

1. ch07_ex02.prt 파일을 연다.

2. 그림 7-19에서 화살표로 가리키는 스케치에 MB3 > Edit with Rollback을 선택하여 Sketch 환경으로 들어간다.

3. 그림 7-19의 Ⓐ 커브를 삭제한 후 그림 7-20과 같이 호 Ⓑ를 추가한다.

4. 스케치를 그림 7-20과 같이 완전구속 한 후 스케치 환경을 빠져 나간다.

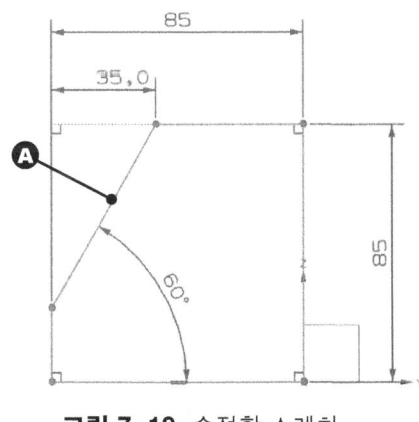

그림 7-19 수정할 스케치

> ⚠️ **Direct Sketch**
>
> Direct Sketch가 편리하다면 Sketch에 MB3 > Edit을 선택하면 된다.

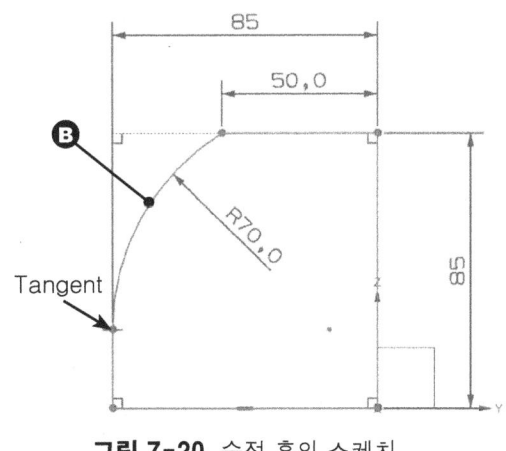

그림 7-20 수정 후의 스케치

7장: 모델 수정

그림 7-21과 같이 정보창이 나타나고, 파트 히스토리에 ⊠ 표시가 나타난다. ⊠ 표시는 오류가 발생한 피쳐를 알려주며 표시가 나타난 피쳐는 모델에 나타나지 않는다.

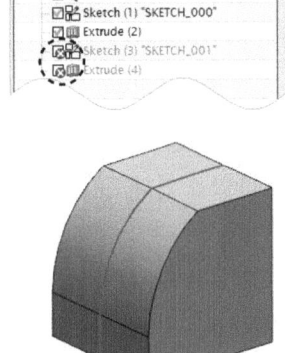

그림 7-21 오류가 나타난 결과

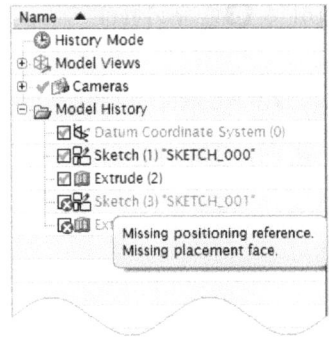

그림 7-22 오류의 원인

오류가 나타난 이유를 생각해보자. 그림 7-22와 같이 오류가 발생한 피쳐에 마우스 포인터를 올려 놓으면 오류의 원인을 표시해 준다.

Sketch (3)을 생성할 때 평면에 생성하였는데, 평면을 이루는 직선을 삭제한 후 호를 추가하는 바람에 스케치 면을 정의할 평면이 없어졌다. 따라서 Extrude (4)에도 오류가 발생하였다.

> **! Exercise 02의 목적**
>
> 본 Exercise의 목적은 피쳐를 삭제한 후 다시 생성하는 것이 아니라 오류를 바로 잡는 것이다. Extrude (4) 이후에 이를 참조하여 수 많은 모델링 단계를 진행하였다면 Sketch (3)를 삭제할 경우 자손 피쳐가 모두 삭제되어 다시 모델링 해야 하기 때문에 모델링 효율이 떨어진다.

데이텀 평면 생성

Sketch (3) 전에 데이텀 평면을 생성한 후 스케치 면을 정의해 보자.

1. Extrude (2)에 MB3 > Make Current Feature를 선택한다.

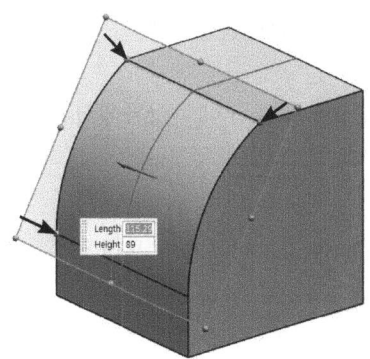

그림 7-23 데이텀 평면 생성

2. 그림 7-23의 세 점(검정 화살표로 표시한 곳)을 통과하는 데이텀 평면을 생성한다. Inferred 타입을 선택한 후 세 점을 선택하면 된다. 데이텀 평면의 크기는 적당히 조절한다.

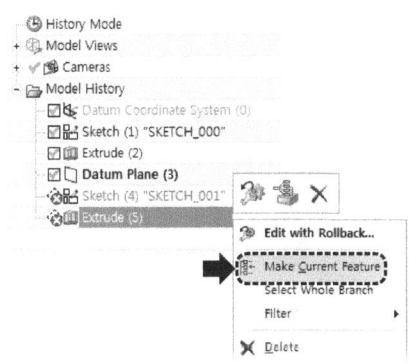

그림 7-24 Make Current Feature

3. Extrude (5) 피쳐에 MB3 > Make Current Feature를 선택하여 모델링을 끝까지 진행시킨다.

여전히 오류는 수정되지 않았다. 데이텀 평면만 생성한 것일 뿐 아직 스케치 면을 변경하지는 않았기 때문이다.

스케치 면 변경

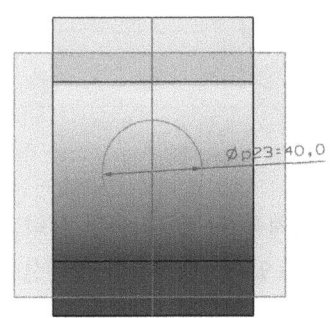

그림 7-25 스케치 환경

1. Sketch (4)에 MB3 > Edit with Rollback을 선택하여 스케치 환경으로 들어간다. (그림 7-25)

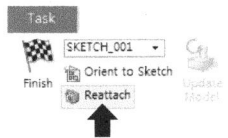

그림 7-26 Reattach 아이콘

2. Sketch 툴바에서 Reattach 아이콘을 누른다. Reattach Sketch 대화상자가 나타난다. Select Sketch Face or Plane 옵션이 하이라이트 되어 있고, 아무 것도 선택되어 있지 않음을 확인한다.

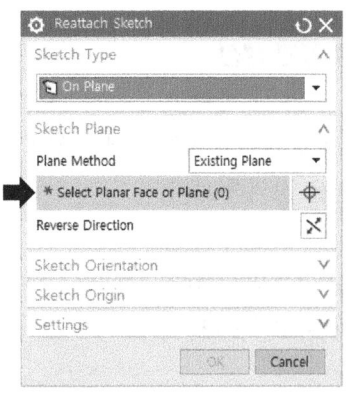

3. 데이텀 평면을 선택한다.

4. Reattach Sketch 대화상자에서 OK 버튼을 누른다.

5. Finish Sketch 버튼을 누른다. 또는 Ctrl + Q 버튼을 눌러도 된다.

그림 7-28은 오류가 수정된 결과를 보여준다.

그림 7-27 Reattach Sketch 대화상자

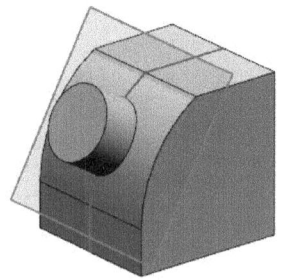

그림 7-28 수정 결과

END of Exercise

7.4 Feature Definition 수정

파트 네비게이터에서 피쳐를 더블클릭하거나 모델에서 피쳐를 더블클릭하면 선택한 피쳐의 대화상자가 나타나며, 대화상자 안에 있는 옵션을 수정할 수 있다. 대화상자의 옵션을 특성별로 분류하면 다음과 같다.

Feature 수정의 접근 방식

① 선택한 개체 변경
② 섹션 변경
③ 변수 값 수정
④ 기타 옵션 수정

섹션을 수정할 경우 매핑(Mapping) 여부를 결정하는 절차가 필요하다. 매핑 여부에 따라 이후에 오류가 발생할 수도 있고, 발생하지 않을 수도 있다. 매핑은 이전의(old) 섹션 커브와 새로운(new) 섹션 커브를 대응시키는 작업을 말한다.

그림 7-29에서와 같이 사각형 섹션을 오각형 섹션으로 수정했을 경우를 생각해 보자. **A** 섹션 커브를 **B** 섹션 커브와 매핑 시키면 **C** 평면이 **D** 평면으로 매핑되어 원통 형상의 스케치 면이 자동으로 **D** 평면으로 정의되어 이후에 스케치 평면을 다시 설정하지 않아도 된다.

Mapping 과정은 Sketch 환경에서 스케치를 수정한 경우에만 적용할 수 있다.

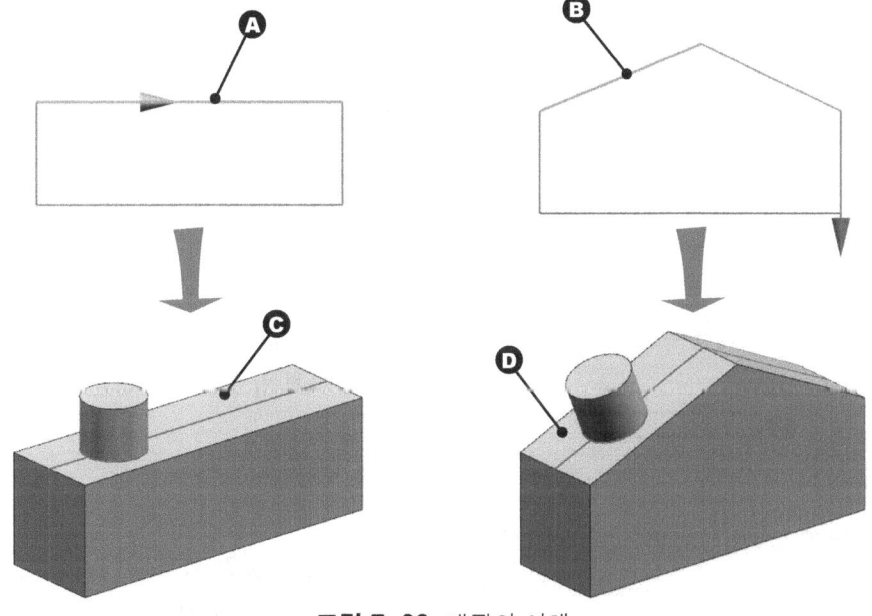

그림 7-29 매핑의 이해

7.4.1 선택한 개체 변경

앞에서 생성한 개체(꼭지점, 모서리, 면)를 선택하여 현재 피쳐를 정의하는 경우에 해당된다. 이 때 현재 생성 중인 피쳐는 선택한 꼭지점, 모서리 또는 면과 연관성을 갖는다. 따라서 꼭지점, 모서리, 면이 사라질 경우 피쳐 대화상자의 해당 옵션을 다시 설정해야 한다.

이러한 옵션의 예로 다음과 같은 것들이 있다.

① Extrude나 Revolve, Hole 피쳐의 Limit 개체
② Fillet, Chamfer 피쳐의 모서리
③ Revolve 또는 Pattern 피쳐의 회전축

7장: 모델 수정

④ 데이텀을 생성할 때 사용한 선이나 평면, 모서리, 점 등
⑤ Draft나 Shell을 생성할 때 선택한 면

개체를 변경할 때는 해당 옵션 영역을 클릭한 후 화면에 있는 다른 개체를 선택하거나 생성 기능을 이용하여 다시 생성할 수 있다.

Exercise 03 섹션 수정

ch07_ex03.prt

섹션을 수정한 후 Mapping을 하지 않을 경우와 할 경우의 차이점에 대하여 알아보자.

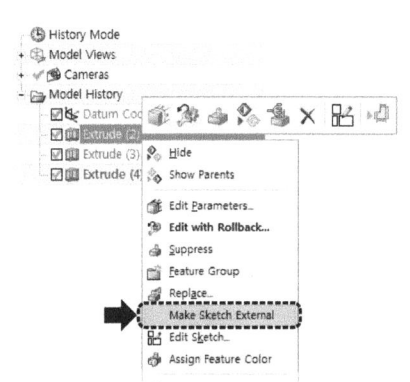

그림 7-30 Make Sketch External 옵션

매핑 하지 않을 경우

1. ch07_ex03.prt 파일을 연다.

2. Extrude (2)에 MB3를 누른 후 Make Sketch External을 선택한다. 스케치 피쳐가 Extrude 피쳐 밖으로 빠져 나온다.

3. Sketch 환경으로 들어간다.

4. 스케치를 그림 7-31과 같이 수정한 후 스케치 환경을 빠져 나간다.

5. 그림 7-32의 정보창에서 No 버튼을 누른다. 매핑을 하지 않겠다는 뜻이다.

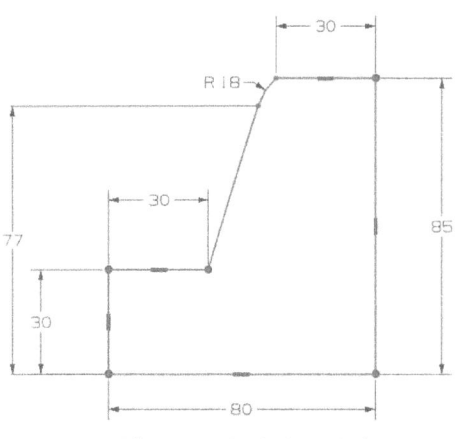

그림 7-31 수정된 스케치

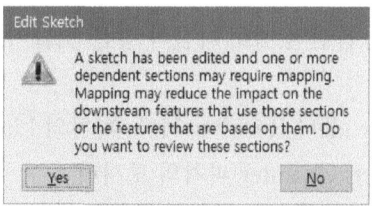

그림 7-32 Edit Sketch 정보창

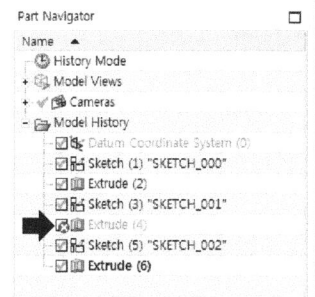

그림 7-33 오류가 발생한 피쳐

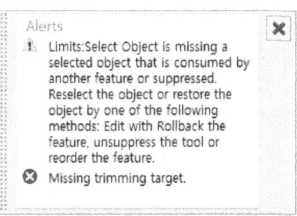

그림 7-34 Alerts 창

6. Information 창을 닫는다. 그림 7-33과 같이 두 번째 Extrude 피쳐에 오류가 발생한다.

7. 두 번째 Extrude 피쳐를 더블클릭한다.

8. 그림 7-34와 같은 Alerts 창이 뜬다. Limit로 선택한 개체가 사라졌음(missing)을 알려준다.

9. Extrude 대화상자의 End Limit 아래에 있는 Select Object 옵션 영역이 활성화 되어 있음을 확인한다. 그렇지 않다면 클릭한다.

10. 그림 7-35의 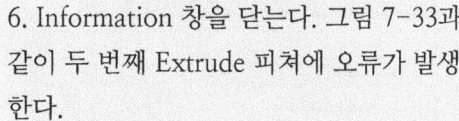 면을 선택한다.

11. Extrude 대화상자에서 OK 버튼을 누른다.

오류가 사라지고 모델 수정이 완료된다.

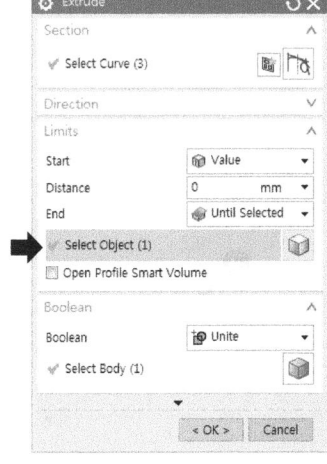

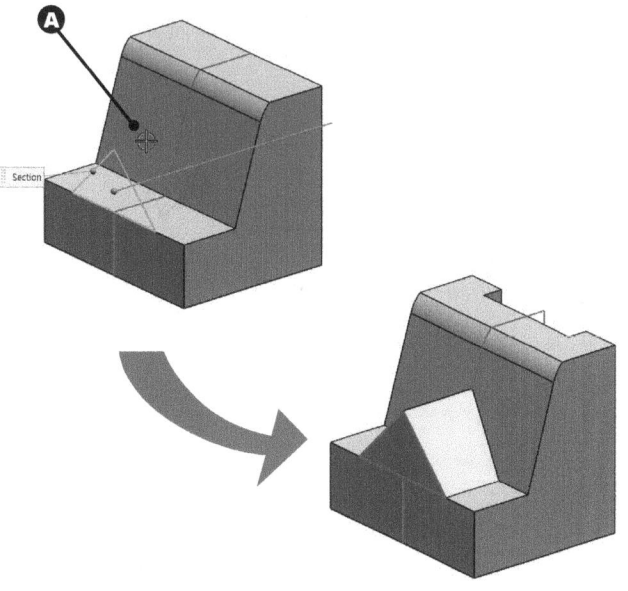

그림 7-35 모델 수정 완료

7장: 모델 수정

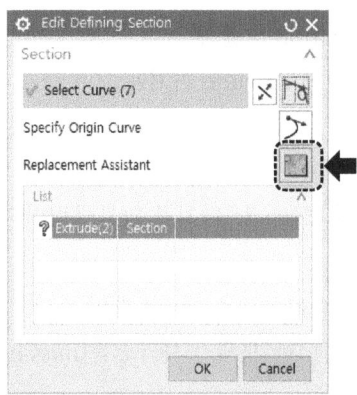

그림 7-36 Edit Defining Section 대화상자

매핑을 할 경우

1. 파일을 저장하지 말고 닫은 후 같은 파일을 다시 연다.

2. 매핑 하지 않을 경우의 4단계까지 진행한다.

3. 그림 7-32의 정보창이 나타나면 Yes 버튼을 누른다.

4. 그림 7-36의 대화상자에서 Replacement Assistant 버튼을 클릭한다. NX의 화면이 그림 7-37과 같이 둘로 나누어지며 Replacement Assistant 대화상자가 다시 나타난다.

5. 왼쪽의 화면(old section)에서 ❶번 선을 선택하고 오른쪽의 화면(new section)에서 ❷의 선을 선택한다. Replacement Assistant 대화상자에 매핑 결과가 표시된 것을 확인하고 OK 버튼을 누른다.

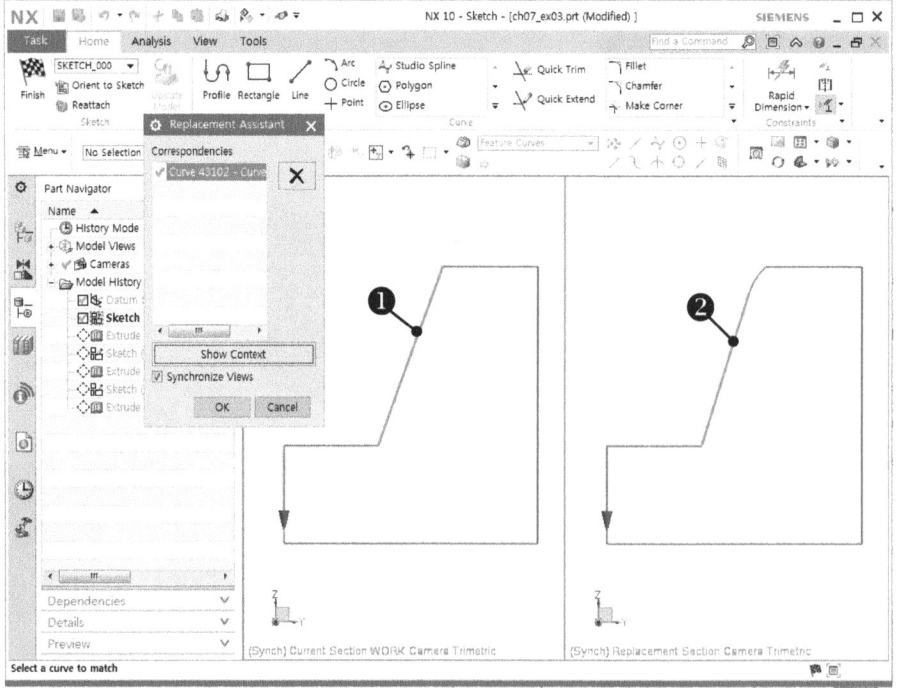

그림 7-37 Mapping 화면

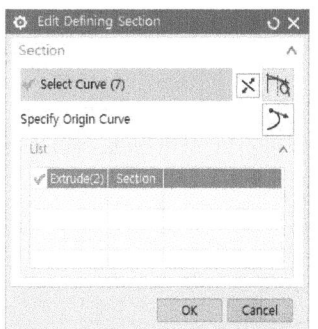

6. Edit Defining Section 대화상자에서 OK 버튼을 누른다.

7. 스케치를 종료시킨다.

앞에서 나타났던 오류가 나타나지 않고 바로 수정이 종료된다. 매핑 후의 면을 자동으로 End Limit으로 인식한 것이다.

그림 7-38 Edit Defining Section 대화상자

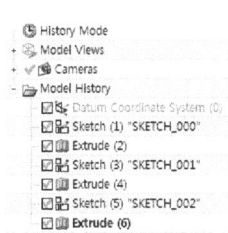 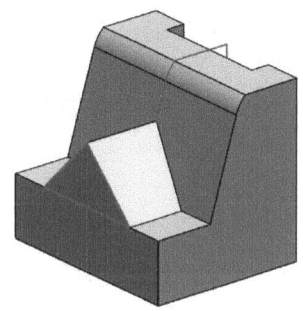

그림 7-39 수정된 모델

END of Exercise

7장: 모델 수정

Exercise 04　Edge Blend의 모서리 선택 및 취소　　　ch07_ex04.prt

Edge Blend의 모서리가 변경된 경우 다른 모서리를 선택하거나 사라진 모서리를 취소하는 방법을 알아보자.

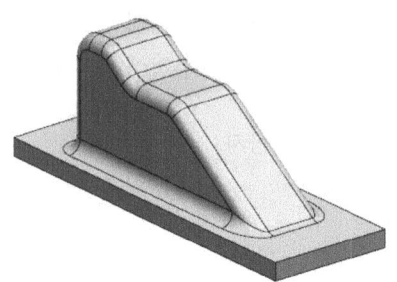

그림 7-40 실습용 파일

생성 이력 확인

1. ch07_ex04.prt 파일을 연다.

2. Edge Blend (5)에 MB3 > Make Current Feature를 선택한다.

그림 7-41과 같이 첫번째 Edge Blend까지 적용된 모델을 보여준다.

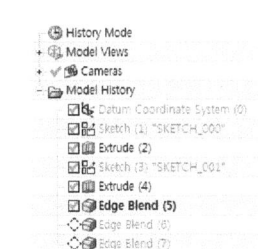

3. 같은 방법으로 Edge Blend (6), Edge Blend (7)까지 적용된 결과를 확인한다.

4. Part Navigator의 빈 곳에 MB3를 눌러 Update to End를 선택한다.

스케치 수정

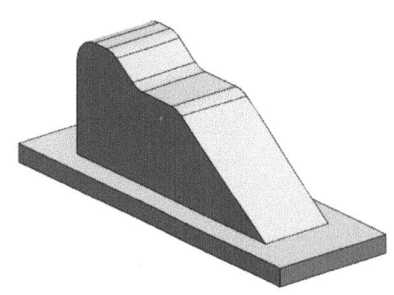

그림 7-41 Edge Blend (5)까지 적용된 상태

1. 두 번째 스케치 (Sketch (3) "SKETCH_001")에 MB3 > Edit with Rollback을 선택하여 스케치 환경으로 들어간다.

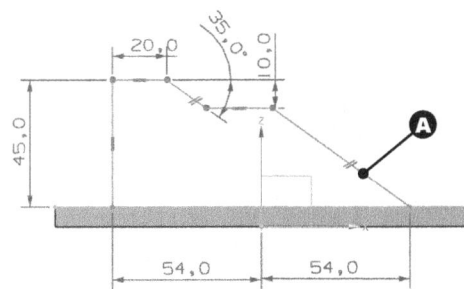

그림 7-42 수정 전의 스케치

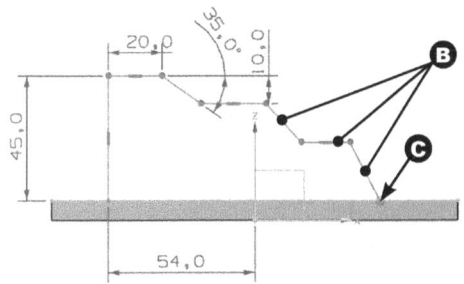

그림 7-43 수정 후의 스케치

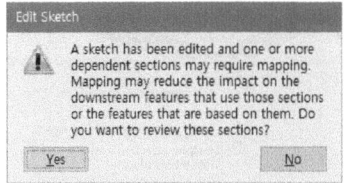

그림 7-44 Edit Sketch 정보창

2. 그림 7-42의 **A** 직선을 삭제한 후 그림 7-43과 같이 **B**로 표시한 세 개의 커브를 생성한다. **C** 점은 바닥면에 있는 커브의 끝점과 일치하여야 한다. 완전 구속은 생략한다.

삭제한 커브로 생성된 모서리에 정의되어 있던 Edge Blend 피쳐에 문제가 생길 것이라는 점을 미리 예상할 수 있다. 또한 새로 생성된 모서리를 Edge Blend에 추가할 것이다.

피쳐를 삭제하거나 다시 생성하지 않고 수정하는 것이 목적이다.

3. Sketch를 빠져나간다.

4. Edit Sketch 정보창에서 No 버튼을 누른다.

그림 7-45와 같이 네 개의 오류에 대한 정보를 보여준다.

5. 오류 정보창을 닫는다.

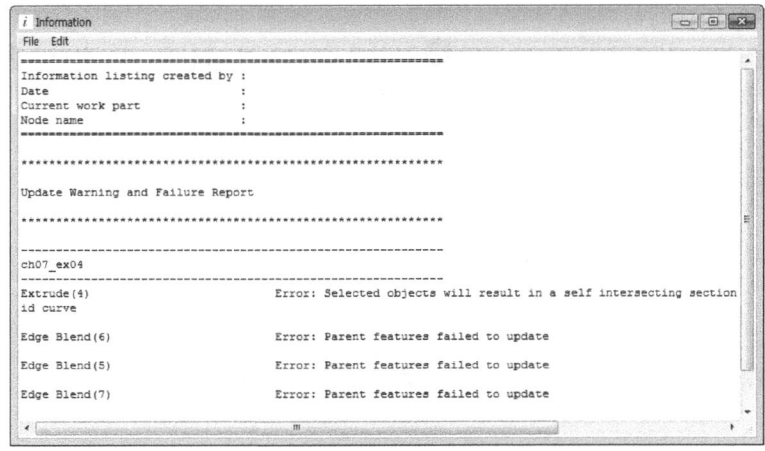

그림 7-45 오류 정보창

7장: 모델 수정

오류 수정

1. 첫번째 오류가 발생한 피쳐(Extrude (4))를 더블클릭한다.

그림 7-46과 같은 상황에서 다음 세 가지를 확인하자.
① Extrude 대화상자의 Section 옵션에서 Select Curve 버튼이 활성화 되어 있다.
② 작업 화면의 오른쪽 아래 부분에 Alerts 메시지가 나타난다.
③ 모델에는 섹션이 하이라이트 되어 있다.

내용을 확인한 결과 섹션이 교차되도록 정의되어 있음을 알 수 있다. 이를 수정하여야 한다.

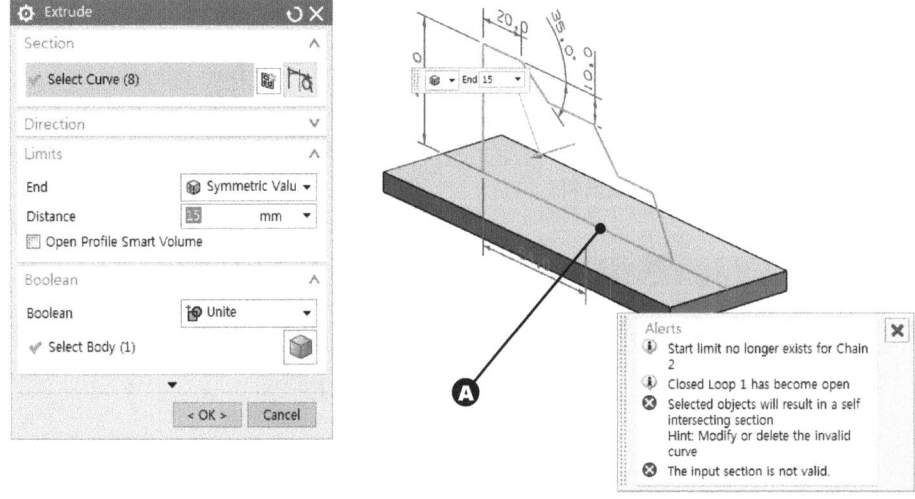

그림 7-46 Extrude 피쳐의 오류 원인 확인

2. Shift 키를 누른 상태로 그림 7-46의 Ⓐ 부분을 선택하여 섹션을 취소한다. 선택의 취소에 대하여 633쪽의 "A.5.2 일부만 선택 취소할 때"를 참고한다.

그림 7-47과 같은 상태가 된다.

3. Selection Intent의 Stop at Intersection 버튼이 켜져 있음을 확인한다. (그림 7-48의 화살표)

4. Shift 키를 놓은 상태에서 그림 7-47의 Ⓑ 부분을 선택한다.

그림 7-48과 같이 닫힌 섹션이 정의된다.

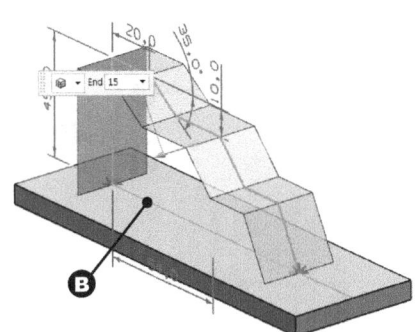

그림 7-47 섹션이 취소된 상태

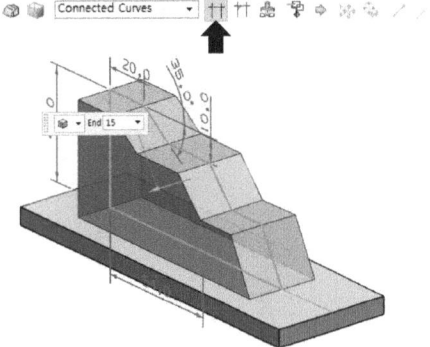

그림 7-48 섹션 추가

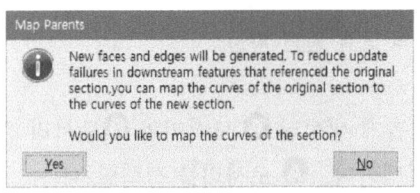

그림 7-49 Mapping 정보창

5. Extrude 대화상자에서 OK 버튼을 누른다.

6. 그림 7-49의 정보창에서 No 버튼을 누른다.

그림 7-50과 같은 모델이 나타난다. 오류는 없지만 Edge Blend가 불완선하게 성의되어 있다.

Edge Blend 적용

1. 파트 네비게이터에서 Edge Blend (5)를 더블클릭한다.

2. 그림 7-52와 같은 작업창 화면을 보고 수정해야 할 사항을 확인한다.

3. 기존에 있던 모서리가 없어지고 같은 위치에 새로운 모서리가 생성되어 있는 상황이다. Select Edge 옵션에는 (4) 개의 모서리가 선택되어 있다. Select Edge 선택영역에서 x 표 버튼(Remove Missing Parents)을 클릭한다.

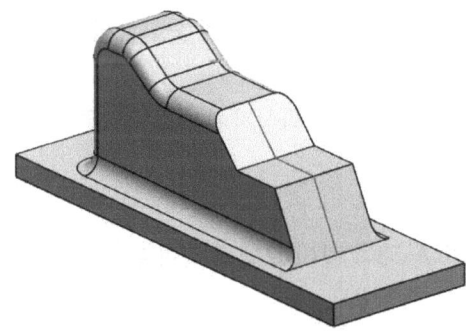

그림 7-50 불완전한 모델

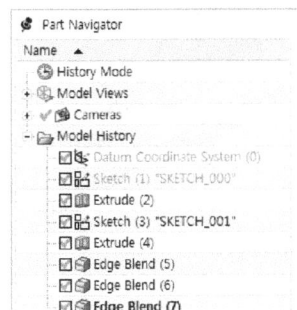

그림 7-51 모델링 이력

7장: 모델 수정

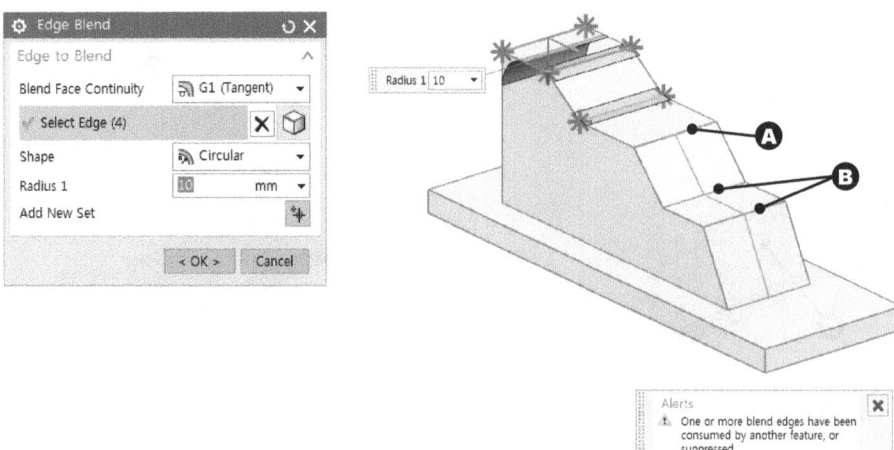

그림 7-52 Edge Blend 피쳐의 오류 원인 확인

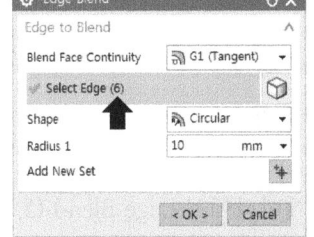

4. 새롭게 생성된 Ⓐ 모서리와 Ⓑ 모서리를 선택한다. Ⓐ 모서리를 선택할 때는 QuickPick 기능을 이용하여 Edge를 정확히 선택하여야 한다. Select Edge 옵션에는 (6)개의 모서리가 선택되어 있음을 확인한다.

5. Edge Blend 대화상자에서 OK 버튼을 누른다.

그림 7-53과 같이 모델 수정이 완료된다.

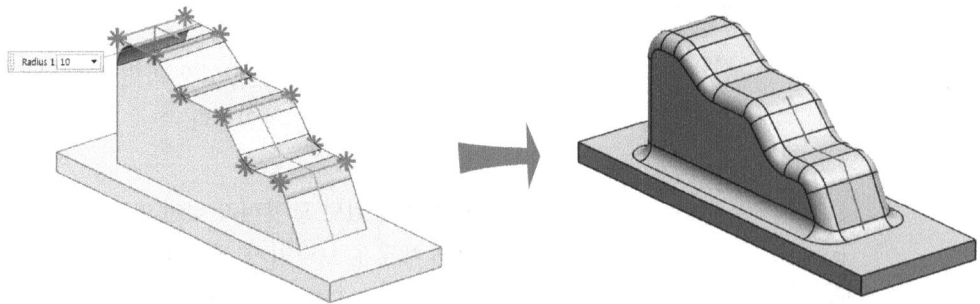

그림 7-53 Edge Blend 모서리 추가

END of Exercise

오브젝트의 선택과 취소

다음과 같은 방법으로 모델링 오브젝트를 선택 또는 취소할 수 있다.

① Select 옵션이 하이라이트 되어 있는 상태에서 Shift 키를 누르고 선택된 개체를 다시 클릭하면 선택 취소된다.
② Select 옵션이 하이라이트 되어 있는 상태에서 다른 개체를 선택하면 선택 추가된다.

오브젝트의 선택에 대한 자세한 사항은 625쪽의 Appendix A를 참고한다.

① Feature 대화상자의 Select 옵션을 클릭한 후 Selection Filter 부분을 보면 선택 가능 대상을 알 수 있다. 그림 7-54는 Edge Blend의 대상으로 Edge만 선택할 수 있음을 알려준다.

② 점, 커브, 면을 선택하는 단계에서는 각각 Snap Point 옵션, Curve Rule, Face Rule을 사용하여 대상을 쉽게 선택할 수 있다. 커브와 면을 모두 선택할 수 있는 경우에는 Curve Rule과 Face Rule이 함께 나타난다.

그림 7-54 Selection Filter와 Curve Rule

③ 보이지 않는 오브젝트는 선택할 수 없다. 따라서, 렌더링 스타일이 Shaded with Edges 또는 Shaded 일 때는 보이지 않는 모서리, 면 등을 선택할 수 없다. 보이지 않는 모서리를 선택하려면 Quick Pick 기능을 이용하거나 렌더링 스타일을 Static Wireframe 등으로 변경하거나 모델을 회전시켜야 한다. 또는 그림 7-55의 Selection Bar에서 두 가지 옵션을 켠다.

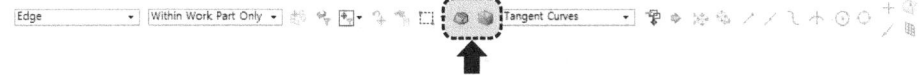

그림 7-55 Shaded 상태에서의 선택 및 하이라이트 옵션

7.5 Feature의 순서 변경 (Reorder)

모델링 순서는 결과 형상에 지대한 영향을 미친다. 순서가 잘 못 되었을 경우 원하는 결과를 얻기 위하여 불필요한 반복 작업을 한다거나 심한 경우에는 원하는 형상을 만들지 못할 수도 있다.

NX에서는 Reorder 기능을 이용하여 피쳐의 순서를 변경할 수 있다. 파트 네비게이터의 피쳐에 MB3를 누르면 그림 7-56과 같은 팝업메뉴가 나타나고 Reorder Before 또는 Reorder After 메뉴를 이용하여 피쳐의 위치를 변경할 수 있다.

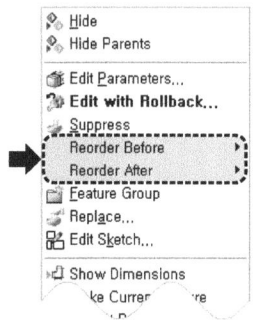

그림 7-56 Reorder 옵션

파트 네비게이터에서 Drag & Drop 하여 위치를 변경할 수도 있다. 그림 7-57은 Shell (5) 피쳐를 드래그하여 Extrude (4) 피쳐의 전에 드롭하는 과정을 보여준다.

Reorder 옵션을 이용하거나 Drag & Drop 기능을 이용하여 피쳐의 순서를 변경할 때 부모 피쳐 위로 올라갈 수 없으며 자손 피쳐보다 아래로 내려갈 수 없음에 주의하자. 이는 피쳐 사이의 연관성에 기인한다.

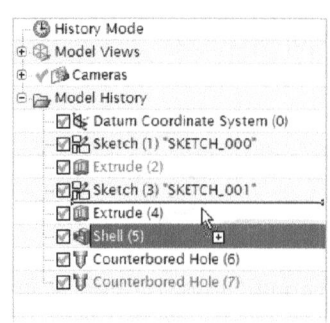

그림 7-57 피쳐를 드래그 하는 과정

ch07_ex05.prt   피쳐 순서 변경 **Exercise 05**

다음과 같이 주어진 모델을 수정한다.

1. 모델링 순서 변경
2. 피쳐 추가 및 순서 변경

그림 7-58 모델 수정 순서

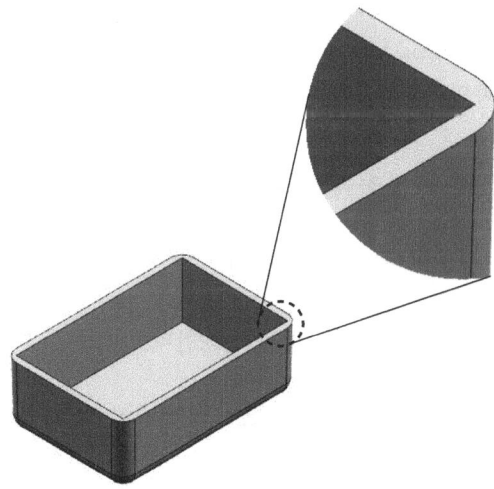

그림 7-59 모델 확인

모델링 순서 변경

1. ch07_ex05.prt 파일을 연다.

2. 그림 7-59의 확대된 부분을 확인한다. Edge Blend의 결과가 Shell에 반영되지 않았다.

3. 파트 네비게이터를 확인한다.

Edge Blend를 Shell 뒤에 생성하였다.

4. 파트 네비게이터에서 Edge Blend를 MB1으로 클릭한다. 파트 네비게이터에 있는 Shell 피쳐의 색깔 변화가 없음을 확인한다. 즉, Shell 피쳐와 Edge Blend 피쳐 사이에는 연관관계가 없으므로 Edge Blend는 Shell 피쳐 앞으로 이동할 수 있다.

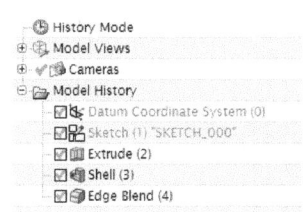

그림 7-60 모델링 이력 확인

7장: 모델 수정

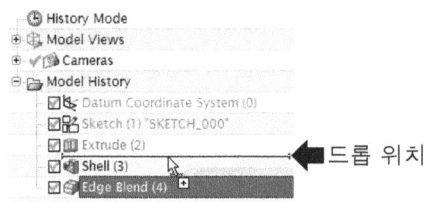

5. Edge Blend 피쳐를 드래그하여 그림 7-61에 표시한 위치에 드롭한다.

Edge Blend의 곡면이 Shell에 반영되었다.

피쳐 추가

1. Direct Sketch 기능을 이용하여 그림 7-62와 같이 점을 생성한다.

두 개의 Midpoint 구속을 이용하여 점의 위치를 완전 구속한다. 그 중 하나의 Midpoint 구속은 Edge Blend로 생성된 모서리와 점 사이에 부여한다. 구속조건을 부여할 때 Selection Scope을 Within Work Part Only 또는 Entire Assembly로 선택하여야 한다. Selection Scope에 대한 자세한 사항은 634쪽의 "A.7 선택 범주"를 참고한다.

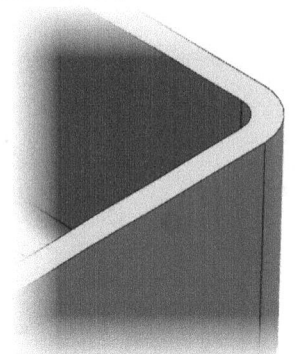

그림 7-61 피쳐 이동

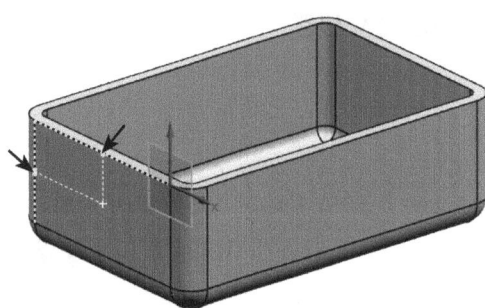

그림 7-62 점 생성

2. Q 키를 눌러 Direct Sketch를 종료한다.

3. Hole 아이콘을 누른다.

4. 앞에서 생성한 점을 선택한다.

5. 그림 7-63과 같이 옵션을 설정한 후 대화상자에서 OK 버튼을 누른다.

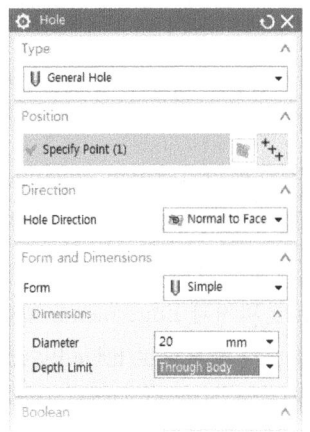

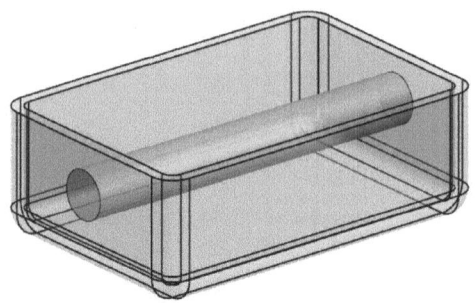

그림 7-63 Hole 생성

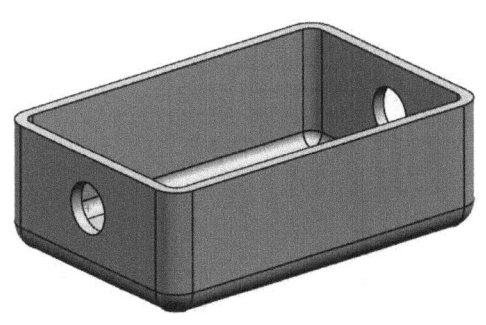

6. 파트 네비게이터에서 Hole의 중심점에 사용한 스케치를 선택한다. 빨간색으로 변하는 피쳐를 확인한다. Edge Blend가 빨간색으로 되어 있음을 확인한다.

Sketch (5)에 MB3 〉 Browse를 선택하면 Browser에서 피쳐의 종속관계를 확인할 수 있다.

그림 7-64 Hole 생성 후의 모델

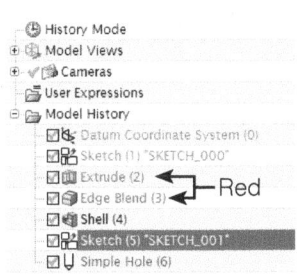
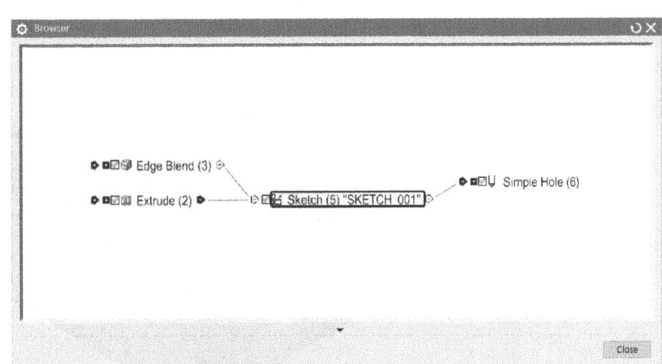

그림 7-65 피쳐의 종속관계 확인

피쳐 이동

1. Simple Hole 피쳐를 드래그 하여 Edge Blend 앞에 Drop 한다.

그림 7-66과 같이 오류 메시지가 나타난다. Hole과 Edge Blend 사이에 직접적인 종속관계는 없는 것으로 나타나지만 Sketch를 통하여 종속관계가 성립된다는 점을 이해하자.

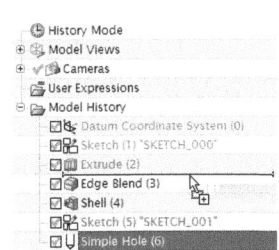

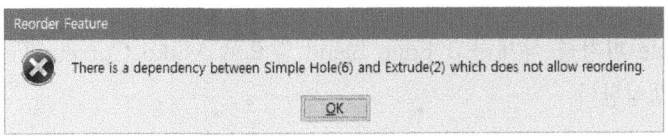

그림 7-66 부모 피쳐 앞으로 이동

2. 오류 창에서 OK 버튼을 누른다.

3. Simple Hole 피쳐를 드래그 하여 Shell 피쳐 앞에 드롭한다.

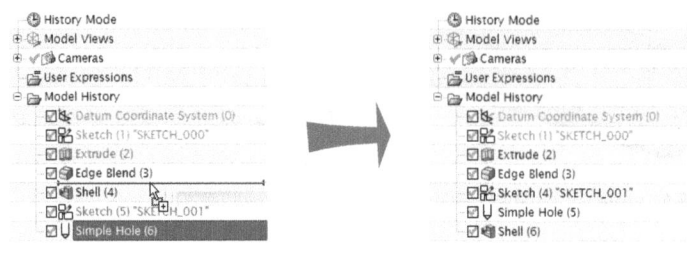

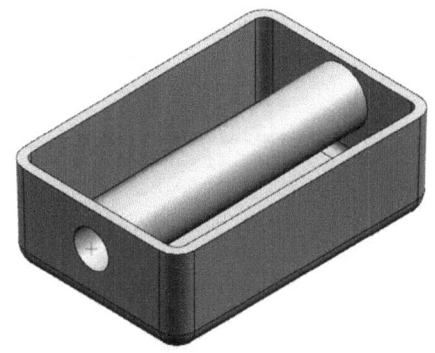

그림 7-67 Simple Hole 피쳐 이동 후의 모델

END of Exercise

> **그림 7-66에서 Edge Blend 앞으로 이동시키는 방법**

그림 7-66에서는 종속관계 때문에 Edge Blend 앞으로 Simple Hole 피쳐를 이동시킬 수 없었다. 꼭 필요하다면 다음과 같은 방법으로 피쳐의 위치를 변경할 수 있다.

① 종속관계를 제거한 후 Drag 하여 Drop 한다. 위 예의 경우 Point를 생성할 때 Edge Blend 모서리와 정의한 Midpoint 구속을 삭제하고 Edge Blend와 관계 없는 다른 구속으로 대체하면 된다.

② Simple Hole 피쳐를 삭제하고 Edge Blend 앞으로 Make Current Feature 한 다음 Hole을 다시 생성한다.

ch07_ex06.prt　　　　　　　섹션 수정 및 피쳐 추가　**Exercise 06**

주어진 파일의 모델링 순서를 변경하여 그림 7-68과 같은 모델을 완성하시오.

조건

1. 스케치를 삭제하거나 다시 생성하면 안된다.
2. Extrude 피쳐의 섹션을 변경한다.
3. 적당한 위치에 Extrude 또는 Hole 피쳐를 삽입할 수 있다.
3. 최종 결과 피쳐에 오류가 있으면 안된다.

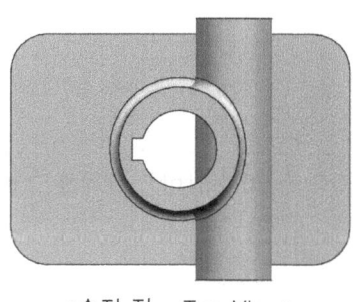
<수정 전 - Top View>

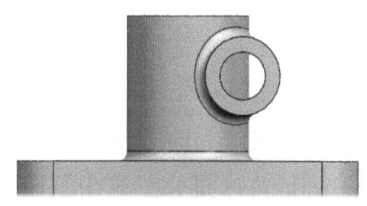
<수정 전 - Front View>

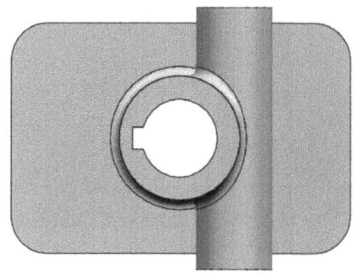
<수정 후 - Top View>

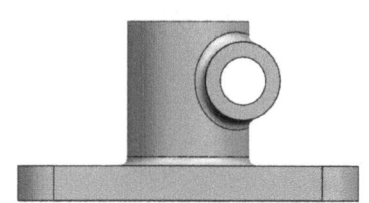
<수정 후 - Front View>

그림 7-68 수정 전과 후의 모델

END of Exercise

7장: 모델 수정

Exercise 07 　피쳐 추가 및 오류 수정　　　　　　　　ch07_ex07.prt

주어진 파일을 이용하여 피쳐를 추가하고 이후 발생하는 모델상의 문제를 해결하여 최종 형상을 완성하시오.

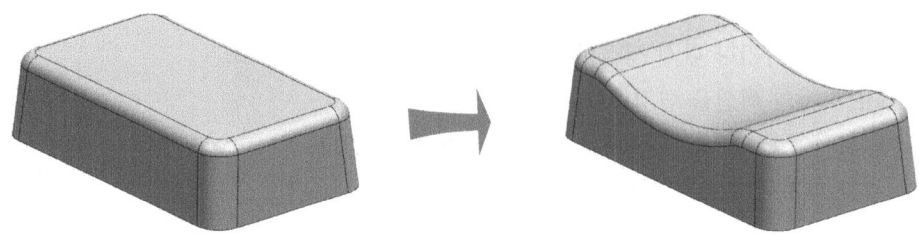

그림 7-69 수정 전과 후의 모델

1 단계

1. Extrude (3) 뒤로 Make Current Feature 한 다음 그림 7-70과 같이 스케치를 그린다.
2. 원을 Extrude 하여 형상을 제거한다.

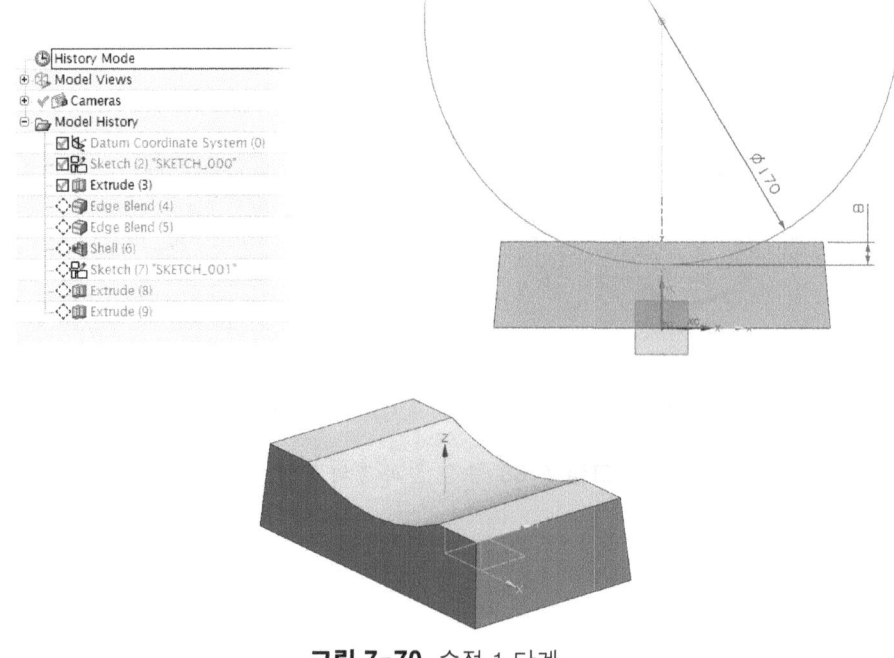

그림 7-70 수정 1 단계

2 단계

1. 마지막 피쳐까지 업데이트 한다. 마지막 피쳐에 MB3 > Make Current Feature를 선택할 수도 있고, 파트네비게이터의 빈 곳에 MB3 > Update to End를 선택할 수도 있다.
2. Extrude (10)과 Extrude (11)의 옵션을 변경하여 그림 7-71과 같이 수정한다.

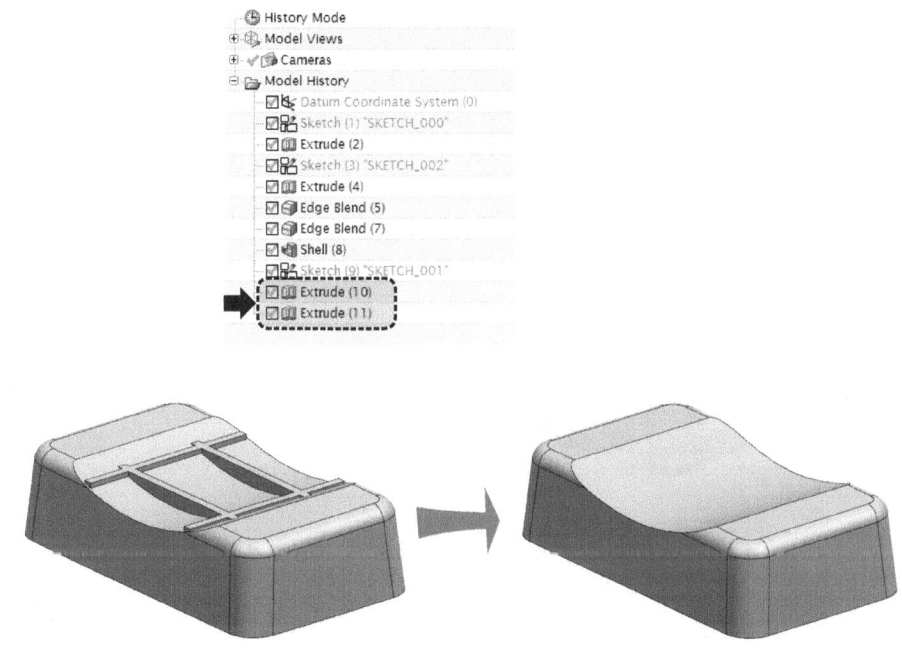

그림 7-71 수정 2 단계

3 단계

1. Edge Blend (5) 뒤로 Make Current Feature를 수행한다.
2. 그림 7-72의 Ⓐ 모서리에 반경 20mm의 Edge Blend를 추가한다.
3. 마지막 피쳐에 Make Current Feature를 실행한다.

그림 7-73은 최종 형상을 보여준다. 단면을 표시한 모델은 안 쪽 형상을 보여주기 위한 것이다.

7장: 모델 수정

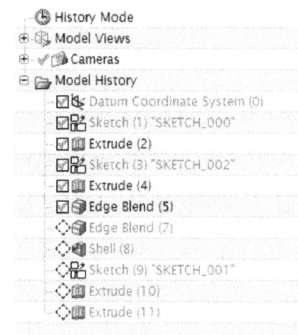 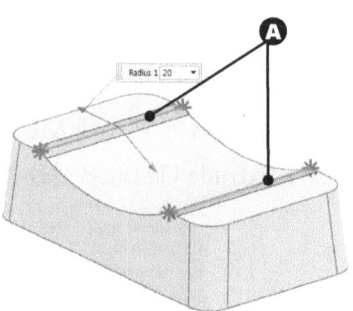

그림 7-72 수정 3 단계

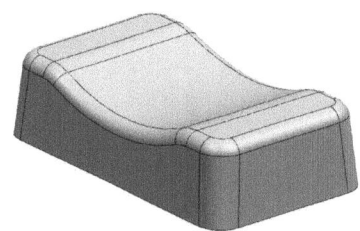 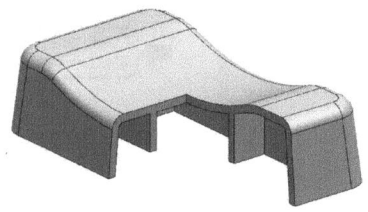

그림 7-73 최종 형상

END of Exercise

ch07_ex08.prt Joint Part **Exercise 08**

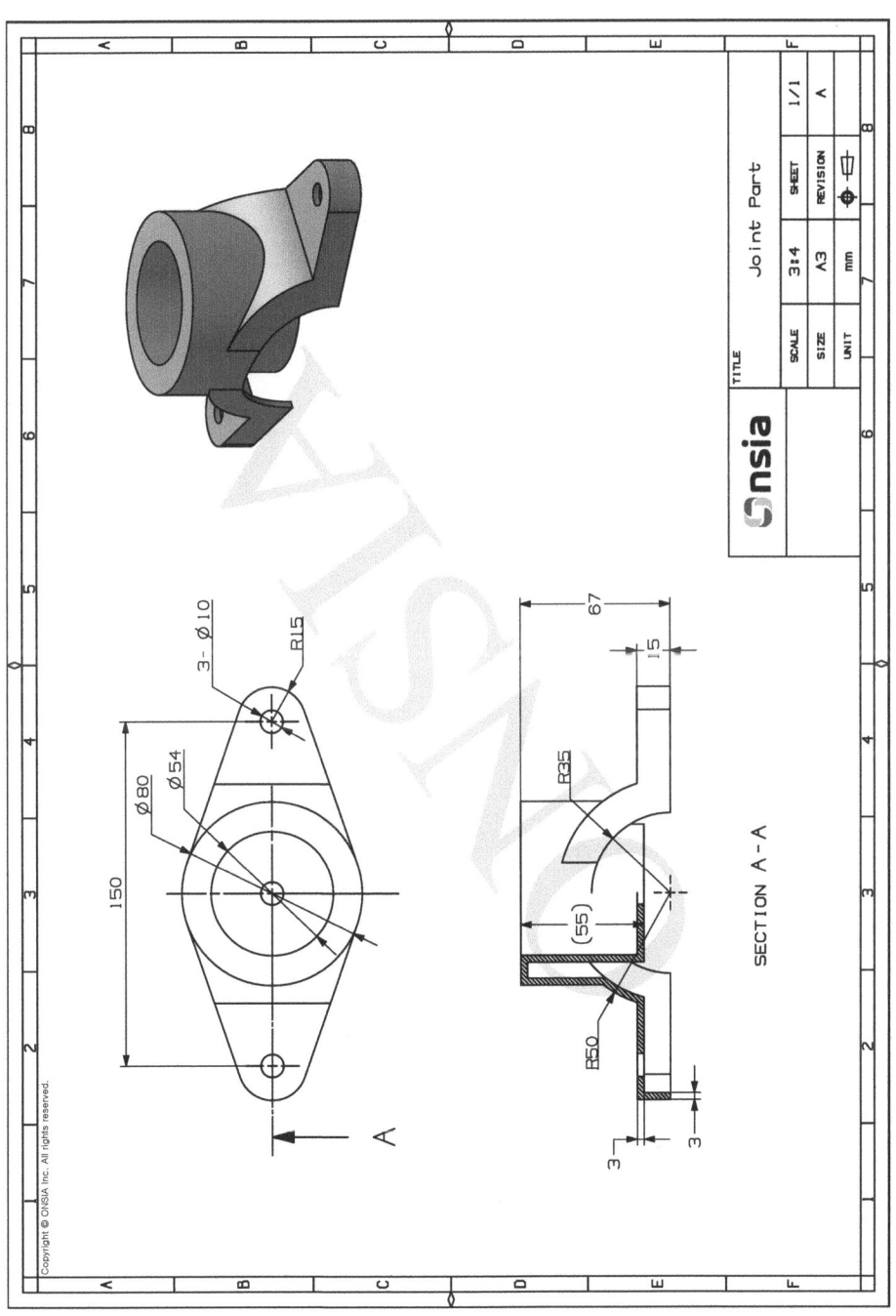

그림 7-74 Exercise 8 연습 도면

7장: 모델 수정

(빈 페이지)

Chapter 8
피쳐 및 오브젝트의 복사

■ 학습목표

- Pattern Feature, Pattern Face, Pattern Geometry 기능을 이용하여 피쳐, 페이스, 지오메트리를 배열할 수 있다.
- Mirror Feature, Mirror Face, Mirror Geometry 기능을 이용하여 피쳐, 페이스, 지오메트리를 대칭복사할 수 있다.
- Copy/Paste 기능을 이용하여 피쳐를 복사/붙여넣기 할 수 있다.

8.1 피쳐, 오브젝트를 복사하는 방법의 장점

같은 형상을 만들기 위해 반복 작업을 하는 일은 귀찮은 일이다. 피쳐나 오브젝트를 하나 만든 후 이를 복사하는 모델링 방법을 이용하면, 귀찮은 반복 작업을 피할 수 있고, 복사 방법을 수정하여 쉽게 원하는 결과를 얻을 수 있다. 그림 8-1의 모델의 구멍을 개별적으로 모델링 하지 않고, 하나 만든 후 복사하여 생성하였다면 인스턴스(Instance; 사본)의 갯수를 변경하여 쉽게 그림 8-2의 모델로 변경할 수 있다. 또한 원본의 형상이 변경되면 인스턴스의 형상도 자동으로 업데이트 된다.

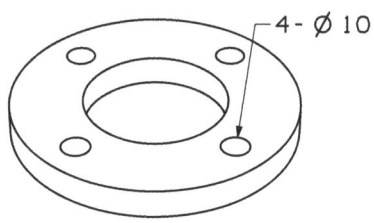
그림 8-1 구멍이 4개인 경우

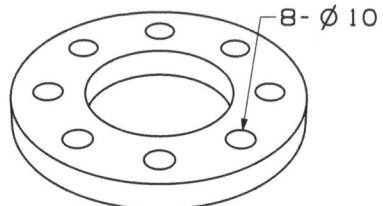
그림 8-2 구멍이 8개인 경우

8.2 복사의 대상과 방법

복사 기능을 사용하려면 복사의 대상과 방법을 구분할 수 있어야 한다.

① 무엇을 복사할 것인가: 복사의 대상
② 어떻게 복사할 것인가: 복사의 방법

그림 8-3은 NX에서 제공하는 복사 기능들을 보여준다. 복사 기능은 Menu 버튼의 Insert 〉 Associative Copy 메뉴 그룹에 포함되어 있으며 복사 방법과 복사 대상을 기준으로 분류되어 있다. 본 교재에서는 Pattern 방법으로 복사하는 기능과 Mirror 방법으로 복사하는 기능에 대하여 설명한다.

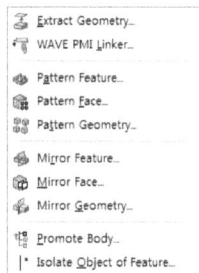
그림 8-3 NX에서 제공하는 복사기능

8.2.1 복사의 대상

모든 복사기능 사용시 복사의 대상을 선택하게 되어 있다. 작업창의 모델에서 직접 선택할 수도 있고 때로는 파트 네비게이터에서 선택할 수도 있다. 복사 기능 대화상자의 복사 대상 선택 단계에서 Type Filter를 보면 어떤 대상을 선택할 수 있는지 확인할 수 있다. 개체의 선택에 대한 자세한 사항은 625 쪽의 Appendix A를 참고한다.

그림 8-4는 Pattern Feature 아이콘을 눌렀을 때 선택할 수 있는 복사 대상 피쳐의 종류를 보여주고, 그림 8-5는 Pattern Geometry 아이콘을 눌렀을 때 선택할 수 있는 복사 대상 지오메트리의 종류를 보여준다.

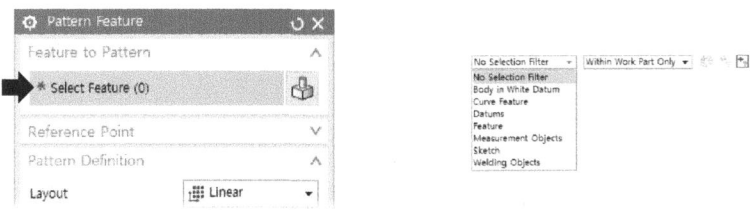

그림 8-4 Pattern Feature 기능의 복사 대상

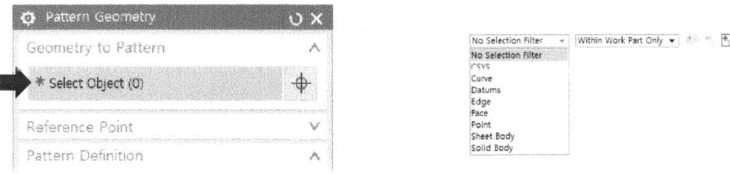

그림 8-5 Pattern Geometry 기능의 복사 대상

Pattern Feature 기능과 Mirror Feature 기능의 복사 대상은 모두 피쳐이다. 원본 피쳐를 정의하는 옵션도 함께 복사된다. Pattern Geometry 기능과 Mirror Geometry 기능은 모델링 결과 형상을 복사하는 기능이다. 따라서 모델 생성 방법을 정의하는 피쳐를 복사할 수는 없다. 그림 8-6은 Feature 아이콘 그룹의 복사 기능을 보여준다.

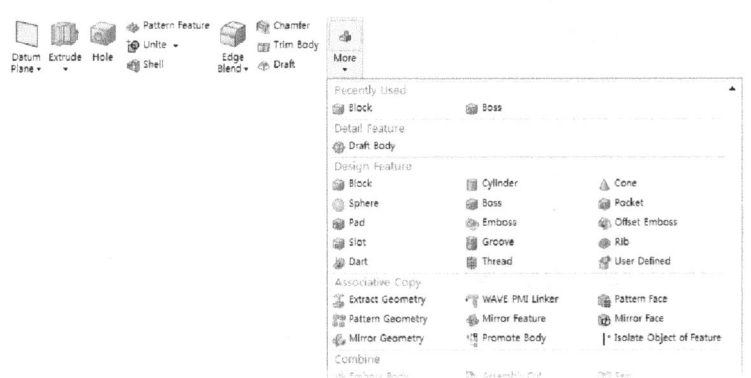

그림 8-6 Feature 아이콘 그룹의 복사 기능

8.2.2 복사 방법

복사의 방법은 Pattern Feature기능의 Layout 드롭다운에서 확인할 수 있다.

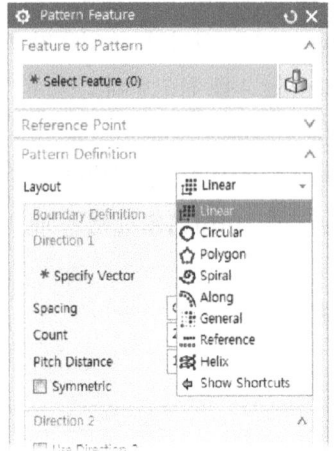

그림 8-7 Layout 드롭다운

본 교재에서는 다음의 복사 방법에 대하여 다룬다.

① 선형 패턴(Linear)
② 회전 패턴(Circular)
③ 대칭 복사(Mirror)
④ 점 패턴(General)

선형 패턴

특정 방향으로 거리를 입력하여 복제한다. 한 방향으로 복제할 수도 있고 두 방향으로 복제할 수도 있다. 그림 8-8은 원통 형상(솔리드 바디)을 Pattern Feature 기능을 이용하여 X 축과 Y 축 방향으로 배열한 결과를 보여준다.

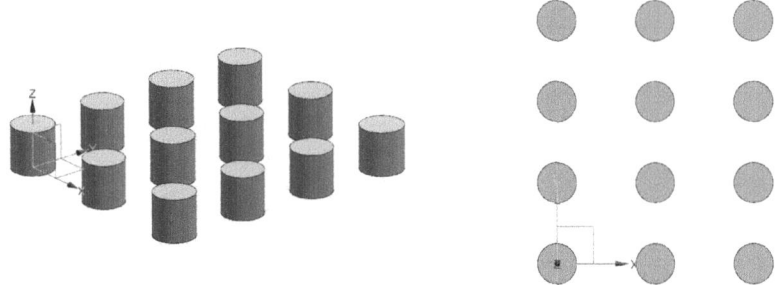

그림 8-8 선형 패턴의 예

원형 패턴

선택한 축을 중심으로 하여 각도 간격과 인스턴스의 개수를 지정하여 복제한다. 그림 8-9는 원통 형상(솔리드 바디)을 Pattern Feature 기능을 이용하여 Z 축에 대하여 회전시켜 배열한 결과를 보여준다.

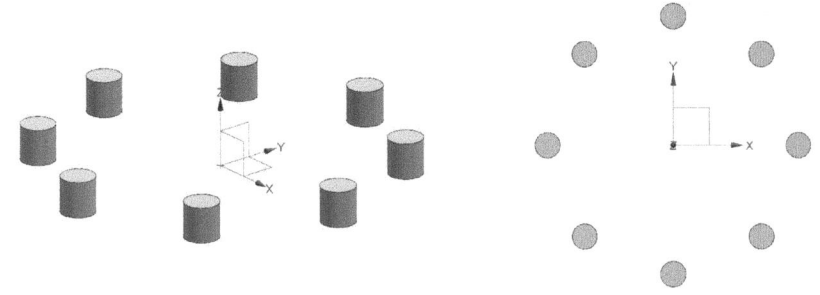

그림 8-9 원형 패턴의 예

대칭 복사

평면을 기준으로 하여 피쳐 또는 오브젝트를 대칭 복사한다. 그림 8-10은 원통형 피쳐를 데이텀 평면에 대하여 대칭복사한 모델을 보여준다.

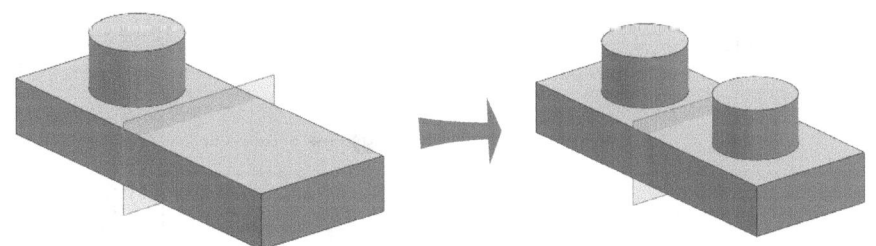

그림 8-10 대칭 복사의 예

점 패턴

점의 위치를 이용하여 피쳐 또는 오브젝트를 복사한다. 그림 8-11은 원통형 피쳐를 스케치의 점 위치로 복사한 모델을 보여준다.

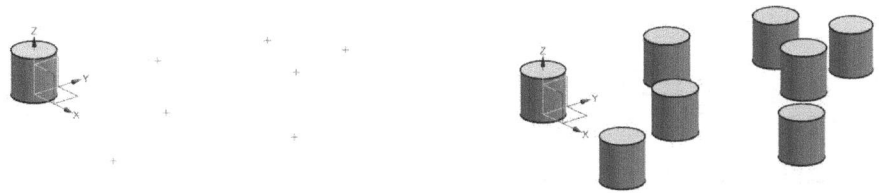

그림 8-11 점 배열의 예

8.3 Pattern Feature

피쳐를 선택하여 여러 가지 형태의 배열을 생성한다. 본 교재에서는 Linear 타입과 Circular 타입 및 General 타입에 대하여 설명한다.

8.3.1 Linear 타입

생성 절차

① Feature 아이콘 그룹에서 Pattern Feature 아이콘을 누른다.
② 대화상자를 Reset 한다.
③ 패턴을 생성할 대상을 선택한다. 여러 개의 피쳐를 선택할 수도 있으며 선택한 피쳐의 개수는 Selected Feature 옵션 뒤에 괄호 안에 표시된다.
④ Layout 옵션을 선택한다. 패턴 방법을 정의하는 것이다.
⑤ Direction 1 옵션을 지정한다. 선형 배열의 방향을 지정하는 것이다.
⑥ 양방향으로 배열 하려면 Use Direction 2 옵션을 체크하고 방향을 설정한다.
⑦ OK 버튼을 누른다.

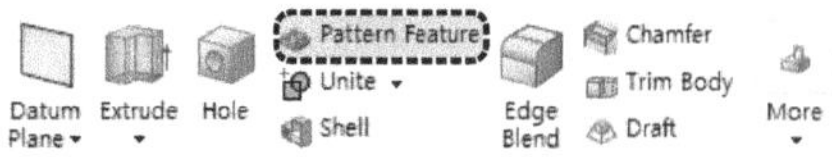

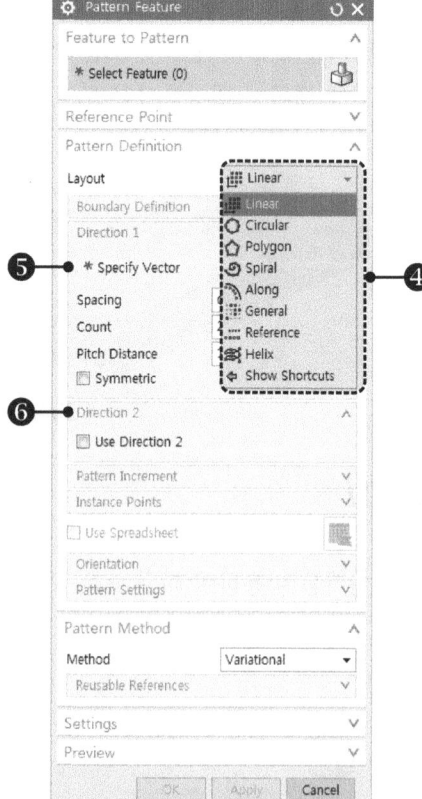

그림 8-12 Pattern Feature 아이콘

그림 8-13 Pattern Feature 대화상자

Spacing 옵션

Linear 배열을 생성할 때 인스턴스의 배치 방법을 정의한다.

▶ Count and Pitch: 인스턴스의 개수와 인스턴스 사이의 간격을 지정한다. 배열의 전체 거리는 자동으로 계산된다.
▶ Count and Span: 인스턴스의 개수와 배열의 전체 거리를 지정한다. 인스턴스 사이의 간격은 자동으로 계산된다.
▶ Pitch and Span: 인스턴스 사이의 간격과 배열의 전체 거리를 지정한다. 인스턴스의 개수는 자동으로 계산된다.
▶ List: 인스턴스 사이의 거리를 하나씩 지정한다. Add New Set 버튼을 눌러 서로 다른 간격으로 배열할 수 있다.

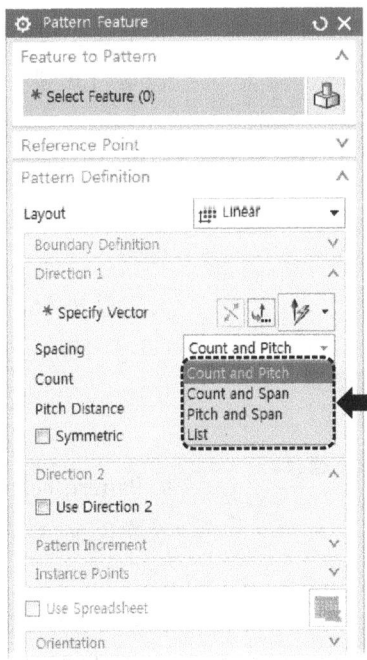

그림 8-14 Spacing 옵션

Exercise 01　Linear 타입 패턴　　　　　ch08_ex01.prt

주어진 파일을 이용하여 Boss를 생성한 후 양 방향으로 패턴을 생성해 보자.

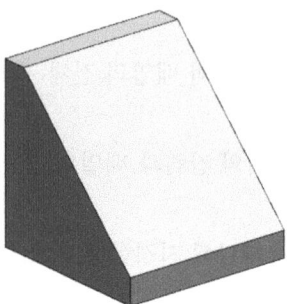

그림 8-15 실습용 파일

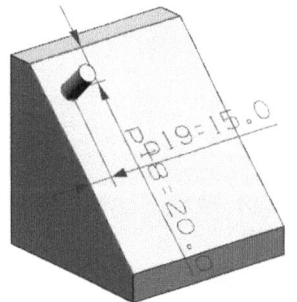

그림 8-16 Boss 피쳐 생성

1. 실습용 파일을 연다. W 키를 눌러 WCS를 숨기고 데이텀 좌표계를 숨긴다.

2. Feature 아이콘 그룹에서 More 버튼을 누른 후 Boss를 선택한다.

3. 그림 8-16과같이 Boss 피쳐를 생성한다. (직경: 10mm, 높이: 20mm, 위치: 그림 참조)

4. Pattern Feature 아이콘을 누르고 대화상자를 Reset 한다.

5. 대화상자에 Select Feature 옵션이 활성화 되어 있는 것을 확인하고 Boss 피쳐를 선택한다.

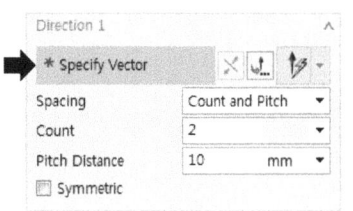

그림 8-17 Direction 1의 Specify Vector 옵션

6. MB2를 눌러 Direction 1 옵션으로 진행한다. Specify Vector 영역이 활성화 된 것을 확인한다. 선형 배열의 첫번째 방향을 지정하는 옵션이다.

7. 그림 8-18의 모서리 ⓐ를 선택한다.
8. Spacing 타입을 설정하고 값을 입력한다.
9. Enter 키를 누르면 그림 8-18과 같이 패턴의 미리보기가 나타난다.

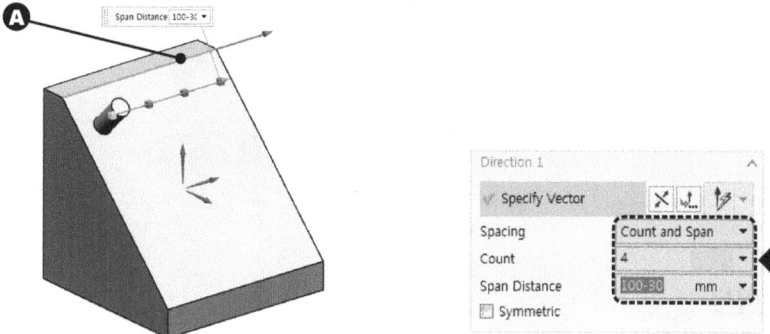

그림 8-18 Direction 1 옵션 설정

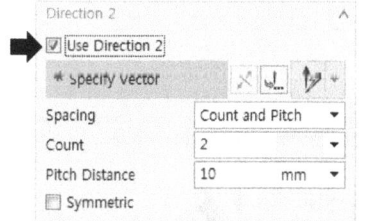

그림 8-19 Direction 2 옵션 그룹

10. Direction 2 옵션 그룹에서 Use Direction 2를 체크한다. Specify Vector 영역이 활성화 된 것을 확인한다. 선형 배열의 두번째 방향을 지정하는 옵션이다.

11. 그림 8-20의 모서리 ⓑ를 선택한다.

12. Direction 2 의 Spacing 타입을 설정하고 값을 입력한다.

13. Enter 키를 누르면 그림 8-20과 같이 미리보기가 나타난다.

14. OK 버튼을 눌러 그림 8-21과 같이 패턴을 생성한다.

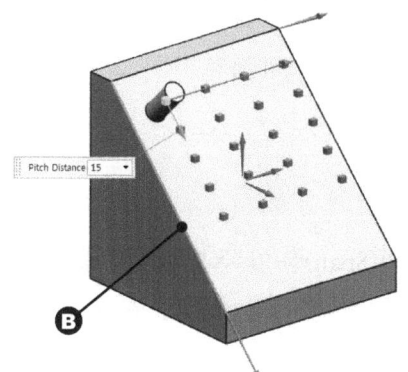
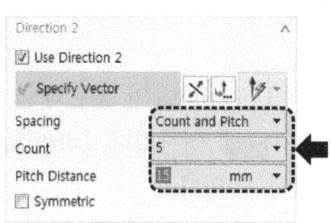

그림 8-20 Direction 2 옵션 설정

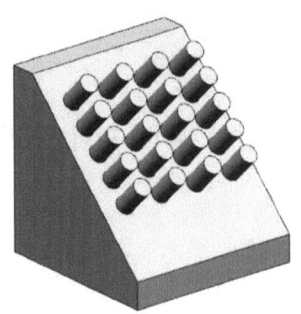

그림 8-21 생성된 패턴 피쳐

END of Exercise

파트 네비게이터

Pattern Feature 수행 후 파트 네비게이터의 항목을 펼치면 그림 8-22와 같다. 각 인스턴스 앞의 체크마크를 해제하여 모델에서 제외시킬 수 있다. 인스턴스의 숫자 중 앞의 숫자는 Direction 1 방향의 배열 순서이고, 뒤의 숫자는 Direction 2 방향의 배열 순서를 나타낸다.

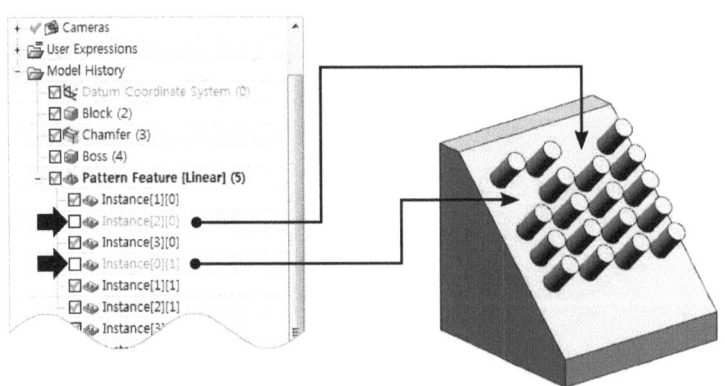

그림 8-22 파트 네비게이터와 인스턴스의 제외

Expression 이용

Exercise 01에서 Direction 1의 경우 배열의 전체 거리(Span)을 알 수 있기 때문에 Count and Span 방법으로 개수를 정하였다. Direction 2의 경우 전체 거리를 측정한 후 그 값을 이용하여 Span을 계산할 수 있다.

ch08_ex02.prt   Expression을 이용한 입력   **Exercise 02**

주어진 모델은 기울어진 평면에 관통 구멍을 생성한 형상이다. 위치가 임의로 지정되어 있다. 경사 모서리 방향으로 가운데 위치하도록 4 개의 배열을 생성해 보자. 본 실습은 난이도가 높으므로 생략해도 좋다.

그림 8-23 실습용 파일

변수 정의

1. 실습용 파일을 연다.

2. Menu 버튼에서 Tools 〉 Expression을 선택한다.

3. Listed Expressions을 All로 선택한다. (그림 8-24의 ❸)

4. Name을 edge_to_hole이라고 입력한다. (그림 8-24의 ❹)

5. Measure Distance 버튼을 누른다. (그림 8-24의 ❺)

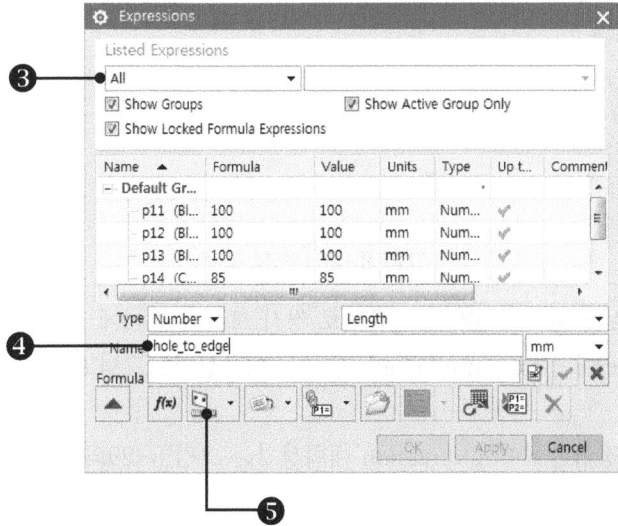

그림 8-24 Expression 대화상자

8장: 피쳐 및 오브젝트의 복사

그림 8-25 거리 측정

6. 그림 8-25와 같이 모서리와 구멍의 중심 사이의 거리를 측정한다.

7. Measure Distance 대화상자에서 OK 버튼을 누른다. 여기 까지 진행했을 때의 Expression 대화상자는 그림 8-26과 같다. 측정 결과 변수만 정의되었지 edge_to_hole 이라는 변수는 아직 정의되지 않았음에 주의하자.

8. 그림 8-26에서 체크 버튼(❽)을 클릭한다.

9. 그림 8-27과 같이 edge_to_hole이라는 변수가 정의된다.

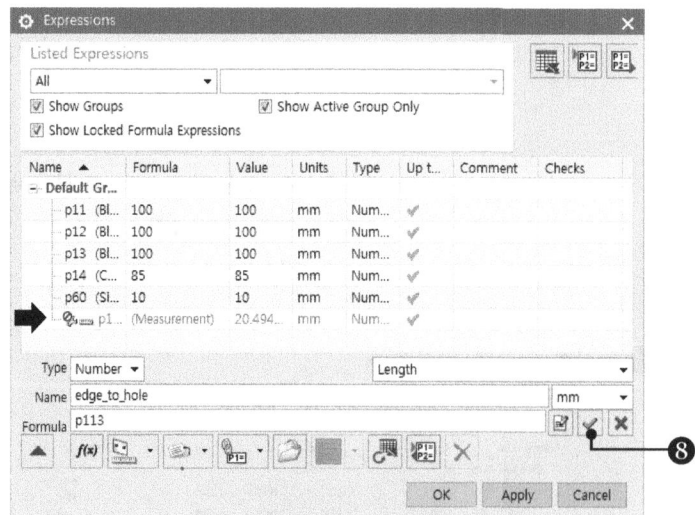

그림 8-26 측정 결과

10. 같은 방법으로 diagonal 이라는 이름으로 경사 모서리 길이에 대한 변수를 정의한다. Measure Distance 대신 Measure Length 옵션을 이용한다. (그림 8-28 참고)

diagonal 변수를 정의한 후의 Expression 대화상자는 그림 8-29와 같다.

11. Expression 대화상자에서 OK 버튼을 누른다.

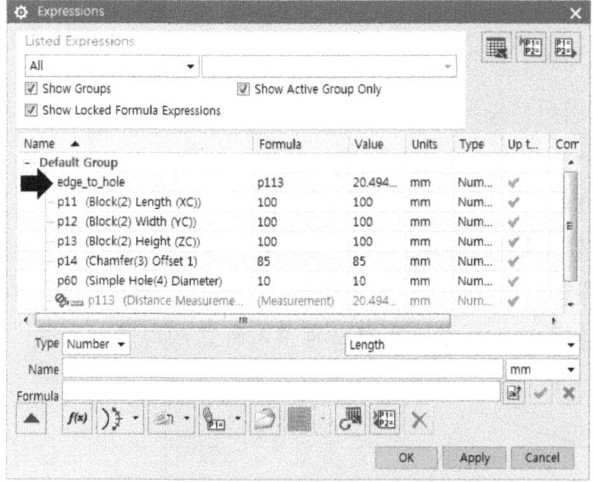

그림 8-27 변수가 정의된 상태

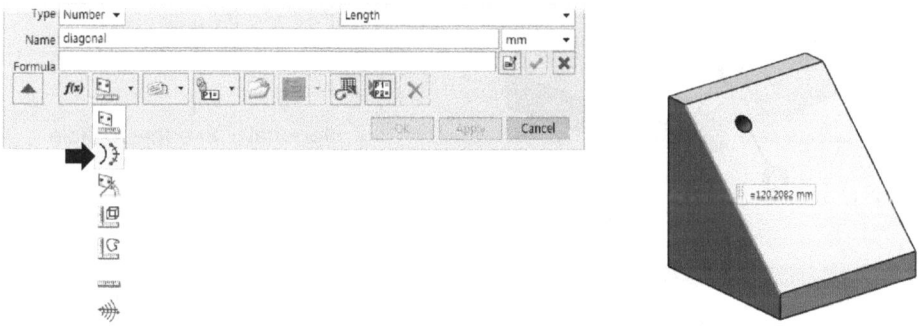

그림 8-28 Measure Length 옵션

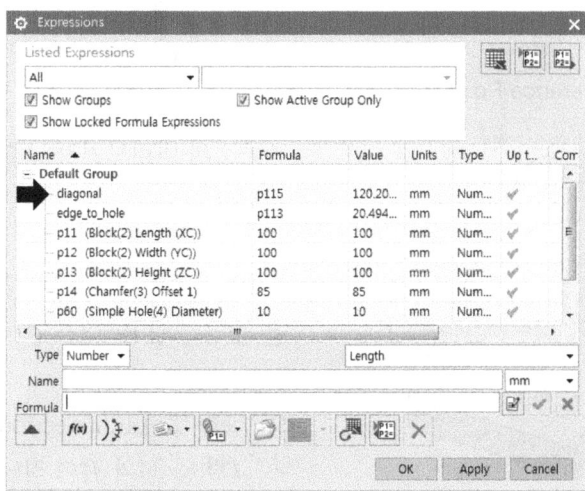

그림 8-29 변수 정의가 완료된 상태

패턴 생성

1. Pattern Feature 아이콘을 누른다.
2. 대화상자를 Reset 한다.
3. Simple Hole 피쳐를 선택하고 MB2를 누른다.
4. 그림 8-30의 모서리 Ⓐ를 선택하여 방향을 지정한다.
5. Direction 1 옵션을 그림 8-30과 같이 설정하고 Enter 키를 누른다. 미리보기가 나타난다. 인스턴스의 기준점을 구멍의 중간 부분에 표시하고 있다.

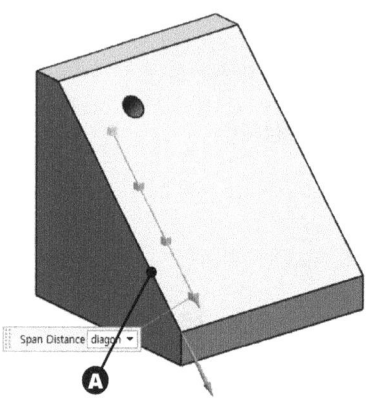
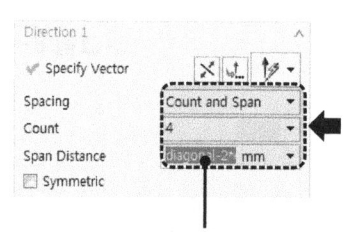

그림 8-30 Direction 1 옵션 설정

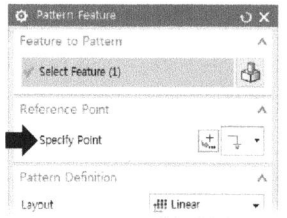

그림 8-31 Reference Point 옵션

6. 대화상자에서 Reference Point 옵션 영역을 펼친 후 Specify Point 옵션을 클릭한다.

7. 구멍 모서리의 중심을 선택한다. (Snap Point 옵션 이용.)

기준점의 미리보기가 그림 8-32와 같이 변경된다.

8. Pattern Feature 대화상자에서 OK 버튼을 눌러 그림 8-33과 같이 패턴을 생성한다.

9. View 탭의 Edit Section 아이콘을 클릭한 후 그림 8-34와 같이 절단면을 표시한다. 인스턴스들도 관통 구멍으로 생성되었다.

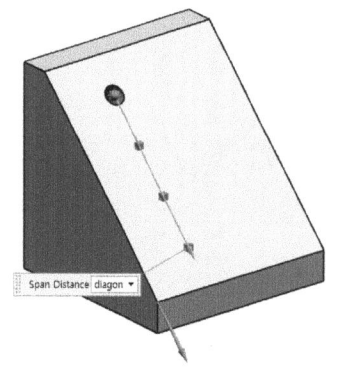

그림 8-32 기준점이 변경된 미리보기

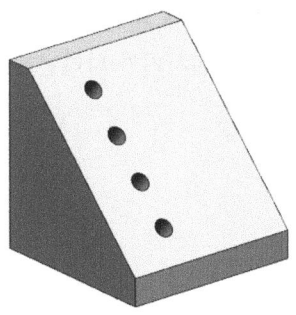
그림 8-33 완성된 모델

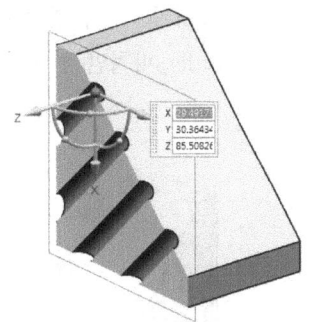
그림 8-34 단면 표시

END of Exercise

8.3.2 Pattern Feature 기능 사용시 주의 사항

Pattern Feature 기능을 사용할 때 다음 사항을 주의하자. 이러한 주의 사항은 피쳐를 복사하는 다른 기능에도 적용된다.

① 형상을 이루지 않는 피쳐(Datum, Sketch 등) 또는 Boolean Operation을 복사할 때는 그림 8-35와 같은 경고 메시지를 보여준다.

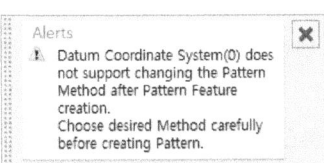
그림 8-35 경고 메시지

② 인스턴스에도 Boolean 옵션이 적용된다. 그림 8-36의 네번째 인스턴스는 솔리드 바디를 벗어나기 때문에 제거된 구멍을 생성할 수 없다.

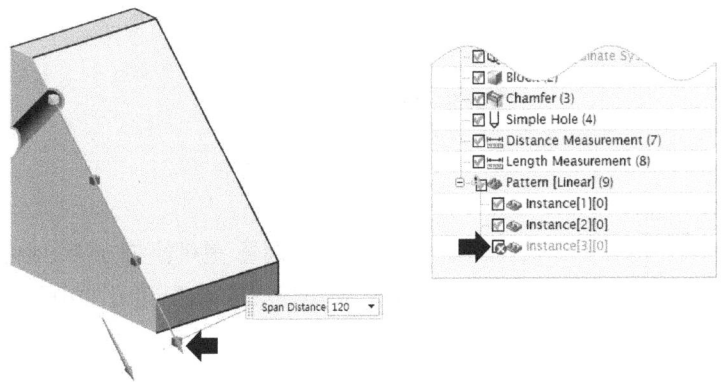
그림 8-36 Boolean을 수행할 수 없는 경우

③ Fillet, Chamfer 등 단독 형상이 아닌 피쳐는 형상 피쳐와 함께 패턴을 생성해야 한다. Fillet이나 Chamfer 피쳐만 선택하면 그림 8-37과 같은 오류 메시지가 나타난다.

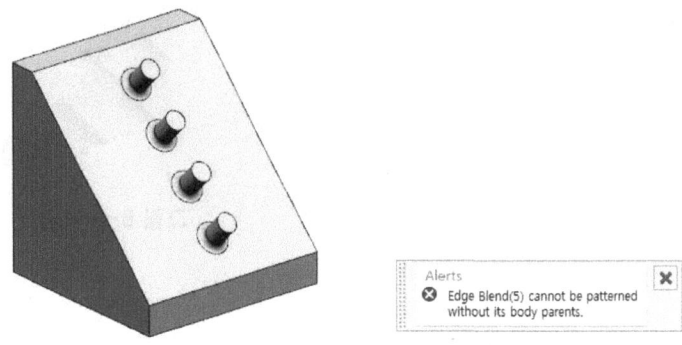

그림 8-37 필렛이 있는 피쳐의 패턴

Exercise 03 배열 생성, 수정 및 원본 수정 ch08_ex03.prt

주어진 파일을 이용하여 다음 모델링 작업을 수행하시오.

1. Linear 타입으로 배열을 생성한다.
2. 배열 생성 옵션을 수정한다.
3. 원본 피쳐의 형상을 수정한다.

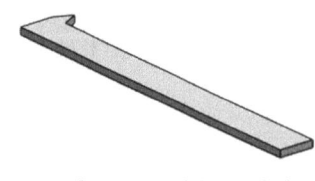

그림 8-38 실습용 파일

1 단계

그림 8-40을 참고하여 Pattern Feature를 생성한다. 피쳐를 선택할 때 파트 네비게이터에서 선택할 수 있음을 참고하자. 피쳐는 모델링의 최소 단위로서 파트 네비게이터에 개별적으로 등록된다.

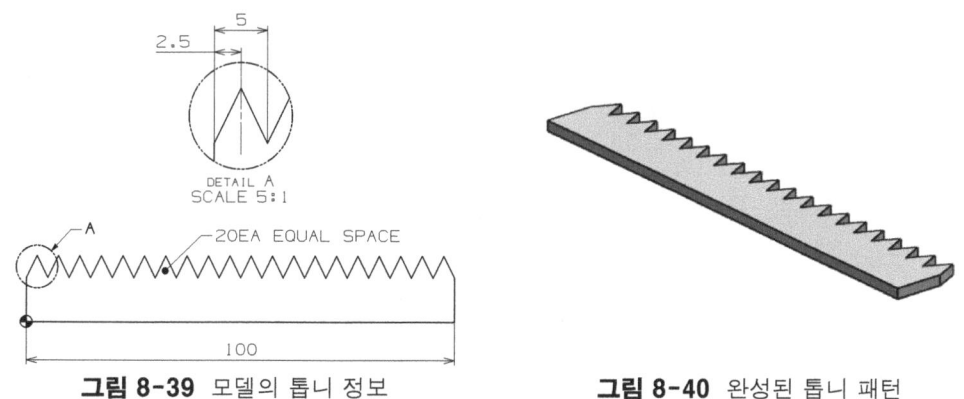

그림 8-39 모델의 톱니 정보

그림 8-40 완성된 톱니 패턴

2 단계

파트 네비게이터에서 Pattern 피쳐를 더블클릭하여 톱니의 개수(20개 → 10개)와 간격(5mm → 10mm)을 수정한다.

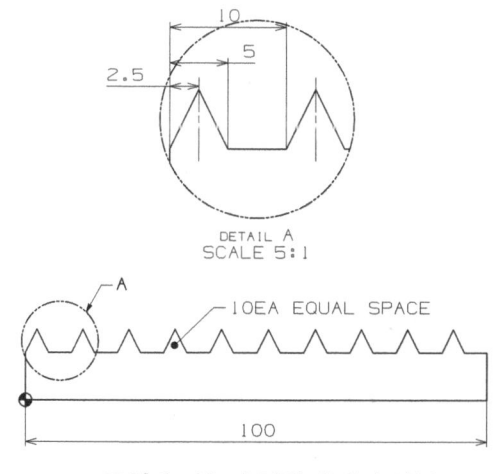

그림 8-41 수정할 형상의 정보

3 단계

두번째 Extrude 피쳐의 스케치를 보이게 한 후 더블클릭하여 치수를 수정한다. 파트 네비게이터에서 MB3 > Edit Sketch를 선택한 후 수정할 수도 있다. 배열 옵션은 1 단계와 같다.

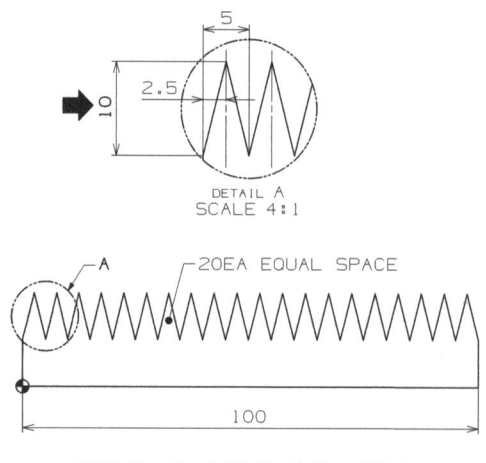

그림 8-42 수정할 형상의 정보

8.3.3 Circular 타입

생성 절차

① Feature 아이콘 그룹에서 Pattern Feature 아이콘을 누른다.
② 대화상자를 Reset 한다.
③ 패턴을 생성할 대상을 선택한다. 여러 개를 선택할 수도 있다.
④ Layout 옵션을 선택한다. (Circular)
⑤ Rotation Axis를 선택한다.
⑥ Angular Direction 옵션을 설정한 후 OK 버튼을 누른다.

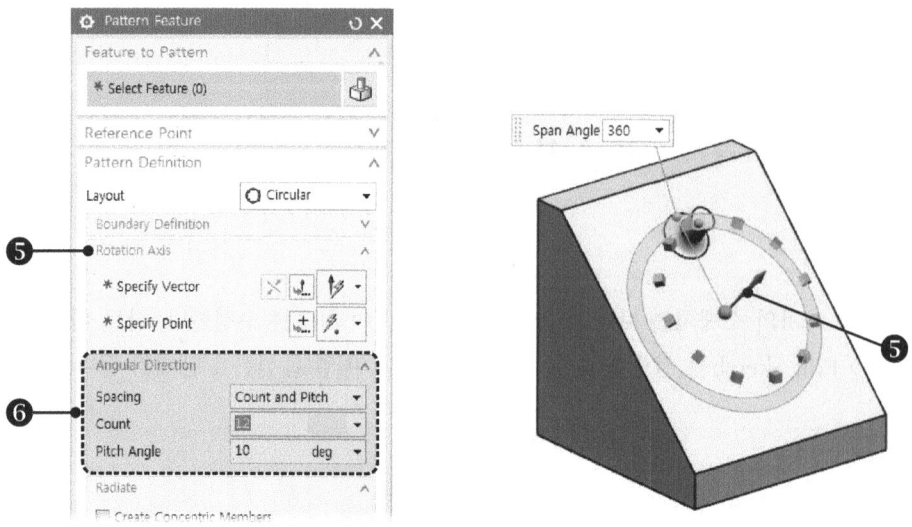

그림 8-43 Circular 타입 생성 절차

Spacing 옵션

원형으로 배열을 생성할 때 인스턴스의 배치 방법을 정의한다.

- Count and Pitch: 인스턴스의 개수와 인스턴스 사이의 각도 간격을 지정한다. 배열의 전체 각도는 자동으로 계산된다.
- Count and Span: 인스턴스의 개수와 배열의 전체 각도를 지정한다. 인스턴스 사이의 각도 간격은 자동으로 계산된다.
- Pitch and Span: 인스턴스 사이의 각도 간격과 배열의 전체 각도를 지정한다. 인스턴스의 개수는 자동으로 계산된다.
- List: 인스턴스 사이의 각도를 하나씩 지정한다. Add New Set 버튼을 눌러 서로 다른 각도 간격으로 배열할 수 있다.

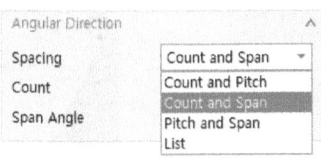

그림 8-44 Circular 타입의 Spacing 옵션

---

ch08_ex04.prt Circular 타입 패턴 **Exercise 04**

주어진 파일을 이용하여 데이텀 축을 생성한 후 Circular 타입의 패턴을 생성해 보자.

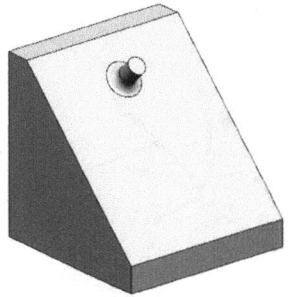

그림 8-45 실습용 파일

데이텀 축 생성

1. 주어진 파일을 연다.

2. Feature 아이콘 그룹에서 Datum Axis 아이콘을 누른다.

3. Type을 Point and Direction으로 선택한다.

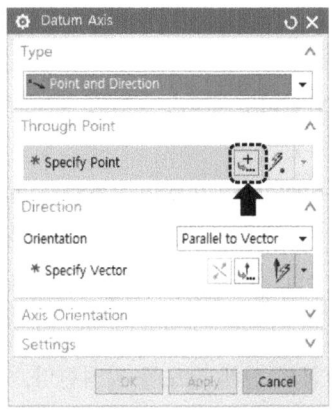

4. Datum Axis 대화상자에서 Point Dialog 버튼을 누른다.

5. Point 대화상자에서 Type을 Between Two Points로 지정한다.

6. 그림 8-47의 점 Ⓐ와 Ⓑ를 순차적으로 선택한다. % Location으로 설정된 50% 위치에 생성될 점 Ⓒ의 미리보기가 나타난다.

그림 8-46 Datum Axis 대화상자

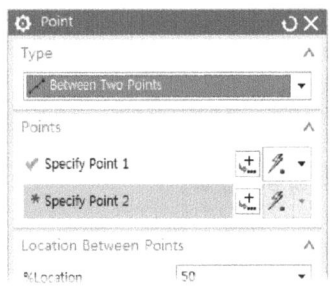
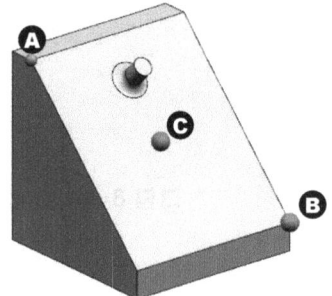

그림 8-47 데이텀 축이 통과할 점 지정

7. Point 대화상자에서 OK 버튼을 누른다.
8. MB2를 눌러 Datum Axis 대화상자의 Specify Vector 옵션으로 진행시킨다.
9. 평면을 선택(그림 8-49의 Ⓓ)하여 평면의 수직 방향을 벡터 방향으로 지정한다.
10. OK 버튼을 눌러 데이텀 축을 생성한다.

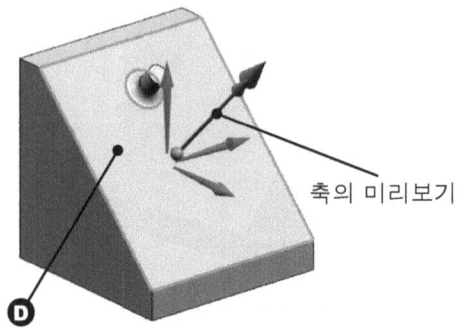

축의 미리보기

그림 8-48 데이텀 축의 방향 지정

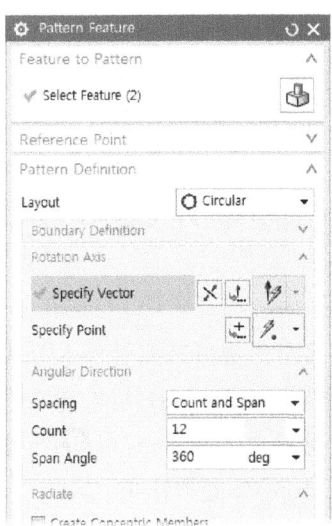

그림 8-49 Circular 타입 패턴 옵션 설정

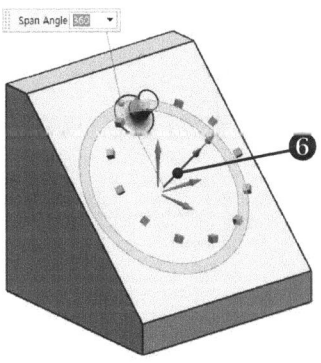

그림 8-50 패턴의 미리보기

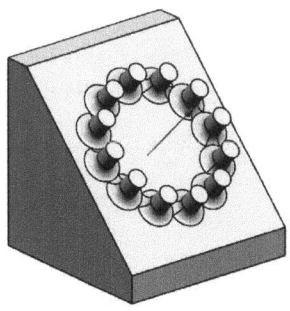

그림 8-51 자연스럽지 않은 Edge Blend

패턴 생성

1. Pattern Feature 아이콘을 누른다.

2. 대화상자를 Reset 한다.

3. Boss 피쳐와 Edge Blend 피쳐를 선택한다.

4. Layout 옵션을 Circular로 선택한다.

5. MB2를 누른다.

6. Rotation Axis를 선택한다. (그림 8-50의 ❻)

7. Angular Direction 옵션을 그림 8-50과 같이 설성한 후 Enter 키를 누른다. 그림 8-51과 같이 미리보기가 나타난다.

8. OK 버튼을 누른다.

보스들 사이의 Edge Blend 서피스가 서로 만나 자연스럽지 못한 필렛이 생성된 것을 알 수 있다. (그림 8-51)

Edge Blend 수정

1. 파트 네비게이터에서 Edge Blend 피쳐를 삭제한다. Notification 정보창은 OK 버튼을 눌러 닫는다.

2. Edge Blend가 제거된 모델에 그림 8-52와 같이 R5의 Edge Blend를 생성한다.

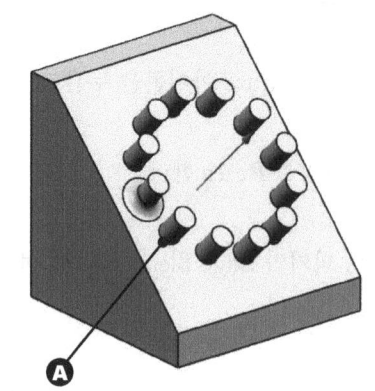

그림 8-52 첫번째 Edge Blend 생성

3. 인접한 Boss 피쳐의 모서리에 R5의 Edge Blend를 생성하기 위해 Edge Blend 아이콘을 누른다.

4. 모서리를 선택한다. (그림 8-52의 Ⓐ)

5. Edge Blend 대화상자의 Overflow Resolutions 옵션을 펼치고 그림 8-53의 Ⓑ 옵션을 클릭한다. 옵션이 나타나지 않으면 대화상자 설정 옵션(그림 8-53의 Ⓓ)에서 Edge Blend (More)를 선택한다.

6. 그림 8-53의 Ⓒ 모서리를 선택한다. 두 개의 Edge Blend가 가운데서 만난다.

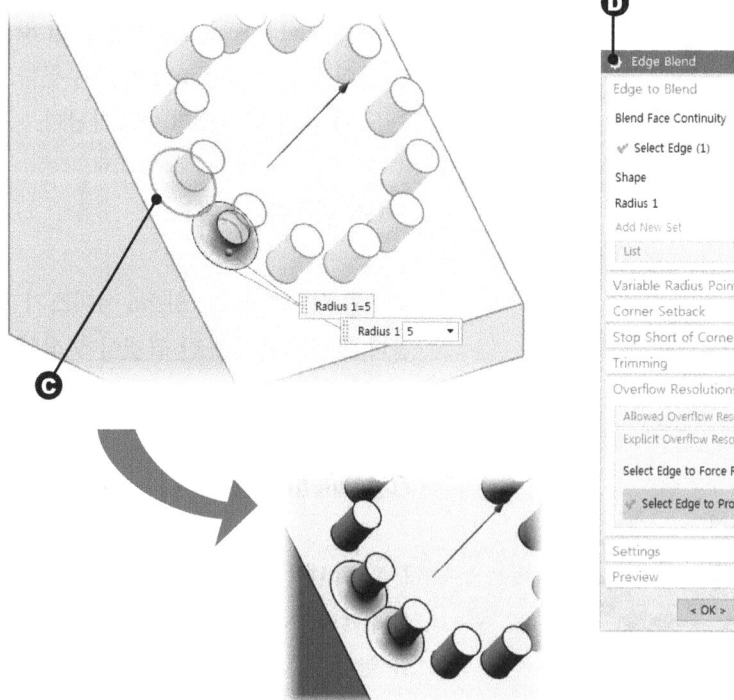
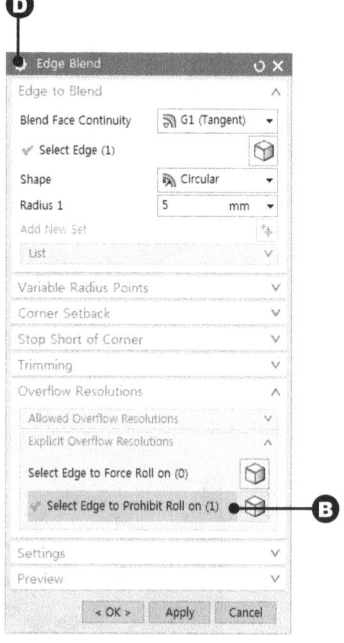

그림 8-53 두번째 Edge Blend 생성

7. 두 개의 Edge Blend가 만나 생성된 모서리에 R3의 Edge Blend를 추가한다.

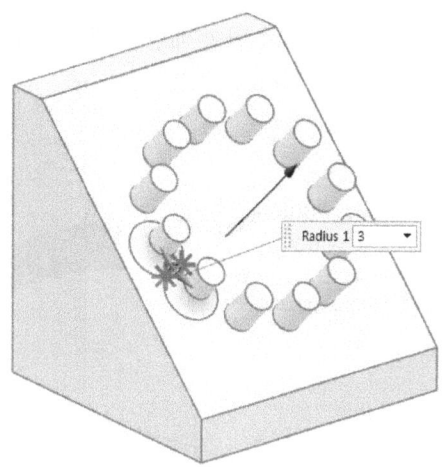

그림 8-54 만나는 모서리에 Edge Blend 추가

8. 나머지 Boss에도 같은 방법으로 Edge Blend를 추가한다. Rendering Style을 Shaded로 표시하면 그림 8-55와 같은 결과를 볼 수 있다.

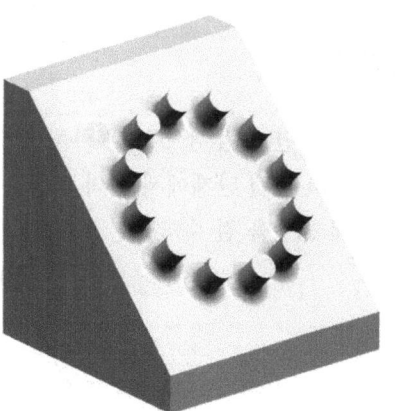

그림 8-55 모델 완성

END of Exercise

8장: 피쳐 및 오브젝트의 복사

Exercise 05 Circular 타입 패턴 연습   *ch08_ex05.prt*

주어진 모델을 이용하여 그림 8-56과 같이 원형 패턴을 생성하시오.

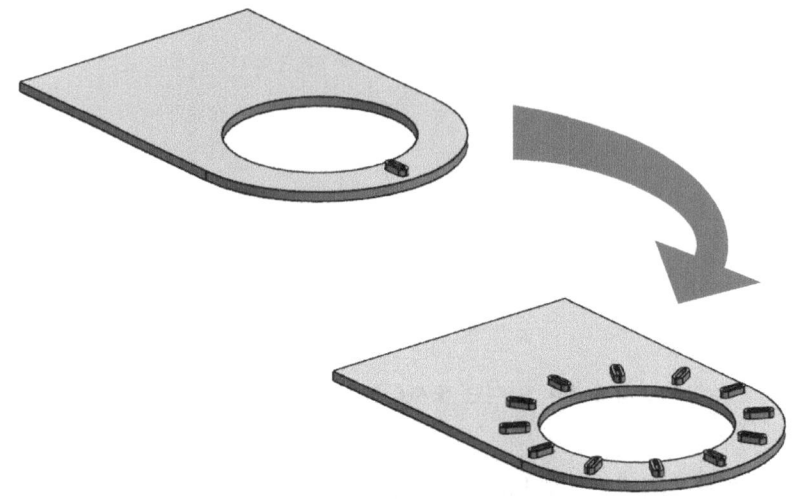

그림 8-56 Circular Pattern 생성

END of Exercise

> **Axis를 지정하는 방법**

Specify Vector 선택 단계에서 윗면(그림 8-57의 ❶)을 선택하면 평면의 수직 방향이 Vector로 지정된다. Specify Point 선택 단계에서 원의 중심을 선택한다. 그림 8-57의 ❷ 모서리를 이용하여 원의 중심에 스냅을 걸 수 있다.

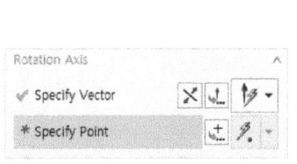
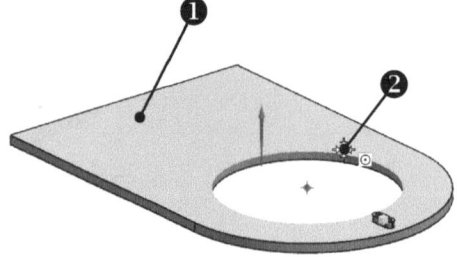

그림 8-57 Axis 지정

Orientation 옵션

Circular 타입의 배열을 생성할 때 인스턴스의 배치 방향이 축을 향하도록 할 수도 있고, 원본과 같은 방향을 유지하도록 생성할 수도 있다. 그림 8-58은 원본의 방향을 유지하도록 옵션을 설정한 결과를 보여준다. Orientation 옵션은 More 버튼을 눌러 대화상자를 확장시켰을 때 나타난다.

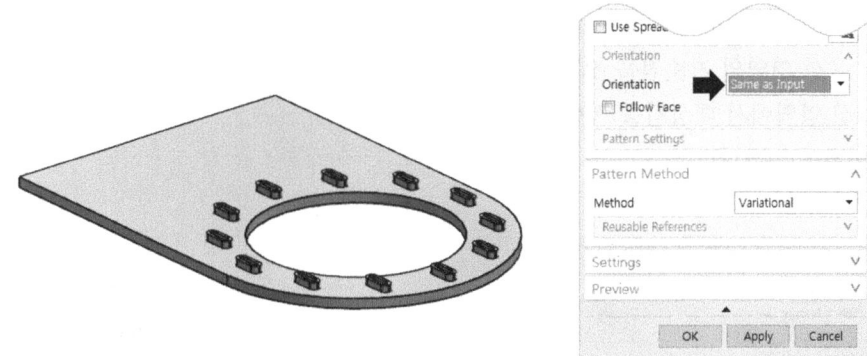

그림 8-58 인스턴스의 배치 방향

Create Concentric Members 옵션

여러 개의 동심원 상에 인스턴스를 생성할 수 있다.

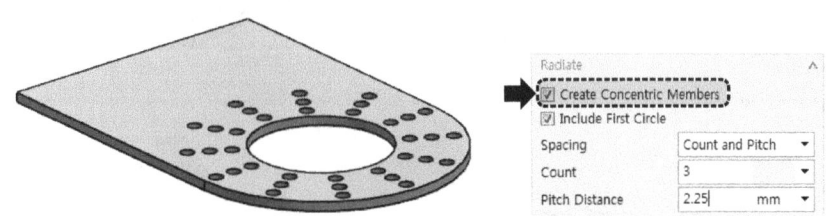

그림 8-59 동심원 상의 배열

8.3.4 General 타입

생성 절차

① Feature 아이콘 그룹에서 Pattern Feature 아이콘을 누른다.
② 대화상자를 Reset 한다.
③ 패턴을 생성할 대상을 선택한다. 여러 개를 선택할 수도 있다.
④ Layout 옵션을 선택한다. (General)
⑤ From 옵션 영역의 기준점을 정한다.
⑥ To 옵션 영역에서 대상점을 정한다.
⑦ OK 버튼을 누른다.

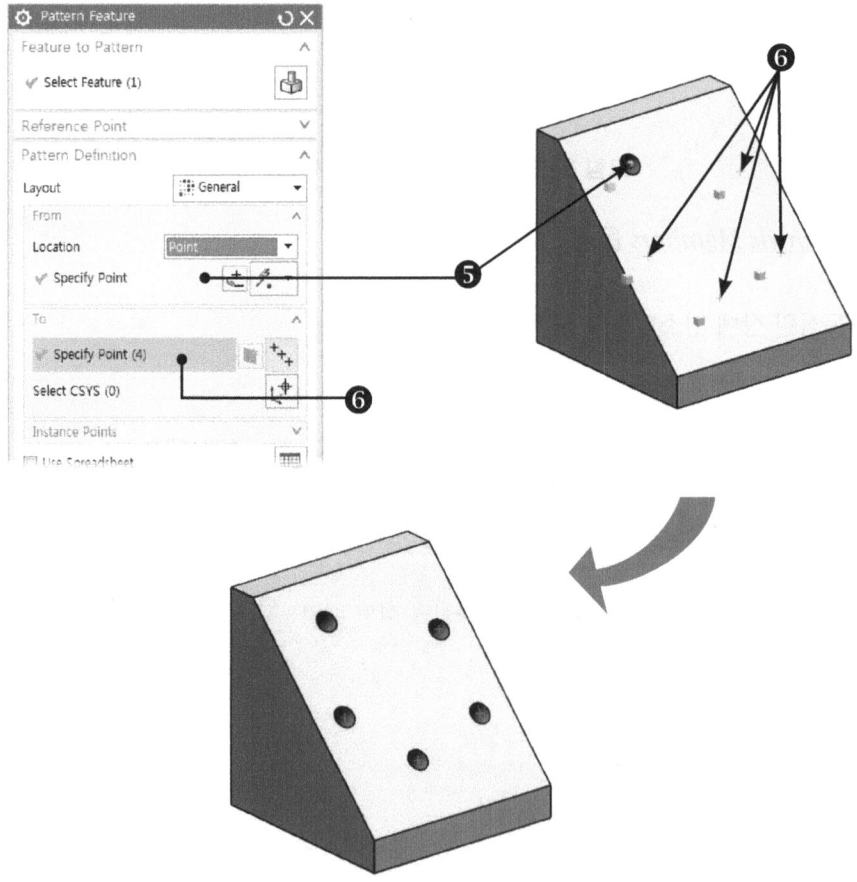

그림 8-60 General 타입 생성 절차

8.4 Mirror Feature

이 기능을 이용하면 피쳐를 대칭복사할 수 있다. 대칭 기준면으로는 데이텀 평면이나 형상의 평면을 이용할 수 있다. 데이텀 평면이나 스케치 피쳐를 대칭복사할 수 있고 Boolean이 적용된다. 따라서, Boolean이 적용된 피쳐를 복사할 때는 복제본이 형상을 벗어나면 안된다.
여러 개의 피쳐를 한꺼번에 복사할 수도 있다.

그림 8-61 피쳐의 대칭 복사

8.5 지오메트리의 복사

지오메트리를 복사하는 기능으로는 Pattern Geometry, Mirror Geometry가 있다. 복사 대상은 모델링의 결과 형상이기 때문에 Part Navigator에서 선택할 수 없고 작업창의 형상에서 선택한다. 또한 모델링 이력이 없어도 복사할 수 있다.

8.5.1 Mirror Geometry

Menu 버튼의 Insert > Associative Copy > Mirror Geometry를 선택하면 Mirror Geometry 대화상자가 나타나고 Type Filter를 보면 어떤 지오메트리를 선택할 수 있는지 알 수 있다. 그림 8-63와 같이 솔리드 바디 전체를 대칭복사하려면 Mirror Geometry 기능을 이용한다.

그림 8-62 Mirror Geometry 대화상자

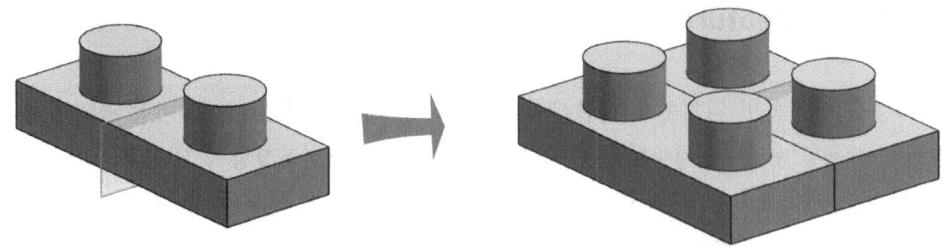

그림 8-63 바디의 대칭 복사

8.5.2 Pattern Geometry

Menu 버튼의 Insert > Associative Copy > Pattern Geometry를 선택하면 Pattern Geometry 대화상자가 나타나고 선형 패턴, 원형 패턴, 점 패턴 등의 배열을 생성할 수 있다. 복사의 대상은 Mirror Geometry 기능과 유사하고, 복사 방법은 Pattern Feature와 같다. 복사의 대상으로 커브와 페이스를 선택할 수 있기 때문에 Face Rule과 Curve Rule이 함께 나타난다. Face를 선택할 때는 선택 우선순위로 인하여 바로 선택할 수 없고 Type Filter를 변경해야 한다. 선택의 우선순위에 대해서는 635 쪽의 "A.8 선택의 우선 순위"를 참고한다.

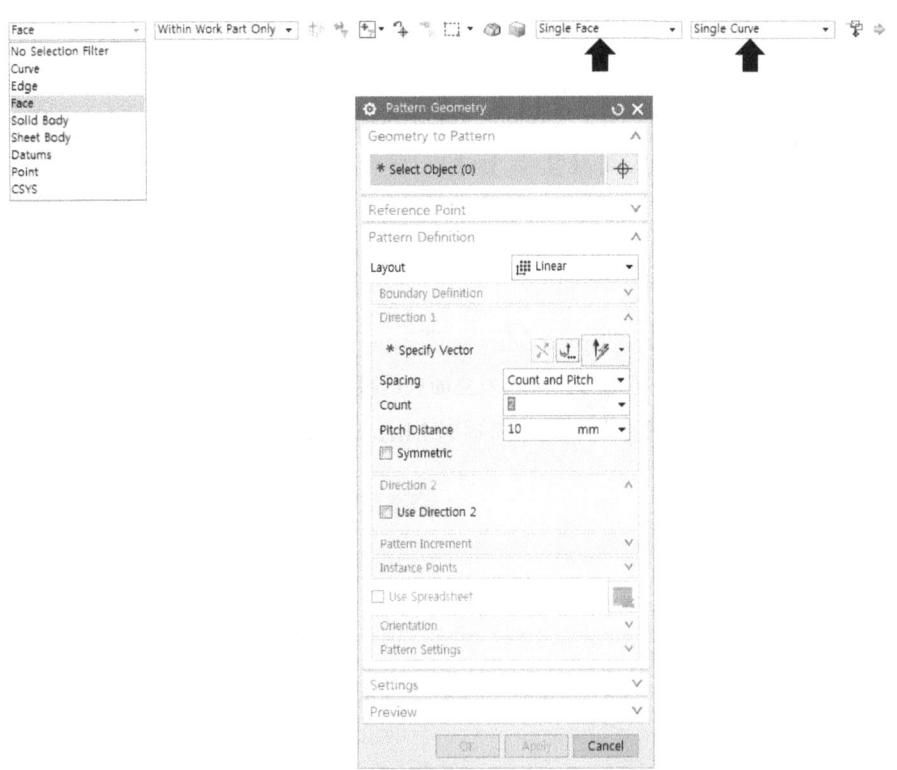

그림 8-64 Pattern Geometry 대화상자

ch08_ex06.prt   피쳐와 바디의 대칭복사와 수정   **Exercise 06**

주어진 파일을 이용하여 피쳐를 대칭복사하고, 수정하는 과정을 학습한다. 모델링 순서에 따라 모델 수정의 영향을 잘 이해하자.

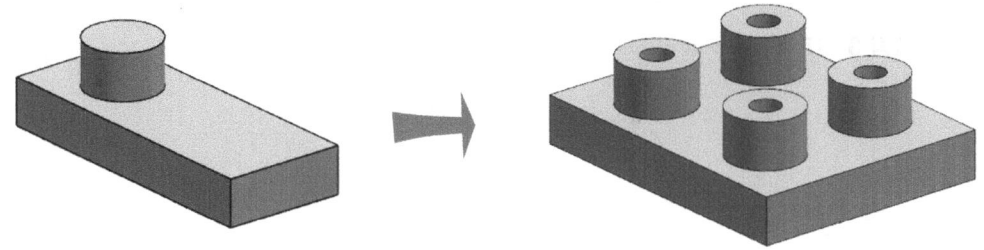

그림 8-65 피쳐와 바디의 대칭 복사

Mirror Feature 1

1. 실습용 파일을 연다.

2. Feature 아이콘 그룹에서 More 버튼 〉 Mirror Feature 아이콘을 누르고, 대화상자를 Reset 한다.

3. 대칭복사 할 피쳐를 선택한다. (그림 8-66의 ❸) 모델에서 선택할 수도 있고, 파트 네비게이터에서 선택할 수도 있다.

4. MB2를 누른다.

5. Mirror Plane을 선택한다. (그림 8-66의 ❺)

6. 대화상자에서 OK 버튼을 누른다.

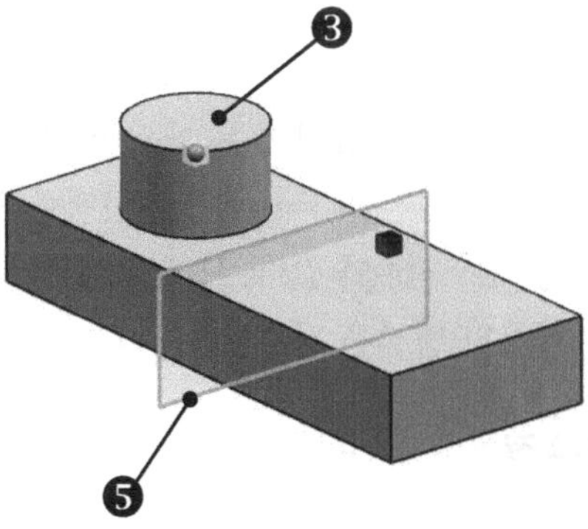

그림 8-66 피쳐와 Mirror Plane 선택

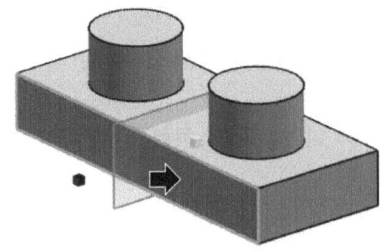

그림 8-67 Mirror Plane 선택

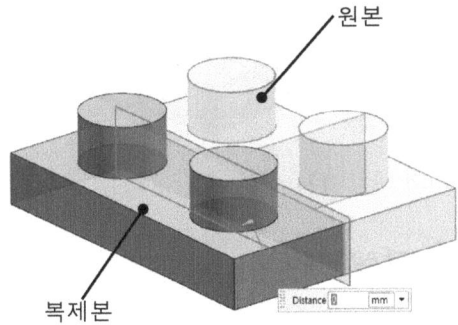

원본
복제본

그림 8-68 미리보기

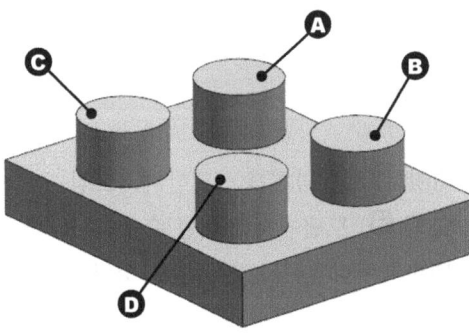

그림 8-69 Unite 된 모델

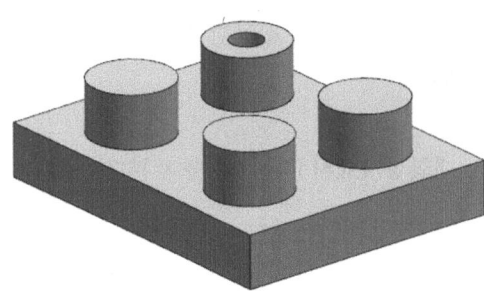

그림 8-70 구멍 생성

Mirror Geometry

Mirror Geometry 기능을 이용하여 솔리드 바디를 복사하자.

1. Feature 아이콘 그룹에서 More 버튼 〉 Mirror Geometry를 선택한 후 대화상자를 Reset 한다.

2. 솔리드 바디를 선택한다.

3. MB2를 누른다.

4. Mirror Plane을 선택한다. (그림 8-67의 화살표)

5. Mirror Geometry 대화상자에서 OK 버튼을 누른다.

6. Unite 기능을 이용하여 두 개의 솔리드 바디를 합친다. 원본을 Target으로 선택한다. 결과는 그림 8-69와 같다. 모델 수정을 위하여 각 피쳐의 명칭을 정했다.

모델 수정

1. 그림 8-69의 **A** 피쳐에 직경 20mm, 깊이 10mm의 구멍을 생성한다. Tip Angle은 0°로 한다. 그림 8-70과 같이 **A** 피쳐에만 구멍이 생성된다.

이 때 파트 네비게이터는 그림 8-71 (a)와 같다.

Mirror Feature에 구멍까지 포함시켜보자. 그러려면 파트 네비게이터 상의 Simple Hole의 위치가 Mirror Feature보다 앞에 있어야 한다.

2. Simple Hole 피쳐를 드래그 하여 Mirror Feature 앞으로 이동시켜 보자. 그러나 Mirror Feature의 복사 대상으로 Simple Hole을 선택하지 않았기 때문에 Mirror Feature의 결과에는 변화가 없고 Mirror Geometry의 결과에만 반영된다.

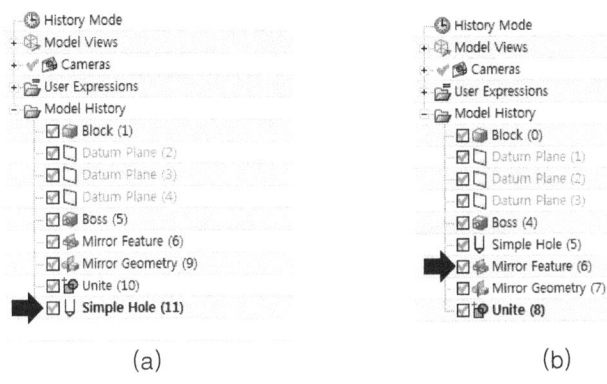

(a)   (b)

그림 8-71 파트 네비게이터

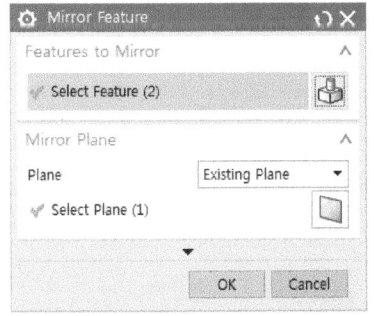

그림 8-72 Simple Hole 피쳐를 선택한 후의 대화상자

3. 그림 8-71 (b)의 Mirror Feature를 더블 클릭한다.

Mirror Feature 대화상자의 Select Feature 옵션에 복사 대상 피쳐의 개수 (1)이 표시되어 있다.

4. Ctrl 키를 누른 상태로 Part Navigator에서 Simple Hole 피쳐를 선택한다. 복사 대상 피쳐의 개수가 (2)로 표시된다.

5. Mirror Feature 대화상자에서 OK 버튼을 누른다.

결과는 그림 8-73와 같다.

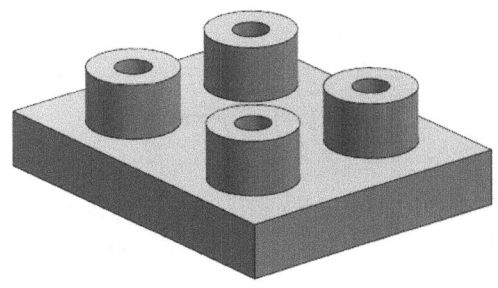

그림 8-73 모델링 결과

END of Exercise

8.6 Face의 복사

페이스를 복사하는 기능으로는 Pattern Face, Mirror Face가 있다. 복사 대상으로 Face만 선택할 수 있다. 복사하는 Face의 솔리드 속성도 함께 복사된다는 점에 주의해야 한다. 원본이 솔리드 바디의 페이스이면 복제본도 솔리드 바디의 페이스가 될 수 있는 조건이어야 한다. 형상의 페이스를 복사하는 기능이기 때문에 모델링 이력이 없어도 복사할 수 있다.

그림 8-75은 8개의 원본 페이스를 선택하여 복사한 결과를 보여준다. 페이스를 복사하였음에도 불구하고 복제본의 안쪽이 솔리드로 생성됨을 알 수 있다. 복제본의 안쪽을 메울 수 없는 상황이면 Mirror Face 기능으로 복사할 수 없다. 또한 원본과 복제본이 겹쳐도 안된다. 이러한 특성은 Pattern Face에서도 동일하게 적용된다.

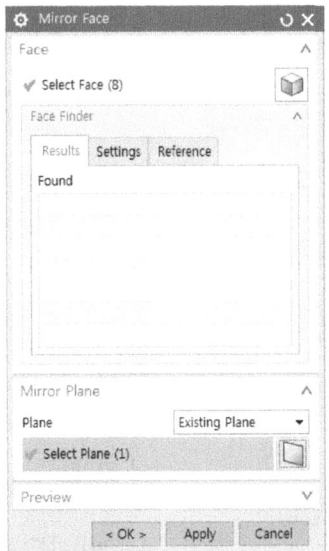

그림 8-74 Mirror Face 대화상자

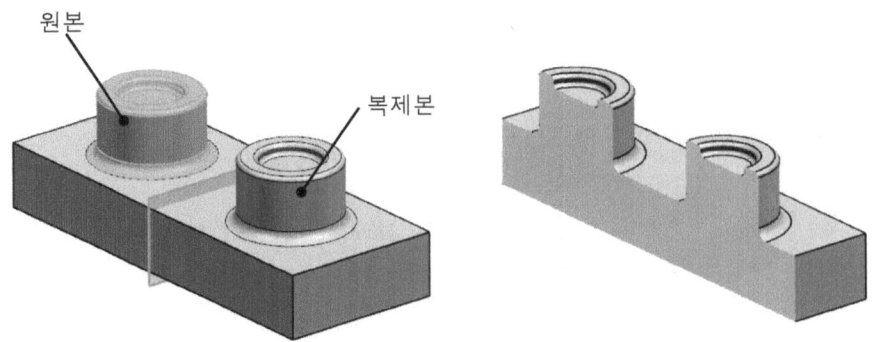

그림 8-75 Mirror Face 기능을 이용한 복사

ch08_ex07.prt Mirror Geometry **Exercise 07**

면을 선택하여 대칭 복사한 후 결과를 확인해 보자. Mirror Geometry 기능을 이용한다.

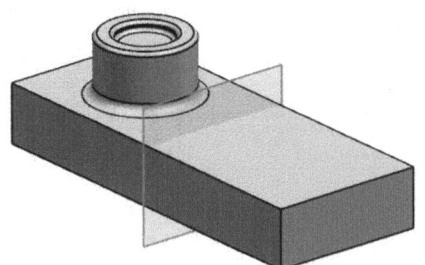

그림 8-76 실습용 파일

1. 주어진 파일을 연다.
2. Feature 아이콘 그룹에서 More 버튼 > Mirror Geometry를 선택한다.
3. Mirror Geometry 대화상자를 Reset 한다.
4. Type Filter를 Face로 지정한다.
5. Face Rule을 Region Faces로 선택한다.

스테이터스바에는 Seed Face를 선택하라는 메시지가 나타난다.

그림 8-77 Type Filter와 Face Rule

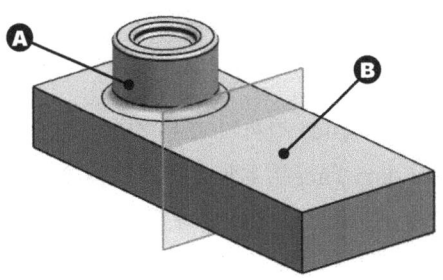

그림 8-78 Seed Face와 Boundary Face

> **Seed Face**
>
> Seed Face는 영역을 지정하여 선택할 대표 면이라고 보면 된다. 'Region Faces' 룰은 경계면으로 분리될 수 있는 많은 면을 선택할 때 사용하면 편리하다.

6. 그림 8-78의 ⓐ 면을 Seed Face로 선택한다. Status Line의 메시지를 통해 Boundary Face를 선택하는 단계인 것을 알 수 있다.

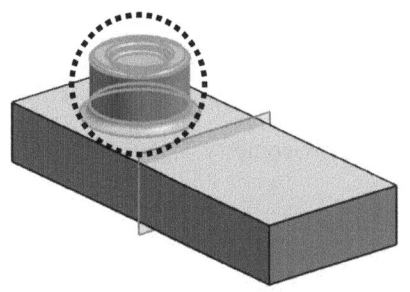

그림 8-79 선택된 면

7. 연속하여 그림 8-78의 ❸ 면을 Boundary Face로 선택한다.

8. MB2를 누른다. 그림 8-79와 같이 Boundary Face로 분리되면서 Seed Face 쪽에 있는 모든 면이 선택된 것을 확인할 수 있다. Select Face 옵션을 보면 8개의 페이스가 선택되었음을 알 수 있다.

9. 다시 한 번 MB2를 눌러 Mirror Plane 옵션으로 진행한다.

10. 데이텀 평면을 선택한 후 OK 버튼을 누른다.

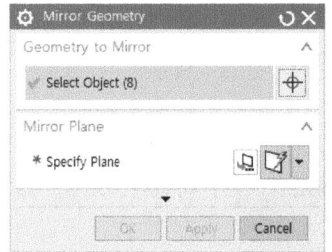

그림 8-80 Instance Geomery 대화상자

단면을 표시하면 그림 8-82와 같다. 복제된 면의 안쪽이 비어있음을 알 수 있다.

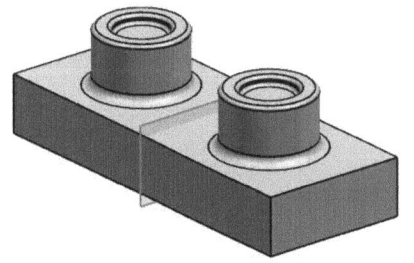

그림 8-81 완성된 모델

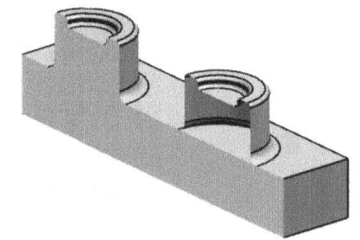

그림 8-82 단면 표시

> **Boundary Face**
>
> 'Region Faces' 룰은 Seed Face의 주변 면을 Boundary Face 전까지 모두 선택하는 Face Rule이다. Seed Face는 1개만 선택할 수 있고, Boundary Face는 1개 이상 선택할 수 있다. Boundary Face를 경계로 하여 Seed Face 쪽에 있는 면이 모두 선택된다.

END of Exercise

8.7 피쳐의 복사/붙여넣기

Copy/Paste 기능을 이용하여 피쳐를 복사/붙여넣기 할 수 있다. 반복 작업을 한다거나 복잡한 스케치가 여러 개 필요할 때 편리하게 사용할 수 있다.

복사/붙여넣기 할 피쳐를 정의하는 데 필요한 개체를 선택해야 한다는 점을 기억하여야 한다. 예를 들어, Edge Blend 피쳐를 복사/붙여넣기 한다면 Edge Blend를 붙여 넣을 때 대상 모서리를 선택하여야 한다.

스케치를 복사/붙여넣기 한다면 스케치 평면, 스케치 좌표계의 방향 기준, 완전 구속을 하는데 필요한 상대 오브젝트를 선택하여야 한다.

---

ch08_ex08.prt　　　　　　Edge Blend의 복사/붙여넣기　**Exercise 08**

복사/붙여넣기 기능을 이용하여 Edge Blend를 반복적으로 생성해 보자.

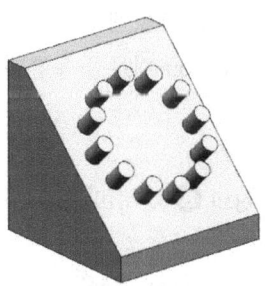

그림 8-83 실습용 모델

기본 Edge Blend 생성

1. 실습용 파일을 연다.

파트 네비게이터를 보면 Circular Array의 인스턴스가 길게 열거되어 있음을 알 수 있다. 피쳐 그룹을 이용하여 여러 개의 피쳐를 간략하게 관리할 수 있다.

2. 그림 8-84와 같이 피쳐를 선택한 후 MB3 > Feature Group을 선택한다.

3. Feature Group 대화상자에 그룹의 이름을 지정한 후 OK 버튼을 누른다.

그림 8-86과 같이 모델링 이력이 간단해진다.

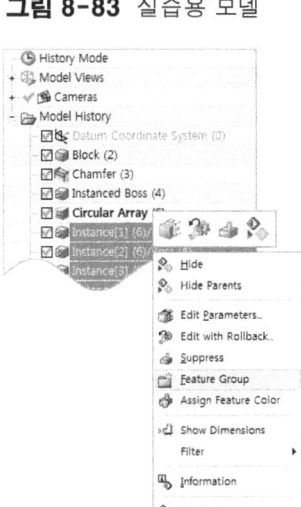

그림 8-84 Feature Group 옵션

8장: 피쳐 및 오브젝트의 복사

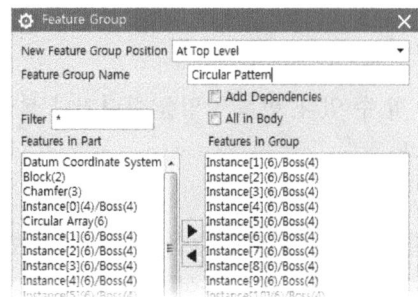

그림 8-85 그룹 이름 지정

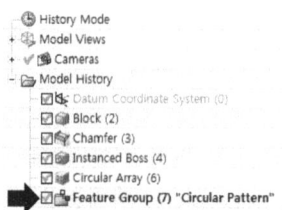

그림 8-86 간단해진 파트 네비게이터

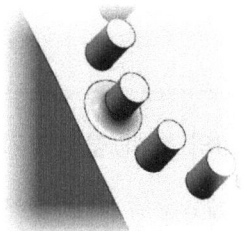

그림 8-87 첫번째 Edge Blend

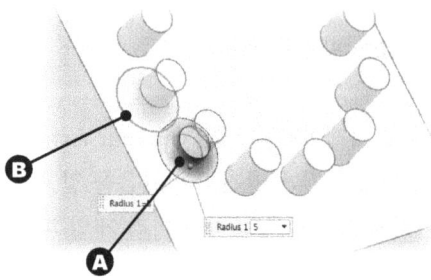

그림 8-88 두번째 Edge Blend

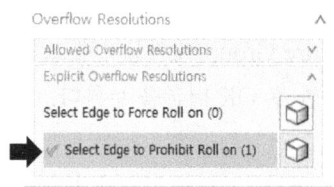

그림 8-89 Overflow 옵션

4. Edge Blend 기능을 이용하여 그림 8-87 과 같이 R5의 Edge Blend를 한 개 생성한다.

5. 다시 Edge Blend 아이콘을 누르고 그림 8-88의 Ⓐ 모서리를 선택한다.

6. Edge Blend 대화상자를 펼치고 Overflow Resolutions 옵션 그룹에서 Select Edge to Prohibit Roll on 버튼을 누른다. (그림 8-89)

7. 그림 8-88의 Ⓑ 모서리를 선택한다.

8. OK 버튼을 누른다.

복사/붙여넣기

세번째 Edge Blend부터는 복사/붙여넣기를 이용하여 생성할 것이다. 그림 8-89의 옵션이 설정되어 있기 때문에 모서리를 추가로 선택하여야 함을 기억하자.

1. 파트 네비게이터에서 두번째로 생성한 Edge Blend를 선택한다.

2. Ctrl + C를 누른다.

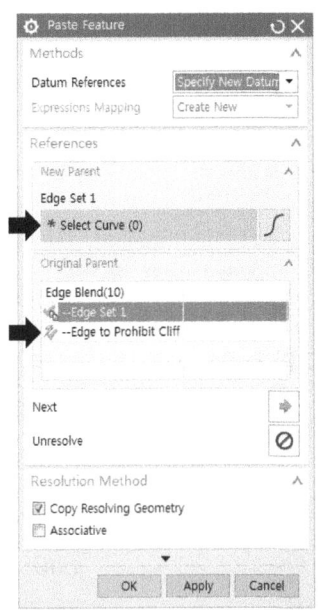

그림 8-90 Paste Feature 대화상자

3. Ctrl + V를 누른다. 그림 8-90과 같은 Paste Feature 대화상자가 나타난다. Edge Set 1 옵션의 Select Curve 옵션이 하이라이트 되어 있음을 확인한다.

4. 그림 8-91의 모서리 ❸를 선택한다.

5. Paste Features 대화상자의 Original Parant 목록창에서 Edge to Prohibit Cliff 항목을 클릭한다.

Select Curve 옵션이 다시 활성화 되는 것을 확인한다.

6. 그림 8-91의 ❹ 모서리를 선택한다.

7. Paste Feature 대화상자에서 Apply 버튼을 누른다. 그림 8-92와 같이 세번째 모서리에 Edge Blend가 생성된다.

8. 연속하여 다른 모서리를 선택하여 Edge Blend를 적용한다. Next 버튼을 누르면 다음 선택 단계로 순차적으로 진행된다.

OK 버튼을 눌러 대화상자가 닫혔다면 다시 Ctrl + V를 눌러 계속 진행할 수 있다.

마지막의 Edge Blend에서는 Edge to Prohibit Cliff 옵션에서 양 쪽의 모서리 두 개를 선택하여야 한다. 그림 8-93은 완성된 모델을 보여준다.

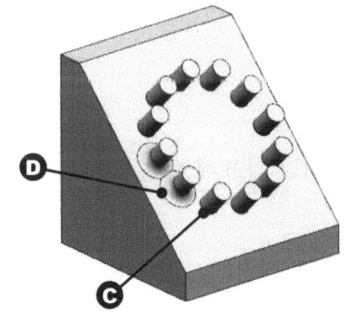

그림 8-91 두 개의 Edge Blend 생성

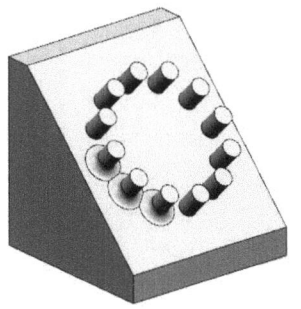

그림 8-92 세번째 Edge Blend 생성

8장: 피쳐 및 오브젝트의 복사

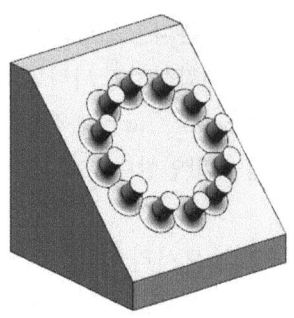

그림 8-93 완성된 모델

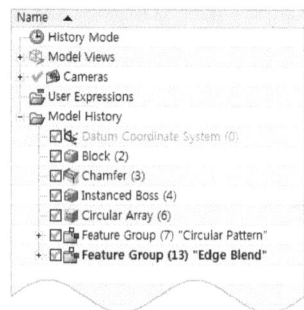

그림 8-94 파트 네비게이터

END of Exercise

Exercise 09　Spanner　　　　　　　　　　　　　　　　　ch08_ex09.prt

단계별 힌트를 참고하여 그림 8-96의 스패너를 모델링 하시오. 스케치 피쳐를 복사하여 사용할 것이다.

1 단계

그림 8-95와 같이 스패너 대단부 스케치의 기준이 될 데이텀 좌표계를 생성한다. 그림은 Top View를 표시한 것이다.

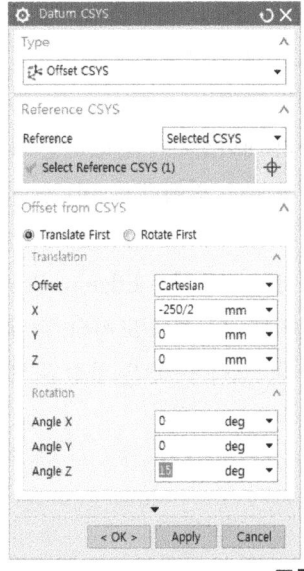
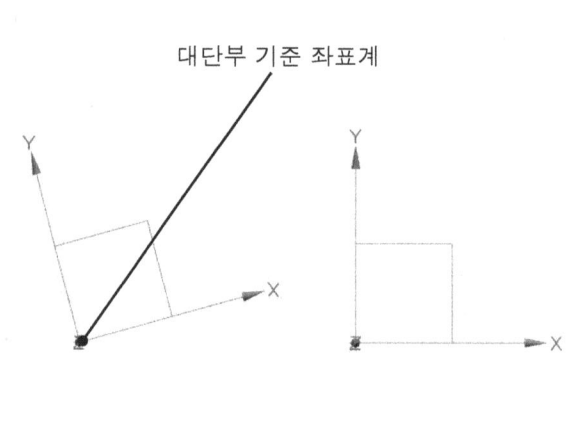

그림 8-95 대단부 기준 좌표계 생성

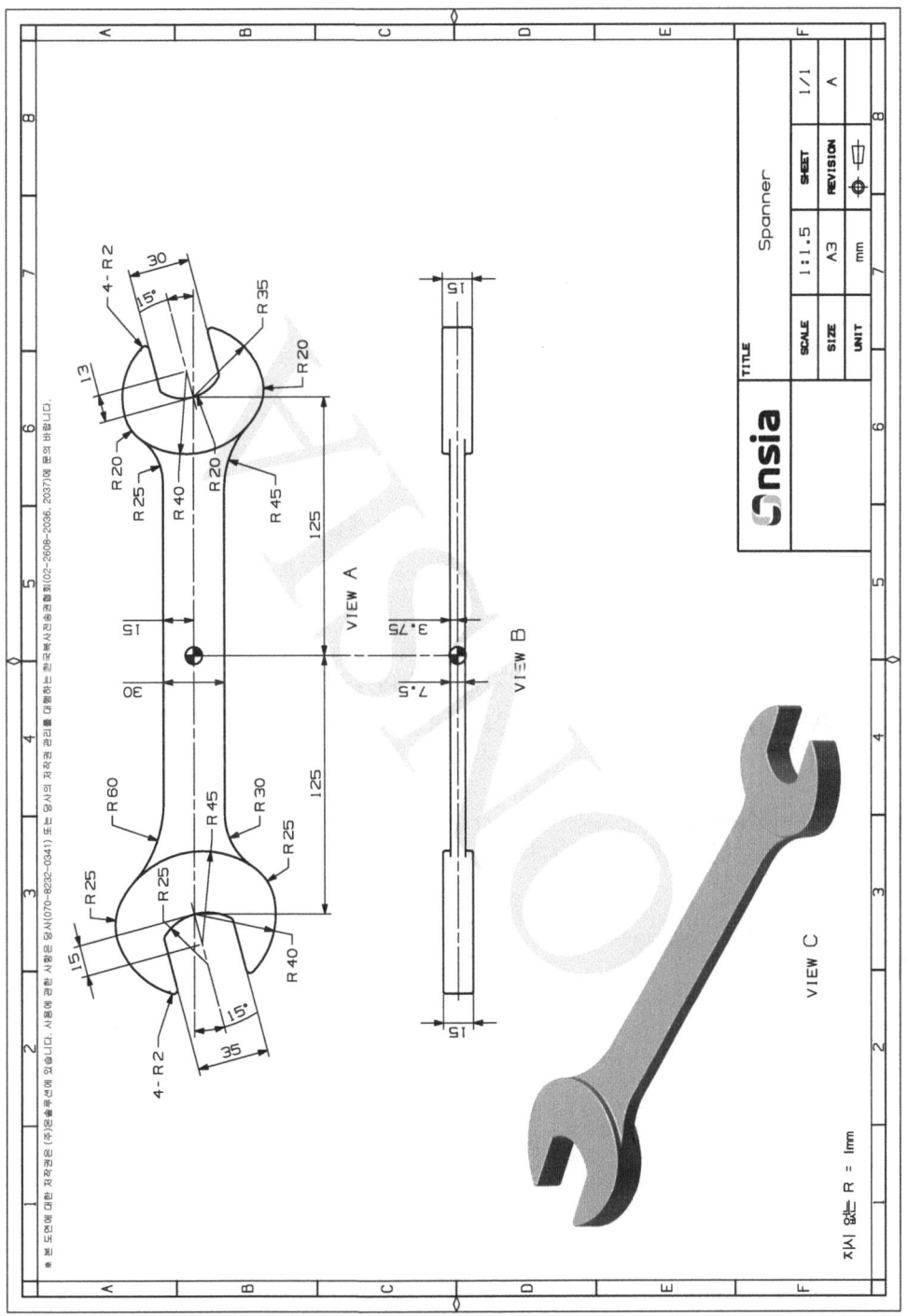

그림 8-96 Exercise 09 연습 도면

2 단계

생성된 좌표계의 XY 평면에 그림 8-97과 같이 대단부의 스케치를 그리고 완전구속한다.

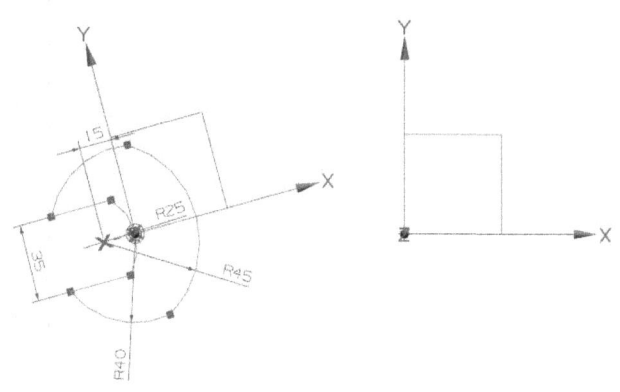

그림 8-97 대단부 스케치 생성

3 단계

그림 8-98과 같이 스패너 소단부 스케치의 기준이 될 데이텀 좌표계를 생성한다. X 축, Y 축의 방향이 대단부 기준 좌표계와 반대로 생성되어야 한다.

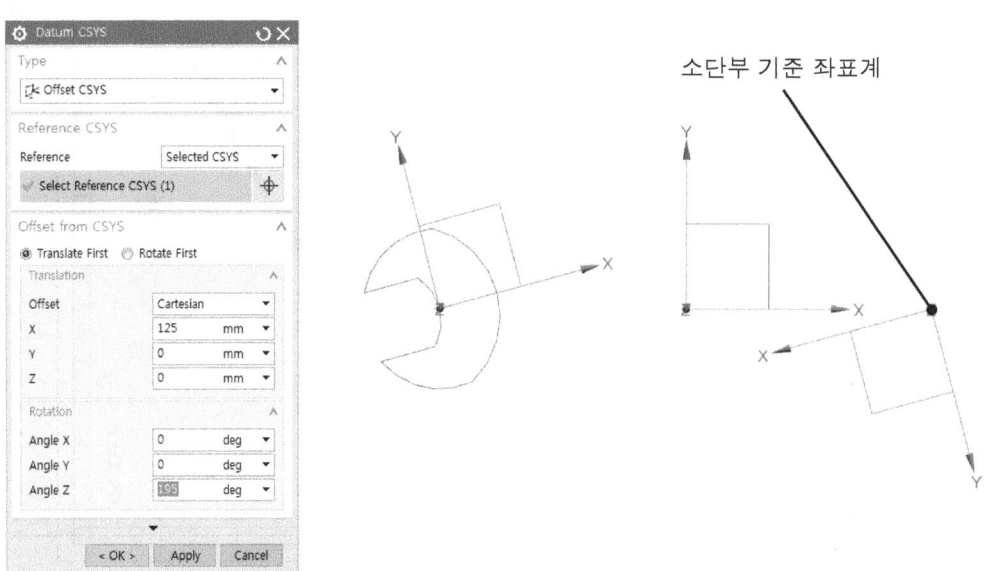

그림 8-98 소단부 기준 좌표계

4 단계

대단부 스케치 피쳐를 복사하여 붙여넣기 한 후 소단부 형상에 맞게 치수를 수정한다.

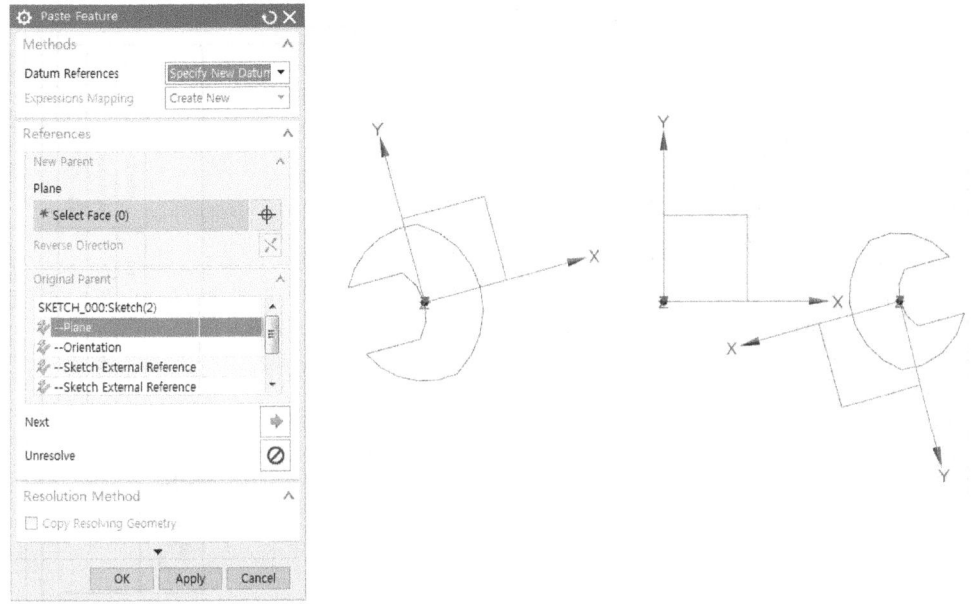

그림 8-99 소단부 스케치 생성

5 단계

각 부분 형상을 생성하고 Edge Blend를 추가하여 모델을 완성한다.

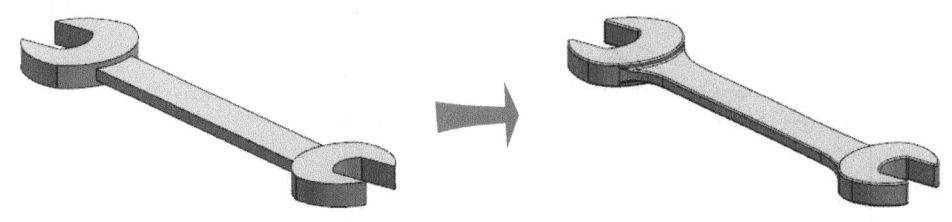

그림 8-100 모델 완성

END of Exercise

Exercise 10 Pattern

ch08_ex10.prt

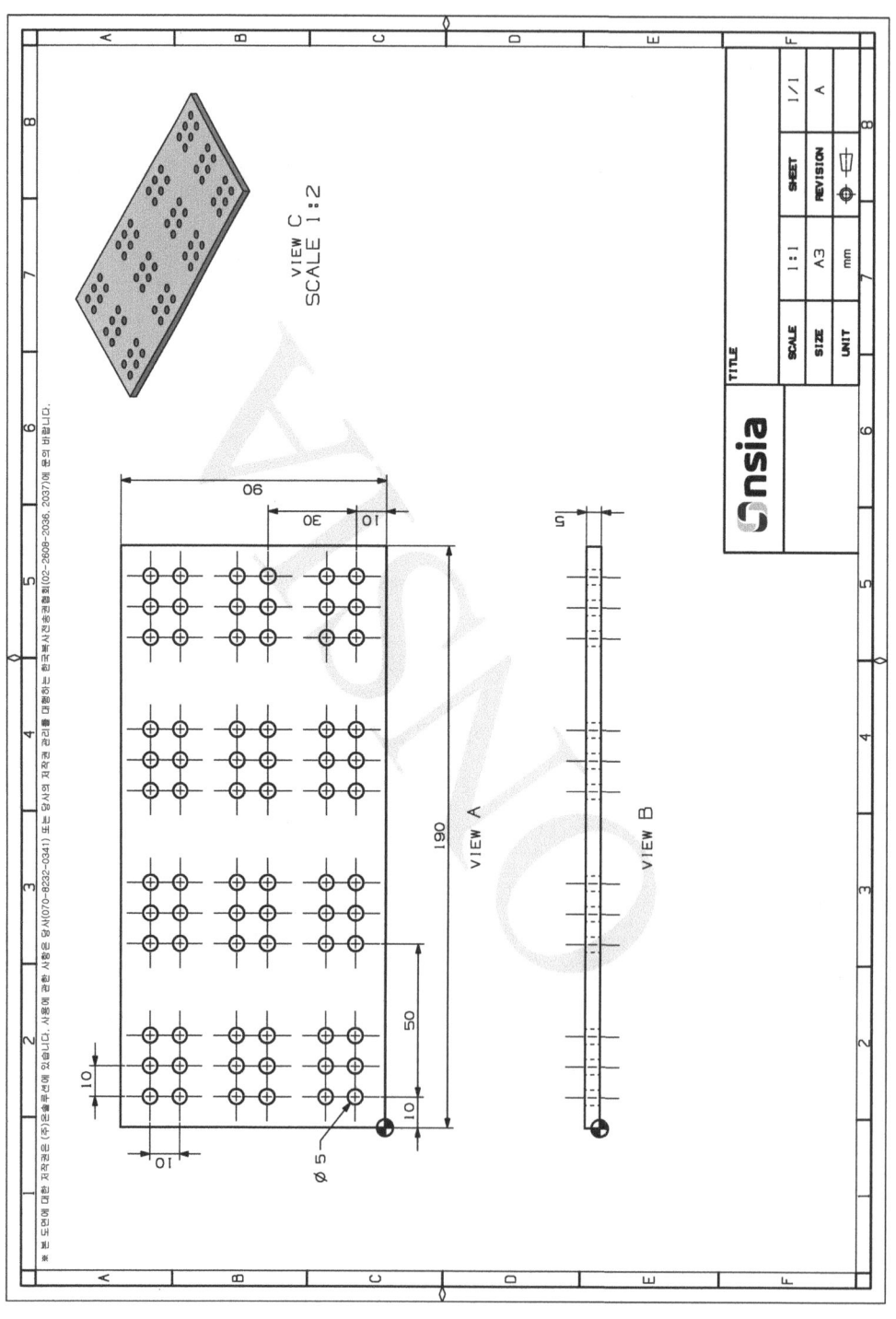

그림 8-101 Exercise 10 연습 도면

ch08_ex11.prt   Pattern **Exercise 11**

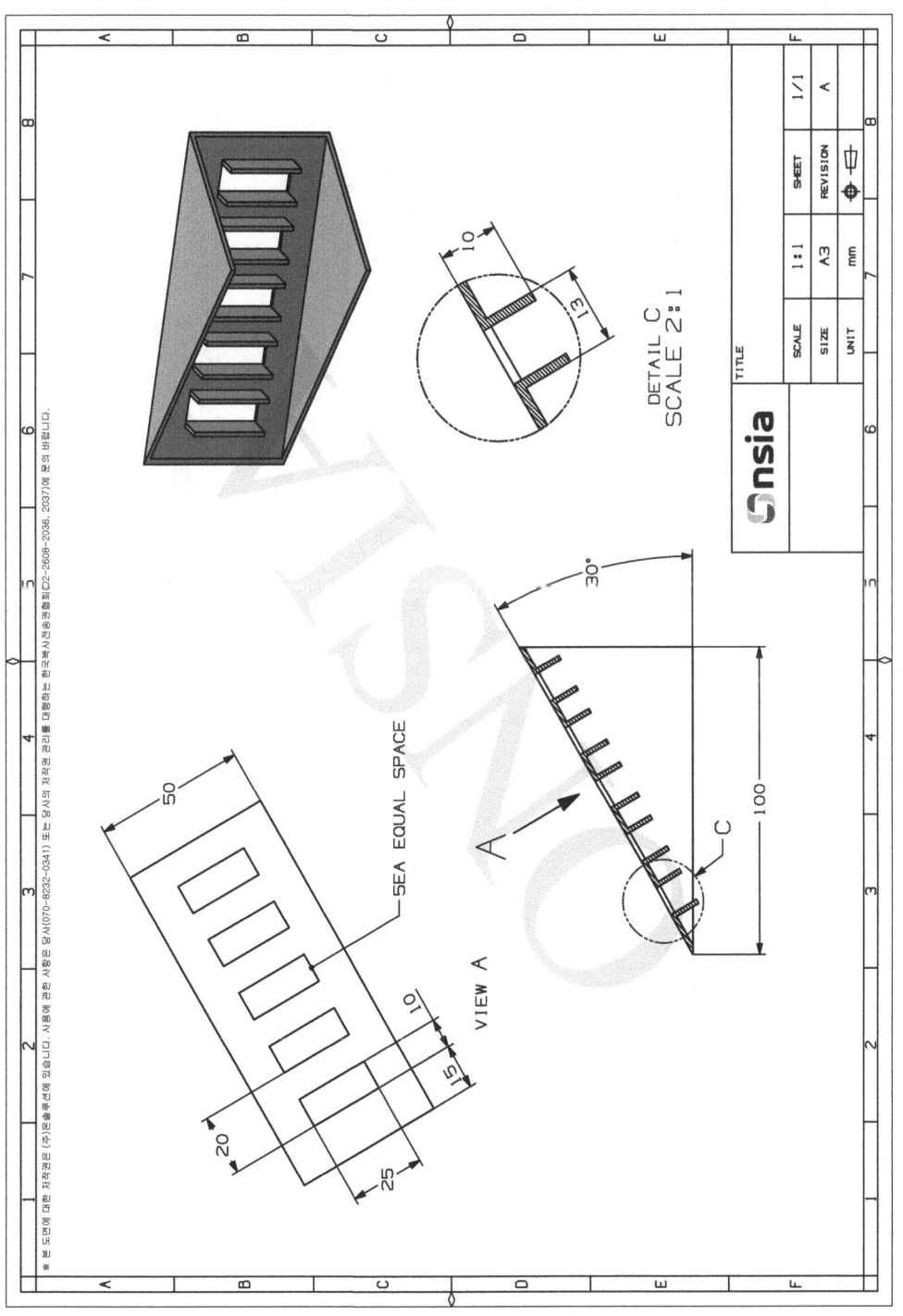

그림 8-102 Exercise 11 연습 도면

8장: 피쳐 및 오브젝트의 복사

Exercise 12 Mirror

ch08_ex12.prt

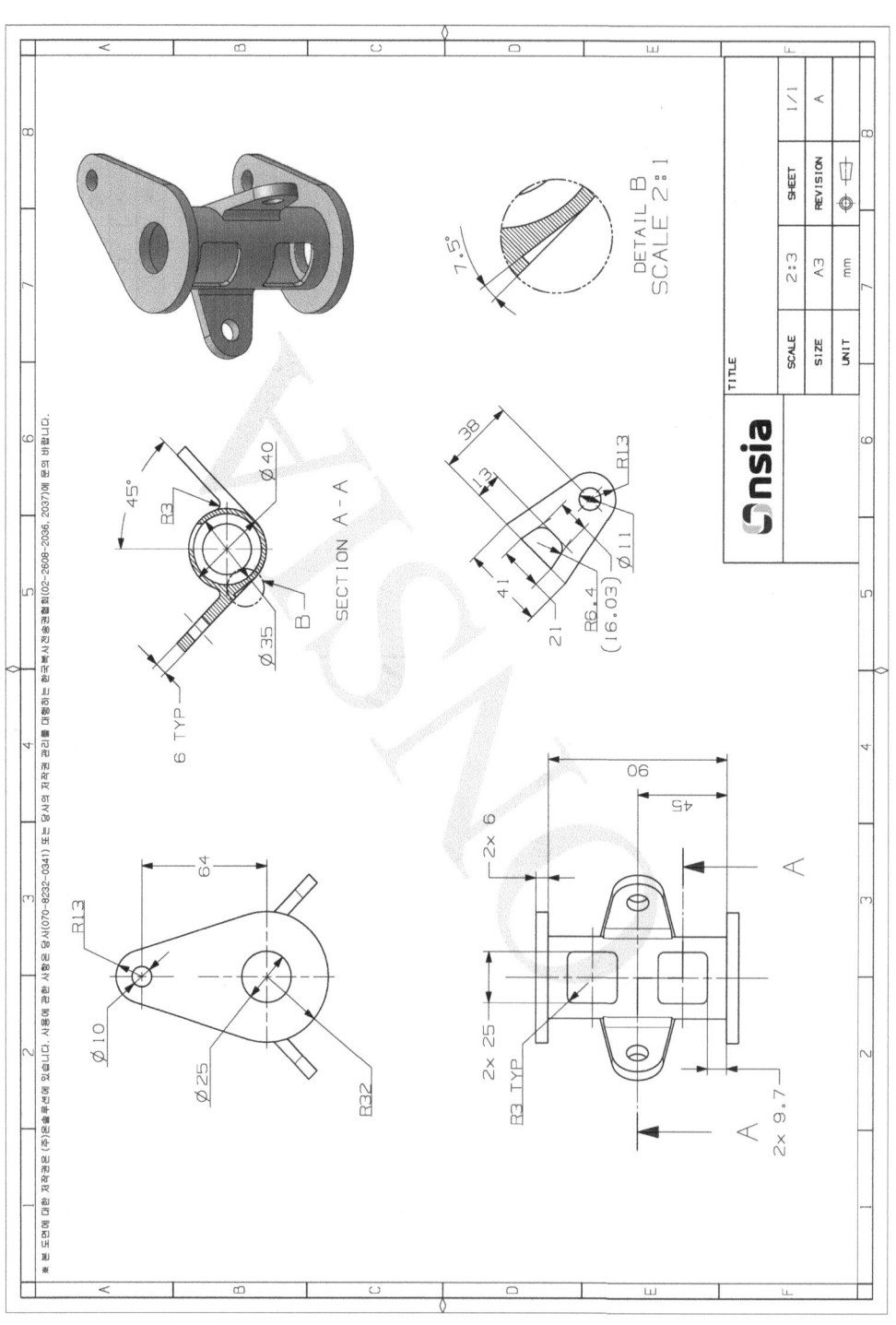

그림 8-103 Exercise 12 연습 도면

Chapter 9
추가 모델링 기능 II

■ 학습목표

- Trim Body 기능을 이용하여 솔리드 바디를 잘라낸다.
- Sweep along Guide 기능과 Tube 기능의 사용법을 이해한다.
- Emboss 기능을 이용하여 양각 또는 음각 문양을 생성할 수 있다.
- Synchronous Modeling 기능을 사용할 수 있다.

9.1 Trim Body

데이텀 평면 또는 Face를 이용하여 솔리드 바디 또는 시트 바디를 자른다.

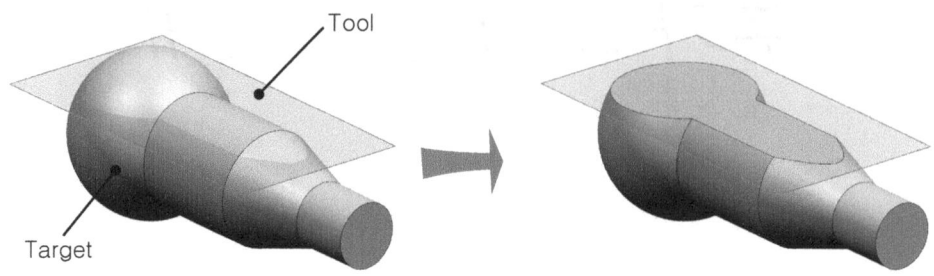

그림 9-1 데이텀 평면을 이용한 Trim Body

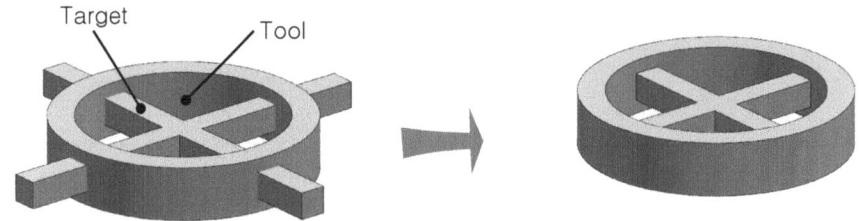

그림 9-2 Face를 이용한 Trim Body

9.2 기능 사용 절차

다음 절차에 따라 Trim Body 기능을 사용한다.

① Feature 아이콘 그룹에서 Trim Body 아이콘을 누른다.
② 잘라내기를 수행할 바디를 선택한다. 솔리드 바디 또는 시트 바디를 선택할 수 있다.
③ Tool Body를 선택한다.
④ OK 버튼을 누른다.

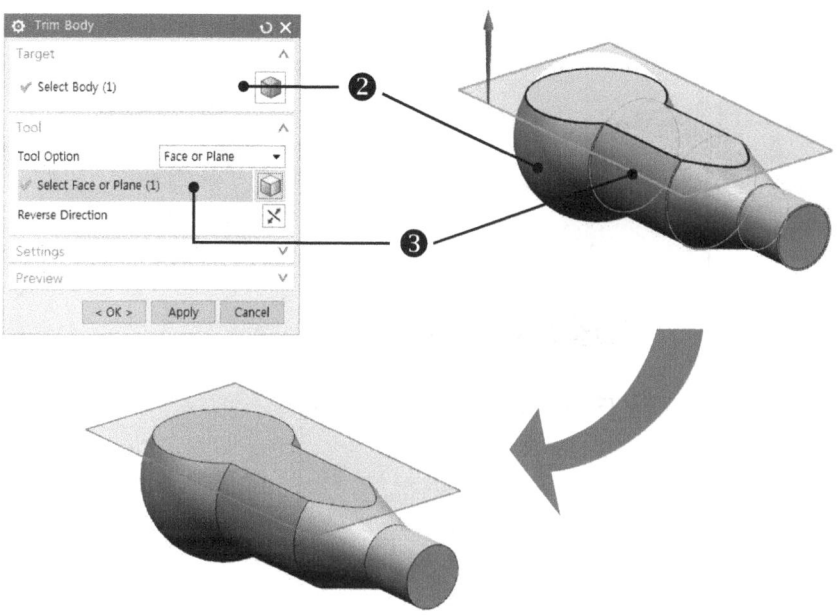

그림 9-3 Trim Body 기능 사용 절차

Tool Option 드롭다운 목록에서 New Plane을 선택하면 Tool로 사용할 데이텀 평면을 생성할 수 있다. Plane Dialog 버튼을 누르면 데이텀 평면을 생성할 때 사용했던 Plane 대화상자가 나타난다. 사용법은 Datum Plane을 생성할 때와 같다.

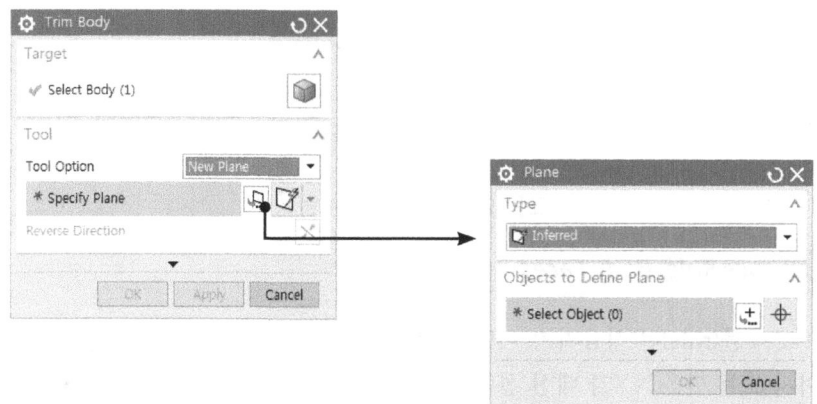

그림 9-4 새로운 평면 생성

9장: 추가 모델링 기능 II

Exercise 01   Face를 이용한 Trim Body   *ch09_ex01.prt*

다른 바디의 Face를 이용하여 자르는 방법을 실습을 통하여 알아보자.

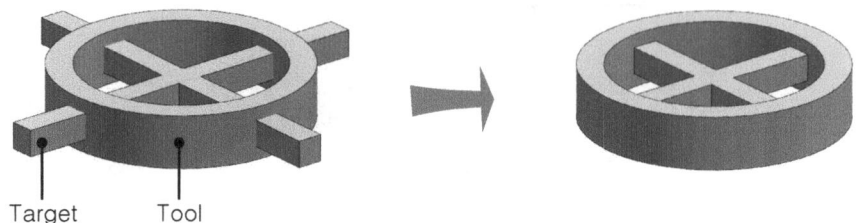

그림 9-5 Trim Body 작업 전과 후

1. Feature 아이콘 그룹에서 Trim Body 아이콘을 누른다.

2. 대화상자를 Reset 한다.

3. Target 바디를 선택한다. (그림 9-5 참고)

4. MB2를 누른다.

5. Selection Bar에서 Face Rule이 Body Faces 인 것을 확인한다.

6. Face Rule을 Single Face로 변경한다.

그림 9-6 Face Rule 변경

> **Face Rule: Body Faces**
>
> Body Faces 룰(rule)은 사용자가 어떤 솔리드 또는 시트 바디의 면 하나를 선택하면 바디의 나머지 모든 면을 NX가 대신 선택해 주는 룰이다. Trim Body 기능의 Face Rule 초기값은 Body Faces이다. 점, 선, 면의 선택에 있어서 주의 사항은 628 쪽의 "A.4 점, 선, 면의 선택"을 참고한다.

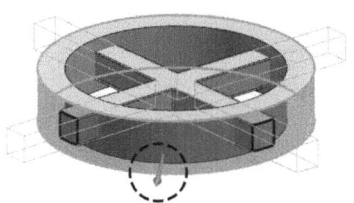

그림 9-7 자르는 방향

그림 9-8 완성 모델

7. Tool로 사용할 Face를 선택한다. (그림 9-5 참고)

8. 화살표 방향과 미리 보기를 확인한다.

9. OK 버튼을 누른다.

결과물은 두 개의 솔리드 바디로 이루어 진다.

10. Unite 기능을 이용하여 두 개의 바디를 합친다. 그림 9-8은 최종 결과를 보여준다.

END of Exercise

❗ Face를 Tool로 사용할 때 주의 사항

다른 바디의 Face만 사용할 수 있다. Exercise 01의 모델에서 두 바디를 먼저 Unite 한 후에는 Trim Body를 이용하여 튀어나온 부분을 잘라낼 수 없다.

❗ Unite 기능의 옵션을 이용한 잘라내기

Unite 기능의 Regions 옵션을 이용하여 Unite 전에 Trim Body 기능을 수행할 수 있다. Unite 기능을 실행시킨 후 Target과 Tool을 선택하고 Region 옵션 그룹에서 Define Regions 옵션을 체크한다. Keep 옵션을 선택한 경우 Target 또는 Tool에서 남길 부분을 선택하면 선택한 바디의 나머지 부분을 제거한 후 Unite 할 수 있다.

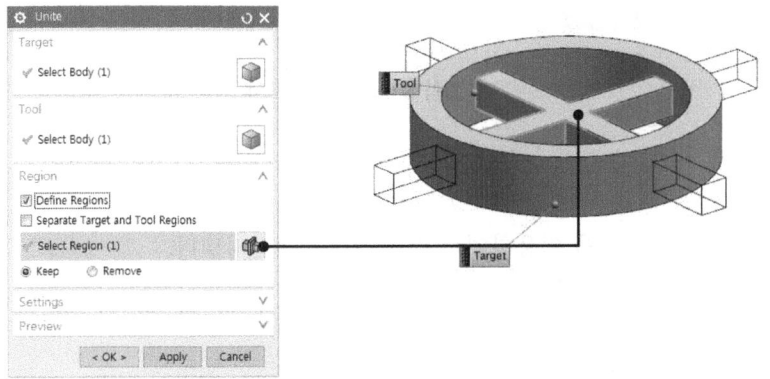

그림 9-9 Unite 기능의 Regions 옵션 이용

Exercise 02 Face를 이용한 Trim Body   ch09_ex02.prt

주어진 파일을 이용하여 모델을 완성하시오.

1. 최종 결과물은 하나의 솔리드 바디여야 한다.
2. 중심을 잘랐을 때 파이프가 막혀 있지 않아야 한다. (그림 9-11 참조)

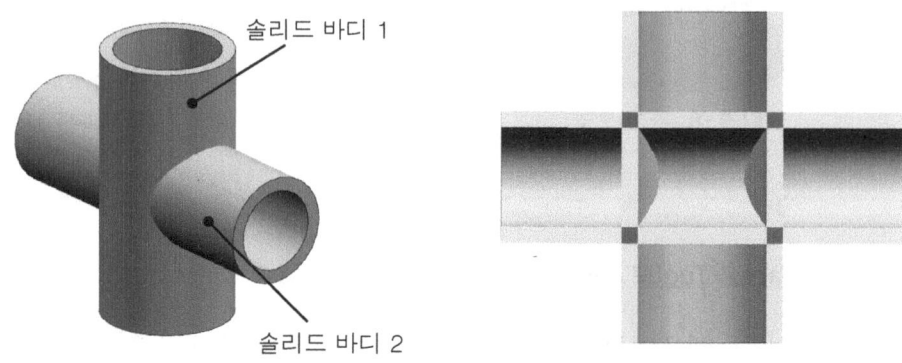

그림 9-10 실습용 파일

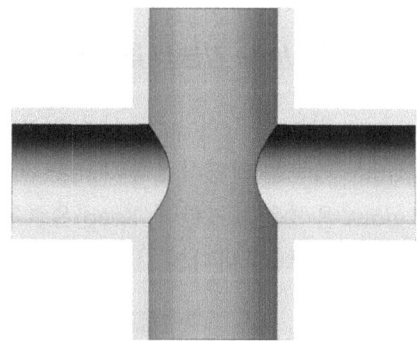

그림 9-11 완성 모델

1 단계

솔리드 바디 2의 안쪽 면을 이용하여 솔리드 바디 1을 잘라낸다.

그림 9-12 솔리드 바디 1 잘라내기

2 단계

솔리드 바디 1의 바깥면을 이용하여 솔리드 바디 2를 잘라낸다. 솔리드 바디 2가 두 개의 바디로 분리된다.

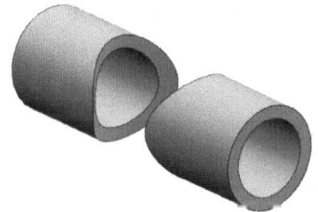

그림 9-13 솔리드 바디 2 잘라내기

3 단계

Unite 기능을 이용하여 세 개의 솔리드 바디를 합친다. Tool은 두 개 이상 선택할 수 있다.

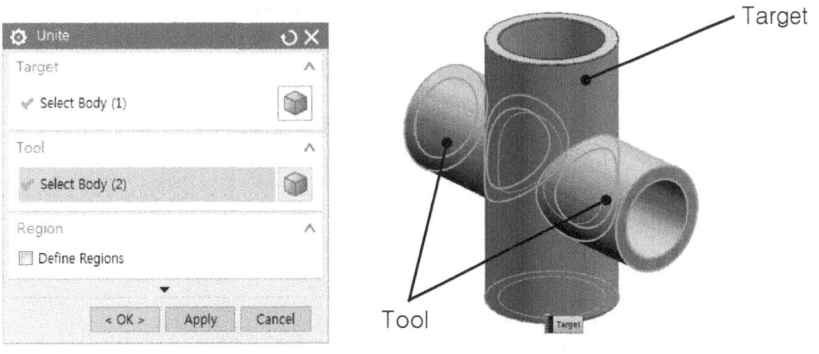

그림 9-14 Unite

END of Exercise

9.3 Tube

원형 단면의 관을 생성한다. Path로는 부드럽게 연결된(Tangent Continuous) 커브만 사용할 수 있다.

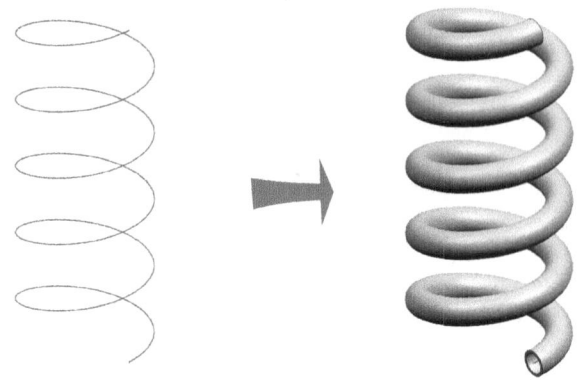

그림 9-15 Tube

9.3.1 기능 사용 절차

다음 절차에 따라 Tube 피쳐를 생성한다.

① Surface 아이콘 그룹에서 More 버튼을 누른 후 Tube 아이콘을 클릭한다.

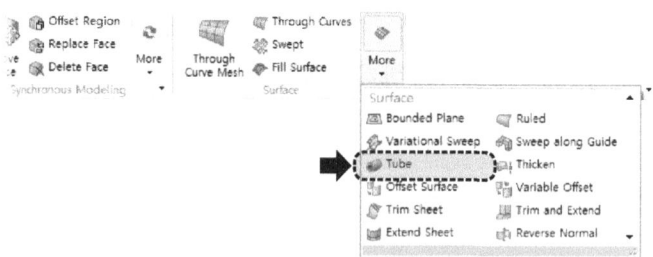

그림 9-16 Tube 아이콘

② 대화상자를 Reset 한다.
③ Path를 선택한다. (그림 9-17 참고)
④ Cross Section (단면) 크기를 입력한다.
⑤ 다른 옵션을 설정하고 OK 버튼을 누른다.

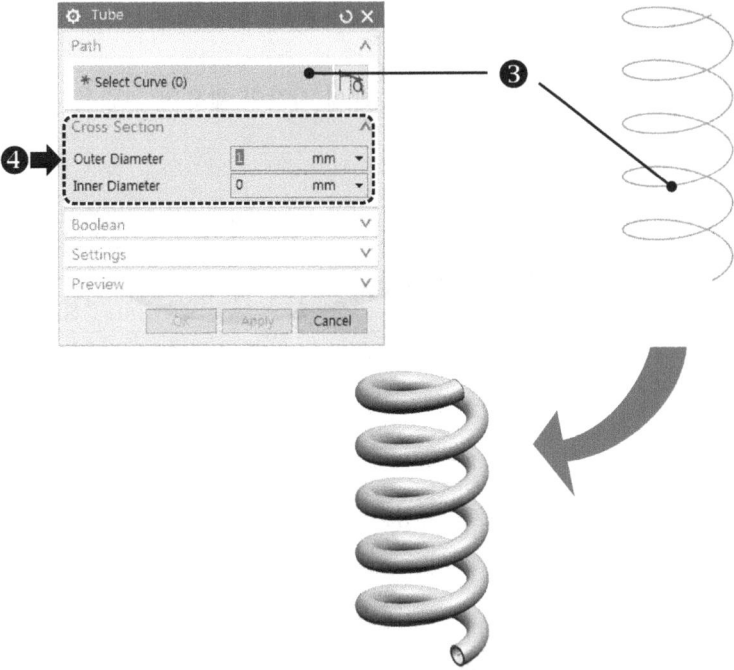

그림 9-17 Tube 생성 절차

9.3.2 Output 옵션

Settings 옵션 그룹을 펼치면 Output 옵션을 설정할 수 있다.

그림 9-18 Output 옵션

Multiple Segments

여러 개의 세그먼트로 된 면의 튜브를 만든다. 생성 시간이 짧으며 외관은 선이 많아 보이나 데이터가 가볍다.

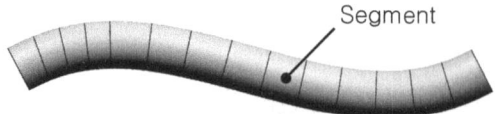

그림 9-19 Multiple Segments로 만든 예

Single Segment

단일 세그먼트로 된 면의 튜브를 만든다. 생성 시간이 오래 걸리며 외관은 깔끔해 보이나 연산의 수준이 높아 데이터가 무겁다.

그림 9-20 Single Segment로 만든 예

9.4 Sweep along Guide

Guide를 따라 단면을 진행시켜 피쳐를 생성한다. 곡면 모델링에서 다루는 Swept 기능의 단순한 형태이다.

단면의 모양을 스케치로 생성해야 한다는 점에서 Tube 기능과 비교된다. 또한 Tube 기능은 원형의 단면만을 생성할 수 있는 반면 Sweep along Guide 기능은 원하는 단면을 생성하여 섹션으로 사용할 수 있다.

9.4.1 기능 사용 절차

다음 절차에 따라 Tube 피쳐를 생성한다.

① Surface 아이콘 그룹에서 More 버튼을 누른 후 Sweep along Guide 아이콘을 클릭한다.

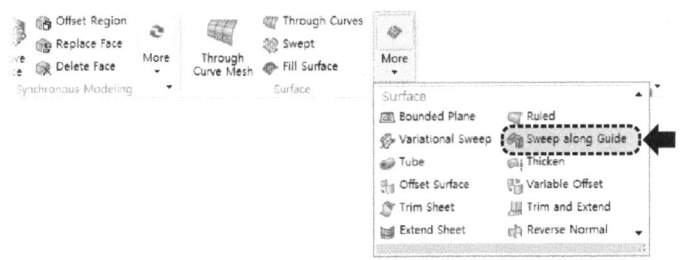

그림 9-21 Sweep along Guide 아이콘

② 대화상자를 Reset 한다.
③ Curve Rule을 이용하여 Section을 선택하고 MB2를 누른다.
④ Guide를 선택한다.
⑤ 다른 옵션을 설정하고 OK 버튼을 누른다.

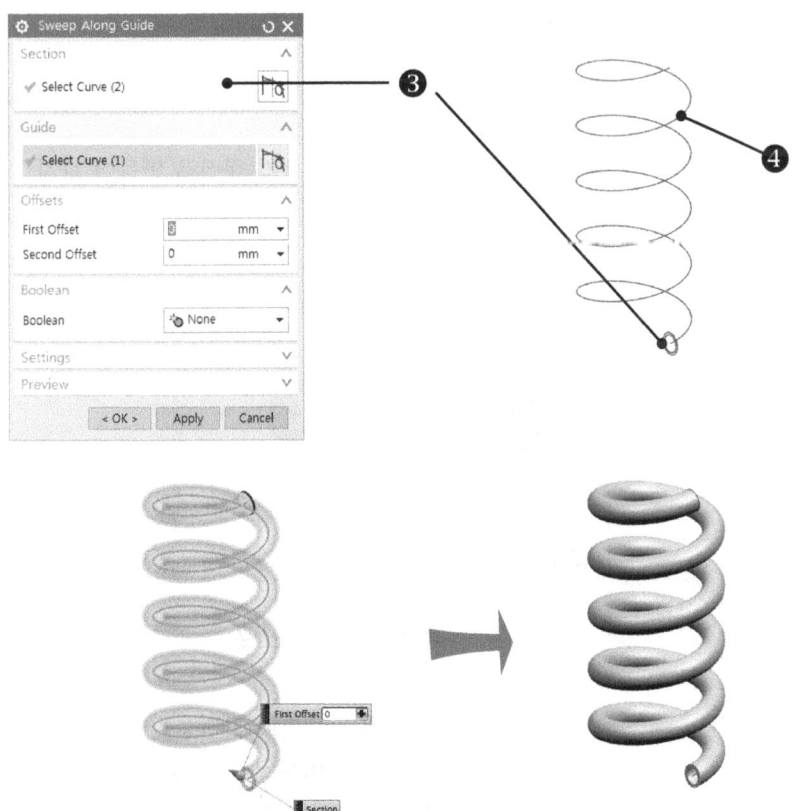

그림 9-22 Sweep along Guide 피쳐 생성 절차

9장: 추가 모델링 기능 II

9.5 Emboss

양각, 음각 등 다양한 요철 형상을 쉽게 생성할 수 있다. 이 기능의 아이콘은 Feature 아이콘 그룹에 추가하여야 한다.

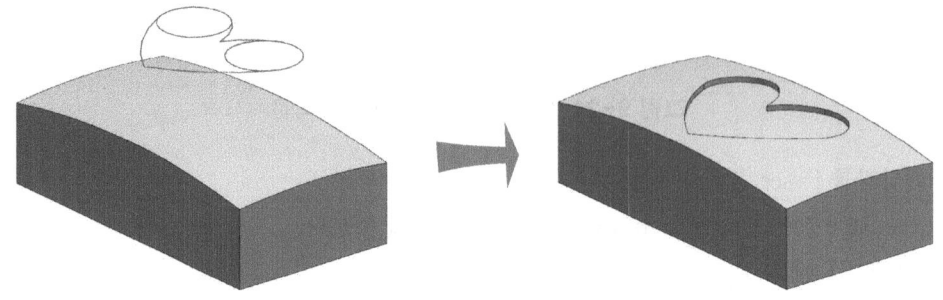

그림 9-23 Emboss 기능을 이용한 음각

Exercise 03 Emboss *ch09_ex03.prt*

Emboss 기능을 이용하여 곡면으로부터 일정 깊이만큼 파인 음각 형상을 만들어 보자.

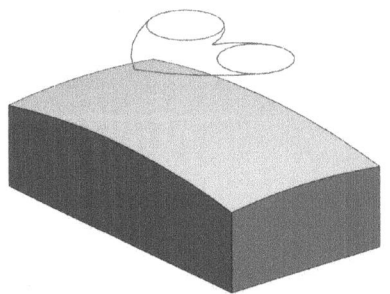

그림 9-24 실습용 파일

Emboss 기능 실행

1. ch09_ex03.prt 파일을 연다.
2. Feature 아이콘 그룹에서 More 버튼을 누른 다음 Design Feature > Emboss를 선택한다.
3. 대화상자를 Reset 한다.
4. Rendering Style을 Static Wireframe으로 설정한다.

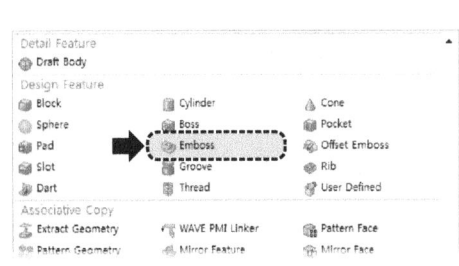

그림 9-25 Emboss 아이콘

Section과 Face to Emboss 선택

1. Curve Rule이 Tangent Curves로 되어 있음을 확인하고, Stop at Intersection 옵션과 Follow Fillet 옵션을 켠다.
2. 하트의 외곽선을 섹션으로 선택한다.
3. MB2를 누른다.
4. Face Rule을 Single Face로 선택한다.
5. Face to Emboss로 윗 면을 선택한다. 양각의 미리보기가 나타난다.

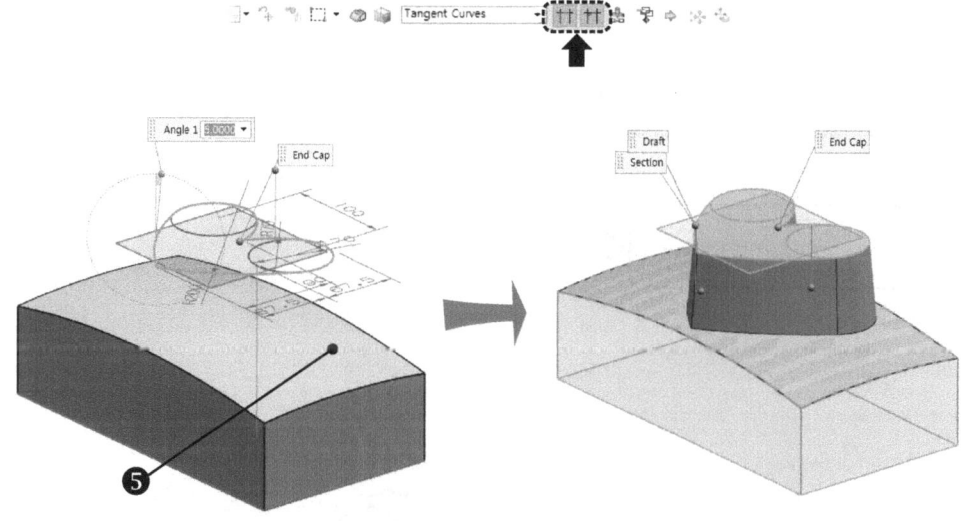

그림 9-26 섹션과 Emboss Face 선택

! 글자 각인

Menu 버튼에서 Insert 〉 Curve 〉 Text를 선택하여 글씨를 커브로 생성한 후 섹션으로 지정하여 각인을 할 수 있다.

End Cap 옵션 설정

1. End Cap 옵션을 같이 설정한다. (그림 9-27의 Ⓐ)
2. Reverse Direction 버튼을 눌러 음각으로 변경한다.
3. Draft 옵션을 펼쳐 구배각을 0°로 설정한 후(그림 9-27의 Ⓑ) OK 버튼을 누른다.

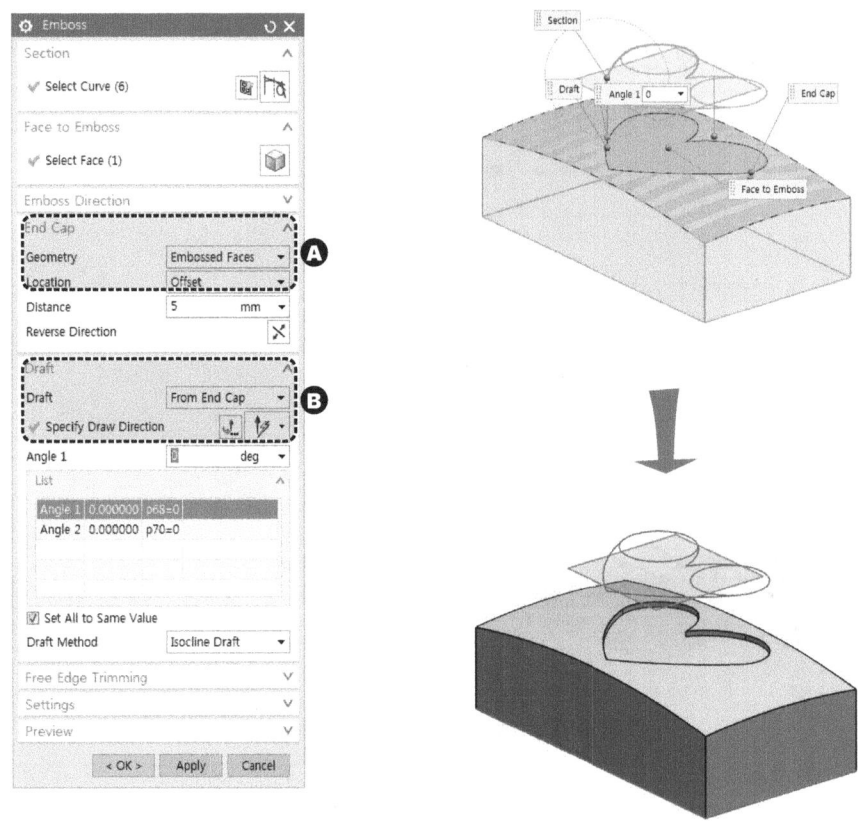

그림 9-27 생성된 Emboss 피쳐

END of Exercise

> **❗ 하트 면의 색상 변경**
>
> Edit Object Display 기능을 이용하여 하트를 이루는 면의 색깔을 변경할 수 있다. 면을 선택할 때 Type Filter를 Face로 한다.

9.6 Synchronous Modeling

지금까지의 수정 기능은 파라미터를 이용한 수정이다. 즉, NX에서 생성한 모델의 생성 방법을 수정한 것이다. Synchronous Modeling 기능을 이용하면 파라미터 없이 형상만을 이용하여 모델을 수정할 수 있다. 따라서 다른 CAD에서 생성한 모델의 형상도 수정할 수 있다. 파라미터가 있는 모델도 수정할 수 있음은 물론이다. 그림 9-28은 Synchronous Modeling 아이콘 그룹을 보여준다.

그림 9-28 Synchronous Modeling 아이콘 그룹

9.6.1 Move Face

면을 선택하여 지정된 방향으로 이동시킬 수 있다.

---

ch09_ex04.stp　　　　　　　　　　　　　　　　　　Move Face　**Exercise 04**

> 1. 예제 파일 ch09_ex04.stp를 연다. Open을 실행한 후 그림 9-29와 같이 파일 형식을 .stp로 변경한 후 파일을 연다. 변환 작업으로 인해 약간의 시간이 걸릴 수 있다.

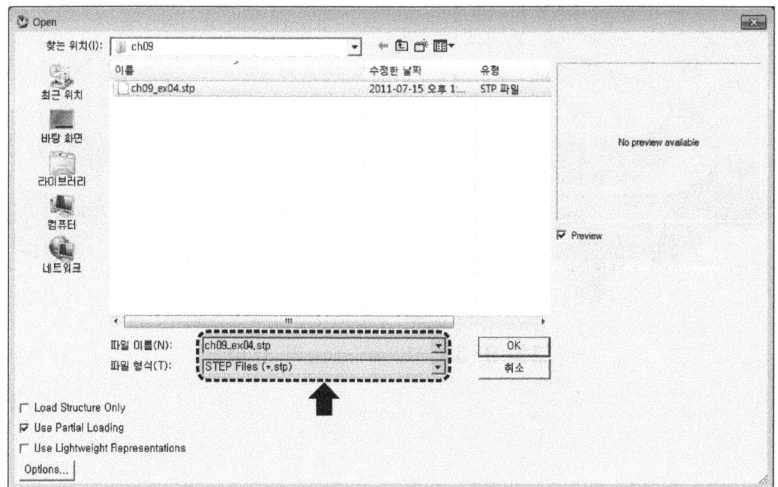

그림 9-29 STP 파일 열기

9장: 추가 모델링 기능 II

그림 9-30 Move Face 아이콘

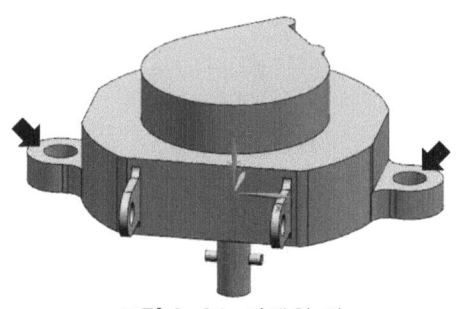

그림 9-31 선택할 면

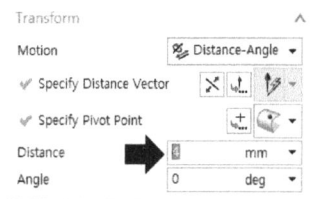

그림 9-32 이동 거리 입력

2. 열린 모델에서 Curve를 모두 삭제한 후 저장한다.

3. Synchronous Modeling 아이콘 그룹에서 Move Face 아이콘을 누른다.

4. Move Face 대화상자에서 Reset 버튼을 누른다.

5. 그림 9-31에서 화살표가 가리키는 면을 선택한다.

6. 그림 9-32와 같이 Move Facce 대화상자의 Transform 그룹의 Distance 값에 4를 입력한 후 키보드에서 Enter를 누른다. 그림 9-33과 같이 선택한 면이 면의 법선 방향으로 4mm 이동하는 것을 확인 할 수 있다.

7. Move Face 대화상자에서 OK 버튼을 누른다.

8. 파일을 저장하지 말고 닫는다.

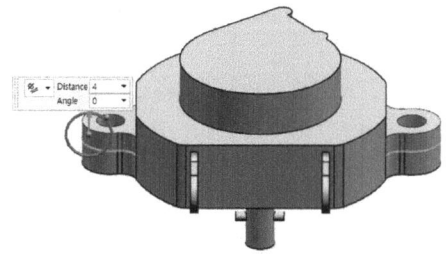 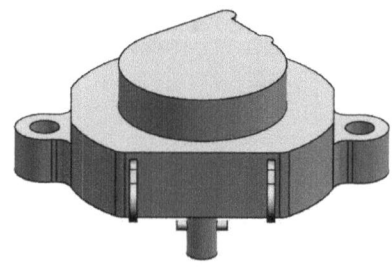

그림 9-33 Move Face의 결과

END of Exercise

9.6.2 Resize Blend

필렛 반경을 수정할 수 있다. 서피스는 반드시 원통형이어야 한다.

---

ch09_ex04_stp.prt　　　　　　　　　　　　　Resize Blend　**Exercise 05**

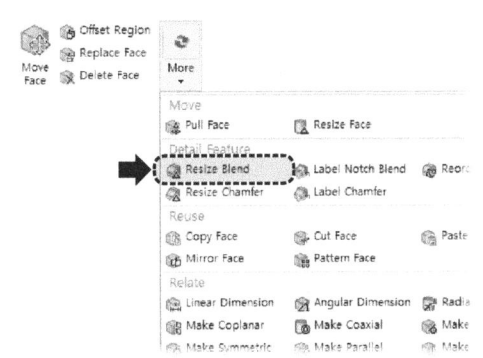

그림 9-34 Resize Blend 아이콘

1. 예제 파일 ch09_ex04_stp.prt를 연다. Exercise 04(Move Face)에서 ch09_ex04.stp를 열 때 NX는 같은 폴더에 변환된 파일 ch09_ex04_stp.prt이 자동으로 생성된다.

2. Synchronous Modeling 아이콘 그룹에서 More 버튼을 누른 후 Resize Blend 아이콘을 클릭한다.

3. Resize Blend 대화상자에서 Reset 버튼을 누른다.

4. 그림 9-35에서 점선이 가리키는 4개의 면을 선택한다. 대화 상자의 Radius 값에 현재 필렛 반경 1.5mm가 표시된다.

5. 그림 9-36과 같이 Radius 값에 0.5를 입력한 후 키보드에서 Enter를 누른다. 그림 9-37과 같이 미리보기로 확인할 수 있다.

6. 대화상자에서 OK 버튼을 누른다. 그림 9-37과 같이 필렛 반경이 수정된 것을 확인할 수 있다.

7. 파일을 저장하지 말고 닫는다.

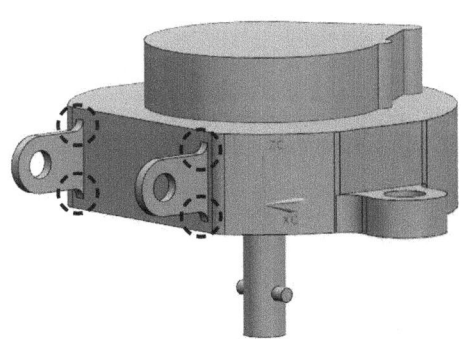

그림 9-35 선택할 면

그림 9-36 R = 0.5를 입력한 상태

9장: 추가 모델링 기능 II

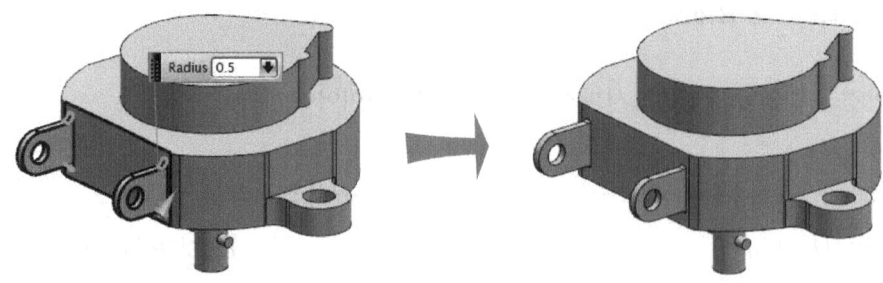

그림 9-37 Resize Blend의 결과

END of Exercise

9.6.3 Delete Face

면을 삭제한다. 삭제할 면은 남아 있는 형상의 면으로 완전히 분리될 수 있는 형상이어야 한다.

Exercise 06 Delete Face   ch09_ex04_stp.prt

1. 예제 파일 ch09_ex04_stp.prt를 연다.

2. Synchronous Modeling 아이콘 그룹에서 Delete Face 아이콘을 누른다.

3. Delete Face 대화상자에서 Reset 버튼을 누른다.

4. Selection Bar의 Face Rule을 Region Face로 변경한다.

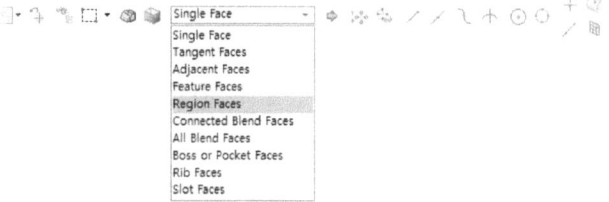

그림 9-38 Region Face 룰

Select seed face for region

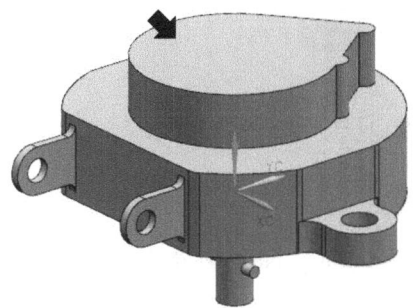

그림 9-39 Status Line 메시지

그림 9-39와 같이 Status Line의 메시지를 통해 seed face를 선택하는 단계인 것을 알 수 있다.

그림 9-40 Seed Face로 선택할 면

Seed Face

Seed Face는 영역을 지정하여 선택할 대표 면이라고 보면 된다. 'Region Faces' 룰은 경계면으로 분리될 수 있는 많은 면을 선택할 때 사용하면 편리하다.

5. 그림 9-40에서 화살표가 가리키는 면을 Seed Face로 선택한다. 그림 9-41과 같이 Status Line의 메시지를 통해 Boundary Face를 선택하는 단계인 것을 알 수 있다.

Select boundary faces for region, or press MB2 to finish the region

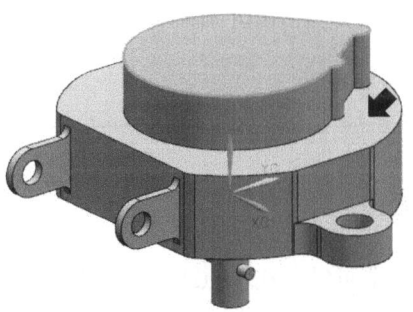

그림 9-41 Status Line 메시지

6. 그림 9-42에서 화살표가 가리키는 면을 Boundary Face로 선택한다.

그림 9-42 Boundary Face로 선택할 면

7. MB2를 누른다. 그림 9-43과 같이 Boundary Face로 분리되면서 Seed Face 쪽에 있는 모든 면이 선택된 것을 확인할 수 있다.

8. 대화상자에서 OK 버튼을 누른다. 그림 9-44와 같이 선택된 면이 삭제된 것을 확인할 수 있다.

9. 파일을 저장하지 말고 닫는다.

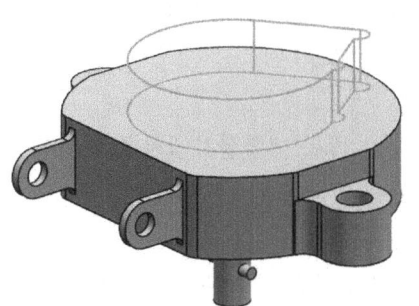

그림 9-43 선택된 면 (6개)

9장: 추가 모델링 기능 II

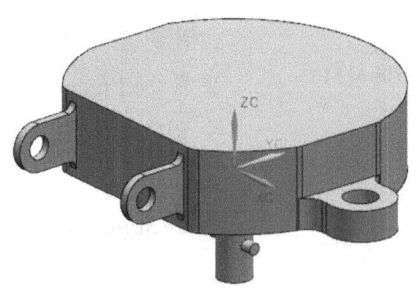

그림 9-44 Delete Face 결과

> **Boundary Face**
>
> 'Region Faces' Rule은 Seed Face의 주변 면을 Boundary Face 전까지 모두 선택하는 Face Rule이다. Seed Face는 1개만 선택할 수 있고, Boundary Face는 1개 이상 선택할 수 있다. Boundary Face를 경계로 하여 Seed Face 쪽에 있는 면이 모두 선택된다.

END of Exercise

9.6.4 Copy Face

면을 복사한다. 복사한 Face로 솔리드 바디를 채우거나 제거하려면 복사할 면은 주변의 면으로 완전히 분리될 수 있어야 한다.

Exercise 07   Copy Face   *ch09_ex04_stp.prt*

1. 예제 파일 ch09_ex04_stp.prt를 연다.

2. Synchronous Modeling 아이콘 그룹에서 More 버튼을 누른 후 Copy Face 아이콘을 클릭한다.

3. Copy Face 대화상자에서 Reset 버튼을 누른다.

4. 모델이 그림 9-45와 같이 보이도록 뷰를 조정한다.

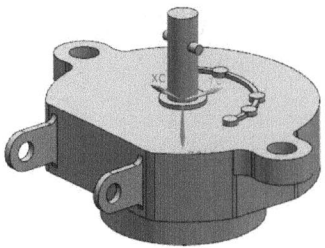

그림 9-45 뷰를 조정한 상태

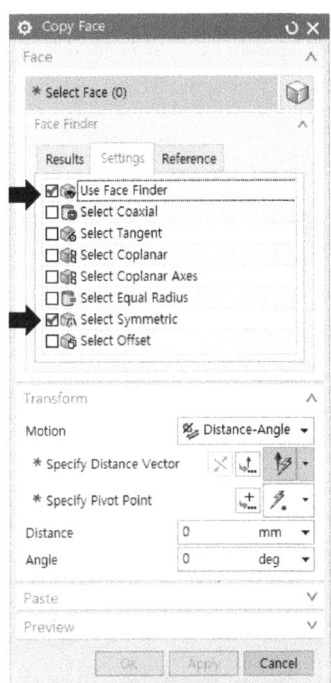

5. 대화상자에서 Settings 탭을 클릭한 후 그림 9-46과 같이 두 가지 옵션을 체크한다.

6. 그림 9-47에서 **A**로 표시한 두 개의 면을 선택한다.

Select Symmetric 옵션을 체크하였으므로 반대쪽의 두 개의 면도 함께 선택된다.

7. 그림 9-48에서 화살표가 가리키는 대화상자 → Transform 그룹의 Specify Distance Vector를 클릭한다.

8. 그림 9-48의 벡터 **B**를 선택한다.

9. 대화상자의 Transform 그룹에서 Distance 값에 5를 입력한 후 키보드에서 Enter를 누른다. 그림 9-49와 같이 선택한 보스가 5mm 복사될 것을 미리보기를 통해 확인할 수 있다.

그림 9-46 체크할 옵션

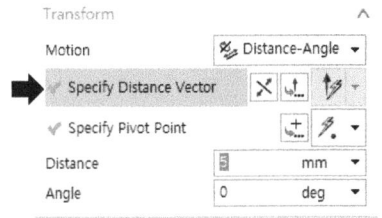

그림 9-47 선택할 면

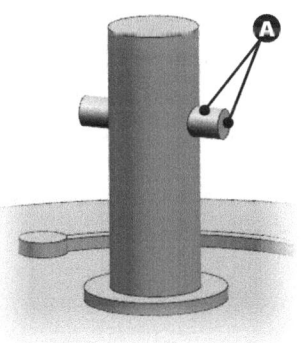

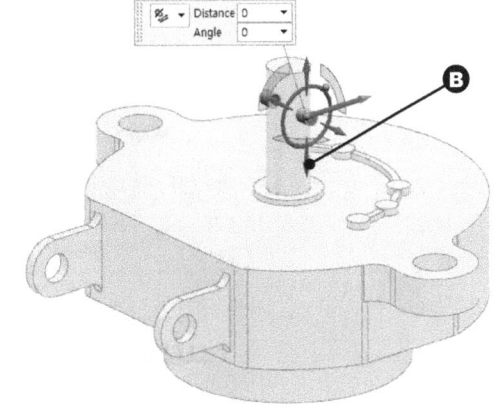

그림 9-48 이동 옵션 설정

9장: 추가 모델링 기능 II

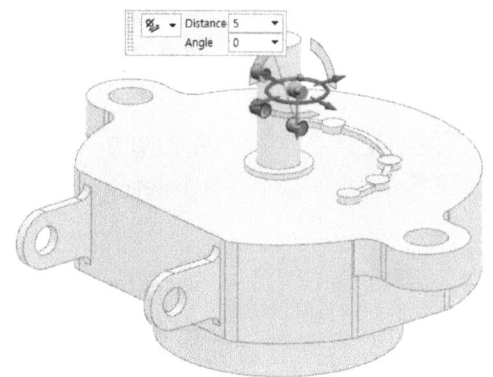

그림 9-49 미리보기

10. 대화상자 → Paste 그룹에서 Paste Copied Faces 옵션을 체크한다. (그림 9-50 참조)

그림 9-50 Paste 옵션

11. 대화상자에서 OK 버튼을 누른다. 그림 9-51과 같이 보스가 복사된 것을 확인할 수 있다.

12. 파일을 저장하지 말고 닫는다.

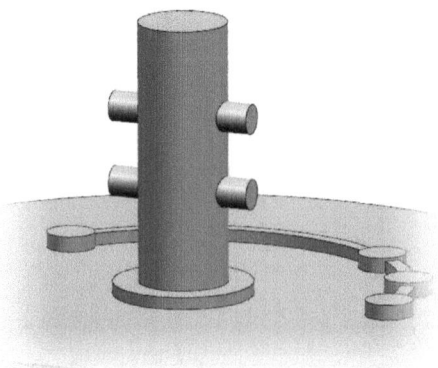

그림 9-51 Copy Face 결과

END of Exercise

9.6.5 Make Coplanar

선택한 면을 기준 면과 동일 평면으로 변경한다.

---

ch09_ex04_stp.prt   Make Coplanar   **Exercise 08**

1. 예제 파일 ch09_ex04_stp.prt를 연다.

2. Menu 버튼 〉 Insert 〉 Synchronous Modeling 〉 History-Free Mode를 선택한다.

3. Menu 버튼 〉 Insert 〉 Synchronous Modeling 〉 Relate 〉 Make Coplanar를 선택한다.

4. Make Coplanar 대화상자에서 Reset 버튼을 누른다.

5. 모델이 그림 9-52와 같이 보이도록 뷰를 조정한다.

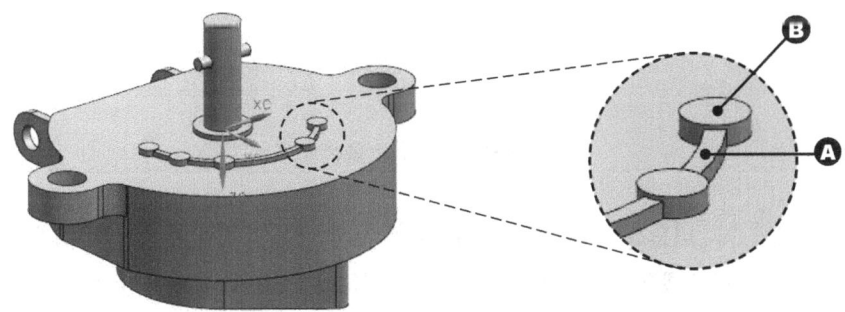

그림 9-52 뷰 방향과 선택할 면

6. 그림 9-52에서 점선 안의 지시선 ❹가 가리키는 면을 선택한다.

7. 대화상자 → Stationary Face 그룹의 Select Face가 하이라이트된 것을 확인한다.

8. 고정면(Stationary Face)으로 그림 9-52에서 점선 안의 지시선 ❸가 가리키는 면을 선택한다. 그림 9-53과 같이 Motion Face로 선택한 면이 움직여 Stationary Face로 선택한 면과 높이가 같아진 것을 확인할 수 있다. 또한 Motion Face와 Stationary Face가 합쳐져 없어졌으므로 그림 9-54와 같은 메시지를 보여준다. 무시하면 된다.

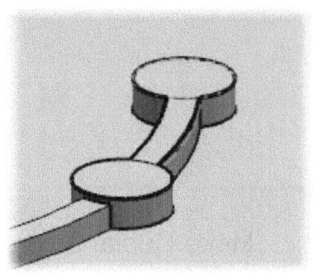

그림 9-53 Make Coplanar 미리보기

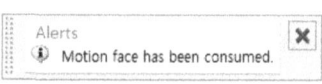

그림 9-54 Alerts 메시지

9. 그림 9-55에서 화살표가 가리키는 대화상자 → Face 그룹 → Face Finder 영역의 Results에서 Coplanar 옵션을 체크한다. 미리보기를 통해서 Motion Face로 선택한 면과 같은 평면상의 모든 면이 선택되는 것을 알 수 있다.

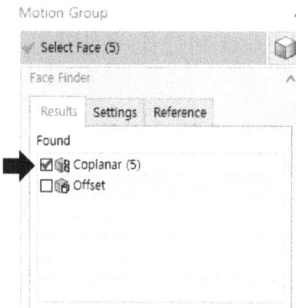

그림 9-55 체크할 옵션

10. 대화상자에서 OK 버튼을 누른다. 그림 9-56과 같은 결과를 확인할 수 있다. History-Free Mode를 사용했으므로 Part Navigator에 Make Coplanar 피쳐가 등록되지 않고 형상만 바뀐다.

11. 파일을 저장하지 말고 닫는다.

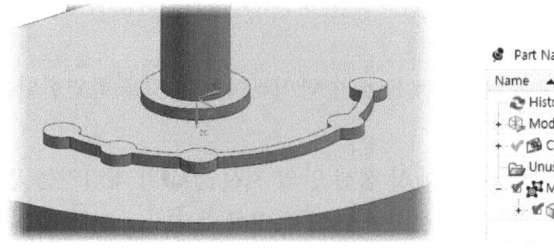
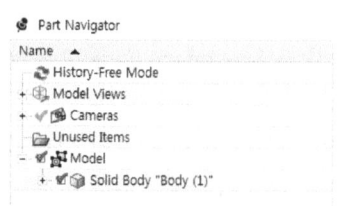

그림 9-56 Make Coplanar의 결과

END of Exercise

9.6.6 Linear Dimension

오브젝트 사이에 선형 치수를 기입한 후 그 값을 이용하여 형상을 변경한다.

ch09_ex04_stp.prt Linear Dimension **Exercise 09**

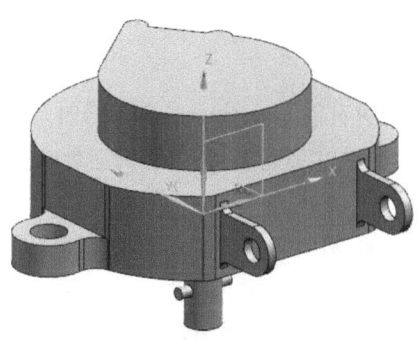

그림 9-57 조정할 뷰 방향

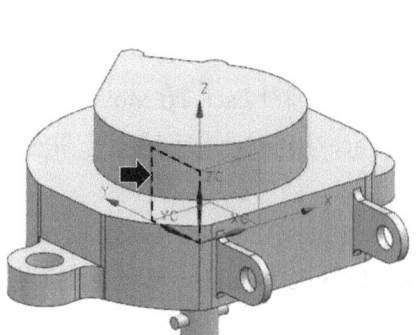

그림 9-58 선택할 데이텀 평면

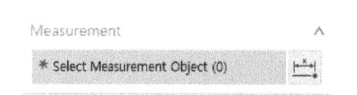

그림 9-59 Measurement 옵션 그룹

1. 예제 파일 ch09_ex04_stp.prt를 연다.

2. 앞의 연습에서 History-Free Mode를 사용했기 때문에 Part Navigator의 표시 방법이 변경되었다. Part Navigator의 History-Free Mode 표시 부분에 MB3 〉 History Mode를 선택한다.

3. Datum CSYS를 추가한 후 모델이 그림 9-57과 같이 보이도록 뷰를 조정한다.

4. Synchronous Modeling 아이콘 그룹 〉 More 〉 Relate 〉 Linear Dimension을 선택하고 대화상자를 Reset 한다.

5. Origin Object로 그림 9-58에서 화살표가 가리키는 YZ 데이텀 평면을 선택한다. Measurement 옵션으로 진행되어 그림 9-59와 같이 Select Measurement Object 옵션이 활성화된다.

6. Snap Point 옵션에서 Mid Point를 켠다.

7. 그림 9-60에서 화살표가 가리키는 모서리의 중간점을 선택한다. 그림 9-61과 같이 치수가 표시된다.

9장: 추가 모델링 기능 II

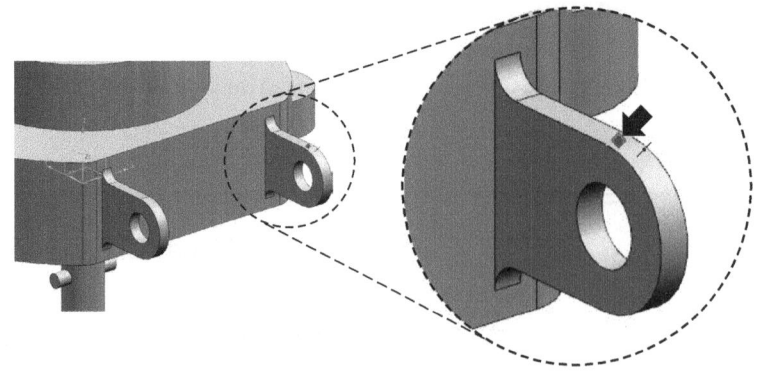

그림 9-60 선택할 중간점

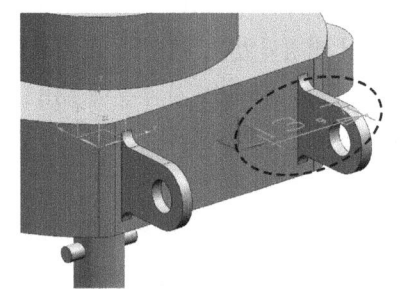

그림 9-61 YZ 데이텀 평면과 중간점 간의 거리

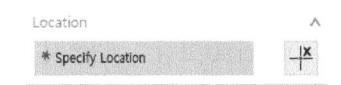

그림 9-62 Specify Location 옵션

그림 9-63 Face Rule과 옵션

8. 대화상자의 Location 옵션 그룹이 그림 9-62와 같이 활성화 된 것을 확인한다.

9. 적당한 위치에 마우스의 왼쪽 버튼을 클릭하여 선형 치수(Linear Dimension)의 위치를 결정한다. (작업 결과는 치수 위치에 아무런 영향을 받지 않으므로 편하게 작업하자.)

10. 대화상자에서 Face To Move 그룹의 Select Face가 하이라이트 된 것을 확인한다.

11. Face Rule을 Boss or Pocket Faces로 변경하고 Include Boundary Blends 옵션을 켠다.

12. 그림 9-64의 **Ⓐ** 면을 선택한다. 돌출된 형상의 모든 면이 선택되는 것을 확인할 수 있다.

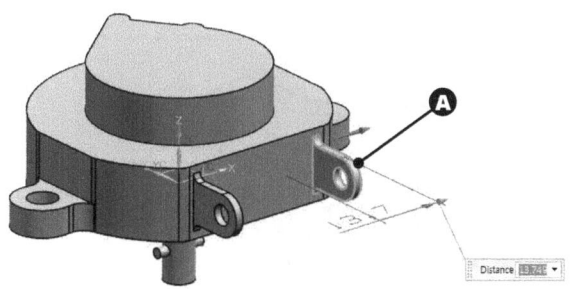

그림 9-64 면 선택

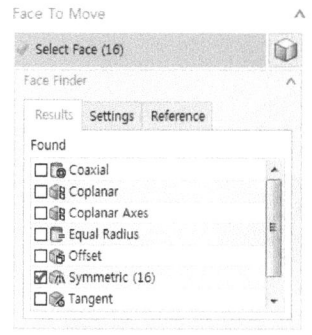

그림 9-65 Symmetric 옵션

13. 그림 9-65의 대화상자 → Face To Move 그룹 → Face Finder 영역의 Results 탭에서 Symmetric 옵션을 체크한다. 그림 9-66과 같이 대칭 형상의 모든 면이 선택된 것을 확인한다.

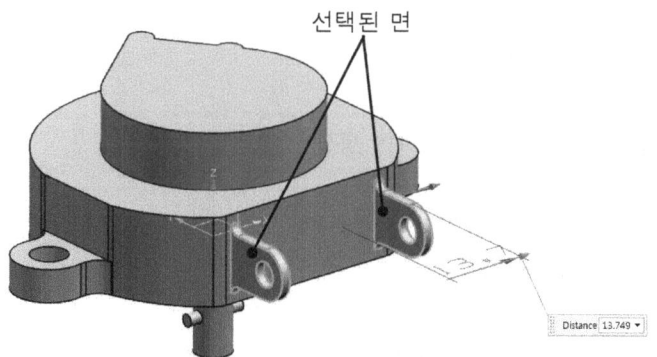

그림 9-66 총 16개의 면이 선택된 상태

14. 대화상자 → Distance 그룹에서 Distance 값을 10으로 수정한 후 키보드에서 Enter를 누른다. 그림 9-67과 같이 미리보기 표시 된다.

15. 대화상자에서 OK 버튼을 누른다. 그림 9-68과 같은 결과를 확인할 수 있다.

16. 파일을 저장하지 말고 닫는다.

9장: 추가 모델링 기능 II

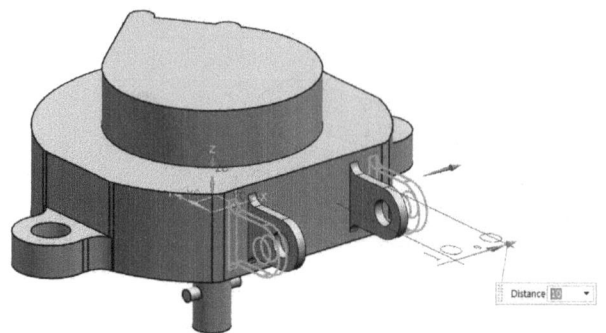

그림 9-67 미리보기

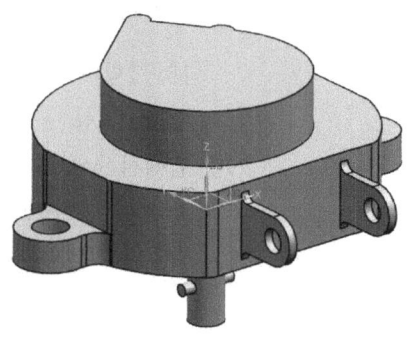

그림 9-68 Linear Dimension을 수정한 결과

END of Exercise

9.6.7 Radial Dimension

원통 면의 반경 치수를 기입한 후 수정하여 형상을 변경한다.

Exercise 10   Radial Dimension   *ch09_ex04_stp.prt*

1. 예제 파일 ch09_ex04_stp.prt를 연다.

2. Synchronous Modeling 아이콘 그룹 > More > Relate > Radial Dimension을 선택하고 대화상자를 Reset 한다.

3. 모델이 그림 9-69와 같이 보이도록 뷰를 조정한다.

4. 그림 9-69에서 점선 안의 화살표가 가리키는 원통면을 선택한다. 선택한 원통의 반지름을 작업창에서 확인할 수 있다.

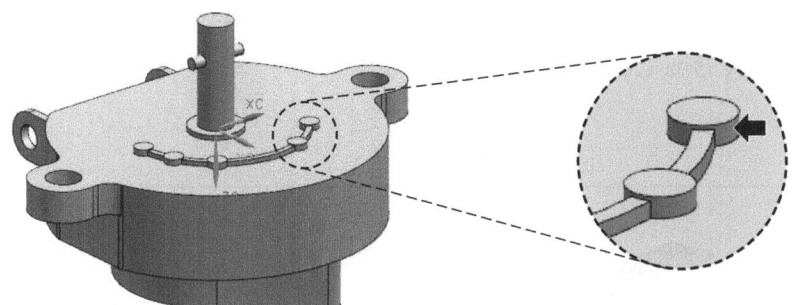

그림 9-69 뷰 방향과 선택할 면

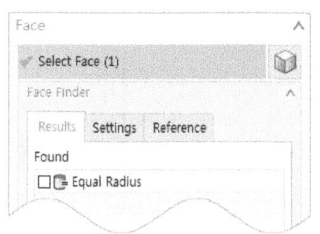

그림 9-70 Equal Radius 옵션

5. 그림 9-70의 대화상자 → Face 그룹 → Face Finder 영역의 Results 탭에서 Equal Radius 옵션을 체크한다. 목록창이 그림 9-71과 같이 변경되고 그림 9-72와 같이 반지름이 동일한 면이 모두 선택된다.

6. 대화상자 → Size 그룹에서 Diameter 옵션을 선택한 후 Diameter에 5를 입력하고 Enter를 누른다.

7. 대화상자에서 OK 버튼을 누른다. 그림 9-73과 같은 결과를 확인할 수 있다.

8. 파일을 저장하지 말고 닫는다.

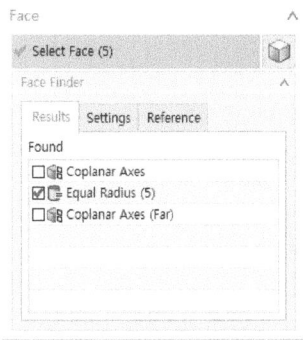

그림 9-71 Equal Radius 옵션을 선택한 상태

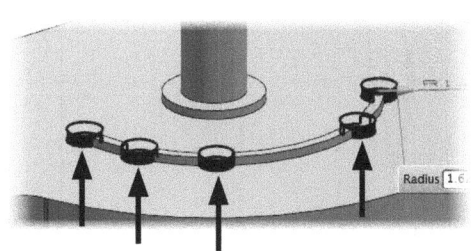

그림 9-72 선택된 면

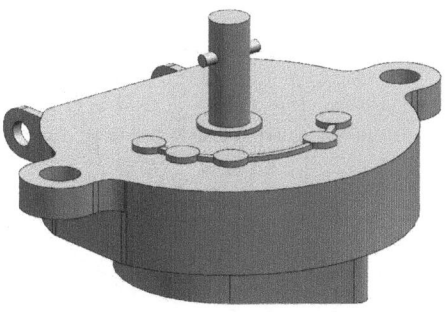

그림 9-73 Radial Dimension을 수정한 결과

END of Exercise

Exercise 11 Toy Box Cover

ch09_ex11.prt

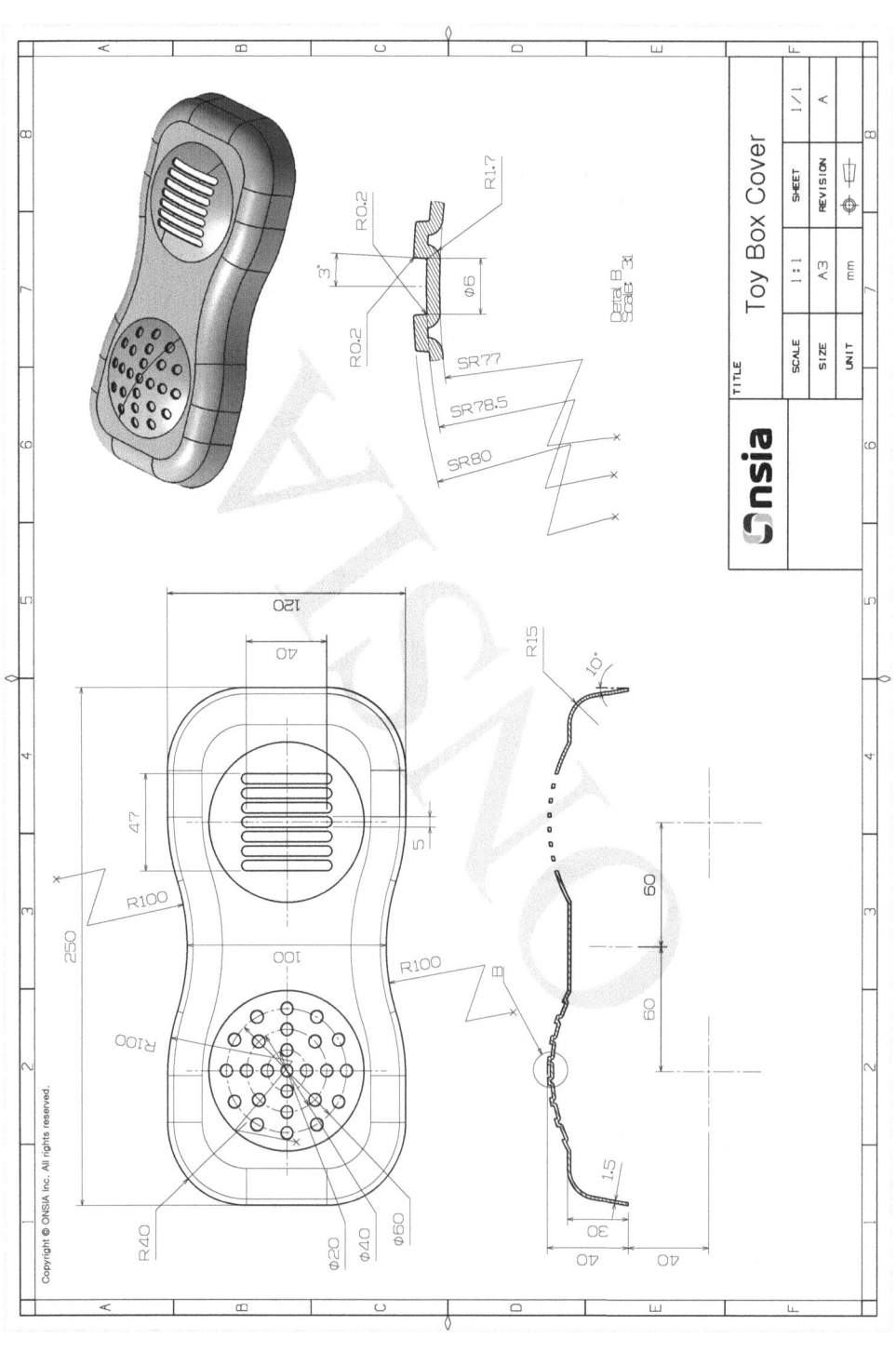

그림 9-74 Toy Box Cover

ch09_ex12.prt — Mixer Lid — **Exercise 12**

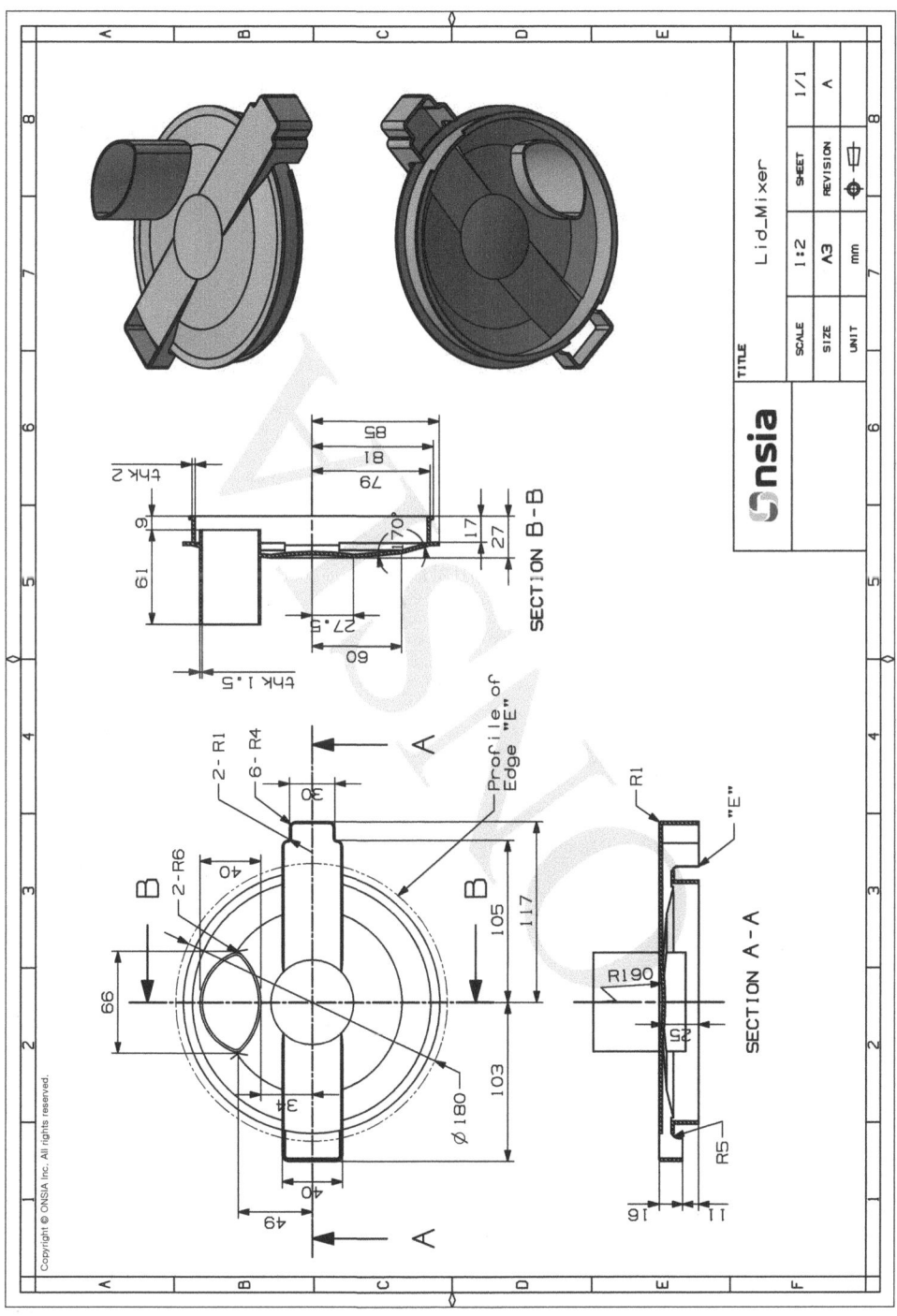

그림 9-75 Lid of Electric Mixer

9장: 추가 모델링 기능 II

(빈 페이지)

Chapter 10
스케치 고급

■ 학습목표

- Intersection Point 기능을 이용하여 스케치 평면과의 교차점을 생성할 수 있다.
- Intersection Curve 기능을 이용하여 스케치 평면과의 교차선을 생성할 수 있다.
- Project Curve 기능을 이용하여 스케치 평면에 투영선을 생성할 수 있다.
- Offset Curve 기능을 이용하여 스케치 커브를 오프셋할 수 있다.

10.1 Intersection Point

스케치 작업 시 현재 스케치 평면과 선택한 선 또는 모서리와 연관성 있는 교차점을 생성할 수 있다. 그림 10-2는 스케치 평면과 원형의 모서리 사이의 교차점과 기준축을 보여준다. 모서리와의 교차점을 생성할 때는 모서리를 공유하는 두 면과의 접선 축(Tangential Axis)과 직각 축(Normal Axis)이 자동으로 생성된다.

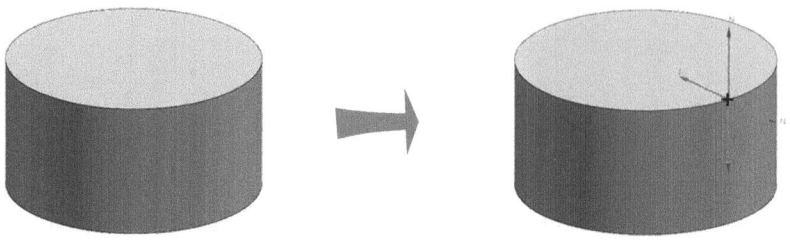

그림 10-1 Intersection Point 적용 전   **그림 10-2** Intersection Point 적용 후

Intersection Point를 사용하는 이유는 교차점이 기존 형상과 연관성이 있으므로, 그림 10-3, 4와 같이 형상 수정 시 편리하기 때문이다.

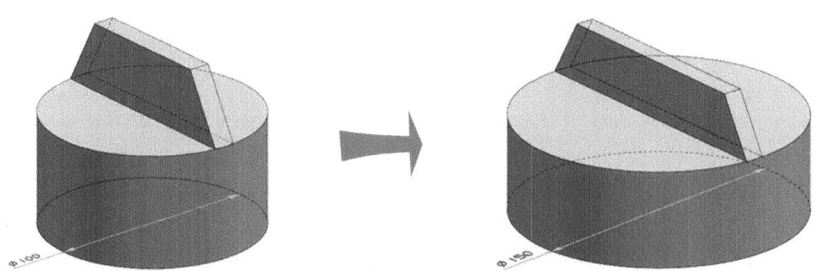

그림 10-3 원통의 직경이 100mm인 상태   **그림 10-4** 원통의 직경이 150mm인 상태

10.1.1 Intersection Point 실행 방법

그림 10-5와 같이 Direct Sketch 아이콘 그룹의 Sketch Curve 기능 목록을 펼친 후 Intersection Point 아이콘을 클릭하거나 Menu 버튼 > Insert > Sketch Curve > Intersection Point 를 선택하여 실행시킨다.

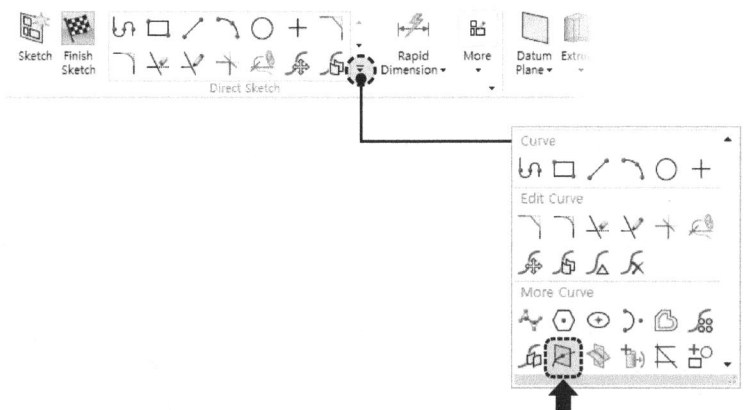

그림 10-5 Intersection Point 아이콘

10.1.2 Intersection Point 대화상자

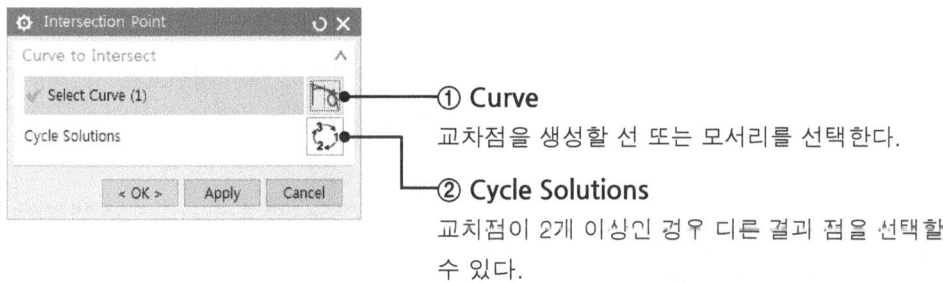

① **Curve**
교차점을 생성할 선 또는 모서리를 선택한다.

② **Cycle Solutions**
교차점이 2개 이상인 경우 다른 결과 점을 선택할 수 있다.

그림 10-6 Intersection Point 대화상자

그림 10-7과 같이 ZX 평면에 스케치를 하는 경우 스케치 평면과 모서리의 교차점은 화살표가 가리키는 바와 같이 두 가지 경우가 존재할 수 있다.

Intersection Point 기능을 실행시킨 후 교차점은 여러 가지 경우가 존재하더라도 한 번 실행으로 한 개의 교차점만을 생성할 수 있다.

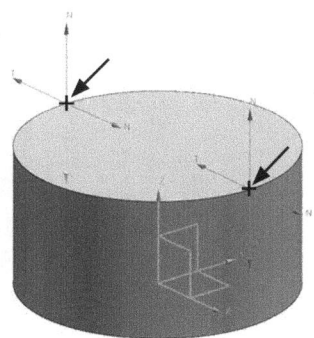

그림 10-7 교차점 두 가지 경우

10장: 스케치 고급

Exercise 01　교차점 생성　　　　　　　　　　　　　*ch10_ex01.prt*

원통 형상의 모서리와 스케치 면이 교차하는 점을 생성해 보자.

그림 10-8 Intersection Point 생성

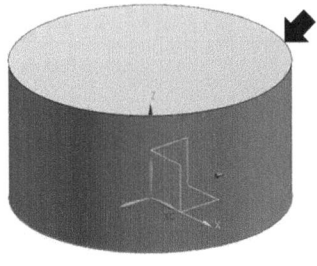

그림 10-9 스케치 평면 선택

1. 주어진 파일을 연다.

2. ZX 평면을 스케치 평면으로 지정하여 스케치를 시작한다.

3. Orient View를 Trimetric으로 변경한다.

4. Direct Sketch 아이콘 그룹에서 Intersection Point 아이콘을 클릭한다.

5. 그림 10-10에서 화살표가 가리키는 모서리를 선택한다. 그림 10-11과 같이 점(+)이 미리보기(점선 안) 되는 것을 확인할 수 있다.

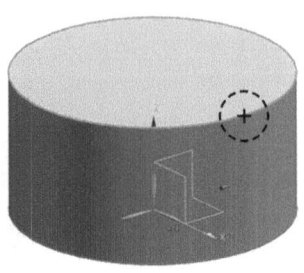

그림 10-10 선택할 모서리　　　　**그림 10-11** 교차점의 미리보기

6. 대화상자에서 OK 버튼을 누른다. 그림 10-12와 같이 교차점 1개와 데이텀 축 4개가 생성된다.

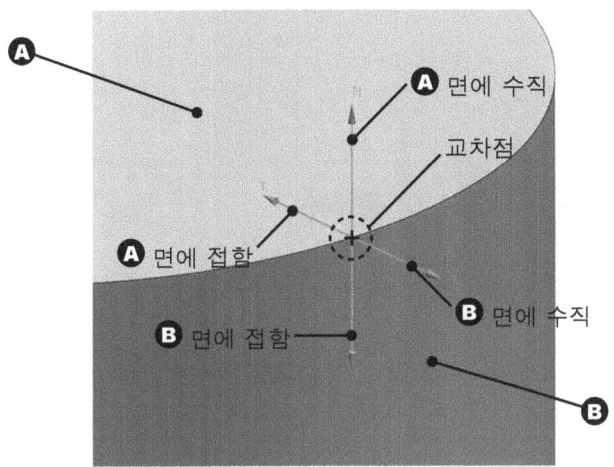

그림 10-12 생성된 교차점 1개와 데이텀 축 4개

7. 스케치를 종료한다. 교차점만 보이고 그림 10-12의 데이텀 축은 보이지 않는 것을 알 수 있다. 이 축은 스케치 내에서만 사용할 수 있다.

8. 파일을 저장하지 말고 닫는다.

END of Exercise

면에 대한 기준 데이텀 축

1. 그림 10-12에서 생성되는 데이텀 축은 면에 대한 기준축이 된다. 즉, 그 면을 이루는 모서리 위치에서의 접선 기준축과 법선 기준축을 생성해 주는 것이다. 이 축을 이용하여 스케치 커브의 기하 구속이나 치수 구속을 생성할 수 있다. 두 개의 면이 모서리를 공유하는 경우 각각의 면에 대한 기준 축을 생성하기 때문에 두 쌍이 생성된다.

2. Intersection Point를 사용하여 교차점을 생성할 때, 모서리를 선택하는 경우만 데이텀 축이 생성된다. 선을 선택하는 경우 교차점 만이 생성된다.

10.2 Intersection Curve

스케치 작업 시 현재 스케치 평면과 선택한 면과 연관성 있는 교차선(그림 10-14에서 화살표가 가리키는)을 생성한다. 교차시킬 면은 연결되어 있어야 한다.

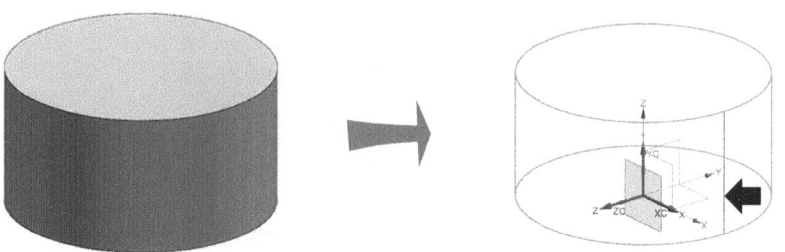

그림 10-13 Intersection Curve 적용 전   **그림 10-14** Intersection Curve 적용 후

10.2.1 Intersection Curve 실행 방법

Direct Sketch 아이콘 그룹의 Sketch Curve 기능 목록을 펼친 후 Intersection Curve 아이콘을 클릭하거나 Menu 버튼 > Insert > Sketch Curve> Intersection Curve를 선택하여 실행시킨다.

그림 10-15 Intersection Curve 아이콘

> **❗ 교차점이나 교차선을 생성할 때의 뷰 전환**
>
> Intersection Point나 Intersection Curve 기능 사용 시 뷰를 돌리거나 Trimetric View로 변경하여 작업하도록 하자. 선 또는 모서리를 정확하게 선택하기 위해서이다. 교차점을 생성하였으면 스케치 평면을 마주 보도록 뷰를 다시 변경한다. (뷰 팝업 메뉴 → Orient View to Sketch)

10.2.2 Intersection Curve 대화상자

① **Face**
교차선을 생성할 면을 선택한다.

② **Cycle Solution**
교차선이 2개 이상인 경우 다른 결과 커브를 선택할 수 있다.

그림 10-16 Intersection Curve 대화상자

---

ch10_ex02.prt 교차선 생성 **Exercise 02**

원통면과 스케치 면이 교차하는 커브를 생성해 보자.

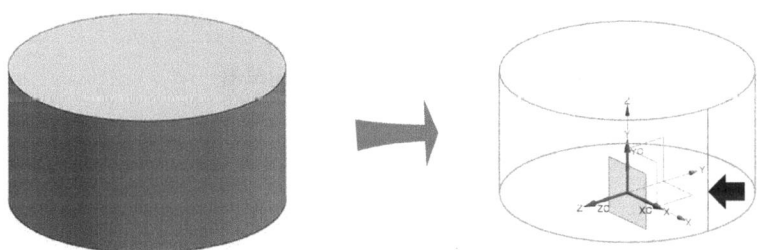

그림 10-17 Intersection Curve 생성

1. 주어진 파일을 연다.

2. Sketch 아이콘을 누르고 ZX 평면을 스케치 평면으로 지정하여 스케치를 시작한다.

3. Orient View를 Trimetric으로 변경한다. (단축키: Home)

4. Menu 버튼에서 Insert 〉 Sketch Curve 〉 Intersection Curve를 선택한다.

5. 그림 10-18에서 화살표가 가리키는 원통의 측면을 선택한다. 렌더링 스타일을 변경하면 그림 10-19와 같이 현재 스케치 평면과 원통의 측면의 교차선의 미리보기(화살표가 가리키는)를 확인할 수 있다.

10장: 스케치 고급

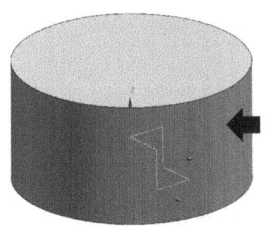
그림 10-18 선택할 면

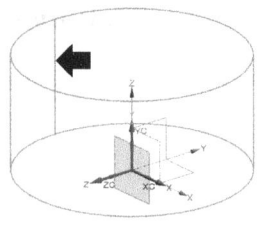
그림 10-19 교차선의 미리보기

6. 대화상자에서 ![아이콘] Cycle Solution 버튼을 누른다. 그림 10-20과 같이 교차선의 다른 경우를 볼 수 있다.

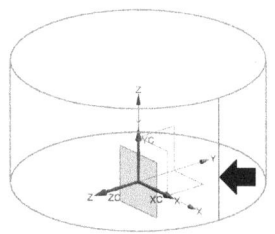
그림 10-20 다른 교차선의 미리보기

7. 대화상자에서 OK 버튼을 누른다.

8. 스케치를 종료한다.

9. 파일을 저장하지 말고 닫는다.

END of Exercise

> **Intersection Point와 Intersection Curve의 수정**
>
> 결과물인 점 또는 선을 더블 클릭하여 Intersection Point와 Intersection Curve 피쳐를 수정할 수 있다. 점 또는 선을 더블 클릭하면 대화상자가 나타나는데, 이 때 교차하는 대상을 변경하거나 Cycle Solution 버튼을 누를 수 있다.

10.3 Project Curve

스케치 작업 시 선택한 선, 모서리, 점을 현재 스케치 평면에 연관성 있게 투영한다.

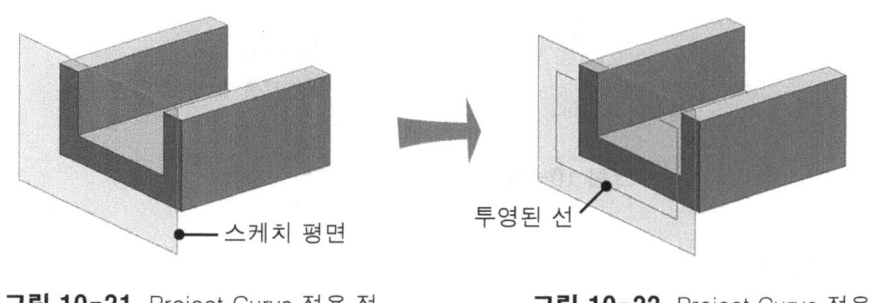

그림 10-21 Project Curve 적용 전　　**그림 10-22** Project Curve 적용 후

10.3.1 Project Curve 실행 방법

Direct Sketch 아이콘 그룹의 Sketch Curve 기능 목록을 펼친 후 Project Curve 아이콘을 클릭하거나 Menu 버튼 > Insert > Sketch Curve> Project Curve를 선택하여 실행시킨다.

그림 10-23 Project Curve 아이콘

10.3.2 Project Curve 대화상자

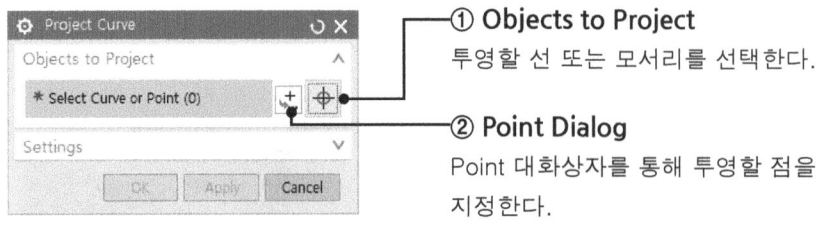

① **Objects to Project**
투영할 선 또는 모서리를 선택한다.

② **Point Dialog**
Point 대화상자를 통해 투영할 점을 지정한다.

그림 10-24 Project Curve 대화상자

> **! 투영 방향**
>
> Project Curve를 이용하여 투영 시 투영 방향은 스케치 평면의 법선(Normal) 방향이다.

Exercise 03 커브의 투영(Project Curve) *ch10_ex03.prt*

Project Curve 기능을 이용하여 모델링을 수행하자.

그림 10-25 스케치 면 선택

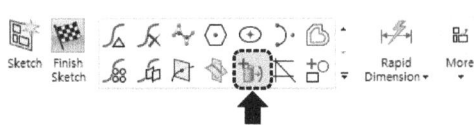

그림 10-26 Project Curve 아이콘

Project Curve 생성

1. 실습용 파일을 열고 Datum 좌표계를 보이게 한다.

2. Menu 〉 Preferences 〉 Sketch를 선택하고, Session Setting에서 Change View Orientation 옵션을 끈다.

3. Sketch 아이콘을 누르고 그림 10-25의 바닥면을 스케치 면으로 선택한다. 스케치 면이 회전되지 않는다.

4. 키보드에서 Home 키를 눌러 View의 방향을 Trimetric으로 전환한다.

5. Direct Sketch 아이콘 그룹에서 Project Curve 아이콘을 누른다.

6. Curve Rule을 Face Edges로 선택한다.

7. 그림 10-27의 Ⓐ 면을 선택한다. 선택한 면을 이루는 모든 모서리가 선택되는 것을 알수 있다. (총 4 개의 커브)

8. Project Curve 대화상자에서 OK 버튼을 누른다. 그림 10-28과 같이 커브가 생성된다.

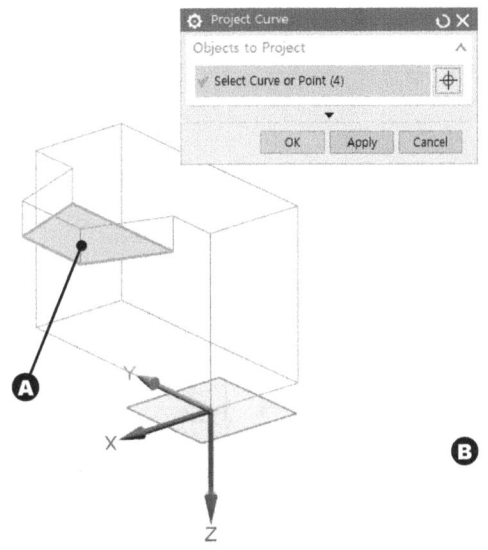

그림 10-27 선택할 면

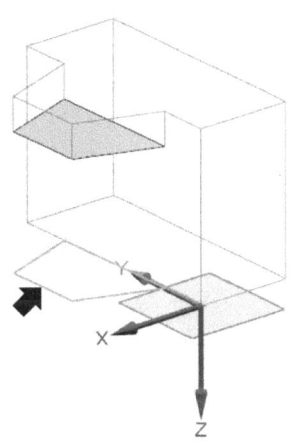

그림 10-28 Project 하여 생성된 커브

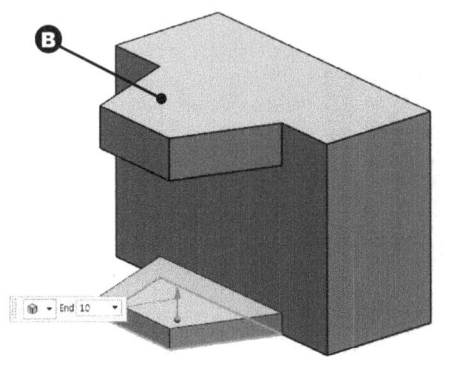

그림 10-29 Extrude 피쳐 생성

Extrude 피쳐 생성

1. 키보드에서 Q 를 눌러 Sketch를 종료한다.
2. Feature 아이콘 그룹에서 Extrude 아이콘을 누른다.
3. 대화상자를 Reset 한 후 Project 하여 생성한 커브를 선택한다.
4. 그림 10-29와 같이 10 mm 돌출시켜 Unite 한다.

원본 형상과 모양은 같고 돌출 높이만 다른 형상을 생성할 수 있다.

원본 형상 수정

1. 그림 10-29의 **B** 피쳐에 대한 스케치를 보이게 한 후 더블클릭한다. Sketch 환경으로 들어감을 알 수 있다.

2. 그림 10-30과 같이 스케치를 수정한 후 Sketch 환경을 빠져 나간다.

그림 10-31과 같이 형상이 수정된다.

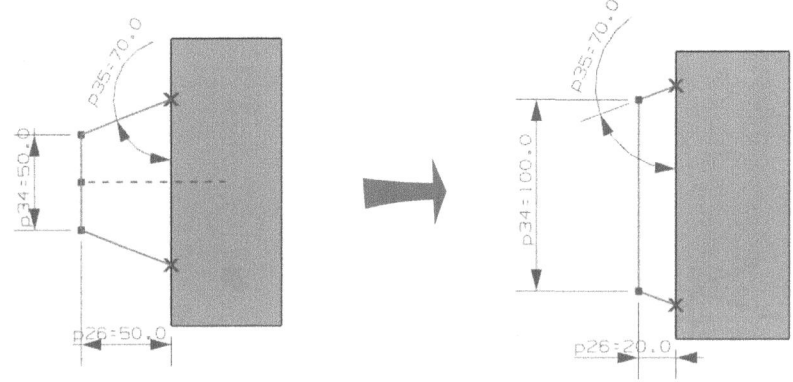

그림 10-30 원본 스케치 수정

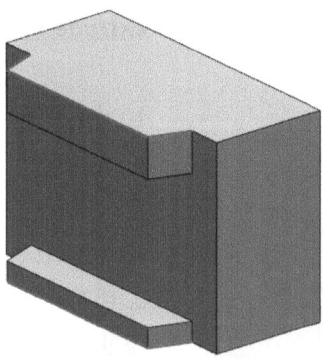

그림 10-31 수정 후의 형상

END of Exercise

ch10_ex04.prt   교차 커브(Intersection Curve) **Exercise 04**

Intersection Curve 기능을 이용하여 모델링을 수행하자.

스케치 생성

1. 실습용 파일 (ch10_ex04.prt)을 연다.

2. 그림 10-32와 같이 데이텀 좌표계를 보이게 한다.

3. Sketch 아이콘을 누르고 YZ 평면을 스케치 면으로 선택한다.

4. 키보드에서 Home 키를 눌러 View의 방향을 그림 10-33과 같이 Trimetric으로 전환시킨다.

5. Direct Sketch 아이콘 그룹에서 Intersection Curve 아이콘을 누른다.

6. 그림 10-34의 ❹ 면을 선택한다.

그림 10-35와 같이 교차선이 생성된다.

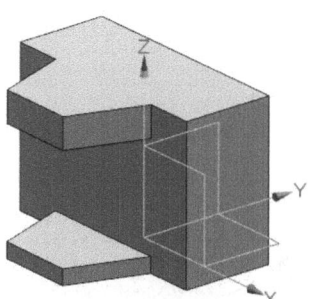

그림 10-32 실습용 파일

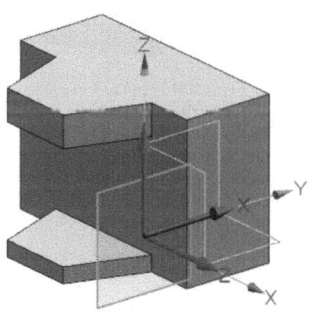

그림 10-33 Direct Sketch가 실행된 상태

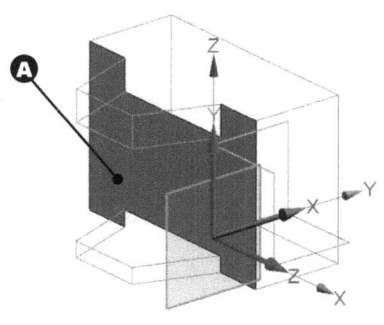

그림 10-34 교차시킬 면

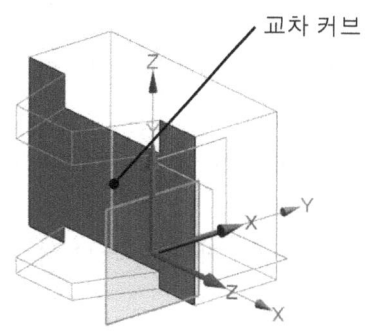

그림 10-35 생성된 교차 커브

10장: 스케치 고급

7. 연속하여 그림 10-36과 같이 ❸ 면과의 교차선을 생성한다.

8. Intersection Curve 대화상자에서 OK 버튼을 누른다.

9. 그림 10-37과 같이 Line ❻를 생성하여 스케치를 완료한다. Line은 두 교차선의 중심점을 선택하여 생성한다.

10. Sketch를 종료한다.

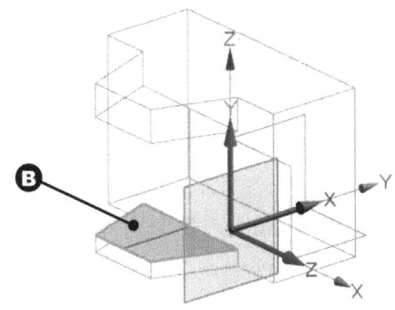 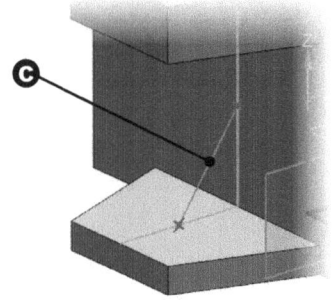

그림 10-36 생성된 교차 커브   **그림 10-37** 스케치 완성

Extrude 피쳐 생성

1. Feature 아이콘 그룹에서 Extrude 아이콘을 누른다.

2. 대화상자를 Reset 한다.

3. Curve Rule 옆에 있는 Stop at Intersection 버튼을 누른다.

4. 그림 10-39와 같이 삼각형의 섹션을 선택한다.

5. Limit 옵션을 선택한 후 Unite하여 Extrude 피쳐를 생성한다.

6. 파일을 저장하지 말고 닫는다.

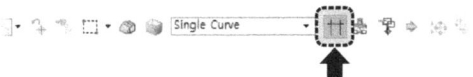

그림 10-38 Stop at Intersection 옵션

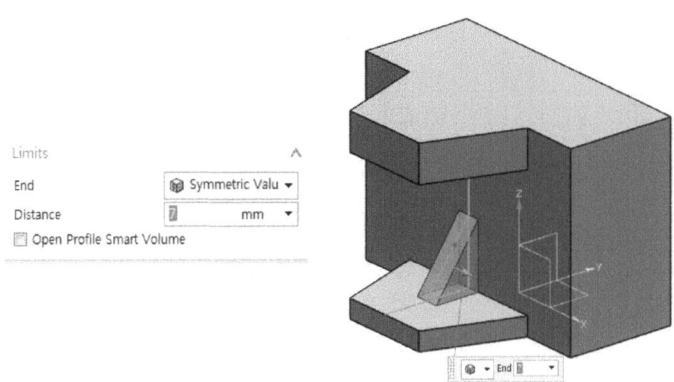

그림 10-39 Extrude 피쳐 생성

END of Exercise

10.4 Offset Curve

스케치에서 선 또는 모서리를 스케치 평면 상에서 오프셋한다.

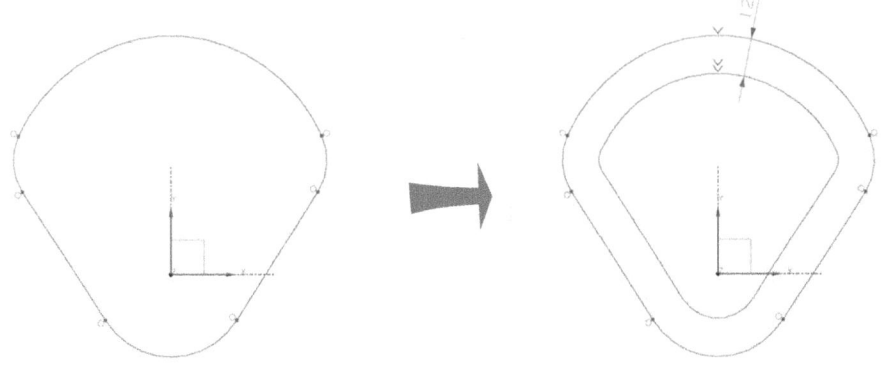

그림 10-40 Offset Curve 적용 전   **그림 10-41** Offset Curve 적용 후

10.4.1 Offset Curve 기능 실행 방법

Offset Curve 아이콘을 이용하여 스케치 커브를 오프셋 할 수 있다. 그림 10-42는 Direct Sketch 아이콘 그룹에 있는 Offset Curve 아이콘을 보여주고, 그림 10-43은 Sketch 환경에서의 Offset Curve 아이콘을 보여준다.

그림 10-42 Direct Sketch에서의 Offset Curve 아이콘

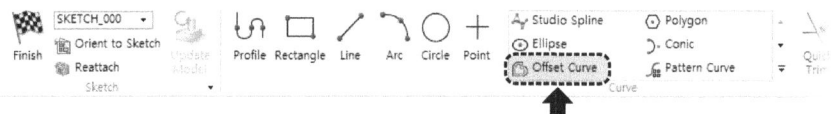

그림 10-43 Sketch 환경에서의 Offset Curve 아이콘

10.4.2 Offset Curve 대화상자

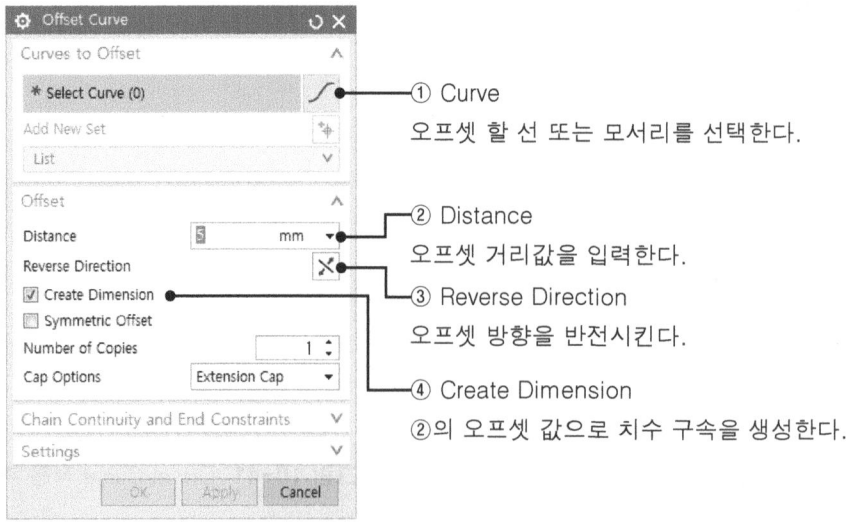

그림 10-44 Offset Curve 대화상자

ch10_ex05.prt Offset Curve 생성 **Exercise 05**

Offset Curve 기능을 이용하여 기존 스케치 커브를 일정 간격 오프셋 하여 새로운 스케치 커브를 생성해 보자.

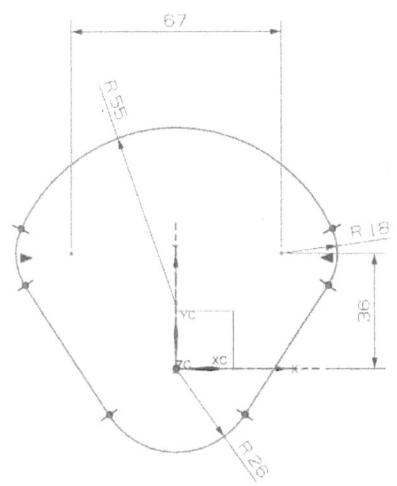

그림 10-45 실습용 파일

1. 실습용 파일을 연다.

2. Part Navigator에서 스케치 피쳐에 MB3 〉 Edit을 선택하여 Direct Sketch를 실행시킨다.

그림 10-45와 같이 스케치가 활성화 된다.

3. Direct Sketch 아이콘 그룹에서 Offset Curve 아이콘을 누르고 대화상자를 Reset 한다.

4. 그림 10-46과 같이 Ⓐ 부근을 선택한다. 바깥쪽으로 5mm 오프셋 된 선이 미리보기 되는 것을 확인할 수 있다.

오프셋 방향을 안쪽 방향으로 변경하자.

5. 대화상자에서 Reverse Direction 버튼을 누른다. 그림 10-47과 같이 오프셋 방향이 안쪽으로 바뀌어 미리보기 되는 것을 확인할 수 있다.

6. 대화상자의 Distance 값에 12를 입력한 후 키보드에서 Enter를 누른다. 그림 10-48과 같이 오프셋 값 수정으로 미리보기의 변화를 확인할 수 있다.

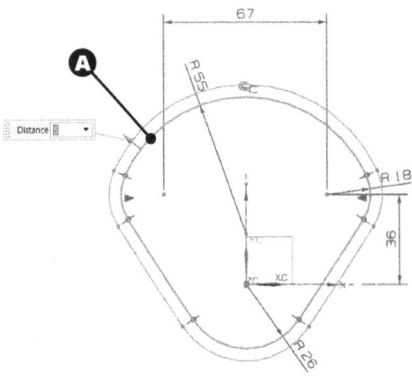

그림 10-46 Offset Curve의 미리보기

10장: 스케치 고급

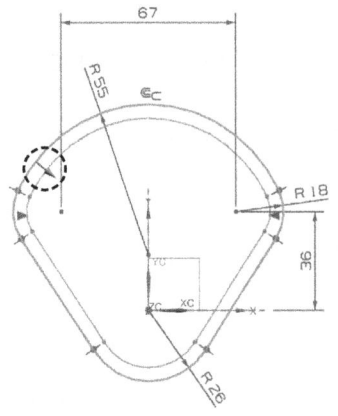

그림 10-47 오프셋 방향이 반전된 상태

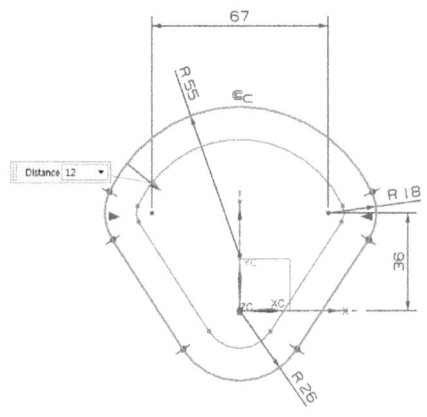

그림 10-48 오프셋 값 수정 후 미리보기

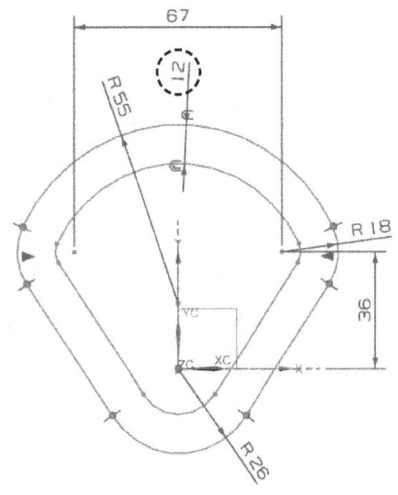

그림 10-49 Offset Curve 결과

7. 대화상자에서 OK 버튼을 누른다. 그림 10-49와 같이 오프셋 커브와 치수 구속이 생성된다.

8. 스케치를 종료한다.

9. 파일을 저장하지 말고 닫는다.

END of Exercise

! *Offset 구속 심볼*

Offset Curve의 결과 그림 10-50과 같이 Offset 구속을 생성한다.

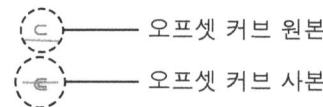
— 오프셋 커브 원본
— 오프셋 커브 사본

그림 10-50 Offset 구속

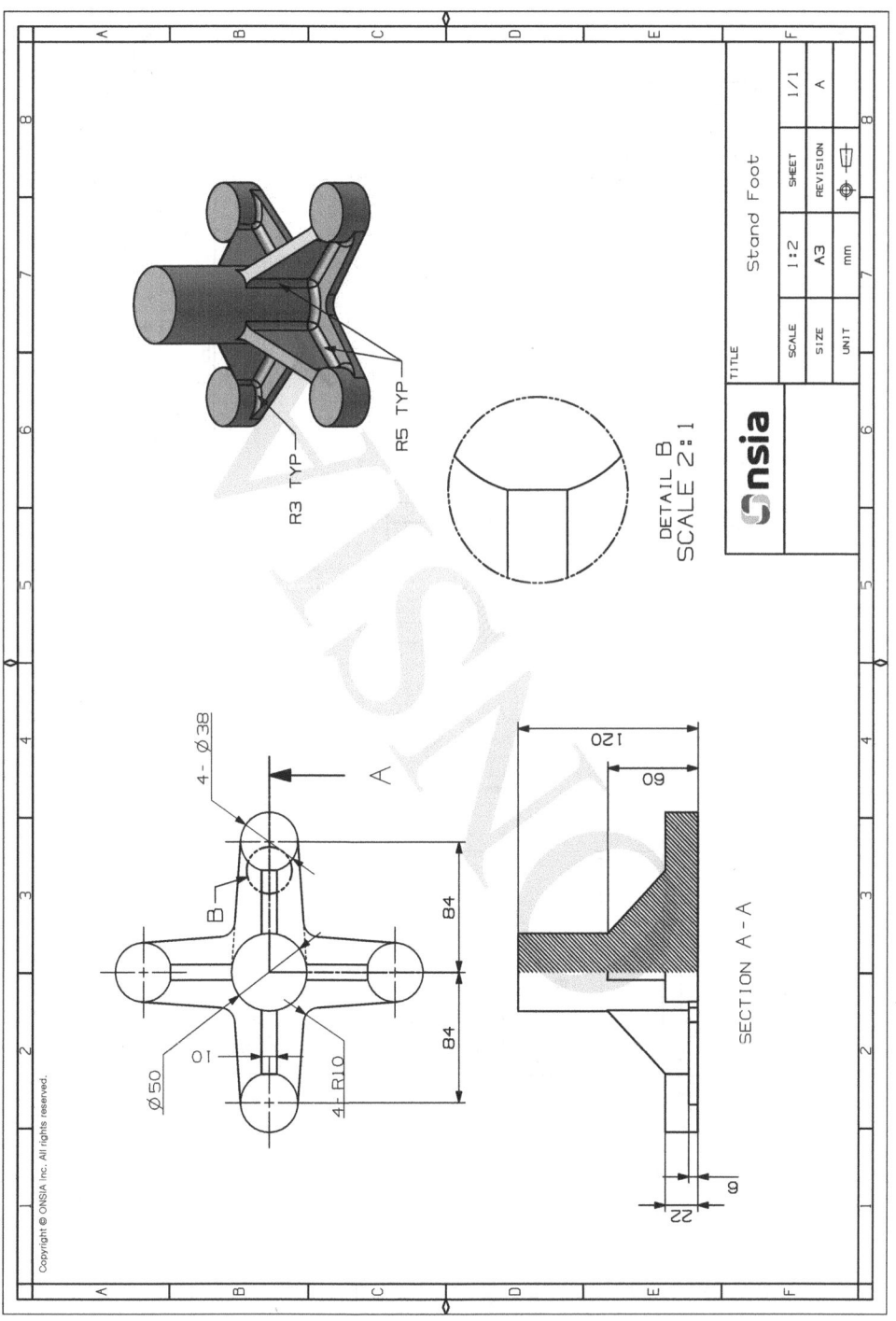

그림 10-51 Exercise 6 연습 도면

Exercise 07 Fan Housing

ch10_ex07.prt

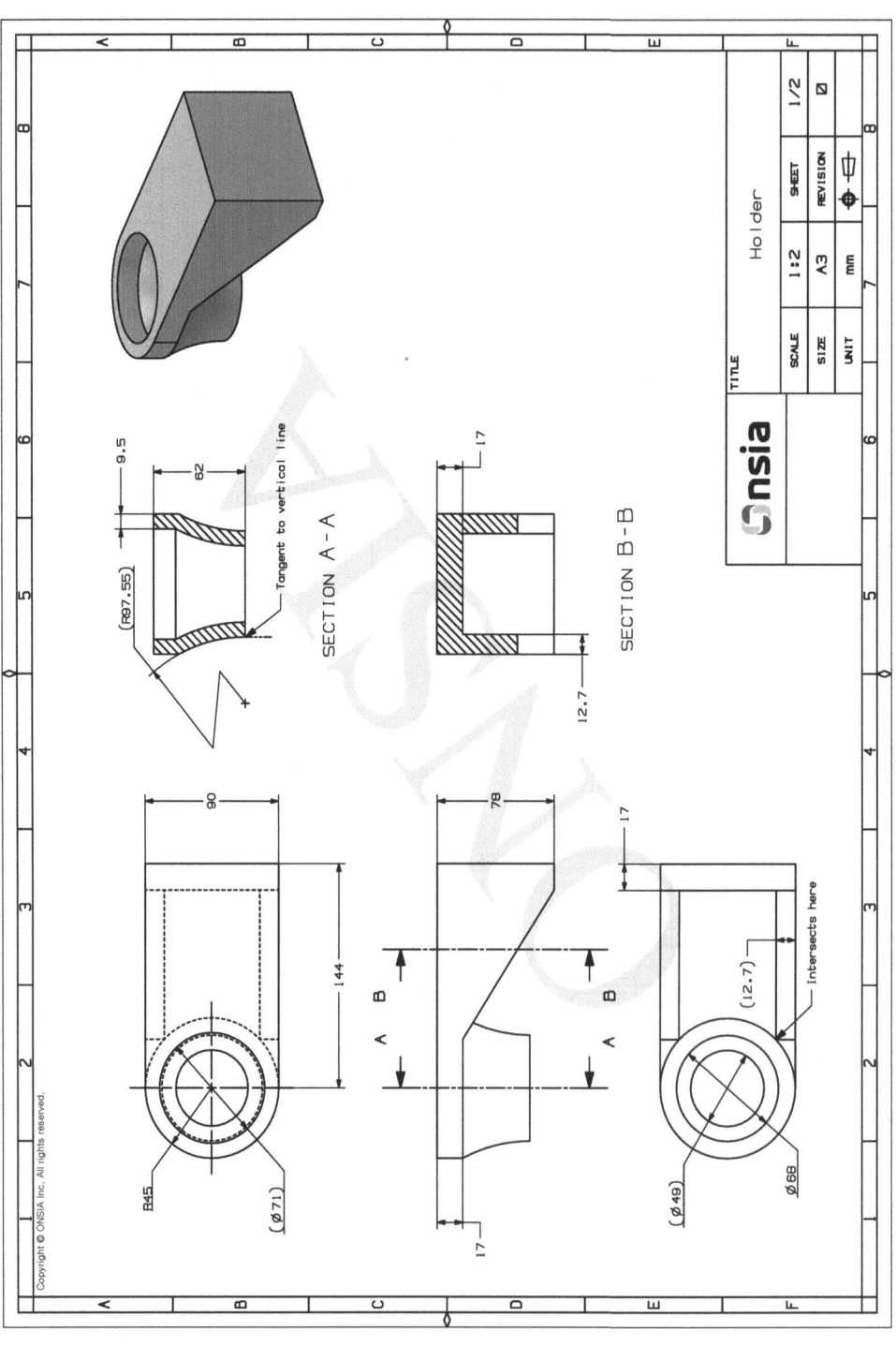

그림 10-52 Exercise 7 연습 도면

Chapter 11
측정 기능

■ 학습목표

- Measure Distance 기능을 이용하여 거리, 길이, 반지름을 측정할 수 있다.
- Measure Angle 기능을 이용하여 각도를 측정할 수 있다.
- Measure Bodies 기능을 이용하여 솔리드 바디의 물성치를 측정할 수 있다.

11.1 Measure Distance

Analysis 탭의 Measure Distance 기능을 이용하여 거리, 길이, 반지름을 측정한다.

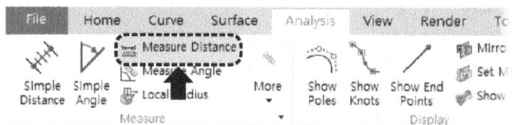

그림 11-1 Measure Distance 아이콘

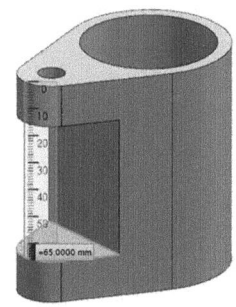 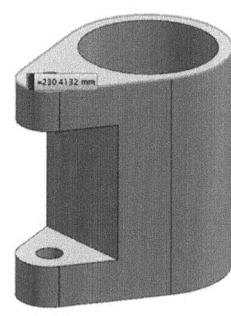 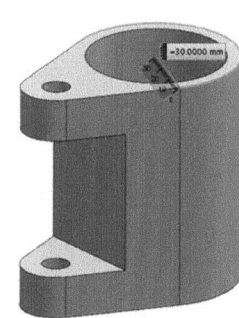

그림 11-2 거리 측정의 예　　**그림 11-3** 길이 측정의 예　　**그림 11-4** 반지름 측정의 예

11.1.1 Measure Distance 대화상자

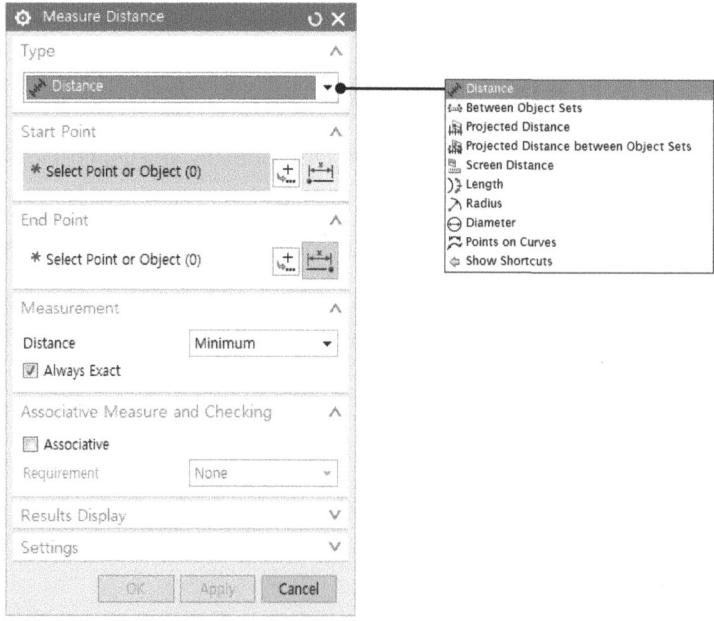

그림 11-5 Measure Distance 대화상자

11.1.2 Distance 타입

두 개체 또는 점 간의 거리를 측정한다.

---

ch11_ex01.prt   거리를 측정하는 방법   **Exercise 01**

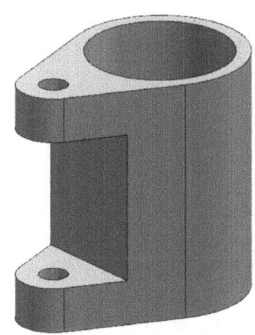

그림 11-6 실습용 파일

평행한 두 면 사이의 거리

1. 실습용 파일을 연다.

2. Analysis 탭에서 Measure Distance 아이콘을 누른다.

3. Measure Distance 대화상자에서 Type이 Distance인 것을 확인한다.

4. 그림 11-8에 회색으로 표시한 2개의 면을 순서에 상관없이 선택한다.

그림 11-9에서 점선이 가리키는 바와 같이 평행한 두 면 간의 거리가 레이블로 표시된다.

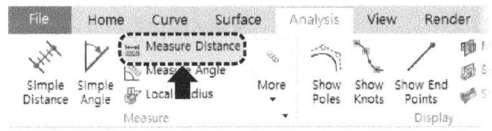

그림 11-7 Measure Distance 아이콘

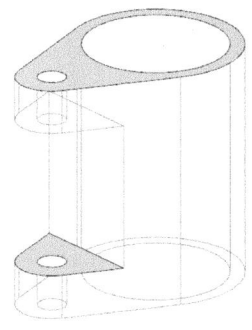

그림 11-8 선택할 면

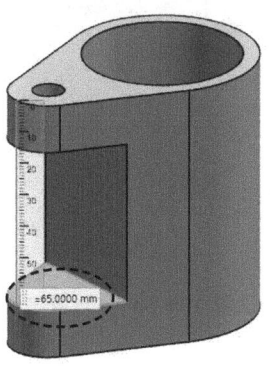

그림 11-9 측정된 거리

11장: 측정 기능

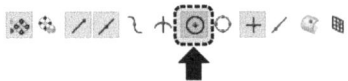

그림 11-10 Arc Center 스냅 포인트 옵션

두 점 사이의 거리

1. Measure Distance 대화상자에서 Reset 버튼을 누른다.

2. 스냅 포인트 옵션 중 그림 11-10과 같이 Arc Center가 켜진 것을 확인한다.

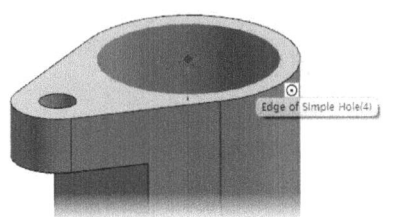

그림 11-11 선택 할 중심점

3. 그림 11-11과 같이 큰 원의 중심점을 선택한다.

4. 그림 11-12와 같이 작은 원의 중심점을 선택한다.

거리가 45mm로 표시된다.

두 면 사이의 최장 거리

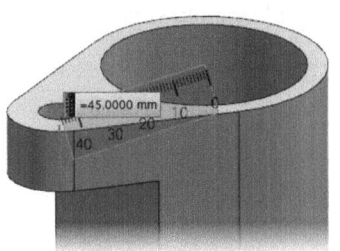

그림 11-12 측정된 거리

1. Measure Distance 대화상자에서 Reset 버튼을 누른다.

2. 그림 11-13에서 회색으로 표시한 두 개의 면을 선택한다.

그림 11-14와 같이 두 면 사이의 최단 거리가 측정된다.

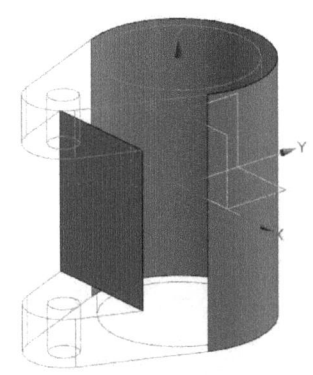

그림 11-13 선택할 면

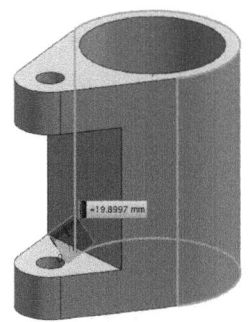

3. 그림 11-15와 같이 Measurement 옵션 그룹에서 Maximum을 선택한다.

그림 11-16과 같이 두 면 사의 최장 거리가 측정된다.

4. Measure Distance 대화상자에서 OK 버튼을 누른다.

5. 파일을 저장하지 말고 닫는다.

그림 11-14 최단 거리

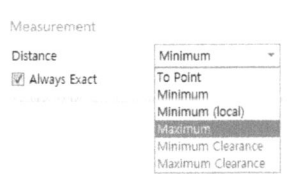

그림 11-15 Distance 옵션: Maximum

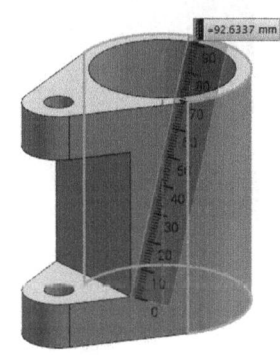

그림 11-16 측정된 최장 거리

END of Exercise

❗ *Associative 옵션과 Show Dimension 옵션*

Associative 옵션을 체크하면 측정 결과가 파트네비게이터에 기록되며 선택할 경우 화면에 표시된다. Associative 옵션을 선택하지 않고 Measure Distance로 거리를 측정 후 OK 버튼을 누르면 결과값이 화면에서 사라진다. 측정 결과값이 화면에 표시되게 하려면 Show Dimension 옵션을 체크한다. F5를 누르면 사라진다.

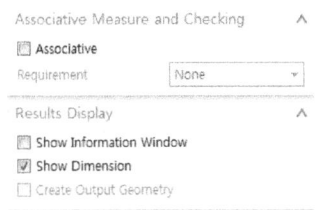

그림 11-17 Associative 옵션과 Show Dimension 옵션

11.1.3 Projected Distance 타입

두 개체 또는 점 간의 거리를 지정된 방향으로 투영하여 측정한다.

Exercise 02 지정된 방향 성분의 길이 측정 *ch11_ex02.prt*

그림 11-17과 두 면 사이의 최대 간격을 측정해 보자.

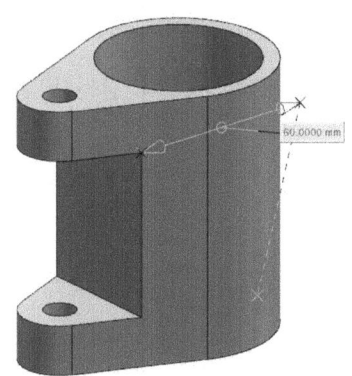
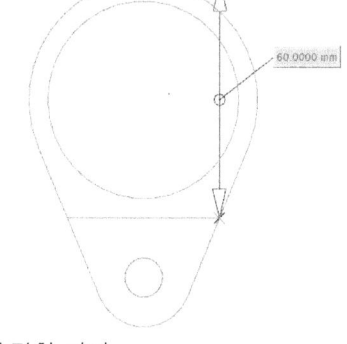

그림 11-18 측정할 거리

1. 실습용 파일을 연다.

2. Analysis 탭에서 Measure Distance 아이콘을 누르고 대화상자를 Reset 한다.

3. Measure Distance 대화상자에서 Type을 Projected Distance로 변경한다. (그림 11-19 참조)

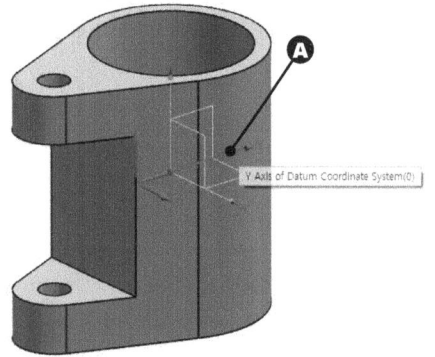

그림 11-19 Projected Distance 타입

대화상자의 Vector 옵션이 활성화 되며 큐라인에는 투영할 방향 벡터를 선택하라는 메시지가 나타난다.

4. 그림 11-20에서 **A**로 표시한 바와 같이 데이텀 좌표계의 Y 축을 선택한다.

5. 그림 11-21에서 회색으로 표시한 두 개의 면을 선택한다.

그림 11-20 투영 방향

그림 11-22와 같이 최소 거리가 측정된다.

6. 그림 11-23과 같이 Distance 드롭다운 목록에서 Maximum Clearance를 선택한다. 그림 11-24와 같이 두 면 사이의 최대 간격이 측정된다.

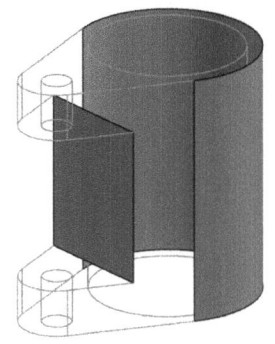

그림 11-21 선택할 면

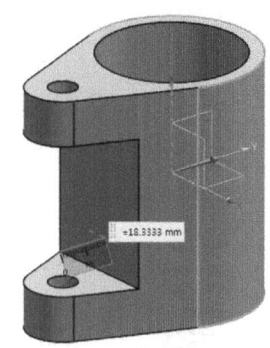

그림 11-22 최소 거리

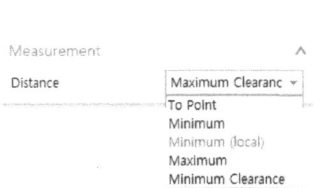

그림 11-23 Maximum Clearance Option

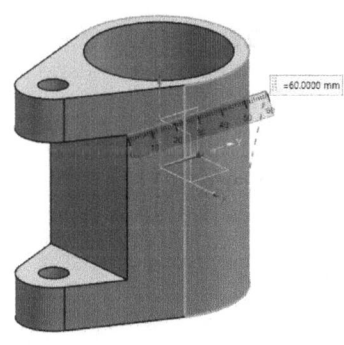

그림 11-24 최대 간격

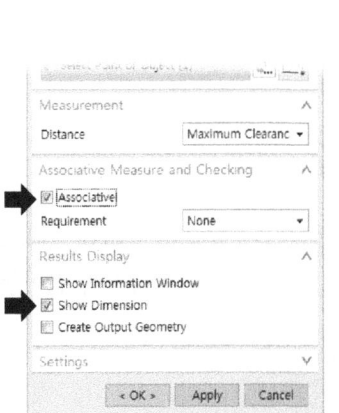

그림 11-25 Associative와 Annotation 옵션

다음은 작업창의 모델과 파트 네비게이터에 측정 결과를 표시해 보자.

7. 그림 11-25에서 화살표로 표시한 바와 같이 Associative 옵션을 체크하고 Annotation 드롭다운 목록에서 Show Dimension을 선택한다.

8. 대화상자에서 OK 버튼을 누른다.

그림 11-26과 같이 파트 네비게이터에 측정 결과가 기록됨을 확인한다.

9. 렌더링을 Static Wireframe으로 변경하고 모델 뷰를 그림 11-27과 같이 변경한다.

10. 파일을 저장하지 말고 닫는다.

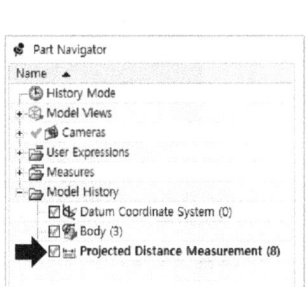

그림 11-26 측정 결과

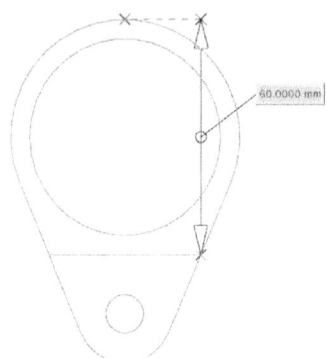

그림 11-27 최대 간격

END of Exercise

11.1.4 Length 타입

선택한 선 또는 모서리의 길이 측정한다.

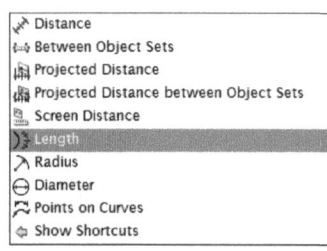

그림 11-28 Length 타입

그림 11-29에서 화살표가 가리키는 단일 모서리의 길이를 측정하려면 Curve Rule을 Single Curve로 설정한 후 모서리를 선택하여야 한다. 그림 11-30은 단일 모서리의 길이를 측정한 결과를 보여준다.

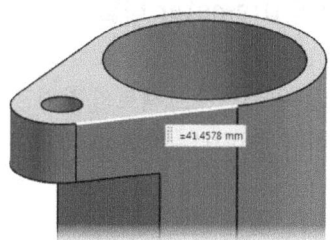

그림 11-29 선택할 모서리   **그림 11-30** 측정 결과

Curve Rule을 Tangent Curves로 설정하면 그림 11-31과 같이 탄젠트하게 연결된 커브의 전체 길이를 측정할 수 있다.

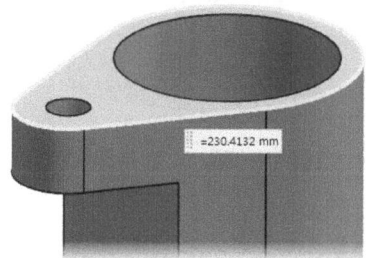

그림 11-31 선택한 모서리와 탄젠트한 모서리의 총 길이

11.1.5 Radius 타입

선택한 선, 모서리, 면 반지름을 측정한다. 이 때 선과 모서리를 반드시 원호(Arc) 또는 원(Circle)이어야 하고, 면은 원통면(Cylindrical Face)이어야 한다.

Measure Distance 대화상자의 Type을 Radius로 하여 그림 11-32와 같이 반경을 측정할 수 있다.

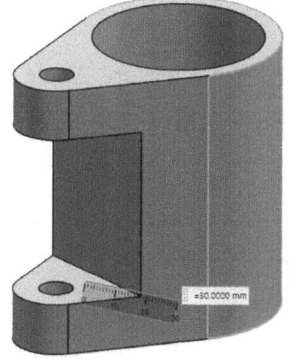

그림 11-32 반경 측정 결과

11.1.6 Diameter 타입

원형 또는 원통형 오브젝트의 직경을 측정한다. Measure Distance 대화상자의 Type을 Diameter로 하여 그림 11-33과 같이 직경을 측정할 수 있다.

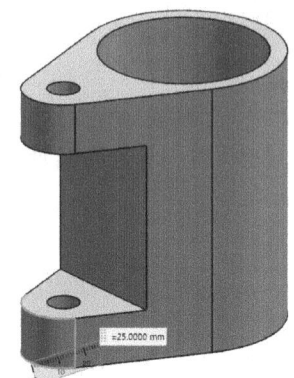

그림 11-33 직경 측정 결과

11.2 Measure Angle

직선형 오브젝트 또는 평평한 면 사이의 각도를 측정한다.

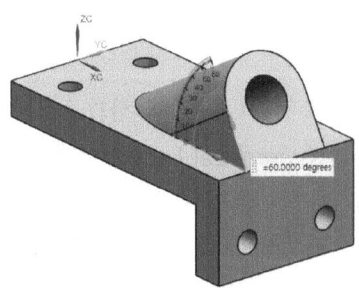

그림 11-34 각도 측정의 예

Measure Angle 기능은 Analysis 탭에서 Measure Angle 아이콘을 누르거나, Menu 버튼 〉 Analysis 〉 Measure Angle을 선택하여 실행시킬 수 있다.

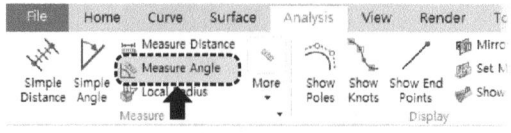

그림 11-35 Measure Angle 아이콘

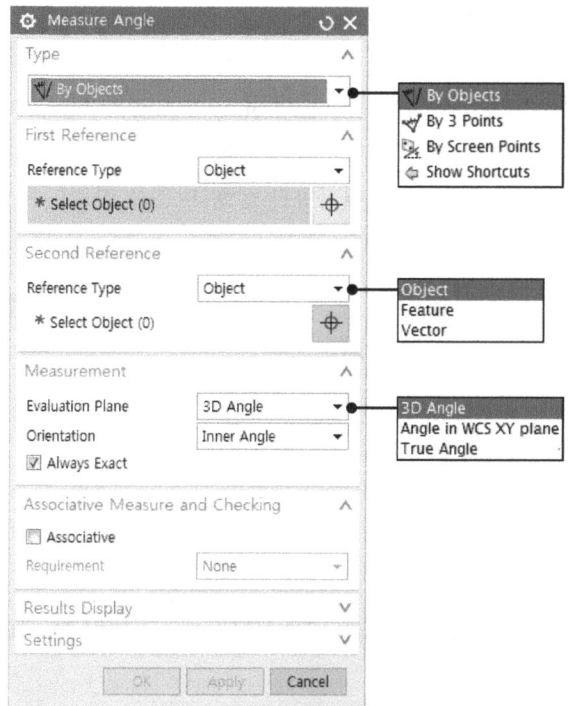

그림 11-36 Measure Angle 대화상자

11.3 Simple Distance

Analysis 탭 > Measure 아이콘 그룹의 Simple Distance 기능을 이용하면 선택한 개체 사이의 최단거리를 측정할 수 있다. 설정 버튼을 클릭하여 Simple Diameter, Simple Length 등을 측정할 수 있으며 Measure Distance 대화상자로 변경할 수도 있다.

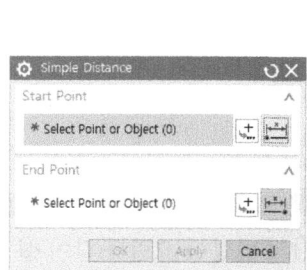

그림 11-37 Simple Distance 대화상자

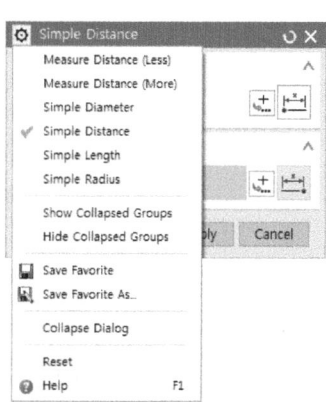

그림 11-38 Simple Distance 대화상자의 설정 버튼

11.4 Simple Angle

Analysis 탭 > Measure 아이콘 그룹의 Simple Angle 기능을 이용하면 선택한 벡터 사이의 각도를 측정할 수 있다. 개체나 피쳐를 선택하여 벡터를 지정할 수 있고, Vector 옵션을 이용하여 벡터를 지정할 수도 있다. 대화상자 설정 버튼을 클릭하여 Measure Angle 대화상자로 변경할 수도 있다.

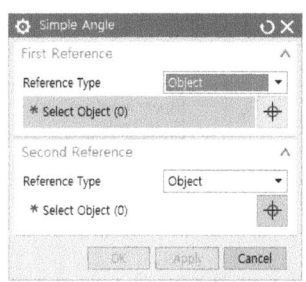
그림 11-39 Simple Angle 대화상자

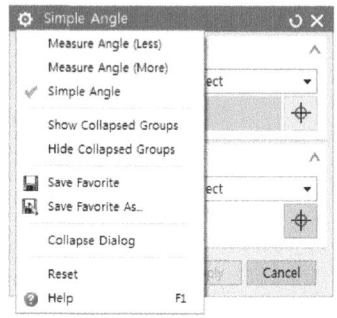
그림 11-40 Simple Angle 대화상자의 설정 버튼

Exercise 03 각도 측정

ch11_ex03.prt

그림 11-41과 같이 정면에서의 각도를 측정해 보자.

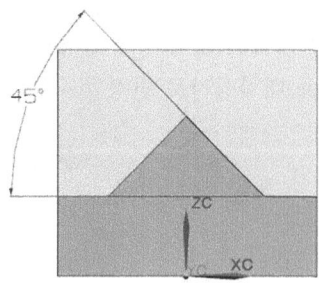
그림 11-41 각도 측정

1. 주어진 파일을 연다.
2. Simple Angle 아이콘을 누르고 그림 11-42의 ❶, ❷ 모서리를 선택하여 각도를 측정한다. 화살표가 가리키는 부분의 모서리를 선택하여 벡터의 방향이 그림과 같이 설정되도록 한다. 각도는 두 모서리가 이루는 평면상에서 측정된다.
3. Simple Angle 대화상자를 닫는다.

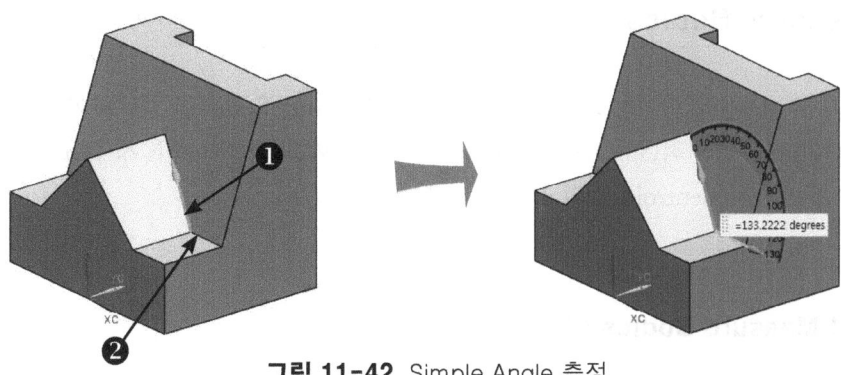

그림 11-42 Simple Angle 측정

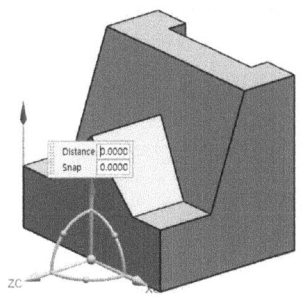

그림 11-43 WCS 방향 정렬

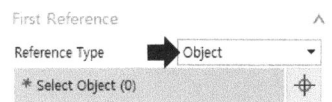

그림 11-44 Reference Type: Object

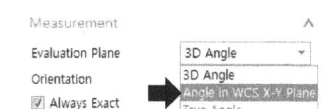

그림 11-45 Evaluation Plane > Angle in WCS XY plane

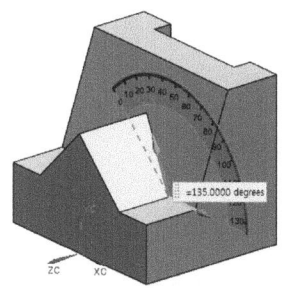

그림 11-46 측정된 각도

4. WCS를 더블클릭하여 그림 11-43과 같이 YC 방향을 모델의 윗 방향과 맞춘다. YC 축의 화살표 머리를 선택한 후 윗방향 모서리를 선택한다.

5. Menu 버튼에서 Analysis > Measure Angle을 선택한다.

6. Measure Angle 대화상자를 Reset 한다.

7. Reference Type이 그림 11-44와 같이 Object로 되어 있음을 확인한다.

8. 그림 11-42에서 화살표로 가리키는 모서리 부분을 차례로 선택한다.

9. 그림 11-45와 같이 Evaluation Plane 으로 Angle in WCS XY plane을 선택한다.

그림 11-46과 같이 WCS의 XY 평면상으로 투영한 각도를 표시해 준다.

10. 파일을 저장하지 말고 닫는다.

END of Exercise

11.5 Measure Bodies

Analysis 탭 > Measure 아이콘 그룹 > More 버튼 > Measure Bodies를 선택하여 솔리드 바디의 부피(Volume), 표면적(Surface Area), 질량(Mass), 회전반경(Radius of Gyration), 무게(Weight), 무게중심(Centroid)등의 물성치를 측정한다.

11.5.1 Measure Bodies 아이콘

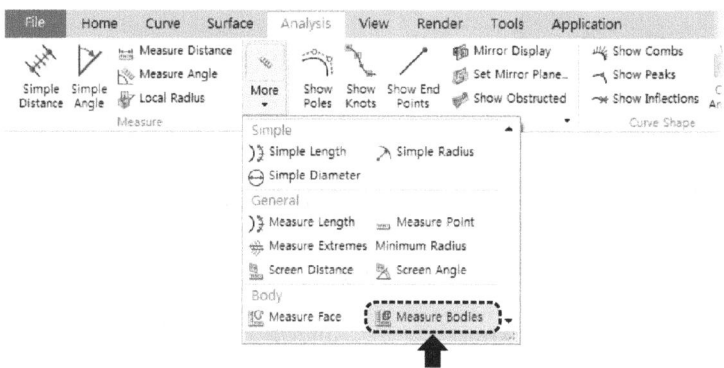

그림 11-47 Measure Bodies 아이콘

11.5.2 Measure Bodies 대화상자

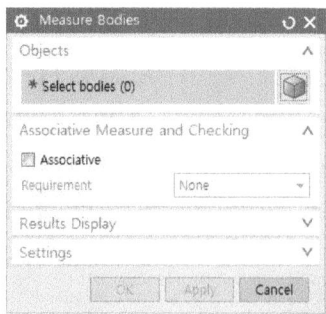

그림 11-48 Measure Bodies 대화상자

ch11_ex04.prt   솔리드 바디의 질량(Mass)을 측정하는 방법   **Exercise 04**

그림 11-49의 손잡이를 ABS 수지로 만드는 경우 질량을 측정해보자. Measure Bodies를 사용하기 전에 손잡이의 재료가 ABS라는 것을 지정하여야 한다. Assign Materials 메뉴를 이용한다.

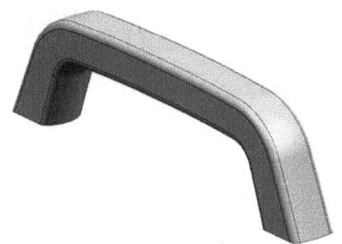

그림 11-49 질량을 측정할 모델

1. 실습용 파일을 연다.

2. Menu 버튼에서 Tools 〉 Materials 〉 Assign Materials를 선택한다.

3. 작업창에서 솔리드 바디를 선택한다.

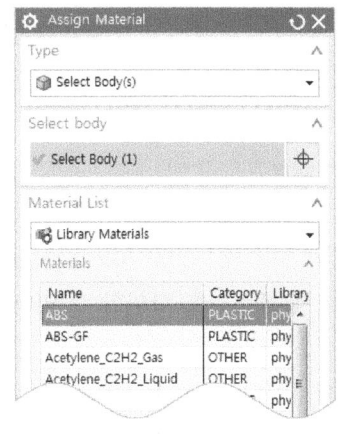

그림 11-50 선택할 재료

4. 그림 11-50과 같이 Materials 목록에서 ABS를 선택한다.

5. 대화상자에서 OK 버튼을 누른다.

6. Menu 버튼에서 Analysis 〉 Measure Bodies를 선택한다.

7. 솔리드 바디를 선택한다.

그림 11-51와 같이 작업창에 레이블이 표시되는 것을 확인할 수 있다.

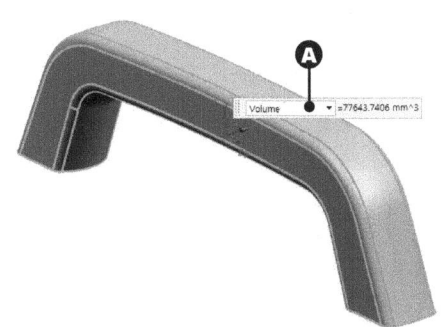

그림 11-51 손잡이의 체적을 보여주는 상태

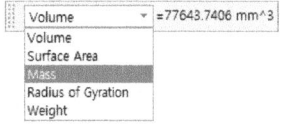

그림 11-52 Mass 항목 선택

8. 그림 11-52의 드롭다운 목록(Ⓐ)에서 Mass를 선택한다. 질량이 81.53 g인 것을 확인할 수 있다.

대화상자의 Associative 옵션을 체크하여 측정 결과를 파트 네비게이터에 기록할 수 있다. 측정된 값을 기록하면 변수에 할당되고 이후 모델링에서 변수의 값을 이용할 수 있다.

9. Measure Bodies 대화상자를 닫는다.

10. 파일을 저장하지 말고 닫는다.

END of Exercise

11.5.3 상세 물성치

Information 창을 통하여 Mass Moment of Inertia 등 상세 물성치를 확인할 수 있다.

Measure Boies 기능을 수행한 후 Measure Bodies 대화상자에서 Show Information Window 옵션을 체크한다. 그림 11-54와 같이 상세 물성치 정보를 확인할 수 있다.

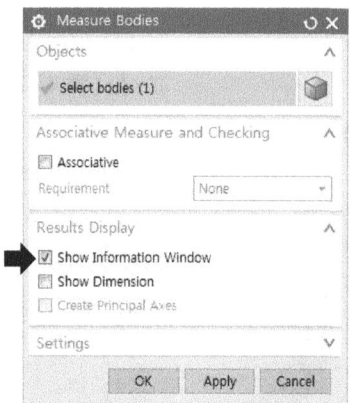

그림 11-53 Show Information Window 옵션

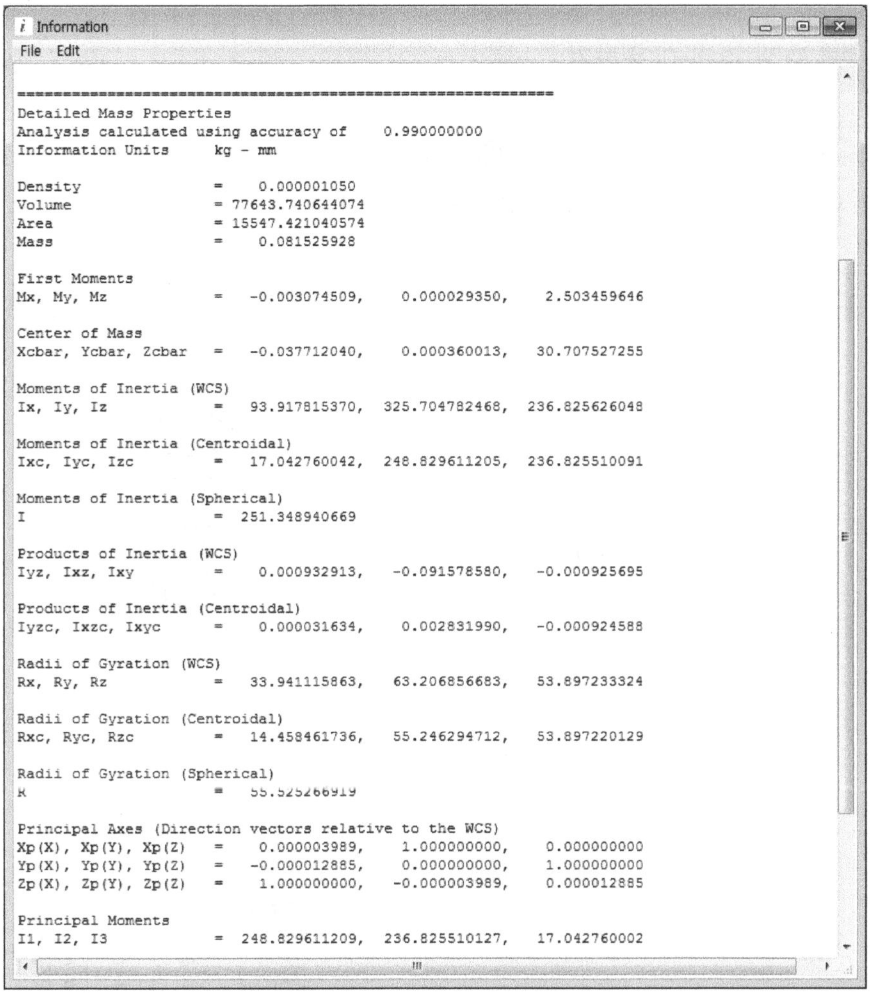

```
============================================================
Detailed Mass Properties
Analysis calculated using accuracy of    0.990000000
Information Units    kg - mm

Density              =    0.000001050
Volume               = 77643.740644074
Area                 = 15547.421040574
Mass                 =    0.081525928

First Moments
Mx, My, Mz           =   -0.003074509,    0.000029350,    2.503459646

Center of Mass
Xcbar, Ycbar, Zcbar  =   -0.037712040,    0.000360013,   30.707527255

Moments of Inertia (WCS)
Ix, Iy, Iz           =   93.917815370,  325.704782468,  236.825626048

Moments of Inertia (Centroidal)
Ixc, Iyc, Izc        =   17.042760042,  248.829611205,  236.825510091

Moments of Inertia (Spherical)
I                    =  251.348940669

Products of Inertia (WCS)
Iyz, Ixz, Ixy        =    0.000932913,   -0.091578580,   -0.000925695

Products of Inertia (Centroidal)
Iyzc, Ixzc, Ixyc     =    0.000031634,    0.002831990,   -0.000924588

Radii of Gyration (WCS)
Rx, Ry, Rz           =   33.941115863,   63.206856683,   53.897233324

Radii of Gyration (Centroidal)
Rxc, Ryc, Rzc        =   14.458461736,   55.246294712,   53.897220129

Radii of Gyration (Spherical)
R                    =   55.525266919

Principal Axes (Direction vectors relative to the WCS)
Xp(X), Xp(Y), Xp(Z)  =    0.000003989,    1.000000000,    0.000000000
Yp(X), Yp(Y), Yp(Z)  =   -0.000012885,    0.000000000,    1.000000000
Zp(X), Zp(Y), Zp(Z)  =    1.000000000,   -0.000003989,    0.000012885

Principal Moments
I1, I2, I3           =  248.829611209,  236.825510127,   17.042760002
```

그림 11-54 물성치 정보창

Exercise 05 측정 결과 이용하기

ch11_ex05.prt

그림 11-55와 같은 모델을 생성하시오. Ⓐ로 표시한 치수는 R30과 R25 반경의 차이와 같아야 한다. 반경을 측정한 결과 변수를 이용하여 수식을 만들 것이다.

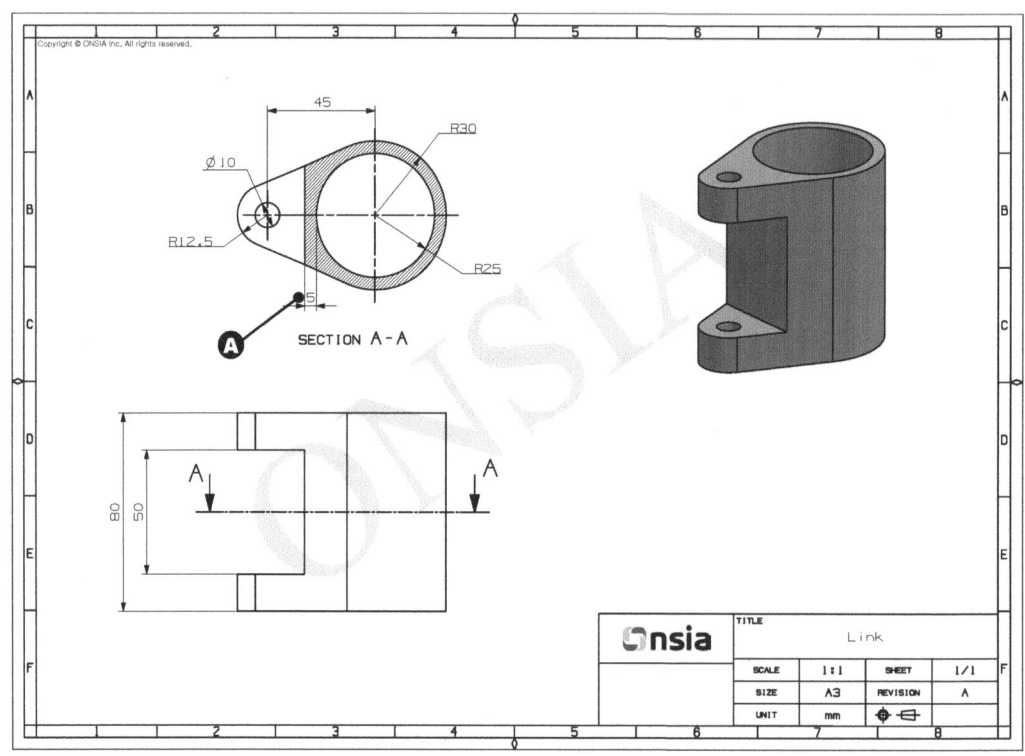

그림 11-55 Link 도면

1 단계

1. 데이텀 좌표계의 XY 평면의 위에서 본 스케치를 그린 다음 그림 11-56과 같이 돌출 시킨다.
2. 그림 11-57과 같이 직경 50mm의 관통 구멍을 생성한다.

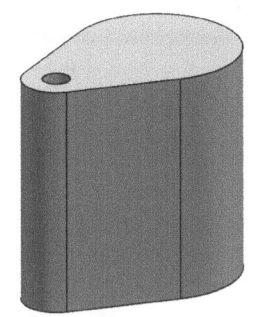
그림 11-56 첫 번째 피쳐

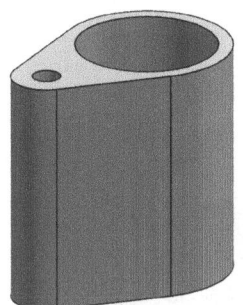
그림 11-57 구멍 생성

2 단계

1. YZ 평면에 스케치를 그린다.
2. 그림 11-58에서 회색으로 표시한 두 개의 면과의 교차선을 생성한 후 참조선으로 변경한다.
3. 그림 11-59와 같이 사각형을 그린다.

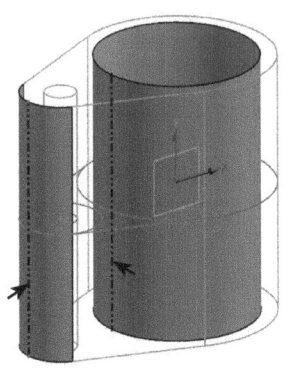
그림 11-58 교차 커브

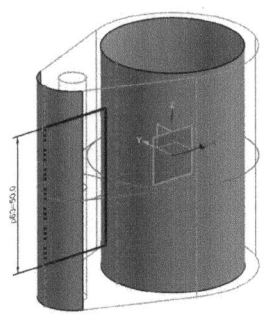
그림 11-59 스케치

3 단계

1. 그림 11-60과 같이 치수를 생성한다.
2. 그림 11-60에서 ❷로 표시한 아래 방향 화살표를 클릭한다.
3. 드롭다운 목록에서 Formula를 선택한다. Expression 대화상자가 나타난다.

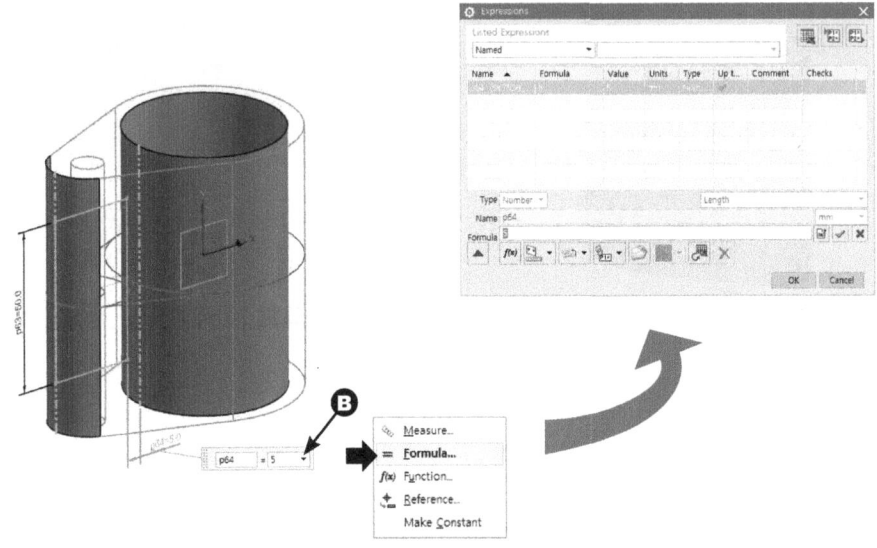

그림 11-60 Formula 활성화

4단계

1. 그림 11-61에서 **ⓒ**로 표시한 바와 같이 Measure Distance 아이콘을 클릭한다.
2. Measure Distance 대화상자의 Type 드롭다운 목록에서 Radius를 선택한다.
3. 바깥의 원(R30)을 선택하여 측정하고 Measure Distance 대화상자에서 OK 버튼을 누른다.
4. Formula 입력창에 측정된 변수가 나타남을 확인한다. 변수의 번호는 사용자마다 다를 수 있다.
5. 측정 변수 뒤에 - 기호를 입력한다.

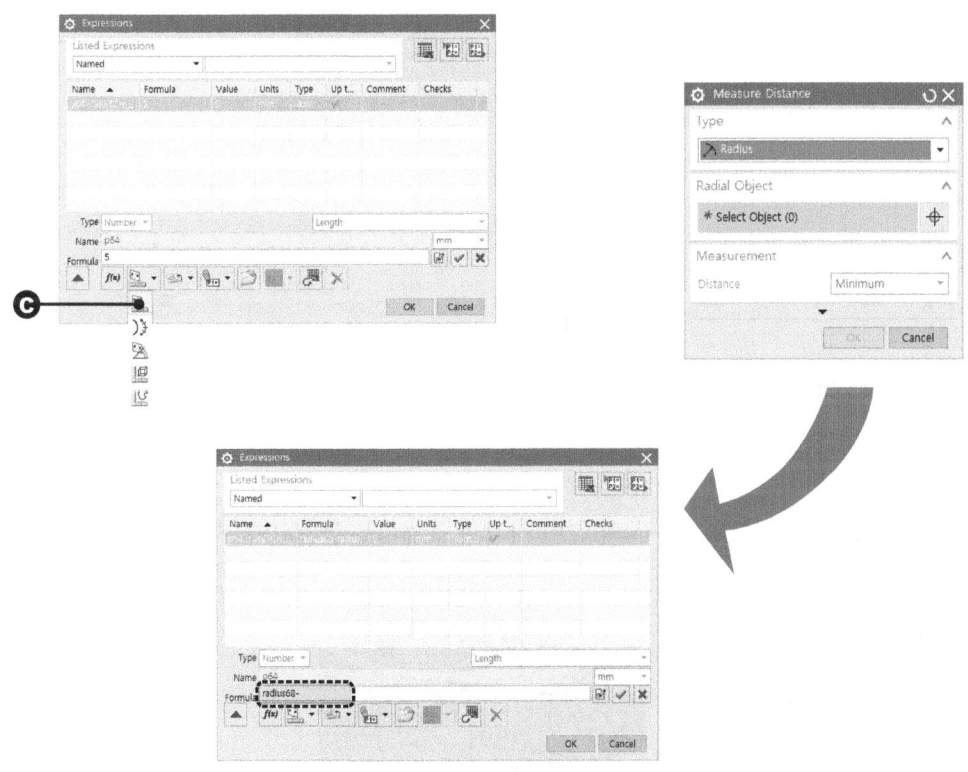

그림 11-61 측정 결과

5 단계

1. 그림 11-61에서 ⓒ로 표시한 바와 같이 Measure Distance 아이콘을 다시 클릭한다.
2. 구멍(R25)의 반경을 측정하고 Measure Distance 대화상자에서 OK 버튼을 누른다.
3. 그림 11-62와 같이 Formula 입력창에 측정된 변수가 나타남을 확인한다. 변수의 번호는 사용자마다 다를 수 있다.
4. Formula 입력창의 옆에 있는 녹색의 체크 버튼을 누른다. 그림 11-63과 같이 스케치 변수에 대입된다.
5. OK 버튼을 눌러 Expression 대화상자를 닫는다.

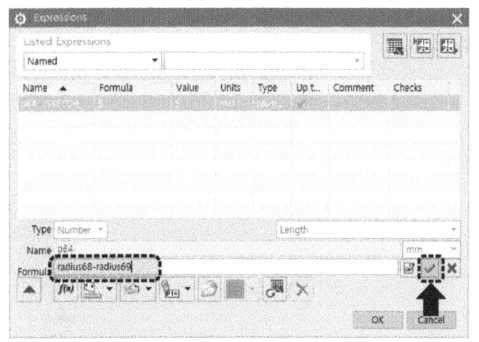 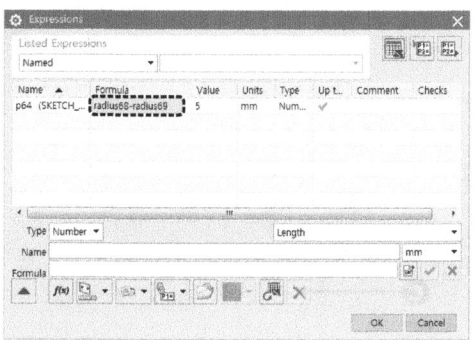

그림 11-62 Formula 입력   **그림 11-63** Formula 입력 완료

6 단계

스케치를 종료시키고 그림 11-64와 같이 사각형 스케치를 돌출시켜 모델을 완성한다.

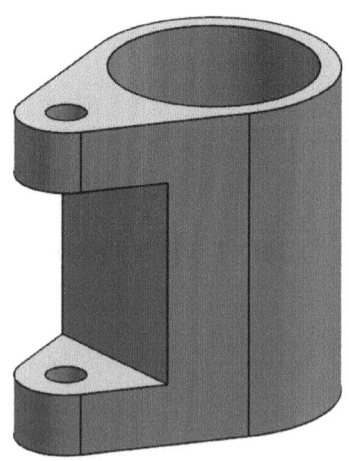

그림 11-64 완성된 모델

END of Exercise

Chapter 12
어셈블리 I
(Bottom-Up Assembly)

■ 학습목표

- 어셈블리 파일을 생성하고, 컴포넌트를 추가할 수 있다. 컴포넌트를 이동시키는 방법을 배운다.
- 구속조건을 이용하여 컴포넌트의 위치나 방향을 정하는 방법을 배운다.
- 구속의 상태를 확인할 수 있다.
- Master Part의 의미를 이해한다.
- Reference Set의 의미를 이해하고 조립에 이용할 수 있다.

12.1 어셈블리의 이해

우리가 일상적으로 사용하는 제품은 여러 가지 부품으로 이루어져 있다. 지금까지 배운 NX 솔리드 모델링은 부품 하나 하나의 형상을 컴퓨터를 이용하여 모델링 하는 것이다. 부품의 모델링이 끝나면 각 부품을 제작할 것이고, 조립하여 성능을 테스트하고 최종 제품으로 손색이 없는 것으로 판단되면 소비자들에게 판매된다.

설계 단계에서 단품을 모델링 한 후 바로 제작을 한다면 조립이나 테스트에서 문제가 생길 경우 단품설계부터 제작을 다시 해야 하는 어려움이 있다. 컴퓨터를 이용하여 조립을 미리 해 보면서 부품들끼리 간섭 없이 잘 조립되는지, 최종 형상이 계획한대로 나오는지, 전체 무게가 적절한지, 무게중심은 어디에 있는지 등을 확인할 수 있다면 부품을 다 만들어 놓고 문제가 생겼을 때보다 수정에 따르는 손실을 줄일 수 있을 것이다. NX의 Assembly 기능을 이용하면 이러한 작업을 수행할 수 있다.

12.2 용어

12.2.1 마스터 파트(Master Part)

하나의 부품(단품)을 파트라고 한다. 우리가 10장까지 배운 내용은 *.prt 파일에 단품의 형상을 만든 것이다. 이 파일에는 파트를 생성한 과정을 포함하여 형상에 대한 정보가 모두 들어 있다. 어셈블리의 구성품(컴포넌트)이 되는 단품 파트를 특별히 구분하여 마스터 파트라고 부른다.

12.2.2 컴포넌트(Component)

어셈블리를 구성하는 부품을 컴포넌트라고 한다. Modeling 어플리케이션에서 각각의 단품을 모델링한 다음 어셈블리를 구성하게 되는데, 어셈블리에 들어가 있는 하나의 부품은 더이상 파트라고 부르지 않고 컴포넌트라고 부른다.

컴포넌트에는 파트를 생성한 과정에 대한 정보는 없고, 파트 파일의 경로, 어셈블리에서의 조립 상태(위치나 방향), 색깔 등의 단순 정보만 들어있다. 따라서 여러 개의 컴포넌트를 이용하여 어셈블리를 구성해도 어셈블리 파일의 용량은 각각의 파트파일 용량의 총량보다 적게 된다.

12.2.3 서브 어셈블리(Sub-assembly)

어셈블리 안에 들어 있는 어셈블리를 서브 어셈블리라고 한다. 상위 어셈블리에 컴포넌트 형태로 들어간다는 의미에서 어셈블리 컴포넌트라고 부르기도 한다.

12.2.4 BOM(Bill of Material)

어셈블리를 구성하는 서브 어셈블리 및 컴포넌트의 목록을 말한다.

12.2.5 Bottom-Up 어셈블리 모델링

개별적으로 만들어져 있는 파트들을 이용하여 어셈블리를 구성하는 과정을 Bottom-Up 어셈블리 모델링이라고 한다. 그림 12-1을 볼 때 A, B, C, D, E, F 부품을 모두 생성한 다음 Top 이라는 어셈블리를 만드는 방식이 이에 해당된다.

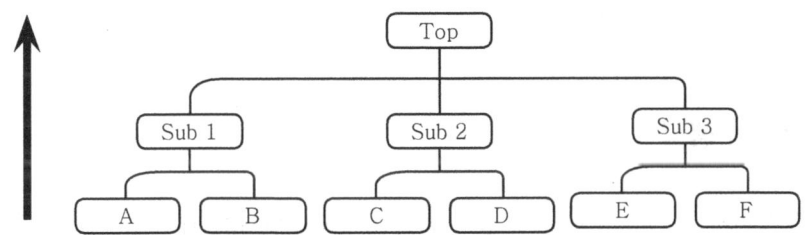

그림 12-1 Bottom-Up 어셈블리 개념도

12.2.6 Top-Down 어셈블리 모델링

일부 부품으로 어셈블리를 생성한 후 나머지 부품을 모델링 하는 방식을 Top-Down 어셈블리 모델링이라고 한다. 그림 12-2를 볼 때 A, B, C, E, F 부품을 이용하여 Top 이라는 어셈블리를 구성한 후 다른 부품의 형상을 참조하면서 비어 있는 부분의 부품(D)을 모델링하게 된다. 없는 부품을 만드는 경우도 있고, 이미 존재하는 부품을 다른 부품을 참조하면서 수정하는 경우도 있다.

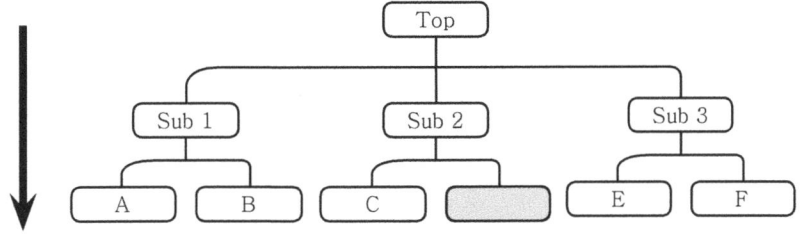

그림 12-2 Top-Down 어셈블리 개념도

12.3 어셈블리 모델링의 주요 기능

다음은 NX의 어셈블리 기능을 이용하여 수행할 수 있는 주요 기능이다.

① 어셈블리 생성: 상향식(Bottom Up) 어셈블리라고도 한다. 미리 생성한 파트를 이용하여 어셈블리를 구성한다.

② 구속: 각각의 컴포넌트의 위치, 방향을 정한다.

③ 간섭 체크: 컴포넌트의 형상이 중첩되는 부분이 있는지 검사한다.

④ 파트 모델링: 하향식(Top Down) 어셈블리라고도 한다. 다른 부품의 형상이나 파라미터를 이용 또는 참조하여 새로운 부품을 모델링 하거나 기존 부품을 수정한다.

⑤ 어셈블리의 분해: 조립도를 생성하기 위하여 어셈블리를 분해한다.

12.4 어셈블리 생성

어셈블리 생성이라 하면 Bottom-Up 방식을 이용하여 조립하는 과정을 주로 의미한다. 컴포넌트의 이동이나 구속조건을 이용하여 위치, 방향을 정한다.

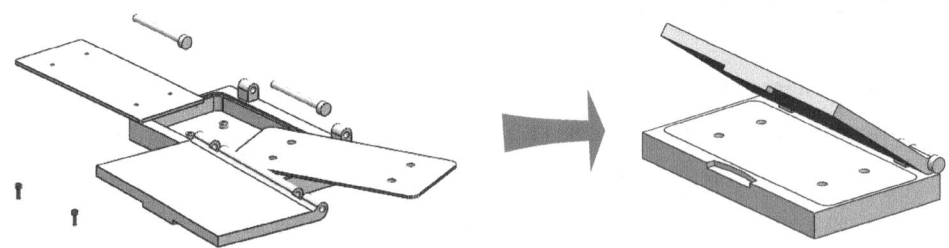

그림 12-3 어셈블리 생성

12.4.1 어셈블리 파일 생성

어셈블리 파일도 파트 파일과 마찬가지로 *.prt 확장자를 갖는다. 파트 파일과 구분하기 위하여 파일명을 ***_asm.prt와 같이 부여하는 것이 일반적이다. 다음의 절차에 따라 Assembly 템플릿을 이용하여 파일을 생성한다.

폴더:
ch12₩ch12_notebook

Assembly 파일 생성 **Exercise 01**

1. Home 탭에서 New 아이콘을 누른다.

2. Model 탭을 누르고 Assembly 템플릿을 선택한다.(그림 12-4의 ❷)

3. New File Name 옵션 영역에서 Folder 경로와 파일 이름을 입력한다.(그림 12-4의 ❸)

4. OK 버튼을 누른다.

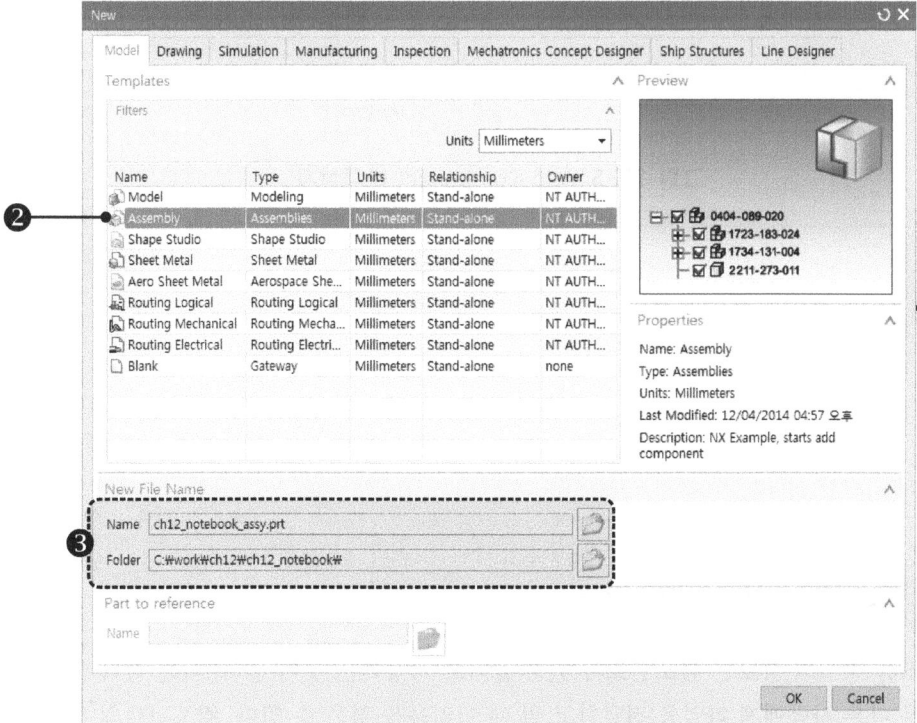

그림 12-4 어셈블리 파일 생성

5. 그림 12-5와 같은 Add Component 대화상자에서 Cancel 버튼을 누른다.

연속하여 Exercise 02를 수행한다.

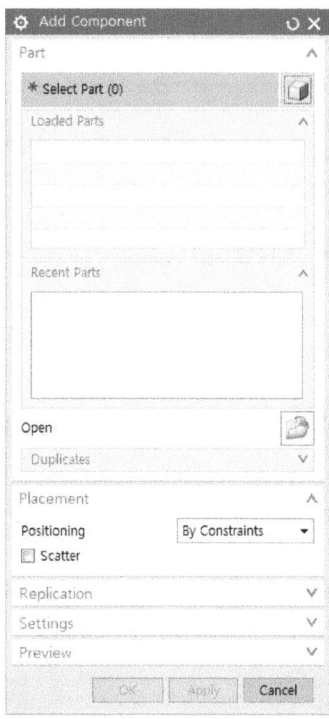

그림 12-5 Add Component 대화상자

END of Exercise

> **어셈블리 파일의 경로 설정**
>
> Assembly 파일의 경로는 컴포넌트가 있는 폴더로 지정하는 것이 좋다. 다른 폴더에 생성할 경우 다른 사람에게 파일을 전달하고 열 때 어려움을 겪을 수 있다. 컴포넌트의 위치는 Load Option에서 설정한다.

12.4.2 어셈블리 환경

Assembly 템플릿을 이용하여 Assembly 환경으로 들어가면 그림 12-6과 같은 화면이 나타난다.

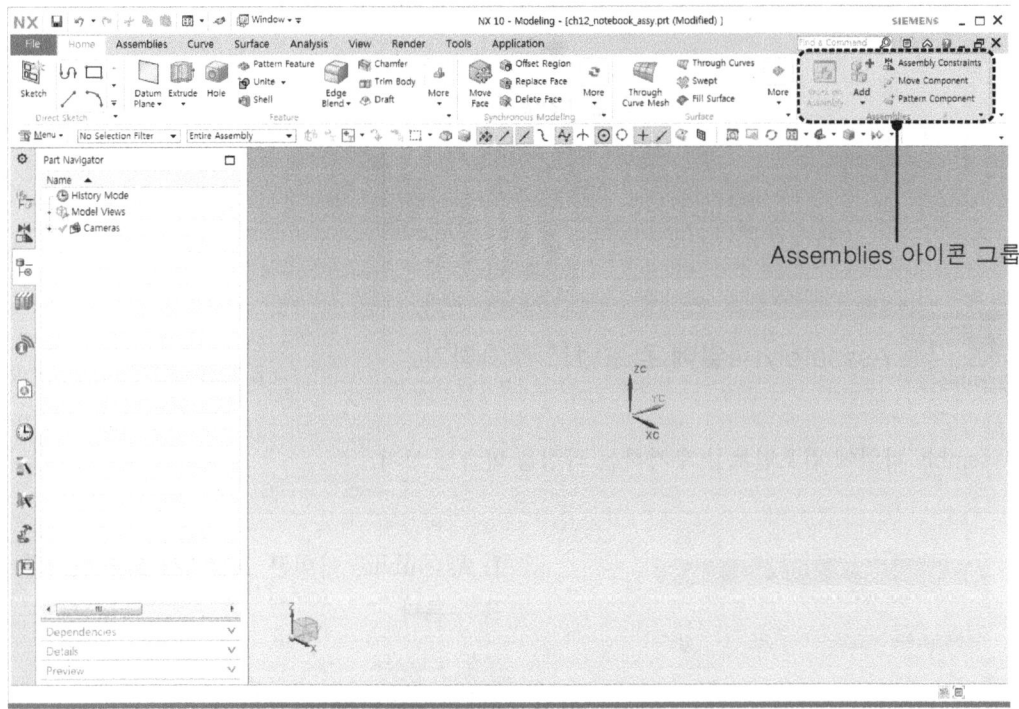

그림 12-6 Assemblies 아이콘 그룹

Application 탭에서 Assemblies 아이콘을 선택하여 Home 탭에 Assemblies 아이콘 그룹을 나타나게 하거나 나타나지 않게 할 수 있다. Assembly 환경을 활성화 시키면 메뉴 버튼의 Assemblies 메뉴가 모두 활성화 된다.

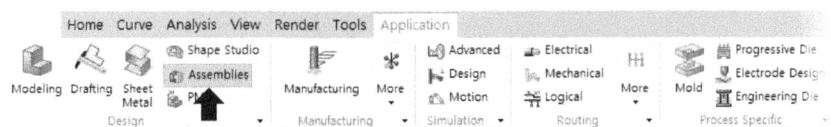

그림 12-7 Assemblies 기능 활성화

12.4.3 컴포넌트 추가

Assemblies 아이콘 그룹에 있는 Add 아이콘을 이용하여 컴포넌트를 추가할 수 있다.

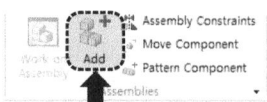

그림 12-8 Add 아이콘

Exercise 02 Assembly 파일에 컴포넌트 추가하기

폴더:
ch12₩ch12_notebook

Assembly 파일에 컴포넌트를 추가하는 과정을 학습해 보자.

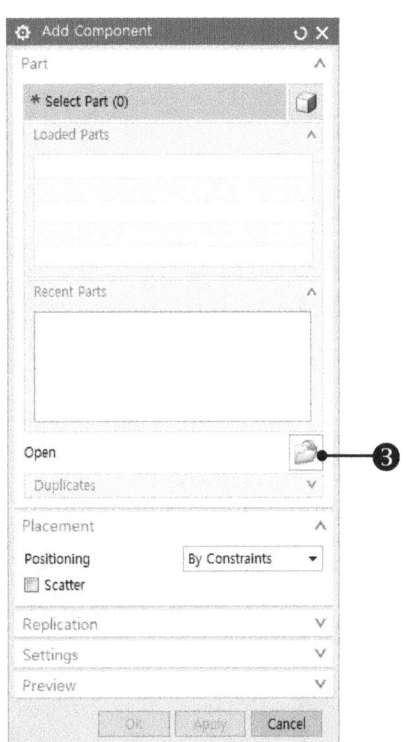

1. Assemblies 아이콘 그룹에서 Add 아이콘을 누른다.

2. Reset 버튼을 누른다.

3. Open 버튼을 누른다.(그림 12-9의 ❸)

4. ch12₩notebook 폴더에서 deck.prt 파일을 선택한다. Loaded Parts 리스트 창에 선택한 파트 파일이 나타나고 Component Preview 창이 나타난다.

5. Placement 그룹의 Positioning 드롭다운 목록에서 Absolute Origin을 선택한다.

그림 12-9 Add Component 대화상자

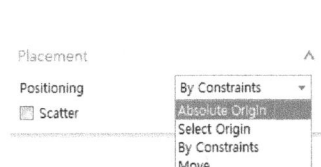

그림 12-10 Positioning 설정

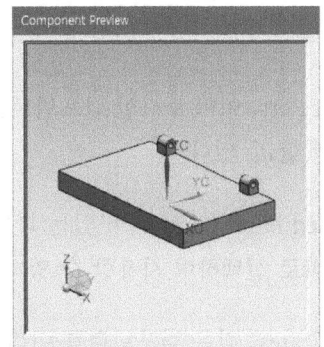

그림 12-11 미리보기 창

6. Apply 버튼을 누른다. Recent Parts 리스트 창에 추가된 파트 파일이 나타나고 작업창에 추가한 컴포넌트의 형상이 나타난다.

7. 다시 Open 버튼을 누르고 top.prt 파일을 선택하여 추가한다.

8. Add Component 대화상자를 닫는다.

9. File 탭 > Close > All Parts를 선택하여 모든 파일을 닫는다. 파일을 저장하지 않는다.

END of Exercise

12장: 어셈블리 I (Bottom-Up Assembly)

Add Component 대화상자의 옵션에 대하여 알아보자.

① Select Part: 이미 추가한 컴포넌트를 다시 사용하고자 할 때 화면이나 Assembly Navigator 에서 선택할 수 있다.

② Loaded Part: Load 되어 있는 파트(이미 열려 있는 파트)는 Loaded Parts 리스트 창에 나타나며 바로 선택하여 사용할 수 있다.

③ Duplicates: 같은 컴포넌트를 여러 개 추가한다. 추가된 여러 개의 컴포넌트가 같은 위치에 중첩되므로 Positioning 옵션 그룹의 Scatter 옵션과 함께 사용한다.

④ Positioning 옵션

> ▶ Absolute Origin: 컴포넌트의 원점을 Assembly 파일의 절대 원점과 일치시킨다.
>
> ▶ Select Origin: Apply나 OK 버튼을 누르면 Point 대화상자가 나타나고 컴포넌트의 원점을 선택할 수 있다.
>
> ▶ By Constraints: Apply나 OK 버튼을 누르면 Assembly Constraint 대화상자가 나타나고 구속 조건을 추가할 수 있다.
>
> ▶ Move: Apply나 OK 버튼을 누르면 Point 대화상자가 나타나고 원점 위치를 지정한 다음 Move Component 대화상자가 나타나서 컴포넌트를 이동시킬 수 있다.

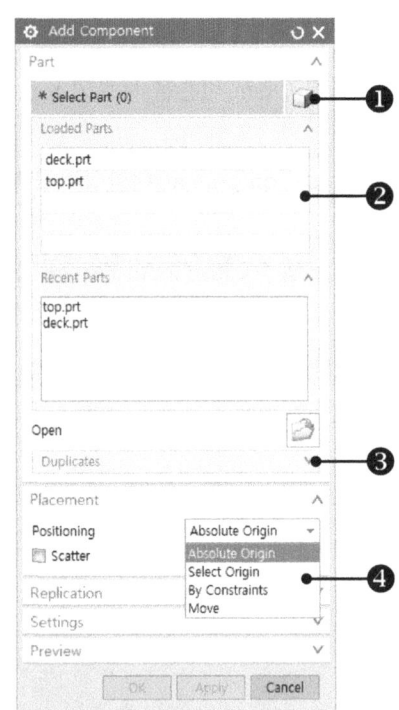

그림 12-12 Add Component 옵션

12.4.4 어셈블리 파일의 저장

File 탭의 메뉴를 이용하여 어셈블리 파일 및 파트 파일을 저장한다.

① Save: Work 파트와 수정된 모든 하위 컴포넌트 파트 및 서브 어셈블리를 저장한다.

② Save Work Part Only: 현재 작업중인 파일만 저장한다. 컴포넌트의 Master Part 또는 상위 파트는 변경되었더라도 저장되지 않는다.

③ Save As: 작업중인 파일의 이름을 다른 이름으로 변경하여 저장한다. Top-Down 모델링에서 파트를 수정하였을 경우 다른 이름으로 저장할 수 있다. 상위 파트(어셈블리)의 이름도 변경하여 저장하거나 그대로 둘 수 있다.

④ Save All: 현재 NX 세션에 로드 되어 있는 모든 수정된 파트를 저장한다.

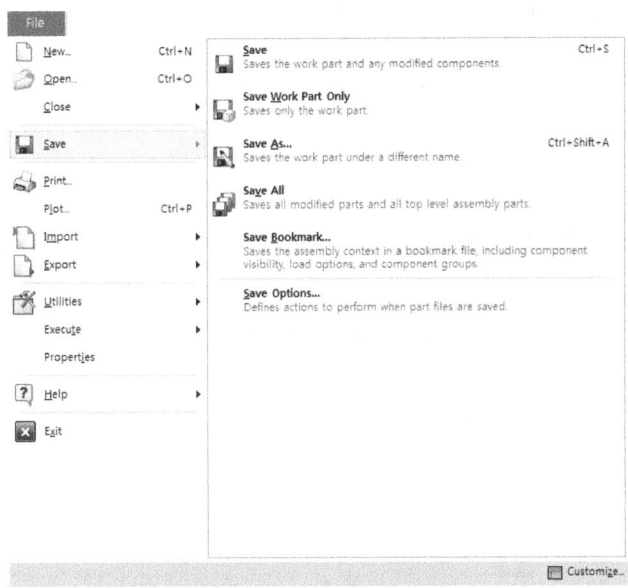

그림 12-13 Save 메뉴

> **Work Part**

Assembly Navigator에서 컴포넌트에 MB3 > Make Work Part를 선택하여 Work 파트로 설정할 수 있다. 컴포넌트의 Master Part를 수정할 때 이 방법을 사용한다.

같은 방법으로 어셈블리를 Work Part로 지정한 후 어셈블리 관련 작업을 수행한다.

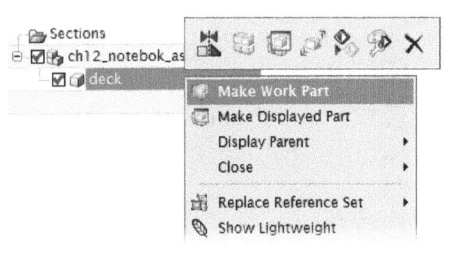

그림 12-14 Work 파트로 만들기

12장: 어셈블리 I (Bottom-Up Assembly)

Exercise 03 어셈블리 생성 및 저장

폴더:
ch12₩ch12_notebook

순서에 따라 어셈블리 파일을 생성하고 저장한 후 파일의 크기를 비교하자.

deck 컴포넌트 추가

Positioning 옵션을 Absolute Origin으로 하여 deck 컴포넌트를 추가하자.

1. New 아이콘을 누르고 그림 12-4와 같이 경로(ch12₩ch12_notebook)와 파일 이름 (ch12_notebook_assy.prt)을 입력하고 OK 버튼을 누른다.

2. Add Component 대화상자에서 Reset 버튼을 누른다.

3. Add Component 대화상자에서 Open 버튼을 누른다.

4. ch12_notebook 폴더에서 deck.prt 파일을 선택한다.

5. Part Name 대화상자에서 OK 버튼을 누른다. Loaded Parts 리스트 창에 deck.prt가 나타난다.

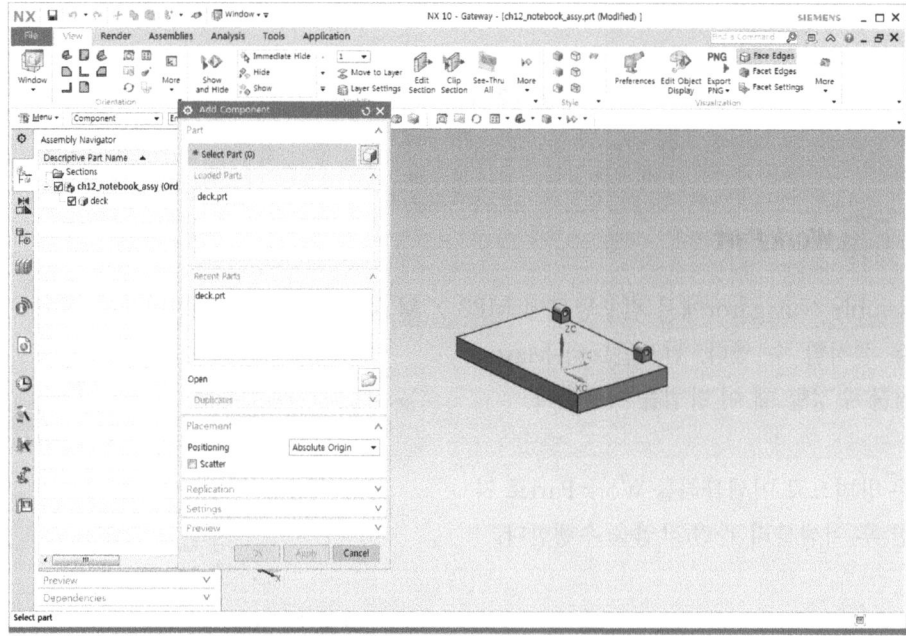

그림 12-15 deck.prt를 컴포넌트로 추가

6. Add Component 대화상자에서 Positioning 옵션을 Absolute Origin으로 선택한 후 Apply 버튼을 누른다. 그림 12-15와 같이 deck 컴포넌트가 추가된다.

top 컴포넌트 추가

Positioning 옵션을 Move로 하여 top 컴포넌트를 추가하자.

1. Add Component 대화상자에서 Open 버튼을 누른다.

2. top.prt 파일을 선택하고 Add Component 대화상자에서 Positioning 옵션을 Move로 선택한다.

3. Add Component 대화상자에서 OK 버튼을 누른다. Point 대화상자가 나타난다.

4. 작업창에서 그림 12-16의 Ⓐ 점(모서리의 가운데 점)을 선택한다.

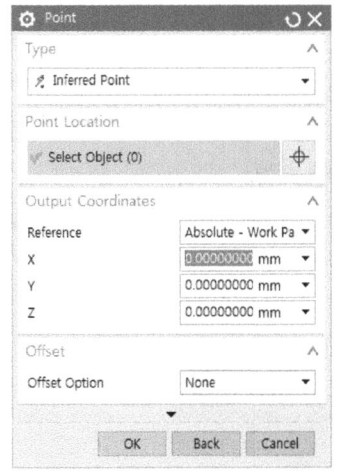 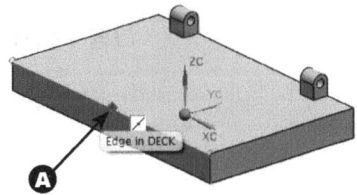

그림 12-16 기준점 선택

5. Move Component 대화상자가 나타나고 작업창에 좌표축이 나타난다.

6. 그림 12-17과 같이 화살표 머리 부분을 드래그하여 위치를 잡는다.

7. Move Component 대화상자에서 OK 버튼을 누른다.

12장: 어셈블리 I (Bottom-Up Assembly)

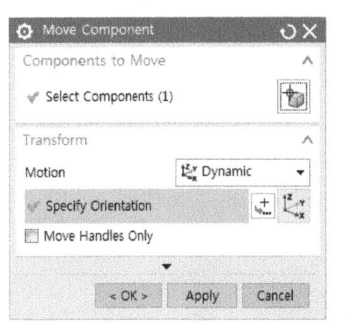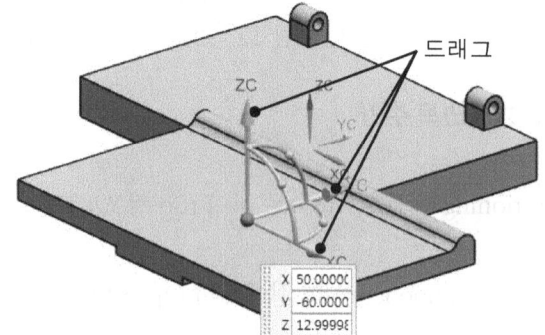

그림 12-17 컴포넌트의 이동

8. File 탭에서 Save 〉 Save를 선택한다.

9. ch12_notebook 폴더를 연다.

10. ch12_notebook_assy.prt 파일의 크기와 두 개의 컴포넌트 파일의 크기를 비교한다.

그림 12-18 파일의 용량

END of Exercise

> **Master Part**
>
> Assembly 파일에 나타나는 형상은 파트 파일의 형상을 단순히 보여주기만 하는 것이다. 따라서 Assembly 파일에는 파트 생성 이력이 없다. 어셈블리를 생성할 때 Open 하여 컴포넌트로 추가하는 형상의 원본 파트를 Master Part라고 한다. Assembly Navigator에서 컴포넌트를 Work Part로 만드는 것은 Master Part를 여는 것과 같은 역할을 한다.

12.4.5 파일 닫기

File 탭 > Close를 선택하여 여러 가지 방법으로 파일을 닫는다.

① Selected Parts: 열려 있는 파트(*.prt 파일)를 선택적으로 닫는다.

② All Parts: 열려 있는 모든 파트를 닫는다.

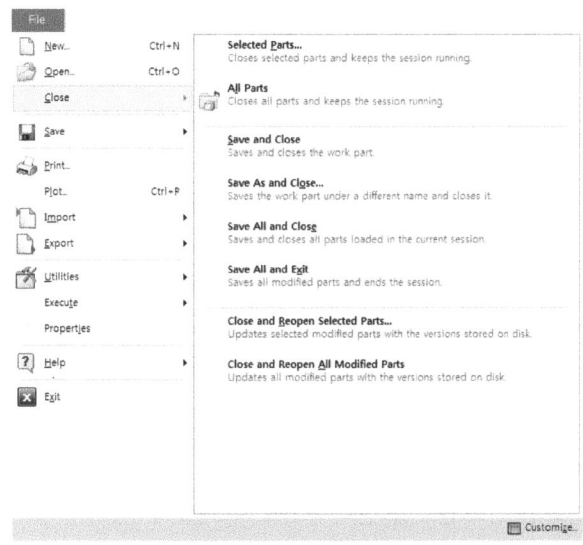

그림 12-19 Close 메뉴

Selected Parts 메뉴를 선택하면 그림 12-20과 같은 Close Part 대화상자가 나타난다.

① 닫을 파트를 선택한다.

② 선택한 파트만 닫을지 그 파트에 속해있는 컴포넌트까지 같이 닫을지 설정한다. 어셈블리 파트를 선택한 경우에 해당된다.

③ 열려 있는 모든 파트를 닫는다. File 탭 > Close > All Parts와 같다.

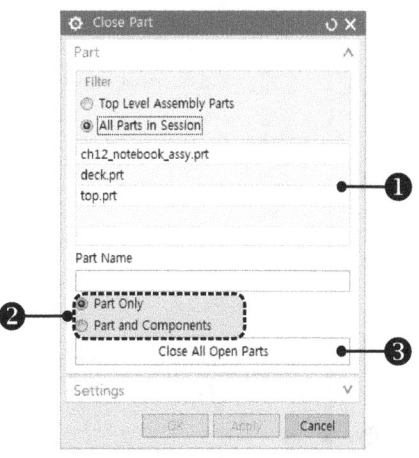

그림 12-20 닫을 파일 고르기

> **No Part 상태**

현재 작업창에 나타나 있는 Assembly 파트를 닫으면 No Part 상태가 된다. 로드 되어 있는 컴포넌트가 닫히지 않고 남아 있다면 Quick Access 툴바에서 Window를 클릭하여 다시 작업창에 나타나게 할 수 있다. More를 선택하면 컴포넌트 파트도 표시된다.

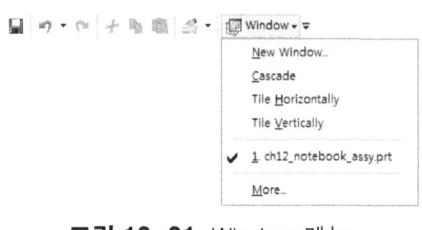

그림 12-21 Window 메뉴

12.4.6 파일 열기

File 탭 또는 Home 탭에서 Open 아이콘을 눌러 어셈블리 파일을 열 수 있다. Quick Access 툴바에 아이콘을 추가할 수도 있다.

① Load Structures Only: 어셈블리 파트의 컴포넌트는 로드하지 않고 어셈블리 구조만 보여준다. 파일을 연 후 필요한 컴포넌트를 선택적으로 로드할 수 있다.

② Options: Assembly Load Option을 설정한다.

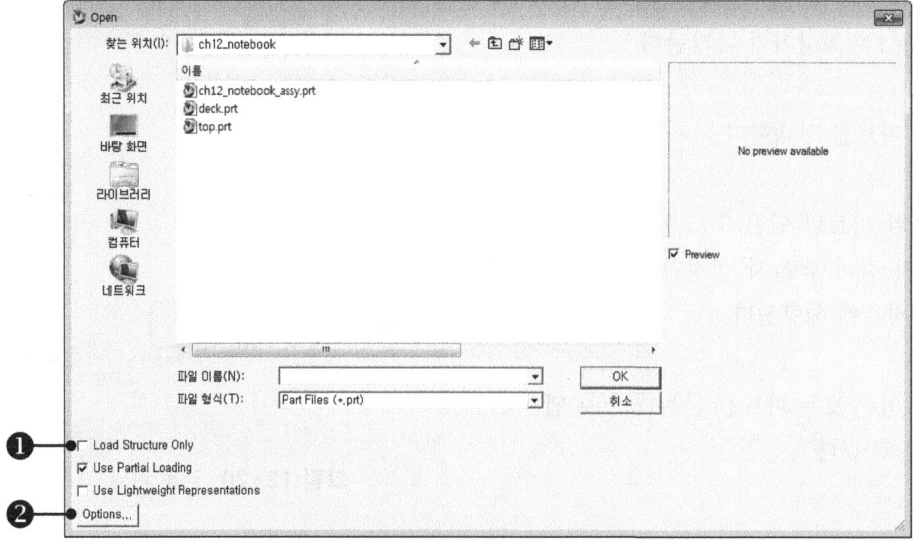

그림 12-22 파일 열기

Options 버튼을 누르면 그림 12-23과 같은 Assembly Load Options 대화상자가 나타난다.

③ Part Versions 그룹: 컴포넌트의 경로를 지정한다.

▶ As Saved: 저장할 때의 경로에서 컴포넌트를 로드한다.
▶ From Folder: 어셈블리 파트 파일이 있는 폴더에서 컴포넌트를 연다. 하위 폴더에 있는 컴포넌트는 열 수 없다.
▶ From Search Folders: 컴포넌트를 찾을 폴더를 지정한다. 폴더의 경로 뒤에 …을 추가하여야 하위 폴더까지 찾을 수 있다.

④ Scope 그룹: 로드할 컴포넌트의 범주를 설정한다.

▶ All Components: 모든 컴포넌트를 로드한다.
▶ Structure Only: 어셈블리 파일을 열어 컴포넌트의 구조만 보여주고 형상은 로드하지 않는다.
▶ As Saved: 어셈블리 파일이 저장될 때의 상태로 로드한다.

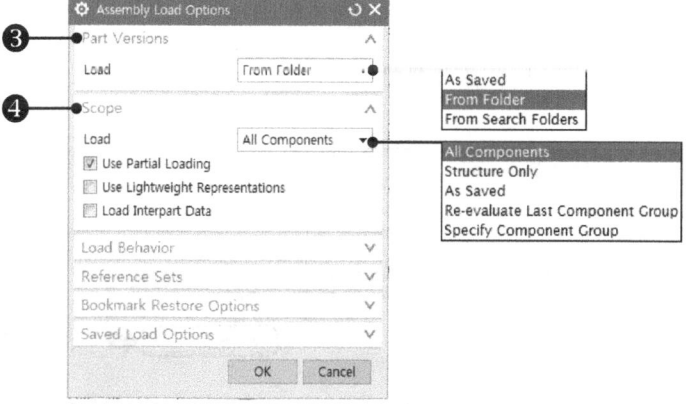

그림 12-23 Assembly Load Options 대화상자

❗ *Use Partial Loading과 Load Interpart Data 옵션*

▶ Use Partial Loading: 최소 메모리를 사용하여 컴포넌트의 형상을 보여준다. 어셈블리 네비게이터의 컴포넌트에 MB3 > Open > Component Fully를 선택하여 완전히 열 수 있다.

▶ Load Interpart Data: 서로 연관성을 가지고 모델링을 한 컴포넌트가 있을 경우 Load 드롭다운 목록의 설정과 상관 없이 해당 컴포넌트를 로드한다.

12장: 어셈블리 I (Bottom-Up Assembly)

Exercise 04   어셈블리 파트 열기

폴더: *ch12_notebook*
파일: *ch12_ex04_assy.prt*

순서에 따라 어셈블리 파일을 열어보자. 어셈블리 로드 옵션에 대하여 알아볼 것이다.

파일 열기

1. File 탭에서 Close > All Parts를 선택하여 로드되어 있는 모든 파일을 닫는다.

2. ch12_notebook 폴더 안에 top_parts라는 폴더를 만들고 top.prt 파일을 그 폴더로 이동시킨다.

3. Open 버튼을 누른다.

4. ch12_ex04_assy.prt 파일을 선택하고 Assembly Load Options을 그림 12-24와 같이 설정한다.

5. Open 대화상자에서 OK 버튼을 누른다.

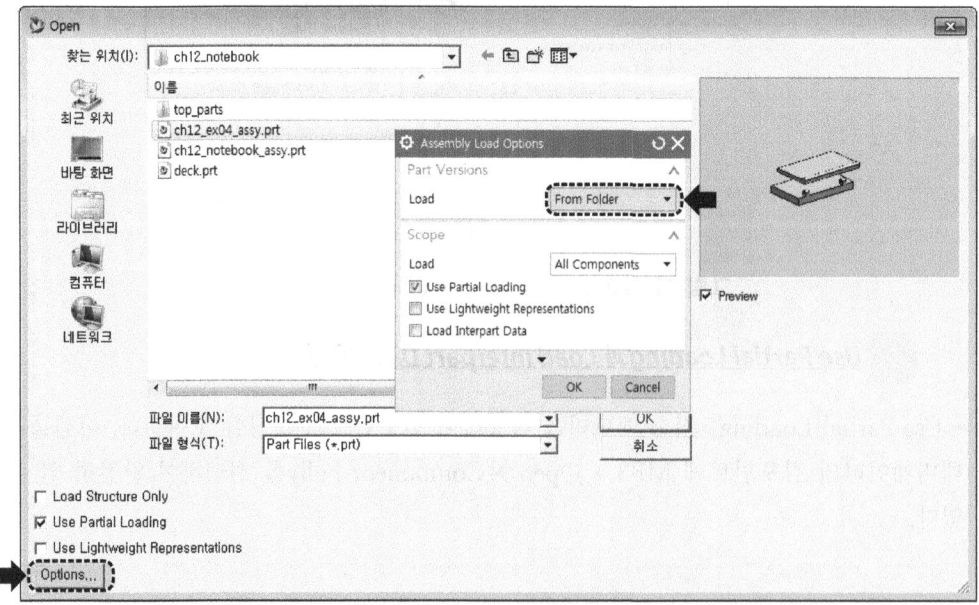

그림 12-24 Assembly 파일 열기

그림 12-25와 같은 Warning 메시지 창이 나타난다. 그 뜻은 다음과 같다.

"현재 설정되어 있는 검색 옵션으로 top.prt 파일을 로드 할 수 없다."

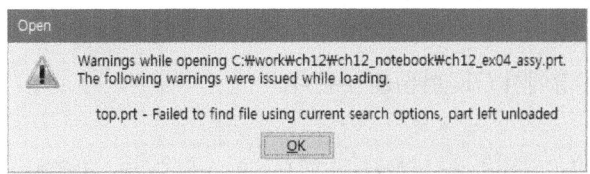

그림 12-25 Warning 메시지

6. OK 버튼을 누른다.

▶ 작업창에 deck 컴포넌트만 보인다.
▶ Assembly Navigator의 top 컴포넌트 앞에 체크 표시가 없고, 이름이 흐리게 표시되어 있다.

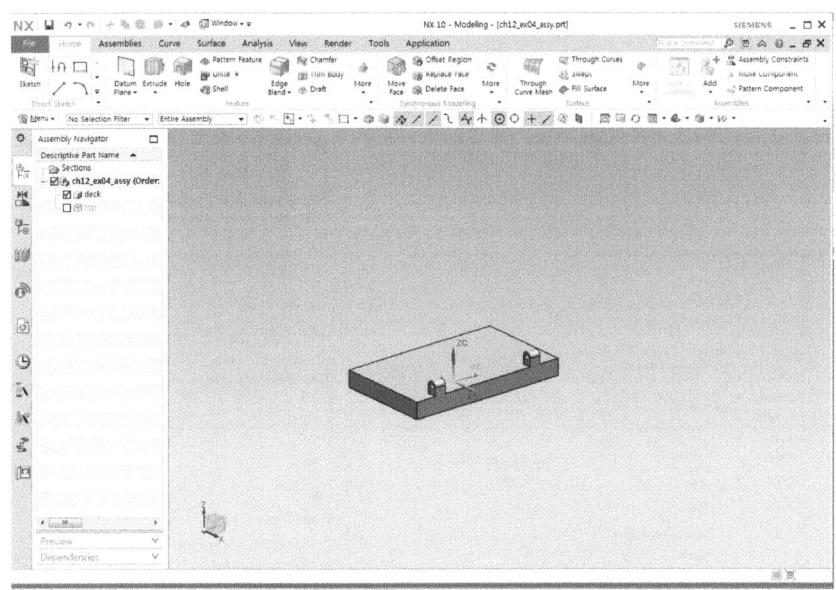

그림 12-26 파일을 연 결과 화면

12장: 어셈블리 I (Bottom-Up Assembly)

Assembly Load Option 변경

1. Assembly Navigator의 top 컴포넌트 앞에 있는 사각형을 MB1으로 클릭한다. 앞에서 나왔던 Warning 메시지가 다시 나타난다.

2. Warning 메시지 창에서 OK 버튼을 누른다.

3. 메뉴 버튼에서 File 〉 Options 〉 Assembly Load Options을 선택한다.

   ① Load 옵션을 From Search Folders로 변경한다.
   ② 폴더를 지정한다. ch12_notebook 경로명 뒤에 ...을 반드시 입력한다. 이는 해당 폴더의 하위 폴더까지 검색한다는 뜻이다.
   ③ Enter를 누른다. 목록창에 폴더 경로가 추가된 것을 확인한다.

Assembly Navigator에서 top 컴포넌트 앞에 있는 사각형을 클릭한다. 화면에 컴포넌트가 나타난다.

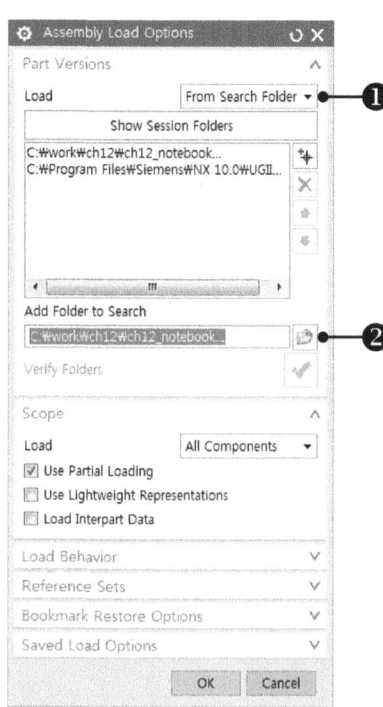

그림 12-27 Assembly Load Option 변경

4. Assembly Navigator에서 top 컴포넌트에 MB3를 누르고 그림 12-28과 같이 Close 〉 Part를 선택하여 top 컴포넌트의 파트를 닫는다.

5. File 탭에서 Close 〉 All Parts를 선택하여 어셈블리 파일을 닫는다.

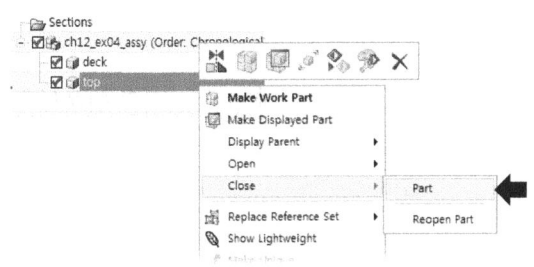

그림 12-28 컴포넌트 파트 닫기

END of Exercise

12.4.7 Assembly Navigator의 이용

칼럼(Column)

Assembly Navigator와 작업창 사이에 있는 경계를 오른쪽으로 드래그하여 확장하면 아래 그림과 같이 칼럼이 나타난다.

Ⓐ Read-Only: 이 칼럼에 디스켓 표시가 있으면 Full Load 되어 있다는 것을 의미한다. 수정 및 저장이 가능하다. 점선의 사각형이 있는 컴포넌트는 Partial Loaded 되어 있다는 것을 의미한다. 컴포넌트에 MB3 〉 Open 〉 Component Fully를 선택하여 Full Load 상태로 만들 수 있다.
Ⓑ Modified: Master Part의 수정 여부를 알려준다.
Ⓒ Reference Set: 컴포넌트에 설정된 Reference Set을 알려준다.

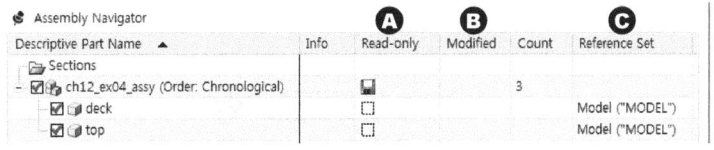

그림 12-29 Assembly Navigator의 칼럼

팝업 메뉴

컴포넌트에 MB3를 누르면 팝업메뉴가 나타난다.

A Hide: 선택한 컴포넌트를 작업창에서 숨긴다. 숨겨진 컴포넌트에 대해서는 Show 메뉴가 나타난다.

B Show Only: 선택한 컴포넌트만 보이게 하고 나머지 컴포넌트는 모두 숨긴다.

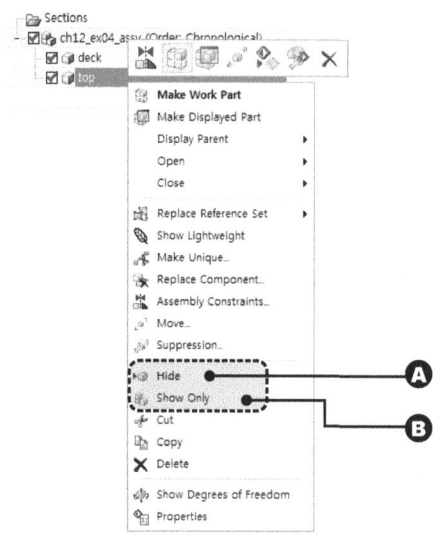

그림 12-30 컴포넌트 팝업메뉴

12.4.8 컴포넌트의 이동과 회전

Assemblies 아이콘 그룹의 Move Component 아이콘을 이용하여 구속이 되어 있지 않은 컴포넌트를 이동시킬 수 있다.

그림 12-31 Move Component 아이콘

폴더: ch12_notebook
파일: ch12_ex05_assy.prt

컴포넌트 이동 및 회전 **Exercise 05**

1. 주어진 어셈블리 파일을 연다.

2. Assemblies 아이콘 그룹에서 Move Component 아이콘을 누른다. 이동시킬 컴포넌트를 선택하라는 메시지가 나타난다.

3. 작업창 또는 Assembly Navigator에서 Top 컴포넌트를 선택한다. 대화상자의 ❶부분에 선택한 컴포넌트가 표시된다.

4. MB2를 누르거나 ❷ 부분을 클릭한다.

5. ❷ 의 목록에서 Dynamic을 선택한다.

작업창에 좌표축과 핸들이 나타난다. 다음과 같은 방법으로 핸들을 움직여 컴포넌트를 이동 또는 회전시킬 수 있다.

　Ⓐ 이동 핸들: 축 방향으로 이동시킨다.
　Ⓑ 회전 핸들: 평면과 수직인 축에 대하여 회전시킨다.
　Ⓒ 드래그 핸들: 임의의 위치로 드래그 한다.

6. 모든 파일을 닫고 다음 실습을 수행한다.

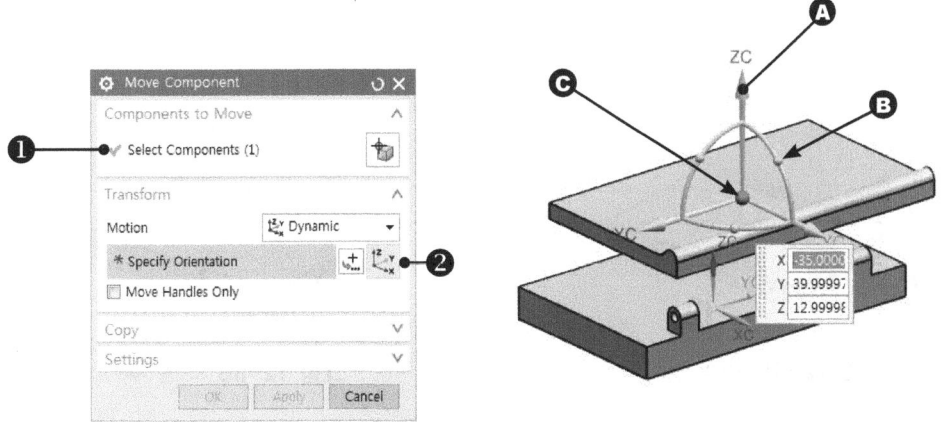

그림 12-32 컴포넌트의 이동

END of Exercise

Move Component 대화상자의 Transform 옵션 그룹에서는 이동의 방법을 설정한다. 그림 12-33은 여러 가지 이동 방법에 대한 옵션을 보여준다.

Copy 옵션을 이용하면 컴포넌트를 복사하여 이동시킬 수 있다.

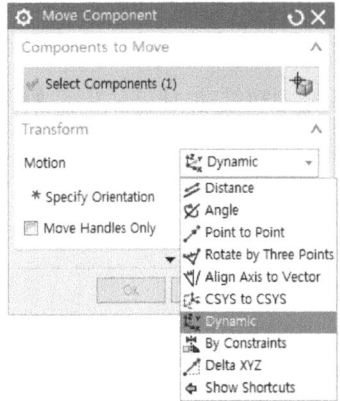

그림 12-33 Motion 옵션

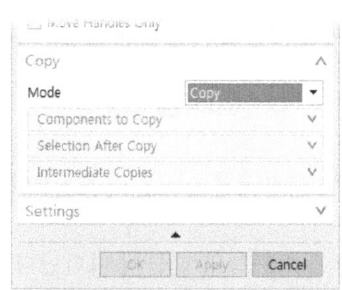

그림 12-34 Copy 옵션

Exercise 06   Point to Point 옵션을 이용한 이동

폴더: *ch12_notebook*
파일: *ch12_ex06_assy.prt*

Move Component 기능의 Point to Point 옵션을 이용하여 top 컴포넌트를 Ⓐ 점에서 Ⓑ 점으로 이동시켜 보자.

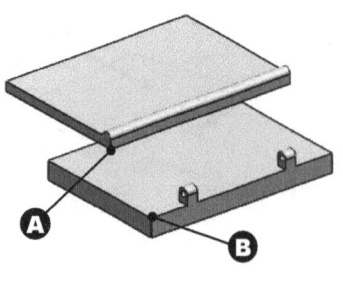

그림 12-35 이동 전

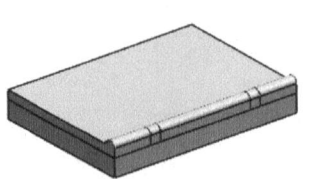

그림 12-36 이동 후

END of Exercise

12.4.9 컴포넌트의 복사

어셈블리를 구성할 때 같은 형상의 컴포넌트를 여러 개 추가하여야 하는 경우가 대부분이다. 예를 들자면, 특정 규격의 볼트나 너트를 여러 개 이용하여 어셈블리를 구성할 경우 형상을 모델링 한 파트 파일을 여러 번 컴포넌트로 추가하게 된다. 각 컴포넌트의 형상은 같지만 개별적인 위치, 방향, 색깔을 가질 수 있게 된다.

같은 파트 형상을 여러 개의 컴포넌트로 추가하는 방법으로 다음과 같은 것들이 있다.

복사/붙여넣기

1. 어셈블리 네비게이터에서 컴포넌트를 선택한다.
2. Ctrl + C를 누른다.
3. 어셈블리 네비게이터에서 컴포넌트를 추가할 어셈블리를 선택한다.
4. Ctrl + V를 누른다.

이 경우 같은 위치에 컴포넌트가 여러 개 겹치게 되므로 Move Component 기능을 이용하여 이동시킨다.

Add 아이콘 이용

컴포넌트를 처음 추가하는 방법과 같은 방법으로 추가할 파트를 지정하여 다시 한 번 추가한다. Positioning 옵션을 이용하여 기존 컴포넌트와 다른 위치에 추가할 수 있다. Duplicate 옵션을 이용하여 컴포넌트를 여러 개 추가할 수 있다.

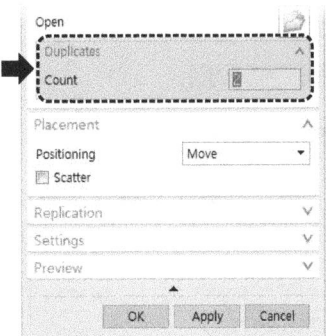

그림 12-37 Add Component 대화상자의 Duplicate 옵션

Move Component의 Copy 옵션 이용

앞에서 설명한 바와 같이 컴포넌트를 이동 또는 회전시키면서 복사할 수 있다.

12.5 어셈블리의 구속

Assemblies 아이콘 그룹에 있는 Assembly Constraints 아이콘을 이용하여 컴포넌트의 이동이나 회전에 대한 자유도를 제한할 수 있다. 공간에 있는 물체의 위치와 방향은 6개의 자유도를 이용하여 완전하게 정의할 수 있다. 즉, X, Y, Z 방향의 변위와 각 방향의 회전에 대한 값을 지정하면 그 위치와 방향이 확정된다.

그림 12-38 Assembly Constraints 아이콘

컴포넌트의 위치를 구속하려면 맨 먼저 기준 컴포넌트를 정한 다음 Fix 타입의 구속을 이용하여 위치를 고정시킨 후 나머지 컴포넌트의 자유도를 구속하여야 한다. 완전히 구속된 컴포넌트는 Move Component 기능을 이용하여 한 번에 움직일 수 없다. 만약 고정된 컴포넌트를 이동시키려고 하면 그림 13-39과 같은 메시지가 나타나며 Yes를 선택한 후 이동시킬 수 있다.

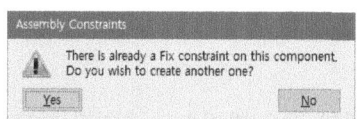

그림 12-39 Assembly Constraints 정보창

Assembly Constraint 대화상자의 Type 드롭다운 목록에서는 그림 12-40과 같이 여러 가지 구속 조건의 타입을 제공한다.

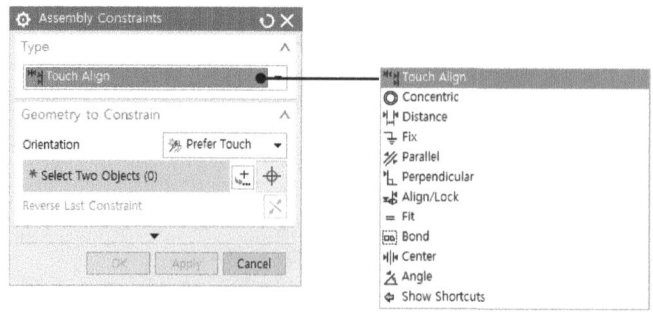

그림 12-40 구속조건의 타입

12.5.1 Fix 구속

컴포넌트를 현 위치에 고정시킨다. 다른 컴포넌트를 구속하는데 있어서 기준이 된다. 구속조건을 추가하면 Assembly Navigator에 Constraints 항목이 나타나고, 추가한 구속조건이 기록되며, 모델에는 구속조건의 심볼이 표시된다.

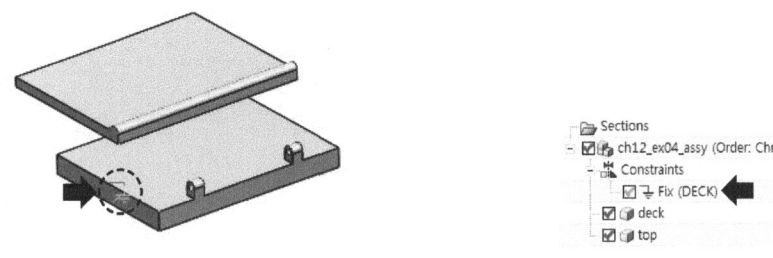

그림 12-41 Fix 구속 심볼   **그림 12-42** Constraint 항목

Assembly Navigator에서 구속조건을 선택하여 삭제할 수 있고, 다른 구속조건으로 변경할 수도 있다.

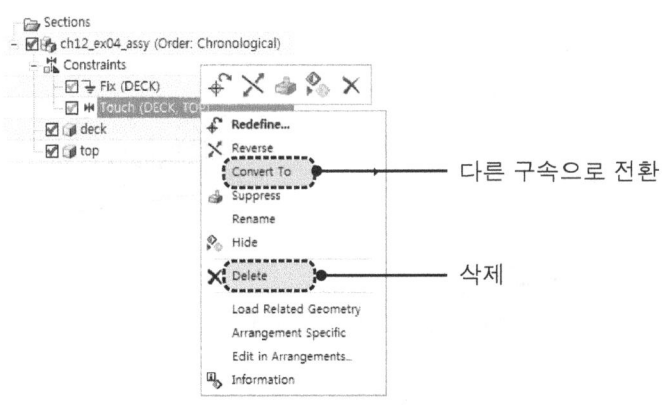

그림 12-43 Constraint의 팝업메뉴

> ⚠️ **Move Component 기능으로 이동시킬 수 있음**
>
> Fix 구속을 하였더라도 Move Component 기능을 이용하여 이동시킬 수 있다. 그림 12-39의 정보창에서 Yes를 선택하면 된다. 이 때, 구속조건을 이용하여 연결된 다른 컴포넌트도 이동되며 구속의 상태는 변하지 않는다.

12.5.2 Touch/Align 구속

선과 선, 선과 면 또는 면과 면을 일치시킨다. 그림 12-44와 같은 Orientation 옵션을 적용할 수 있다.

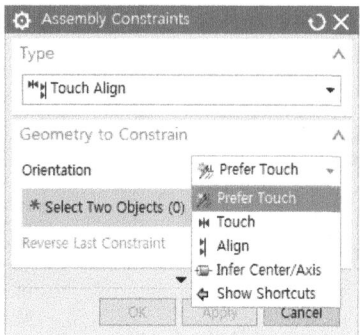

그림 12-44 Orientation 옵션

Touch

방향 벡터(면에서 밖으로 나오는 방향)가 반대 방향을 향하도록 면이 일치된다. 예를 들어, 그림 12-45에서 선택한 두 면은 수직 벡터가 서로 마주 보도록 일치된다.

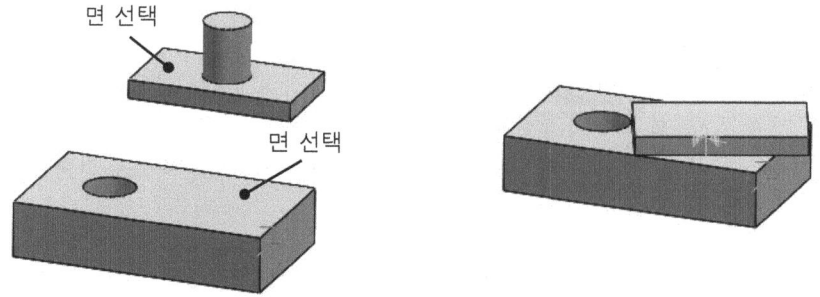

그림 12-45 Touch 옵션 적용 전과 후

Align

면의 수직 방향 벡터가 같은 방향을 향하도록 면이 일치된다.

그림 12-46 Align 옵션 후

Prefer Touch

면과 면을 선택하여 Touch와 Align 구속조건이 모두 가능할 경우 Touch 구속을 우선적으로 적용한다.

Infer Center/Axis

원통면이나 원뿔면을 선택하였을 때 중심축이 선택된다. 축과 축이 일직선상에 놓이는 구속 조건을 생성한다. 이 옵션을 사용하지 않을 때는 중심선과 중심선을 정확히 선택하여야 한다.

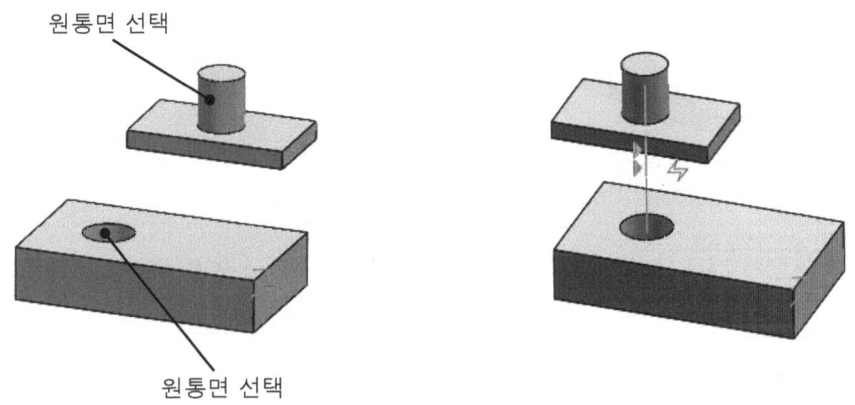

그림 12-47 Infer Center/Axis 옵션을 이용한 원통의 중심선 일치

> ### *Touch와 Align의 전환*
>
> 대화상자의 Reverse Last Constraint 옵션과 팝업 메뉴의 Reverse 옵션을 이용하여 Touch 와 Align 구속을 전환시킬 수 있다. 그러나 다른 구속조건과 충돌이 발생할 수 있음을 염두 에 두자. 충돌이 발생한 구속 조건에는 빨간색 x 표시가 나타난다. 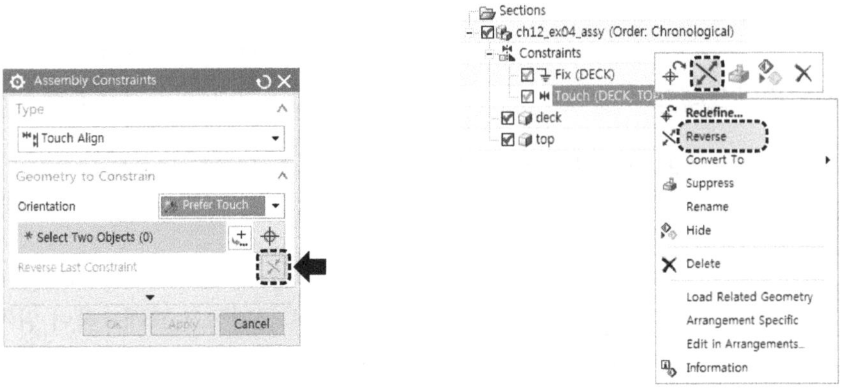
>
> **그림 12-48** Touch와 Align의 전환

Exercise 07   Notebook 어셈블리의 구속

폴더: *ch12_notebook*
파일: *ch12_ex07_assy.prt*

ch12_ex07_assy.prt 파일을 열어 절차에 따라 컴포넌트를 구속하자. Fix 구속과 Touch/Align 구속을 이용하여 top 컴포넌트를 완전구속 할 것이다.

Fix 구속

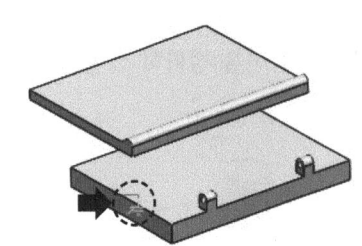

그림 12-49 Fix 구속 심볼

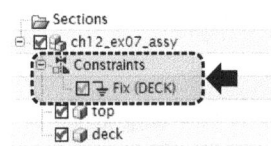

그림 12-50 Fix 구속

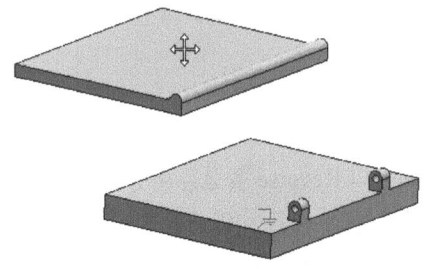

그림 12-51 컴포넌트 이동시키기

1. ch12_notebook 폴더에서 주어진 실습파일 ch12_ex07_assy.prt 파일을 연다. Load 옵션은 From Folder를 선택한다.

2. Assemblies 아이콘 그룹에서 Assembly Constraints 아이콘을 누른다.

3. Assembly Constraints 대화상자에서 Type을 Fix로 선택한다.

4. 작업창에서 deck 컴포넌트를 선택한다.

5. 대화상자에서 Apply 버튼을 누른다. 그림 12-49와 같이 Fix 구속 심볼이 컴포넌트에 나타나고 그림 12-50과 같이 Assembly Navigator에 추가된 구속조건이 표시된다.

Touch/Align 구속 - 1

1. 앞에서 Apply를 눌렀으므로 아직 대화상자가 그대로 있다. 만약 대화상자가 닫혔다면 Assembly Constraints 아이콘을 다시 누른다.

2. Type 옵션을 Touch/Align으로 선택한다.

3. 그림 12-51과 같이 top 컴포넌트를 형상을 MB1으로 클릭하고 드래그하여 위치를 적당히 이동시킨다.

> ⚠️ **컴포넌트의 드래그**
>
> **Constraint 대화상자가 나타나 있는 상태에서** 구속이 되지 않은 자유도 방향으로 컴포넌트를 드래그할 수 있다. 타입을 Fix, Concentric, Bond로 선택했을 때는 드래그할 수 없다. Move Component 기능을 이용하면 구속되지 않은 방향으로 이동 또는 회전시킬 수 있다.

4. Orientation을 Prefer Touch로 선택하고 Ⓐ, Ⓑ 면을 선택한다. 순서는 상관 없다.

5. 대화상자에서 Apply 버튼을 누른다.

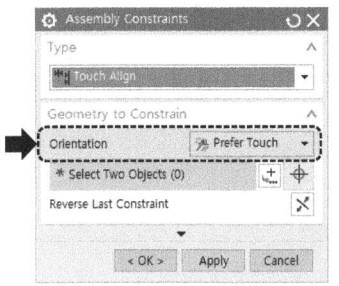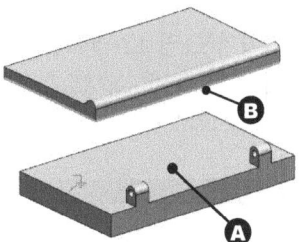

그림 12-52 면 선택

그림 12-53과 같이 작업창에 구속조건 심볼이 나타나고 Assembly Navigator에도 표시된다.

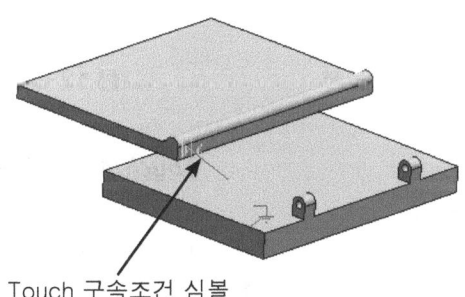

그림 12-53 Touch 구속

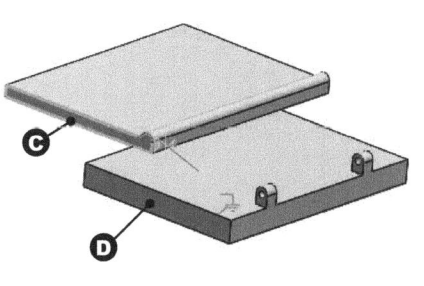

그림 12-54 면 선택

6. 연속하여 그림 12-54와 같이 Ⓒ, Ⓓ 면을 선택한다. Orientation 옵션을 여전히 Prefer Touch다. 결과는 그림 12-55와 같다. 선택한 면이 서로 마주보게 일치된다.

7. Assembly Constraints 대화상자에서 Reverse Last Constraint 버튼을 누른다.

12장: 어셈블리 I (Bottom-Up Assembly)

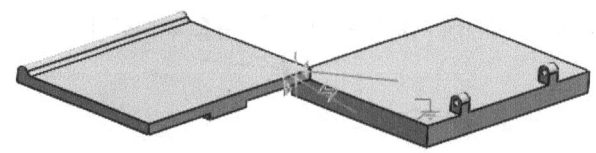

그림 12-55 Touch/Align 결과

8. 컴포넌트의 위치가 그림 12-57과 같이 바뀐다. 이는 Touch 구속조건이 Align 구속조건으로 바뀐 것이다.

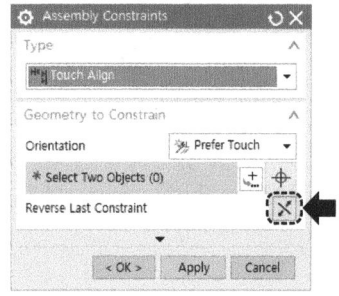

그림 12-56 Reverse 옵션

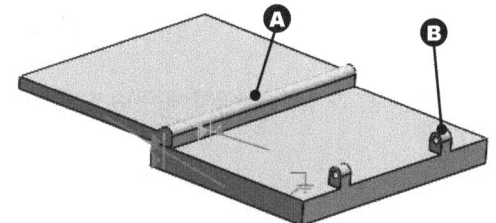

그림 12-57 Reverse 옵션 적용 결과

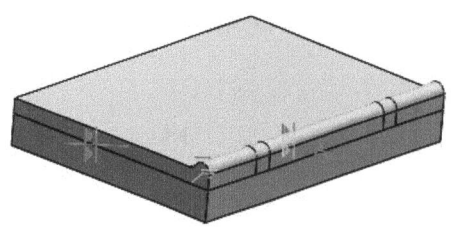

그림 12-58 구속의 결과

Touch/Align 구속 - 2

1. Assembly Constraints 대화상자에서 Orientation 옵션을 Infer Centerline/Axis로 바꾼다.

2. 그림 12-57에서 Ⓐ, Ⓑ의 원통면 또는 중심축을 선택한다. 결과는 그림 12-58과 같다.

END of Exercise

12.5.3 Center 구속

두 개의 오브젝트의 중심을 찾아 일치시킨다. Touch/Align 기능으로 1 대 1 일치가 불가능한 경우에 사용한다.

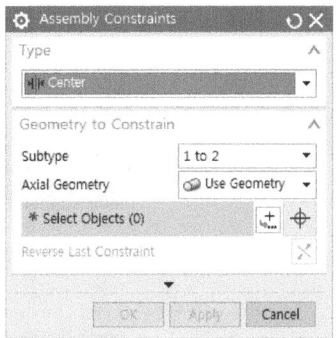

그림 12-59 Center 구속의 옵션

1 to 2

첫번째 개체(1개 선택)와 두번째 개체(2개 선택)의 중심을 일치시킨다. 그림 12-60과 같이 번호 순서대로 선택한다.

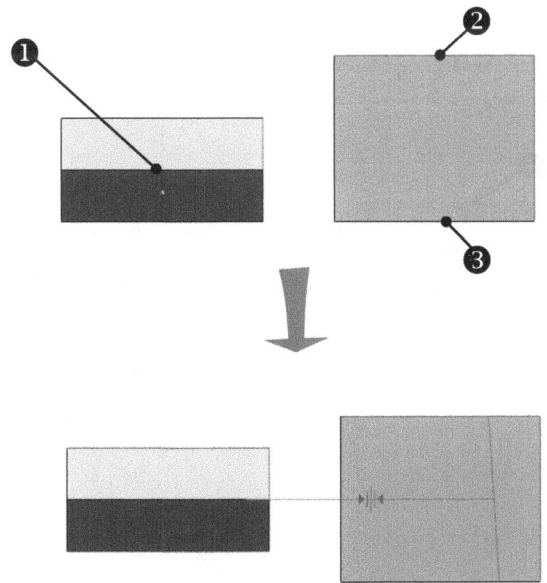

그림 12-60 Center 구속(1 to 2 옵션)

2 to 1

첫번째 개체(2개 선택)의 중심과 두번째 개체(1개 선택)를 일치시킨다. 그림 12-61과 같이 번호 순서대로 선택한다.

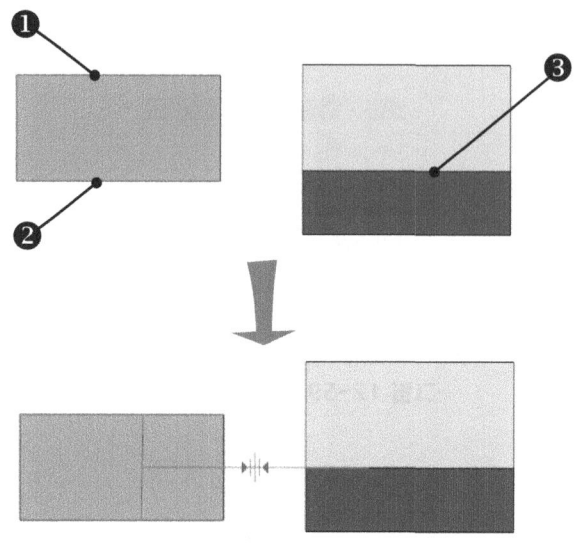

그림 12-61 Center 구속(2 to 1 옵션)

2 to 2

첫번째 개체(2개 선택)의 중심과 두번째 개체(2개 선택)의 중심을 일치시킨다. 그림 12-62와 같이 번호 순서대로 선택한다.

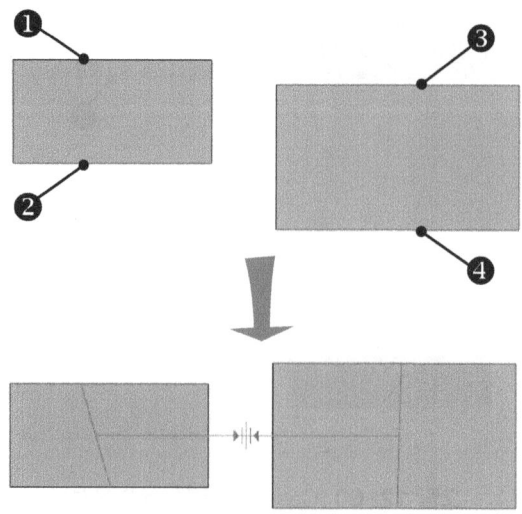

그림 12-62 Center 구속(2 to 2 옵션)

폴더: ch12
파일: ch12_ex08_assy.prt

Center 구속 **Exercise 08**

그림 12-63과 같이 ⓐ 컴포넌트가 ⓑ 컴포넌트의 중심에 위치하도록 구속하시오. 컴포넌트 ⓑ를 Fix 한다.

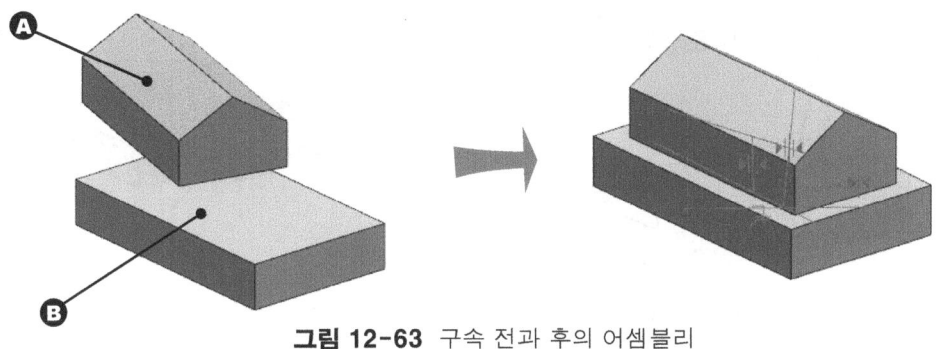

그림 12-63 구속 전과 후의 어셈블리

힌트

1. 1to2 또는 2to1타입을 이용하여 ⓐ 컴포넌트의 중심에 있는 모서리와 ⓑ 컴포넌트의 중심을 일치시킨다.
2. 2to2 타입을 이용하여 ⓐ 컴포넌트의 두 면의 중심과 ⓑ 컴포넌트의 두 면의 중심을 일치시킨다.
3. Touch/Align 구속을 이용하여 면을 일치시킨다.

END of Exercise

📌 구속 기호 숨기기

Constraints 노드의 팝업 메뉴의 Display Constraints in Graphics Window 옵션을 해제하면 그림 12-65와 같이 구속조건의 기호를 숨길 수 있다.

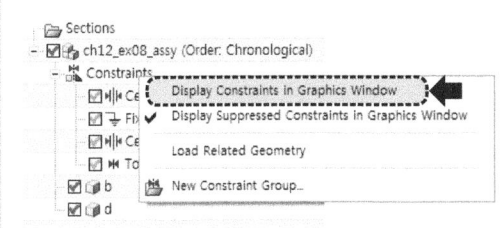

그림 12-64 팝업 메뉴

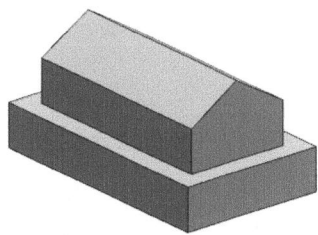

그림 12-65 구속조건 기호를 숨긴 결과

12.5.4 Concentric 구속

원형의 모서리를 두 개 선택하여 중심이 일치되는 동시에 면이 일치되게 한다. Reverse Last Constraint 버튼을 이용하여 면 일치의 방향을 반대로 할 수 있다.

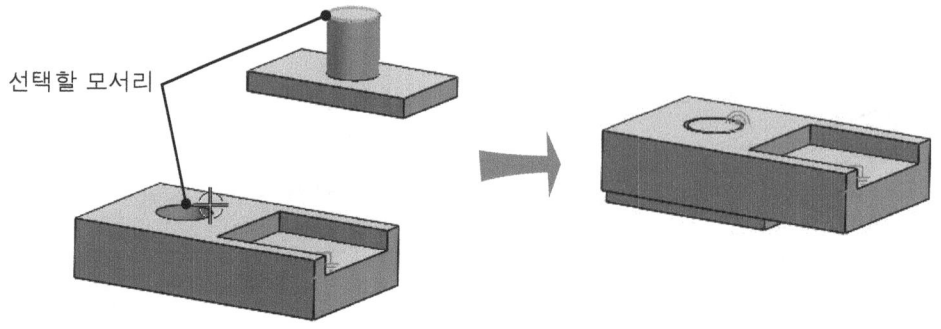

그림 12-66 Concentric 구속 전과 후의 어셈블리

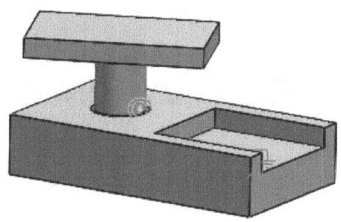

그림 12-67 방향 바꾸기

12.5.5 기타 구속

Angle
두 개의 개체 사이에 각도를 부여한다.

Bond
선택한 컴포넌트간의 상대적인 위치가 현재 그대로 유지된다. 여러 개의 컴포넌트를 한꺼번에 선택할 수 있다.

Fit
반경이 같은 두 개의 원통면을 일치시킨다.

Distance
선택한 두 개의 개체 사이의 거리를 부여한다.

Parallel
선택한 두 개의 개체를 평행하게 만든다.

Perpendicular
선택한 두 개의 개체를 수직으로 만든다.

12.5.6 구속의 상태 확인

Assembly Navigator의 Position 칼럼에 있는 심볼을 보면 컴포넌트마다 구속의 상태를 알 수 있다. Position 칼럼은 칼럼 항목 부분에 MB3 > Columns > Position을 체크하여 나타나게 할 수 있다.

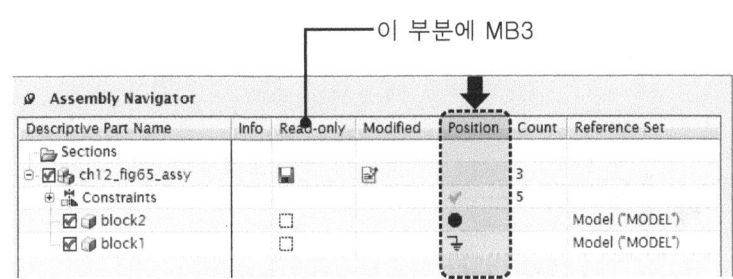

그림 12-68 구속의 상태 확인

심볼의 종류와 의미

○ 해당 컴포넌트에 적용된 구속조건이 한 개도 없음

◐ 구속 조건이 일부 적용되었으나 완전 구속은 아님

● 완전 구속 되어 있음

⏚ Fix 구속 되어 있음

어셈블리에 Fix 구속이 한 개도 없을 경우 완전구속 상태로 만들 수 없다. 따라서 어셈블리 구속을 시작할 때는 반드시 Fix 구속을 이용하여 기준을 먼저 정한 후 다른 컴포넌트를 구속해야 한다. Fix 구속이 꼭 한 개만 있을 필요는 없다.

Show Degrees of Freedom

컴포넌트의 팝업 메뉴에서 Show Degree of Freedom 옵션을 선택하면 해당 컴포넌트의 자유도를 표시해 준다.

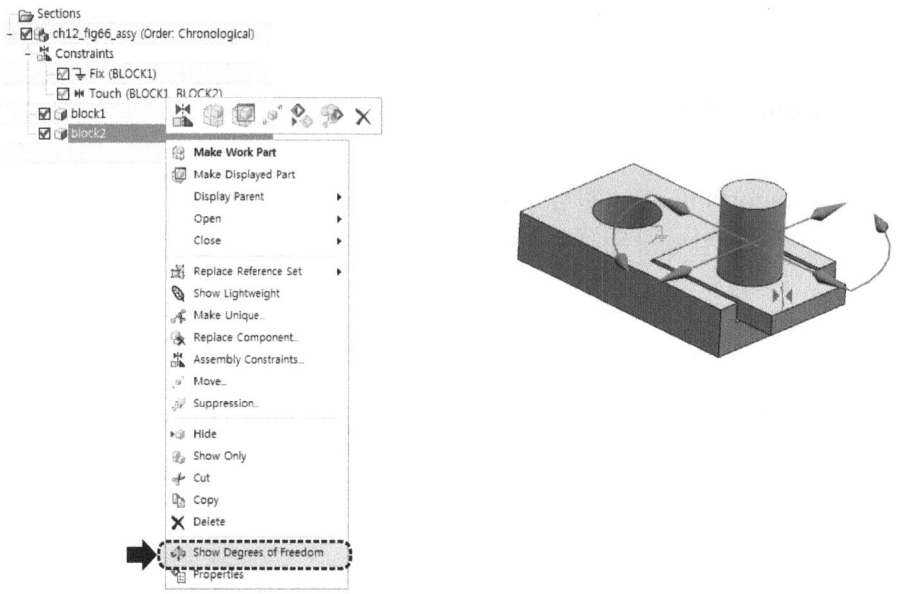

그림 12-69 컴포넌트의 자유도 표시

12.5.7 Show and Hide Constraints

구속조건의 심볼을 직접 선택하여 화면에서 보이거나 나타나게 하려면 일반적인 Show/Hide 기능을 이용한다. 다음과 같은 방법을 이용할 수 있다.

▶ View 탭의 Hide 또는 Show 기능 이용
▶ Assembly Navigator의 Constraints 항목에서 숨기거나 보이고자 하는 구속조건에 MB3를 눌러 팝업메뉴에서 Show 또는 Hide 옵션 선택

Show and Hide Constraints 기능을 이용하면 컴포넌트와의 관계를 이용하여 원하는 구속조건을 숨기거나 나타나게 할 수 있다. Assemblies 탭의 Component Position 아이콘 그룹에서 해당 아이콘을 클릭하여 실행시키거나 Menu 버튼 〉 Assemblies 〉 Component Position 〉 Show and Hide Constraints를 선택하여 실행시킬 수 있다.

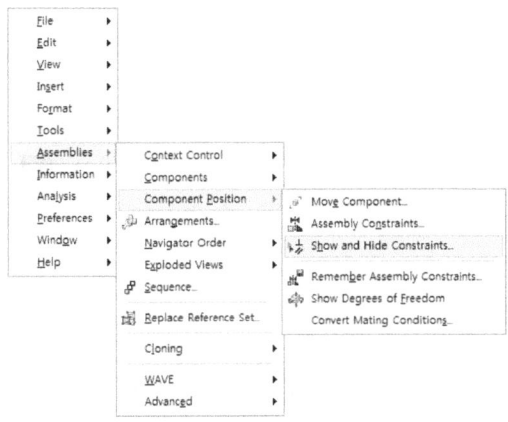

그림 12-70 Show and Hide Constraints 메뉴

Show and Hide Constraints 대화상자의 Settings 옵션 그룹에서 Between Components 옵션을 선택한 후 컴포넌트를 선택하면 해당 컴포넌트 사이에 정의된 구속조건만 표시된다. Change Component Visibility 옵션을 선택하면 관련 없는 다른 컴포넌트는 화면에서 숨겨진다.

Connected to Components 옵션을 선택한 후 컴포넌트를 선택하면 해당 컴포넌트에 적용된 구속조건이 모두 표시된다.

이 기능을 이용하면 Assembly Navigator의 Constraints 노드에서 구속조건을 쉽게 찾아 삭제 또는 수정할 수 있다.

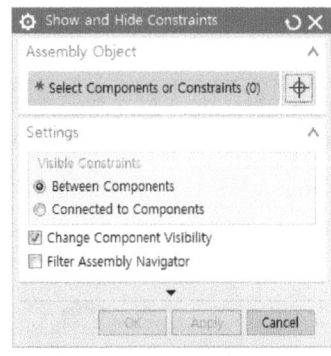

그림 12-71 Show and Hide Constraints 대화상자

12.5.8 구속조건 억제시키기

Constraint의 팝업메뉴에 있는 Suppress 옵션을 이용하면 선택한 구속조건을 억제시켜 일시적으로 적용되지 않도록 할 수 있다. 억제된 구속조건은 없는 것으로 간주되며 Move Component 기능을 이용하여 이동이나 회전시킬 수 있다.

억제된 구속조건에 MB3를 누르면 Unsuppress 메뉴가 나타나며 언제라도 다시 적용시킬 수 있다.

12장: 어셈블리 I (Bottom-Up Assembly)

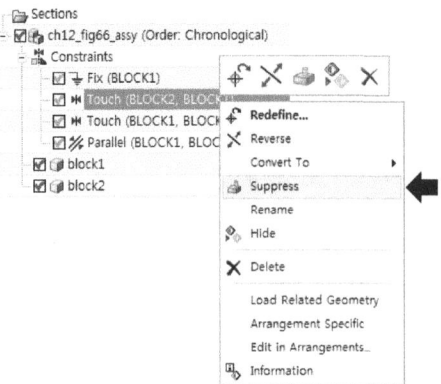

그림 12-72 Suppress 메뉴

12.6 Reference Set

파트를 생성할 때 데이텀 좌표계, 데이텀 평면, 스케치 등을 이용하여 모델링을 한다. 그런데, 어셈블리에 컴포넌트로 추가하면 화면에는 오로지 솔리드 바디만 보인다. 이는 Reference Set을 이용하여 화면에 보이는 부분을 정의하기 때문이다.

그림 12-73은 Bushing 파트를 열었을 때의 화면을 보여주고, 그림 12-74는 어셈블리에 컴포넌트로 추가하였을 때의 Bushing 컴포넌트를 보여준다.

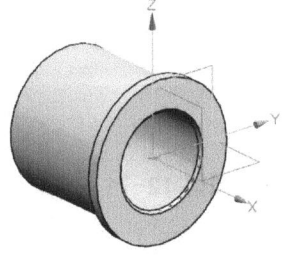

그림 12-73 Bushing 파트

그림 12-74 Bushing 컴포넌트

Reference Set에는 다음과 같은 것들이 있다.

Model
Sheet Body와 Solid Body만 표시한다.

Entire Part
파트의 모든 오브젝트를 표시한다.

Empty
아무 것도 표시하지 않는다.

적용할 Reference Set은 컴포넌트를 추가할 때 선택할 수 있다. 그림 12-75는 Add Component 대화상자이다. Settings 옵션 그룹을 펼치면 Reference Set 옵션이 있고, Default 값은 Model 이다. 지금까지 컴포넌트를 추가할 때 이 옵션을 변경하지 않았기 때문에 Model Reference Set이 적용된 것이고, 솔리드 바디 외에 다른 오브젝트는 보이지 않게 된 것이다. 모델에 시트바디도 있을 경우 Model Reference Set에 할당된다.

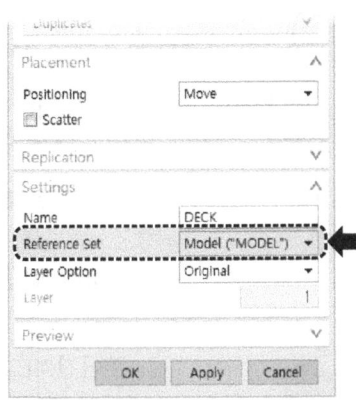

그림 12-75 Add Component 대화상자

이미 추가한 컴포넌트의 Reference Set을 변경할 수 있다. Assembly Navigator에서 변경할 컴포넌트에 MB3를 누른 다음 Replace Reference Set 메뉴를 이용한다. 그림 12-76은 Bushing 컴포넌트의 Reference Set을 Entire Part로 변경한 후의 어셈블리를 보여준다.

이와 같이 Reference Set을 변경한 후에 보이는 오브젝트를 이용하여 구속조건을 부가할 수 있다.

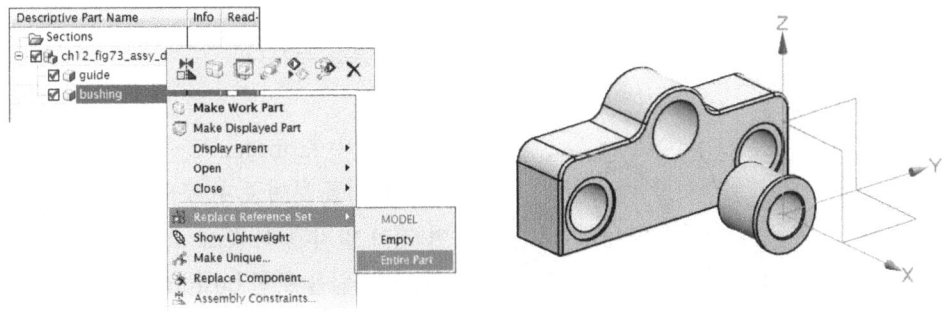

그림 12-76 Reference Set 변경

12장: 어셈블리 I (Bottom-Up Assembly)

Exercise 09 Reference Set을 이용한 구속

폴더: ch12
파일: ch12_ex09_assy.prt

주어진 어셈블리 파일을 열어 Bushing 컴포넌트를 완전 구속 하시오. Guide 컴포넌트를 Fix 한다.

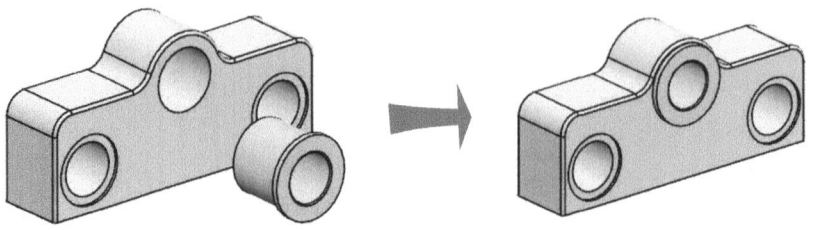

그림 12-77 구속 전과 후의 어셈블리

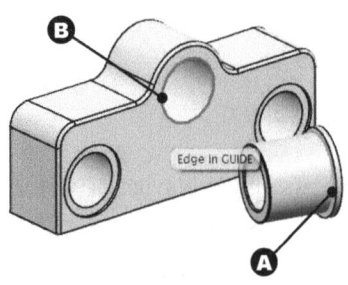

그림 12-78 Concentric 구속을 적용할 모서리

Concentric 구속

1. 주어진 파일을 연다.

2. Guide 컴포넌트를 Fix 시킨다.

3. Assembly Constraints 아이콘을 누르고, Type 옵션을 Concentric으로 선택한다.

4. 그림 12-78의 원형 모서리 ❶와 ❷를 선택한다. (참고: Bushing을 그림과 같이 회전 시키지 않아도 된다.)

5. OK 버튼을 누른다.

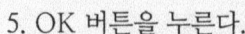

그림 12-79는 Concentric 구속을 적용한 후의 어셈블리를 보여준다. 구멍의 중심이 맞춰지며 면이 일치된다. Assembly Navigator의 Position 칼럼을 보면 bushing 컴포넌트가 아직 완전 구속 되지 않았음을 알 수 있다.

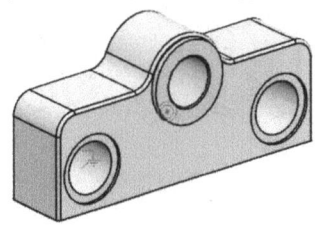

그림 12-79 Concentric 구속 적용 후

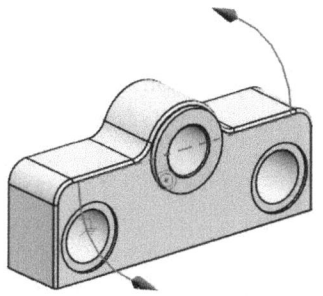

그림 12-80 Bushing 컴포넌트의 자유도 확인

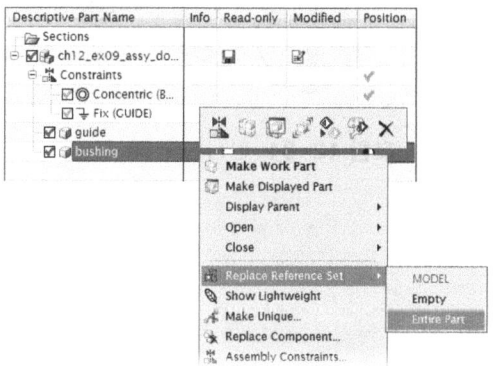

그림 12-81 Reference Set 변경

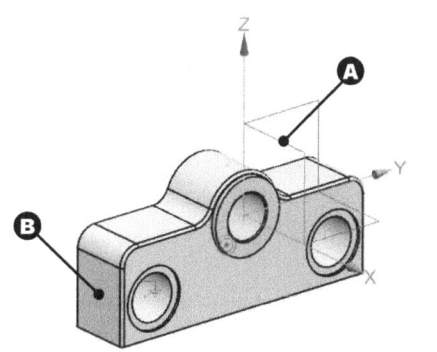

그림 12-82 Reference Set 변경 후의 모델

자유도 확인

1. Assembly Navigator에서 bushing 컴포넌트에 MB3 > Show Degrees of Freedom을 선택한다.

그림 12-80과 같이 남아 있는 자유도가 표시된다. Bushing 컴포넌트가 자유롭게 회전할 수 있음을 알 수 있다.

2. F5 키를 눌러 자유도 표시를 없앤다.

Reference Set 변경 및 회전 자유도 구속

1. Bushing 컴포넌트에 MB3 > Replace Reference Set > Entire Part를 선택한다.

그림 12-82와 같이 Bushing 컴포넌트에 Datum 좌표계를 보여준다.

2. Assembly Constraints 아이콘을 누른다.

3. Type을 Parallel로 선택한다.

4. 그림 12-82의 데이텀 평면 ❹와 컴포넌트의 평면 ❺를 선택한다.

5. OK 버튼을 누른다.

6. Assembly Navigator의 Positioning 칼럼에서 Bushing 컴포넌트가 완전구속 되었음을 확인한다.

7. Bushing 컴포넌트의 Reference Set을 Model로 다시 변경한다.

8. Assembly Navigator의 Constraints 항목에 MB3를 눌러 Display Constraints in Graphics Window 옵션을 해제한다.

9. 파일을 저장하지 말고 닫는다.

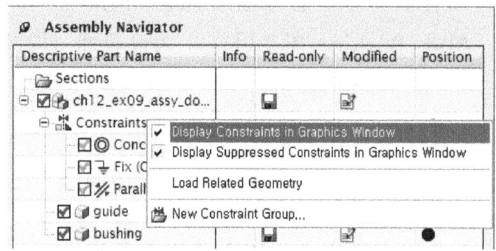

그림 12-83 구속 기호 숨기기

그림 12-84 완성된 모델

END of Exercise

폴더: ch12_ex10   Plummer Block **Exercise 10**

제시되어 있는 절차에 따라 Plummer Block 어셈블리를 구성하시오.

1단계

그림 12-85와 같이 Plummer Block 어셈블리를 생성한다. ⓐ와 같이 Cap과 Body가 접촉하도록 조립한다. 결과적으로 두 개의 Brass는 ⓑ와 같이 겹치게 된다.

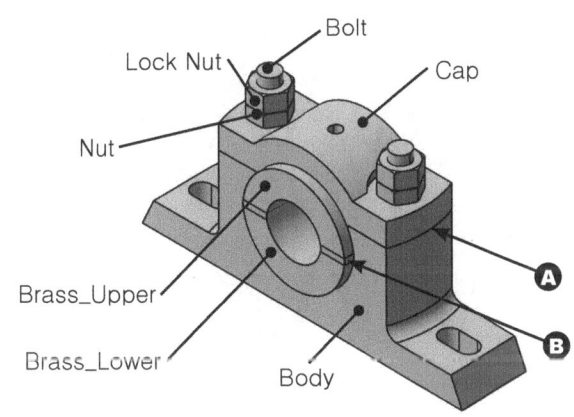

그림 12-85 틀린 조립

2단계

1. Show and Hide Constraints 기능을 이용하여 Cap과 Body 사이에 적용된 구속조건을 찾는다.
2. Cap과 Body가 접촉하도록 하는 구속조건을 Suppress 한 후 Cap을 드래그 하여 맞는지 확인한다.
3. 2번에서 찾은 구속조건을 삭제한다.
4. 그림 12-86과 같이 구속하여 완성한다. 필요하다면 다른 구속도 수정한다.

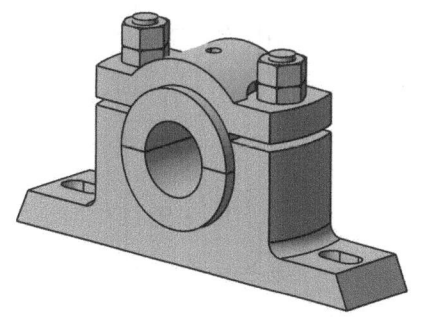

그림 12-86 옳은 조립

END of Exercise

12장: 어셈블리 I (Bottom-Up Assembly)

Exercise 11 Notebook 어셈블리 생성 및 구속   폴더: *ch12_ex11*

ch12_ex11 폴더에 있는 파트 파일을 이용하여 다음 도면을 보고 어셈블리를 생성하시오. 어셈블리 파일 이름은 notebook_assy.prt로 하며 deck 컴포넌트를 Fix 시키며 모든 컴포넌트를 완전 구속 한다.

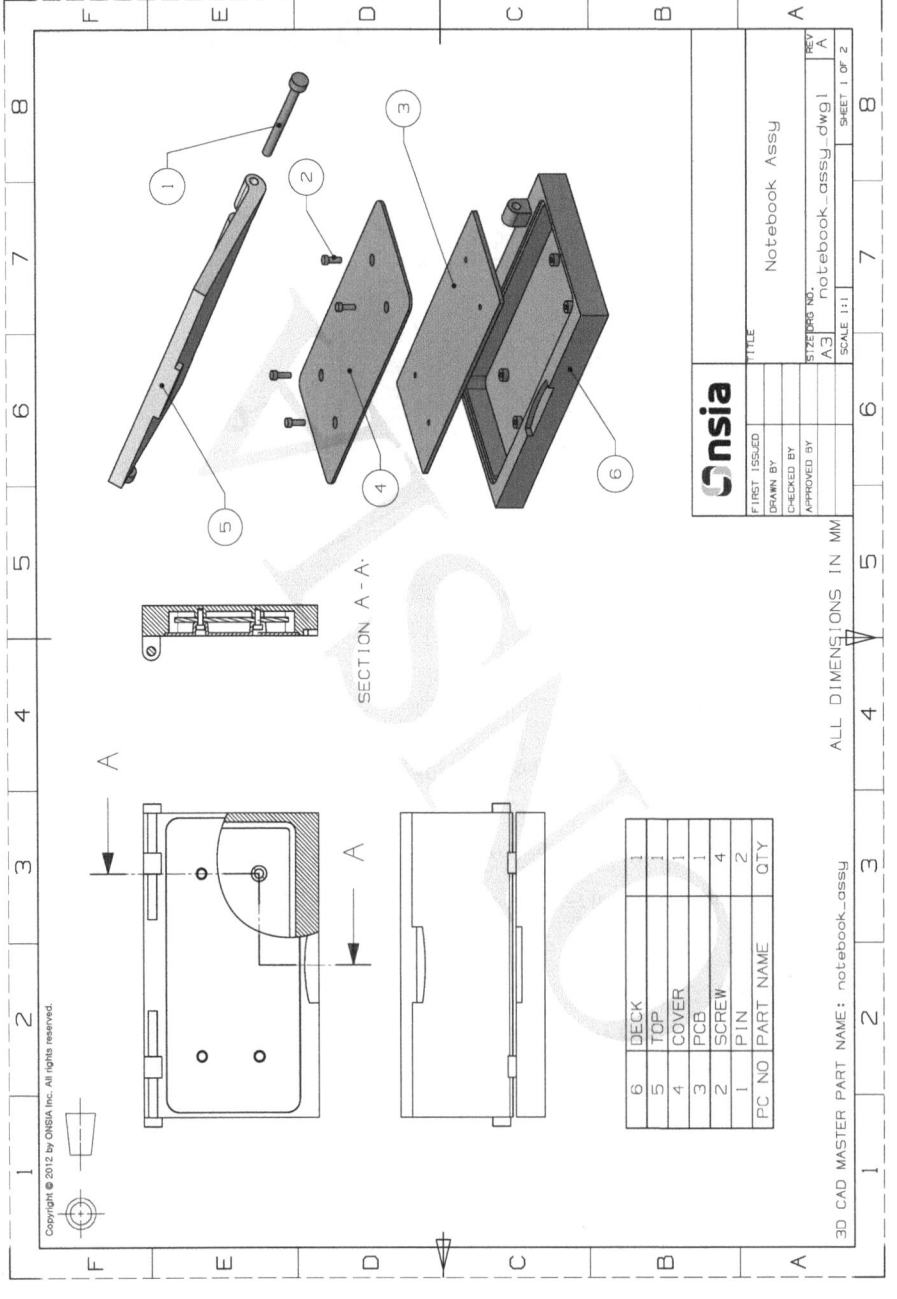

그림 12-87 Notebook Assembly

Chapter 13
어셈블리 II
(Top-Down Assembly)

■ 학습목표

- 마스터 파트의 파라미터를 수정하고 새로운 이름으로 저장할 수 있다.
- 간섭을 체크하는 방법을 배운다.
- 간섭 체크 결과에 따라 컴포넌트를 수정할 수 있다.
- 어셈블리 환경에서 새로운 파트를 생성할 수 있다.
- 어셈블리의 화면 표시 방법을 배운다.

13장: 어셈블리 II (Top-Down Assembly)

13.1 Context Control

어셈블리를 생성한 후 파트를 수정하거나 새로운 파트를 생성하는 모델링 방식을 Top-Down 모델링이라고 한다. 어셈블리 파일을 생성한 후 Top-Down 모델링을 할 때는 현재 어느 파일에서 무슨 작업을 하고 있는지 정확하게 인지하고 있어야 한다. 목적에 맞게 파일 또는 컴포넌트를 관리하는 행위를 Context Control이라고 한다. 그림 13-1은 Menu 버튼의 Context Control 메뉴를 보여준다.

그림 13-1 Context Control 메뉴

13.1.1 컴포넌트 닫기

Assembly Navigator에서 컴포넌트에 MB3를 누른 후 Close 메뉴에서 파트 또는 어셈블리를 닫을 수 있다. 그림 13-3은 Part를 Close 한 후의 Assembly Navigator를 보여준다. 작업창에서는 Top 컴포넌트가 사라진다. Hide 된 것이 아니라 Unload 된 것이라는 점을 이해하자.

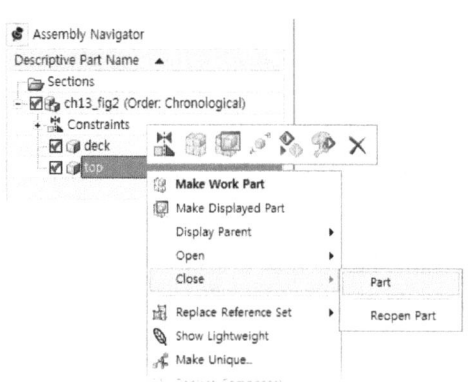

그림 13-2 Close 메뉴

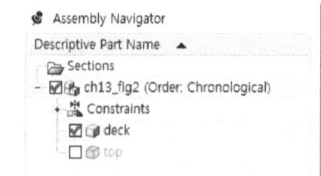

그림 13-3 Top 컴포넌트를 Close 한 후의 Assembly Navigator

492

13.1.2 컴포넌트 열기

Close 하여 Unload 된 컴포넌트 또는 어셈블리를 다시 Load 하여 보이게 한다.

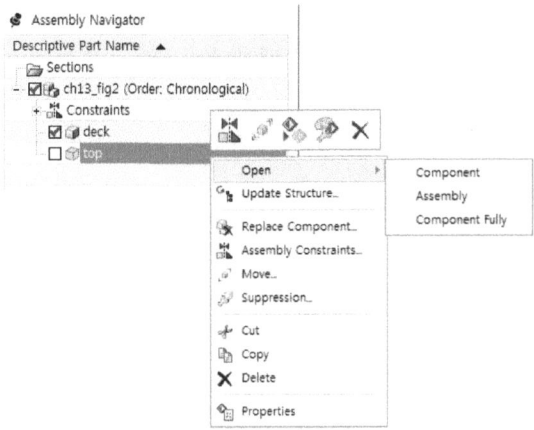

그림 13-4 Open 메뉴

Open 〉 Component를 선택하면 컴포넌트의 형상만을 가져와 보여준다. Open 〉 Component Fully를 선택하면 다른 컴포넌트 파트와의 연관관계까지 불러온다. Top 컴포넌트의 Master Part인 top.prt 파일이 읽기 전용으로 되어 있을 경우 Open 〉 Component Fully를 선택하면 Assembly Navigator의 Read-only 칼럼에 그림 13-5와 같이 자물쇠 기호가 나타난다.

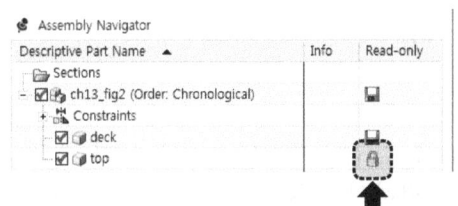

그림 13-5 읽기 전용 파트 파일의 표시

> ***Read-only 칼럼의 다른 기호***
>
> 🖫 : Master Part에 대한 저장 권한이 있다.
> ⬚ : Partially Load 되어 저장 권한 여부를 알 수 없다.

13장: 어셈블리 II (Top-Down Assembly)

파일에 대한 저장 권한이 없을 경우 다음 절차에 따라 저장 권한을 얻을 수 있다.

1. Windows의 탐색기에서 파일의 속성을 변경한다. 읽기 전용 옵션을 해제하면 된다.
2. 컴포넌트를 Close 한다.
3. 컴포넌트를 Open > Component Fully를 선택한다.

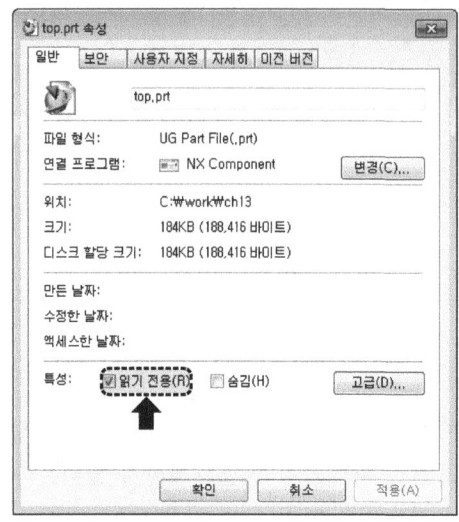

그림 13-6 읽기 전용 옵션

13.1.3 Make Work Part

특정 파트를 작업 파트로 만든다. 그림 13-7과 같이 deck 컴포넌트에 MB3 > Make Work Part를 선택하면 deck 컴포넌트의 Master Part가 작업 파트로 된다. 팝업 메뉴 중 볼드체로 된 메뉴는 더블클릭하여 실행시킬 수 있다. 따라서 deck 컴포넌트를 더블클릭하여 작업 파트로 만들 수도 있다.

어셈블리에서 특정 컴포넌트를 작업파트로 만들면 그림 13-8과 같이 컴포넌트의 화면 표시 상태가 변경된다. 즉, 작업 파트는 선명한 음영색으로 표시되며 작업 파트가 아닌 컴포넌트는 흐린 투명색으로 표시된다. Assembly Navigator에서는 작업 파트만 컬러로 표시되고 어셈블리와 다른 컴포넌트는 회색으로 표시되어 식별할 수 있다.

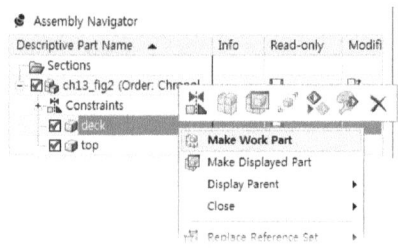

그림 13-7 Make Work Part 메뉴

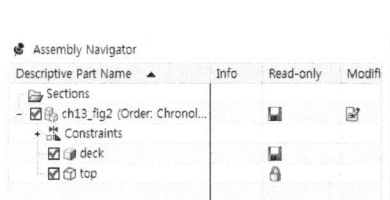 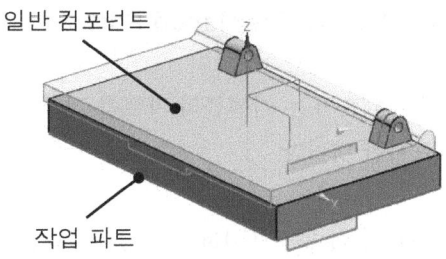

그림 13-8 작업 파트의 식별

컴포넌트 파트를 작업파트로 만든다는 것은 Master Part를 Open 한다는 것이다. 따라서 deck. prt 파일을 연 것과 같이 화면에 표시된다. 다만 다른 컴포넌트를 함께 보여주기 때문에 형상을 참조하며 파트 모델링을 수행할 수 있는 점이 단품 모델링과 다른 점이다.

특정 컴포넌트 파트를 작업 파트로 만들 경우 Part Navigator에는 그 파트의 모델링 이력이 나타난다. Master Part를 수정하려고 하는 의도이기 때문에 Part Navigator를 보면서 모델링을 하게 된다.

Read-Only로 설정되어 있는 파트를 Work Part로 지정한 다음 파트를 수정하려고 하면 그림 13-9와 같은 메시지가 나타난다. OK 버튼을 누른 후 파트를 수정할 수 있다. 그러나 저장은 할 수 없다.

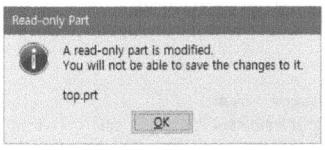

그림 13-9 읽기 전용 파트를 수정할 때 나타나는 메시지

모델 수정 완료 후에는 다시 어셈블리를 Work Part로 지정한다. 그림 13-10은 어셈블리를 더블클릭하여 Work Part로 지정한 상태를 보여준다. 어셈블리와 컴포넌트가 모두 선명한 음영색으로 표시된다.

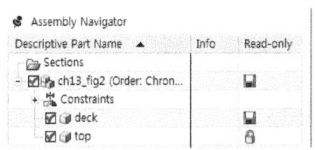

그림 13-10 어셈블리가 작업 파트인 상태

13.1.4 Make Displayed Part

컴포넌트 파트 또는 어셈블리 파트를 전체 화면에 나타낸다. 그림 13-8은 어셈블리 파트를 화면에 표시한 것이다.

deck 파트만 화면에 표시하려면 그림 13-11의 팝업메뉴에서 Make Displayed Part를 선택한다. deck 파트만이 화면에 나타나며 파트 모델링 상태와 같이 된다.

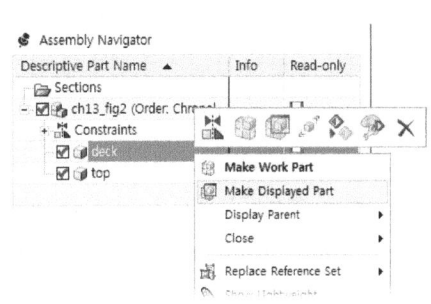 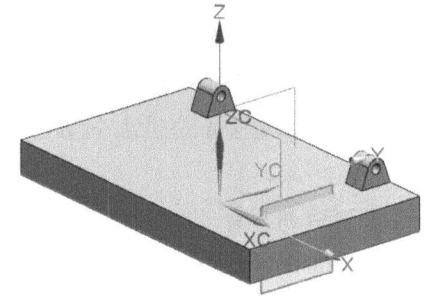

그림 13-11 Make Displayed Part 메뉴　　**그림 13-12** Deck 파트가 Display 된 상태

다시 어셈블리 파트를 화면에 표시하려면 Assembly Navigator에서 Display Parent > "어셈블리 이름"을 선택한다. 그림 13-14와 같이 어셈블리가 화면에 표시되며 deck 파트가 Work Part로 된다. 어셈블리 구속, 간섭 체크 등 어셈블리 관련 작업을 하려면 어셈블리 파트가 Work Part로 되어 있어야 한다는 점을 잊지 말자.

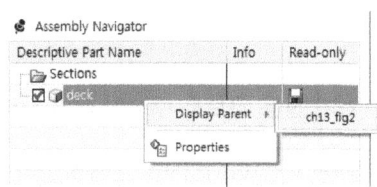

그림 13-13 Assembly를 Displayed Part로 지정하기

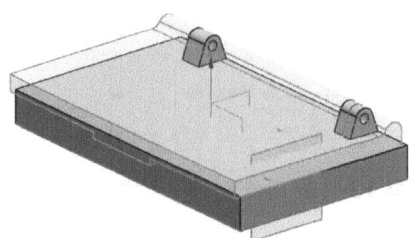

그림 13-14 Assembly가 표시된 상태

> **! 어느 파트에서 무엇을 할까?**
>
> 컴포넌트 파트를 수정하려면 컴포넌트를 더블클릭하여 Work Part로 지정한다. 모델링을 할 것이므로 Modeling 어플리케이션에서 Part Navigator를 보면서 작업한다.
>
> 어셈블리 관련 작업(예를 들어, 간섭체크, 컴포넌트 이동, 구속 등)을 하려면 어셈블리 파트를 더블클릭하여 Work Part로 지정하여야 한다. Modeling 또는 Gateway 어플리케이션에서 작업할 수 있다.

폴더: ch13_ex01
파일: ch13_ex01_assy.prt

컴포넌트 수정과 저장 **Exercise 01**

주어진 어셈블리의 두 컴포넌트는 폭의 크기는 같으나 모서리로부터 힌지 중심까지의 거리가 서로 다르다. 그림 13-15의 Ⓐ 부분의 경사면을 없애고 저장해 보자.

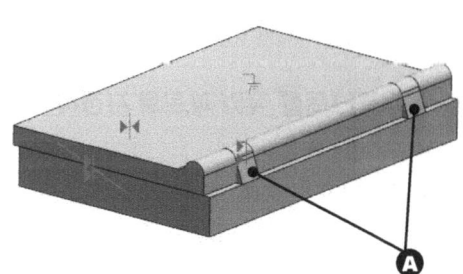

그림 13-15 수정할 부분

파일 속성 수정

1. NX를 실행시킨 후 모든 파일을 닫고 Menu 버튼 〉 File 〉 Options 〉 Assembly Load Options를 선택하여 Part Versions의 Load 옵션을 From Folder로 설정한다.

2. ch13_ex01 폴더에서 주어진 어셈블리 파일을 연다.

3. Assembly Navigator에서 컴포넌트에 MB3 〉 Open 〉 Component Fully를 선택한다.

Open 메시지 창을 닫는다. Assembly Navigator는 그림 13-16과 같다. Read-only 칼럼을 확인한다. 수정 후 저장 권한이 없다.

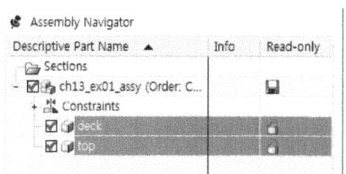

그림 13-16 Assembly Navigator

13장: 어셈블리 II (Top-Down Assembly)

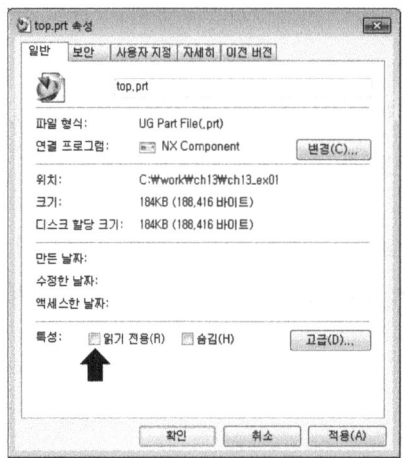

그림 13-17 읽기 전용 속성 해제

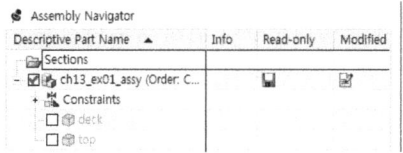

그림 13-18 Assembly Navigator

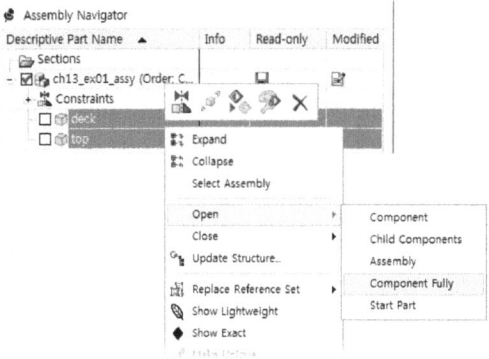

그림 13-19 컴포넌트 열기

4. Windows 탐색기에서 top.prt 파일과 deck.prt 파일의 읽기 전용 속성을 해제한다.

5. Assembly Navigator에서 top 컴포넌트를 선택한 후 MB3 > Close > Part를 선택한다.

6. deck 컴포넌트도 같은 방식으로 닫는다.

여기까지 수행한 후의 Assembly Navigator는 그림 13-18과 같다.

7. 그림 13-19와 같이 두 개의 컴포넌트를 선택한 후 MB3 > Open > Component Fully를 선택한다.

Assembly Navigator에서 Read-only 칼럼에 저장 권한이 있음을 확인한다.

Deck 컴포넌트를 작업 파트로 지정하기

1. deck 컴포넌트를 더블클릭하여 Work Part로 지정한다.

Assembly Navigator와 어셈블리 모델이 그림 13-20과 같이 변경된다.

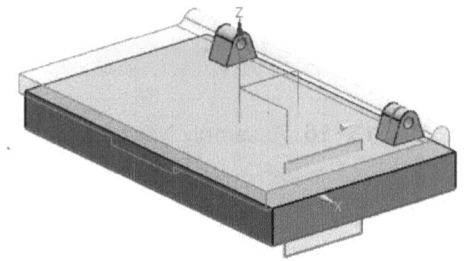

그림 13-20 Work Part로 지정된 deck 파트

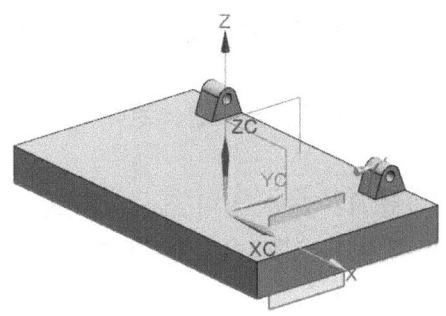

그림 13-22 Deck 파트 표시

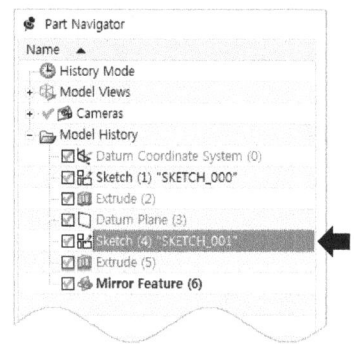

그림 13-21 Deck 파트의 모델링 이력

Deck 파트 화면 표시

deck 파트를 화면에 표시해 보자.

1. Assembly Navigator를 표시한다.

2. deck 컴포넌트에 MB3를 누른 후 Make Displayed Part 를 선택한다.

3. Home 키를 누르면 그림 13-21과 같이 deck 파트가 작업창에 표시된다.

Deck 파트의 스케치 수정

1. 그림 13-22와 같이 Part Navigator를 표시한다.

2. 화살표 한 스케치를 더블클릭한다.

3. Home 키를 눌러 그림 13-23과 같이 Tri-metric View로 만든다.

4. 두 개의 각도 치수(70°)를 90°로 수정한 후 Sketch를 종료한다.

그림 13-24는 수정 후의 힌지 부 형상을 보여준다.

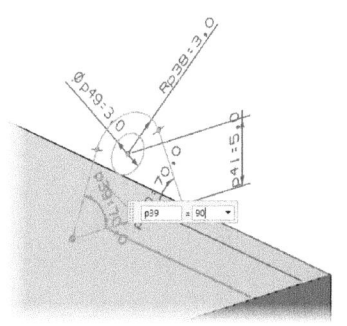

그림 13-23 스케치의 치수 수정

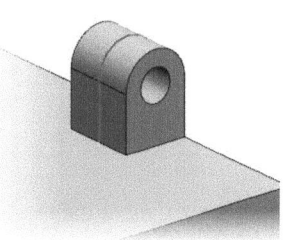

그림 13-24 스케치 수정 후의 형상

13장: 어셈블리 II (Top-Down Assembly)

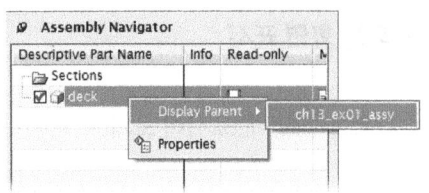

그림 13-25 어셈블리 표시 옵션

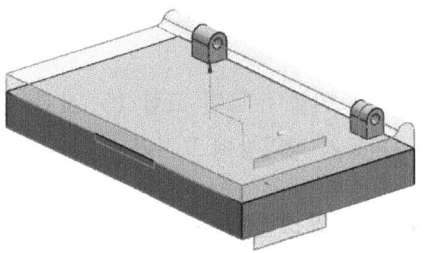

그림 13-26 어셈블리가 표시된 상태

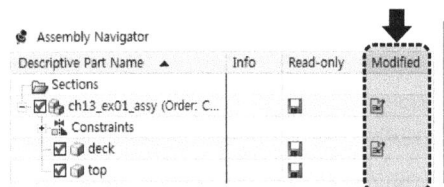

그림 13-27 Modified 칼럼

어셈블리 파트를 Work Part로 지정하기

1. Assembly Navigator를 펼친다.

2. 그림 13-25와 같이 deck 컴포넌트에 MB3를 눌러 어셈블리를 표시한다.

그림 13-26과 같이 어셈블리 파일이 작업창에 표시된다.

3. Assembly Navigator에서 ch13_ex01_assy를 더블클릭하여 Work Part로 지정한다.

파일 저장

1. Assembly Navigator의 Modified 칼럼을 확인한다. 그림 13-27과 같이 파일이 수정되었음을 알 수 있다.

2. File 〉 Save 〉 Save를 선택한다. 어셈블리 파일과 컴포넌트의 Master Part가 모두 저장된다.

3. File 〉 Close 〉 All Parts를 선택하여 모든 파트를 닫는다.

END of Exercise

13.2 간섭 체크

컴퓨터를 이용하여 조립을 수행하는 이유는 실제 제품을 만들기 전에 설계 오류가 있는지 검증하기 위한 것이다. 이러한 검증 중에서 가장 기본이 되는 것은 부품간의 간섭이다. 즉, 각 부품들을 정해진 조립 위치에 놓았을 때 겹치는 부분이 있는지를 확인하여야 한다.

그림 13-28에서 컴포넌트 1의 구멍 내경이 컴포넌트 2의 축 외경보다 작아서 실제로는 끼워지지 않는다. 그러나, NX와 같은 3차원 모델링 소프트웨어에서는 아무 문제 없이 조립된다. 이 때, 형상이 겹치는 부분은 실제로는 조립이 안되는 부분이다.

이와 같이 컴포넌트를 제 위치에 조립했을 때 겹치는 부분을 찾아내는 기능이 간섭체크이다.

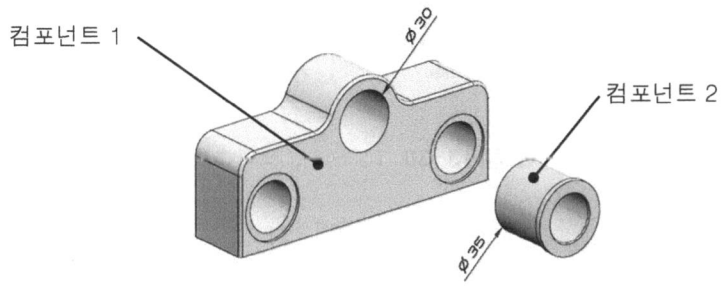

그림 13-28 간섭이 발생한 경우

13.2.1 간섭의 타입

간섭 상태를 분류할 때 다음과 같은 세 가지 경우를 생각해 볼 수 있다.

Hard 상태

그림 13-29과 같이 두 파트가 서로간의 볼륨을 침범하는 상태를 말한다. 억지끼워맞춤을 하는 경우에는 이런 상태가 될 수 있다. 그렇지 않다면 설계에 문제가 있는 것이므로 설계 변경(모델 수정)을 해야 한다.

13장: 어셈블리 II (Top-Down Assembly)

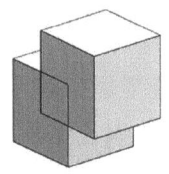 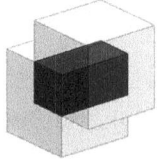

그림 13-29 Hard 상태

Touching 상태

두 파트가 서로 접촉하고 있는 상태이다. 조립 가능 여부에 따라 설계 변경이 필요할 수도 있고, 그렇지 않을 수도 있다.

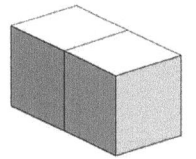 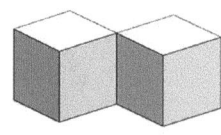 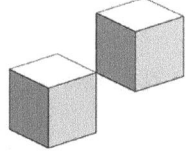

그림 13-30 Touching 상태

Soft 상태

두 파트의 간극(Clearance)이 특정 값보다 작은 상태를 의미한다. 두 부품 간의 간극을 특정 양만큼 확보해야 하는 모델의 경우 수정이 필요하고 그렇지 않은 경우 수정할 필요가 없다.

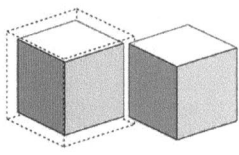

그림 13-31 Soft 상태

폴더: ch13_ex02
파일: ch13_ex02_assy.prt

간섭 체크 **Exercise 02**

주어진 어셈블리 파일의 컴포넌트 사이의 간섭을 체크하자.

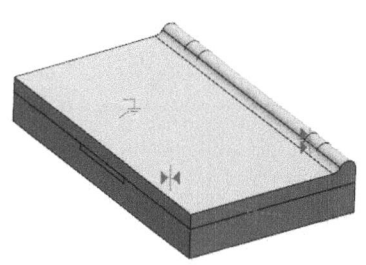

그림 13-32 어셈블리

1. 주어진 어셈블리 파일을 연다.

2. Menu 버튼에서 Analysis > Assembly Clearance > Clearance Browser를 선택한다.

3. 그림 13-34와 같이 Clearance Browser를 드래그 하여 작업창 위쪽에 붙인다. (다음 페이지 참고)

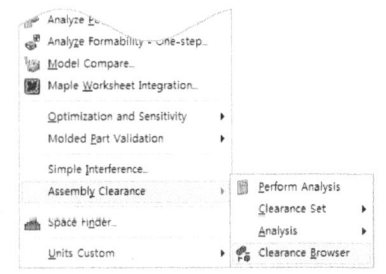

그림 13-33 Clearance Browser 메뉴

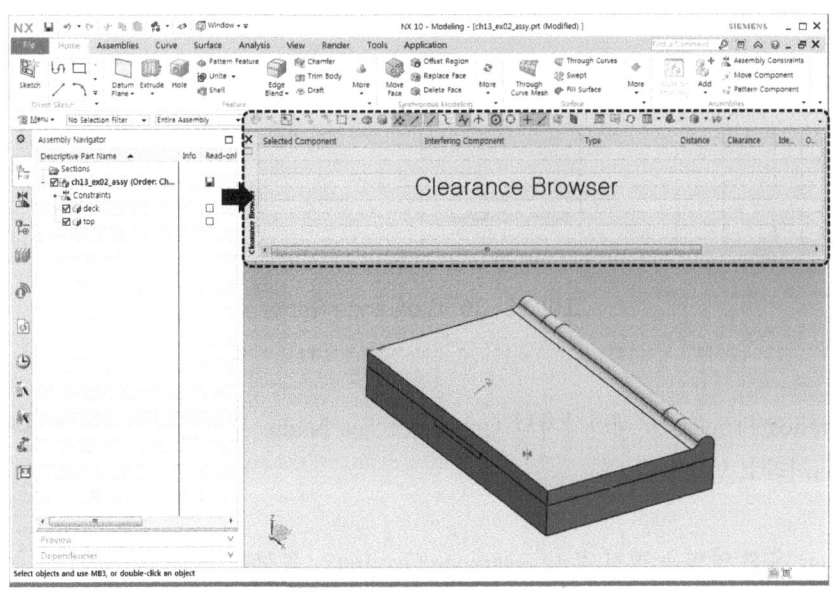

그림 13-34 Clearance Browser

> **Browser 이동**
>
> 창의 제목 표시 부분을 드래그하여 이동시킬 수 있다. 그림 13-34에서 화살표로 가리키는 부분을 드래그하여 Clearance Browser를 다시 떼어낼 수 있다.

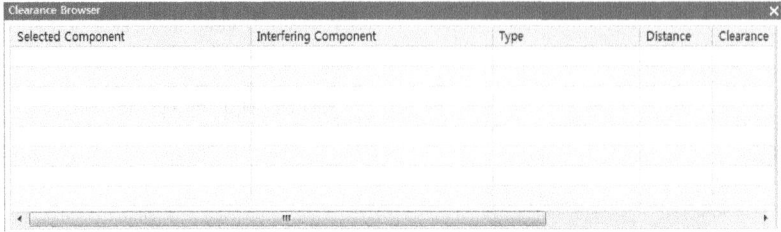

그림 13-35 떼어낸 Clearance Browser(Undock)

4. 마우스 커서를 Clearance Browser의 빈 곳에 둔 상태에서 MB3를 누른다.

5. 팝업메뉴에서 Clearance Set > New를 선택한다.

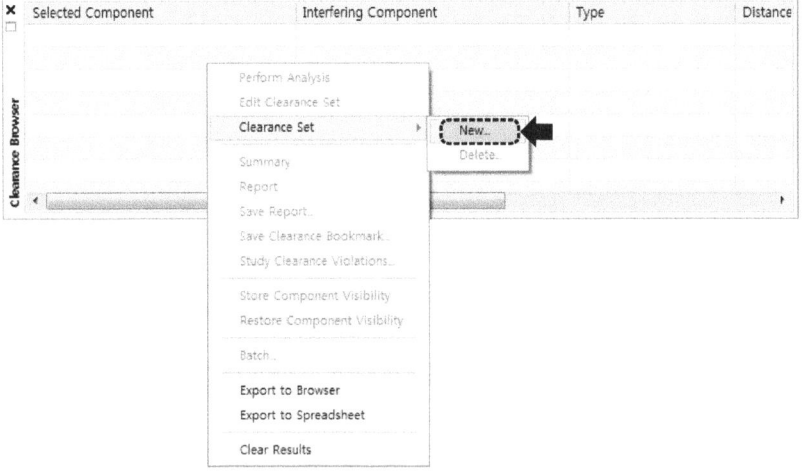

그림 13-36 Clearance Set 생성

6. Clearance Properties 대화상자의 Crearance Set Name 입력창에 그림 13-37과 같이 check hard라고 입력한다.

7. Settings 옵션 영역을 펼친 후 Interference Geometry 옵션을 클릭한다.

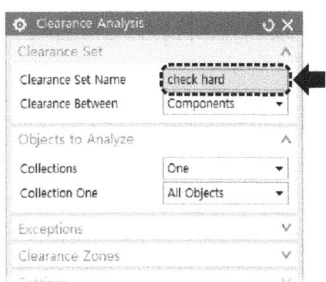

그림 13-37 Set Name 설정

8. Interference Geometry 옵션을 그림 13-38과 같이 설정한다.

- ► Save Interference Solids 옵션 체크
- ► Layer에 100 입력
- ► Interference Color를 노란색으로 설정(Color ID: 6, Yellow)

9. OK 버튼을 누른다.

Clearance Browser에 그림 13-39와 같이 간섭이 발생하는 컴포넌트가 표시된다.

그림 13-38 Set Property 설정 (Interference Geometry)

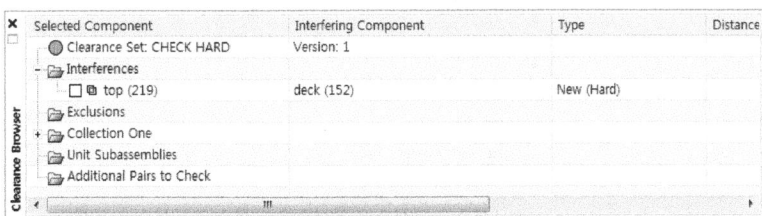

그림 13-39 Analysis 결과

> **Interference Geometry 설정의 의미**
>
> 그림 13-38의 설정은 어셈블리를 구성하는 컴포넌트 중에 Hard 상태(간섭)가 발견될 경우 컴포넌트 사이에 "Intersect" Boolean 연산을 수행하여 간섭 부분을 노란색의 솔리드 바디로 100번 레이어에 생성되도록 설정하는 것이다. 레이어는 모델링 오브젝트를 분류하기 위한 도구이다.

작업창에는 그림 13-40과 같이 간섭에 발생한 부위에 솔리드 바디가 생성되어 나타난다.

Part Navigator를 확인한다. (그림 13-41의 **Ⓐ**)

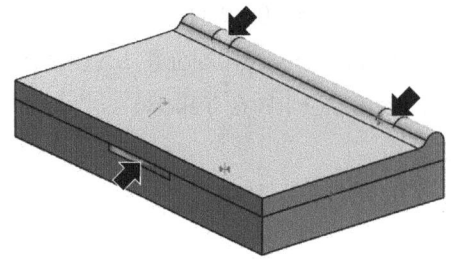

그림 13-40 간섭 부위에 생성된 솔리드 바디

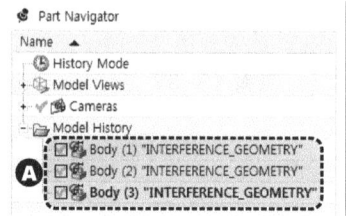

그림 13-41 Part Navigator

10. Menu 버튼에서 Format 〉 Layer Settings를 선택한다.

11. 100번 레이어 앞에 있는 네모 박스를 클릭하여 그림 13-42와 같이 설정한다. 간섭 부위에 생성된 솔리드 바디가 화면에서 사라진다.

12. Layer Settings 대화상자에서 Close 버튼을 누른다.

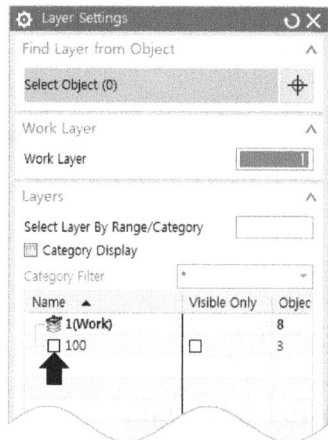

그림 13-42 간섭 부위에 생성된 솔리드 바디 숨기기

13. 간섭 항목 앞의 사각 박스(그림 13-44의 **B**)를 체크한다. 간섭 부위가 빨간색으로 표시된다.

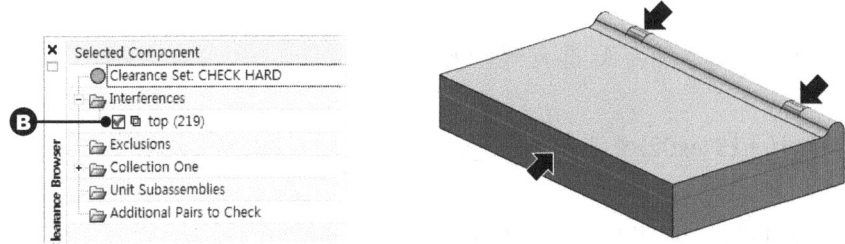

그림 13-43 간섭 부위 표시

14. Browser의 왼쪽 칼럼에 있는 top 항목(그림 13-45의 **C**)에 MB3 > Wireframe Left를 선택한다. 왼쪽에 있는 컴포넌트(top)의 화면 표시가 Wireframe으로 바뀐다. 왼쪽 칼럼에 deck 컴포넌트가 있을 수도 있다.

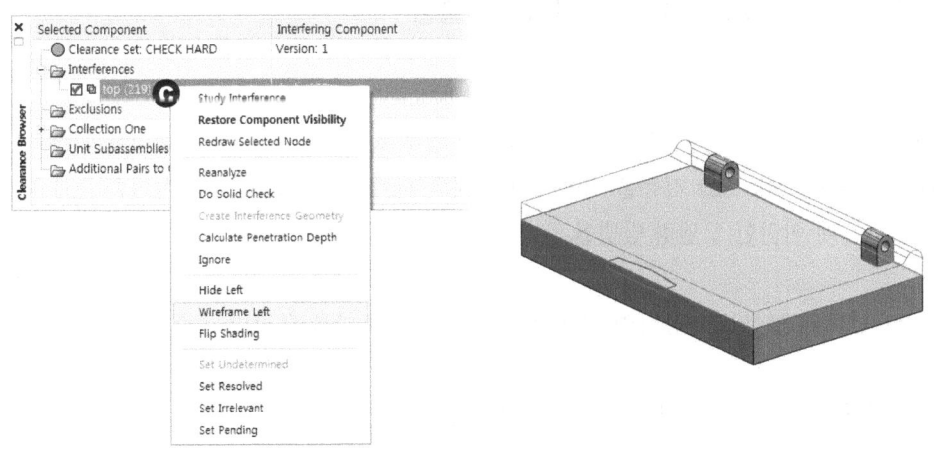

그림 13-44 컴포넌트 화면 표시 변경하기

> **! MB3 위치**
>
> 간섭 항목에서 오른쪽 컴포넌트(deck)에 MB3를 누르면 Hide Right, Wireframe Right 메뉴가 나타나고 왼쪽 컴포넌트(top)에 MB3를 누르면 Hide Left, Wireframe Left가 나타나 각각의 화면 표시를 변경할 수 있다. Flip Shading을 선택하면 왼쪽 컴포넌트와 오른쪽 컴포넌트의 Shading 상태를 바꿀 수 있다.

15. 간섭 항목 앞에 있는 체크마크를 클릭하여 간섭 검토를 끝낸다. 또는 Interferences 항목 하위의 간섭 체크 항목에 MB3 > Restore Component Visibility를 선택한다. 간섭 체크 항목을 더블클릭 해도 된다.

16. File 탭에서 Save > Save As 를 선택한다.

17. 같은 폴더(ch13_ex02)에 ch13_ex02_assy_analyzed.prt로 저장한다.

18. File 탭에서 Close > All Parts를 선택하여 모든 파일을 닫고 실습을 종료한다.

END of Exercise

13.3 다른 컴포넌트의 형상을 이용한 모델링

어셈블리를 구성하고 간섭 체크를 한 후 간섭이 발생하는 부분의 형상을 수정하여야 한다. 이때, 다른 컴포넌트의 형상을 보면서 또는 필요할 경우 직접 이용하면서 모델링을 진행하면 편리하다. Make Work Part 기능을 이용하여 수정할 파트를 활성화시키면 이러한 모델링을 수행할 수 있는데 이러한 모델링 방법을 Top Down 어셈블리 모델링이라고 한다.

다른 컴포넌트의 형상을 이용하여 모델링하는 예를 보면 다음과 같다.

① 다른 컴포넌트의 면을 이용하여 스케치 평면을 정의한다.

② 다른 컴포넌트의 면이나 곡면을 Extrude나 Revolve 등의 Limit 개체로 사용하거나 바디 전체를 이용하여 불리언 작업을 한다.

③ 다른 컴포넌트의 꼭지점이나 모서리를 투영 또는 교차시켜 생성되는 개체를 이용한다.

④ 다른 컴포넌트에 사용된 변수를 이용한다.

13.3.1 Interpart Link

다른 컴포넌트의 형상을 이용하여 모델링을 할 때 Interpart Link 기능을 이용하면 상대 부품이 수정될 경우 형상이 업데이트 된다. 조립된 위치를 이동시킬 경우 그 또한 업데이트 되어 원하지 않는 형상이 나타날 수 있음에 주의해야 한다. 즉, Interpart Link 기능을 이용하여 모델링을 하였다면 어셈블리에서 컴포넌트의 위치를 변경하면 안된다.

반대로 만약 어셈블리에서 컴포넌트의 위치를 변경해야 한다면 Interpart Link 기능을 해제하고 모델링을 진행해야 한다. 이 때는 상대 컴포넌트의 형상이 변경되더라도 업데이트는 되지 않는다.

Interpart Link 옵션은 다른 컴포넌트에서 오브젝트를 선택할 수 있을 경우에 활성화 된다. Extrude의 Limit 옵션으로 다른 컴포넌트의 면을 선택할 때나 스케치에서 다른 컴포넌트의 모서리를 Project 할 경우 등이 이에 해당된다. 그림 13-45은 Selection Bar에 있는 Interpart Link 옵션 버튼을 보여준다. 이 옵션은 Selection Scope을 Within Work Part Only로 설정했을 때는 활성화 되지 않는다. 본 교재에서는 Interpart Link 옵션을 사용하지 않는 것으로 한다.

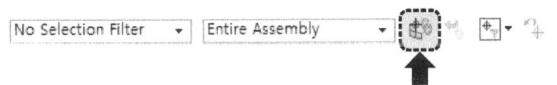

그림 13-45 Interpart Link 옵션

13.3.2 Selection Scope

모델링 도중에 오브젝트를 선택할 때 선택의 범주를 지정한다.

- Entire Assembly: 상위 어셈블리를 포함하여 화면에 나타나 있는 모든 컴포넌트의 형상을 선택할 수 있다.
- Within Work Part and Components: 현재 작업 중인 파트와 그 하위 컴포넌트를 선택할 수 있다.
- Within Work Part Only: 현재 작업 중인 파트에서만 선택할 수 있다.

Top-Down 모델링에서 다른 컴포넌트의 형상을 이용하여 모델링을 하려면 Entire Assembly 또는 Within Work Part and Component 옵션을 사용하여야 한다.

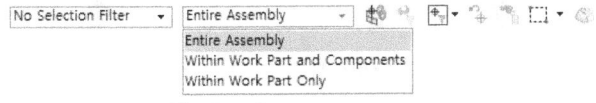

그림 13-46 Selection Scope

13장: 어셈블리 II (Top-Down Assembly)

Exercise 03 top 파트 수정

폴더: ch13_ex03
파일: ch13_ex03_assy.prt

주어진 어셈블리의 top 파트를 수정한 후 다른 이름으로 저장하자.

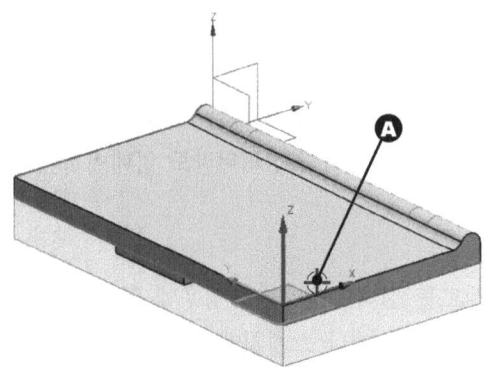

그림 13-47 스케치면 설정

모델 준비

1. Modeling 어플리케이션임을 확인하고, top 컴포넌트를 더블클릭하여 Work 파트로 만든다.

2. Sketch 아이콘을 누르고 top 컴포넌트의 윗면(A)을 스케치 면으로 정한다. Create Sketch 대화상자를 Reset 한다.

3. Home 키를 눌러 Trimetric View를 표시한다.

4. Assembly Navigator에서 top 컴포넌트를 숨긴다. (그림 13-48)

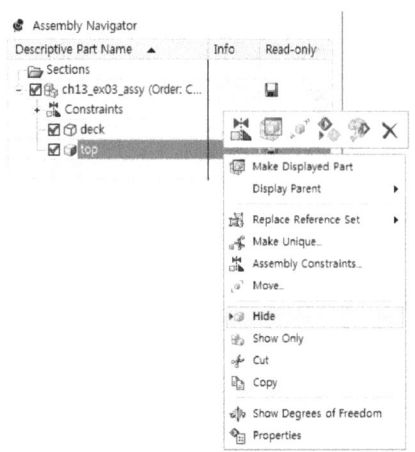

그림 13-48 top 컴포넌트 숨기기

스케치 생성

1. Direct Sketch 아이콘 그룹에서 Project Curve 아이콘을 누른다.

2. Selection Scope이 Entire Assembly로 선택되어 있고, Create Interpart Link 버튼이 눌러져 있지 않음을 확인한다. (그림 13-49)

3. Curve Rule을 Single Curve로 설정한다.

그림 13-49 Selection Bar 옵션

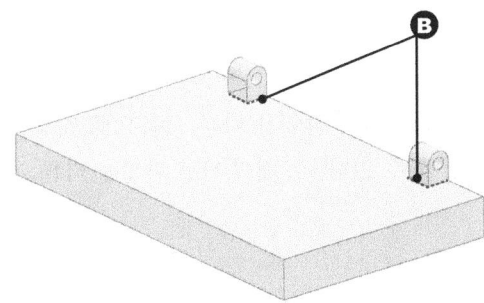

그림 13-50 모서리 투영하기

4. 그림 13-50의 ❸와 같이 힌지 형상 주변의 6개의 모서리를 선택한다.

5. Project Curve 대화상자에서 OK 버튼을 누른다.

6. 그림 13-51의 메시지 창이 나타나면 Yes 버튼을 누른다.

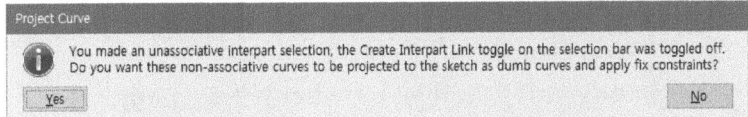

그림 13-51 Non-associative 정보창

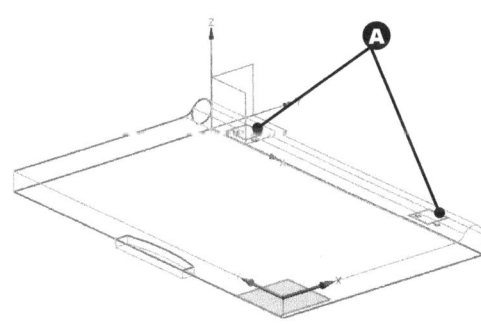

그림 13-52 나머지 스케치 완성

7. top 컴포넌트를 보이게 하고, deck 컴포넌트를 숨긴다.

8. View 탭의 Style 아이콘 그룹에서 Static Wireframe 아이콘을 클릭하여 화면 보기를 바꾼다.

9. Line 기능을 이용하여 나머지 부분 스케치를 완성한다.(그림 13-52의 ❹)

형상 제거

1. Sketch를 빠져 나간다.

2. Extrude 기능을 이용하여 그림 13-52에서 생성한 스케치를 돌출시켜 Subtract 한다.

생성된 모델은 그림 13-53과 같다.

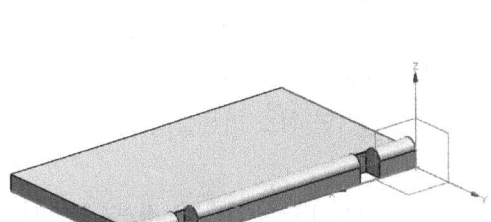

그림 13-53 수정된 모델

다른 이름으로 저장

top 컴포넌트가 Work Part로 지정되어 있기 때문에 top.prt 파일을 다른 이름으로 저장하고, ch13_ex03_assy.prt 파일을 다른 이름으로 저장할 수 있다. 두 개의 파트 파일을 다른 이름으로 저장해 보자.

1. File 탭에서 Save > Save As를 선택한다.

2. 그림 13-54의 Information을 확인한 후 top_rev1.prt로 파일명을 입력하고 OK 버튼을 누른다.

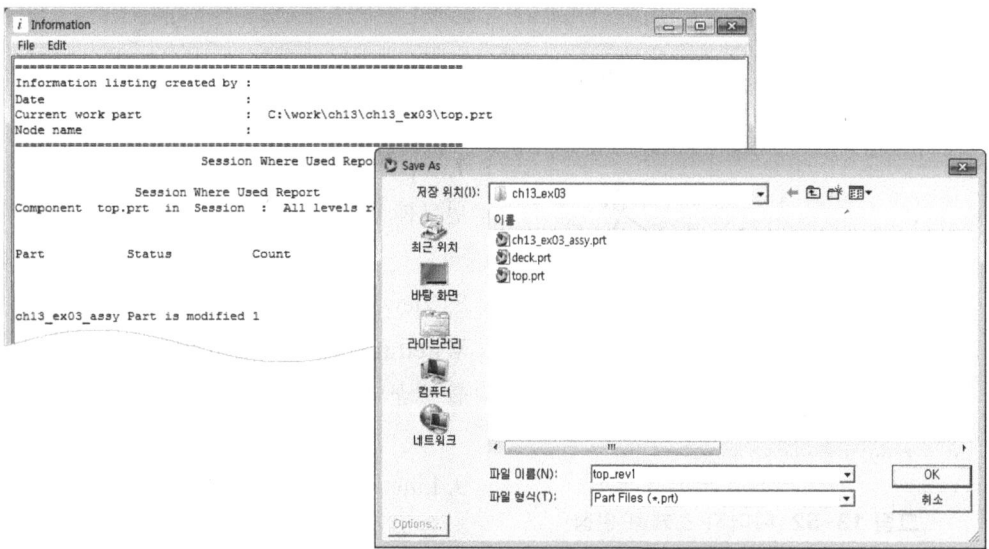

그림 13-54 top.prt 파일을 다른 이름으로 저장하기

Information 창과 Save As 대화상자가 다시 나타난다. 어셈블리 파일을 다른 이름으로 저장할 수 있다. 만약 어셈블리 파일의 이름을 변경하지 않으려면 취소 버튼을 누르면 된다.

3. 어셈블리 파일의 이름을 입력하고 OK 버튼을 누른다. 그림 13-56과 같은 정보를 보여주고, Save As 대화상자가 나타난다.

4. Yes 버튼을 눌러 저장한다.

5. Information 창을 닫는다.

그림 13-55 ch13_ex03_assy.prt 파일을 다른 이름으로 저장하기

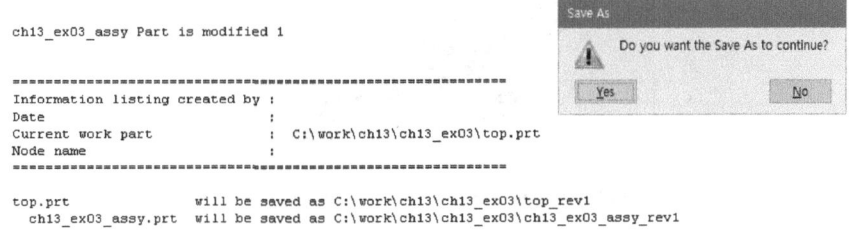

그림 13-56 Save As 실행

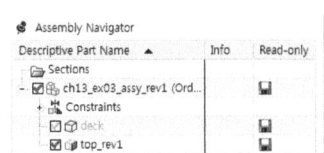

그림 13-57 Assembly Navigator

Assembly Navigator는 그림 13-57과 같다. 어셈블리 파일과 top 컴포넌트의 이름이 변경되었음을 확인한다.

연속하여 비슷한 절차에 따라 deck 파트를 수정한다.

13장: 어셈블리 II (Top-Down Assembly)

Exercise 04 deck 파트 수정 후 간섭 체크   앞의 파일 계속 이용

1. 제시되는 절차에 따라 deck 파트를 수정한다. 그림 13-60의 Ⓐ 부분의 형상을 수정할 것이다.
2. 어셈블리를 수정한 후 간섭 체크를 수행한다.
3. top 파트를 수정한다.
4. 수정된 모든 파일을 저장한다.

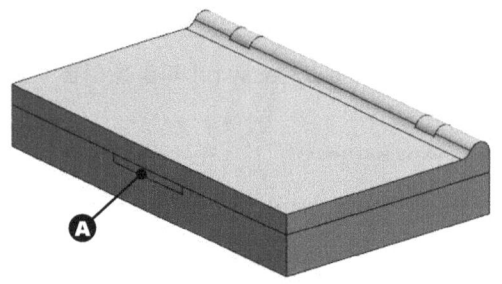

그림 13-58 deck 컴포넌트의 형상을 수정할 부분

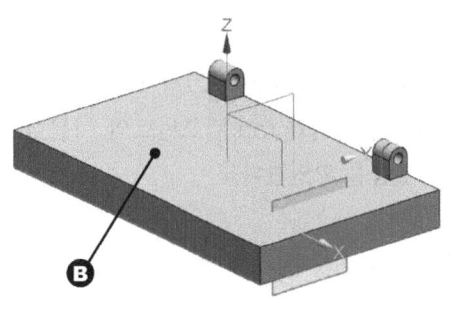

그림 13-59 스케치 면

스케치 생성

1. deck 컴포넌트를 더블클릭하여 Work Part로 지정한다.
2. top 컴포넌트를 숨긴다. (참고: Exercise 03의 결과로 저장한 top_rev1 컴포넌트를 편의상 top 컴포넌트로 부르자.)
3. Sketch 아이콘을 누르고 그림 13-59의 Ⓑ 면을 스케치 면으로 지정한다.
4. deck 컴포넌트를 숨기고 top 컴포넌트를 보이게 한다.
5. Project Curve 아이콘을 누른 후 그림 13-60의 Ⓒ 면을 이루는 모서리를 모두 선택하여 투영한다. Curve Rule을 Face Edges로 선택한 후 면을 선택하면 된다.
6. Sketch를 빠져 나간다.
7. deck 컴포넌트를 보이게 하고 top 컴포넌트를 숨긴다. (그림 13-61)

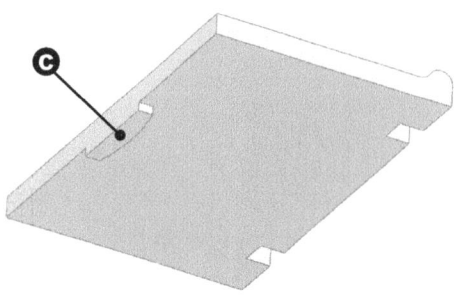

그림 13-60 투영할 모서리가 이루는 면

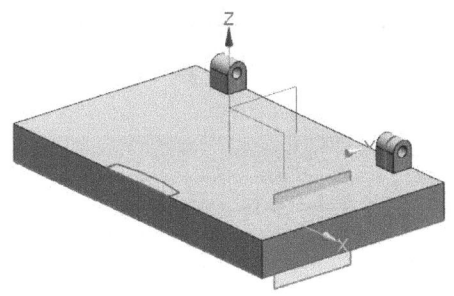

그림 13-61 생성된 스케치

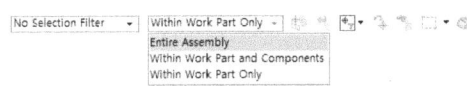

그림 13-62 Selection Scope

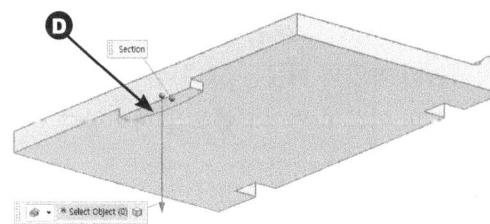

그림 13-63 Limit로 선택할 면

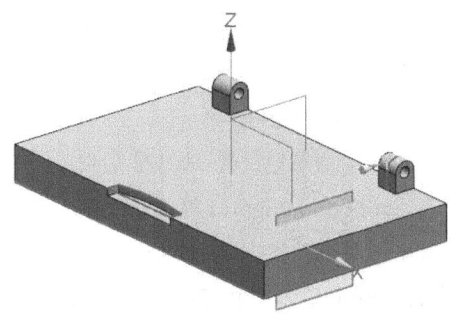

그림 13-64 수정된 모델

형상 제거

1. Extrude 아이콘을 누르고 위에서 생성한 스케치를 섹션으로 선택한다.
2. Extrude 대화상자가 나타나 있는 상태에서 top 컴포넌트를 보이게 하고, deck 컴포넌트를 숨긴다. Assembly Navigator에서 컴포넌트 앞에 있는 체크 박스를 이용한다.
3. Extrude의 방향을 Reverse 시킨다.
4. Boolean 옵션을 Subtract로 설정한다.
5. End Limit 옵션을 Until Selected로 선택한다.
6. Selection Scope를 Entire Assembly로 설정한다. (그림 13-62)
7. top 컴포넌트의 면을 선택한다. (그림 13-63의 **D**)
8. Extrude 대화상자에서 OK 버튼을 누른다.
9. deck 컴포넌트를 보이게 하고, top 컴포넌트를 숨긴다.

그림 13-64는 수정된 deck 컴포넌트를 보여준다.

다른 이름으로 저장

deck 컴포넌트가 Work Part로 지정되어 있기 때문에 deck.prt 파일을 다른 이름으로 저장하고, ch13_ex03_assy_rev1.prt 파일은 다른 이름으로 저장하지 않는다.

1. File 탭을 누른 후 Save > Save As를 선택한다.
2. Save As 대화상자에서 저장 경로를 확인한 후 deck_rev1.prt로 입력한 후 OK 버튼을 누른다.

3. 두번째로 나타나는 Save As 대화상자에서 취소 버튼을 누른다. 그림 13-65의 정보를 확인한 후 Yes를 눌러 저장한다.

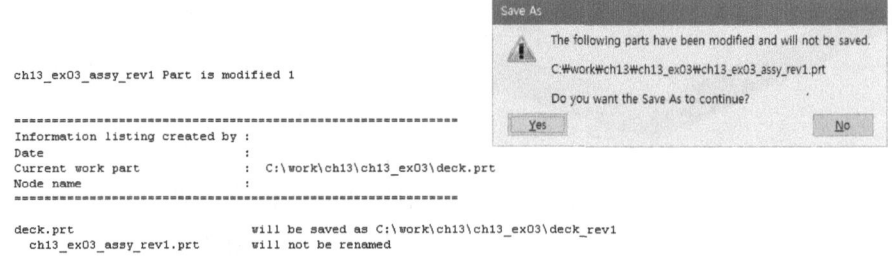

그림 13-65 Save As 실행

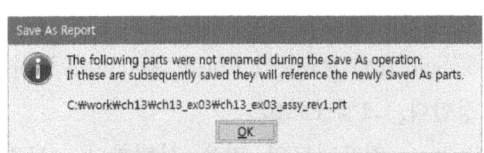

그림 13-66 Save As Report

4. 그림 13-66의 Save As Report 메시지를 확인한 후 OK 버튼을 누른다.
5. Information 창을 닫는다.

Assembly Navigator는 그림 13-67과 같다. 어셈블리 파일의 이름은 그대로이고 deck 컴포넌트의 이름이 변경되었음을 확인한다.

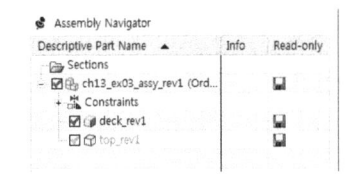

그림 13-67 Assembly Navigator

어셈블리 수정

간섭체크를 수행하기 위해 어셈블리를 수정하자.

1. Assembly Navigator에서 최상위 어셈블리(ch13_ex03_assy_rev1)를 더블클릭하여 Work 파트로 만든다.
2. top_rev1 컴포넌트를 보이게 한다.
3. Assembly Navigator의 Constraints에서 Touch 구속조건을 삭제한다.
4. Assemblies 아이콘 그룹에서 Assembly Constraints 아이콘을 누르고 Reset 한 후 top 컴포넌트를 드래그하여 그림 13-68과 같이 회전시킨다.

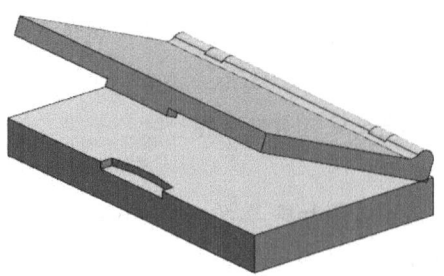

그림 13-68 top 컴포넌트의 회전

5. 그림 13-69와 같이 마주보는 두 면 사이에 30°의 Angle 구속을 생성한다.

간섭 체크

1. Menu 버튼에서 Analysis > Assembly Clearance > Clearance Browser를 선택하여 브라우저를 띄운다.

2. Default 옵션으로 새로운 Clearance Set을 생성한다.

3. Clearance Set 위치에 MB3를 눌러 Perform Analysis를 선택한다.

그림 13-70에서 표시한 바와 같이 간섭이 발생함을 알 수 있다.

4. Clearance Browser를 닫는다.

top 컴포넌트 수정

1. top 컴포넌트를 더블클릭하여 활성화 시킨다.

2. 그림 13-71에서 표시한 모서리에 R5 의 Edge Blend를 생성한다.

3. Hole 기능을 이용하여 그림 13-71과 같이 지름 3mm의 관통 구멍을 생성한다.

파일 저장

어셈블리 파일을 Work Part로 지정한 후 Save 메뉴를 이용하여 어셈블리 파일 및 수정된 컴포넌트 파일을 저장할 수 있다.

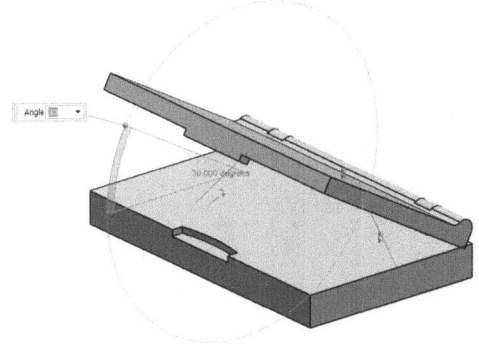

그림 13-69 Angle 구속 생성

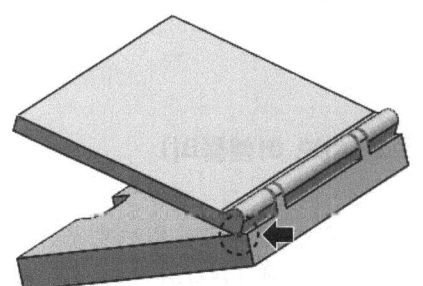

그림 13-70 간섭 체크 결과

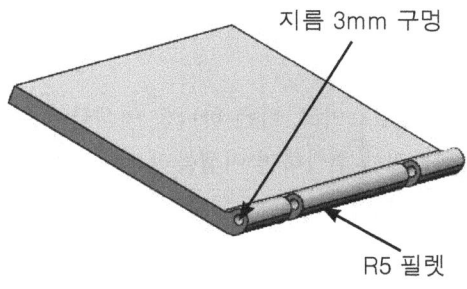

그림 13-71 Pin 구멍 생성

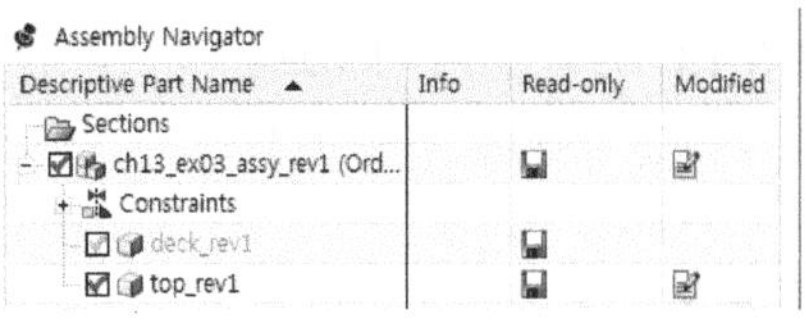

13장: 어셈블리 II (Top-Down Assembly)

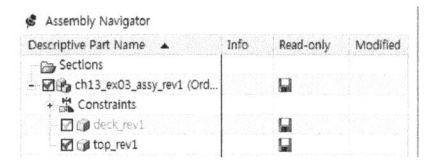

그림 13-72 저장 전의 Assembly Navigator

1. 어셈블리 파일을 더블클릭하여 Work Part로 지정한다.

Assembly Navigator의 Modified 칼럼은 그림 13-72와 같다.

2. File 〉 Save 〉 Save를 선택한다.

Assembly Navigator의 Modified 칼럼 심볼이 사라진 것을 확인한다.

그림 13-73 저장 후의 Assembly Navigator

3. File 〉 Close 〉 All Parts를 선택하여 모든 파일을 닫는다.

END of Exercise

13.4 새로운 컴포넌트 생성하기 (새로운 파트와 서브 어셈블리)

어셈블리에 비어 있는 컴포넌트를 추가한 후 모델을 생성할 수 있다. 비어 있는 컴포넌트는 어셈블리 파일을 Work Part로 지정한 후 Assemblies 아이콘 그룹에서 Create New 아이콘을 눌러 생성할 수 있다.

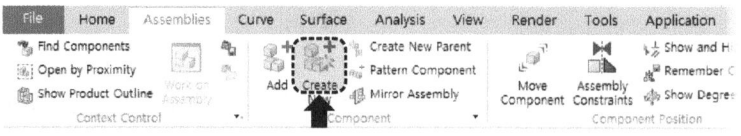

그림 13-74 Create New 아이콘

컴포넌트의 종류에는 두 가지가 있다. 하나는 파트 컴포넌트이고, 다른 하나는 어셈블리 컴포넌트이다. 이미 만들어져 있는 어셈블리를 다른 어셈블리에 추가하면 어셈블리 컴포넌트가 되고, 이미 완성되어 있는 파트를 어셈블리에 추가하면 파트 컴포넌트가 된다.

Create New 아이콘을 이용하면 어떤 어셈블리 파일에 비어 있는 파트 컴포넌트를 추가할 수도 있고 어셈블리 컴포넌트를 추가할 수도 있다. Create New 아이콘을 누르면 그림 13-75와 같은 New Component File 대화상자가 나타난다. 파트 컴포넌트를 생성하려고 한다면 Model 템플릿을 선택한다. Master Part를 생성할 폴더를 지정하고 파일명을 입력한 후 OK 버튼을 누

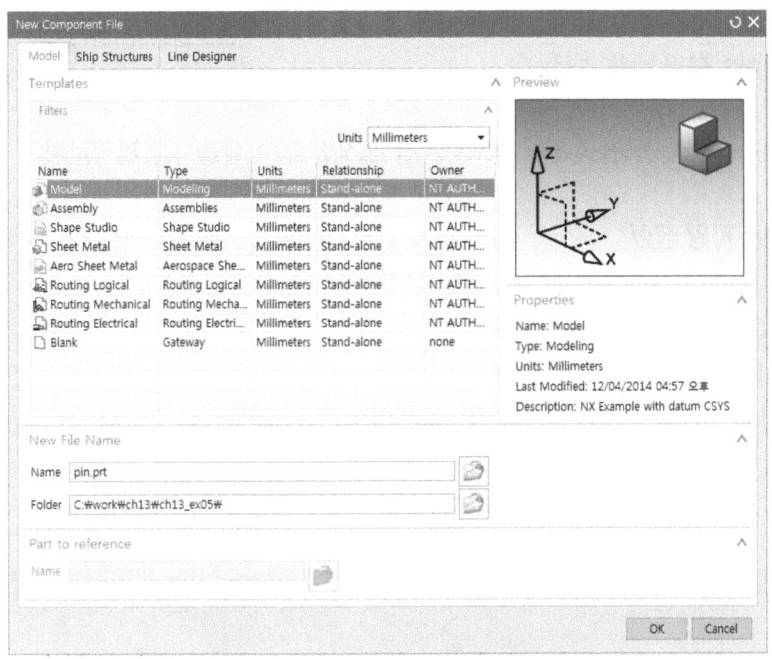

그림 13-75 New Component 대화상자

르면 그림 13-76과 같은 Create New Component 대화상자가 나타난다. 새로운 파트 파일에 추가할 형상을 이미 모델링 한 경우 선택할 수 있고, 그렇지 않을 경우 OK 버튼을 눌러 형상이 없는 파트 파일을 생성한다. 형상이 없는 파트 컴포넌트를 추가한 후 더블클릭하여 새로운 파트를 모델링 할 수 있다. 이후의 모델링 절차는 일반적인 Top-Down 모델링과 같다.

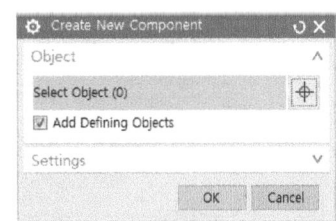

그림 13-76 Create New Component 대화상자

서브 어셈블리를 구성할 경우 New Component Filein a 대화상자에서 Assembly 템플릿을 선택하여 파일을 생성한다. Model 템플릿을 이용하여 새로운 컴포넌트를 추가할 경우에는 데이텀 좌표계가 생성되지만 Assembly 템플릿을 이용하여 새로운 컴포넌트를 추가할 경우에는 데이텀 좌표계가 생성되지 않는다. 새로운 어셈블리 컴포넌트를 생성한 후 더블클릭하여 Work Part로 지정하고 컴포넌트 추가 및 구속 등의 어셈블리 관련 작업을 수행할 수 있다. 구속을 할 경우 서브 어셈블리의 기준이 되는 컴포넌트에 Fix 구속을 적용해야만 서브 어셈블리 내에서 다른 컴포넌트의 구속 상태를 확인할 수 있다.

서브 어셈블리는 상위 어셈블리 입장에서 볼 때 하나의 컴포넌트로 취급된다. 따라서 어셈블리 컴포넌트라고 부르며 구속을 할 때도 서브 어셈블리 전체를 하나로 볼 수 있다.

13장: 어셈블리 II (Top-Down Assembly)

Exercise 05 pin 컴포넌트 생성하기

폴더: ch13_ex05
파일: ch13_ex05_assy.prt

주어진 어셈블리 파일을 연 후 pin 컴포넌트를 생성한 후 어셈블리를 완성하자.

Master Part 파일 생성

1. ch13_ex05_assy.prt 파일을 연다.
2. Constraint 심볼을 모두 숨긴다.
3. Assemblies 아이콘 그룹에서 Create New 아이콘을 클릭한다.
4. New Component File 대화상자에서 Model 템플릿을 선택하고, Master Part의 경로와 파일 이름을 입력한 후 OK 버튼을 누른다.

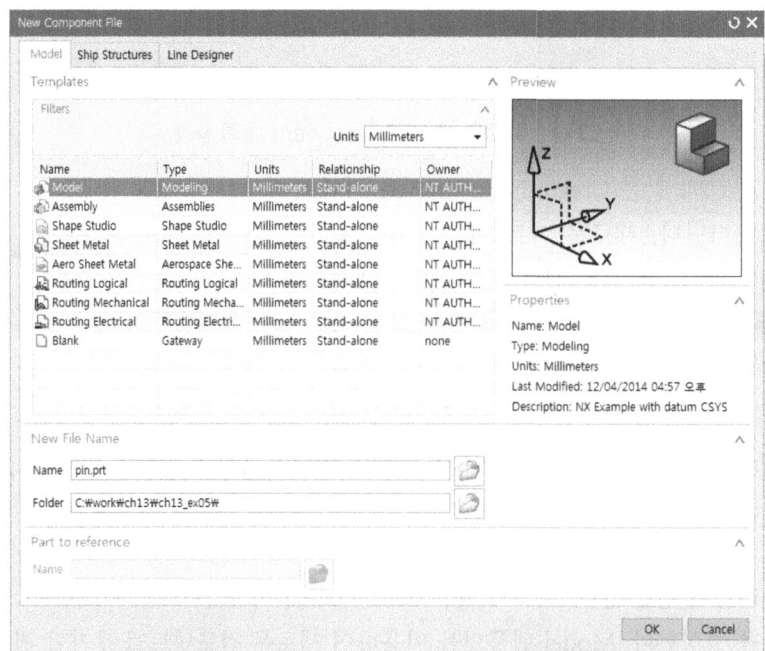

그림 13-77 새로운 컴포넌트의 Master Part 생성

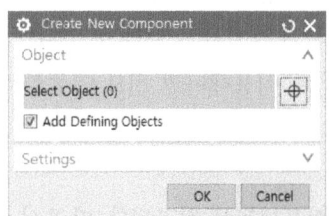

5. Create New Component 대화상자가 나타나고 Select Object 옵션이 활성화 되어 있다. 아무 것도 선택하지 말고 OK 버튼을 누른다.

그림 13-78 Create New Component 대화상자

520

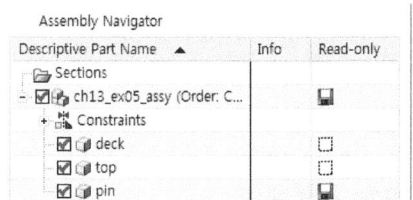

그림 13-79 pin 컴포넌트 생성

Assembly Navigator에 그림 13-79와 같이 pin 컴포넌트가 생성된 것을 확인한다. Reference Set은 Entire Part이다.

pin 컴포넌트 이동

pin 컴포넌트에는 데이텀 좌표계만 생성되어 있다. 모델링의 기준이 되는 곳으로 pin 컴포넌트의 기준점을 이동시키자.

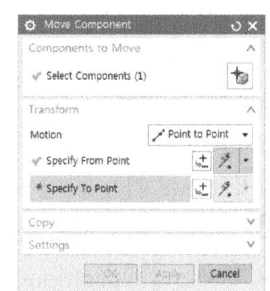

1. Assembly Navigator에서 pin을 선택한다.
2. Move Component 아이콘을 클릭한다.
3. 그림 13-80과 같이 From Point와 To Point를 선택한다. To Point는 핀 구멍의 중심점으로 한다.

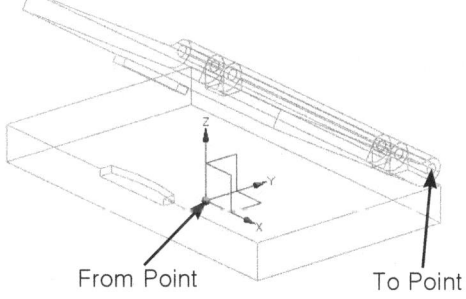

그림 13-80 pin 컴포넌트 이동

pin 컴포넌트 모델링

1. Pin 컴포넌트를 더블클릭하여 Work Part로 지정한다.
2. Sketch 아이콘을 누른다.
3. Selection Scope을 Entire Assembly로 선택한다.
4. Pin 컴포넌트에 있는 데이텀 좌표계의 XY 평면을 스케치 면으로 선택한다.
5. Project Curve 기능을 이용하여 구멍 모서리(그림 13-83의 Ⓐ)를 스케치 면에 투영한다. 그림 13-82의 메시지가 나타나면 OK 버튼을 누른다.

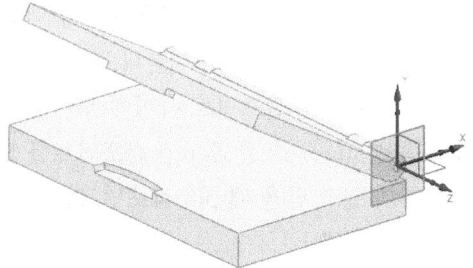

그림 13-81 스케치 면 선택

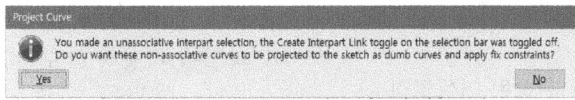

그림 13-82 Project Curve 메시지

13장: 어셈블리 II (Top-Down Assembly)

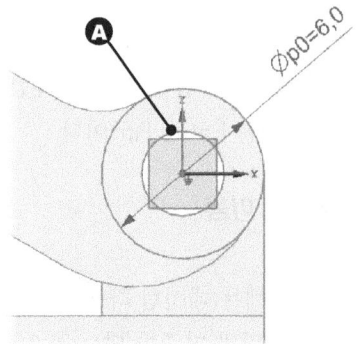

그림 13-83 스케치 생성

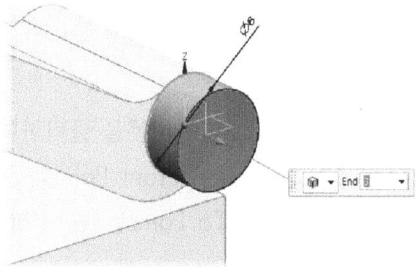

그림 13-84 머리 부분 생성

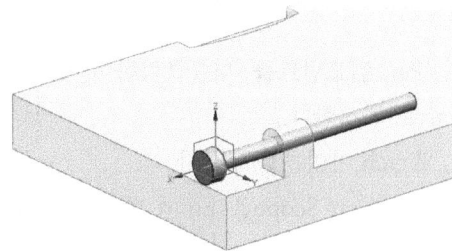

그림 13-85 몸통 부분 생성

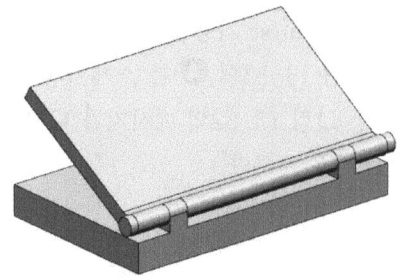

그림 13-86 완성된 어셈블리

6. 그림 13-83과 같이 지름 6mm의 원을 생성한 후 완전구속 한다.

7. Sketch 환경을 빠져 나간다.

Extrude 피쳐 생성

1. Extrude 기능을 이용하여 그림 13-82와 같이 3mm 돌출시킨다. Boolean 옵션은 None으로 한다.

2. top 컴포넌트를 숨긴다.

3. Extrude 기능을 이용하여 그림 13-83의 Ⓐ 커브를 중심 방향으로 45mm 돌출 시킨다. Boolean Operation은 Unite를 이용한다.

pin 컴포넌트 구속

1. ch13_ex05_assy를 Work Part로 지정한다.

2. pin 컴포넌트의 Reference Set이 Entire Part로 되어 있음을 확인한다.

3. top 컴포넌트를 보이게 한다.

4. pin 컴포넌트를 복사하여 추가한 후 Assembly Constraint 기능을 이용하여 두 개의 pin 컴포넌트에 구속을 부여한다. 이 때 top 컴포넌트와 deck 컴포넌트 사이에 부여한 각도 구속을 Suppress 한 후 top 컴포넌트를 드래그 하여 열고 닫을 때 pin 컴포넌트는 함께 회전되어야 한다.

5. pin 컴포넌트의 Reference Set을 Model로 변경한다. 그림 13-86은 완성된 어셈블리 모델을 보여준다.

6. 파일을 저장하고 모든 파트를 닫는다.

END of Exercise

폴더: *ch13_ex06*　　　　　　　어셈블리 구조 만들기　**Exercise 06**

엔진 어셈블리는 수 많은 부품으로 이루어져 있으며 각각의 부품은 서브 어셈블리로 구성되어 있다. 크랭크 부분을 중심으로 하여 그림 13-87과 같은 어셈블리 구조를 만들어 보자. 어셈블리의 파일명은 부품 이름 뒤에 _asm을 표시하고 파트의 파일명은 부품명 그대로 표시하자. 모든 파일은 ch13_ex06 폴더에 생성한다.

그림 13-87 Engine 어셈블리의 구조

13장: 어셈블리 II (Top-Down Assembly)

13.5 어셈블리의 분해

일반적으로 어셈블리는 많은 수의 부품으로 이루어져 있어 조립된 상태에서는 안쪽에 있는 부품을 자세히 보기 어렵다. NX에서는 Exploded Views 기능을 이용하여 분해된 상태를 만들 수 있다. 분해된 뷰는 필요에 따라 여러 개 만들 수 있으며 각각의 분해된 뷰를 이용하여 도면을 생성할 수도 있다. 도면 생성 방법에 대해서는 15장에서 설명할 것이다.

일반적인 사용 절차는 다음과 같다.

① Assemblies 탭에서 Exploded Views 아이콘을 누른다.
② 분해뷰를 생성한다.
③ 컴포넌트를 이동시켜 분해된 상태로 만든다.
④ 조립 경로를 생성한다.

Exploded View는 Assemblies 탭에서 생성할 수 있다. 그림 13-88은 Assemblies 탭을 눌렀을 때 나타나는 아이콘 그룹을 표시한다. Exploded View 아이콘의 위치를 화살표로 표시하였다.

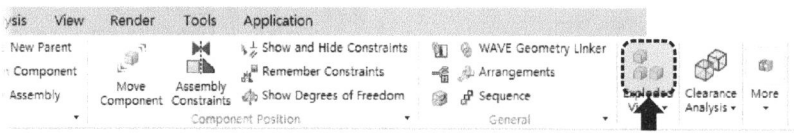

그림 13-88 Assemblies 탭의 아이콘 그룹

폴더: ch13_ex07_assy
파일: ch13_ex07_assy.prt

분해뷰 생성하기 **Exercise 07**

주어진 파일을 이용하여 분해뷰와 조립 경로를 생성하자.

분해뷰 생성

1. ch13_ex07_assy.prt 파일을 연다.

2. Assemblies 탭을 표시하고 Exploded View 아이콘을 누른다.

3. Exploded Views 아이콘 그룹에서 New Explosion 아이콘을 누른다.

4. New Explosion 대화상자에 분해뷰의 이름을 입력하고 OK를 누른다. 이 예제에서는 기본 설정 이름을 그대로 사용한다. 분해뷰가 생성되면 Exploded Views 아이콘 그룹의 나머지 기능들이 활성화된다.

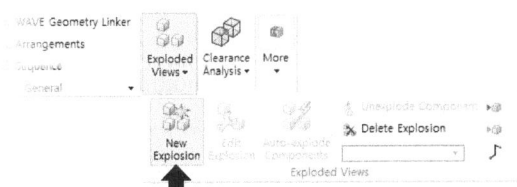

그림 13-89 New Explosion 아이콘

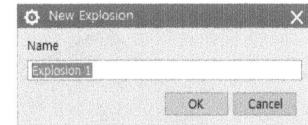

그림 13-90 New Explosion 대화상자

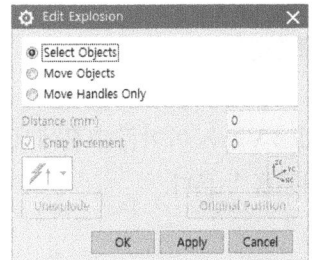

그림 13-91 Edit Explosion 대화상자

5. Exploded Views 아이콘 그룹에서 Edit Explosion 아이콘을 누른다. Edit Explosion 대화상자에 Select Objects 라디오 버튼이 선택된 것을 확인한다. 큐라인에는 분해할 개체를 선택하라는 메시지가 나타난다.

6. 작업창에서 pin 컴포넌트를 선택하고 MB2를 누른다. Edit Explosion 대화상자의 두번째 라디오 버튼(Move Objects)으로 넘어가고, 그림 13-92와 같이 Move 핸들이 나타난다.

13장: 어셈블리 II (Top-Down Assembly)

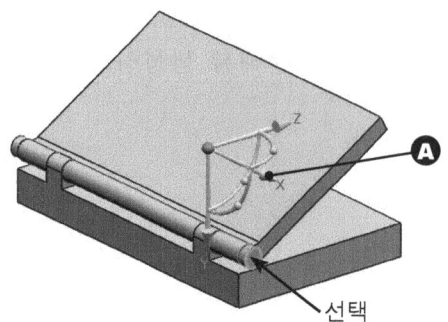

그림 13-92 컴포넌트의 이동

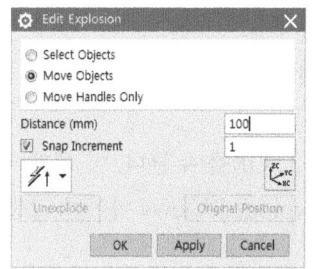

그림 13-93 이동 거리 입력

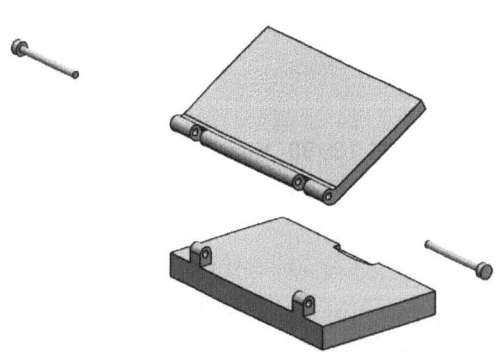

그림 13-94 분해된 어셈블리

7. Move 핸들의 Ⓐ 부분을 클릭한다. 대화상자의 Distance 입력창에 화살표 방향으로 이동 거리를 입력한다. 이 예제에서는 100을 입력하고 Apply 버튼을 누른다.

8. Edit Explosion 대화상자에서 Select Objects 라디오 버튼을 다시 선택한다. 방금 이동시킨 컴포넌트를 선택 해제(Shift + MB1)하고 반대쪽에 있는 pin 컴포넌트를 선택한다.

9. MB2를 누른다. Move Objects 옵션으로 진행된다.

10. 반대 방향으로 100mm 이동시키고 Apply 버튼을 누른다.

11. 같은 방법으로 top_modified 컴포넌트와 두 개의 pin 컴포넌트를 동시에 선택하여 WCS의 Z 방향으로 50mm 이동시키고 OK 버튼을 누른다.

12. 대화상자에서 OK 버튼을 누른다.

조립 경로 생성

1. Exploded Views 아이콘 그룹에서 Tracelines 아이콘을 누른다.

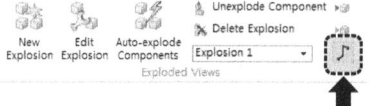

그림 13-95 Tracelines 아이콘

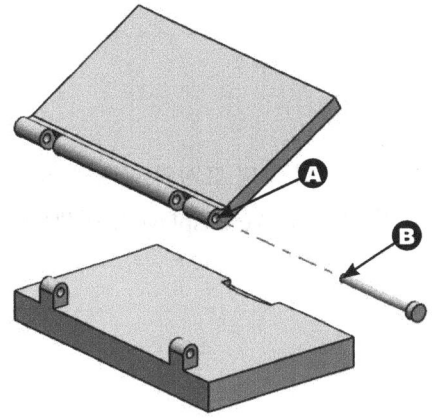

2. 그림 13-96과 같이 Ⓐ, Ⓑ 점을 선택하여 조립 경로를 생성한다. 점을 선택할 때는 Snap Point 옵션과 Allow Selection of Hidden Wireframe 기능을 적절히 이용한다.

3. 그림 13-97과 같이 나머지 조립 경로를 생성한다.

그림 13-96 Tracelines 생성

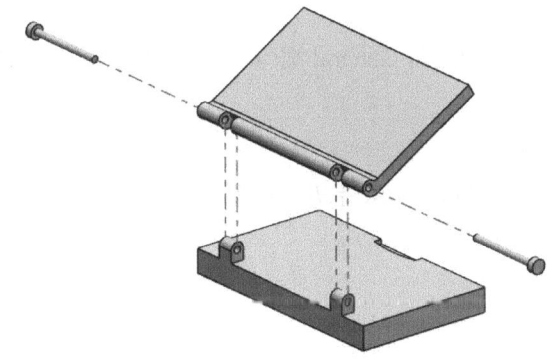

그림 13-97 Tracelines 생성 완료

4. Exploded Views 아이콘 그룹에서 Work View Explosion을 (No Explosion)으로 선택한다. 어셈블리가 분해되기 전 상태로 되며 Traceline은 보이지 않는 것을 알 수 있다.

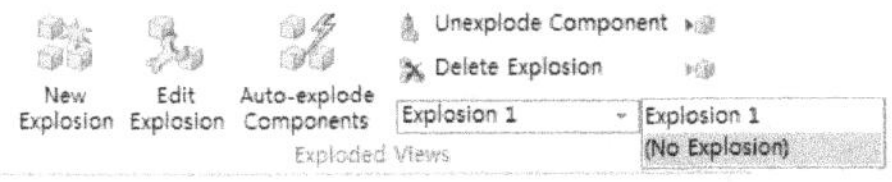

5. Exploded Views 아이콘 그룹에서 Work View Explosion을 다시 Explosion 1로 선택한다.

그림 13-98 Work View Explosion 선택

6. Save As 기능을 이용하여 어셈블리 파일 이름을 ch13_ex07_assy_exploded.prt로 저장한다.

7. 모든 파일을 닫는다.

END of Exercise

13.6 기타 어셈블리 기능

13.6.1 어셈블리의 화면 표시

컴포넌트의 색깔, 투명도, 선의 타입 등의 화면 표시를 파트의 화면 표시와 다르게 설정할 수 있다. 여기서 변경되는 화면 표시는 현재 Display 되어 있는(Make Displayed) 어셈블리에서만 표시된다.

사용 방법은 다음과 같다.

① 화면 표시를 변경하고자 하는 작업창의 컴포넌트 위에 MB3 〉 Edit Display 선택

② Edit Object Display 대화상자의 General 탭에서 화면 표시 설정 후 OK 버튼을 누름

그림 13-99는 컴포넌트별로 다른 색깔, 투명도를 지정한 어셈블리를 보여준다.

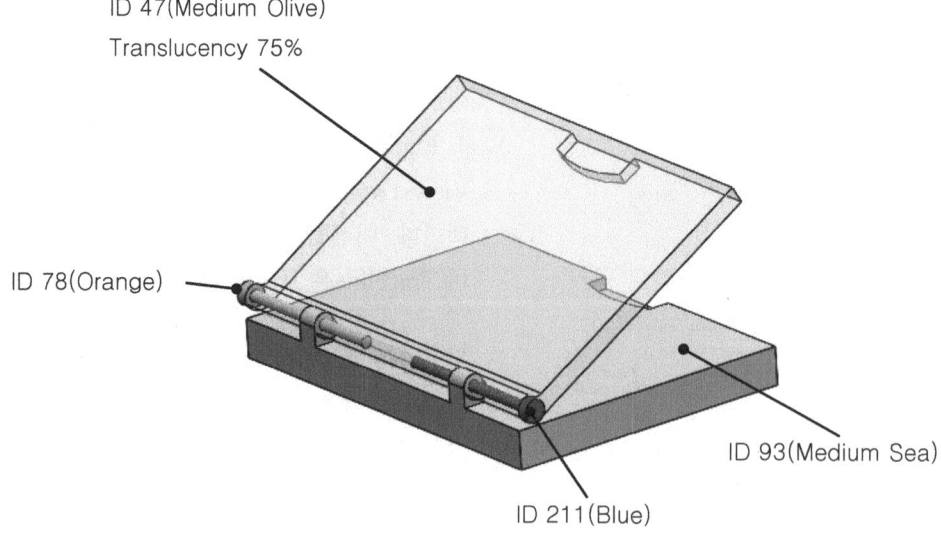

그림 13-99 화면 표시 변경

13.6.2 단면 표시

View 탭의 Visibility 아이콘 그룹에 있는 Edit Section 기능을 이용하면 단면을 표시할 수 있다.

▶ Edit Section: 단면을 설정하거나 변경한다.

▶ Clip Section: Edit Section 기능을 수행한 후 대화상자에서 OK 버튼을 누르면 이 아이콘이 ON 상태로 된다. 아이콘을 다시 눌러 OFF 상태로 만들 수 있다.

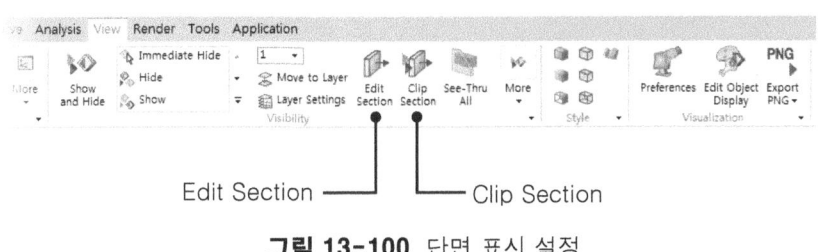

그림 13-100 단면 표시 설정

폴더: ch13_ex08
파일: ch13_ex08_assy.prt

단면 기능 사용하기 **Exercise 08**

주어진 파일을 이용하여 단면 표시 기능의 사용법을 학습해 보자.

1. ch13_ex08 폴더에서 ch13_ex08_assy.prt 파일을 연다.

2. View 탭을 누르고 Visibility 아이콘 그룹에서 Edit Section 아이콘을 누른다.

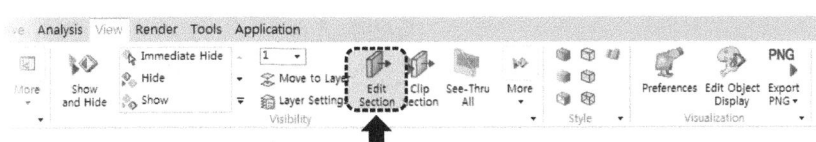

그림 13-101 Edit Section 아이콘

13장: 어셈블리 II (Top-Down Assembly)

3. 그림 13-102의 View Section 대화상자에서 ❸의 X 버튼을 누른다. XC 방향과 수직인 단면이 설정된다.

4. View Section 대화상자에서 ❹의 스크롤 바를 적당히 이동시킨다.

5. OK 버튼을 누른다. 그림 13-103과 같이 단면이 표시된다. Visibility 아이콘 그룹의 Clip Section 버튼이 켜져 있음을 알 수 있다.

6. Clip Section 아이콘을 눌러 끈다.

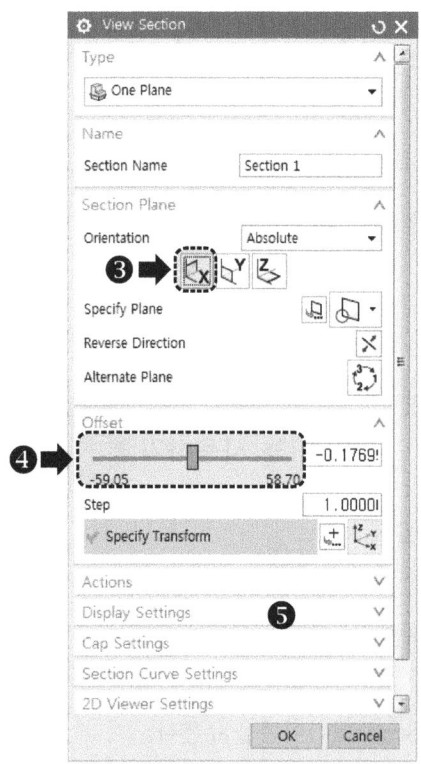

그림 13-102 Section 생성

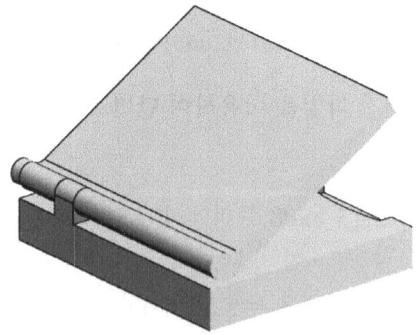

그림 13-103 생성된 단면

7. View 탭의 Visibility 아이콘 그룹에서 More 〉 New Section을 선택한다.

8. 그림 13-102와 같이 단면 위치를 이동시킨다.

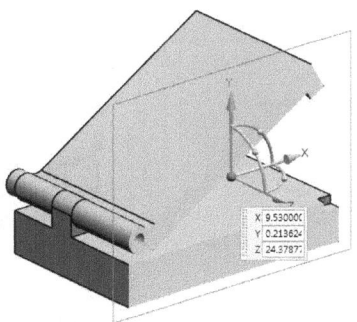

그림 13-104 새로운 단면 생성

9. View Sections 대화상자에서 Show 2D Viewer 옵션을 체크한다. 그림 13-105와 같이 2D Section Viewer가 나타나고 단면의 외곽선이 표시된다.

10. OK 버튼을 누른다. Visibility 아이콘 그룹에서 Clip Section 버튼을 끈다.

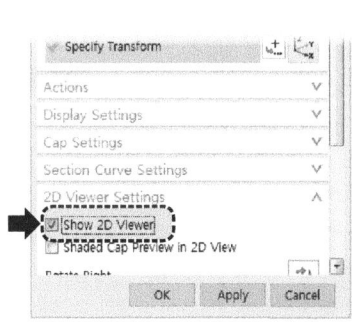 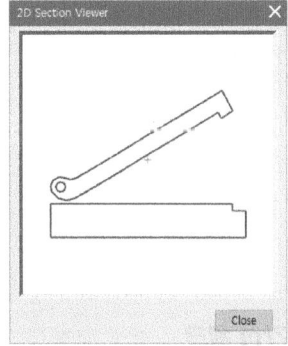

그림 13-105 단면 뷰어 설정

11. Assembly Navigator에서 Sections 앞에 있는 ⊞(Expand) 심볼을 클릭하여 펼친다. 두 번째 생성한 단면이 (Work)로 표시되어 있다.

12. 그림 13-106과 같이 두 개의 Section 앞에 있는 사각 박스를 체크한다.

13. 그림 13-107과 같이 단면 외곽선이 표시된다.

13장: 어셈블리 II (Top-Down Assembly)

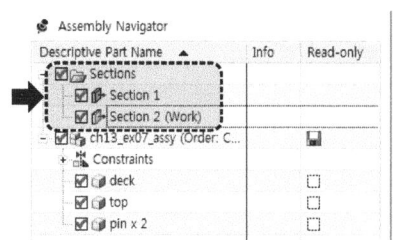

그림 13-106 Section 노드 펼치기

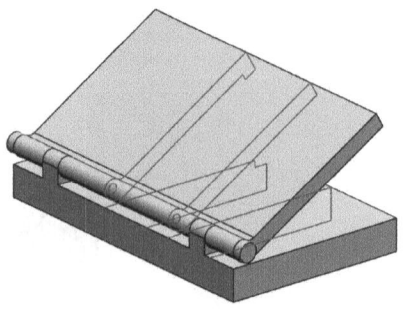

그림 13-107 단면 외곽선 표시하기

그림 13-108 단면 표시하기

14. Visibility 아이콘 그룹에서 Clip Section 버튼을 누르면 현재 Work 로 되어 있는 단면이 표시된다.

15. 파일을 저장하지 말고 닫는다.

END of Exercise

🛈 간섭 체크

Cap Settings 옵션 그룹의 Show Interference 옵션을 이용하면 간섭이 발생하는 부위를 확인할 수 있다.

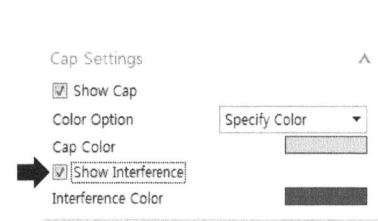

그림 13-109 Cap Settings 옵션

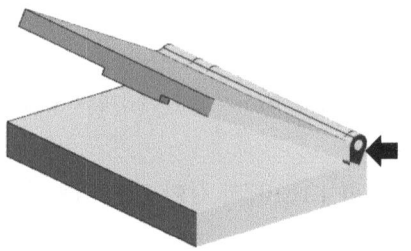

그림 13-110 간섭이 발생하는 부위

13.6.3 어셈블리의 질량 측정

현재 화면에 표시되어 있는 어셈블리와 그 컴포넌트의 질량을 계산할 수 있다.

폴더: ch13_ex09
파일: ch13_ex09_assy.prt

어셈블리의 질량 측정 **Exercise 09**

주어진 어셈블리의 질량을 측정해 보자.

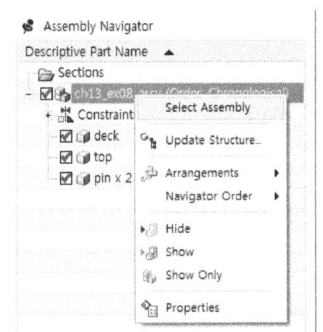

그림 13-111 전체 어셈블리 선택하기

질량 측정

1. ch13_ex09_assy.prt 파일을 연다.

2. Assembly Navigator에서 최상위 어셈블리에 MB3 > Select Assembly를 선택한다.

3. 하이라이트 되어 있는 위치에서 다시 MB3 > Properties를 선택한다.

4. Part Properties 대화상자에서 Weight 탭을 누른다.

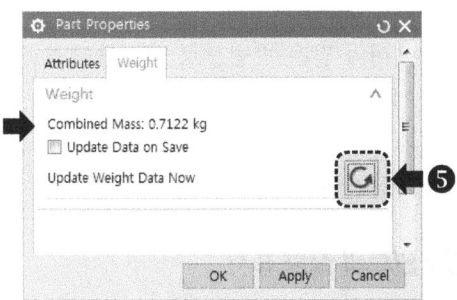

그림 13-112 질량 계산하기

5. Update Weight Data Now 버튼을 누른다.

Combined Mass가 표시된다. 이는 전체 어셈블리의 질량을 의미한다.

6. OK 버튼을 누른다.

13장: 어셈블리 II (Top-Down Assembly)

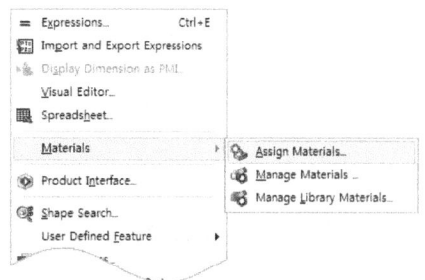

그림 13-113 Assign Materials 메뉴

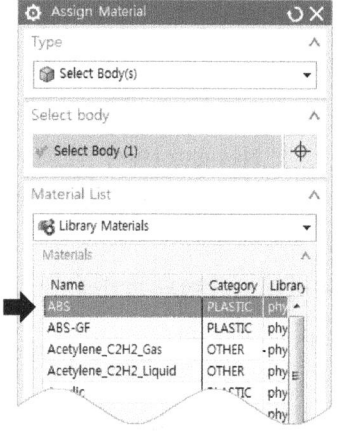

그림 13-114 Assign Material 대화상자

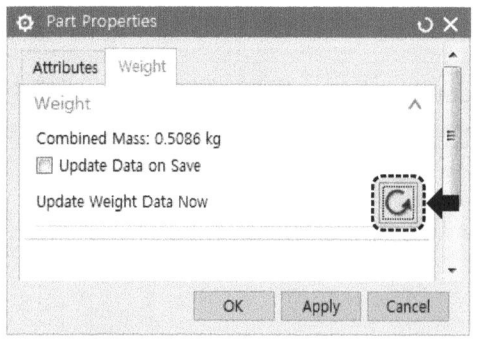

그림 13-115 다시 측정한 질량

Top 컴포넌트에 재질 설정

top 컴포넌트에 재질을 설정한 후 측정을 측정해 보자.

1. Top 컴포넌트를 Work Part로 지정한다.

2. Menu 버튼에서 Tools 〉 Materials 〉 Assign Material을 선택한다.

3. Select Body 옵션에서 top 파트의 솔리드 바디를 선택한다.

4. Material로 ABS를 선택한 후 Assign Material 대화상자에서 OK 버튼을 누른다.

5. Assembly Navigator에서 최상위 어셈블리를 더블클릭 하여 Work Part로 지정한다.

6. 앞에서와 같은 방법으로 어셈블리의 질량을 다시 측정하면 그림 13-115와 같다.

7. 대화상자에서 OK 버튼을 누른다.

컴포넌트의 질량 표시

1. Assembly Navigator의 비어 있는 곳에 MB3를 눌러 Columns 〉 Weight(g)을 선택하여 칼럼을 추가한다. (그림 13-116 참고)

그림 13-117과 같이 Part Assembly Navigator에 Weight(g) 칼럼이 추가되어 전체 어셈블리 및 컴포넌트의 질량을 알 수 있다.

2. 파일을 저장하지 말고 닫는다.

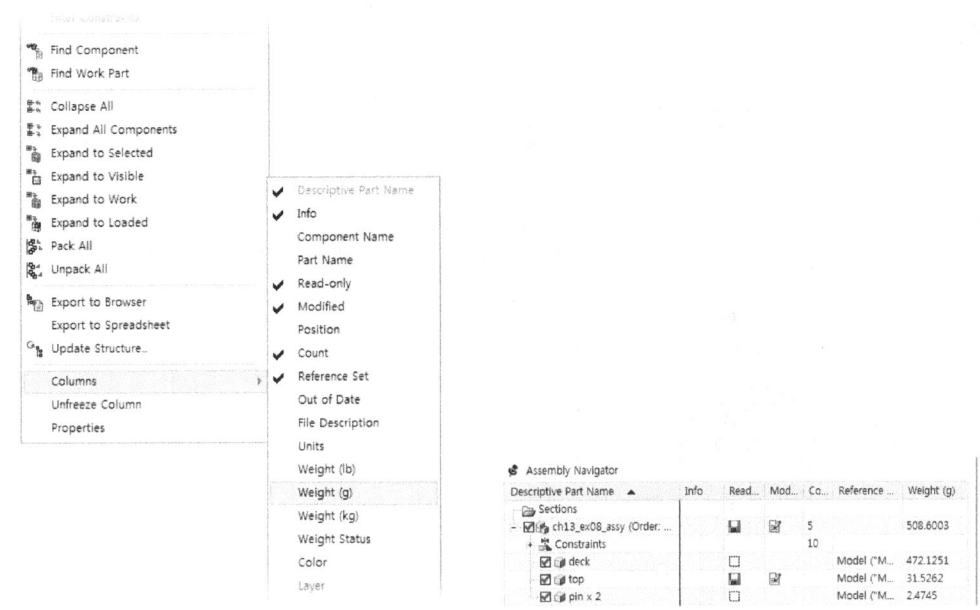

그림 13-116 Weight 칼럼 추가하기 　　　　　그림 13-117 추가된 Weight (g) 칼럼

END of Exercise

폴더: ch13_ex10
파일: ch13_ex10_assy.prt

어셈블리 환경에서 파트 모델링   **Exercise 10**

1. 그림 13-118의 Driving Assembly를 생성하시오. Link 컴포넌트에 대한 파트는 없다.

2. Link 컴포넌트를 모델링 하시오. 파트 파일 이름은 link.prt로 하며 치수는 임의로 정한다. 단, 다른 부품과 간섭이 발생하면 안된다.

3. 편심축(Eccentric Axle)이 회전할 수 있도록 어셈블리 구속 조건을 생성하시오. 편심축이 회전 운동을 할 때 커넥터(Connector)는 상하 직선 운동을 해야 한다.

13장: 어셈블리 II (Top-Down Assembly)

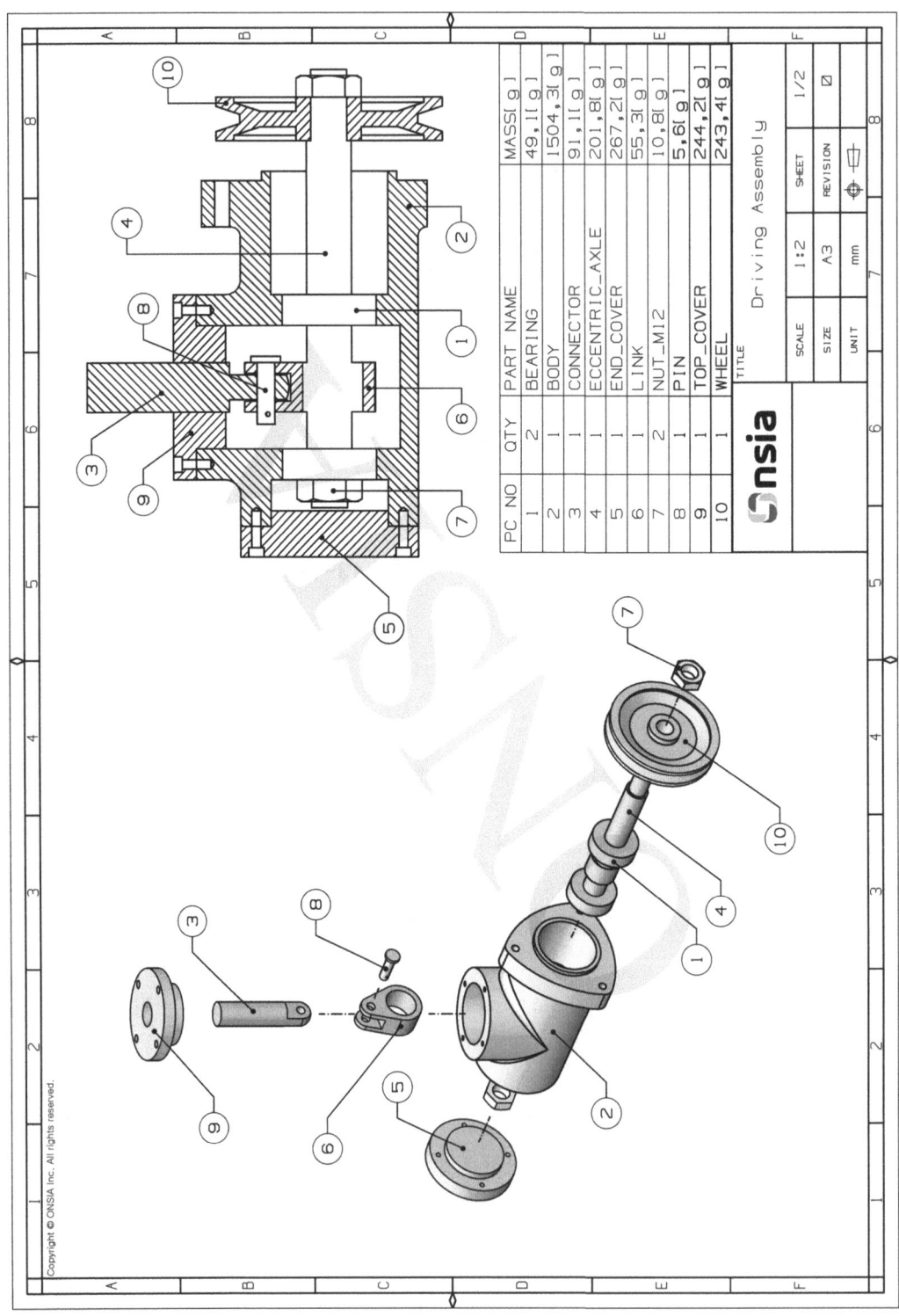

그림 13-118 Driving 어셈블리

Chapter 14
도면생성 (Part I)

■ 학습목표

- 도면의 목적과 종류를 이해한다.
- 투상법에 대하여 이해한다.
- NX에서 도면을 생성하는 절차를 배운다.
- 도면뷰의 종류를 이해하고, 여러 가지 도면뷰를 생성하는 방법을 배운다.

14장: 도면 생성 (Part I)

14.1 개요

3차원 설계가 일반화되어 있는 요즘도 도면이 필요한 부분이 있다. 설계한 결과물을 실제로 만드는 곳은 공장인데, 공장 작업자들이 3차원 형상을 볼 수 있으려면 설계자와 공장 작업자 사이에 데이터를 공유할 수 있는 체계가 필요하고 그러한 일이 가능할 수 있는 장비가 필요하기 때문에 비용이 많이 든다.

반면, 도면을 이용하면 기존의 관습에 따라 최저의 비용으로 가장 정확한 의사 전달이 가능하기 때문에 소규모의 공장에서는 3차원 설계 후 도면 생성 과정이 꼭 필요하다.

도면의 종류에는 사용 목적에 따라 단품도와 조립도가 있다. 단품도는 하나의 부품을 생산하기 위한 도면이며 부품을 생산하는 방법에 따라 복잡한 정도나 표현 방식이 조금씩 다르다. 조립도는 여러 가지 부품을 이용하여 조립된 제품을 생산할 때 참고할 수 있는 도면이다. 조립할 때의 순서, 조립 경로, 조립할 때 필요한 부품의 종류 및 개수 등에 대한 정보를 담고 있다.

NX에서는 도면 생성 규격에 따라 각 뷰를 생성하고 치수, 주석 기입 등의 도면 생성 작업을 편리하게 할 수 있다. 3차원 형상과 연결되어 있는 도면을 생성한 후 설계가 변경되었다면 도면도 자동으로 변경되도록 할 수 있다.(Model Based Drafting) 또한 필요에 따라 스케치와 동일한 방식으로 선을 그려 사용할 수도 있다.(Stand Alone Drafting) 본 교재에서는 Model Based Drafting에 대하여 기술한다.

도면을 생성하는 일반적인 절차는 다음과 같다.

　　① 도면을 생성할 파트나 어셈블리를 정한다.
　　② 도면 파일을 생성한다.
　　③ 3차원 형상을 표현하는데 필요한 도면 뷰를 생성한다.
　　④ 치수, 주석, 표면처리 기호, 용접 기호 등을 기입한다.

14.2 주요 용어

14.2.1 도면뷰(Drawing View)

물체의 형상을 표현하기 위하여 여러 가지 방식으로 본 모양을 말한다. 특정 방향에서 본 형상을 도면에 나타낼 수도 있고, 어떤 부분을 잘라서 표현할 수도 있으며 어떤 부분은 확대하여

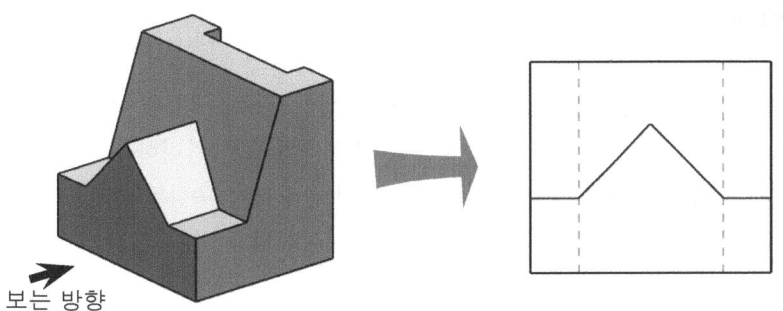

그림 14-1 도면뷰

나타낼 수도 있다. 적은 수의 도면뷰를 이용하여 형상을 최대한 잘 표현할 수 있도록 도면뷰의 종류를 선정하는 것이 좋다.

14.2.2 표제란(Title Block)

도면에 대한 기본적인 정보를 기록한다. 대개 도면의 오른쪽 아래 부분에 표시한다. 그림 14-2는 NX에서 기본으로 제공되는 표제란 샘플의 형식이다.

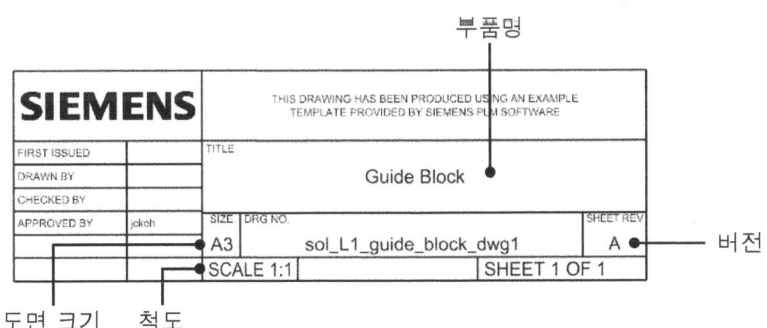

그림 14-2 표제란

14.2.3 도면 시트(Drawing Sheet)

전통적인 의미에서는 도면을 그릴 종이를 의미하지만 CAD에서는 그 이상의 개념을 포함한다. NX의 Sheet에는 도면의 크기, 척도, 단위, 투상법 등을 설정한다.

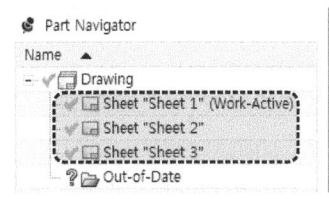

그림 14-3 도면 시트

14.3 도면 파일

NX의 도면 파일은 .prt의 확장자를 갖는다. 도면을 생성할 파트는 3차원 형상 파트로서, 마스터 파트(Master Part)라고 부르며 이 형상에 대한 파일은 별도로 관리하는 것이 일반적이다. 형상을 변경하기 위하여 마스터 파트를 수정하면 도면도 따라서 수정된다. 도면 파일을 생성할 때는 마스터 파트가 어떤 것인지를 먼저 지정하고 시작한다.

14.3.1 도면 파일 생성하기

다음의 절차에 따라 Master Part에 대한 도면 파일을 생성한다. 아무런 파트도 열어 놓지 않았다고 가정한다. (No Part 상태)

1. Home 탭에서 New 아이콘을 누른다.

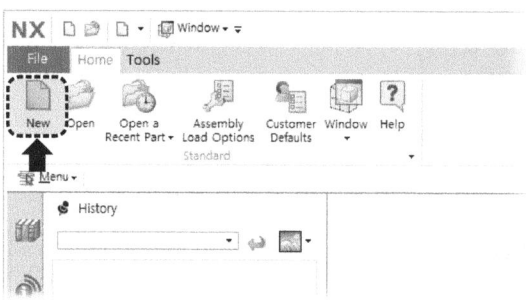

그림 14-4 New 아이콘

2. New 대화상자에서 Drawing 탭을 누른다.

3. Relationship 드롭다운목록에서 Reference Existing Part를 선택한다.

4. Unit 옵션을 선택한다.

5. 도면의 크기에 따른 템플릿을 선택한다.

6. Part to create a drawing of 옵션에서 Open 버튼을 누른다.

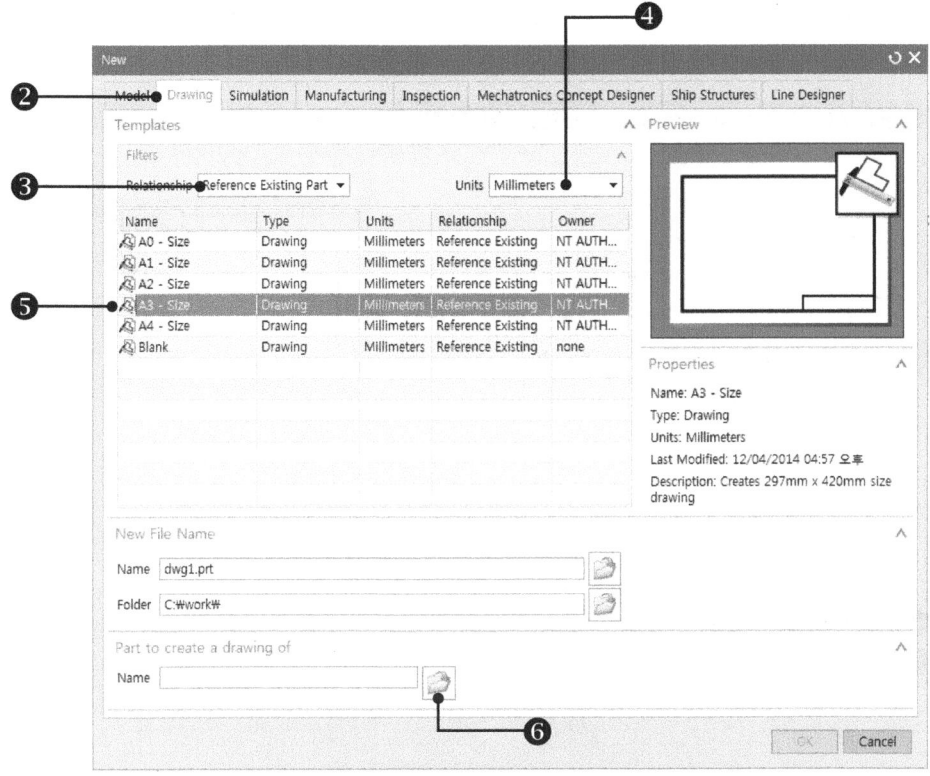

그림 14-5 New 대화상자

7. Select master part 대화상자에서 Open 버튼을 눌러 도면을 생성할 파트를 선택하고 OK 버튼을 누른다.

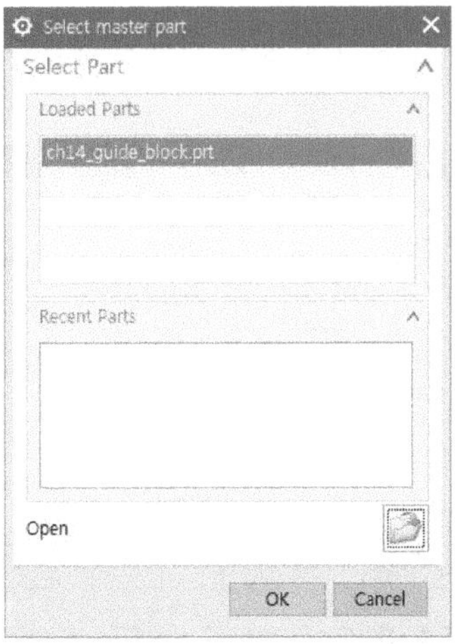

그림 14-6 Master Part 선택

14장: 도면 생성 (Part I)

8. Folder를 Master Part가 있는 곳으로 지정한다. 파일명은 자동으로 지정된다.

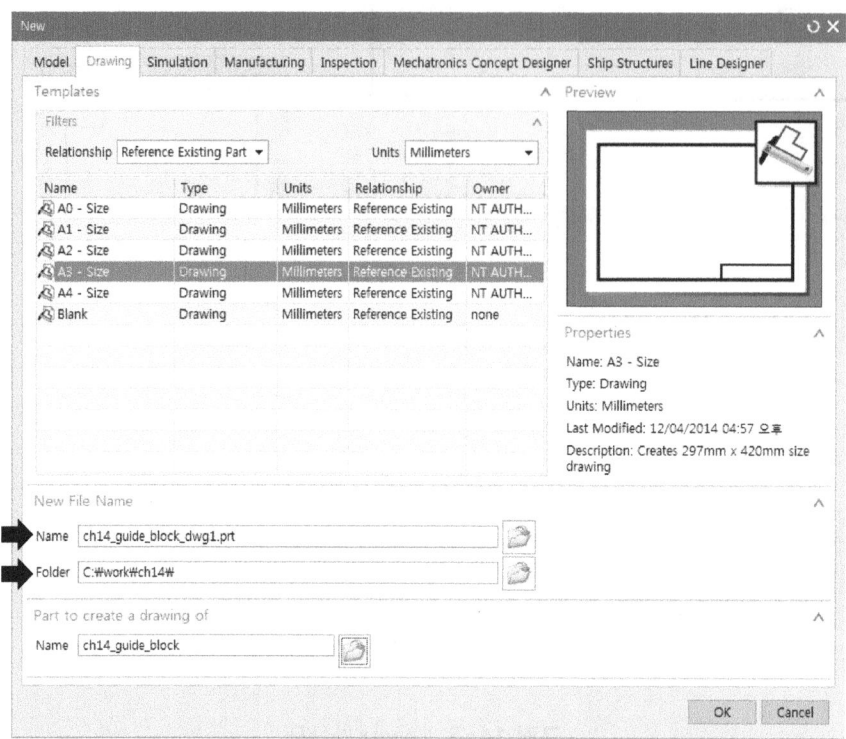

그림 14-7 New 대화상자

9. New 대화상자에서 OK 버튼을 누른다. 그림 14-8과 같은 Populate Title Block 대화상자가 나타난다. 설계자, 도면 제작자, 승인자 등을 입력할 수 있다. Close 버튼을 누른다.

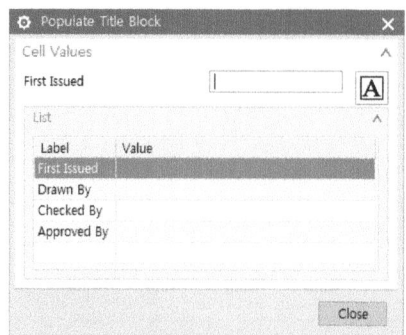

그림 14-8 Populate Title Block 대화상자

10. View Creation Wizard가 나타나며 작업창에는 자동으로 생성될 도면뷰의 미리보기가 나타난다. 뷰 자동 생성 기능은 사용하지 않을 것이므로 Cancel을 누른다.

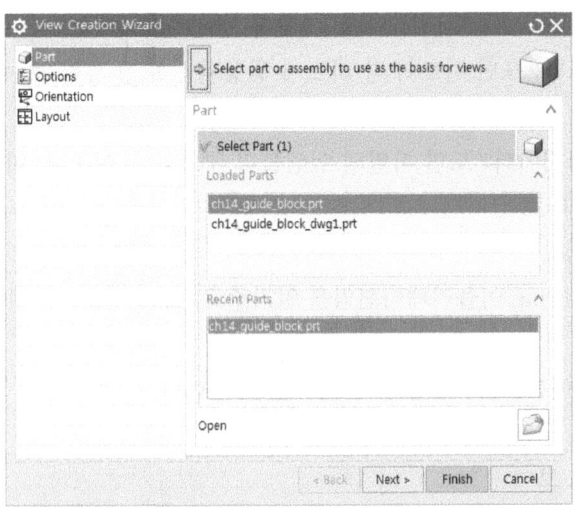

그림 14-9 View Creation Wizard 대화상자

11. 그림 14-10과 같이 도면 화면이 나타난다.

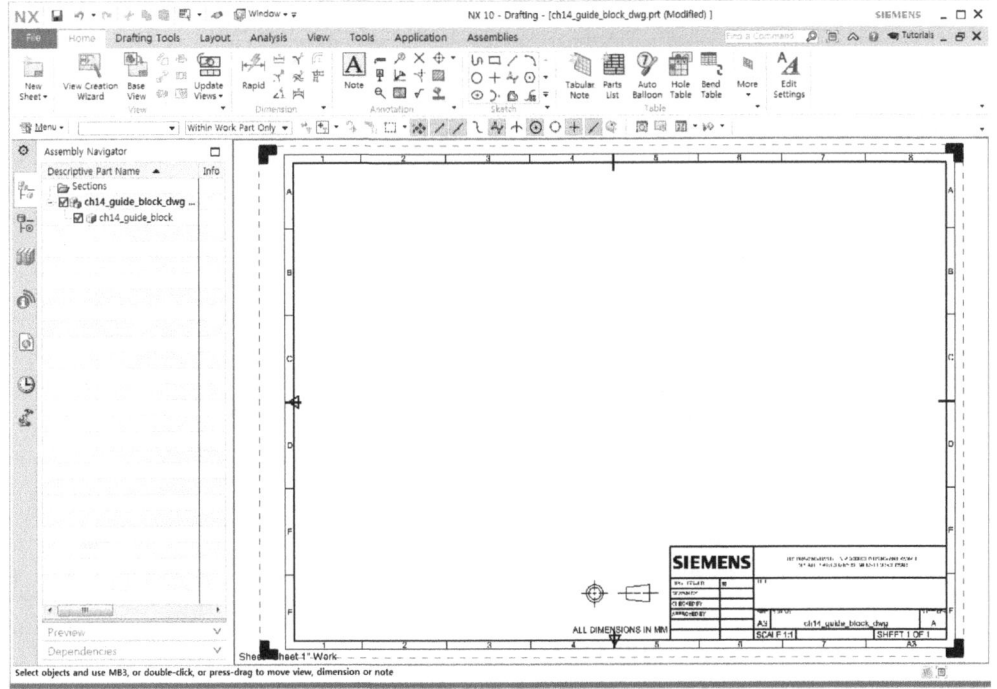

그림 14-10 도면 화면

14장: 도면 생성 (Part I)

14.3.2 도면 화면의 이해

도면 파일을 생성한 후 나타나는 도면 화면을 이해하자.

A 파트 네비게이터: 도면 시트와 각 시트에 생성되는 도면 뷰를 보여준다.

B 어셈블리 네비게이터: 도면 파일의 어셈블리 구조를 보여준다. 마스터 파트는 도면 파일의 컴포넌트 형태로 관리된다.

C 타이틀바: Drafting 어플리케이션임을 알려주고, 파일 명, 수정 여부를 알려준다.

D 표제란: 부품 이름, 제작자 등 도면 정보를 기입한다.

E 치수의 단위를 보여 준다.

F 투상법을 알려준다.

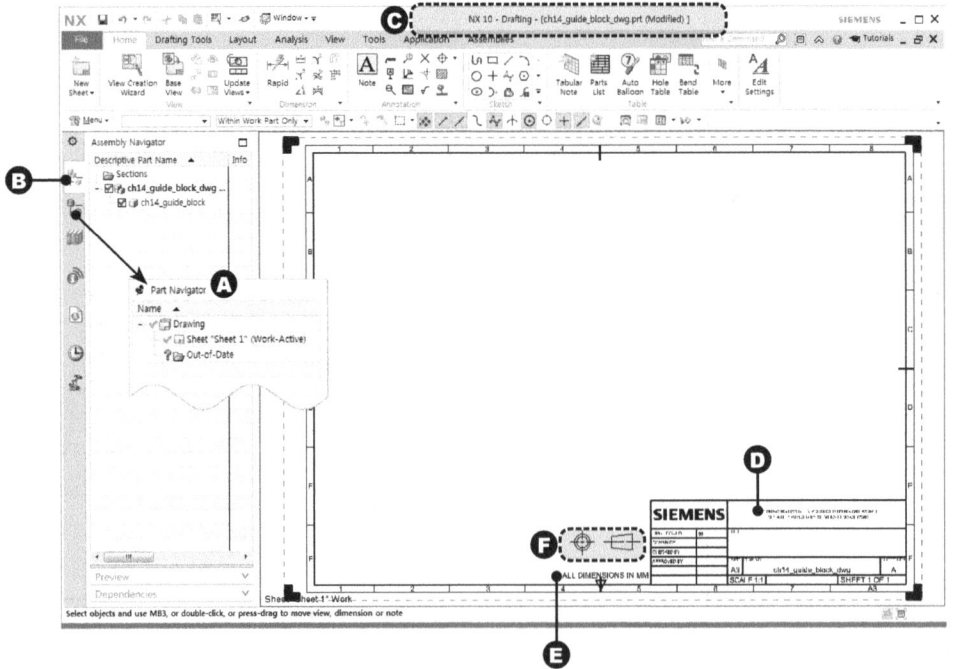

그림 14-11 도면 화면의 이해

> **새로운 도면 파일을 생성할 때 자동 실행**

새로운 파일을 생성할 때 몇 가지 기능이 자동으로 수행된다.

Ⓐ Sheet 자동 생성
Ⓑ View Creation Wizard 기능 수행
Ⓒ Base View를 추가한 후 Projected View 기능 자동 실행

이는 Menu 버튼 > Preferences > Drafting의 Workflow 옵션에 설정되어 있다.

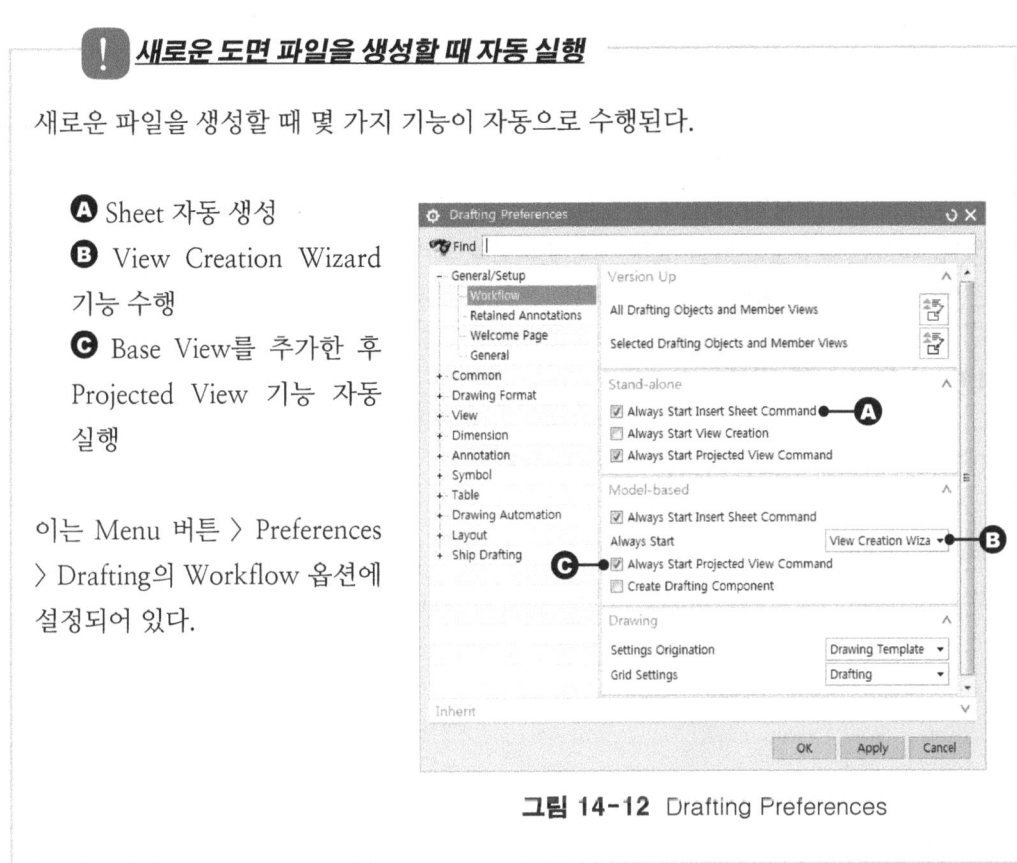

그림 14-12 Drafting Preferences

14.3.3 도면 파일 저장

Quick Access 툴바에서 Save 아이콘을 눌러 도면 파일을 저장할 수 있다. 처음 저장할 때는 그림 14-13과 같은 대화상자가 나타나며 경로와 파일명을 변경할 수 있다.

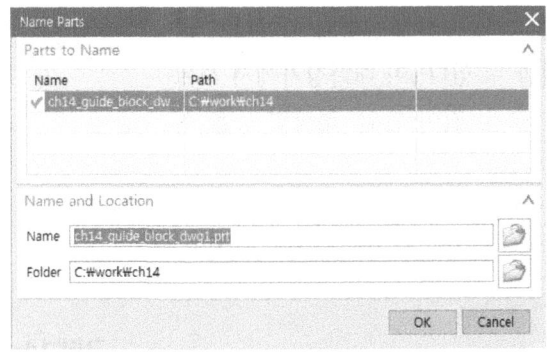

그림 14-13 Name Parts 대화상자

14.4 도면 시트

Sheet는 도면을 그릴 종이를 의미하지만 NX에서는 그 이상의 개념을 포함한다. NX에서는 도면을 생성하기 전에 도면의 크기, 척도, 사용할 표준, 투상법 등을 미리 설정한다. 종이 한 장의 크기는 가장 큰 것이 A0인데 이렇게 큰 종이에 형상을 정확히 표기하기에 부족한 부품들이 있다. 그러한 경우에는 여러 장의 시트에 도면을 그리게 된다. 실제로 엔진 블럭과 같은 제품은 형상이 매우 복잡하여 A0 크기의 시트 5장 ~ 10장을 사용하게 된다.

14.4.1 도면 시트 생성

NX에서는 여러 장의 도면 시트를 만들 수 있다.

① Home 탭에서 New Sheet 버튼 이용
② Part Navigator에서 Drawing에 MB3 > Insert Sheet 메뉴 이용

그림 14-14 New Sheet 아이콘

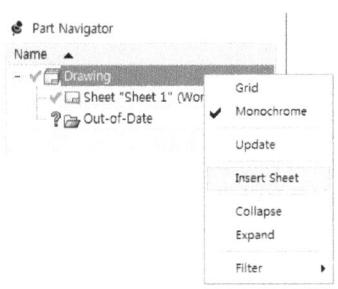

그림 14-15 팝업 메뉴

14.4.2 도면 시트 설정

파트 네비게이터에서 Sheet에 MB3 > Edit Sheet를 선택하면 그림 14-17과 같은 Sheet 대화상자가 나타나고 시트의 기본 사항을 수정할 수 있다. 이 대화상자에서 시트의 이름, 척도, 도면의 크기, 길이 단위, 투상법 등을 설정한다.

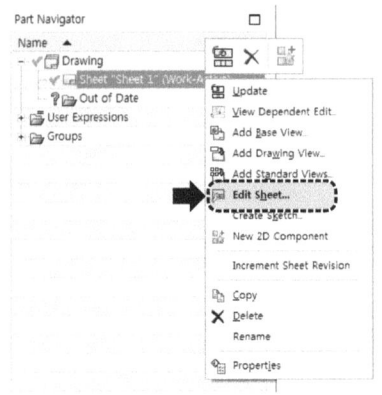

그림 14-16 Edit Sheet 메뉴

Projection 옵션 그룹에는 3rd Angle Projection이 기본으로 선택되어 있다. 한국을 포함한 대부분의 나라에서 3각법을 표준으로 하기 때문에 이 책에서도 3각법에 따라 도면을 생성할 것이다.

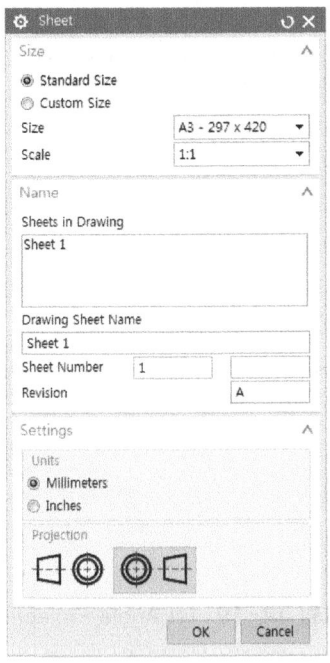

그림 14-17 Sheet 대화상자

도면 생성 표준

본 교재는 도면 생성 표준으로 ISO를 따른다. 도면 생성 표준은 Menu 버튼 〉 Tools 〉 Drafting Standard에서 변경할 수 있다.

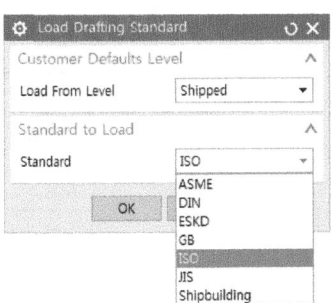

그림 14-18 도면 생성 표준

14장: 도면 생성 (Part I)

> **! 투상법**
>
> ▶ 1각법: 1 사분면에 물체를 놓고 각 투상면에 투상하는 방식이다. 투상면은 그림 14-19 와 같이 펼쳐서 표시하기 때문에 정면에서 본 뷰(정면도)를 기준으로 하여 오른쪽에서 본 뷰(우측면도)가 정면도의 왼쪽에 배치되며 위에서 본 뷰(평면도)가 정면도의 아래쪽에 배치된다.
>
>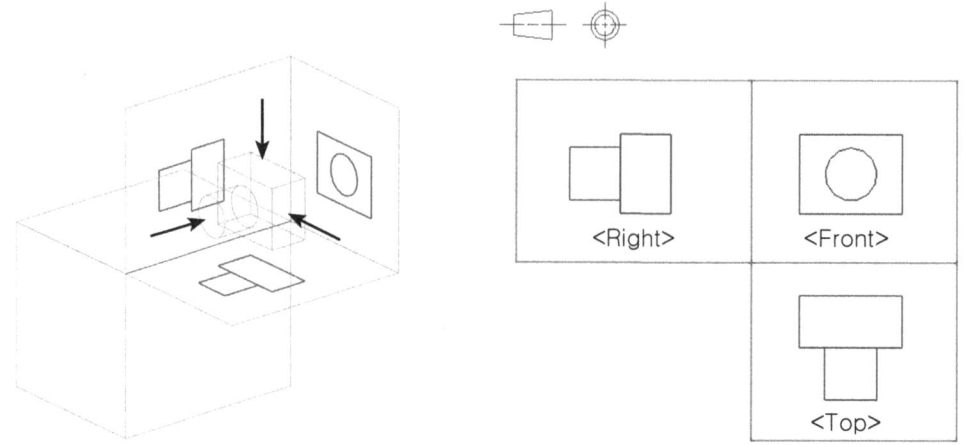
>
> **그림 14-19** 1st Angle Projection
>
> ▶ 3각법: 3 사분면에 물체를 놓고 각 투상면에 투상하는 방식이다. 투상면은 그림 14-20 과 같이 펼쳐서 표시하기 때문에 정면에서 본 뷰(정면도)를 기준으로 하여 오른쪽에서 본 뷰(우측면도)가 정면도의 오른쪽에 배치되며 위에서 본 뷰(평면도)가 정면도의 위쪽에 배치된다.
>
>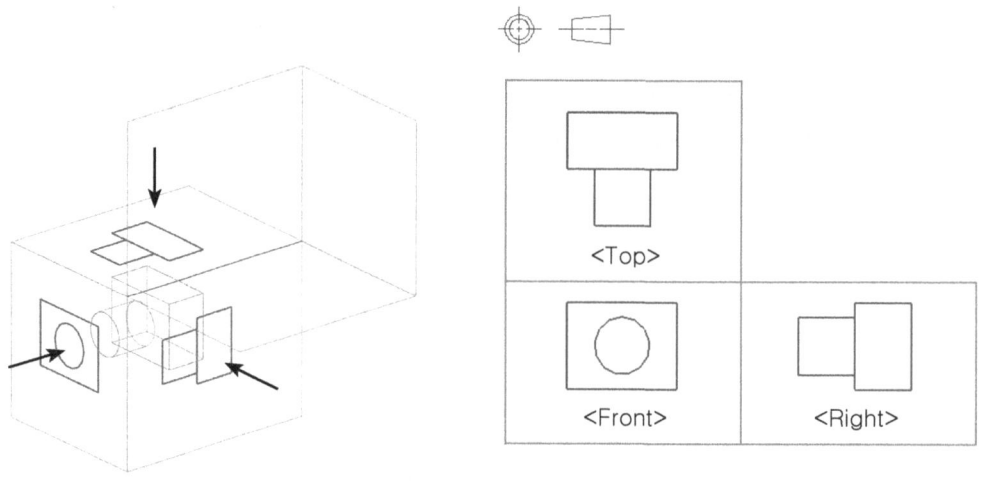
>
> **그림 14-20** 3rd Angle Projection

14.5 도면 뷰(Drawing View)

3차원 형상에 대한 도면을 그릴 때는 여러 가지 형태의 뷰를 먼저 생성한 후 치수를 생성하고 주석을 기입하게 된다. 뷰를 생성할 때는 3차원 형상을 가장 잘 표현할 수 있도록 필요한 도면 뷰를 선정해야 하고 최대한 적은 수의 뷰를 사용하는 것이 좋다.

뷰의 종류는 용도에 따라 다음과 같이 분류한다.

- 기본 뷰(Base View): 다른 뷰 없이 3차원 형상만을 이용하여 생성하는 뷰
- 투영도(Projected View): 어떤 뷰를 투상법에 따라 특정 방향으로 투영하여 생성한 형상
- 단면도(Section View): 어떤 뷰를 특정 위치에서 자른 면의 형상을 보여주는 뷰
- 상세도(Detail View): 어떤 뷰의 특정 부분을 확대하여 표현한 뷰
- 부분 단면도(Break-out Section View): 어떤 뷰에서 일정 부분을 떼어내어 표현한 뷰
- 절단뷰(Broken View): 단면 모양이 일정한 긴 형상을 잘라서 짧게 표현한 뷰

14.5.1 기본뷰 (Base View)

다른 뷰 없이 3차원 형상의 방향을 이용하여 도면 뷰를 생성한다. 컴포넌트의 표준 방향을 이용하거나 임의의 방향을 지정할 수 있다. 기본뷰는 필요한 만큼 몇 개라도 추가할 수 있다.

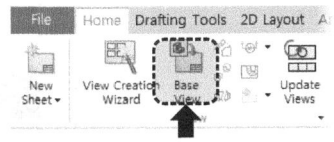

그림 14-21 Base View 아이콘

그림 14-22는 Base View 대화상자를 보여준다. Base View 아이콘을 클릭하면 Specify Location 옵션이 활성화 되며 마우스 포인터에는 Top 방향과 1:1 척도의 기본뷰가 미리 보기 된다. 작업 화면의 임의의 위치를 클릭하여 뷰를 생성할 수 있다. 필요에 따라 Model View의 방향을 변경하고 척도를 설정한 다음 다시 Specify Location 옵션을 클릭한 후 뷰를 생성한다.

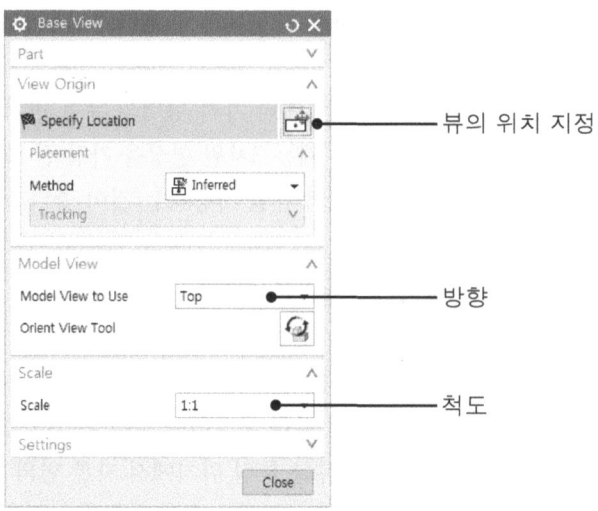

그림 14-22 Base View 대화상자

Model View 옵션 그룹의 Orient View Tool 버튼을 누르면 Orient View 창에 3차원 형상이 나타난다. 화면 위에서 MB2를 눌러 임의의 방향을 설정한 후 OK 버튼을 누르면 설정된 방향에 맞게 기본 뷰가 생성된다. Orient View Tool 대화상자에서 Normal Direction과 X Direction을 지정하여 뷰의 방향을 지정할 수도 있다.

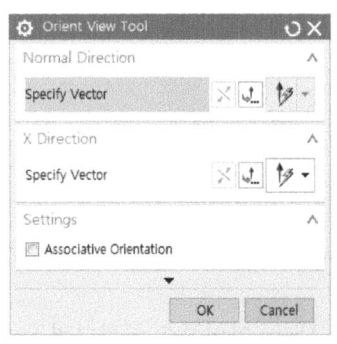 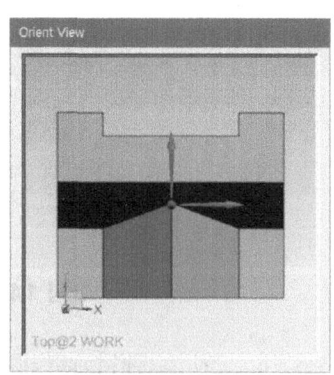

그림 14-23 Orient View Tool 옵션 이용

> **Model View**
>
> Base View 대화상자의 Model View 옵션 그룹에 있는 Model View to use 드롭다운 목록에는 도면을 그릴 3차원 형상에 적용할 수 있는 모델뷰가 나타난다. 기본으로 나타나는 모델뷰는 도면 파일에 자동으로 생성되는 것이며 필요에 따라 새로운 모델뷰를 생성할 수도 있다. 도면 파일의 모델뷰는 Modeling 어플리케이션에서 생성할 수 있다.

14.5.2 투영도 (Projected View)

어떤 기준 뷰를 특정 방향으로 투영한 뷰를 생성한다. 나타나는 형상은 지정된 투상법에 따른다. 그림 14-24는 왼쪽의 도면 뷰를 오른쪽으로 투영한 뷰를 생성할 때의 미리보기를 보여준다.

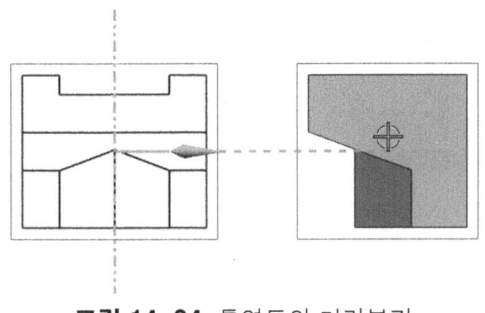

그림 14-24 투영도의 미리보기

---

ch14_ex01.prt　　　　　　　　　　　　　　　　도 면 뷰 생 성　**Exercise 01**

주어진 파트에 대한 다음의 도면뷰를 생성한다.

1. Base View 기능을 이용한 Top View 생성
2. Top View를 오른쪽으로 투영한 Projected View 생성
3. Base View 기능을 이용한 Isometric View 생성
4. Sheet의 Scale 변경
5. 오른쪽으로 투영한 뷰를 아래로 투영하여 Projected View 생성

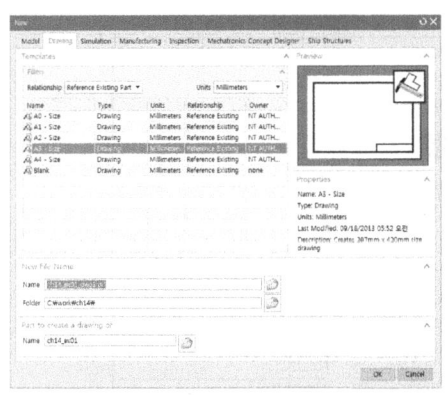

그림 14-25 도면 파일 생성

도면 파일 생성

1. File 〉 Close 〉 All Parts를 선택하여 모든 파일을 닫는다.

2. 주어진 파트 파일 ch14_ex01.prt를 연다.

3. File 〉 New를 선택한다. Master Part가 자동으로 지정되어 있음을 알 수 있다.

4. 폴더를 지정하고 OK 버튼을 눌러 도면 파일을 생성한다. 파일 생성의 이후 과정은 14.3.1을 참고한다.

14장: 도면 생성 (Part I)

Top View와 Projected View 생성

그림 14-26 Base View 아이콘

1. View 아이콘 그룹에서 Base View 아이콘을 누른다.

2. Base View 대화상자에서 Model View to Use 옵션을 Top으로 선택한다.

3. Sheet 화면의 적당한 위치를 MB1으로 클릭하여 Top View를 생성한다. (그림 14-28 참고)

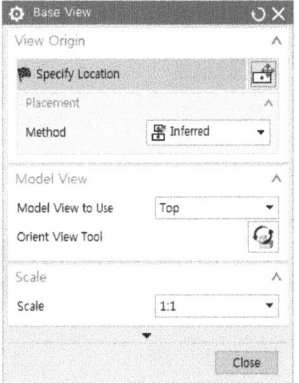

그림 14-27 Base View 대화상자

그림 14-29와 같이 Projected View 대화상자가 나타나고 마우스 위치에 따라 투영뷰의 미리보기가 나타난다.

4. Top View의 오른쪽으로 마우스 포인터를 이동시킨 후 MB1을 클릭하여 Projected View를 생성한다.

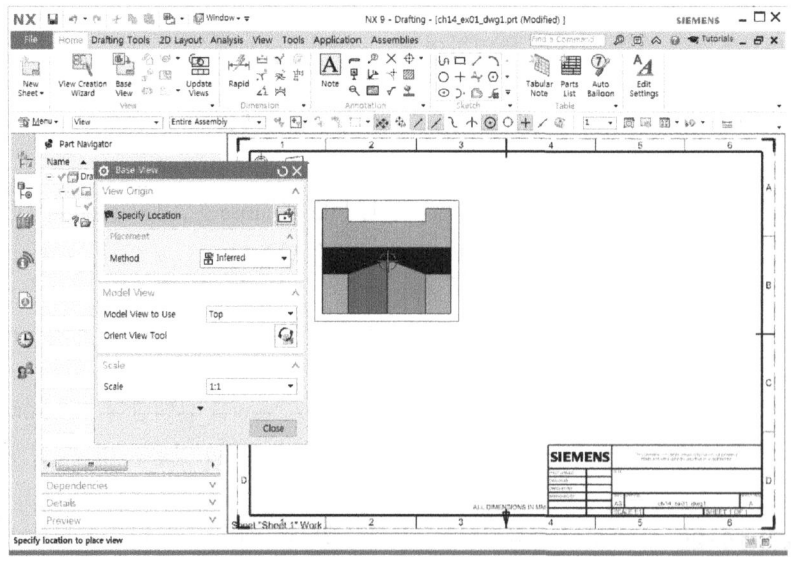

그림 14-28 Top View의 미리보기

552

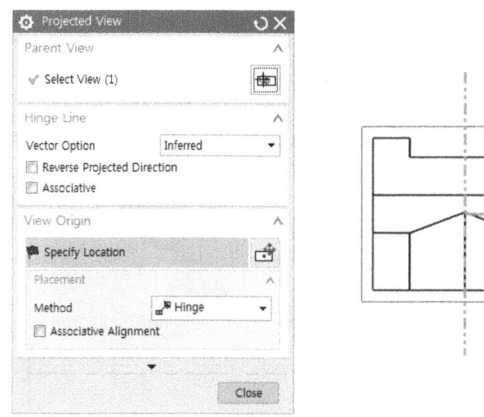 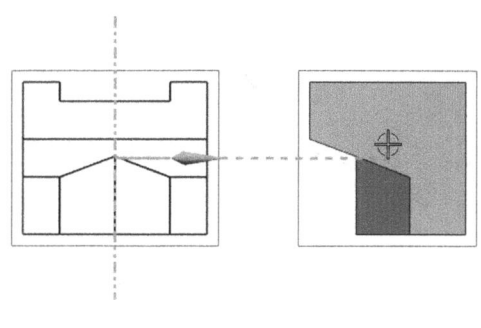

그림 14-29 Projected View의 미리보기

5. Projected View 대화상자에서 Close를 눌러 닫는다.

Trimetric View 생성

1. View 아이콘 그룹에서 Base View 아이콘을 누른다.

2. Base View 대화상자의 Model View to Use 옵션을 Trimetric으로 지정한다.

3. Sheet 화면의 오른쪽 윗 부분을 MB1으로 클릭하여 Trimetric View를 생성한다. (그림 14-31 참고)

4. Proejcted View 대화상자에서 Close를 눌러 닫는다.

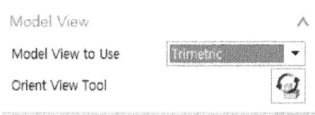

그림 14-30 뷰의 방향 지정

> ### *Projected View 자동 실행*
>
> 그림 14-12의 옵션으로 인하여 Base View를 추가한 후에는 자동으로 Projected View 기능이 실행된다.

14장: 도면 생성 (Part I)

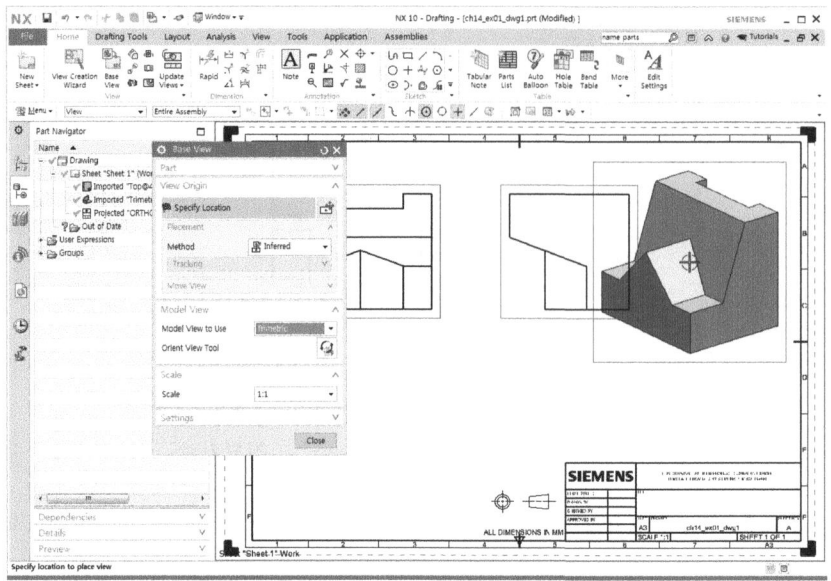

그림 14-31 Trimetric View 생성

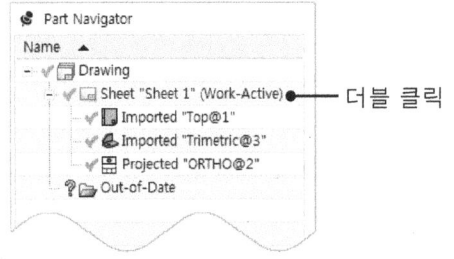

그림 14-32 Part Navigator

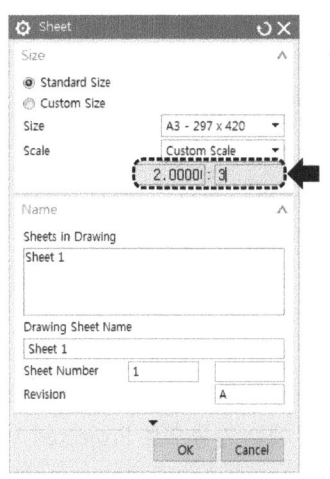

그림 14-33 Scale 변경

Sheet의 Scale 변경

1. Part Navigator에서 Sheet 1을 더블클릭한다.

2. Scale을 2:3으로 변경한다.

3. OK 버튼을 누른다.

4. 뷰의 경계에 마우스 포인터를 놓은 다음 MB1을 누르고 드래그 하여 뷰의 위치를 그림 14-34와 같이 변경한다.

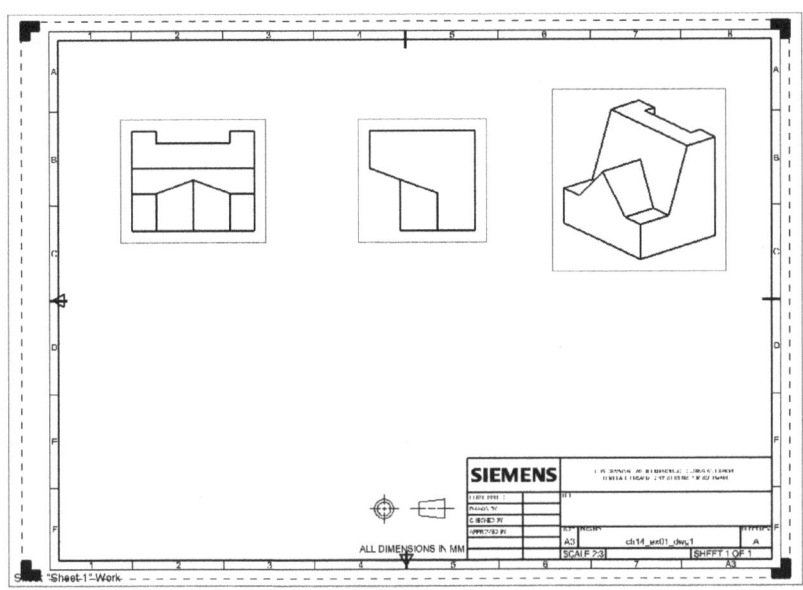

그림 14-34 뷰의 위치 변경

그림 14-35 Projected View 아이콘

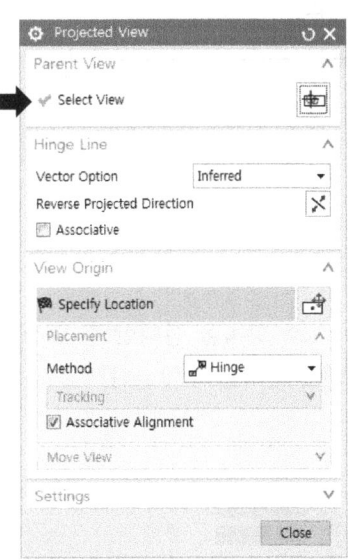

그림 14-36 Projected View 대화상자

Projected View 생성

1. View 아이콘 그룹에서 Projected View 아이콘을 누른다.

Top View에 대한 투영도가 미리보기 된다.

2. Projected View 대화상자에서 Select View 옵션을 클릭한다.(그림 14-36)

3. MB1을 클릭하여 오른쪽으로 투영한 뷰를 선택한다.

4. 그림 14-37과 같이 마우스 포인터를 아래 방향으로 이동한 후 MB1을 클릭하여 뷰를 생성한다.

5. Close 버튼을 눌러 Projected View 기능을 종료시킨다.

14장: 도면 생성 (Part I)

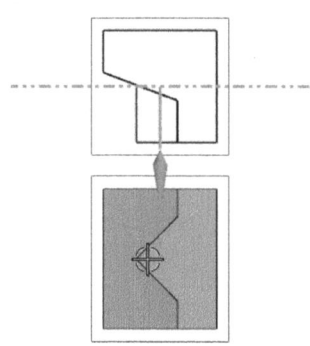

그림 14-38은 네 개의 뷰를 생성한 도면 시트를 보여준다.

6. 파일을 저장한다.

그림 14-37 Projected View의 미리보기

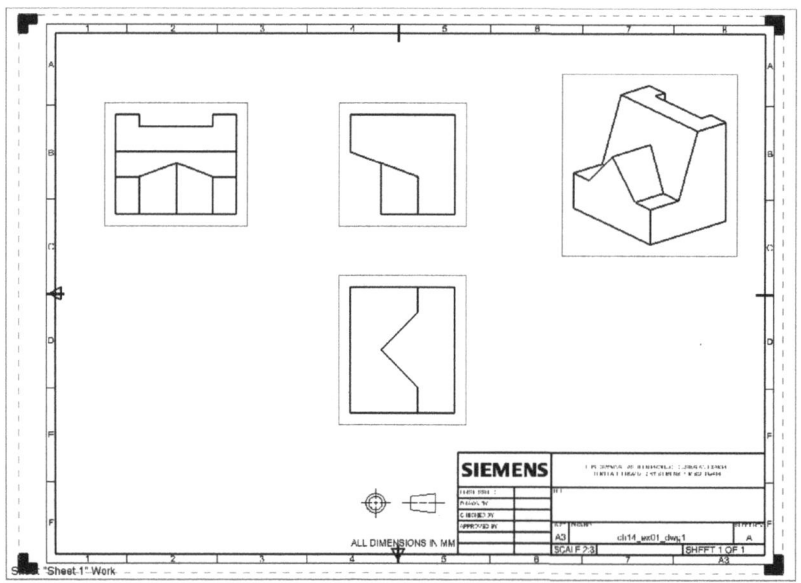

그림 14-38 완성된 도면 시트

END of Exercise

뷰의 경계 숨기기

Menu 버튼에서 Preferences > Drafting을 선택한다. View 항목을 선택한 후 Workflow 옵션에서 Border > Display 옵션을 해제하면 뷰의 경계가 나타나지 않는다.

그림 14-39 Border 옵션

Hinge Line 옵션을 이용하면 투영 방향을 지정하여 투영도를 생성할 수 있다. 다음의 절차를 따른다.

① Projected View 아이콘을 누르고 Parent View를 선택한다.
② Hinge Line 옵션의 Vector Option을 Defined로 설정한다.
③ Parent View에서 방향을 지정한다. 직선을 선택하면 수직 방향으로 지정된다. 필요에 따라 Reverse Projected Direction 옵션을 체크한다.
④ 뷰를 생성할 위치를 지정한다.

Projected View 대화상자에서 Associative Alignment 옵션(그림 14-40의 **Ⓐ**)을 해제하면 뷰를 생성한 후 임의 위치로 드래그할 수 있다.

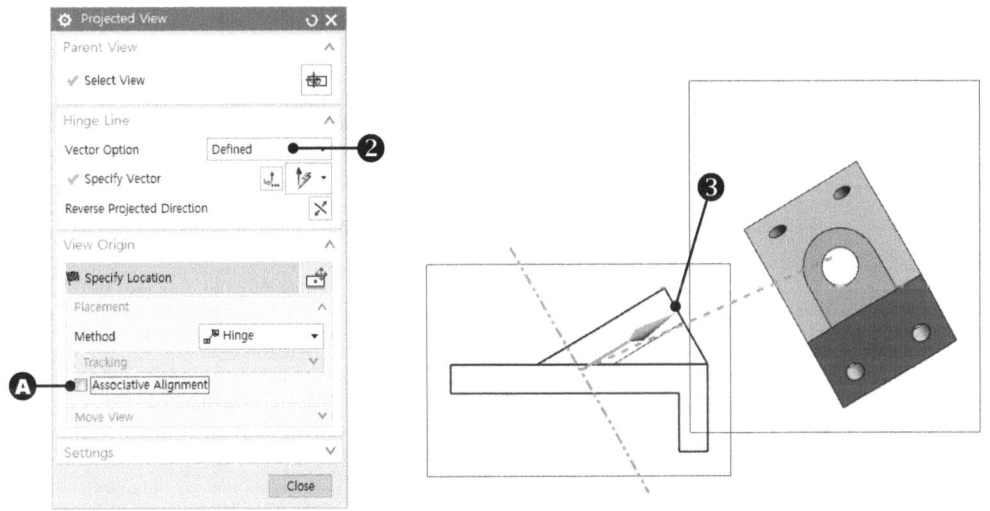

그림 14-40 투영 방향 지정

> **Title Block 설정**
>
> 도면 파일을 생성할 때 Title Block 옵션을 설정하지 않고 진행하였을 경우 메뉴를 이용하여 설정할 수 있다. Menu 버튼에서 Tools 〉 Drawing Format 〉 Populate Title Block을 선택한다. 또는 Drafting Tools 탭의 아이콘을 이용할 수 있다.
>
>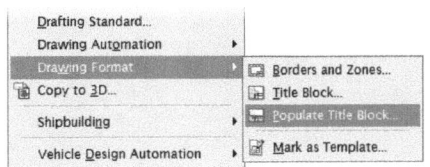
>
> **그림 14-41** Populate Title Block 메뉴

14.5.3 뷰의 스타일 설정

파트 네비게이터의 뷰에 MB3 > Settings를 선택하거나 메인 화면의 뷰 경계에 MB3 > Settings를 선택하면 그림 14-43과 같은 뷰 설정창이 나타나며 각 뷰에 대한 설정을 변경할 수 있다.

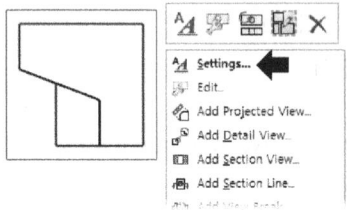

그림 14-42 뷰의 Settings 옵션

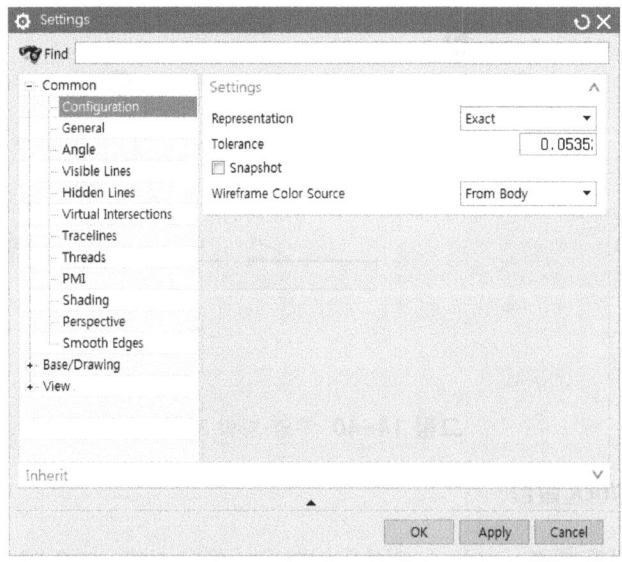

그림 14-43 도면뷰의 Settings 대화상자

Isometric 뷰의 형상을 음영으로 처리하려면 Shading 탭을 아래와 같이 설정한다.

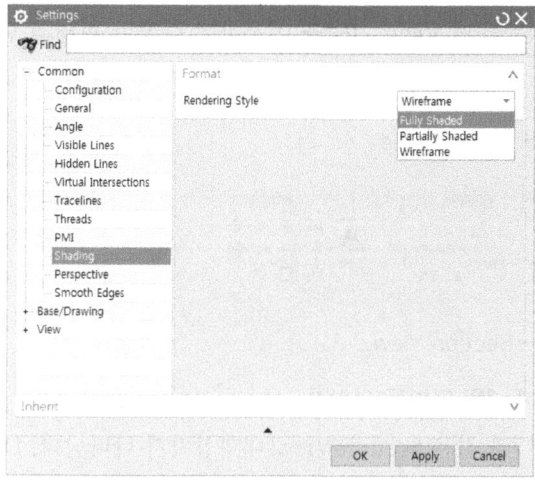 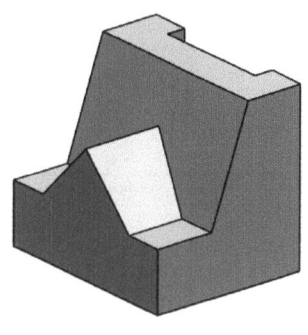

그림 14-44 Trimetric View의 Shading 옵션 설정

숨어 있는 부분을 은선으로 표시하려면 Hidden Lines 탭을 아래와 같이 설정한다.

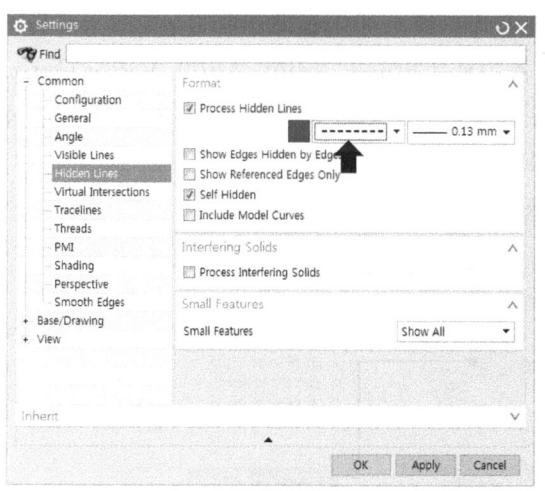 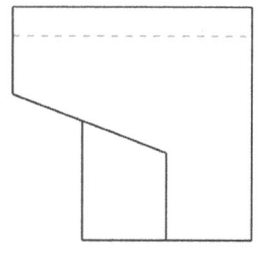

그림 14-45 Hidden Line 옵션 설정

> **모체 뷰(Parent View)**
>
> Projected View는 기존의 뷰를 이용하여 생성한다. 이와 같이 뷰를 생성하는데 필요한 다른 뷰를 모체뷰(Parent View)라고 한다. 모체뷰를 이용하여 뷰를 생성한 경우 뷰의 스타일은 자동으로 모체뷰를 따른다. 뷰를 생성한 후 스타일을 변경할 수 있다.

14.5.4 단면도 (Section View)

Home 탭의 View 아이콘 그룹에 있는 Section View 기능을 이용하여 다양한 형태의 단면도를 생성할 수 있다.

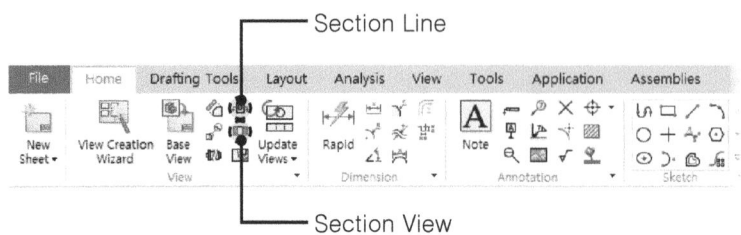

그림 14-46 단면도 아이콘

Section View 버튼을 누르면 그림 14-47과 같은 Section View 대화상자가 나타난다. Definition 옵션으로 Dynamic과 Select Existing을 선택할 수 있다. Dynamic 방법을 이용하면 단면선을 지정할 수 있고, Select Existing을 선택하면 Section Line 기능으로 미리 그려 놓은 단면선을 선택하여 단면도를 생성할 수 있다.

Method와 Hinge Line 옵션은 Dynamic을 선택했을 때 활성화되며, 단면도의 종류를 지정할 수 있으며 Hinge Line 옵션에서는 단면을 자르는 방향을 지정할 수 있다. Vector Option에서 Inferred를 선택하면 마우스 포인터의 위치에 따라 단면의 방향이 결정되고 Defined를 선택하면 벡터를 이용하여 자르는 방향을 지정할 수 있다.

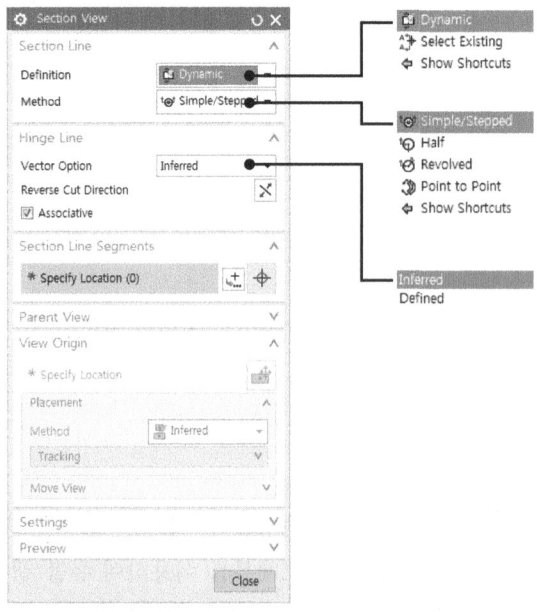

그림 14-47 Section View 대화상자

Method 옵션에서 Simple/Stepped를 선택하면 그림 14-48과 같은 전단면도나 계단단면도를 생성할 수 있다.

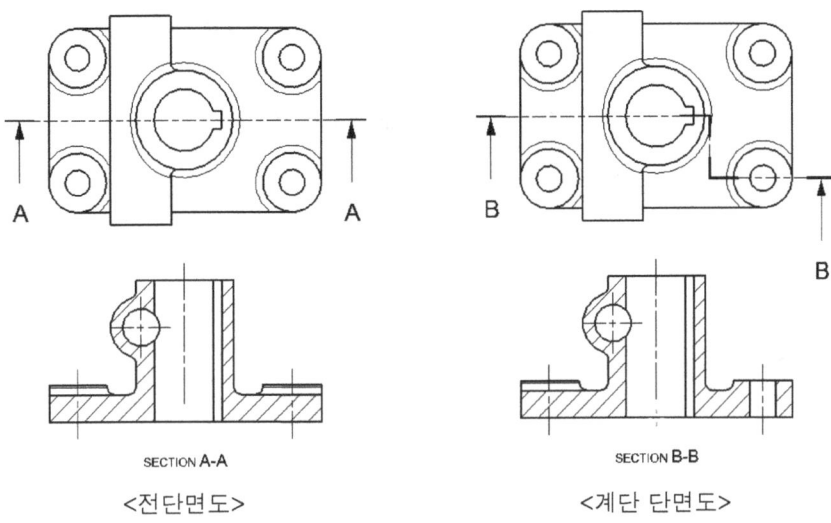

그림 14-48 Section View 기능으로 생성한 단면도

Method 옵션에서 Half를 선택하면 그림 14-49와 같은 반단면도를 생성할 수 있고, Revolved 옵션을 이용하면 그림 14-50과 같은 회전단면도를 생성할 수 있다.

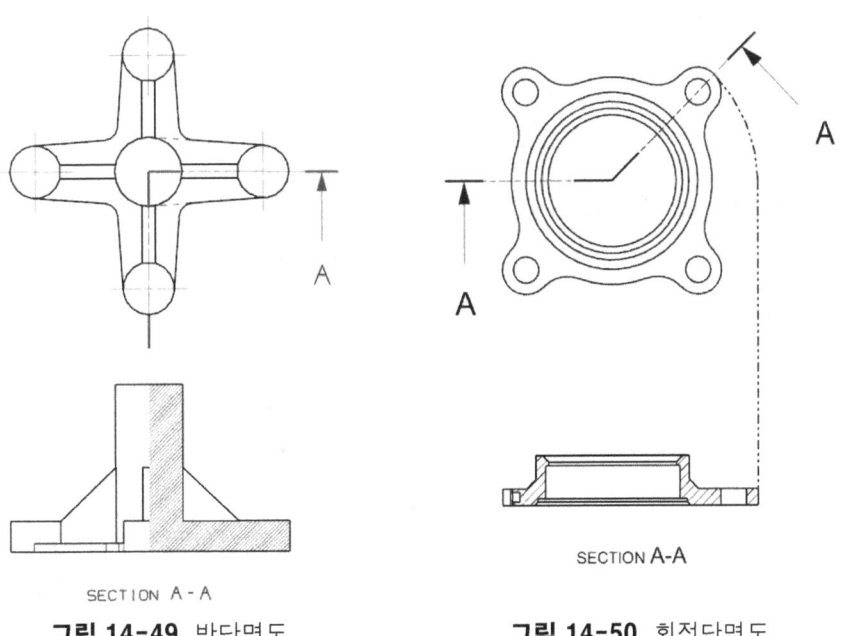

그림 14-49 반단면도   그림 14-50 회전단면도

Exercise 02 계단 단면도 생성   ch14_ex02.prt

Section View 기능을 이용하여 주어진 파트에 대한 계단 단면도를 생성해 보자.

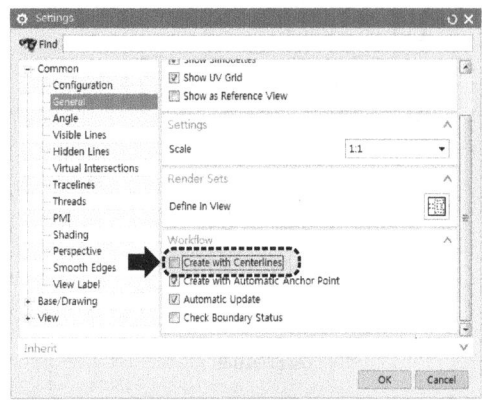

그림 14-51 Centerline 옵션

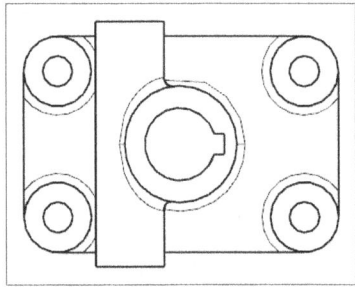

그림 14-52 Top View 생성

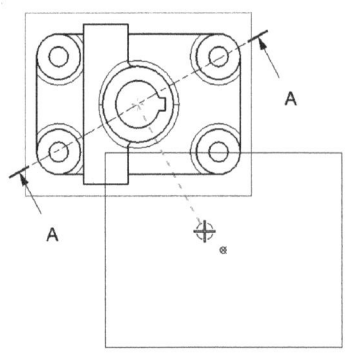

그림 14-53 통과점 지정

도면 파일 생성

ch14_ex02.prt 파일을 Master Part로 하는 도면 파일을 생성한다.

Title Block과 뷰 자동 생성 기능은 사용하지 않는다.

Top View 생성

1. View 아이콘 그룹에서 Base View 아이콘을 클릭한다.

2. Base View 대화상자의 Settings 버튼을 클릭한 후 Crate with Centerlines 옵션을 해제한다. (그림 14-51)

3. 그림 14-52와 같이 Top View를 생성하고 Base View 대화상자를 닫는다.

단면도 생성

1. Top View의 경계에 MB3를 눌러 Add Section View 옵션을 선택한다.

2. Snap Point 옵션을 이용하여 형상의 중간점을 선택한다. 그림 14-53과 같이 마우스 포인터의 위치에 따라 단면 방향이 변경됨을 알 수 있다.

3. 뷰의 아래 방향으로 마우스 포인터를 움직여 방향을 정한 뒤 MB3를 눌러 Align to Hinge 옵션을 선택한다.

그림 14-55와 같이 단면선의 방향이 고정됨을 알 수 있다.

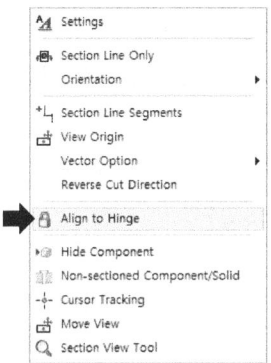

그림 14-54 Align to Hinge 옵션

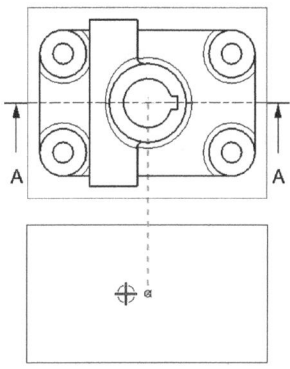

그림 14-55 방향이 지정된 단면선

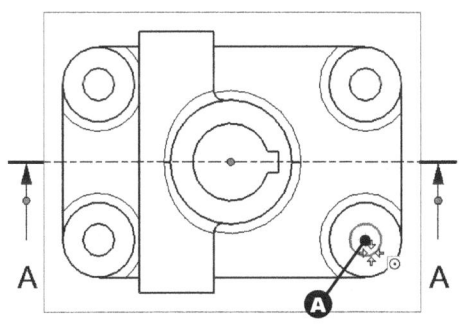

그림 14-56 통과점 선택

4. 다시 MB3를 누른 후 그림 14-54의 팝업 메뉴에서 Section Line Segment를 선택한다.

5. 그림 14-56의 **Ⓐ** 점을 선택한다. Snap Point 옵션을 이용한다. 단면선이 그림 14-57과 같이 수정된다.

6. MB2를 클릭한다. 대화상자의 Specify Location 옵션이 활성화되고 마우스 포인터를 클릭하여 Section View를 생성할 수 있는 상태가 된다.

단면선 이동

Section View를 생성하기 전에 단면선을 이동시켜 보자.

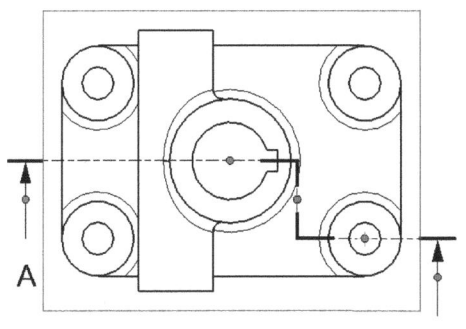

그림 14-57 수정된 단면선

1. Section View 대화상자의 Section Line Segment 옵션을 클릭한다. 단면선이 통과하는 점들이 다시 표시된다.

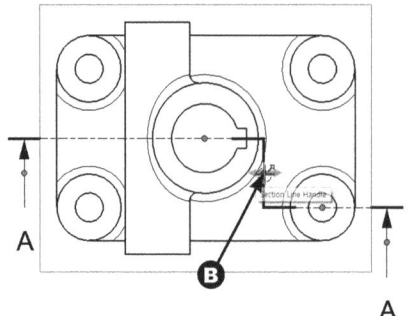

그림 14-58 Section Line 핸들

2. 그림 14-58과 같이 Section Line 핸들 **B**를 클릭한 후 드래그 하여 그림 14-59의 위치에 드롭한다. 드래그 할 때 Alt 키를 누르면 스냅이 걸리지 않는다.

3. MB2를 누르거나 Section View 대화상자에서 Specify Location 옵션을 클릭한다.

4. 위치를 지정하여 그림 14-60과 같이 계단 단면도를 생성한다.

5. ESC 키를 눌러 Section View 생성 기능을 종료시킨다.

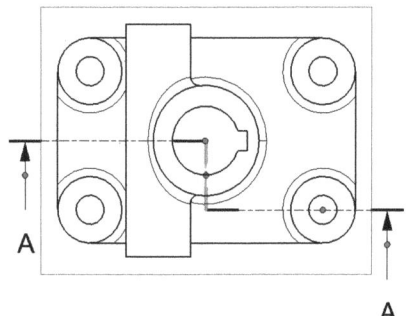

그림 14-59 Section Line 핸들 드래그

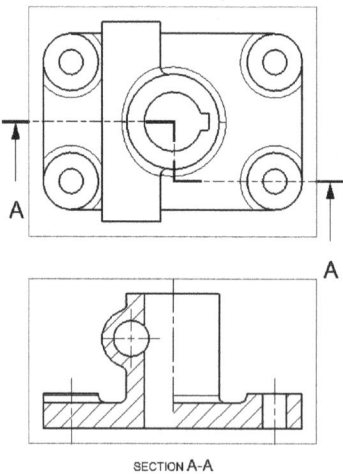

그림 14-60 단면도 생성

END of Exercise

모체뷰에서 단면선을 더블클릭하면 Section View 대화상자가 나타나고 설정 옵션을 변경할 수 있다. 단면선을 수정한 후에는 Part Navigator에 시계 아이콘이 나타난다. 이는 뷰를 업데이트 하여야 한다는 뜻이다. View 아이콘 그룹에서 Update View 아이콘을 누르면 뷰가 업데이트 된다. 파트네비게이터에서 시계 아이콘을 클릭하거나 Drawing, Sheet 또는 특정 도면뷰에 MB3를 눌러 업데이트할 수도 있다.

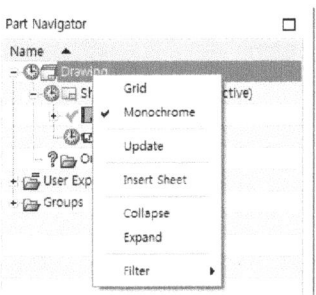

그림 14-61 업데이트 옵션

모체뷰의 단면 선에 MB3 > Settings를 선택하면 그림 14-62와 같은 대화상자가 나타나고 단면 선의 스타일을 변경할 수 있다. Bend and End Segment Width Factor 값을 이용하여 꺾이는 부분을 굵은 선으로 표시할 수 있다.

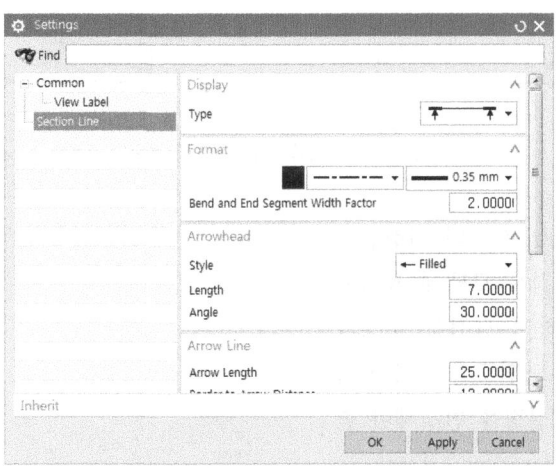

그림 14-62 단면 선의 Settings 대화상자

단면도의 경계 부분에 MB3 > Settings를 선택하면 도면 뷰의 스타일을 설정할 수 있으며, Section 탭의 옵션을 이용하면 단면도에만 적용되는 스타일을 설정할 수 있다. 그림 14-63은 Show Background 옵션을 해제한 단면도를 보여준다.

14장: 도면 생성 (Part I)

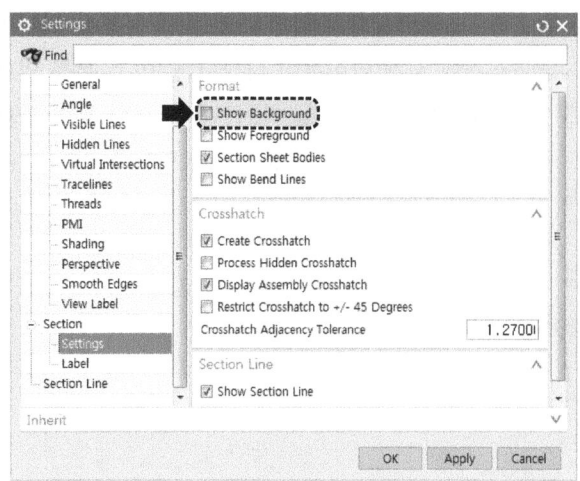
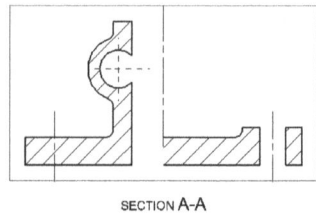

그림 14-63 Background 옵션을 해제한 단면도

해칭된 단면 위치에서 MB1을 더블클릭하면 Crosshatch 대화상자가 나타나고, 단면 해칭선의 종류, 간격, 선 두께, 색깔 등을 설정할 수 있다.

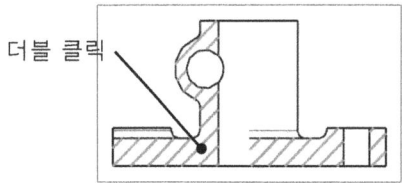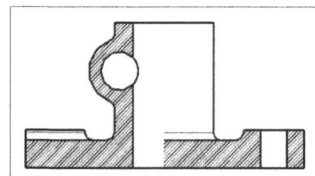

그림 14-64 해칭 간격 변경

작은 부품의 경우 5mm 간격의 해칭선으로 단면도를 생성할 경우 모델에 표시되지 않으며 더블클릭하여 간격을 수정할 수 없다. 이럴 때는 단면도를 생성하기 전에 Preference에서 설정을 변경해야 한다. Menu 버튼 > Preferences > Drafting을 선택한 후 Annotation > Crosshatch/Area Fill 항목을 선택한 후 Corsshatch 옵션의 Distance 값을 변경하면 된다. (그림 14-65)

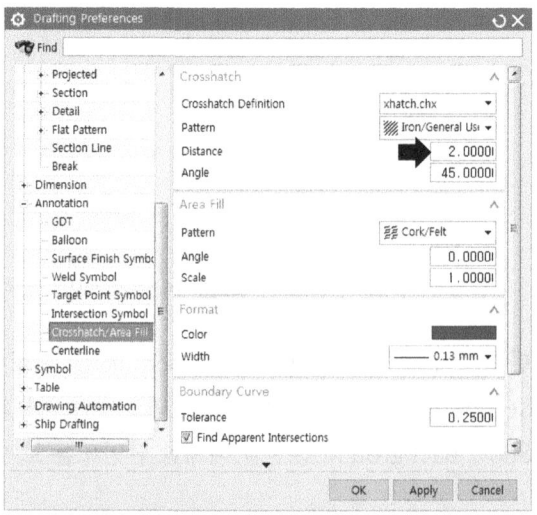

그림 14-65 해칭 설정

Section Line 옵션에서 Select Existing 옵션을 사용하려면 Section Line 기능을 이용하여 단면선을 미리 그려 놓아야 한다. Section Line 아이콘을 누르고 단면선을 생성할 View를 선택하면 View가 확장되면서 Sketch 환경으로 들어간다. 구속 기능을 이용하여 단면선의 위치나 모양을 정의할 수 있다.

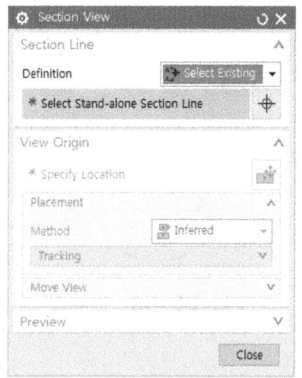

그림 14-66 Select Existing 옵션

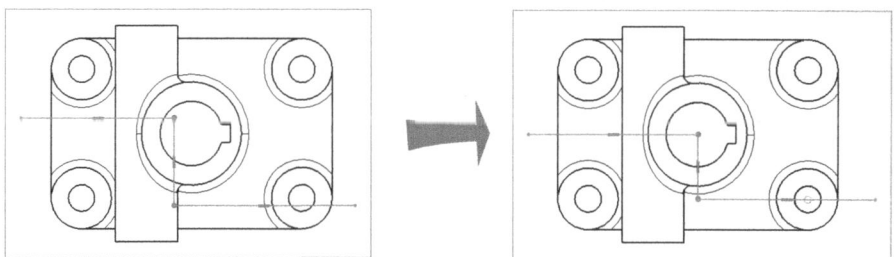

그림 14-67 Sketch를 이용한 Section Line 정의

Finish 아이콘을 눌러 스케치를 종료한 후 Section Line 대화상자에서 OK 버튼을 누르면 단면선만 생성된다. 스케치를 이용하여 그린 단면선에 대한 단면도를 생성하려면 Section View 아이콘을 누르고 그림 14-66과 같이 Definition 옵션으로 Select Existing을 선택한 후 단면선을 선택하면 된다.

14.5.5 상세도 (Detail View)

어떤 뷰의 특정 부분을 확대 또는 축소하여 새로운 뷰를 생성한다. 상세도를 모체뷰로 하여 다른 상세도를 생성할 수 있다.

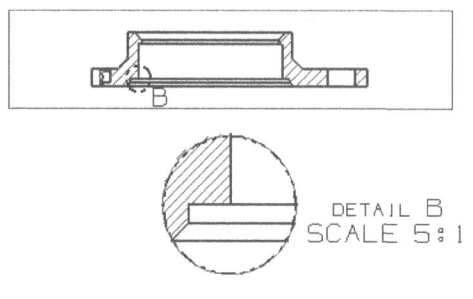

그림 14-68 상세도

Exercise 03 회전 단면도와 상세도   *ch14_ex03.prt*

주어진 도면 파일을 열어 회전 단면도와 상세도를 생성해 보자.

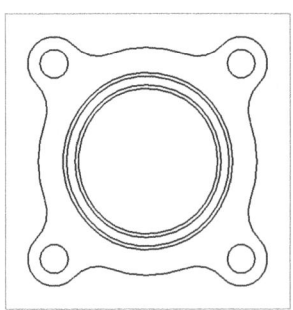

그림 14-69 Bottom View

도면 파일 생성

ch14_ex03.prt 파일을 Master Part로 하는 도면 파일을 생성한다.

Title Block과 뷰 자동 생성 기능은 사용하지 않는다.

Bottom View 생성

1. View 아이콘 그룹에서 Base View 아이콘을 클릭한다.
2. Model View to Use 옵션에서 Bottom을 선택하고 그림 14-69와 같이 도면뷰를 생성한다.

Section Line 생성

1. Home 탭의 View 아이콘 그룹에서 Section Line 아이콘을 클릭한다. 도면뷰가 하나밖에 없으므로 자동으로 스케치가 실행되며 Profile 아이콘이 클릭되어 있다.
2. 그림 14-70과 같이 단면선을 대략 그린다.
3. Geometric Constraints 아이콘을 누른 후 그림 14-71과 같이 단면선을 구속한다. ❹ 점의 구속은 Coincident를 이용하고, ❺ 점은 Point on Curve 구속을 이용한다.

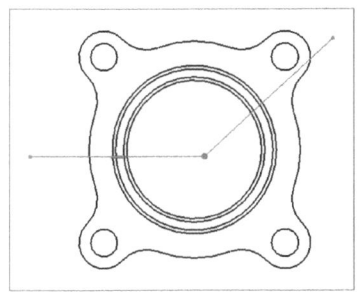

그림 14-70 대략 그린 Section Line

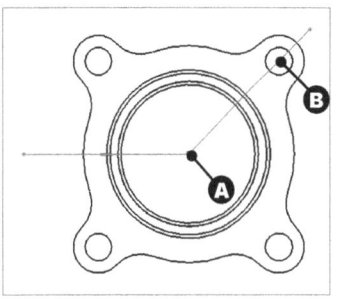

그림 14-71 구속된 Section Line

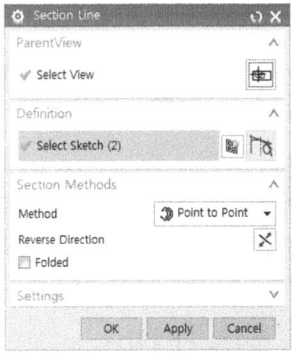

그림 14-72 Section Line 대화상자

4. Finish 아이콘을 누른다.

5. Section Line 대화상자의 Section Methods 옵션에서 Reverse Direction 버튼을 눌러 그림 14-73과 같이 단면선을 설정한 후 OK 버튼을 누른다.

단면도 생성

1. 단면선에 MB3를 누르고 팝업메뉴에서 Add Section View를 선택한다. (그림 14-74)

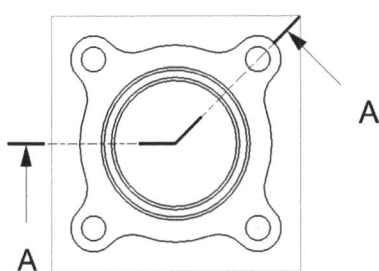

그림 14-73 생성된 Section Line

2. 위치를 지정하여 단면도를 생성한다.

3. 단면도의 해칭 간격을 1mm로 수정한다.

14장: 도면 생성 (Part I)

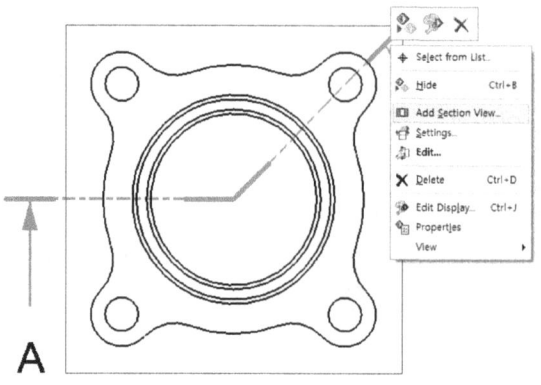

그림 14-74 Add Section View 옵션

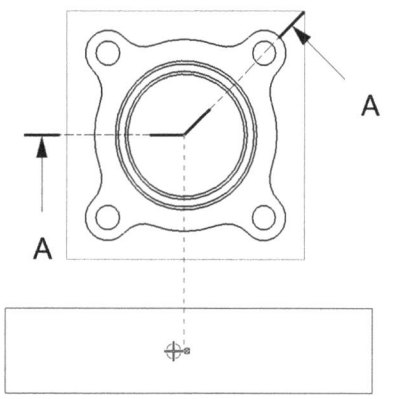

그림 14-75 단면도 위치 지정

상세도 생성

1. 생성된 회전 단면도의 경계에 MB3 > Add Detail View를 선택한다.

2. 모체뷰에서 확대 영역의 중심점을 선택한다. (그림 14-76의 ⒜)

3. 확대 영역의 반경을 지정한다. (그림 14-76의 ⒝)

4. Scale을 3:1로 지정한다.

5. 적당한 위치에 MB1을 클릭하여 상세도를 생성한다.

6. Detail View 대화상자를 닫는다.

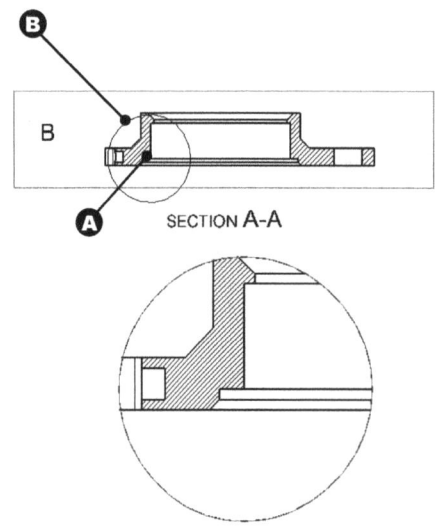

그림 14-76 상세도 생성

END of Exercise

생성된 상세도의 경계에 MB3 > Edit 옵션을 선택하면 그림 14-77과 같은 Detail View 대화상자가 나타나고 생성 옵션을 수정할 수 있다. 뷰의 경계가 하이라이트 되었을 때 MB3를 눌러야 한다.

모체뷰의 확대 영역 경계선에 MB3 > Settings 옵션을 선택하면 그림 14-78과 같은 Settings 대화상자가 나타나고, 뷰 라벨, 표시 형태 등을 수정할 수 있다. 영역 경계선이 하이라이트 되었을 때 MB3를 눌러야 한다.

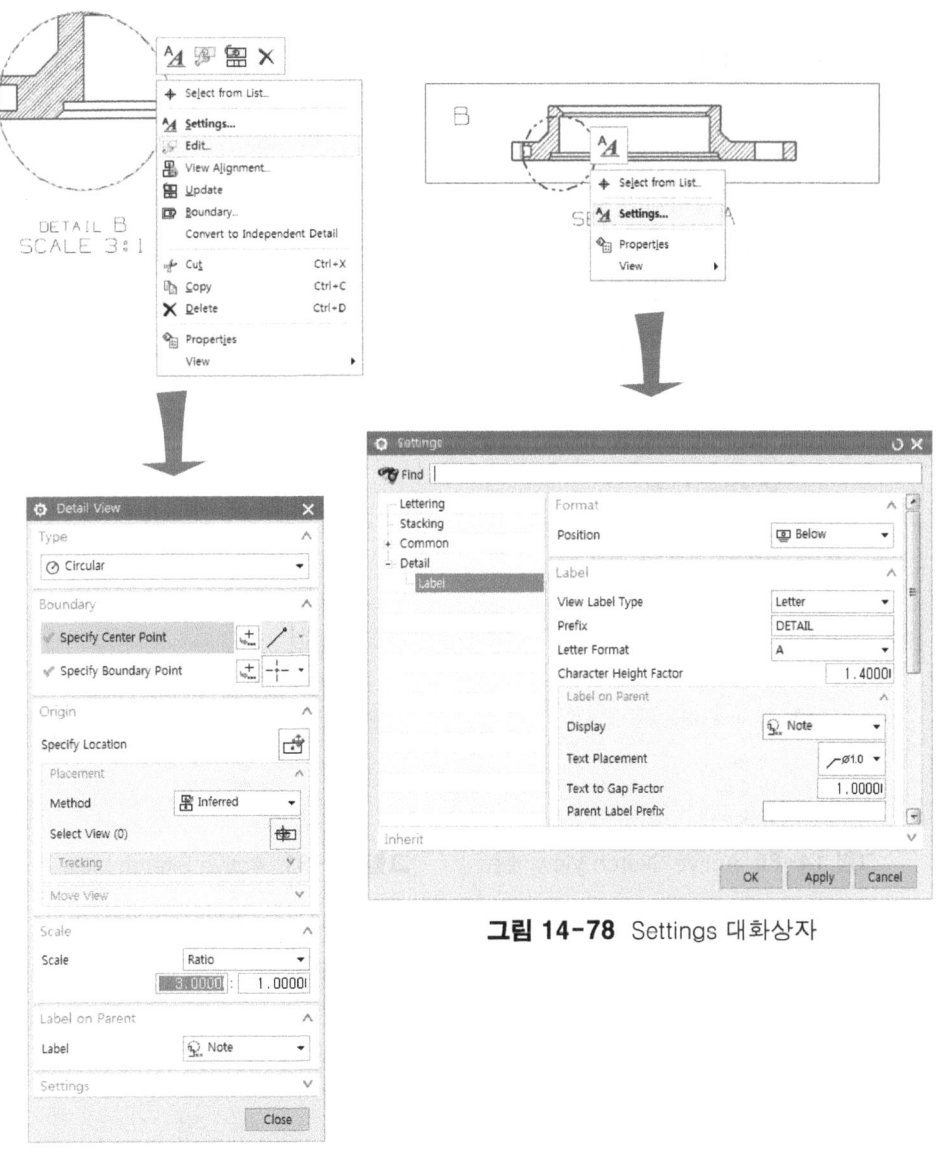

그림 14-78 Settings 대화상자

그림 14-77 상세도의 Edit 옵션

14.5.6 부분 단면도(Break-out Section View)

형상의 일부를 일정 깊이로 떼어낸 단면 모양을 표현한다.

그림 14-79 부분 단면도

부분 단면도를 생성하려면 먼저 떼어낼 영역을 지정하여야 한다. 분할 영역은 커브 기능으로 생성하며 커브는 부분 단면도를 생성할 도면 뷰에 포함되어 있어야 한다.

특정 뷰에 커브를 생성하려면 뷰를 Active Sketch View로 지정하여야 한다. 뷰 경계에 MB3 〉 Active Sketch View를 선택하여 지정할 수 있다. Active Sketch View로 지정되면 그림 14-81 과 같이 표시된다. 그림 14-82는 분할 영역을 지정한 뷰를 보여준다. 커브를 기존 뷰의 경계를 벗어나도록 생성하면 뷰의 경계가 분할 영역 커브를 포함하도록 확장된다.

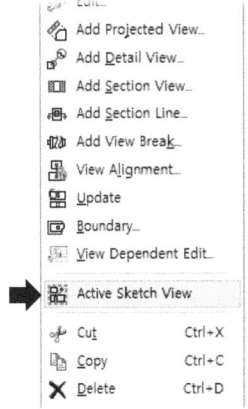   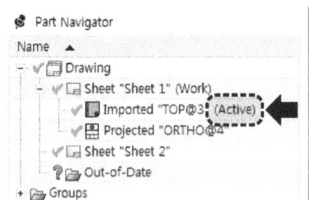

그림 14-80 Active Sketch View 메뉴   **그림 14-81** Active Sketch View 지정된 뷰

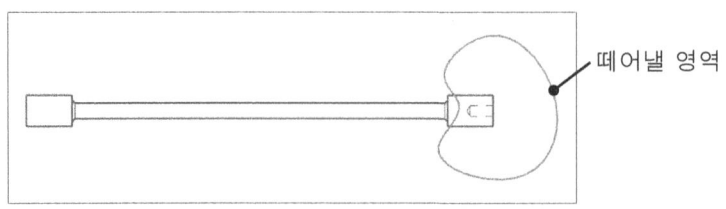

그림 14-82 분할 영역 지정

14.5.7 절단뷰(Break View)

단면이 일정한 긴 부품의 중간을 끊어서 표현한다. View 아이콘 그룹의 Break View 기능을 이용하여 생성할 수 있다. 분할 단면을 생성한 뷰에 대해서도 Break View를 생성할 수 있다.

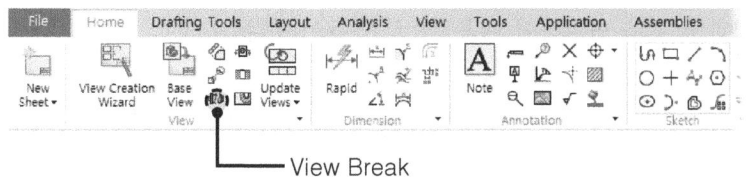

그림 14-83 Break View 아이콘

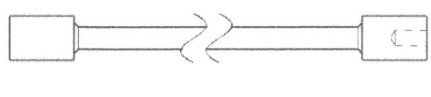

그림 14-84 절단뷰

---

ch14_ex04_dwg1.prt   부분 단면도와 절단뷰   **Exercise 04**

주어진 도면 파일을 이용하여 부분 단면도를 생성한 후 중간 부분을 잘라내어 절단뷰를 생성해 보자.

분할 영역 지정

1. 주어진 파일 (ch14_ex04_dwg1.prt)을 연다.

2. Top View의 경계에 MB3를 누른 후 Active Sketch View 메뉴를 선택한다.

3. 키보드에서 S를 누른다. Studio Spline 기능을 실행시키는 것이다. 또는 Sketch 아이콘 그룹에서 Studio Spline 아이콘을 누른다.

4. Type 옵션을 Through Points를 선택한다.

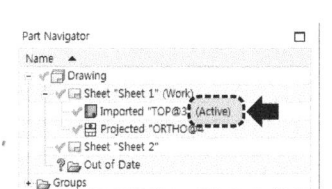

그림 14-85 Active Sketch View 지정

5. 그림 14-86과 같이 적당한 곳을 클릭하여 시작 점으로 부터 끝 점까지의 Spline을 생성한다. Point를 드래그하여 자유곡선의 모양을 조절할 수 있으며 Point 위에 MB3를 눌러 삭제할 수 있다. 곡선 위를 MB1으로 선택하면 그 위치에 Point가 생성된다.

6. 끝 점을 선택한 후에 Studio Spline 대화상자에서 Closed 옵션을 선택하여 그림 14-86 과 같이 시작 점과 끝 점을 연결하여 폐곡선으로 만들어 준다.

7. Studio Spline 대화상자에서 OK 버튼을 누른다. 뷰의 경계가 스플라인을 포함하도록 확장된다.

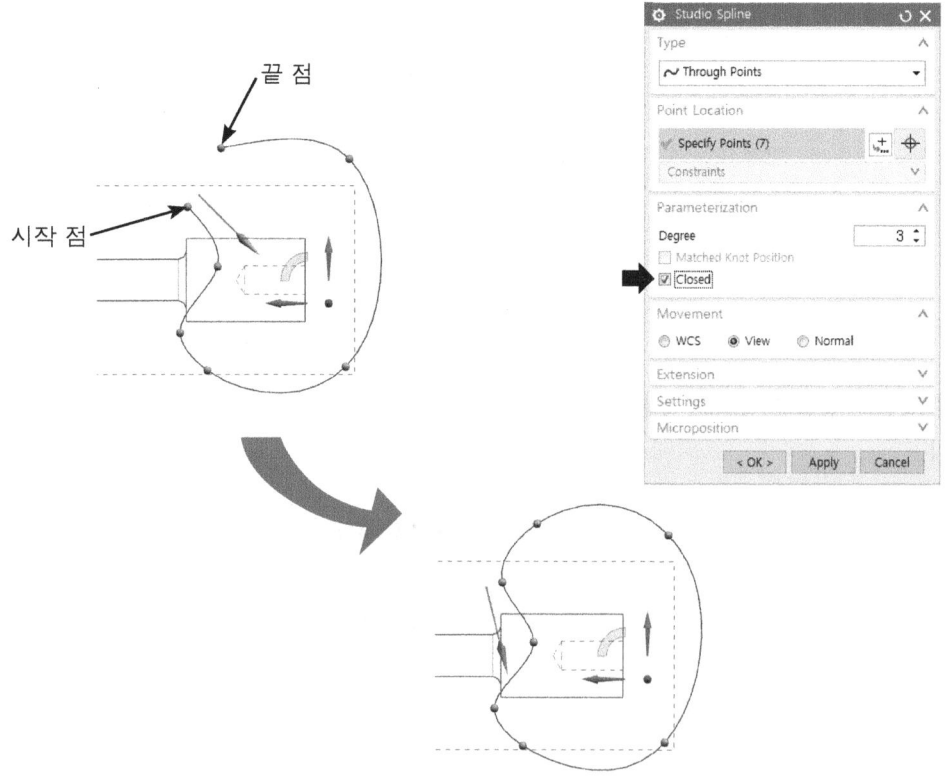

그림 14-86 분할 영역 생성

8. Q 키를 눌러 Sketch 기능을 종료시킨다.

그림 14-87은 분할 영역을 지정한 후의 Top View를 보여준다.

그림 14-87 분할 영역을 지정한 후의 Top View

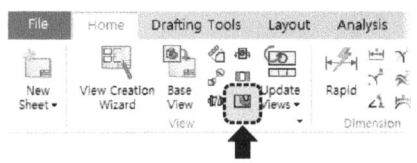

그림 14-88 Break-out Section 아이콘

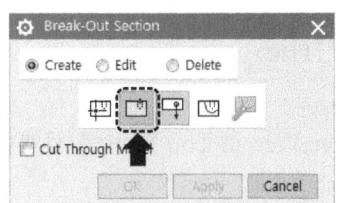

그림 14-89 Base Point 선택 단계

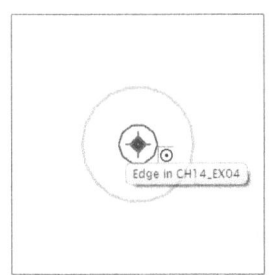

그림 14-90 Base Point 선택

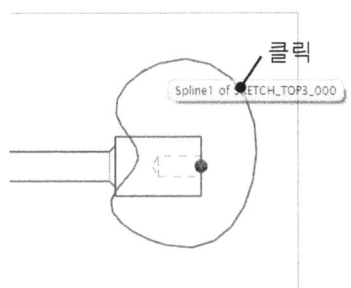

그림 14-91 분할 영역 선택

부분 단면도 생성

1. View 아이콘 그룹에서 Break-out Section View 아이콘을 누른다.

2. Top View를 선택한다. (뷰의 경계를 클릭하거나 대화상자에서 Top View를 선택한다.)

대화상자가 그림 14-89와 같이 변경되며 두 번째 아이콘이 활성화 되어 있다. 떼어낼 깊이를 지정하는 단계이다.

3. 오른쪽 뷰에서 중심을 선택한다.

화살표가 표시되며 대화상자의 세 번째 아이콘이 활성화 된다. 떼어낼 방향을 지정하는 단계이다.

4. 떼어낼 방향을 확인 후 MB2를 누른다. 대화상자의 네 번째 아이콘이 활성화 된다.

5. Top View에서 분할 영역을 선택한다.

6. 대화상자에서 Apply 버튼을 누른다.

7. Cancel 버튼을 눌러 대화상자를 닫는다.

8. 해칭 부분을 더블 클릭하여 Hatch Distance를 1mm로 조정한다. 그림 14-92는 생성된 부분 단면도를 보여준다.

그림 14-92 생성된 부분 단면도

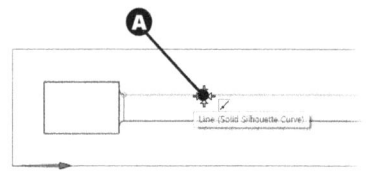

그림 14-93 Break Line 1 지정

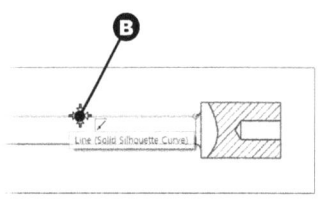

그림 14-94 Break Line 2 지정

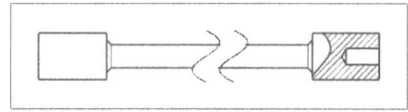

그림 14-95 생성된 Break View

절단뷰 생성

1. View 아이콘 그룹에서 View Break 아이콘을 누른다.

2. Master View로 Top View를 선택한다.

3. Snap Point 옵션 중 Point on Curve 옵션을 켠다.

4. Break Line 1을 선택한다. (그림 14-93의 **A**)

5. 연속하여 Break Line 2를 선택한다. (그림 14-94의 **B**)

6. View Break 대화상자에서 OK 버튼을 누른다.

그림 14-95와 같이 뷰가 짧게 표시된다.

END of Exercise

14.6 View Dependent Edit

3차원 형상을 이용하여 생성한 도면 뷰의 커브는 삭제할 수 없다. 그러나 View Dependent Edit 기능을 이용하면 뷰에서 숨기거나 커브의 속성을 변경할 수 있다. 이러한 기능은 국부투 상도(Local Projected View)를 생성할 때 사용된다. 그림 14-96은 Projected View를 보여준 다.

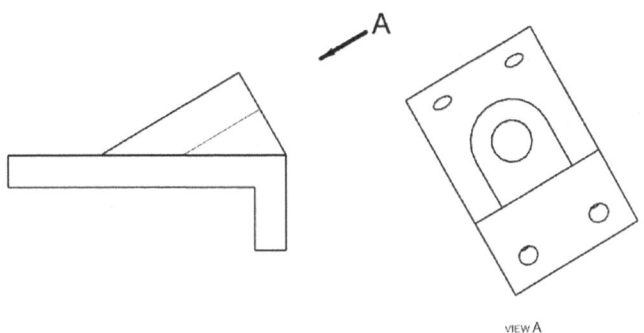

그림 14-96 Projected View

Projected View에 MB3 〉 View Dependent Edit을 선택하면 그림 14-98과 같은 대화상자가 나타난다. Add Edits 옵션 영역에 있는 아이콘을 눌러 선을 제거하거나 선의 모양, 면의 색상을 변경할 수 있으며 Delete Edits 옵션 영역에 있는 아이콘을 이용하여 Add Edits에서 수행한 수정 사항을 삭제하여 원래대로 되돌릴 수 있다. 대화상자에서 Erase Objects (그림 14-98의 **Ⓐ**) 버튼을 누른 후 Projected View에서 제거할 커브를 선택하면 그림 14-99와 같은 뷰를 생성할 수 있다.

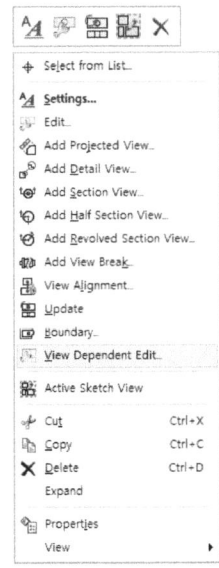

그림 14-97 View Dependent Edit 메뉴

그림 14-98 View Dependent Edit 대화상자

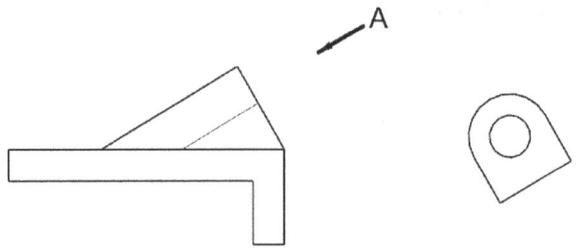

그림 14-99 불필요한 부분을 숨긴 국부 투상도

14.7 View Boundary 변경

뷰의 경계는 형상에 맞게 자동으로 지정된다. 필요에 따라 뷰의 경계를 변경할 수 있다. 뷰의 경계에 MB3 〉 Boundary를 선택하면 그림 14-100과 같은 대화상자가 나타나고, Manual Rectangle을 선택한 후 MB1을 누르고 드래그하여 새로운 경계를 지정한다. 그림 14-101은 경계 변경 전과 후의 국부 투상도를 보여준다.

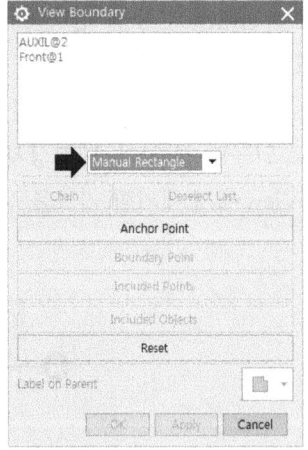

그림 14-100 View Boundary 대화상자

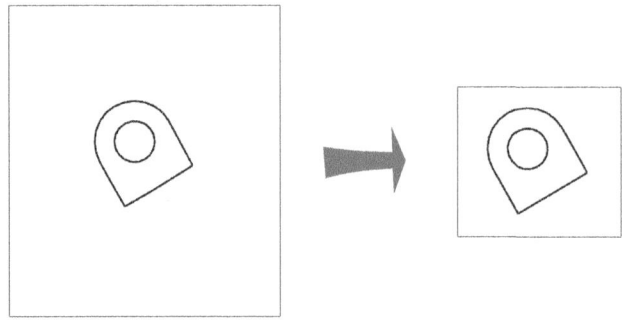

그림 14-101 View Boundary 변경

14.8 모델 수정

NX에서 3차원 형상에 대한 도면을 생성할 때(Model Based Drafting) 도면 파일은 형상에 대한 모델링 데이터를 포함하지 않는 Non-Master Part이며, Master Part를 컴포넌트로 가져온 후 컴포넌트에 대한 도면뷰를 생성하는 방식을 취한다.

따라서 Base View의 방향 기준은 컴포넌트의 방향을 따르며 필요에 따라 Move Component 기능을 이용하여 방향 기준을 변경할 수 있다.

컴포넌트를 이동 또는 회전시키면 도면 파일이 수정된다.

Master Part의 형상을 변경하려면 Modeling 어플리케이션으로 전환한 다음 컴포넌트를 더블 클릭하여 Work Part로 지정해야만 모델을 수정할 수 있다. 이는 13장에서 설명한 Top-Down 모델링과 같은 개념이다. 모델을 수정한 후에는 Drafting 어플리케이션으로 되돌아온 후 도면 뷰를 업데이트 한다.

---

ch14_ex05_dwg1.prt　　Base View 의 방향 기준 변경 및 모델 수정　**Exercise 05**

1. 주어진 도면 파일을 열고 뷰의 방향 기준을 변경한다.
2. Modeling 어플리케이션으로 전환한 다음 모델을 수정하고 도면을 업데이트 한다.

뷰의 방향 기준 변경

컴포넌트를 회전시켜 뷰의 방향 기준을 변경해 보자.

1. 주어진 파일(ch14_ex05_dwg1.prt)을 연다.

2. Application 탭에서 Modeling을 선택한다.

그림 14-103과 같이 모델링 환경으로 들어간 것을 확인한다.

그림 14-102 Modeling 어플리케이션 아이콘

그림 14-103 Modeling 어플리케이션 확인

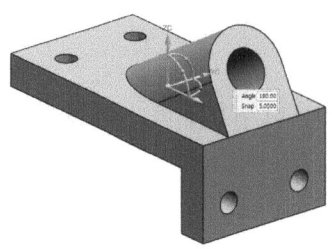

그림 14-104 방향이 변경된 Trimetric View

작업 창에서 도면 시트가 사라지고 3차원 형상이 나타난다. 이는 컴포넌트의 형상이다.

3. 키보드에서 Home 키를 눌러 Trimetric View를 표시한다.

4. Assemblies 아이콘 그룹에서 Move Component 아이콘을 누른다.

5. 컴포넌트를 선택한 후 ZC 축에 대하여 180° 회전시켜 그림 14-104와 같은 방향이 되도록 한다.

6. Application 탭에서 Drafting을 선택한다.

작업창에는 도면 시트가 나타난다.

7. View 아이콘 그룹에서 Update Views 아이콘을 눌러 도면을 업데이트 한다.

각 뷰의 위치를 그림 14-107와 같이 조정한다.

그림 14-105 Update View 아이콘

> **도면 파일만 수정됨**
>
> Assembly Navigator를 보면 도면 파일만 수정된 것을 알 수 있다.
>
>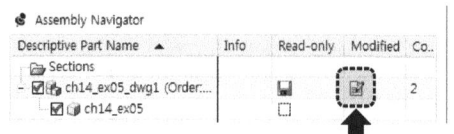
>
> 그림 14-106 Assembly Navigator

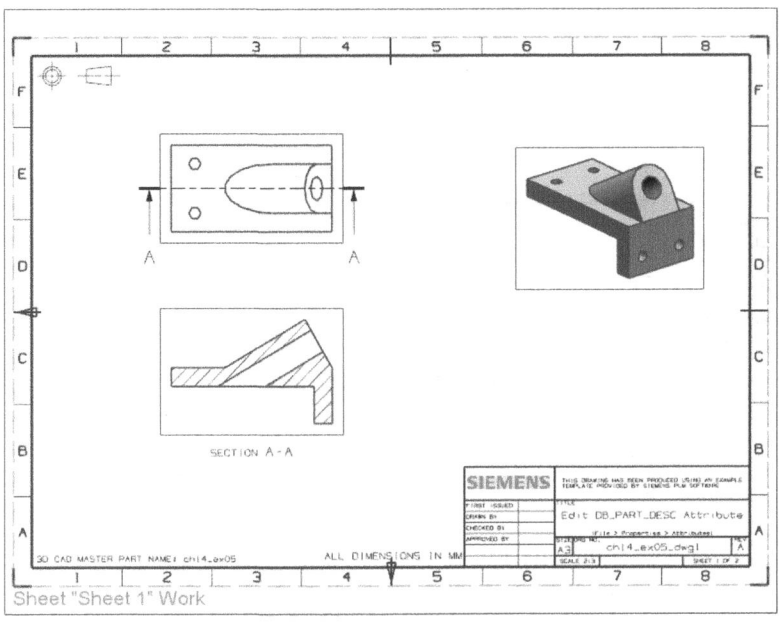

그림 14-107 업데이트 된 도면

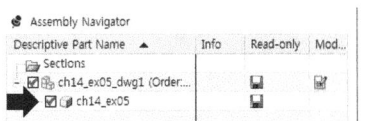

그림 14-108 컴포넌트 더블 클릭

Master Part 수정

1. Application 〉 Modeling을 선택하여 Modeling 어플리케이션으로 들어간다.

작업 창에는 컴포넌트의 3차원 형상이 나타난다.

2. Assembly Navigator에서 컴포넌트를 더블클릭하여 Work Part로 지정한다.

3. 리소스 바에서 Part Navigator를 표시한 후 Datum Plane (4)를 더블클릭 하여 각도를 45°로 변경한다. (그림 14-109 참고)

4. Assembly Navigator에서 도면 파일을 더블클릭하여 Work Part로 지정한다.

14장: 도면 생성 (Part I)

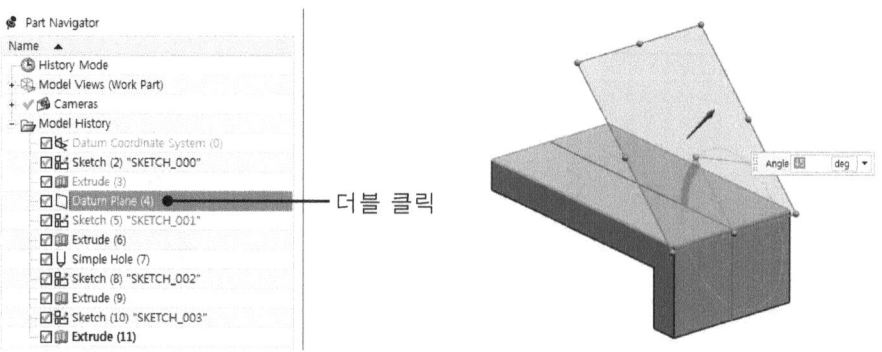

── 더블 클릭

그림 14-109 모델 수정

5. Application > Drafting을 선택하여 Drafting 어플리케이션으로 들어간다.

6. Part Navigator에서 도면을 업데이트 한다. 그림 14-110과 같이 수정된 형상으로 업데이트 된다.

Master Part가 변경된 것을 알 수 있으며 도면 Save 메뉴를 이용하여 수정 사항을 저장할 수 있다.

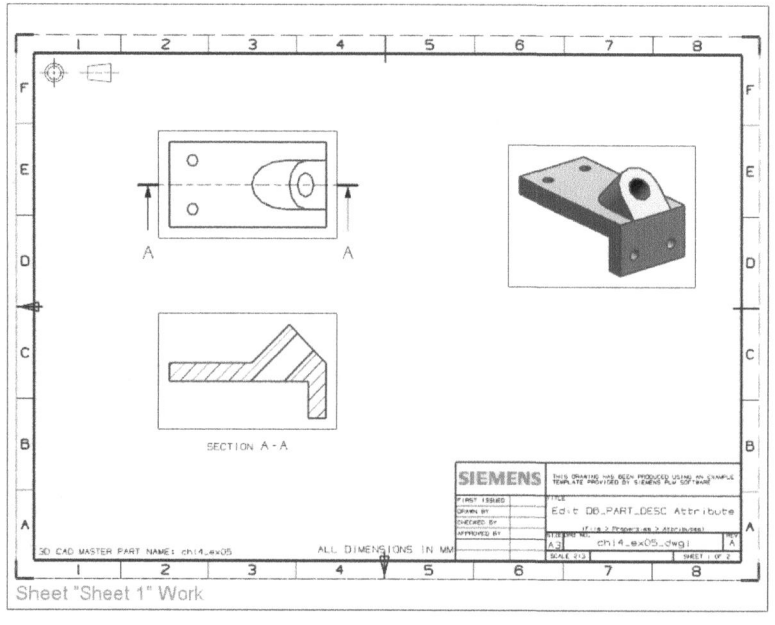

그림 14-110 업데이트 된 도면

END of Exercise

Chapter 15
도면생성 (Part II)

■ 학습목표

- 치수를 생성하고 설정을 변경할 수 있다.
- 주석(Note)을 생성하고 설정을 변경할 수 있다.
- 중심선의 종류를 이해하고 도면에 표시한다.
- 어셈블리 도면에 적용할 수 있는 기능을 배우고, 분해도를 생성할 수 있다.

15.1 도면 생성 절차

앞 단원에서는 주로 도면뷰를 생성하는 방법에 대하여 설명하였다. NX에서 도면을 생성하는 일반적인 절차는 다음과 같다.

① 도면을 생성할 파트(마스터 파트)를 정한다.
② 도면 파일을 생성한다.
③ 표제란과 시트를 설정한다.
④ 도면뷰를 생성한다.
⑤ 치수, 주석 및 각종 도면 표시 기호를 기입한다.

15장에서는 마지막 단계인 치수, 주석 및 각종 도면 표시 기호 생성 방법을 알아보고, 어셈블리 도면을 어떻게 생성하는지 알아보자.

15.2 치수(Dimension) 기입

Dimension 아이콘 그룹의 Rapid 아이콘을 눌러 여러 가지 형태의 치수를 생성할 수 있다.

그림 15-1 Dimensions 아이콘 그룹

Rapid 아이콘을 누르면 그림 15-2와 같은 대화상자가 나타나고 First Object와 Second Object를 선택하여 치수를 생성할 수 있다. 생성하는 치수의 종류는 Measurement 옵션에서 설정한다. 초기 설정은 Inferred로 되어 있기 때문에 선택하는 오브젝트의 종류에 따라 Method가 지정된다.

Driving 옵션에서는 Driving 치수를 생성할 것인지 Driven 치수를 생성할 것인지를 결정한다. 3차원 형상에 대한 치수를 생성할 때는 Driven 치수만 생성할 수 있으며 Drafting Application에서 생성한 커브의 치수에 대해서는 Driving 또는 Driven 치수를 생성할 수 있다. Driving 치수는 값을 변경하였을 때 커브의 모양이 변경되는 치수이며 Driven 치수는 치수 값을 변경할 수 없다.

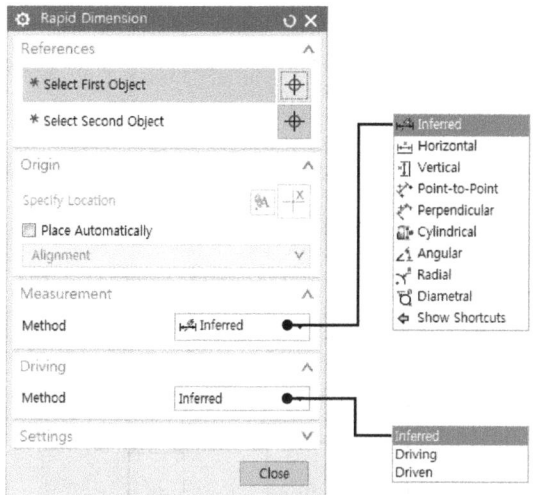

그림 15-2 Rapid Dimension 대화상자

그림 15-3은 Settings 옵션과 Alignment 옵션을 확장시킨 대화상자를 보여준다.

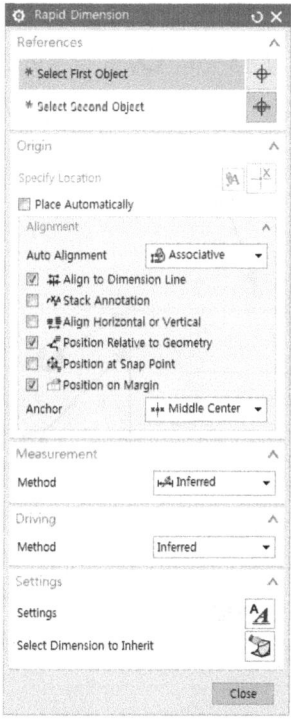

그림 15-3 확장된 Rapid Dimension 대화상자

치수를 생성할 개체를 선택한 후 마우스 포인터를 움직이지 않고 가만히 있으면 그림 15-4와 같은 팝업 툴바가 나타난다. 첫번째 드롭다운 목록에는 대화상자의 Measurement Method에 있는 옵션이 나타난다.

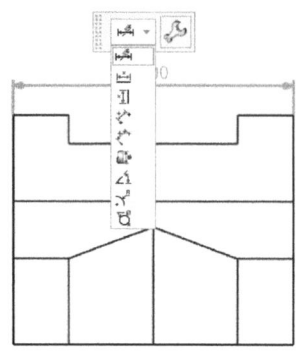

그림 15-4 팝업 툴바

두번째 버튼을 누르면 Edit 모드가 활성화되어 치수나 치수선의 모양을 변경할 수 있다. 그림 15-5는 Edit 모드를 활성화 시킨 후 ④ 점을 클릭한 상태를 보여준다. 치수선의 생성 옵션을 변경할 수 있다. Settings 버튼 (그림 15-5의 ⑤)을 누르면 그림 15-6과 같은 Settings 대화상자가 나타나며 치수선의 형태, 색깔, 두께 등을 변경할 수 있다.

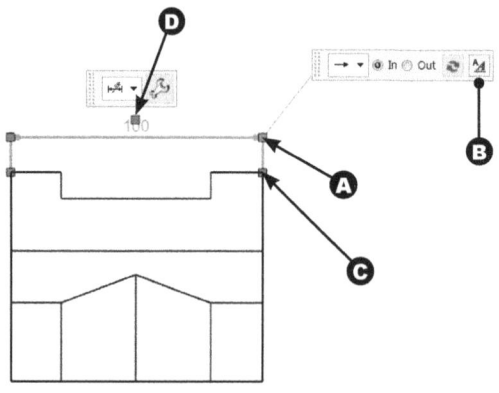

그림 15-5 Edit 모드

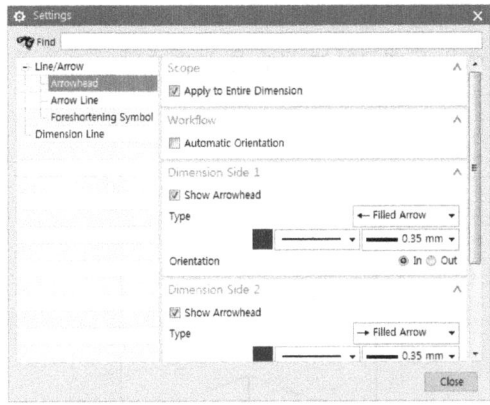

그림 15-6 치수선의 Settings 대화상자

그림 15-5의 **ⓒ** 부분을 클릭하면 치수 보조선의 옵션을 설정할 수 있다. 그림 15-7의 **ⓔ** 버튼을 누르면 치수 보조선이 나타나거나 나타나지 않게 할 수 있으며 **ⓕ** 드롭다운 목록에서는 Jog 치수를 기입할 수 있다. **ⓖ** 아이콘을 누르면 그림 15-8과 같은 Settings 대화상자가 나타나며 치수 보조선에 대한 설정을 변경할 수 있다.

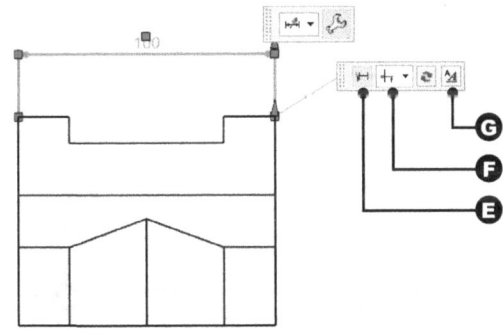

그림 15-7 치수 보조선 설정

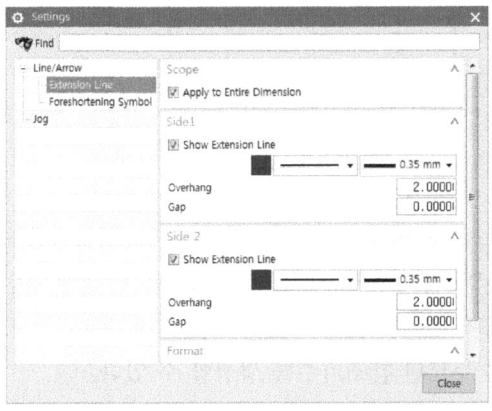

그림 15-8 치수 보조선의 Settings 대화상자

치수 보조선 Edit 모드에서 화살표를 클릭한 후 드래그하여 Gap과 Overhang을 수정할 수 있다. 그림 15-9는 치수 Gap을 드래그하는 모습을 보여준다.

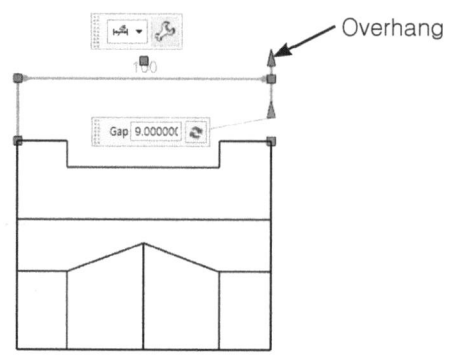

그림 15-9 치수 보조선의 Gap 수정

그림 15-5에서 ❶ 부분을 클릭하면 치수의 설정을 변경할 수 있는 팝업툴바가 나타난다. 그림 15-10의 ❷ 부분을 클릭하면 공차 치수를 기입할 수 있으며 ❸ 부분을 클릭하면 소수점 자릿수를 지정할 수 있다.

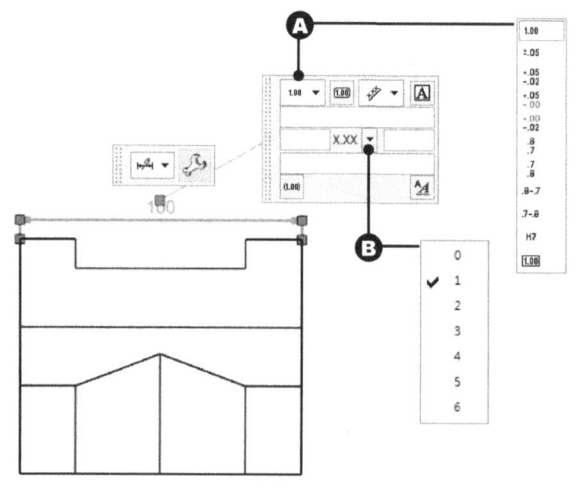

그림 15-10 치수의 설정

치수 설정 팝업 툴바의 Appended Text 입력창에 문자를 입력할 수 있다. 각 위치에 그림 15-11과 같이 a, b, c, d라고 입력하면 치수의 위, 앞, 뒤, 아래에 기입된다.

그림 15-11의 ❹ 버튼을 누르면 참조치수를 생성할 수 있다.

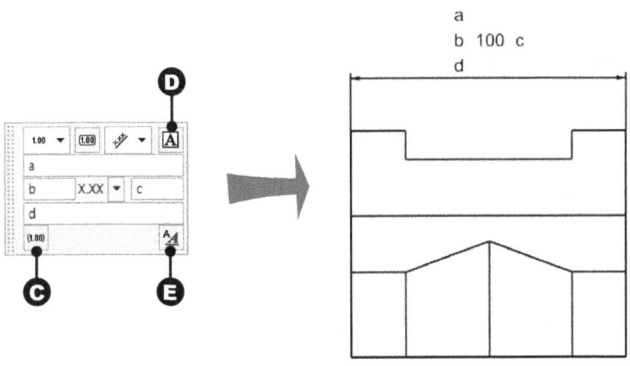

그림 15-11 Appended Text 설정

그림 15-11의 **D** 버튼을 누르면 그림 15-12와 같은 Appended Text 대화상자가 나타나고 치수의 앞, 뒤 또는 위, 아래에 문자나 기호를 추가할 수 있다. 도면 기호 영역의 탭을 이용하여 여러 가지 특수 문자를 입력할 수도 있다. 한글을 입력하려면 폰트의 드롭다운목록에서 Korean을 선택한다.

그림 15-11의 **E** 버튼을 누르면 그림 15-13과 같은 Settings 대화상자가 나타난다. Lettering, Stacking, Tolerance 등 치수의 표시 모양(Appearance)과 관련된 옵션을 설정한다.

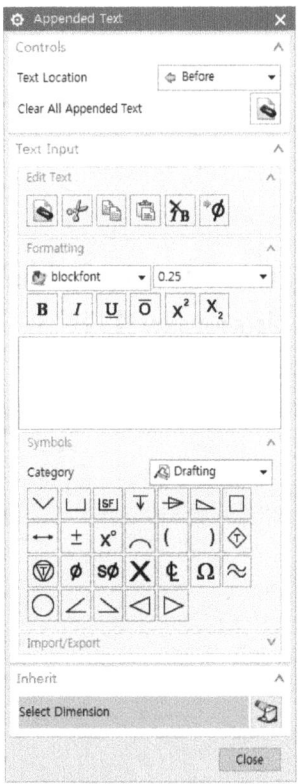

그림 15-12 Appended Text 대화상자

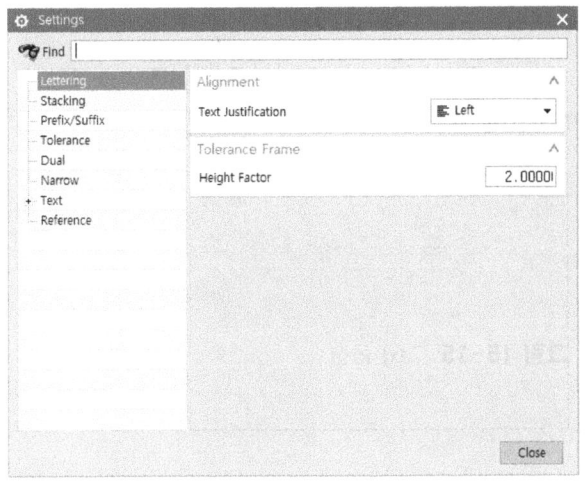

그림 15-13 치수의 Settings 대화상자

15장: 도면 생성 (Part II)

그림 15-14의 Text / Units 옵션에서는 단위, 소수점 자릿수, 소수점 표기 형태, 치수의 맨 앞 또는 소수점 뒤에 있는 0을 표시할지 표시하지 않을지를 설정할 수 있다.

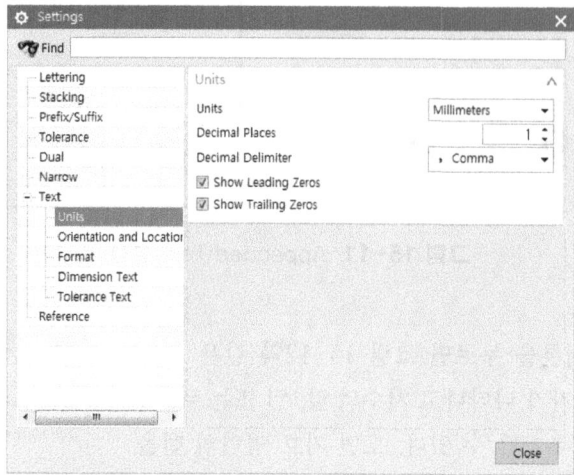

그림 15-14 Units 옵션

그림 15-15의 Text / Dimension Text 옵션에서는 치수의 크기, Aspect Ratio 등을 설정한다. Tolerance Text에 대한 표시 모양도 설정할 수 있다.

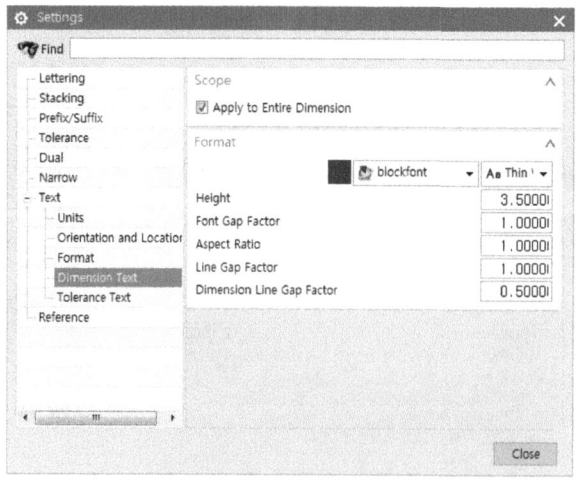

그림 15-15 Text 옵션

치수 생성 중에 Edit 버튼을 눌러 표시 모양(Appearance)을 변경한 경우 Edit 버튼을 다시 누른 후에 원하는 위치를 MB1으로 클릭하여 치수를 생성할 수 있다. 옵션을 한 번 설정한 후 치수를 계속 기입하면 같은 옵션이 적용된 치수를 연속하여 생성할 수 있다.

15.2.1 Linear Dimension

직선 길이 치수를 Linear Dimension이라고 부른다. Dimension 아이콘 그룹에서 Linear 아이콘을 누르면 그림 15-16과 같은 Linear Dimension 대화상자가 나타난다. Measurement Method 옵션에서 특정 타입을 지정할 수 있고, Inferred 옵션을 이용할 수도 있다. Hole Callout을 이용하면 Hole 기능을 이용하여 생성한 구멍에 대한 치수를 생성할 수 있다.

그림 15-17은 Linear Dimension의 예를 보여준다.

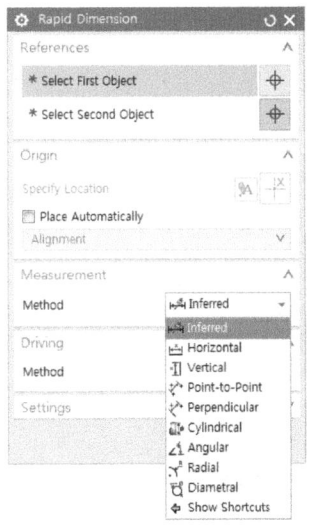

그림 15-16 Linear Dimension 대화상자

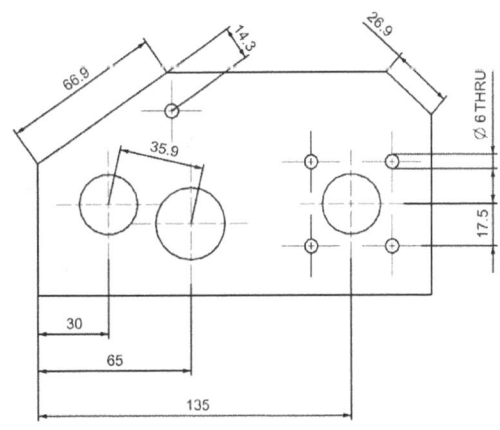

그림 15-17 Linear Dimension의 예

15.2.2 Radial Dimension

길이 단위를 갖는 치수 중 원의 직경이나 반경을 표시하는 치수를 Radial Dimension이라고 부른다. Dimension 아이콘 그룹에서 Radial 아이콘을 누르면 그림 15-18과 같은 Radial Dimension 대화상자가 나타난다. Inferred 옵션을 이용하여 하위에 있는 세 가지 옵션의 Radial Dimension을 생성할 수 있다.

그림 15-19는 Radial Dimension의 예를 보여준다.

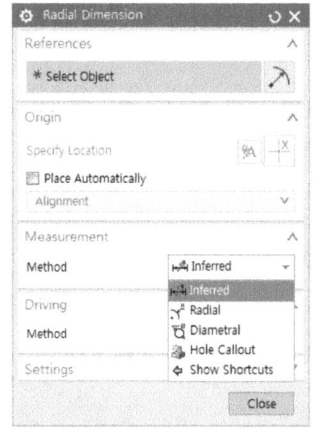

그림 15-18 Radial Dimension 대화상자

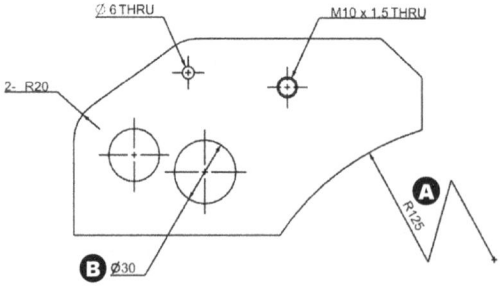

그림 15-19 Radial Dimension의 예

그림 15-19의 ⓐ 치수는 반경이 큰 호의 반지름을 표시하는 방법이다. Measurement Method를 Radial로 선택할 때 나타나는 Create Folded Radius 옵션을 이용하여 생성한다. 중심점을 표시할 곳에 점을 미리 생성해야 한다. 중심점 생성 방법은 605 쪽의 "15.7.5 Offset Center Point Symbol"을 참고한다.

그림 15-19의 ❸ 치수는 치수의 표기 방향을 Horizontal하고, Text above Stub 옵션을 선택하여 생성할 수 있다. 치수의 Settings 옵션은 치수의 종류에 따라 적용 가능한 설정 항목이 나타난다.

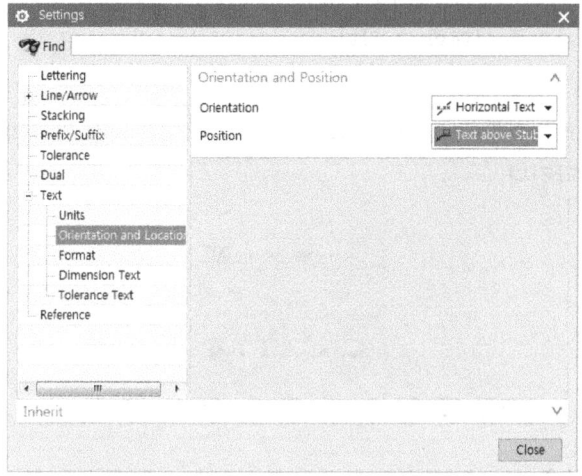

그림 15-20 Radial Dimension의 설정 옵션

15.2.3 Angular Dimension

각도 치수를 생성하려면 Dimension 아이콘 그룹에서 Angular 아이콘을 누른다. Rapid Dimension 기능을 이용하여 생성할 수도 있다. 그림 15-21의 대화상자에서 Alternate Angle 버튼을 누르면 반대 각도를 생성할 수 있다. 치수를 생성하는 중에 MB3를 누르면 그림 15-22의 팝업메뉴가 나타나고 Lock Angle 옵션을 적용하여 치수 생성 사분면을 지정할 수 있다.

그림 15-21 Angular Dimension 대화상자

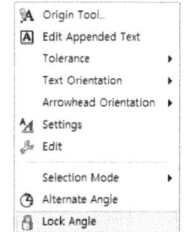

그림 15-22 Angular Dimension의 팝업메뉴

15.2.4 옵션의 종류

치수의 설정 옵션은 치수의 종류에 따라 자동으로 바뀌어 나타난다. 그림 15-23은 Radial Dimension의 팝업툴바를 보여준다. Radius to Center 옵션과 Create Folded Radius 옵션이 나타나고 반경 표시 기호를 선택할 수 있다.

Settings 옵션은 Settings 버튼(🔧)을 눌러 설정할 수 있다. Settings 버튼의 위치에 따라 나타나는 옵션의 종류가 달라진다.

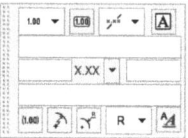

그림 15-23 Radial Dimension의 팝업툴바

15.2.5 설정의 상속

치수를 생성 또는 수정할 때 다른 치수의 설정을 적용시킬 수 있다. Dimension 대화상자의 Settings 옵션 영역에 있는 Select Dimension to Inherit 버튼을 누른 후 설정을 상속받을 치수를 선택하면 된다.

그림 15-24 Select Dimension to Inherit 옵션

15.3 치수를 생성한 후의 설정 변경

치수를 생성한 후에는 Settings 옵션을 이용하여 치수, 치수선 등의 스타일을 변경할 수 있다.

15.3.1 Dimension 대화상자

이미 생성된 치수를 더블클릭하면 치수의 타입에 맞는 대화상자가 나타나며 대화상자에 나타나 있는 옵션을 변경할 수 있다. 대화상자의 Settings 버튼을 누르면 해당 치수의 모든 표시 형태를 변경할 수 있다.

15.3.2 팝업툴바

설정을 변경할 치수를 더블클릭하면 팝업툴바가 나타나며 각 설정점을 클릭하여 변경할 수 있다. 각 설정점에 해당되는 팝업툴바에 나타난 Settings 버튼을 누르면 선택한 설정점에 해당되는 옵션만 나타난다.

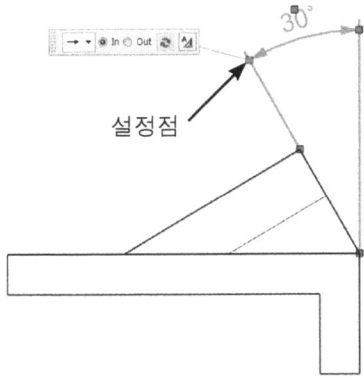

그림 15-25 팝업툴바

15.3.3 팝업메뉴

치수를 더블클릭한 후 하이라이트 된 곳에 MB3를 누르면 그림 15-26과 같은 팝업메뉴가 나타나며 자주 사용하는 치수 설정을 변경할 수 있다. 팝업메뉴에서 Settings를 선택하면 Dimension 대화상자에서 Settings 버튼을 눌렀을 때와 같은 옵션이 나타나 해당 치수에 대한 모든 설정을 변경할 수 있다.

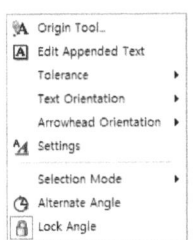

그림 15-26 팝업 메뉴

15.4 Drafting Preferences

치수나 뷰에 대한 설정을 변경한 후 현재의 NX 세션에서 지속적으로 적용되게 하려면 Drafting Preferences를 변경해야 한다. Menu 버튼 > Preferences > Drafting을 선택하면 그림 15-27과 같은 Drafting Preferences 대화상자가 나타나고 각 부분의 옵션을 설정할 수 있다. 여기서 설정한 옵션은 NX를 다시 시작하면 초기화 된다.

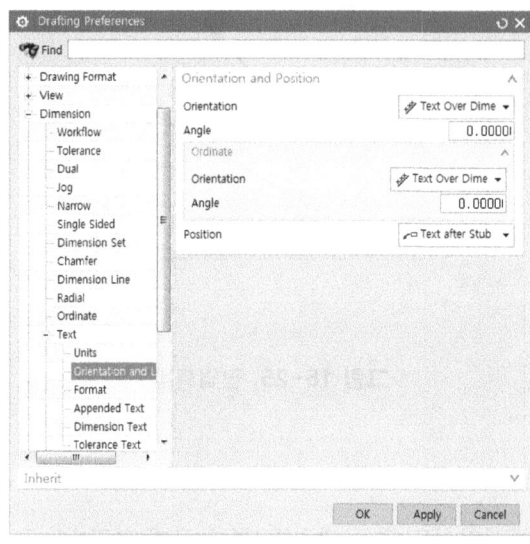

그림 15-27 Drafting Preferences 대화상자

NX를 실행시킬 때 적용되는 Drafting 옵션을 변경하려면 Customer Defaults를 변경해야 한다. File 탭을 누른 후 Utilities > Customer Defaults를 선택하여 Drafting에 해당되는 옵션을 설정할 수 있다.

> **❗ 여러 개의 치수 설정 변경**
>
> Home 탭에서 Edit Settings 아이콘을 누른 다음 여러 개의 치수의 설정을 한꺼번에 변경할 수 있다.

15.5 치수의 정렬

그림 15-28의 점 **A**와 점 **B** 사이에 치수를 생성할 때 이미 생성되어 있는 치수 **C** 위로 마우스 포인터를 가져가면 두 치수가 정렬된다. **C** 치수를 드래그 하여 이동시키면 정렬된 치수도 함께 이동된다. 나중에 생성한 치수를 드래그 하면 정렬이 해제된다.

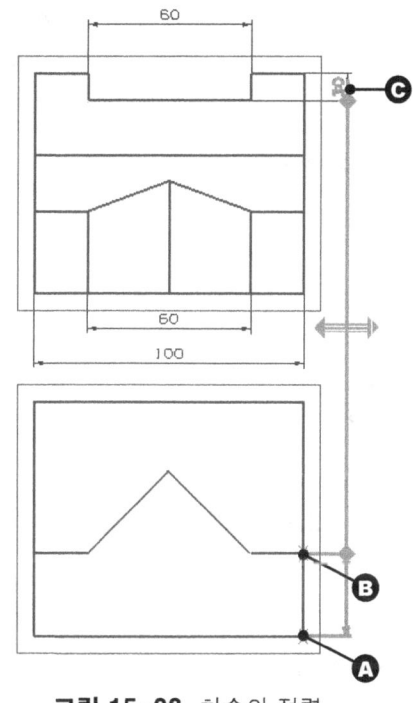

그림 15-28 치수의 정렬

치수를 생성한 후에 정렬하려면 치수 위에 MB3를 누른 다음 Origin 옵션을 선택한다. Origin Tool을 이용하여 치수를 정렬할 수 있다.

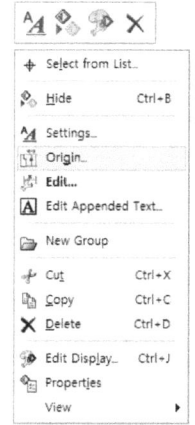

그림 15-29 Origin 옵션

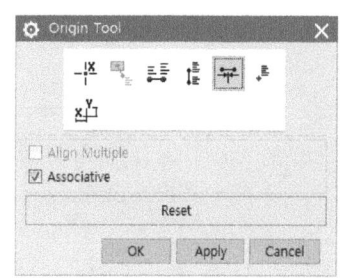

그림 15-30 Origin Tool 대화상자

15장: 도면 생성 (Part II)

Exercise 01　Linear Dimension 생성　　　　　　　　　　ch15_ex01.prt

주어진 Master Part를 이용하여 그림 15-31과 같이 치수를 생성해 보자. 구멍에 대한 치수는 Hole Callout을 이용하며 치수의 높이는 4.5mm로 한다.

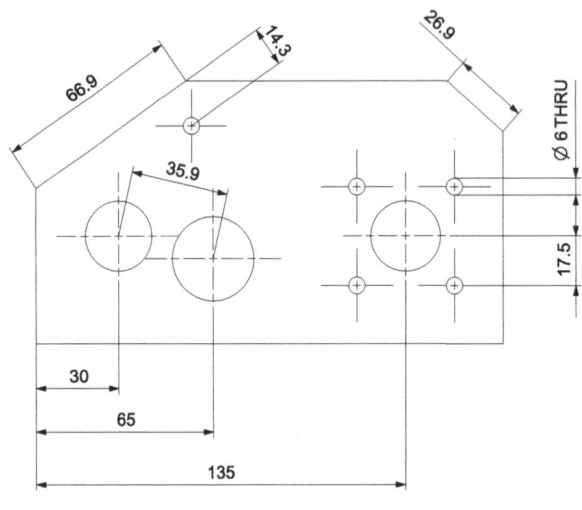

그림 15-31　Exercise 01

Exercise 02　Radial Dimension 생성　　　　　　　　　　ch15_ex02.prt

주어진 Master Part를 이용하여 그림 15-32와 같이 치수를 생성해 보자. 구멍에 대한 치수는 Hole Callout을 이용하며 치수의 높이는 4.5mm로 한다.

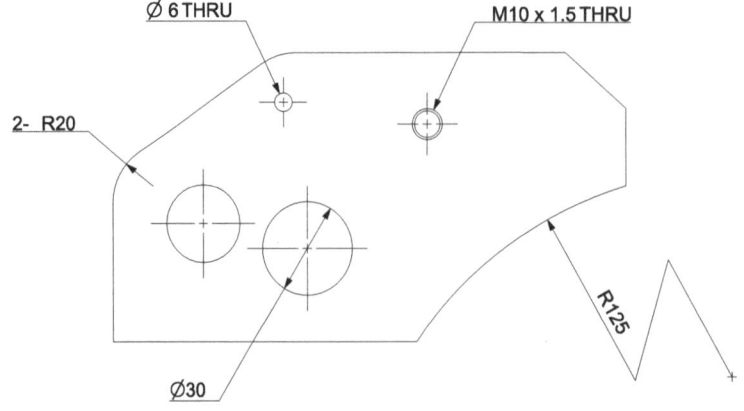

그림 15-32　Exercise 01

15.6 주석(Note) 기입

주석은 3차원 형상이나 도면 파일의 형상을 이용하여 표시하기 어려운 지시 사항을 텍스트나 기호를 이용하여 표시한 것을 말한다. Note나 용접기호, 표면처리 기호, 중심선, 해칭선 등이 이에 해당된다. Annotation 아이콘 그룹의 기능을 이용하면 여러 가지 형태의 주석을 기입할 수 있다.

그림 15-33 Annotation 아이콘 그룹

Note 생성 절차

① Annotation 아이콘 그룹에서 Note 아이콘을 누른다.
② Note 대화상자에 텍스트를 입력한다.
③ Note를 생성할 위치를 클릭한다.

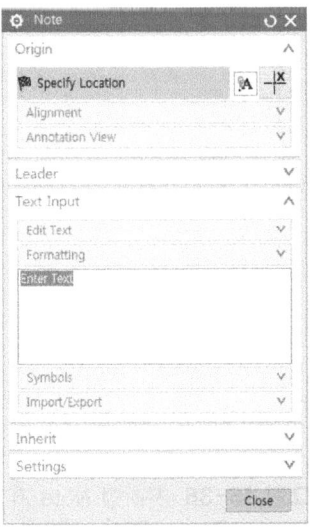

그림 15-34 Note 대화상자

작업 화면에서 마우스 포인터를 움직이면 그림 15-35와 같이 기존의 텍스트(치수 텍스트 포함) 위치에 스냅을 건다. 스냅이 걸리지 않게 하려면 Alt 키를 누른다.

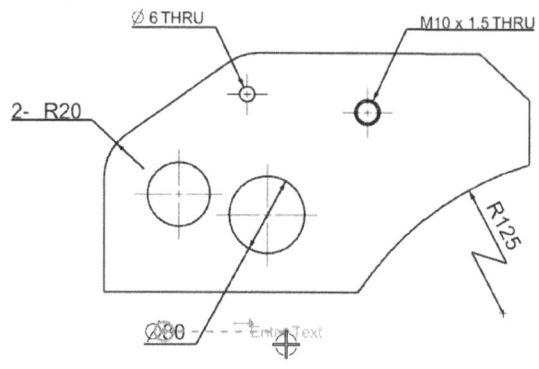

그림 15-35 치수에 스냅이 걸린 모습

Note 아이콘을 누른 다음 형상에 마우스 포인터를 가져가면 그림 15-36 (a)와 같이 변경된다. 이 때, MB1을 클릭한 후 드래그하면 그림 15-36 (b)와 같이 지시형 Note를 기입할 수 있다.

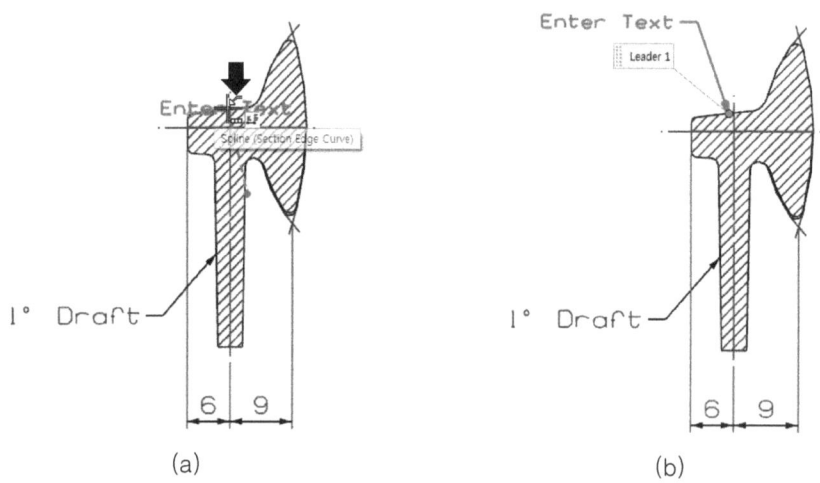

그림 15-36 지시형 Note 기입

> **일반 Note의 지시형 변환**
>
> 일반 Note를 더블클릭 하면 Select Terminating Object 옵션이 활성화 되며 지시할 오브젝트를 선택하면 지시형 Note로 변환된다.

15.6.1 Note 수정

지시형 Note를 더블 클릭하면 Note 대화상자가 나타나며 Leader 옵션 영역을 펼치면 그림 15-37과 같은 항목이 나타난다.

Ⓐ : Leader의 지시 포인트를 다시 선택할 수 있다.
Ⓑ : Leader를 꺾어 표시한다. 꺾인 점을 드래그하여 이동시킬 수 있고, 꺾인 점 위에 MB3를 눌러 점을 추가하거나 삭제할 수 있으며 Leader를 추가할 수도 있다.

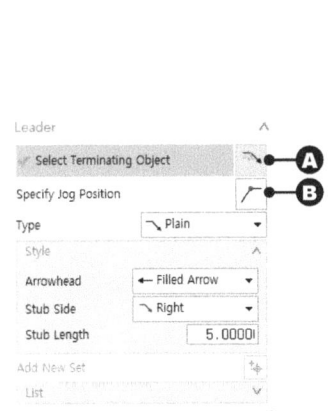

그림 15-37 Leader 옵션

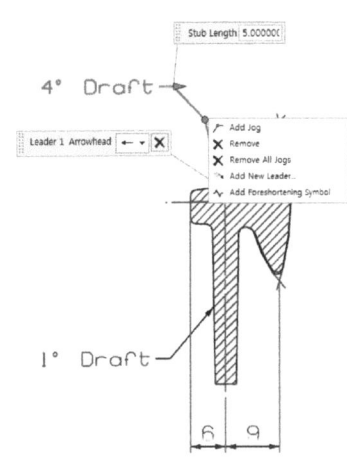

그림 15-38 Leader 수정 모드

하이라이트 되어 있는 Leader 선 위에 MB3를 누르면 그림 15-39와 같은 팝업메뉴가 나타나고 지시선을 추가하거나 설정을 변경하고 정렬할 수 있다.

Text Input 옵션 영역 아래에 있는 Symbols 옵션을 펼치면 다양한 특수 문자를 입력할 수 있다.

그림 15-39 Leader 팝업메뉴

그림 15-40 Symbols 옵션

15.6.2 다중 지시 Note

지시형 Note를 한 개 기입한 후 다른 오브젝트도 함께 지시하려면 다음 방법을 취한다.

① 생성된 지시형 Note를 더블 클릭한 후 MB3를 누른다. 팝업메뉴에서 Add New Leader 를 선택하고 지시할 개체를 선택한다.
② Leader 옵션 그룹의 List 옵션을 펼치고 New 항목을 선택한 후 지시할 개체를 선택한다.

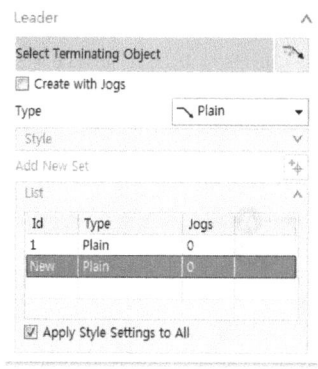

그림 15-41 List 옵션

일반 Note를 기입한 후 지시형으로 변환할 때는 지시할 오브젝트를 순차적으로 선택하면 된다. 지시 Note가 여러 개일 경우 각각의 설정을 변경하려면 Note를 더블클릭한 후 대화상자의 List 영역에서 수정할 Note를 선택하거나 작업창에서 지시 화살표를 선택한다. 선택한 지시 Note에 대한 Terminating Object를 다시 선택하거나 Jog를 생성할 수 있다.

15.7 중심선

Annotation 아이콘 그룹의 기능을 이용하여 여러 가지 형태의 중심선을 생성할 수 있다.

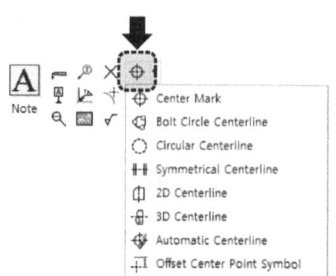

그림 15-42 중심선 생성 아이콘

15.7.1 Center Mark

구멍을 위에서 보았을 때 중심선을 생성한다. 여러 개의 원을 선택할 경우 일렬로 연결된 중심선이 생성된다. 일직선이 아닌 여러 개의 구멍의 중심선을 개별적으로 생성하려면 Create Multiple Center Marks 옵션을 체크한다.

그림 15-43의 화살표 Ⓐ를 드래그 하여 중심선의 길이를 조절할 수 있으며 Settings 옵션을 이용하여 Gap, Center Cross 양을 정의할 수 있다. 두 개의 중심선의 길이를 따로 조절하려면 Settings 옵션 그룹에서 Set Extension Individually 옵션을 체크한다.

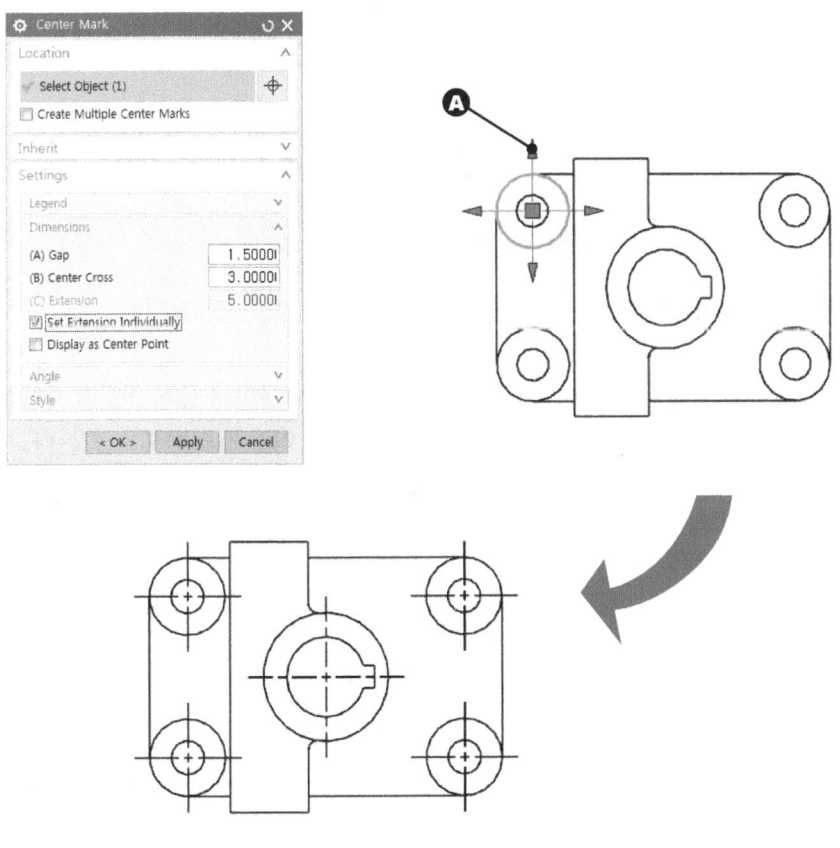

그림 15-43 Center Mark 생성

15.7.2 Bolt Circle Centerline

원형으로 배열되어 있는 구멍의 중심을 연결하는 원을 표시한다. 구멍의 피치 원(Pitch Circle)에 해당되며 이 원에 P.C.D. (Pitch Circle Diameter) 치수를 기입한다.

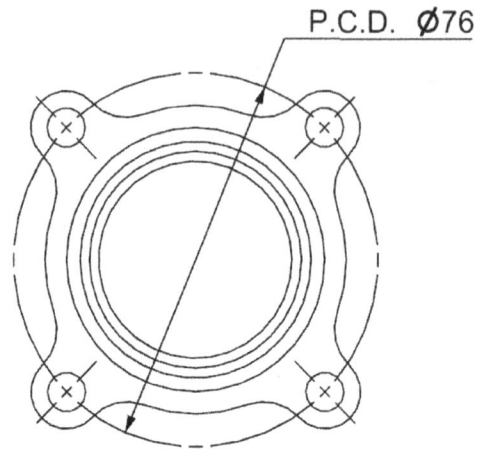

그림 15-44 Bolt Circle Centerline

15.7.3 2D Centerline

두 개의 커브 중간에 중심선을 표시하거나 두 개의 점을 연결하여 중심선을 표시한다. 주로 대칭 형상의 측면에 중심선을 표시할 때 사용한다. 커브는 직선에 국한되지 않는다. 따라서, 두 개의 스플라인을 선택하여 그 사이에 중심선을 생성할 수도 있다.

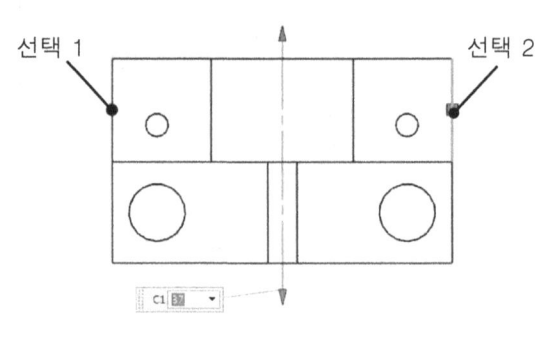

그림 15-45 2D Centerline

15.7.4 3D Centerline

구멍의 원통면을 옆에서 보았을 때 중심선을 표시한다. 원형 배열의 중심선을 생성할 수도 있다. 원통면이나 원형 배열 피쳐를 인식하도록 선택하여야 한다.

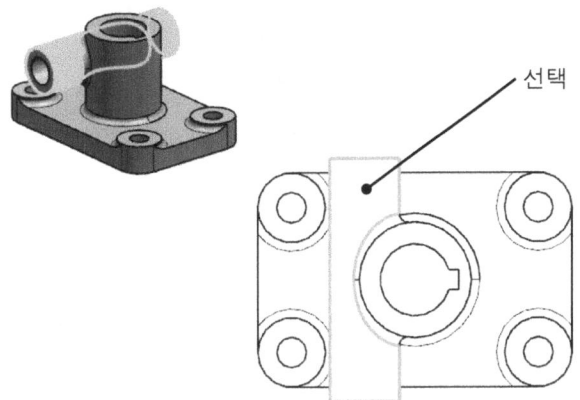

그림 15-46 3D Centerline

15.7.5 Offset Center Point Symbol

반경이 큰 원의 중심을 원래의 중심에서 가로 방향 또는 세로 방향으로 오프셋하여 표시할 때 이 기능을 사용한다. 생성된 점을 중심으로 하여 Folded Radius를 표시할 수 있다.

그림 15-47은 호의 수직 방향 사분점에서 호의 중심 방향으로 50mm 오프셋하여 오프셋 중심점을 생성한 것이다.

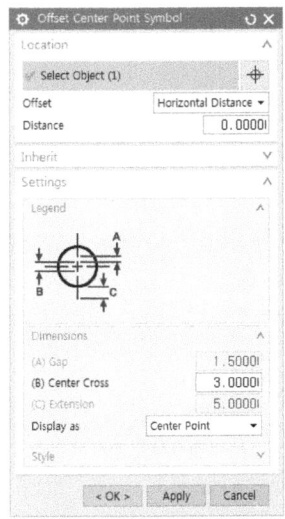 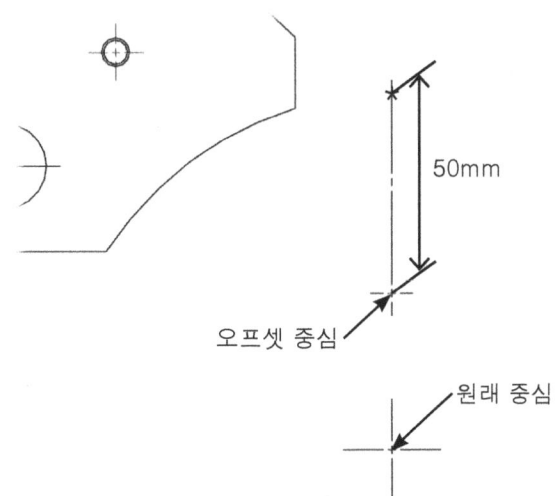

그림 15-47 Offset Center Point

15.8 교차기호(Intersection Symbol)

필렛을 생성한 부분에 교차기호를 생성하여 필렛을 적용하기 전의 꼭지점 치수를 표기할 수 있다.

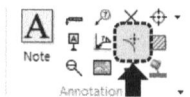

그림 15-48 Intersection Symbol 아이콘

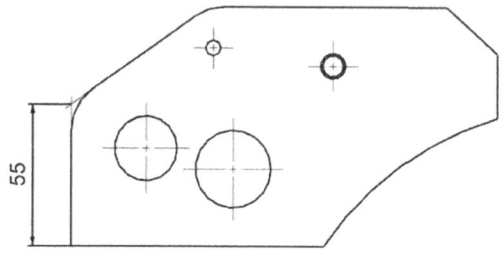

그림 15-49 교차기호를 이용한 치수 생성

ch15_ex03.prt

Exercise 03

주어진 Master Part에 대하여 그림 15-50과 같이 도면을 생성하시오.

조건

1. 도면과 최대한 같게 한다.
2. 표제란의 도면 크기와 배율을 맞춘다.
3. 모든 치수 및 Appended Text의 높이는 5mm로 한다.

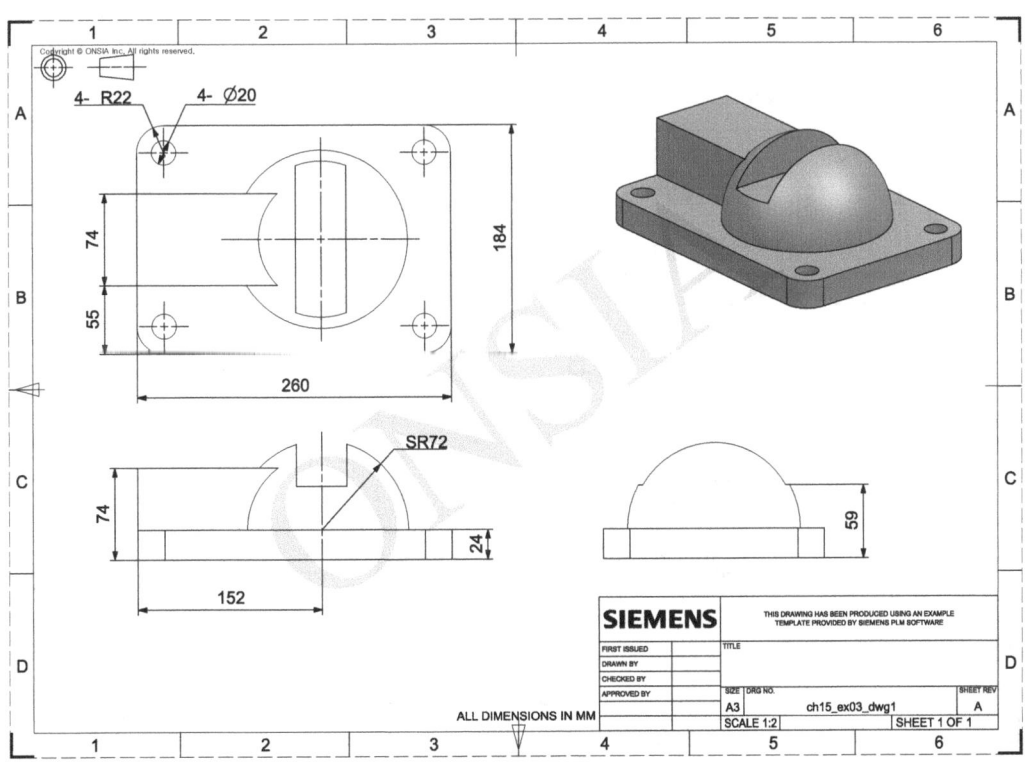

그림 15-50 Exercise 03의 도면

END of Exercise

Exercise 04

ch15_ex04.prt

주어진 Master Part에 대하여 그림 15-51과 같이 도면을 생성하시오.

조건

1. 도면과 최대한 같게 한다.
2. 표제란의 도면 크기와 배율을 맞춘다.
3. 모든 치수 및 Appended Text의 높이는 5mm로 한다.

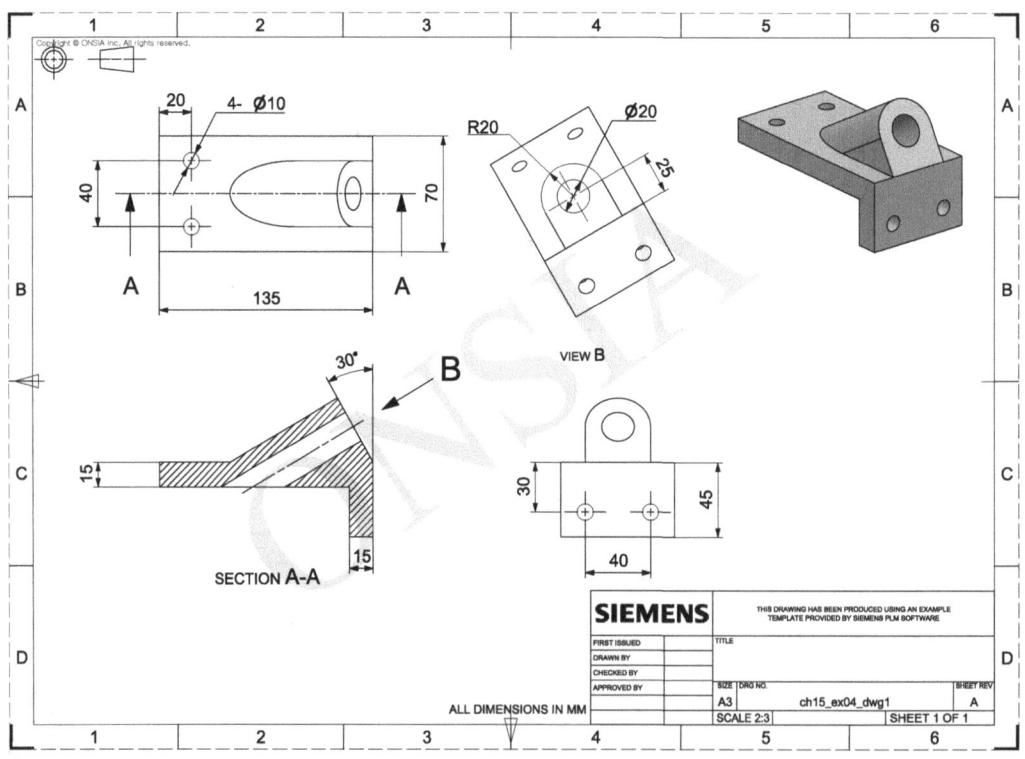

그림 15-51 Exercise 04의 도면

ch15_ex05.prt

Exercise 05

주어진 Master Part에 대하여 그림 15-52와 같이 도면을 생성하시오.

조건

1. 도면과 최대한 같게 한다.
2. 표제란의 도면 크기와 배율을 맞춘다.
3. 모든 치수 및 Appended Text의 높이는 4.5mm로 한다.

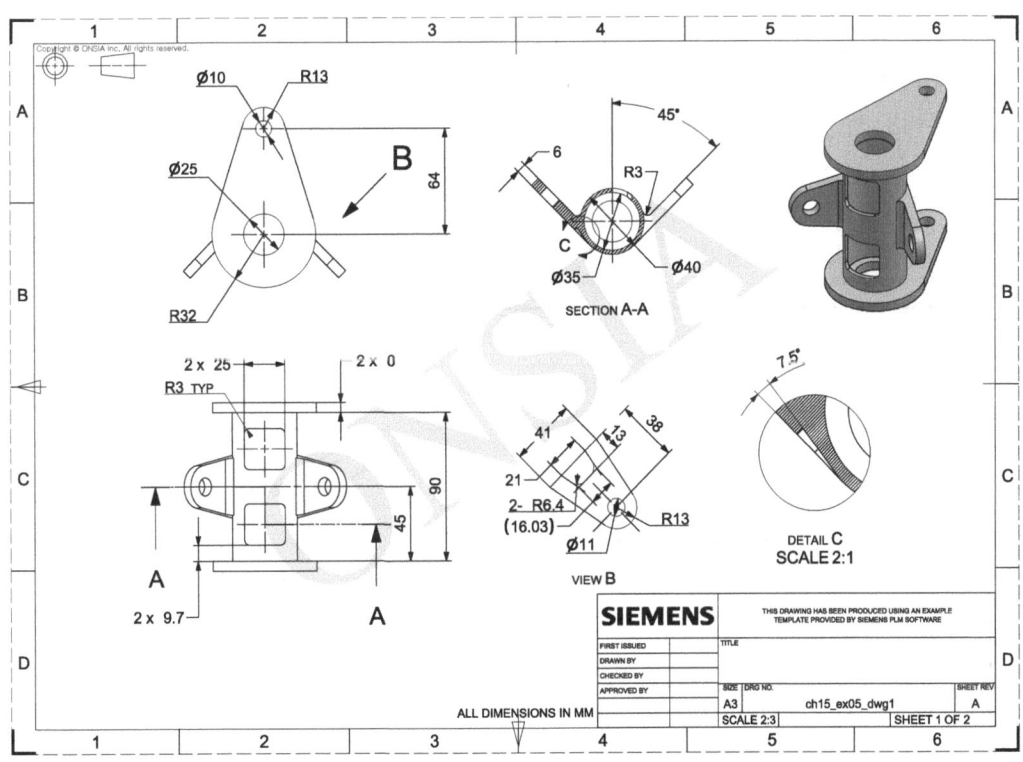

그림 15-52 Exercise 05의 도면

END of Exercise

15.9 어셈블리 도면

어셈블리 파일에 대한 도면을 생성할 수 있다. 어셈블리 도면을 생성하는 목적은 조립에 대한 스펙(조립 공차 등)이나 조립 경로, 부품의 개수, 재질 등을 일목요연하게 표시하기 위한 것이다.

어셈블리 파트에 대한 도면 뷰를 생성하는 방법은 파트에 대한 도면 뷰 생성 방법과 같다. 그림 15-53은 notebook_assy.prt 파일에 대하여 세 가지 뷰를 생성한 것이다. 이 단원에서는 어셈블리 도면에서만 적용할 수 있는 기능을 배운다. 다음 사항이 이에 해당된다.

① 도면 뷰에서 특정 컴포넌트 제외하기
② 부분단면도(Break-Out Section View) 활용
③ 분해도 생성 및 부품 표시하기

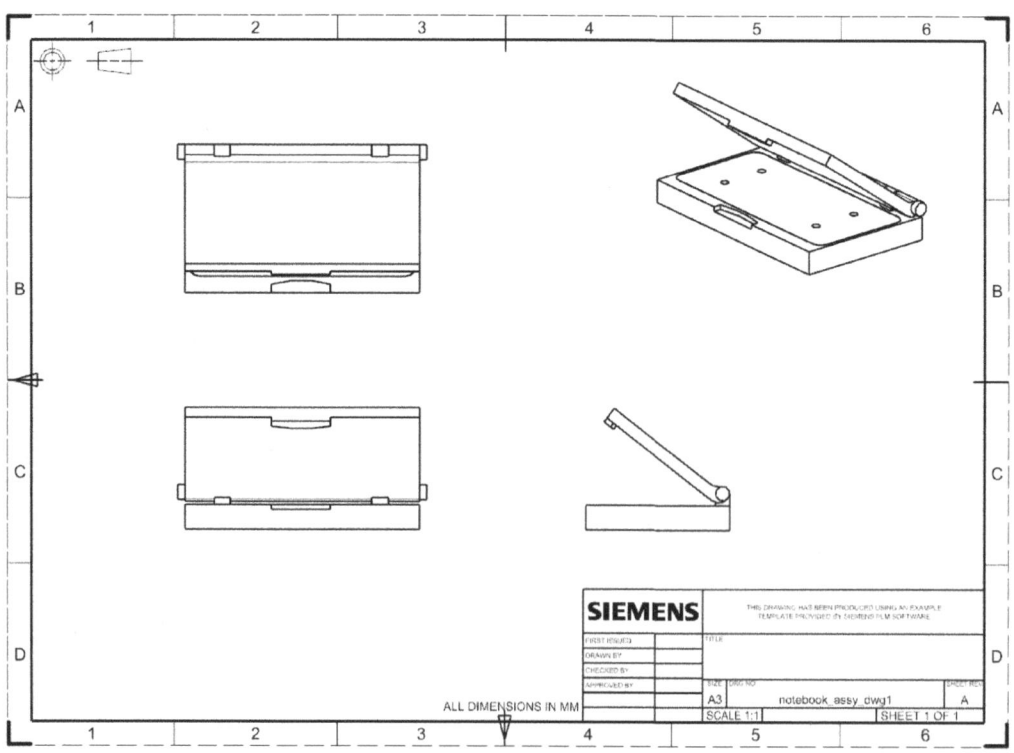

그림 15-53 notebook_assy의 도면

15.9.1 도면 뷰에서 특정 컴포넌트 제외 시키기

Base View 또는 Projected View를 생성 또는 수정할 때 나타나는 대화상자(그림 15-54)의 More 버튼을 누른 후 Settings 옵션을 펼치면 컴포넌트를 숨기는 부분과 단면도에서 제외 시키는 부분이 있다.

① Hidden Components 옵션

선택한 컴포넌트를 뷰에서 보이지 않게 한다. Select Object 버튼을 누른 다음 도면 시트에서 선택할 수도 있고, Assembly Navigator에서 선택할 수도 있다.

② Non-Sectioned 옵션

현재 뷰에 대한 단면도를 생성할 때 선택한 컴포넌트에 대해서는 단면을 표시하지 않는다. 조립할 때 사용되는 볼트나 너트와 같은 요소부품에 대한 단면은 어셈블리 단면도에서 표시하지 않는 것이 관례다. Assembly Navigator에서 쉽게 선택할 수 있다.

그림 15-54 Settings 옵션

Exercise 06   특정 도면뷰에서 컴포넌트 제외 시키기

폴더: *notebook_assy*
파일: *notebook_assy.prt*

어셈블리 파일에 대한 도면을 생성한 후 특정 컴포넌트를 도면뷰에서 제외 시키고, 단면도에 특정 컴포넌트의 단면이 표시되지 않도록 설정해 보자.

도면뷰 옵션 설정

1. notebook_assy 폴더에 있는 notebook_assy.prt 파일에 대한 도면 파일(notebook_assy_dwg1.prt)을 생성한다.

2. Base View 기능을 이용하여 그림 15-55와 같이 Front View를 생성한다.

3. Front View를 Project 하여 Top View를 생성한다.

4. Top 뷰의 테두리에 MB3 > Edit을 선택한다.

5. Projected View 대화상자의 Settings 옵션 영역을 확장시킨다.

6. 대화상자의 Hidden Components 옵션 영역에 있는 Select Object 버튼을 누른다.

7. 도면 시트에서 top 컴포넌트 부분을 클릭하여 선택한다.

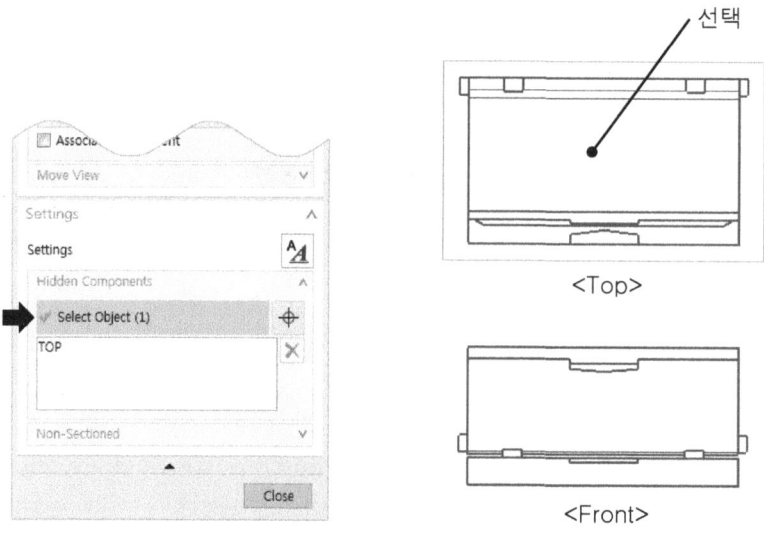

그림 15-55 숨길 컴포넌트 선택

8. Projected View 대화상자의 Non-Sectioned 옵션 영역에 있는 Select Object 옵션을 클릭한다.

9. 리소스바에서 Assembly Navigator를 클릭하여 보이게 하고, 그림 15-56 (a)와 같이 네 개의 screw 컴포넌트를 선택한다. 그림 15-56 (b)와 같이 대화상자에 표시된다.

10. Close 버튼을 눌러 대화상자를 닫는다.

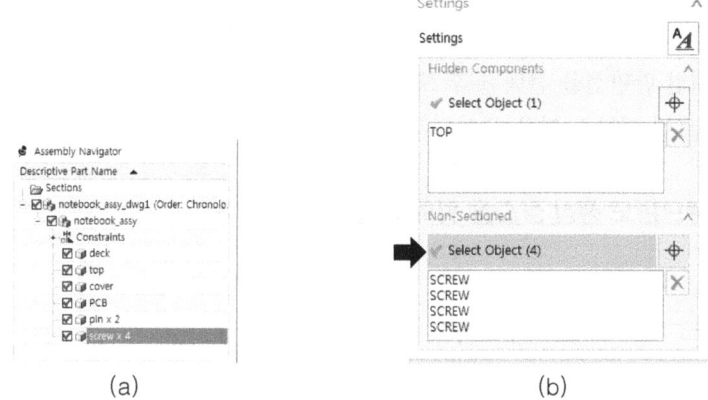

그림 15-56 단면도에서 제외시킬 컴포넌트 선택

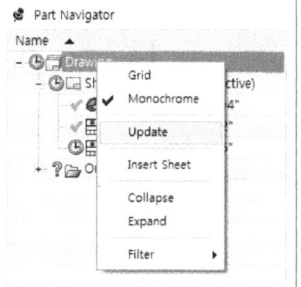

그림 15-57 업데이트 옵션

뷰 업데이트

1. 리소스바에서 Part Navigator 탭을 누른다. 그림 15-57과 같이 시계 표시가 나타나 있다. 이는 도면, 시트 또는 뷰를 업데이트 해야 한다는 뜻이다.

2. Drawing 항목에 MB3를 누른 후 팝업메뉴에서 Update를 선택한다. 시계 아이콘을 클릭하여 업데이트할 수도 있다.

그림 15-58과 같이 Top 뷰에서만 top 컴포넌트가 나타나지 않게 된다.

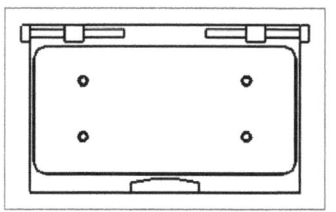

그림 15-58 업데이트 후의 Top View

613

15장: 도면 생성 (Part II)

단면도 생성

1. View 아이콘 그룹에서 Section Line 아이콘을 누른다.
2. 그림 15-59와 같이 Section Line을 생성한다.
3. Menu 버튼 > Preferences > Drafting을 선택한 후 그림 15-60과 같이 해칭 간격을 1mm로 수정하고 OK 버튼을 누른다.
4. View 아이콘 그룹에서 Section View 아이콘을 클릭한다.
5. Section View 대화상자의 Section Line Definition 드롭다운 목록에서 Select Existing을 선택한다.
6. 앞에서 생성한 단면선을 선택한 후 그림 15-61과 같이 단면도를 생성한다.
Screw 컴포넌트에 대한 단면은 표시되지 않음을 알 수 있다.

연속하여 부분단면도 생성 실습을 위해 파일을 저장한다.

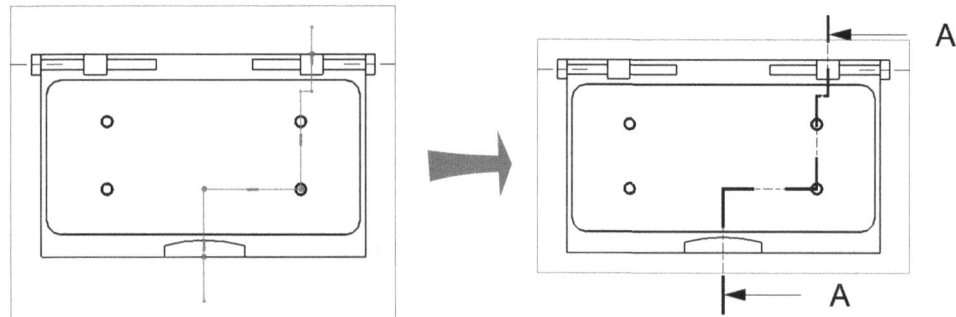

그림 15-59 Section Line

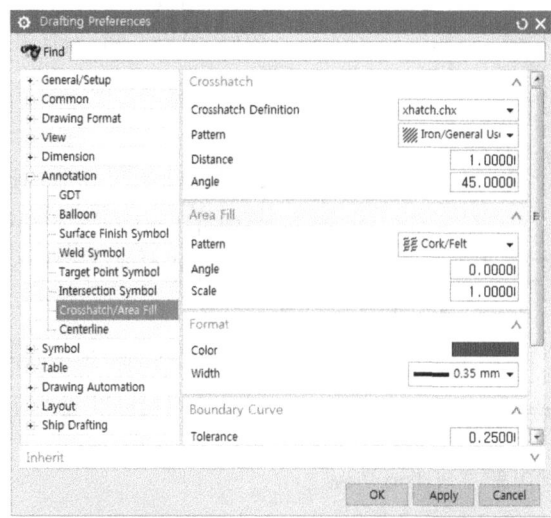

그림 15-60 Crosshatch Distance 설정

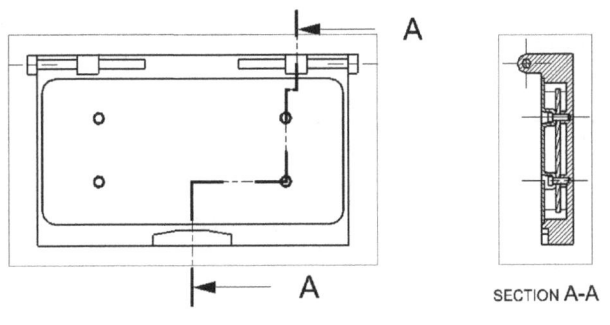

그림 15-61 생성된 계단 단면도

END of Exercise

15.9.2 어셈블리의 부분단면도

어셈블리는 수 많은 컴포넌트를 컴퓨터 상에서 제 위치에 조립하는 기능이기 때문에 안쪽에 있는 부품의 조립 상태를 도면으로 보여주기가 쉽지 않다. 이럴 때 부분단면도(Break-Out Section View) 기능을 이용하면 어셈블리의 안에 들어 있는 부품을 효과적으로 표현할 수 있다. 분해도 생성 기능을 이용하면 각 부품을 개별적으로 보여주기는 하지만 제 위치에 있지 않기 때문에 부분단면도와는 용도가 다르다. 그림 15-62은 어셈블리의 부분단면도를 보여준다.

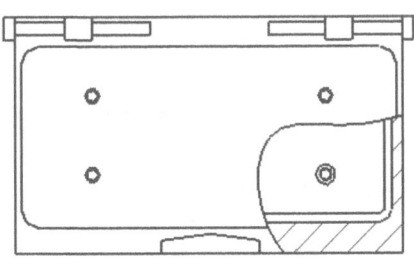

그림 15-62 부분단면도

Exercise 07   부분 단면도 생성

폴더: *notebook_assy*
파일: *notebook_assy_dwg1.prt*

Exercise 06에서 생성한 도면을 이용하여 부분 단면도를 생성해 보자.

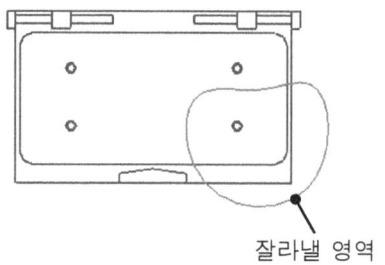

그림 15-63 잘라낼 영역 지정

영역 지정

1. 앞에서 생성한 도면 파일에서 단면도를 삭제한다.

2. Front 뷰에 Hidden Line을 표시한다. 잘라낼 깊이를 정하기 위한 것이다.

3. Top 뷰에 MB3 > Active Sketch View를 선택한다.

4. Sketch 아이콘 그룹에 있는 Studio Spline 기능을 이용하여 그림 15-63과 같이 잘라낼 영역을 지정한다.

5. Q 키를 눌러 스케치를 종료시킨다.

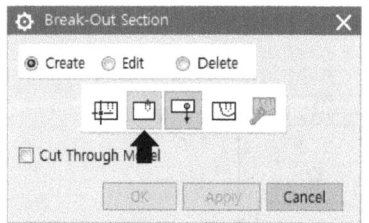

그림 15-64 Break-Out Secton 대화상자

부분 단면도 생성

1. View 아이콘 그룹에서 Break-out Section View 아이콘을 누른다.

2. Top 뷰를 선택한다. 대화상자는 그림 15-64와 같이 변경된다. 잘라낼 깊이를 지정하는 단계다.

3. 그림 15-65와 같이 ❶ 지점(공간 부분)을 선택한다. 선택한 지점을 기준으로 하여 윗방향으로 잘라내려고 하는 것이다.

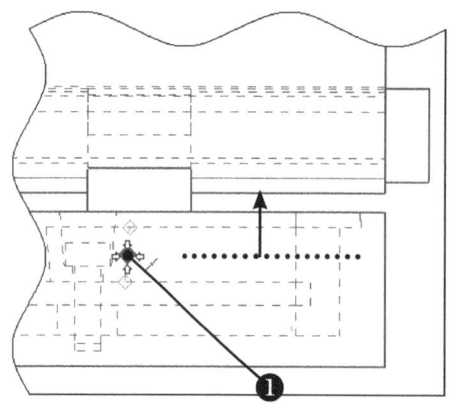

그림 15-65 잘라낼 깊이 지정

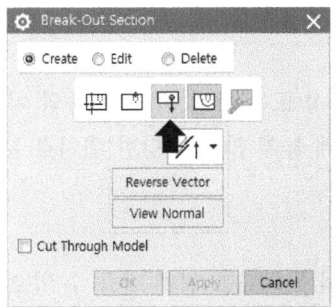

그림 15-66 잘라낼 방향 지정 단계

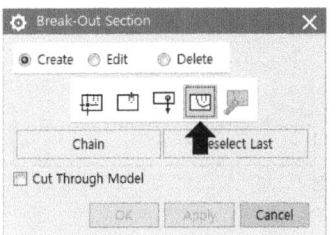

그림 15-67 잘라낼 영역 지정 단계

4. 대화상자는 그림 15-66과 같이 변경된다. 잘라낼 화살표 방향을 확인하고 MB2를 누른다.

5. 대화상자는 그림 15-67과 같이 변경된다. 잘라낼 영역을 지정하는 단계다.

6. 그림 15-63에서 지정한 경계를 선택한다.

7. Apply 버튼을 누르고 Cancel 버튼을 눌러 대화상자를 닫는다.

그림 15-68과 같이 그림 15-65에서 지정한 깊이로 잘라낸 부분단면도가 생성되어 안쪽 부품의 조립상태를 알 수 있다.

8. 도면 파일을 저장하고 모두 닫는다.

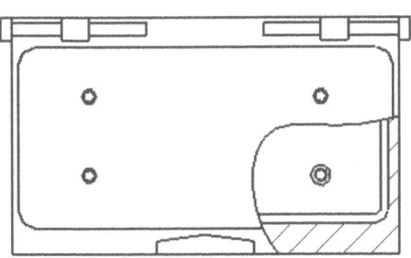

그림 15-68 생성된 부분단면도

END of Exercise

15.9.3 분해도

분해도는 조립된 상태를 보여주는 것이 아니라 조립 과정 또는 방법, 구성 부품의 이름, 재질 등을 표시하기 위한 것이다. 따라서 부품 들을 제 위치에 놓지 않고 적당한 위치로 분해한 후 표시한다.

Parts List 기능을 이용하면 어셈블리를 구성하는 부품의 목록표를 쉽게 만들 수 있으며, 부품 지시기호(Balloon Annotation)를 도면뷰에 표시할 수도 있다.

분해도와 부품목록표를 생성하는 절차는 다음과 같다.

① Model View 생성
② 분해상태 생성 (Exploded View)
③ Base View 추가 (①에서 생성한 Model View 이용)
④ BOM, Balloon Annotation 생성

그림 15-69는 분해도와 부품목록표를 표시한 도면이다.

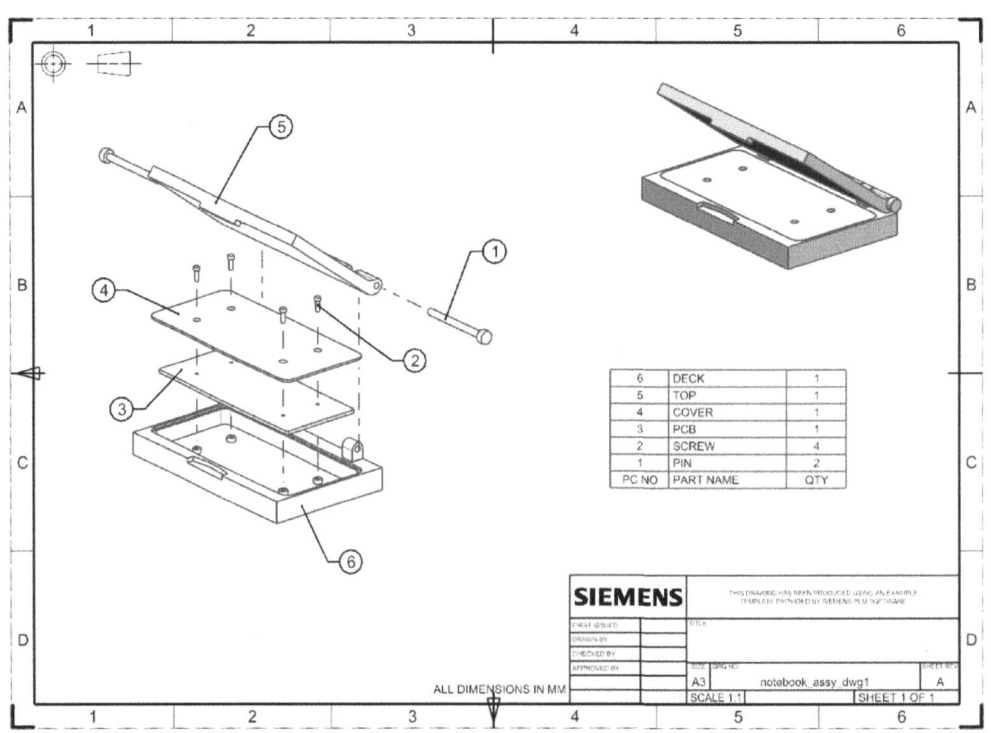

그림 15-69 분해도와 부품목록표

폴더: *notebook_assy*
파일: *notebook_assy.prt*

분해도와 부품목록표 생성 **Exercise 08**

주어진 어셈블리 파일에 대한 분해도와 부품 목록표를 생성해 보자.

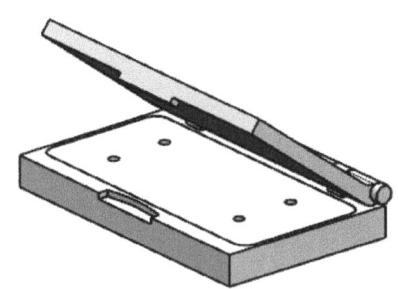

그림 15-70 Trimetric 뷰 생성

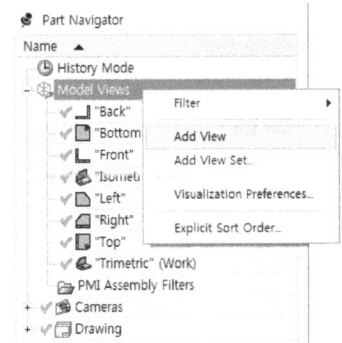

그림 15-71 모델뷰 생성

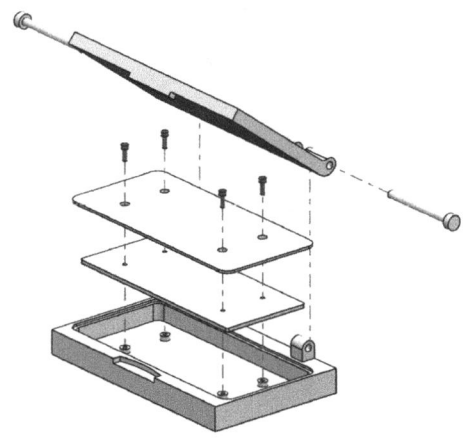

그림 15-72 어셈블리 분해

도면 파일 생성과 어셈블리 분해

1. notebook_assy.prt 파일에 대한 도면 파일을 생성한다. A3 - Size 템플릿을 사용하며 도면 파일명은 notebook_assy_dwg2.prt로 한다.

2. 그림 15-70과 같이 시트의 오른쪽 위에 Trimetric 뷰를 생성한다.

3. Base View 대화상자를 닫는다.

4. Application 탭에서 Modeling을 선택한다.

5. Part Navigator를 표시하고, 그림 15-71과 같이 Model Views 항목을 펼친다.

6. Home 키를 눌러 Trimetrie View를 표시한 후 Model Views 항목에 MB3를 눌러 Add View를 선택한다.

7. 뷰 이름을 "exploded"라고 입력하고 Enter 키를 누른다.

새로 생성한 모델뷰가 Work로 되어 있음을 확인한다.

8. 524 쪽의 "13.5 어셈블리의 분해"에서 설명한 어셈블리의 분해 방법을 이용하여 그림 15-72와 같이 분해된 상태를 만든다. Move Handles Only 옵션을 이용해야 할 수도 있다.

15장: 도면 생성 (Part II)

> **Move Handles Only 옵션**
>
> 컴포넌트를 분해할 때 방향 핸들이 맞지 않게 설정되면 Edit Explosion 대화상자에서 Move Handles Only 옵션을 체크하고 핸들만 이동 또는 회전시켜 방향을 설정한다.
>
> 그림 15-73과 같은 경우 다음 절차에 따라 핸들의 방향을 설정할 수 있다.
>
> ① Move Handles Only 옵션을 체크한다.
> ② 핸들의 화살표 머리 부분을 MB1으로 선택한다.
> ③ 방향을 맞출 오브젝트를 선택한다.
>
> 핸들의 방향을 맞춘 후에는 다시 Move Objects 옵션을 선택한 후 컴포넌트를 이동시킨다.
>
>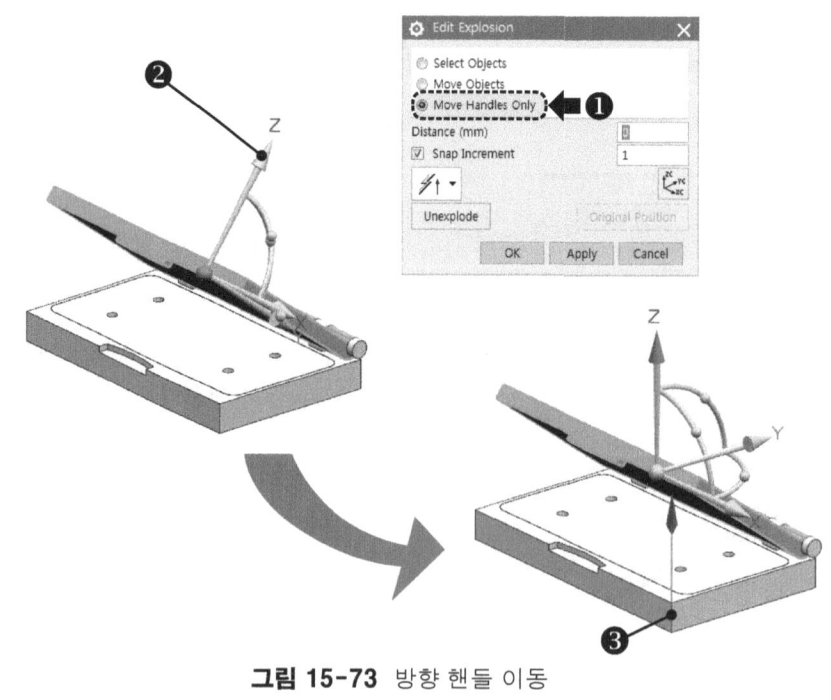
>
> **그림 15-73** 방향 핸들 이동

분해도 추가

1. Application을 Drafting으로 변경한다.

2. Base View 아이콘을 누른다.

3. Part 옵션 그룹의 Loaded Parts 목록에서 도면 파일을 선택한다. (그림 15-74의 **Ⓐ**)

4. Model View to Use 옵션에서 "exploded"를 선택한다. (그림 15-74의 **Ⓑ**)

5. 그림 15-75와 같이 분해도를 배치한다.

6. Base View 대화상자를 닫는다.

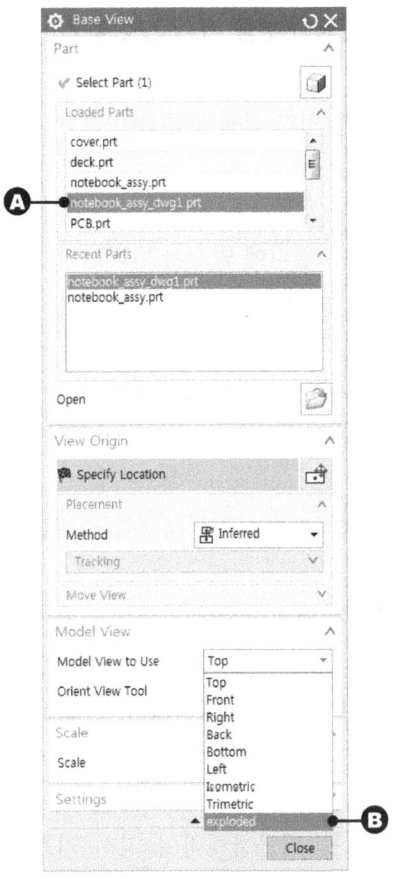

그림 15-74 분해도 추가

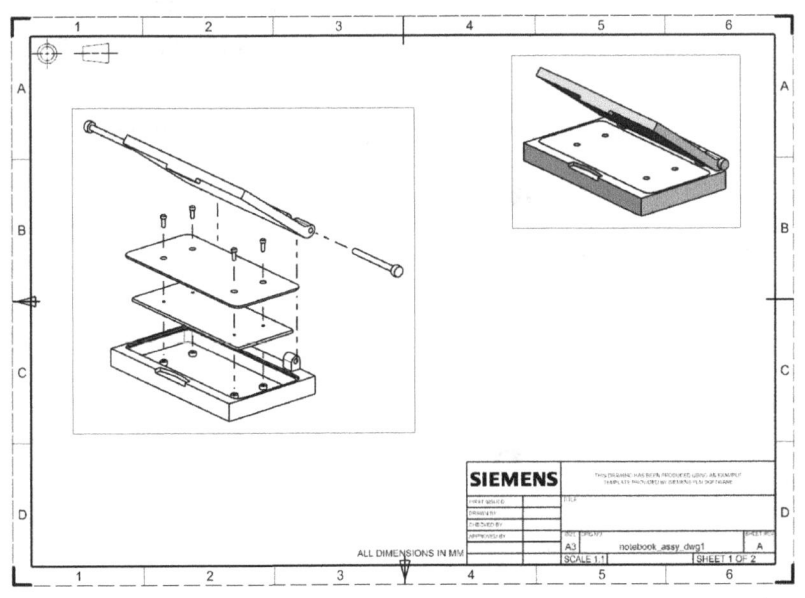

그림 15-75 분해도 뷰 추가

부품 목록표와 부품 지시 기호 추가

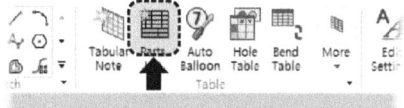

그림 15-76 Parts List 아이콘

1. Table 아이콘 그룹에서 Parts List 아이콘을 누른다.

2. 마우스 포인터에 박스가 나타난다. 시트의 Trimetric 뷰 아래에 부품목록표를 배치한다.

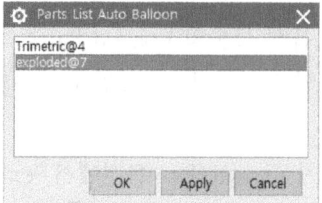

그림 15-77 뷰 선택

3. Table 아이콘 그룹에서 Auto Balloon을 선택한다.

4. 앞에서 생성한 부품목록표를 선택한다.

5. 대화상자에서 OK 버튼을 누른다.

6. 부품 지시 기호를 생성할 뷰(exploded)를 선택하고 OK 버튼을 누른다.

7. Leader를 더블클릭하여 지시 기호의 모양과 지시 위치를 수정한다. 텍스트의 크기는 5mm, 원의 크기는 10mm로 하며 Arrow Head는 Filled Dot으로 선택한다. 지시 위치를 수정할 때는 Snap Point 옵션 중 Point on Face를 이용하면 편리하다.

그림 15-79는 수정된 분해도를 보여준다.

8. 파일을 저장한다.

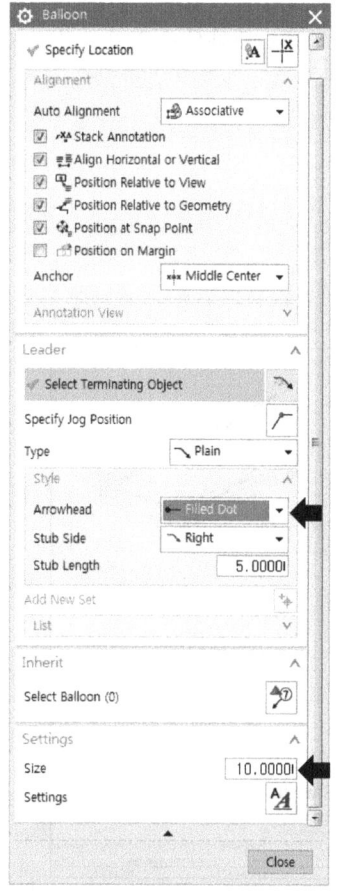

그림 15-78 Identification Symbol 옵션

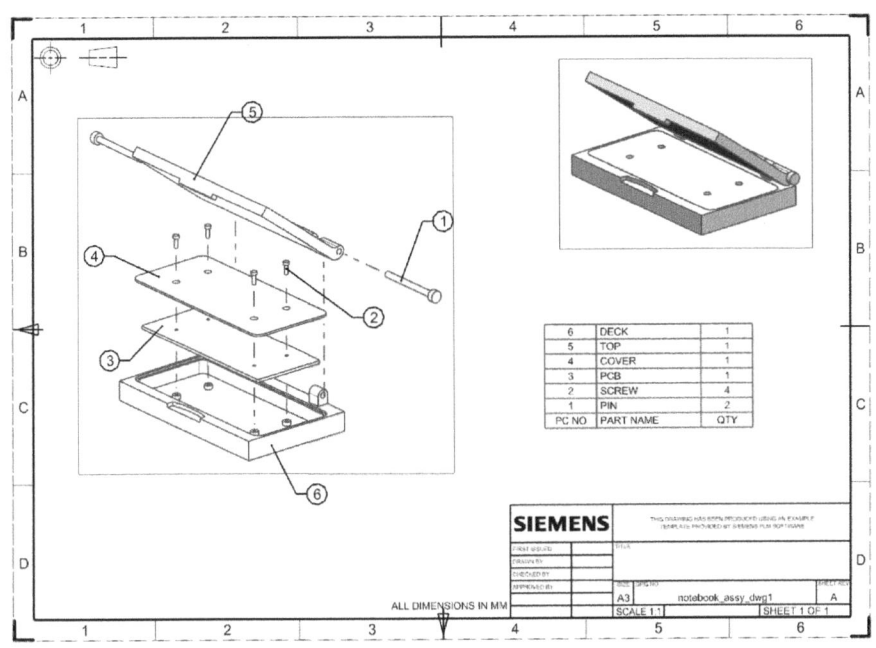

그림 15-79 부품 지시 기호 생성

END of Exercise

15장: 도면 생성 (Part II)

(빈 페이지)

Appendix A
개체의 선택

■ 학습목표

– 모델링 개체를 선택할 때 주의사항을 요약한다.

Appendix A: 선택의 문제

A.1 대화상자의 선택 단계

어떤 기능의 대화상자에서 반드시 선택하여야 하는 옵션은 빨간색 Asterisk(*)로 표시된다. 선택하지 않으면 미리보기가 나타나지 않고 OK나 Apply 버튼이 활성화 되지 않는다. 적절한 개체를 선택하면 빨간색 Asterisk는 연두색의 체크마크로 바뀐다. 그림 A-1은 Target을 선택하기 전과 후의 대화상자를 보여준다.

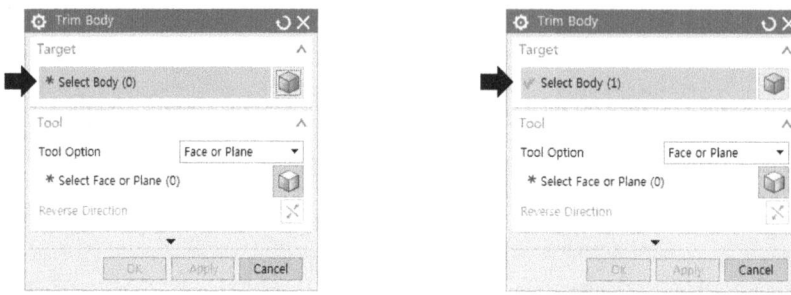

그림 A-1 선택 전과 후의 Target 옵션

A.2 선택한 개체의 수

선택한 개체의 수는 괄호 안에 표시된다. 어떤 옵션에서는 여러 개의 개체를 선택할 수 있고, 어떤 옵션은 한 개만 선택할 수 있다. 여러 개의 개체를 선택할 수 있는 경우 다음 선택 옵션으로 진행하려면 해당 옵션을 클릭하거나 MB2를 눌러야 한다. 한 개만 선택할 수 있는 옵션의 경우 자동으로 다음 선택 단계로 진행된다. Unite 기능의 Target으로는 한 개의 개체만 선택할 수 있고, Tool로는 여러 개의 개체를 선택할 수 있다. Unite 기능을 실행시킬 때 Target을 선택하면 바로 Tool 옵션으로 진행된다. 한편, Trim Body 기능의 Target으로 여러 개의 개체를 선택할 수 있기 때문에 Tool 옵션으로 자동 진행되지 않고 MB2를 누르거나 Tool 옵션 영역을 클릭하여야 한다.

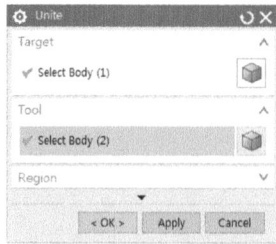

그림 A-2 Unite 대화상자

A.3 Type Filter

개체를 선택할 때 원하는 개체의 종류를 지정하여 선택할 수 있다. 그림 A-3은 아이콘을 누르지 않은 상태에서의 Type Filter 목록을 보여준다.

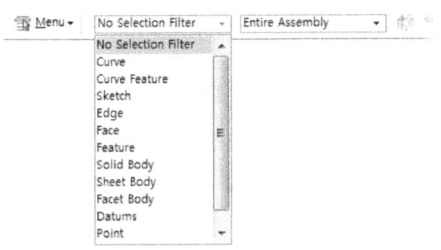

그림 A-3 Type 필터

선택 단계에서는 자동으로 Type Filter의 항목이 제한된다. 즉, 어떤 기능의 선택 단계가 하이라이트 되었을 때 Type Filter의 항목을 보면 어떤 종류의 개체를 선택할 수 있는지 알 수 있다. 그림 A-4는 Trim Body 기능의 Target을 선택한 후 Tool 옵션이 활성화 되었을 때(Ⓐ)의 Type Filter 항목(Ⓑ)을 보여준다.

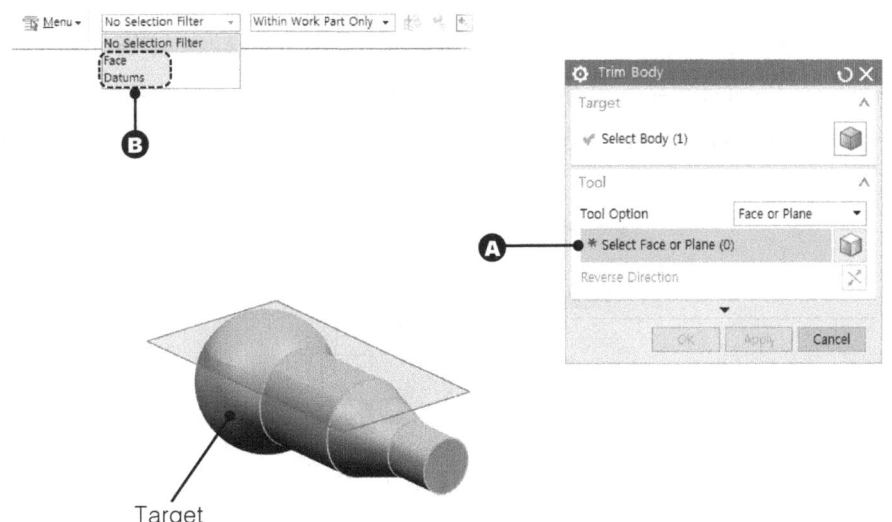

그림 A-4 Trim Body 기능의 Tool 옵션의 Type Filter

A.4 점, 선, 면의 선택

점, 선, 면을 선택할 때 각각 Snap Point 옵션, Curve Rule, Face Rule을 이용하여 선택을 용이하게 할 수 있다.

A.4.1 Snap Point 옵션

Selection Bar에 있는 그림 A-5와 같은 Snap Point 옵션을 이용하여 원하는 점을 정확히 선택할 수 있다. 여기서 말하는 점이란 Point 기능으로 생성한 점만이 아니라 직선의 끝점, 원의 중심점, 호의 끝점, 원의 사분점, Face 위의 점 등을 포함한다. 이러한 점을 Control Point라고 한다.

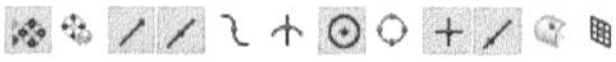

그림 A-5 Snap Point 옵션

어떤 기능을 사용할 때 점을 선택할 수 있는 단계에서는 언제나 Snap Point 옵션이 활성화 된다. 또한 대화상자에 점을 생성할 수 있는 버튼이 나타난다. 그림 A-6은 Datum Axis의 Point and Direction 타입에서 점을 선택하는 단계가 활성화 된 것을 보여준다. Point Dialog 버튼을 눌러 Point를 생성한 후 선택할 수 있고, 드롭다운에서 Snap Point 옵션을 선택할 수 있다. 드롭다운에서 Snap Point의 종류를 지정했을 때는 Selection Bar의 Snap Point 옵션은 활성화 되지 않는다. 즉, Snap Point 옵션은 드롭다운에 Inferred Point가 선택되었을 때만 활성화 된다.

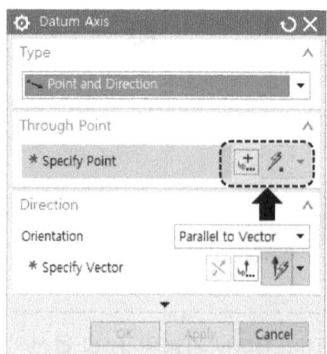

그림 A-6 Datum Axis의 점 선택 단계

A.4.2 Curve Rule

선을 선택하는 단계에서는 Selection Bar에 언제나 Curve Rule이 나타나 원하는 선을 정확하고 빠르게 선택할 수 있도록 도와준다. 여기서 말하는 커브는 스케치 커브, 모서리, 3차원 커브 등 형상을 이루는 모든 커브를 말한다. Curve Rule은 평상시에는 나타나지 않고 기능 사용 중에 Curve를 선택할 수 있는 단계에서만 나타난다.

Extrude 기능의 Section은 커브를 이용해서 정의한다. Section 선택 단계가 활성화 되었을 때 그림 A-7과 같은 Curve Rule이 활성화 된다. Inferred Curves 옵션을 사용하면 여러 가지 Curve Rule 중 선택된 개체의 종류에 따라 적절한 타입의 Curve Rule이 지정된다. 예를 들어, Inferred Curves 옵션을 스케치에서 생성한 선을 하나 선택하면 해당 스케치에서 그린 모든 선이 한꺼번에 선택되어 Section으로 지정된다.

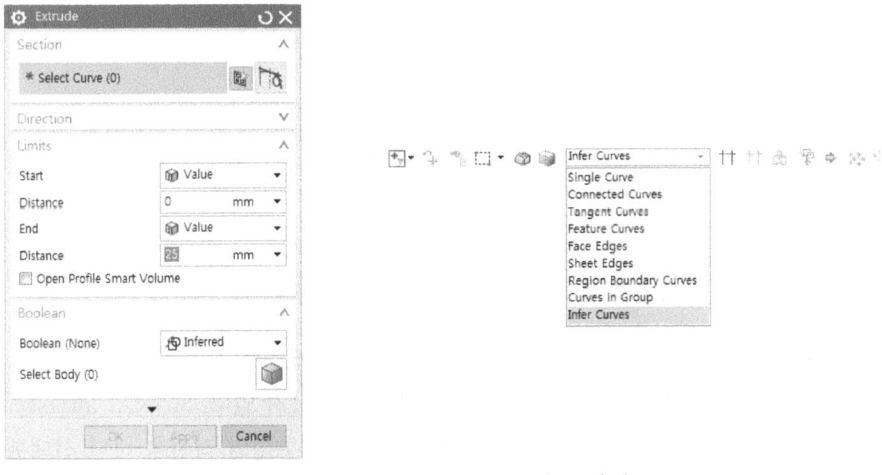

그림 A-7 Extrude의 Section 선택 단계

Curve Rule을 사용할 때 부가적인 옵션을 지정할 수 있다.

Stop At Intersection 버튼을 누르면 교차하는 부분에서 멈춘 후 어떤 커브를 선택할지 결정할 수 있다. 이 옵션은 Curve Rule이 Single Curve, Connected Curves 또는 Tangent Curves일 때만 사용할 수도 있다.

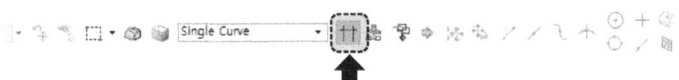

그림 A-8 Stop At Intersection 옵션

그림 A-9는 Stop At Intersection 버튼을 켜고 Single Curve 옵션으로 커브를 선택하는 모습을 보여준다.

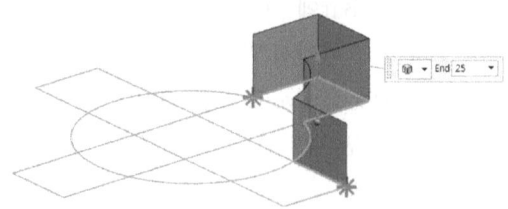

그림 A-9 Stop At Intersection 옵션을 이용한 커브 선택

Follow Fillet 버튼은 Connected Curves나 Tangent Curves 옵션을 사용할 때만 활성화된다. Fillet으로 연결된 커브를 자동으로 연결하여 선택할 수 있다.

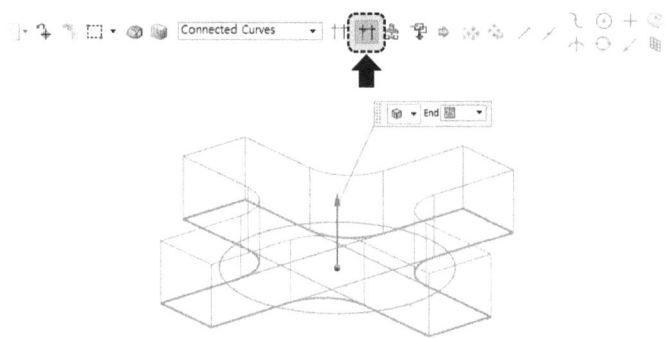

그림 A-10 Follow Fillet 옵션을 이용한 커브 선택

Chain within Feature 버튼을 이용하면 같은 피쳐 안에서만 체인이 적용된다. 그림 A-11에서 원과 십자 모양은 두 개의 서로 다른 스케치 피쳐로 이루어져 있다. Stop At Intersection 버튼과 Chain within Feature 버튼을 동시에 켜면 십자 모양 부분의 직선을 하나 선택했을 때 원과 만나는 곳에서는 멈추지 않는다. 이는 Stop At Intersection 기능이 직선을 그린 피쳐 안에서만 작동하기 때문이다.

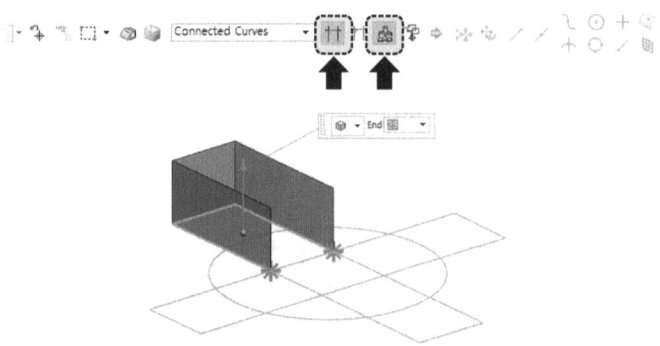

그림 A-11 Chain Within Feature 옵션을 이용한 커브 선택

Path Selection 버튼을 이용하면 마우스 커서의 위치에 따라 패스를 자동으로 선택해 준다. 그림 A-12의 직선 ❶을 선택한 후 직선 ❷ 위의 한 부분에 마우스 커서를 가져가면 패스가 표시된다. 미리보기 되는 패스를 선택하려면 클릭하면 된다.

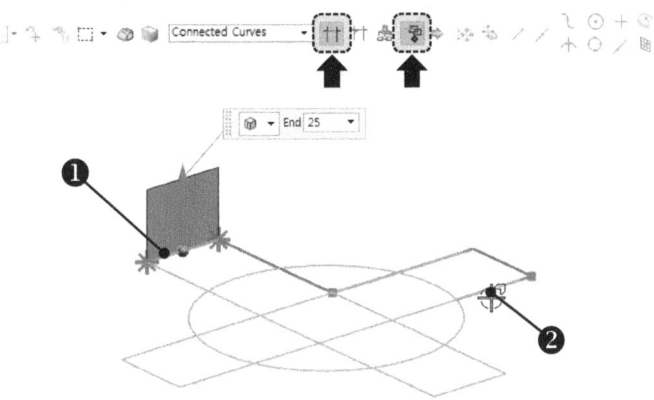

그림 A-12 Path Selection 옵션을 이용한 커브 선택

패스의 통과점을 추가하거나 이동시키거나 삭제할 수 있으며 선택하는 중간 중간에 기능을 껐다 켰다 하면서 사용할 수 있다. 그렇기 때문에 대개 Stop At Intersection 버튼과 같이 사용한다.

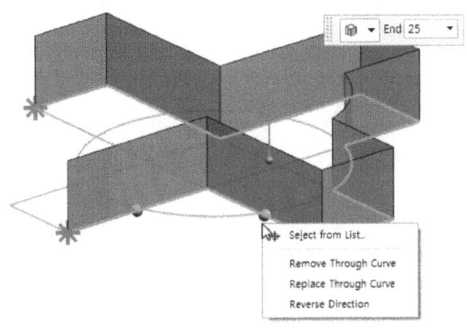

그림 A-13 Path의 통과점 수정 옵션

A.4.3 Face Rule

Face를 선택하는 단계에서는 Selection Bar에 언제나 Face Rule이 나타나 원하는 Face를 정확하고 빠르게 선택할 수 있도록 도와준다. Face Rule은 평상시에는 나타나지 않고 기능 사용 중에 Face를 선택할 수 있는 단계에서만 나타난다.

그림 A-14는 Draft 기능에서 Stationary Face를 선택하는 단계의 대화상자와 Selection Bar를

Appendix A: 선택의 문제

보여준다. Stationary Face로 Face와 점을 선택할 수 있기 때문에 Face Rule과 Snap Point 옵션이 동시에 나타난다. 대화상자에는 Point Dialog 버튼이 나타나 있다.

그림 A-14 Draft 기능의 Stationary Face 선택 단계

Face to Draft 선택 단계에서는 그림 A-15와 같이 Face Rule만 활성화 된다.

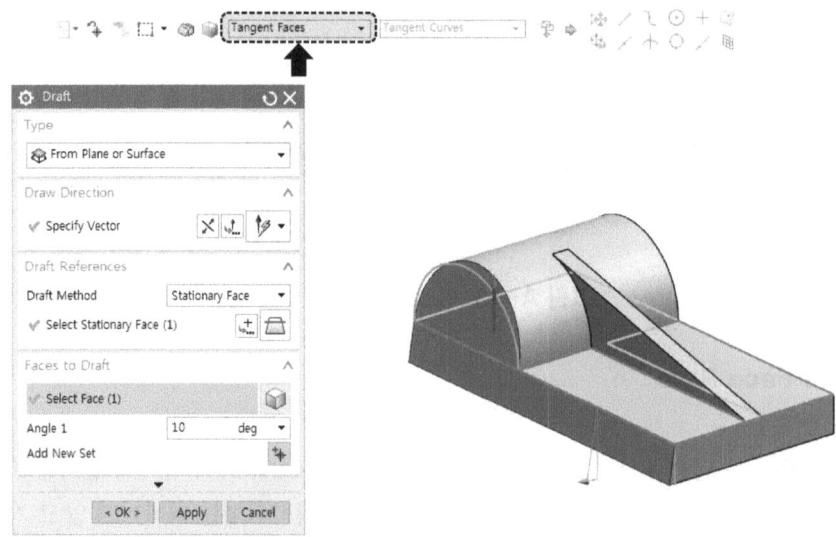

그림 A-15 Draft 기능의 Face to Draft 선택 단계

A.5 선택의 취소

선택한 오브젝트를 취소하려면 다음 방법을 이용한다.

A.5.1 모두 선택 취소할 때

키보드에서 ESC를 누르거나 대화상자에서 Reset 버튼을 누른다. 대화상자의 Reset을 누르면 다른 옵션도 모두 초기화 된다는 점에 주의한다.

Selection Bar에서 Deselect All 버튼을 누르면 현재 선택 단계에서 선택한 개체만 선택 취소할 수 있다. (그림 A-16)

그림 A-16 Deselect All 버튼

A.5.2 일부만 선택 취소할 때

Shift 키를 누른 상태로 선택된 오브젝트를 다시 선택하면 선택 취소된다.

A.6 상세 필터링

Selection Bar에서 상세 필터링을 이용할 수 있다. Detail Filtering을 선택하면 그림 A-18과 같은 Detail Filtering 대화상자가 나타나고 타입별로 상세하게 종류를 정할 수 있다. Color Filter를 이용하여 색깔별로 선택을 지정할 수도 있다.

그림 A-17 상세 필터링 버튼

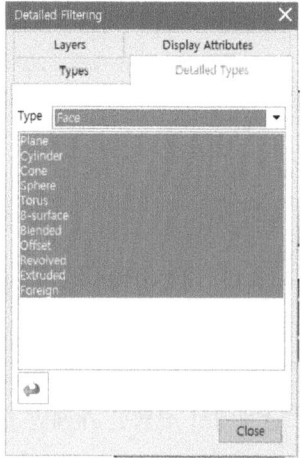

그림 A-18 Detail Filtering 대화상자

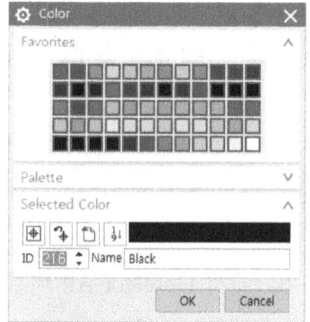

그림 A-19 Color 대화상자

필터 기능을 사용한 후에는 Reset 버튼을 눌러 초기화할 수 있다.

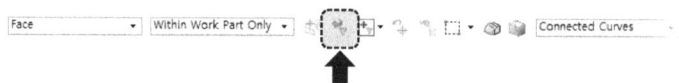

그림 A-20 Filter의 초기화

A.7 선택 범주

개체를 선택할 수 있는 범주를 설정할 수 있다. 선택의 범주란 선택하고자 하는 개체의 소속에 따른 것이다. 모서리는 파트의 범주에 속하고, 스케치 커브는 스케치 피쳐의 범주에 속할 수 있다. 또한 스케치 커브는 파트의 범주에 속할 수도 있다. 솔리드 바디나 시트 바디는 파트의 범주에 속하기도 하면서 어셈블리의 범주에 속할 수도 있다.

그림 A-21은 모델링에서의 선택 범주 항목을 보여준다. Within Work Part Only를 선택하면 현재의 파트에서만 개체를 선택할 수 있고, Within Work Part and Components를 선택하면 현재의 파트와 하위 컴포넌트에서 선택할 수 있으며 Entire Assembly를 선택하면 현재의 파트가 속해 있는 어셈블리에서 다른 컴포넌트에 속해 있는 개체도 선택할 수 있다. Top-Down 모델링을 할 때 이 옵션을 지정하여야 다른 컴포넌트의 형상을 이용하여 모델링을 수행할 수 있다.

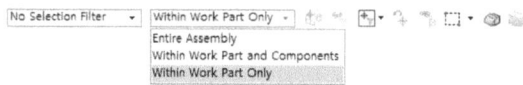

그림 A-21 Modeling에서의 Selection Scope

Sketch를 생성할 때의 Selection Scope에는 Within Active Sketch Only 옵션이 추가된다. 이 옵션을 이용하면 스케치 내부에서 생성한 개체만 선택할 수 있다. 외부 개체의 간섭 없이 구속을 생성할 때 유용하게 사용할 수 있다.

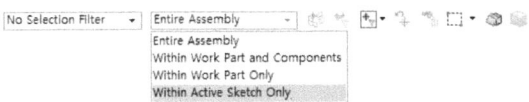

그림 A-22 Sketch에서의 Selection Scope

A.8 선택의 우선 순위

파트에 마우스 포인터를 올려 놓으면 그림 A-23과 같이 피쳐가 하이라이트 되며 MB1을 바로 클릭 하면 해당 피쳐가 선택된다. 즉, MB1을 바로 클릭해서 바디를 선택하거나 모서리를 선택할 수는 없다. MB1을 바로 클릭했을 때 바디나 모서리가 아닌 피쳐가 선택되는 이유는 선택의 우선 순위가 그렇게 지정되어 있기 때문이다. 선택의 우선순위는 그림 A-25와 같이 Menu 버튼의 Edit 〉 Selection에서 Top Selection Priority를 선택하여 지정할 수 있다. Top Selection Priority를 Face로 선택하면(단축키: Shift + G) 그림 A-24와 같이 면을 바로 선택할 수 있다.

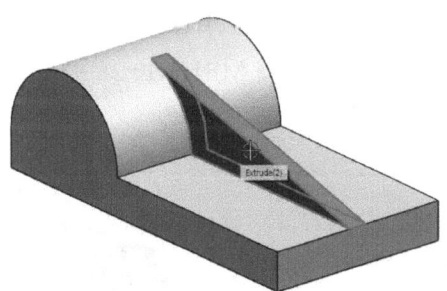

그림 A-23 Feature가 하이라이트 된 상태

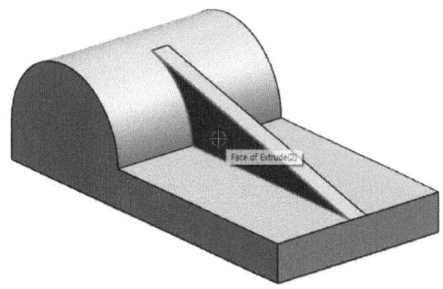

그림 A-24 Face가 하이라이트 된 상태

Appendix A: 선택의 문제

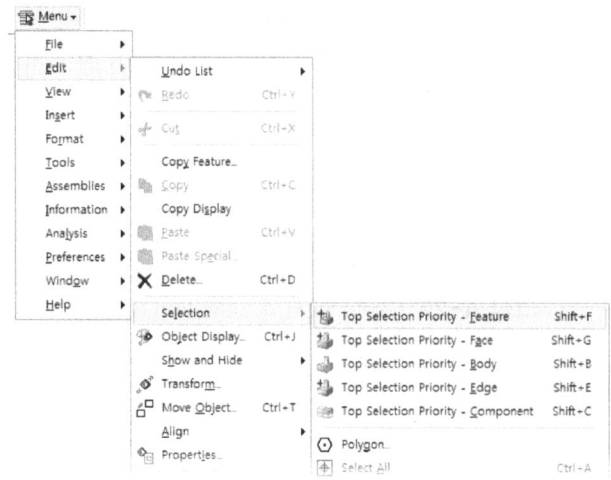

그림 A-25 Selection Priority 메뉴

A.9 QuickPick

필터 기능을 사용하지 않고도 원하는 개체를 선택할 수 있다. 여러 종류의 개체가 겹쳐 있는 곳에 마우스 포인터를 올려 놓고 1~2초간 기다리면 그림 A-26과 같이 QuickPick 포인터로 변경된다. 이 때 MB1을 클릭하면 그림 A-27과 같은 QuickPick 대화상자가 나타나고 원하는 개체를 선택할 수 있다. 선택할 개체 위에 MB1을 1~2초간 눌렀다 놓아도 QuickPick 대화상자가 나타난다.

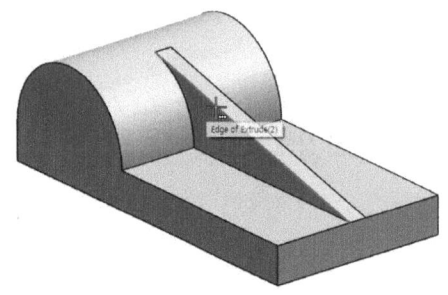

그림 A-26 QuickPick 커서

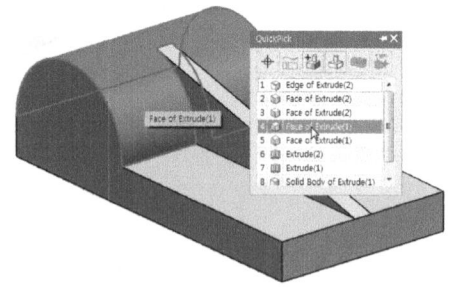

그림 A-27 QuickPick 선택창

색인

영문

A

Active Sketch View 572
Add Component 454
Add New Leader 602
Add New Set 241
Add Section View 569
Align to Hinge 563
Alternate Thickness 280
Alt 키 83
Angular Dimension 593
Appearance 591
Appended Text 588
Assembly Constraints 470
Assembly Load Options 461,464
Assign Materials 437
Associative 213,427,429
Associative Alignment 557
At Angle 199,200,204
At Distance 194

B

Base View 549
Bisector 198
Blend Face Continuity 243
Body Faces 374
Bolt Circle Centerline 604
BOM 447
Boolean 140
Border 556
Boss 178
Bottom-Up 447
Boundary Face 360,390
Break-out Section View 572
Break View 573
Browse 293

C

Center 477
Centerlines 562
Center Mark 603
Chain within Feature 133,630
Chamfer 258
Children Feature 292
Classic Toolbars 31
Clearance Browser 503
Clearance Set 504
Clip Section 529
Command Finder 165
Component 446
Component Fully 493
Concentric 480
Conflicting Constraint 86
Conic 243
Constraint 76
Context Control 492
Continuous Auto Dimensioning 29,120
Convert to Active 115
Convert to Reference 114
Copy Face 390
Corner Setback 251
Counterbored Hole 167
Countersunk Hole 168
Crate with Centerlines 562
Create Concentric Members 351
Create Folded Radius 592,594
Create New 518
Crosshatch 566
Curve Rule 132,241,629
Customer Defaults 27
Cycle Solution 410

D

Datum 190
Datum Axis 214
Datum Plane 191

i

Define Regions 375
Delete Face 388
Deselect All 633
Details 패널 203,299
Detail View 568
Dimension 584
Dimensional Constraint 76
Dimension Text 590
Double Click Action 29
Draft 154,264
Draft Both Sides 276
Drag & Drop 316
Drawing Sheet 539
Drawing View 538,549
Driven 치수 584
Driving Dimension 114
Driving 치수 584

E

Edge Blend 237
Edge to Prohibit Cliff 363
Edit 586
Edit Defining Section 309
Edit Object Display 161
Edit Section 529
Emboss 382
Exploded Views 525
Expression 337
Extrude 128

F

Face Rule 631
Face to Draft 632
Fillet 102
Finish Sketch 66
Fit Percentage 20
Fix 471
Fixed 83
Folded Radius 605

Follow Fillet 133,630
From Edges 270
From Plane or Surface 267
Fully Constrained 85
Fully Fixed 83

G

Gap 588
Geometric Constraint 79

H

Hidden Components 611
Hide 139
Hinge Line 557
History-Free Mode 393
Hole 166
Hole Callout 591

I

Infer Center/Axis 473
Interference Geometry 505
Interpart Link 509
Intersect 141,159
Intersection 221
Intersection Curve 408,415
Intersection Point 404
Intersection Symbol 606

J

Jog 587

L

Limit 150
Linear Dimension 395,591
Lock Angle 593

M

Make Coplanar 393
Make Current Feature 300

Make Displayed Part 496
Make Symmetric 83
Make Work Part 494
Manage Current Settings 30
Mapping 305,308
Master Part 446,458
Measure Angle 432
Measure Bodies 436
Measure Distance 424
Measurement Method 77
Mirror Curve 103
Mirror Face 358
Mirror Feature 353
Mirror Geometry 353,359
Model Based Drafting 538
Model View 550
More 348
Move Component 466
Move Face 385
Move Handles Only 620

N

New Component File 518
New Section 308
Non-Sectioned 611
No Part 460
Normal to Face 166
Note 599

O

Offset 155,213
Offset Center Point Symbol 605
Offset Curve 417
Offset Method 261
Old Section 308
Open in Sketch Task Environment 87
Open Profile Smart Volume 155
Orientation 351
Orient View 24

Orient View Tool 550
Orient View to Sketch 66
Output Coordinates 212
Over Constrained 85
Overflow Resolutions 348
Overhang 588

P

Parent Feature 292
Parents – Children 292
Parent View 559
Partially Constrained 84
Parting Face 276
Path Selection 631
Pattern Face 358
Pattern Feature 332
Pattern Geometry 354
Point 212
Point and Direction 217
Point onto Point 180
Positioning 176,454
Prefer Touch 473
Profile 71,569
Project Curve 411
Projected Distance 428
Projected View 551

Q

QRM 3
Quick Extend 113
QuickPick 105,636
Quick Trim 101

R

Radial Dimension 398,592
Radius to Center 594
Rapid 584
Rapid Dimension 76
Reattach 297

Reference Set 484
Relationship 540
Remove Missing Parents 313
Rendering Style 22
Reorder 316
Reorder After 316
Reorder Before 316
Repeat Command 26
Replacement Assistant 308
Resize Blend 387
Reverse Last Constraint 473
Revolve 162
Roles 12
Rotation Reference 26

S

Save All 455
Save As 455
Save Work Part Only 455
Section 129
Section Line 560,567,569,614
Section Line Segment 563
Section View 560,569
Seed Face 359,389
Select Existing 567
Selection Intent 132
Selection Scope 146,509,634
Set Extension Individually 603
Shape 옵션 243
Shell 278
Show 139
Show and Hide Constraints 482
Show Degrees of Freedom 482
Show Dimension 427
Simple Angle 434
Simple Distance 433
Sketch Orientation 148
Sketch Origin 148
Sketch Settings 98

Snap Point 75,628
Specify Vector 350
Stand Alone Drafting 538
Stationary and Parting Face 277
Stationary Edges 271
Stationary Face 632
Stop at Intersection 133
Stop Short of Corner 256,257
Studio Spline 574
Sub-assembly 447
Subtract 141
Suppress 483
Sweep along Guide 380
Symmetric Value 150
Synchronous Modeling 385

T

Tangent 207,210
Tangent to Face 273
Target 356,374
Target Body 159
Terminating Object 600
Text 383
Text above Stub 593
Threded Hole 168
Three Defining Face Chains 282
Through All 154
Title Block 539,557
Tolerance Text 590
Tool 375
Tool Body 159
To Parting Edges 277
Top-Down 447
Touch/Align 472
Tracelines 526
Trim Body 372
Tube 378
Type Filter 627

U

Unite 141
Units 590
Until Extended 153
Until Next 151
Until Selected 152
Update to End 323
User Interface 6

V

Variable Draft Points 272
Variable Radius Points 244
Vector Dialog 226
View Boundary 578
View Creation Wizard 543
View Dependent Edit 577

W

Work Part 455

Numbers

1각법 548
2D Centerline 604
3D Centerline 605
3각법 548

한글

ㄱ

가변 블렌드 244
간섭 체크 501,532
경계 556
과잉 구속 85
교차기호 606
구간 블렌드 255
구멍 166
구배 264
구속 76

구속(어셈블리) 470
국부투상도 577
기능 찾기 165
기하 구속 79

ㄷ

단면 529
단면도 560
단면선 563,567
대칭 구속 83
대화상자 설정 433
데이텀 190
데이텀 좌표계 224
데이텀 축 214
데이텀 평면 191
도면 뷰 549
도면뷰 538
도면 시트 539,546

ㅁ

마스터 파트 446
마우스 사용법 13
매핑 305,308
모델 수정 292
모체 뷰 559

ㅂ

범주 634
보스 175
복사 328
복사/붙여넣기 469
부모 피쳐 292
부분 구속 84
부분 단면도 572,575
부분단면도(어셈블리) 615
분해 524
분해도 618
분해뷰 525
빼기 구배 264

ㅅ

사용자 인터페이스 6
삼중접 필렛 282
상세도 568,570
상세 필터링 633
상속 594
새로운 컴포넌트 518
서브 어셈블리 447,519
선택과 취소 315
선택 범주 634
선택 의도 132
설정 버튼 433
섹션 129
셋백 블렌드 251
소수점 588
솔리드 바디 129
수정 579
스케치 면 67
스케치의 원점 122
스케치 좌표계 148
스케치 평면 65

ㅇ

어셈블리 도면 610
어셈블리 컴포넌트 518
업데이트 565,613
연관성 292
오프셋 605
완전 구속 85,91
우선 순위 635

ㅈ

자동 치수 118
자손 피쳐 292
절단뷰 573,576
점 212
정렬 597
조립 경로 526
종속관계 320

주석 599
중심선 602
지시형 600
질량 533

ㅊ

참조선 114
참조치수 114
초기화 99
취소 633
치수 584
치수 구속 76

ㅋ

컴포넌트 446

ㅌ

투상법 544,548

ㅍ

파트 컴포넌트 518
폐곡선 131
표제란 539
피쳐 기반 모델링 34

ㅎ

해칭 566,569,614
회전 단면도 568
히스토리 기반 모델링 35

본 서에 대한 독자님들의 의견을 소중히 듣겠습니다. support@onsia.kr로 메일 주세요.

본문 내용이나 예제에 대한 제안을 주시면 검토 후 다음 버전에 반영하겠습니다.

ONSIA 출판 서적

- CATIA V5R18 모델링 가이드 : ISBN 978-89-960895-3-7
- NX6 CAE(NX Nastran) 기본 사용법: ISBN 978-89-960895-7-5
- NX6 CAE(NX Nastran) 고급 기능과 해석 타입: ISBN 978-89-960895-8-2
- SolidWorks 2011 모델링 가이드: ISBN 978-89-94960-11-1
- CATIA V5(R20) 서피스와 실무 모델링: ISBN 978-89-94960-12-8
- NX7.5 CAE(NX Nastran) Bible: ISBN 978-89-94960-14-2
- NX 8 서피스 모델링: ISBN 978-89-94960-15-9
- CATIA V5 CAE 따라하기: ISBN 978-89-94960-17-3
    (영문판: CATIA V5 FEA Release 21)
- CATIA V5 (R21) 기본 모델링: ISBN 978-89-94960-16-6
    (영문판: CATIA V5 Design Fundamentals)
- NX 8 모델링 가이드: ISBN 978-89-94960-18-0
    (영문판: Siemens NX 8 Design Fundamentals)
- CATIA V5R21 디자이너 가이드: ISBN 978-89-94960-19-7
- NX 8.5 모델링 가이드: ISBN 978-89-94960-20-3
- NX 8.5 Nastran 따라하기: ISBN 978-89-94960-21-0
- NX 9 모델링 가이드: ISBN 978-89-94960-22-7

(빈 페이지)